핵시총 OX

핵심기출 지문 총정리

편저 | 김주한 · 시대법학연구소

진도별

법무사
| 상법 |

SD에듀
(주)시대고시기획

법무사
상법 핵지총[핵심 기출지문 총정리]

Always with you

사람의 인연은 길에서 우연하게 만나거나 함께 살아가는 것만을 의미하지는 않습니다.
책을 펴내는 출판사와 그 책을 읽는 독자의 만남도 소중한 인연입니다.
SD에듀는 항상 독자의 마음을 헤아리기 위해 노력하고 있습니다.
늘 독자와 함께하겠습니다.

법무사는 일반인에게 법률서비스 및 조언을 제공하는 인력으로, 타인의 위촉에 의하여 법원과 검찰청에 제출할 서류나 등기·등록과 관련된 서류를 작성하고, 등기·공탁사건의 신청을 대리합니다. 갈수록 심화되는 사회의 복잡성으로 인하여 소송 관련 법무는 끊임없이 늘어나고, 이에 따라 법무사의 필요성과 수요는 그 어느 때보다 증가하고 있으나, 방대한 시험범위와 장문의 지문, 높아져만 가는 난도 등으로 인한 수험생들의 부담감 역시 상당한 것이 현실입니다.

「법무사 1차 상법 핵지총[핵심 기출지문 총정리]」는 법무사시험을 준비하는 수험생들에게 가장 확실한 합격의 길을 제시하기 위한 수험서로, 단 한 과목도 소홀히 할 수 없는 수험생 여러분을 위하여 최신 기출문제 및 상세해설, 조문을 한 권에 모두 수록하여 효율적인 시험준비에 도움이 되고자 하였습니다.

「SD에듀 법무사 1차 상법 핵지총[핵심 기출지문 총정리]」의 특징

첫째 법무사 6개년 기출지문을 단원별로 정리 수록하여 중요한 부분을 놓치지 않고 학습할 수 있도록 하였습니다.

둘째 반복되는 지문을 모아 배치함으로써 효율적으로 학습할 수 있도록 하였습니다.

셋째 법무사 시험 이외에도 법원행정처에서 주관하는 법원직 9급 등 시험의 3개년 기출문제를 수록하여 최신 출제경향을 파악하여 법무사 시험에 만반을 준비할 수 있도록 하였습니다.

넷째 해당 파트에 중요 조문을 별도로 수록하여 기출지문과 연계하여 학습할 수 있도록 하였습니다.

본서가 법무사시험에 도전하는 수험생들에게 합격의 길잡이가 될 것을 확신하며, 본서로 학습하는 모든 수험생 여러분에게 합격의 영광이 함께하기를 기원합니다.

대표 편저자 씀

구성과 특징

1 진도별 기출지문

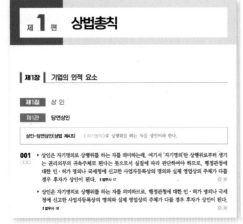

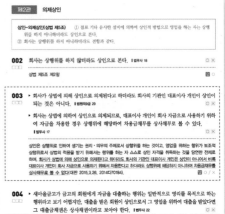

▲ 2022년 ~ 2017년의 법무사 6개년 기출지문이 빠짐없이 진도별로 수록되어 자주 출제되는 부분을 확인할 수 있으며, 유사 지문을 함께 배열함으로써 학습의 효율성을 높였습니다.

▲ 2022 ~ 2020년의 법원직 9급 기출지문(등기직–총론, 회사편)을 추가로 수록함으로써 법원행정처 주관 시험의 최신 출제경향을 파악하여 법무사 시험에 대비할 수 있도록 하였습니다.

2 체크박스

▲ 각 문항별로 3회독을 할 수 있는 회독수 체크박스와 지문별 O,X 체크박스를 삽입하여 O,X를 직접 쓰지 않고도 빠르게 학습을 할 수 있도록 하였습니다.

3 법령박스

제6절 합자조합

의의(상법 제86조의2) 합자조합은 조합의 업무집행자로서 조합의 채무에 대하여 무한책임을 지는 조합원과 출자가액을 한도로 하여 유한책임을 지는 조합원이 상호출자하여 공동사업을 경영할 것을 약정함으로써 그 효력이 생긴다.

업무집행조합원(상법 제86조의5) ① 업무집행조합원은 조합계약에 다른 규정이 없으면 각자가 합자조합의 업무를 집행하고 대리할 권리와 의무가 있다.
② 업무집행조합원은 선량한 관리자의 주의로써 제1항에 따른 업무를 집행하여야 한다.
③ 둘 이상의 업무집행조합원이 있는 경우에 조합계약에 정함이 없으면 그 각 업무집행조합원의 업무집행에 관한 행위에 대하여 다른 업무집행조합원의 이의가 없는 경우에는 그 행위는 (중지)하고 (업무집행조합원 과반수)의 (결의)에 따라야 한다.

조합원의 지분의 양도(상법 제86조의7) ① (업무집행조합원)은 다른 조합원 (전원의 동의)를 받지 아니하면 그 지분의 전부 또는 일부를 타인에게 양도하지 못한다.
② (유한책임조합원)의 지분은 (조합계약)에서 정하는 바에 따라 양도할 수 있다.
③ 유한책임조합원의 지분을 양수한 자는 양도인의 조합에 대한 권리·의무를 승계한다.

준용규정(상법 제86조의8) 조합계약에 다른 규정이 없으면 유한책임조합원에 대하여는 제199조, 제272조, 제275조, 제277조, 제278조, 제283조 및 제284조를 준용한다.

유한책임사원의 출자(상법 제272조) (유한책임사원)은 (신용 또는 노무)를 출자의 목적으로 하지 (못한다).

유한책임사원의 업무집행, 회사대표의 금지(상법 제278조) 유한책임사원은 회사의 업무집행이나 대표행위를 하지 못한다.

082 합자조합에서 유한책임조합원의 지분은 조합계약에서 정하는 바에 따라 양도할 수 있으나, 업무집행조합원은 다른 조합원 전원의 동의가 있어야만 그 지분의 전부나 일부를 타인에게

제8절 새로운 상행위

제1관 금융리스업

의의(상법 제168조의2) 금융리스이용자가 선정한 기계, 시설, 그밖의 재산(이하 이 장에서 "금융리스물건"이라 한다)을 제3자(이하 이 장에서 "공급자"라 한다)로부터 (취득)하거나 (대여)받아 금융리스이용자에게 이용하게 하는 것을 영업으로 하는 자를 금융리스업자라 한다.

금융리스업자와 금융리스이용자의 의무(상법 제168조의3) ① 금융리스업자는 금융리스이용자가 금융리스계약에서 정한 시기에 금융리스계약에 적합한 금융리스물건을 수령할 수 있도록 하여야 한다.
② 금융리스물건수령증을 발급한 경우에는 제1항의 금융리스계약 당사자 사이에 적합한 금융리스물건이 수령된 것으로 추정한다.

공급자의 의무(상법 제168조의4) ① 금융리스물건의 공급자는 공급계약에서 정한 시기에 그 물건을 금융리스이용자에게 인도하여야 한다.
② 금융리스물건이 공급계약에서 정한 시기와 내용에 따라 공급되지 아니한 경우 (금융리스이용자)는 (공급자에게) 직접 손해배상을 청구하거나 공급계약의 내용에 적합한 금융리스물건의 인도를 (청구할 수 있다).
③ 금융리스업자는 금융리스이용자가 제2항의 권리를 행사하는 데 필요한 협력을 하여야 한다.

금융리스계약의 해지(상법 제168조의5) ① 금융리스이용자의 책임 있는 사유로 금융리스계약을 해지하는 경우에는 금융리스업자는 잔존 금융리스료 상당액의 일시 지급 또는 금융리스물건의 반환을 청구할 수 있다.
② 제1항에 따른 금융리스업자의 청구는 금융리스업자의 금융리스이용자에 대한 손해배상청구에 영향을 미치지 아니한다.
③ 금융리스이용자는 (중대한 사정변경)으로 인하여 금융리스물건을 계속 사용할 수 없는 경우에는 (3개월 전)에 예고하고 금융리스계약을 해지할 수 있다. 이 경우 금융리스이용자는 계약의 해지로 인하여 금융리스업자에게 발생한 손해를 배상하여야 한다.

▲ 여러 차례 기출되었거나 중요한 조문을 별도로 수록하여 기출지문과 연결하여 마지막 정리를 효율적으로 할 수 있도록 하였습니다.

▲ 해당 조문의 키워드는 빈칸 넣기를 할 수 있도록 하여, 눈으로 한번 보고 다시 손으로 써봄으로써 학습효과를 높이고자 하였습니다.

4 상세해설

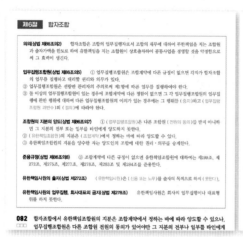

048 유한회사가 그 영업의 중요한 일부를 양도하고자 할 경우에는 사원총회의 결의가 필요하며, 그 결의는 총사원의 반수 이상이며 총사원의 의결권의 4분의 3 이상을 가지는 자의 동의로 한다. ㅣ 법무사 18

상법 제576조 제1항

유한회사의 영업양도 등에 특별결의를 받아야 할 사항(상법 제576조) ① 유한회사가 제374조 제1항 제1호부터 제3호까지의 규정에 해당하는 행위를 하려면 제585조에 따른 총회의 결의가 있어야 한다.

영업양도, 양수, 임대등(상법 제374조) ① 회사가 다음 각 호의 어느 하나에 해당하는 행위를 할 때에는 제434조에 따른 결의가 있어야 한다.
1. 영업의 전부 또는 중요한 일부의 양도
2. 영업 전부의 임대 또는 경영위임, 타인과 영업의 손익 전부를 같이 하는 계약, 그 밖에 이에 준하는 계약의 체결·변경 또는 해약
3. 회사의 영업에 중대한 영향을 미치는 다른 회사의 영업 전부 또는 일부의 양수

정관변경의 특별결의(상법 제585조) ① 전조의 결의는 총사원의 반수 이상이며 총사원의 의결권의 4분의 3 이상을 가지는 자의 동의로 한다.

제2관 영업양도의 대내적 효과

영업양도인의 경업금지(상법 제41조) ① 영업을 양도한 경우에 (다른 약정이 없으면) 양도인은 (10년) 간 동일한 특별시·광역시·시·군과 인접 특별시·광역시·시·군에서 동종영업을 하지 못한다.
② 양도인이 동종영업을 하지 아니할 것을 (약정한 때)에는 동일한 특별시·광역시·시·군과 인접 특별시·광역시·시·군에 한하여 (20년)을 초과하지 아니한 범위 내에서 그 효력이 있다.

주주총회결의 하자의 소 비교

소의 종류		취소의 소	무효확인의 소	부존재확인의 소	부당결의취소·변경의 소
소의 원인	소집절차·결의방법	법령·정관 위반 또는 현저한 불공정	×	결의가 존재한다고 볼 수 없을 정도의 중대한 하자	×
	결의내용	정관위반	법령위반		특별이해관계가 있는 주주에게 현저히 부당한 결의
소의 성질		형성의 소	확인의 소(판례)		형성의 소
당사자	원고	주주·이사·감사	소의 이익이 있는 자		특별이해관계가 있는 주주
	피고		회사		
제소기간		결의의 날로부터 2월	제한 없음		결의의 날로부터 2월
소의 절차		· 관할(회사의 본점소재지 지방법원) · 제소주주의 담보제공의무 · 결의취소의 본점과 지점의 소재지에 등기			
재량기각		가능	불가능		
판결의 효력			대세효·소급효		

197 상법은 주주총회결의 하자의 내용에 따라 결의취소의 소, 결의무효확인의 소, 결의부존재확인의 소, 부당결의의 취소·변경의 소를 규정하고 있다. ㅣ 법무사 20

상법상 주주총회결의 하자에 대한 소에는 결의취소의 소(상법 제376조), 결의무효확인의 소(상법 제380조), 결의부존재확인의 소(상법 제380조) 및 부당결의의 취소·변경의 소(상법 제381조)가 있다.

198 주주총회 결의의 내용이 법령 또는 정관에 위반한 경우는 상법상 주주총회 결의 부존재확인의 소의 원인이 되는 사항이다. ㅣ 법무사 20, 법원직원 21

▲ 최신 법령·판례에 근거하여, 필요한 경우 법조문을 삽입하거나 표를 삽입하여 자세하게 해설하였습니다.

자격시험 소개

⚖ 법무사란?

일반인에게 법률서비스 및 조언을 제공하는 인력으로, 타인의 위촉에 의하여 법원과 검찰청에 제출할 서류나 등기 · 등록과 관련된 서류를 작성하고, 등기 · 공탁사건의 신청을 대리하는 자

⚖ 주요업무

❶ 법무사의 업무는 다른 사람이 위임한 다음 각 호의 사무로 한다.

> [1] 법원과 검찰청에 제출하는 서류의 작성
> [2] 법원과 검찰청의 업무에 관련된 서류의 작성
> [3] 등기나 그 밖에 등록신청에 필요한 서류의 작성
> [4] 등기 · 공탁사건신청의 대리
> [5] 「민사집행법」에 따른 경매사건과 「국세징수법」이나 그 밖의 법령에 따른 공매사건에서의 재산취득에 관한 상담, 매수신청 또는 입찰신청의 대리
> [6] 「채무자 회생 및 파산에 관한 법률」에 따른 개인의 파산사건 및 개인회생사건신청의 대리. 다만, 각종 기일에서의 진술의 대리는 제외한다.
> [7] [1]부터 [3]까지의 규정에 따라 작성된 서류의 제출대행
> [8] [1]부터 [7]까지의 사무를 처리하기 위하여 필요한 상담 · 자문 등 부수되는 사무

❷ 법무사는 [1]~[3]까지의 서류라고 하더라도 다른 법률에 따라 제한되어 있는 것은 작성할 수 없다.

⚖ 응시자격

❶ 법무사법 제6조 각 호의 결격사유에 해당하지 아니하는 자

> 다음 각 호의 어느 하나에 해당하는 자는 법무사가 될 수 없다.
> [1] 피성년후견인 또는 피한정후견인
> [2] 파산선고를 받은 자로서 복권되지 아니한 자
> [3] 금고 이상의 실형을 선고받고 그 집행이 종료(집행이 종료된 것으로 보는 경우를 포함한다)되거나 집행이 면제된 날부터 5년이 경과되지 아니한 자
> [4] 금고 이상의 형의 집행유예를 선고받고 그 유예기간이 만료된 날부터 2년이 경과되지 아니한 자
> [5] 금고 이상의 형의 선고유예를 받고 그 유예기간 중에 있는 자
> [6] 공무원으로서 징계처분에 따라 파면된 후 5년이 경과되지 아니하거나 해임된 후 3년이 경과되지 아니한 자
> [7] 이 법에 따라 제명된 후 5년이 경과되지 아니한 자

❷ 2차시험은 당해 연도 1차시험 합격자 및 면제자(법무사법 제5조의2) 또는 전년도 1차시험 합격자

시험과목

구 분	1차시험(객관식)	2차시험(주관식)
1과목	• 헌법(40) • 상법(60)	• 민법(100)
2과목	• 민법(80) • 가족관계의 등록 등에 관한 법률(20)	• 형법(50) • 형사소송법(50)
3과목	• 민사집행법(70) • 상업등기법 및 비송사건절차법(30)	• 민사소송법(70) • 민사사건 관련 서류의 작성(30)
4과목	• 부동산등기법(60) • 공탁법(40)	• 부동산등기법(70) • 등기신청서류의 작성(30)

※ 괄호 안의 숫자는 각 과목별 배점비율입니다.

시험일정

구 분	1차시험	2차시험	최종합격자 발표
2023년 제29회	2023.09.02	2023.11.03~11.04	2024.02.01

※ 선발예정인원 및 시험일정은 시행처의 사정에 따라 변경될 수 있으니, 2023년 시험일정은 반드시 대한민국 법원 시험정보 홈페이지(exam.scourt.go.kr)에서 확인하시기 바랍니다.

합격기준

구 분	합격자 결정
1차시험	매 과목 100점을 만점으로 하여 매 과목 40점 이상을 득점한 자 중에서 시험성적과 응시자수를 참작하여 전 과목 총득점의 고득점자순으로 합격자를 결정
2차시험	매 과목 100점을 만점으로 하여 매 과목 40점 이상을 득점한 자 중 선발예정인원(1·2차시험 일부면제자는 포함하지 아니한다)의 범위 안에서 전 과목 총득점의 고득점자순으로 합격자를 결정
일부면제자	매 과목 100점을 만점으로 하여 매 과목 40점 이상을 득점한 자 중 최종순위합격자의 합격점수(2차시험 일부면제자에 대하여는 과목별 난이도를 반영하여 일정 산식에 따라 산출되는 응시과목들의 평균점수를 합격점수로 한다) 이상 득점한 자를 합격자로 결정

※ 동점자로 인하여 선발예정인원을 초과하는 경우에는 해당 동점자 모두를 합격자로 합니다. 이 경우 동점자의 점수는 소수점 이하 둘째자리까지 계산합니다.

상 법

합격의 공식 SD에듀 www.sdedu.co.kr

핵심 기출지문 총정리

제1장 | 기업의 인적 요소

제1절 상 인

제1관 당연상인

> **상인–당연상인(상법 제4조)** (자기명의)로 상행위를 하는 자를 상인이라 한다.

001
□□□

▸ 상인은 자기명의로 상행위를 하는 자를 의미하는데, 여기서 '자기명의'란 상행위로부터 생기는 권리의무의 귀속주체로 된다는 뜻으로서 실질에 따라 판단하여야 하므로, 행정관청에 대한 인·허가 명의나 국세청에 신고한 사업자등록상의 명의와 실제 영업상의 주체가 다를 경우 후자가 상인이 된다. **▎**법무사 17 ○ ×

▸ 상인은 자기명의로 상행위를 하는 자를 의미하므로, 행정관청에 대한 인·허가 명의나 국세청에 신고한 사업자등록상의 명의와 실제 영업상의 주체가 다를 경우 후자가 상인이 된다.
▎법무사 18 ○ ×

▸ 상인은 자기명의로 상행위를 하는 자를 의미하고, 여기서 '자기명의'란 상행위로부터 생기는 권리의무의 귀속주체로 된다는 뜻이므로, 행정관청에 대한 인·허가 명의나 국세청에 신고한 사업자등록상의 명의와 실제 영업상의 주체가 다른 경우 전자의 명의자가 상인이 된다.
▎법원직9급 21 ○ ×

▸ 행정관청에 대한 인·허가 명의나 국세청에 신고한 사업자등록상의 명의와 실제 영업상의 주체가 다를 경우 실제 영업상의 주체가 자기명의로 상행위를 하는 자로서 상인이 된다.
▎법무사 22 ○ ×

상인은 자기명의로 상행위를 하는 자를 의미하는데, 여기서 '자기명의'란 상행위로부터 생기는 권리의무의 귀속주체로 된다는 뜻으로서 실질에 따라 판단하여야 하므로, 행정관청에 대한 인·허가 명의나 국세청에 신고한 사업자등록상의 명의와 실제 영업상의 주체가 다를 경우 후자가 상인이 된다(대판 2008.12.11. 2007다66590).
답 ○ / ○ / × / ○

상인-의제상인(상법 제5조)   ① 점포 기타 유사한 설비에 의하여 상인적 방법으로 영업을 하는 자는 상행위를 하지 아니하더라도 상인으로 본다.
② 회사는 상행위를 하지 아니하더라도 전항과 같다.

002 회사는 상행위를 하지 않더라도 상인으로 본다. ┃법무사 18   ○ ×
□□□
··
상법 제5조 제2항   **답** ○

003 ▸ 회사가 상법에 의해 상인으로 의제된다고 하더라도 회사의 기관인 대표이사 개인이 상인이
□□□   되는 것은 아니다. ┃법원직9급 20   ○ ×

▸ 회사는 상법에 의하여 상인으로 의제되므로, 대표이사 개인이 회사 자금으로 사용하기 위하
여 자금을 차용한 경우 상행위에 해당하여 차용금채무를 상사채무로 볼 수 있다.
┃법무사 17   ○ ×
··
상인은 상행위로 인하여 생기는 권리·의무의 주체로서 상행위를 하는 것이고, 영업을 위하는 행위가 보조적
상행위로서 상법의 적용을 받기 위해서는 행위를 하는 자 스스로 상인 자격을 취득하는 것을 당연한 전제로
하며, 회사가 상법에 의해 상인으로 의제된다고 하더라도 회사의 기관인 대표이사 개인은 상인이 아니어서 비록
대표이사 개인이 회사 자금으로 사용하기 위해서 차용한다고 하더라도 상행위에 해당하지 아니하여 차용금채무를
상사채무로 볼 수 없다(대판 2015.3.26. 2014다70184).   **답** ○ / ×

004 ▸ 새마을금고가 금고의 회원에게 자금을 대출하는 행위는 일반적으로 영리를 목적으로 하는
□□□   행위라고 보기 어렵지만, 대출을 받은 회원이 상인으로서 그 영업을 위하여 대출을 받았다면
그 대출금채권은 상사채권이라고 보아야 한다. ┃법무사 22   ○ ×

▸ 새마을금고가 상인인 회원에게 자금을 대출한 경우, 상인의 행위는 특별한 사정이 없는
한 영업을 위하여 하는 것으로 추정되므로 그 대출금채권은 상사채권으로서 5년의 소멸시효
기간이 적용된다. ┃법원직9급 22   ○ ×
··
새마을금고법의 제반 규정에 의하면 새마을금고는 …(중략)… 비영리법인이므로 새마을금고가 금고의 회원에게
자금을 대출하는 행위는 일반적으로는 영리를 목적으로 하는 행위라고 보기 어렵다고 할 것이다. 그러나 당사자
쌍방에 대하여 모두 상행위가 되는 행위로 인한 채권뿐만 아니라 당사자 일방에 대하여만 상행위에 해당하는
행위로 인한 채권도 상법 제64조 소정의 5년의 소멸시효기간이 적용되는 상사채권에 해당하는 것이고 그 상행위에
는 상법 제46조 각 호에 해당하는 기본적 상행위뿐만 아니라 상인이 영업을 위하여 하는 보조적 상행위도 포함되는
것이므로 새마을금고로부터 대출을 받은 회원이 상인으로서 그 영업을 위하여 대출을 받았다면 그 대출금채권은
상사채권이라고 보아야 할 것이다(대판 1998.7.10. 98다10793).   **답** ○ / ○

005 ▸ 변호사는 상법 제5조 제1항이 규정하는 '상인적 방법에 의하여 영업을 하는 자'라고 볼 수
□□□ 있다. **I 법무사 17 · 18**   ○ ×

▸ 변호사와 법무사는 상법 제5조 제1항이 규정하는 '상인적 방법으로 영업을 하는 자'라고
볼 수 없다. **I 법무사 22**   ○ ×

▸ 이른바 전문직업인 중 변호사는 의제상인에 해당하지 않으나 법무사는 의제상인에 해당한다.
I 법원직9급 20   ○ ×

....

• 변호사의 영리추구 활동을 엄격히 제한하고 그 직무에 관하여 고도의 공공성과 윤리성을 강조하는 변호사법의
여러 규정에 비추어 보면, 변호사를 상법 제5조 제1항이 규정하는 '상인적 방법에 의하여 영업을 하는 자'라고
볼 수는 없다 할 것이므로, 변호사는 의제상인에 해당하지 아니한다(대결 2007.7.26. 2006마334).
• 법령에 의하여 상당한 정도로 그 영리추구 활동이 제한됨과 아울러 직무의 공공성이 요구되는 법무사의 활동은
상인의 영업활동과는 본질적인 차이가 있고, 법무사의 직무 관련 활동과 그로 인하여 형성된 법률관계에 대하여
상인의 영업활동 및 그로 인하여 형성된 법률관계와 동일하게 상법을 적용하지 않으면 안 될 특별한 사회·경제
적 필요 내지 요청이 있다고 볼 수도 없으므로, 법무사를 상법 제5조 제1항이 규정하는 '상인적 방법에 의하여
영업을 하는 자'라고 볼 수는 없다(대결 2008.6.26. 2007마996).   **답** × / ○ / ×

제3관   소상인

> **소상인(상법 제9조)**   지배인, 상호, 상업장부와 상업등기에 관한 규정은 소상인에게 적용하지 아니한다.
>
> **소상인의 범위(상법 시행령 제2조)**   「상법」 제9조에 따른 소상인은 자본금액이 (1천만원)에 미치지 못하는
> 상인으로서 회사가 아닌 자로 한다.

006 ▸ 자본금액이 1,000만원에 미치지 못하는 상인으로서 회사가 아닌 자인 소상인에게는 지배인,
□□□ 상호, 상업장부, 상업등기, 영업양도에 관한 상법 규정이 적용되지 아니한다. **I 법무사 22**
○ ×

▸ 상법상 지배인, 상호, 상업장부와 상업등기에 관한 규정은 소상인에게 적용하지 아니한다.
I 법무사 17   ○ ×

▸ 소상인이란 자본금 1,000만원에 미달하는 회사 아닌 상인으로서 상법상 지배인·상호·상
업장부 및 상업등기에 관한 규정이 적용되지 않는다. **I 법무사 18**   ○ ×

....

상법 제9조에 따른 소상인은 자본금액이 1천만원에 미치지 못하는 상인으로서 회사가 아닌 자로 하며(상법 시행령
제2조), 지배인, 상호, 상업장부와 상업등기에 관한 규정은 소상인에게 적용하지 아니한다(상법 제9조).
답 × / ○ / ○

제2절 상업사용인

제1관 지배인

지배인의 선임(상법 제10조)　상인은 지배인을 선임하여 본점 또는 지점에서 영업을 하게 할 수 있다.

지배인의 대리권(상법 제11조)　① 지배인은 영업주에 갈음하여 그 영업에 관한 재판상 또는 재판 외의 모든 행위를 할 수 있다.
② 지배인은 지배인이 아닌 점원 기타 사용인을 선임 또는 해임할 수 있다.
③ 지배인의 대리권에 대한 제한은 선의의 제3자에게 대항하지 못한다.

공동지배인(상법 제12조)　① 상인은 수인의 지배인에게 (공동으로) 대리권을 행사하게 할 수 있다.
② 전항의 경우에 지배인 1인에 대한 의사표시는 영업주에 대하여 그 효력이 있다.

지배인의 등기(상법 제13조)　상인은 지배인의 선임과 그 대리권의 소멸에 관하여 그 지배인을 둔 본점 또는 지점소재지에서 등기하여야 한다. 전조(공동지배인) 제1항에 규정한 사항과 그 변경도 같다.

---

007 지배인은 상인 또는 그 대리인에 의해 선임된다.　❙ 법원직9급 20　　○ ×
☐☐☐
⋯⋯⋯
상인은 지배인을 선임하여 본점 또는 지점에서 영업을 하게 할 수 있다(상법 제10조). 지배인의 선임에 대리가 금지되지 않으므로 상인의 대리인도 지배인을 선임할 수 있다. 그러나 지배인은 다른 지배인을 선임할 수 없다.
답 ○

008 지배인은 영업주에 갈음하여 그 영업에 관한 재판상 또는 재판 외의 모든 행위를 할 수 있다.
☐☐☐　❙ 법무사 21, 법원직9급 20　　○ ×
⋯⋯⋯
상법 제11조 제1항
답 ○

009 ▶ 지배인의 어떤 행위가 영업주의 영업에 관한 것인가의 여부는 지배인의 행위 당시의 주관적
☐☐☐　 인 의사에 따라 결정될 수밖에 없다.　❙ 법원직9급 20　　○ ×

　　 ▶ 지배인의 어떤 행위가 영업주의 영업에 관한 것인가는 지배인의 행위의 객관적 성질에 따라
　　 추상적으로 판단되어야 한다.　❙ 법원직9급 22　　○ ×
⋯⋯⋯
지배인은 영업주에 갈음하여 그 영업에 관한 재판상 또는 재판 외의 모든 행위를 할 수 있고, 지배인의 대리권에 대한 제한은 선의의 제3자에게 대항하지 못하며, 여기서 지배인의 어떤 행위가 영업주의 영업에 관한 것인가의 여부는 지배인의 행위 당시의 주관적인 의사와는 관계없이 그 행위의 객관적 성질에 따라 추상적으로 판단되어야 한다(대판 1997.8.26. 96다36753).
답 × / ○

010
□□□

▸ 지배인이 영업주가 정한 대리권에 관한 제한규정에 위반하여 한 행위에 대하여는 제3자가 위 대리권 제한사실을 알고 있었던 경우뿐만 아니라 알지 못한 데에 중대한 과실이 있는 경우에도 영업주는 그러한 사유를 들어 상대방에게 대항할 수 있다. **| 법무사 21** ○ ×

▸ 상업사용인이 영업주가 정한 대리권에 관한 제한 규정에 위반하여 한 행위에 대하여는 제3자가 위 대리권의 제한 사실을 알고 있었던 경우뿐만 아니라 알지 못한 데에 중대한 과실이 있는 경우에도 영업주는 그러한 사유를 들어 상대방에게 대항할 수 있고, 이러한 제3자의 악의 또는 중대한 과실에 대한 주장·증명책임은 영업주가 부담한다. **| 법무사 18** ○ ×

▸ 제3자가 지배인의 대리권 제한에 관하여 악의·중과실인 경우, 영업주는 그러한 사유를 들어 상대방에게 대항할 수 있다. **| 법원직9급 22** ○ ×

......

지배인의 어떤 행위가 그 객관적 성질에 비추어 영업주의 영업에 관한 행위로 판단되는 경우에 지배인이 영업주가 정한 대리권에 관한 제한 규정에 위반하여 한 행위에 대하여는 제3자가 위 대리권의 제한 사실을 알고 있었던 경우뿐만 아니라 알지 못한 데에 중대한 과실이 있는 경우에도 영업주는 그러한 사유를 들어 상대방에게 대항할 수 있고, 이러한 제3자의 악의 또는 중대한 과실에 대한 주장·입증책임은 영업주가 부담한다(대판 1997.8.26. 96다36753). **답** ○ / ○ / ○

011
□□□

지배인의 행위가 영업에 관한 것으로서 대리권한 범위 내의 행위라 하더라도 영업주 본인의 이익이나 의사에 반하여 자기 또는 제3자의 이익을 도모할 목적으로 그 권한을 행사한 경우에 그 상대방이 지배인의 진의를 알았거나 알 수 있었을 때에는 민법 제107조 제1항 단서의 유추해석상 그 지배인의 행위에 대하여 영업주 본인은 아무런 책임을 지지 않는다. **| 법원직9급 20** ○ ×

......

대판 1999.3.9. 97다7721 **답** ○

012
□□□

상인은 수인의 지배인에게 공동으로 대리권을 행사하게 할 수 있는데, 이는 등기사항에는 해당하지 않는다. **| 법무사 21** ○ ×

......

상인은 수인의 지배인에게 공동으로 대리권을 행사하게 할 수 있으며(상법 제12조 제1항), 상인은 지배인의 선임과 그 대리권의 소멸에 관하여 그 지배인을 둔 본점 또는 지점소재지에서 <u>등기하여야 한다</u>. 전조 제1항에 규정한 사항과 그 변경도 같다(상법 제13조). **답** ×

표현지배인(상법 제14조)   ① 본점 또는 지점의 본부장, 지점장, 그밖에 (지배인으로 인정될 만한 명칭)을 사용하는 자는 본점 또는 지점의 지배인과 동일한 권한이 있는 것으로 본다. 다만, (재판상 행위)에 관하여는 그러하지 (아니하다).
② 제1항은 상대방이 (악의)인 경우에는 적용하지 (아니한다).

013 ▸ 본부장, 지점장 외에 지점차장도 표현지배인에 해당한다. **▎법무사 18**   ○ ✕
□□□

▸ 표현지배인은 본점 또는 지점의 본부장, 지점장, 그 밖에 지배인으로 인정될 만한 명칭을 사용하는 자를 말하므로, 지점차장이라는 명칭을 사용하는 자는 표현지배인이라고 볼 수 없다. **▎법무사 21**   ○ ✕

▸ 지점의 차장이라는 명칭을 사용하는 자도 상법 제14조 제1항 소정의 영업주 기타 이에 유사한 명칭을 가지는 사용인이므로, 표현지배인이 될 수 있다. **▎법원직9급 22**   ○ ✕

지점 차장이라는 명칭은 그 명칭 자체로서 상위직의 사용인의 존재를 추측할 수 있게 하는 것이므로 상법 제14조 제1항 소정의 영업주임 기타 이에 유사한 명칭을 가진 사용인을 표시하는 것이라고 할 수 없고, 따라서 <u>표현지배인이 아니다</u>(대판 1993.12.10. 93다36974).   **답** ✕ / ○ / ✕

014 상법상 표현지배인에 관한 규정이 적용되기 위하여는 당해 사용인의 근무장소가 상법상 지점으로서의 실체를 구비하여야 한다. **▎법무사 18**   ○ ✕
□□□

상법 제14조 제1항 소정의 표현지배인이 성립하려면 당해 사용인의 근무장소가 상법상의 영업소인 '본점 또는 지점'의 실체를 가지고 어느 정도 독립적으로 영업 활동을 할 수 있는 것임을 요하고, 본·지점의 기본적인 업무를 독립하여 처리할 수 있는 것이 아니라 단순히 본·지점의 지휘·감독 아래 기계적으로 제한된 보조적 사무만을 처리하는 영업소는 상법상의 영업소인 본·지점에 준하는 영업장소라고 볼 수 없다(대판 1998.10.13. 97다43819).   **답** ○

015 ▸ 단순히 본·지점의 지휘감독 아래 기계적으로 제한된 보조적 사무만을 처리하는 영업소는 상법상의 영업소라 볼 수 없으므로 동 영업소의 소장을 상법 제14조 제1항 소정의 표현지배인으로 볼 수 없다. **▎법무사 18**   ○ ✕
□□□

▸ 본·지점의 지휘·감독 아래 기계적으로 제한된 보조적 사무만을 처리하는 영업소에서 근무하는 자는 상법 제14조 제1항 소정의 표현지배인이 될 수 없다. **▎법원직9급 22**   ○ ✕

단순히 본·지점의 지휘감독 아래 기계적으로 제한된 보조적 사무만을 처리하는 영업소는 상법상의 영업소라 볼 수 없으므로 동 영업소의 소장을 상법 제14조 제1항 소정의 표현지배인으로 볼 수 없다(대판 1978.12.13. 78다1567).   **답** ○ / ○

016 거래행위라고 볼 수 없는 재판상 행위에 대하여는 표현지배인이 인정되지 아니한다.
☐☐☐ ▌법무사 18   ○ ✕

....

본점 또는 지점의 본부장, 지점장, 그 밖에 지배인으로 인정될 만한 명칭을 사용하는 자는 본점 또는 지점의 지배인과 동일한 권한이 있는 것으로 본다. 다만, 재판상 행위에 관하여는 그러하지 아니하다(상법 제14조 제1항).
답 ○

017 지배인이 영업주 명의로 한 어음행위는 객관적으로 영업에 관한 행위로서 지배인의 대리권의
☐☐☐ 범위에 속하는 행위라 할 것이므로 지배인이 개인적 목적을 위하여 어음행위를 한 경우에도 그 행위의 효력은 영업주에게 미친다 할 것이고, 이러한 법리는 표현지배인의 경우에도 동일하다.
▌법무사 18   ○ ✕

....

지배인의 행위가 영업주의 영업에 관한 것인가의 여부는 지배인의 행위 당시의 주관적인 의사와는 관계없이 그 행위의 객관적 성질에 따라 추상적으로 판단하여야 할 것인바, 지배인이 영업주 명의로 한 어음행위는 객관적으로 영업에 관한 행위로서 지배인의 대리권의 범위에 속하는 행위라 할 것이므로 지배인이 개인적 목적을 위하여 어음행위를 한 경우에도 그 행위의 효력은 영업주에게 미친다 할 것이고, 이러한 법리는 표현지배인의 경우에도 동일하다(대판 1998.8.21. 97다6704).
답 ○

제3관 **부분적 포괄대리권을 가진 상업사용인**

부분적 포괄대리권을 가진 사용인(상법 제15조) 　① 영업의 특정한 종류 또는 특정한 사항에 대한 위임을 받은 사용인은 이에 관한 (재판 외의 모든 행위)를 할 수 있다.
② 제11조 제3항의 규정은 전항의 경우에 준용한다.

지배인의 대리권(상법 제11조) 　③ 지배인의 대리권에 대한 제한은 (선의의 제3자)에게 대항하지 못한다.

---

018 부분적 포괄대리권을 가진 상업사용인은 개개의 행위에 대하여 영업주로부터 별도의 수권을
☐☐☐ 받을 필요가 없다. ▌법무사 18   ○ ✕

....

상법 제15조에 의하여 부분적 포괄대리권을 가진 상업사용인은 그가 수여받은 영업의 특정한 종류 또는 특정한 사항에 관한 재판 외의 모든 행위를 할 수 있으므로 개개의 행위에 대하여 영업주로부터 별도의 수권이 필요 없으나, 어떠한 행위가 위임받은 영업의 특정한 종류 또는 사항에 속하는가는 당해 영업의 규모와 성격, 거래행위의 형태 및 계속 반복 여부, 사용인의 직책명, 전체적인 업무분장 등 여러 사정을 고려해서 거래통념에 따라 객관적으로 판단하여야 한다(대판 2009.5.28. 2007다20440).
답 ○

019 상법 제15조의 부분적 포괄대리권을 가진 사용인은 영업의 특정한 종류 또는 특정한 사항에 관한 재판 외의 모든 행위를 할 수 있는 대리권을 가진 상업사용인을 말하므로, 이에 해당하려면 영업주를 대리하여 법률행위를 하는 것이 업무 내용에 포함되어야 한다. **┃법무사 20**

⃝ ✕

대판 2007.8.23. 2007다23425

답 ⃝

020 부분적 포괄대리권을 가진 상업사용인이 특정된 영업이나 특정된 사항에 속하지 아니하는 행위를 한 경우 영업주가 책임을 지기 위하여는 민법상의 표현대리의 법리에 의하여 그 상업사용인과 거래한 상대방이 그 상업사용인에게 그 권한이 있다고 믿을 만한 정당한 이유가 있어야 한다. **┃법무사 18·21**

⃝ ✕

대판 2006.6.15. 2006다13117

답 ⃝

021 부분적 포괄대리권을 가진 상업사용인이 그 범위 내에서 한 행위는 설사 상업사용인이 영업주 본인의 이익이나 의사에 반하여 자기 또는 제3자의 이익을 도모할 목적으로 그 권한을 남용한 것이라 할지라도 일단 영업주 본인의 행위로서 유효하다. **┃법무사 18**

⃝ ✕

부분적 포괄대리권을 가진 상업사용인이 그 범위 내에서 한 행위는 설사 상업사용인이 영업주 본인의 이익이나 의사에 반하여 자기 또는 제3자의 이익을 도모할 목적으로 그 권한을 남용한 것이라 할지라도 일단 영업주 본인의 행위로서 유효하나, 그 행위의 상대방이 상업사용인의 진의를 알았거나 알 수 있었을 때에는 민법 제107조 제1항 단서의 유추해석상 그 행위에 대하여 영업주 본인에 대하여 무효가 되고, 그 상대방이 상업사용인의 표시된 의사가 진의 아님을 알았거나 알 수 있었는가의 여부는 표의자인 상업사용인과 상대방 사이에 있었던 의사표시 형성 과정과 그 내용 및 그로 인하여 나타나는 효과 등을 객관적인 사정에 따라 합리적으로 판단하여야 한다(대판 2008.7.10. 2006다43767).

답 ⃝

022 부분적 포괄대리권을 가진 사용인의 경우에도 표현지배인에 관한 상법 제14조의 규정이 유추 적용된다. **┃법무사 18**

⃝ ✕

부분적 포괄대리권을 가진 사용인에 해당하지 않는 사용인이 그러한 사용인과 유사한 명칭을 사용하여 법률행위를 한 경우 그 거래 상대방은 민법 제125조의 표현대리나 민법 제756조의 사용자책임 등의 규정에 의하여 보호될 수 있다고 할 것이므로, 부분적 포괄대리권을 가진 사용인의 경우에도 표현지배인에 관한 상법 제14조의 규정이 유추적용되어야 한다고 할 수는 없다(대판 2007.8.23. 2007다23425).

답 ✕

제1편

물건판매점포의 사용인

물건판매점포의 사용인(상법 제16조) ① 물건을 판매하는 점포의 사용인은 그 판매에 관한 모든 권한이 있는 것으로 본다.
② 제14조 제2항의 규정은 전항의 경우에 준용한다.

표현지배인(상법 제14조) ② 제1항은 상대방이 악의인 경우에는 적용하지 아니한다.

제5관 **상업사용인의 의무**

상업사용인의 의무(상법 제17조) ① 상업사용인은 영업주의 (허락 없이) 자기 또는 제3자의 계산으로 영업주의 (영업부류에 속한 거래)를 하거나 회사의 (무한책임사원, 이사 또는 다른 상인의 사용인)이 되지 못한다.
② 상업사용인이 전항의 규정에 위반하여 거래를 한 경우에 그 거래가 (자기의 계산)으로 한 것인 때에는 영업주는 이를 (영업주의 계산)으로 한 것으로 볼 수 있고 (제3자의 계산)으로 한 것인 때에는 영업주는 사용인에 대하여 이로 인한 (이득의 양도)를 청구할 수 있다.
③ 전항의 규정은 영업주로부터 사용인에 대한 계약의 해지 또는 손해배상의 청구에 영향을 미치지 아니한다.
④ 제2항에 규정한 권리는 영업주가 그 거래를 (안) 날로부터 (2주)간을 경과하거나 그 거래가 (있은) 날로부터 (1년)을 경과하면 소멸한다.

제2장 | 기업의 물적 요소

제1절 상 호

1 상호선정의 자유 및 제한

> **상호선정의 자유(상법 제18조)** 상인은 그 성명 기타의 명칭으로 상호를 정할 수 있다.
>
> **회사의 상호(상법 제19조)** 회사의 상호에는 그 종류에 따라 (합명회사, 합자회사, 유한책임회사, 주식회사 또는 유한회사의 문자)를 사용하여야 한다.
>
> **회사상호의 부당사용의 금지(상법 제20조)** (회사가 아니면) 상호에 회사임을 표시하는 문자를 사용하지 못한다. 회사의 영업을 양수한 경우에도 같다.
>
> **상호의 단일성(상법 제21조)** ① 동일한 영업에는 (단일상호)를 사용하여야 한다.
> ② 지점의 상호에는 본점과의 종속관계를 표시하여야 한다.

023 회사의 상호에는 그 종류에 따라 합명회사, 합자회사, 유한책임회사, 주식회사 또는 유한회사
□□□ 의 문자를 사용하여야 한다. ▎법무사 17 ○ ×

상법 제19조 답 ○

024 ▸ 회사의 영업을 양수한 경우에도 회사가 아니라면 상호에 회사임을 표시하는 문자를 사용하지
□□□ 못한다. ▎법무사 17 ○ ×

▸ 회사가 아니면 회사의 영업을 양수한 경우에도 상호에 회사임을 표시하는 문자를 사용하지
못한다. ▎법무사 19 ○ ×

상법 제20조 답 ○ / ○

025 동일한 영업에는 단일상호를 사용하여야 한다. ▎법무사 17 ○ ×
□□□
상법 제21조 제1항 답 ○

> **상호등기의 효력(상법 제22조)** 타인이 등기한 상호는 (동일한 특별시·광역시·시·군)에서 (동종영업)의 상호로 등기하지 못한다.
>
> **상호의 가등기(상법 제22조의2)** ① (유한책임회사, 주식회사 또는 유한회사)를 설립하고자 할 때에는 (본점)의 소재지를 관할하는 등기소에 상호의 가등기를 신청할 수 있다.
> ② 회사는 상호나 목적 또는 상호와 목적을 변경하고자 할 때에는 (본점)의 소재지를 관할하는 등기소에 상호의 가등기를 신청할 수 있다.
> ③ 회사는 본점을 이전하고자 할 때에는 (이전할 곳)을 관할하는 등기소에 상호의 가등기를 신청할 수 있다.
> ④ 상호의 가등기는 제22조의 적용에 있어서는 상호의 등기로 본다.

026
□□□
> ▶ "타인이 등기한 상호는 동일한 특별시·광역시·시·군에서 동종영업의 상호로 등기하지 못한다"고 규정하고 있는 상법 제22조에 기하여 선등기자가 후등기자를 상대로 위 규정에 의하여 금지되는 상호등기의 말소청구의 소를 제기할 수 있다. ▮법무사 22   ○ ×
>
> ▶ 상법 제22조(상호등기의 효력)는, 동일한 특별시·광역시·시 또는 군 내에서는 동일한 영업을 위하여 타인이 등기한 상호 또는 확연히 구별할 수 없는 상호의 등기를 금지하는 효력을 가지고, 그와 같은 상호가 등기된 경우에는 위 규정을 근거로 하여 선등기자가 후등기자를 상대로 그와 같은 등기의 말소를 소로써 청구할 수 있다. ▮법원직9급 22   ○ ×

상법 제22조의 규정은 동일한 특별시·광역시·시 또는 군 내에서는 동일한 영업을 위하여 타인이 등기한 상호 또는 확연히 구별할 수 없는 상호의 등기를 금지하는 효력과 함께 그와 같은 상호가 등기된 경우에는 선등기자가 후등기자를 상대로 그와 같은 등기의 말소를 소로써 청구할 수 있는 효력도 인정한 규정이라고 봄이 상당하다(대판 2004.3.26. 2001다72081). 답 ○ / ○

027
□□□
유한책임회사, 주식회사 또는 유한회사를 설립하고자 할 때 또는 회사의 상호와 목적을 변경하고자 할 때에는 본점의 소재지를 관할하는 등기소에 상호의 가등기를 신청할 수 있다.
▮법무사 22   ○ ×

상법 제22조의2 제1항, 제2항 답 ○

> **주체를 오인시킬 상호의 사용금지(상법 제23조)** ① 누구든지 부정한 목적으로 타인의 영업으로 오인할 수 있는 상호를 사용하지 못한다.
> ② 제1항의 규정에 위반하여 상호를 사용하는 자가 있는 경우에 이로 인하여 손해를 받을 염려가 있는 자 또는 (상호를 등기)한 자는 그 (폐지)를 청구할 수 있다.
> ③ 제2항의 규정은 손해배상의 청구에 영향을 미치지 아니한다.
> ④ (동일)한 특별시·광역시·시·군에서 (동종영업)으로 타인이 등기한 상호를 사용하는 자는 (부정한 목적)으로 사용하는 것으로 (추정)한다.

028 적법하게 상호를 선정한 경우 상호를 등기하지 않았더라도 부정한 목적으로 타인의 영업으로 □□□ 오인할 수 있는 상호를 사용하는 자에 대하여 그 폐지를 청구할 수 있다. ▌법무사 19　○ ✕

상호를 등기하지 않은 상호권자도 상호폐지청구권을 행사할 수 있다. 다만, 등기를 하지 않은 경우 상호권을 침해하는 자가 '부정한 목적'으로 '상호권자의 영업으로 오인할 수 있는 상호'를 사용하고, 이로 인해 '손해를 받을 염려'가 있음을 입증하여야 한다.　**답** ○

029 ▸ 누구든지 부정한 목적으로 타인의 영업으로 오인할 수 있는 상호를 사용하지 못하므로, □□□ 이를 위반하여 상호를 사용하는 자가 있는 경우에 이로 인하여 손해를 받을 염려가 있는 자 또는 상호를 등기한 자는 그 폐지를 청구할 수 있고, 손해를 입은 자는 손해배상청구도 할 수 있다. ▌법무사 22　○ ✕

▸ 상법 제23조 제1항에 위반하여 상호를 사용하는 자가 있는 경우에 이로 인하여 손해를 받을 염려가 있는 자 또는 상호를 등기한 자는 그 폐지를 청구할 수 있으나, 폐지를 청구할 경우 손해배상의 청구는 제한된다. ▌법원직9급 22　○ ✕

상호권자는 상호폐지청구권 행사와 별도로 자신의 상호를 부정한 목적으로 사용한 자에게 이로 인해 이미 발생한 손해의 배상을 청구할 수 있다(상법 제23조 제2항, 제3항 참조).　**답** ○ / ✕

030 ▸ "누구든지 부정한 목적으로 타인의 영업으로 오인할 수 있는 상호를 사용하지 못한다."라고 □□□ 규정한 상법 제23조 제1항의 취지는 일반거래시장에서 상호에 관한 공중의 오인·혼동을 방지하여 이에 대한 신뢰를 보호함과 아울러 상호권자가 타인의 상호와 구별되는 상호를 사용할 수 있는 이익을 보호하는 데 있다. ▌법원직9급 22　○ ✕

▸ 어떤 상호가 상법 제23조 제1항에서 정한 '타인의 영업으로 오인할 수 있는 상호'에 해당하는 지를 판단할 때에는 두 상호 전체를 비교 관찰하여 각 영업의 성질이나 내용, 영업방법, 수요자층 등에서 서로 밀접한 관련을 가지고 있는 경우로서 일반인이 두 업무의 주체가 서로 관련이 있는 것으로 생각하거나 또는 그 타인의 상호가 현저하게 널리 알려져 있어 일반인으로부터 기업의 명성으로 견고한 신뢰를 획득한 경우에 해당하는지 여부를 종합적으로 고려하여야 한다. ▌법원직9급 22　○ ✕

상법 제23조 제1항은 "누구든지 부정한 목적으로 타인의 영업으로 오인할 수 있는 상호를 사용하지 못한다."라고 규정하고 있는데, 위 규정의 취지는 일반거래시장에서 상호에 관한 공중의 오인·혼동을 방지하여 이에 대한 신뢰를 보호함과 아울러 상호권자가 타인의 상호와 구별되는 상호를 사용할 수 있는 이익을 보호하는 데 있다. 위와 같은 입법 취지에 비추어 볼 때 어떤 상호가 '타인의 영업으로 오인할 수 있는 상호'에 해당하는지를 판단할 때에는 양 상호 전체를 비교 관찰하여 각 영업의 성질이나 내용, 영업 방법, 수요자층 등에서 서로 밀접한 관련을 가지고 있는 경우로서 일반인이 양 업무의 주체가 서로 관련이 있는 것으로 생각하거나 또는 타인의 상호가 현저하게 널리 알려져 있어 일반인으로부터 기업의 명성으로 견고한 신뢰를 획득한 경우에 해당하는지를 종합적으로 고려하여야 한다(대판 2016.1.28. 2013다76635).　　　　　　　　　　　　　　**답** ○ / ○

031 상법 제23조(주체를 오인시킬 상호의 사용금지)에 규정된 '부정한 목적'이란 어느 명칭을 자기
☐☐☐　의 상호로 사용함으로써 일반인으로 하여금 자기의 영업을 명칭에 의하여 표시된 타인의 영업으로 오인하게 하여 부당한 이익을 얻으려 하거나 타인에게 손해를 가하려고 하는 등의 부정한 의도를 말하고, 부정한 목적이 있는지는 상인의 명성이나 신용, 영업의 종류·규모·방법, 상호 사용의 경위 등 여러 가지 사정을 종합하여 판단하여야 한다.　**ⅼ 법원직9급 20**　　○ ×

상법 제23조 제1항은 "누구든지 부정한 목적으로 타인의 영업으로 오인할 수 있는 상호를 사용하지 못한다."라고 규정하고 있는데, 위 규정의 취지는 일반거래시장에서 상호에 관한 공중의 오인·혼동을 방지하여 이에 대한 신뢰를 보호함과 아울러 상호권자가 타인의 상호와 구별되는 상호를 사용할 수 있는 이익을 보호하는 데 있다. …(중략)… 또한 위 조항에 규정된 '부정한 목적'이란 어느 명칭을 자기의 상호로 사용함으로써 일반인으로 하여금 자기의 영업을 명칭에 의하여 표시된 타인의 영업으로 오인하게 하여 부당한 이익을 얻으려 하거나 타인에게 손해를 가하려고 하는 등의 부정한 의도를 말하고, 부정한 목적이 있는지는 상인의 명성이나 신용, 영업의 종류·규모·방법, 상호 사용의 경위 등 여러 가지 사정을 종합하여 판단하여야 한다(대판 2016.1.28. 2013다76635).　　　　**답** ○

032 ▸ 동일한 특별시·광역시·시·군에서 동종영업으로 타인이 등기한 상호를 사용하는 자는
☐☐☐　　부정한 목적으로 사용하는 것으로 간주한다.　**ⅼ 법무사 17**　　○ ×

　　　▸ 동일한 특별시·광역시·시·군에서 동종영업으로 타인이 등기한 상호를 사용하는 자는
　　　　부정한 목적으로 사용하는 것으로 추정한다.　**ⅼ 법무사 22**　　○ ×

동일한 특별시·광역시·시·군에서 동종영업으로 타인이 등기한 상호를 사용하는 자는 부정한 목적으로 사용하는 것으로 추정한다(상법 제23조 제4항).　　　　　　　　　　**답** × / ○

4 상호의 양도와 폐지

상호의 양도(상법 제25조) ① 상호는 (영업을 폐지)하거나 (영업과 함께) 하는 경우에 한하여 이를 양도할 수 있다.
② 상호의 양도는 (등기하지 아니하면)제3자에게 대항하지 못한다.

상호불사용의 효과(상법 제26조) 상호를 등기한 자가 정당한 사유 없이 2년간 상호를 사용하지 아니하는 때에는 이를 (폐지)한 것으로 본다.

상호등기의 말소청구(상법 제27조) 상호를 변경 또는 폐지한 경우에 2주간 내에 그 상호를 등기한 자가 변경 또는 폐지의 등기를 하지 아니하는 때에는 이해관계인은 그 등기의 말소를 청구할 수 있다.

033 상호는 영업을 폐지하거나 영업과 함께 하는 경우에 한하여 이를 양도할 수 있다. **l 법무사 17**
□□□ ○ ×

··

상법 제25조 제1항 **답** ○

034 상호는 영업을 폐지하거나 영업과 함께 하는 경우에 한하여 이를 양도할 수 있는데, 상호의
□□□ 양도를 등기하지 않더라도 악의의 제3자에게는 대항할 수 있다. **l 법무사 22** ○ ×

··

상법 제37조 제1항의 상업등기의 일반적 효력으로서의 대항력과 달리 상호양도는 그 등기가 없으면 악의의 제3자
에게도 대항하지 못한다(상법 제25조 제2항 참조). **답** ×

035 상호를 등기한 자가 정당한 사유없이 2년간 상호를 사용하지 아니하는 때에는 이를 폐지한
□□□ 것으로 본다. **l 법원직9급 20** ○ ×

··

상법 제26조 **답** ○

5 명의대여자의 책임

명의대여자의 책임(상법 제24조) 타인에게 자기의 성명 또는 상호를 사용하여 영업을 할 것을 (허락한 자)는 자기를 영업주로 오인하여 거래한 제3자에 대하여 그 타인과 (연대)하여 변제할 책임이 있다.

036 ▶ 타인에게 자기의 성명 또는 상호를 사용하여 영업을 할 것을 허락한 자는 자기를 영업주로
□□□ 오인하여 거래한 제3자에 대하여 그 타인과 연대하여 변제할 책임이 있고, 이때 명의대여자
와 명의차용자의 책임은 부진정연대책임이다. **l 법무사 19** ○ ×

▸ 명의대여자와 명의차용자의 책임은 동일한 경제적 목적을 가진 채무로서 서로 중첩되는 부분에 관하여 일방의 채무가 변제 등으로 소멸하면 타방의 채무도 소멸하는 이른바 부진정 연대의 관계에 있다. ▍법무사 21　○ ×

▸ 상법 제24조에 의한 명의대여자와 명의차용자의 책임은 부진정연대의 관계에 있으므로, 채무자 1인에 대한 이행청구 또는 채무자 1인이 행한 채무의 승인 등 소멸시효의 중단사유나 시효이익의 포기는 다른 채무자에 대하여 효력이 미치지 아니한다. ▍법원직9급 20　○ ×

상법 제24조에 의한 명의대여자와 명의차용자의 책임은 동일한 경제적 목적을 가진 채무로서 서로 중첩되는 부분에 관하여 일방의 채무가 변제 등으로 소멸하면 타방의 채무도 소멸하는 이른바 부진정연대의 관계에 있다. 이와 같은 부진정연대채무에 서는 채무자 1인에 대한 이행청구 또는 채무자 1인이 행한 채무의 승인 등 소멸시효의 중단사유나 시효이익의 포기가 다른 채무자에게 효력을 미치지 아니한다(대판 2011.4.14. 2010다91886).
　　　　　　　　　　　　　　　　　　　　　　　　　　　　답 ○ / ○ / ○

037　▸ 명의차용자가 불법행위를 한 경우에는 설령 피해자가 명의대여자를 영업주로 오인하고 있었
□□□ 　더라도 그와 같은 오인과 피해의 발생 사이에 인과관계가 없으므로, 이 경우 명의대여자는 신뢰관계를 전제로 하는 명의대여자의 책임을 부담하지 않는다. ▍법무사 19　○ ×

　　　▸ 불법행위의 경우 피해자가 명의대여자를 영업주로 오인하였다면 명의대여자는 그 신뢰관계를 이유로 명의대여자책임을 부담한다. ▍법무사 21　○ ×

상법 제24조 소정의 명의대여자책임은 명의차용인과 그 상대방의 거래행위에 의하여 생긴 채무에 관하여 명의대여자를 진실한 상대방으로 오인하고 그 신용·명의 등을 신뢰한 제3자를 보호하기 위한 것으로, 불법행위의 경우에는 설령 피해자가 명의대여자를 영업주로 오인하고 있었더라도 그와 같은 오인과 피해의 발생 사이에 아무런 인과관계가 없으므로, 이 경우 신뢰관계를 이유로 명의대여자에게 책임을 지워야 할 이유가 없다(대판 1998.3.24. 97다55621).
　　　　　　　　　　　　　　　　　　　　　　　　　　　　답 ○ / ×

038　▸ 명의대여자는 거래 상대방이 명의대여사실을 알았거나 모른 데 대하여 중대한 과실이 있는
□□□ 　때에는 명의대여자책임을 지지 아니하고, 이때 거래 상대방의 악의, 중과실에 대하여는 면책을 주장하는 명의대여자가 증명책임을 부담한다. ▍법무사 21　○ ×

　　　▸ 상법 제24조의 규정에 의한 명의대여자의 책임을 주장하는 자, 즉 거래 상대방이 명의대여사실을 알았는지 또는 모른 데 중대한 과실이 있었는지 여부에 관하여 그 증명책임을 부담한다.
　　　▍법원직9급 20　○ ×

상법 제24조에서 규정한 명의대여자의 책임은 명의자를 사업주로 오인하여 거래한 제3자를 보호하기 위한 것이므로 거래 상대방이 명의대여사실을 알았거나 모른 데 대하여 중대한 과실이 있는 때에는 책임을 지지 않는바, 이때 거래의 상대방이 명의대여사실을 알았거나 모른 데 대한 중대한 과실이 있었는지 여부에 대하여는 면책을 주장하는 명의대여자가 입증책임을 부담한다(대판 2008.1.24. 2006다21330).
　　　　　　　　　　　　　　　　　　　　　　　　　　　　답 ○ / ×

039 명의대여자의 책임은 명의사용을 허락받은 자의 행위에 한하고 명의차용자의 피용자의 행위에
□□□ 대해서까지 미칠 수는 없다. **┃법무사 21**   ○ ×
....

상법 제24조의 명의대여자의 책임규정은 거래상의 외관보호와 금반언의 원칙을 표현한 것으로서 명의대여자가
영업주(여기의 영업주는 상법 제4조 소정의 상인보다는 넓은 개념이다)로서 자기의 성명이나 상호를 사용하는
것을 허락했을 때에는 명의차용자가 그것을 사용하여 법률행위를 함으로써 지게 된 거래상의 채무에 대하여
변제의 책임이 있다는 것을 밝히고 있는 것에 그치는 것이므로 여기에 근거한 명의대여자의 책임은 명의의 사용을
허락받은 자의 행위에 한하고 명의차용자의 피용자의 행위에 대해서까지 미칠 수는 없다(대판 1989.9.12. 88다카
26390).   **답** ○

040 건설업면허를 대여한 자는 그 면허를 대여받은 자가 그 면허를 사용하여 면허를 대여한 자의
□□□ 명의로 하도급거래를 한 경우 면허를 대여한 자를 영업의 주체로 오인한 하수급인에 대하여
명의대여자책임을 질 수 있다. **┃법무사 21**   ○ ×
....

상법 제24조는 명의를 대여한 자를 영업의 주체로 오인하고 거래한 상대방의 이익을 보호하기 위한 규정으로서
이에 따르면 명의대여자는 명의차용자가 영업거래를 수행하는 과정에서 부담하는 채무를 연대하여 변제할 책임이
있다. 그리고 건설업 면허를 대여한 자는 자기의 성명 또는 상호를 사용하여 건설업을 할 것을 허락하였다고
할 것인데, 건설업에서는 공정에 따라 하도급거래를 수반하는 것이 일반적이어서 특별한 사정이 없는 한 건설업
면허를 대여받은 자가 그 면허를 사용하여 면허를 대여한 자의 명의로 하도급거래를 하는 것도 허락하였다고
봄이 상당하므로, 면허를 대여한 자를 영업의 주체로 오인한 하수급인에 대하여도 명의대여자로서의 책임을 지고,
면허를 대여받은 자를 대리 또는 대행한 자가 면허를 대여한 자의 명의로 하도급거래를 한 경우에도 마찬가지이다
(대판 2008.10.23. 2008다46555).   **답** ○

제2절 상업등기

통칙(상법 제34조)   이 법에 따라 등기할 사항은 당사자의 신청에 의하여 영업소의 소재지를 관할하는
법원의 상업등기부에 등기한다.

지점소재지에서의 등기(상법 제35조)   본점의 소재지에서 등기할 사항은 다른 규정이 없으면 지점의 소재
지에서도 등기하여야 한다.

등기의 효력(상법 제37조)   ① 등기할 사항은 이를 등기하지 아니하면 선의의 제3자에게 대항하지 못한다.
② (등기한 후)라도 제3자가 (정당한 사유)로 인하여 이를 알지 못한 때에는 제1항과 같다.

부실의 등기(상법 제39조)   고의 또는 과실로 인하여 사실과 상위한 사항을 등기한 자는 그 상위를 (선의의
제3자)에게 대항하지 못한다.

변경, 소멸의 등기(상법 제40조)   등기한 사항에 (변경)이 있거나 그 사항이 (소멸)한 때에는 당사자는
(지체 없이) 변경 또는 소멸의 등기를 하여야 한다.

041 본점의 소재지에서 등기할 사항은 다른 규정이 없으면 지점의 소재지에서도 등기하여야 한다.
□□□ | 법무사 18 ○ ×

상법 제35조 [답] ○

042 등기신청권자가 스스로 등기를 하지 아니하였다 하더라도 그의 책임 있는 사유로 그 등기가
□□□ 이루어지는 데에 관여하거나 그 부실등기의 존재를 알고 있음에도 이를 시정하지 않고 방치하
는 등 등기신청권자의 고의·과실로 부실등기를 한 것과 동일시할 수 있는 특별한 사정이
있는 경우에는, 그 등기신청권자에 대하여 상법 제39조에 의한 부실등기책임을 물을 수 있다.
| 법무사 18 ○ ×

등기신청권자에게 상법 제39조에 의한 불실등기책임을 묻기 위해서는, 원칙적으로 등기가 등기신청권자에 의하여
고의·과실로 마쳐진 것임을 요하고, 주식회사의 경우 불실등기에 대한 고의·과실의 유무는 대표이사를 기준으로
판정하여야 하는 것이지만, 등기신청권자가 스스로 등기를 하지 아니하였다 하더라도 그의 책임 있는 사유로
등기가 이루어지는 데에 관여하거나 불실등기의 존재를 알고 있음에도 이를 시정하지 않고 방치하는 등 등기신청
권자의 고의·과실로 불실등기를 한 것과 동일시할 수 있는 특별한 사정이 있는 경우에는, 등기신청권자에 대하여
상법 제39조에 의한 불실등기책임을 물을 수 있다(대판 2011.7.28. 2010다70018). [답] ○

043 등기의무자가 등기할 사항을 등기한 경우에는 정당한 사유로 인하여 이를 알지 못한 경우를
□□□ 제외하고는 선의의 제3자에게도 대항할 수 있다. | 법무사 18 ○ ×

상법 제37조 [답] ○

044 법인등기부에 이사 또는 감사로 등재되어 있는 경우에는 특단의 사정이 없는 한 정당한 절차에
□□□ 의하여 선임된 적법한 이사 또는 감사로 추정된다. | 법무사 18 ○ ×

대판 1991.12.27. 91다4409 [답] ○

045 등기할 사항을 등기하지 아니하면 선의의 제3자에게 대항하지 못하는데, 여기서 선의의 제3자
□□□ 라 함은 대등한 지위에서 하는 보통의 거래관계의 상대방은 물론 조세권에 기하여 조세의
부과처분을 하는 경우의 국가를 포함한다. | 법무사 18 ○ ×

"등기할 사항은 등기와 공고 후가 아니면 선의의 제3자에게 대항할 수 없다"는 상법 제37조 소정의 제3자라
함은 대등한 지위에서 하는 보통의 거래관계의 상대방을 말한다 할 것이고, <u>조세권에 기하여 조세의 부과처분을
하는 경우의 국가는 여기에 규정된 제3자라 할 수 없다</u>(대판 1990.9.28. 90누4235). [답] ×

제3절　영업양도

제1관　영업양도의 의의 및 절차

046
☐☐☐
▸ 상법상의 영업양도는 종래의 영업조직이 유지되어 그 조직이 전부 또는 중요한 일부로서 기능할 수 있는가에 의하여 결정되어야 한다. 따라서 영업재산의 일부를 유보한 채 영업시설을 양도하였더라도 그 양도한 부분만으로도 종래의 조직이 유지되어 있다고 인정된다면 영업의 양도라고 보아야 한다. ▎법무사 20　　○×

▸ 영업양도는 반드시 영업양도 당사자 사이의 명시적 계약에 의하여야 하는 것은 아니며 묵시적 계약에 의하여도 가능하다. 영업양도의 경우 별도의 등기가 필요하지 않을뿐더러, 그 계약서의 작성이나 기재사항도 법정화되어 있지 않다. ▎법무사 20　　○×

▸ 영업재산의 일부를 유보한 채 영업시설을 양도했어도 그 양도한 부분만으로도 종래의 조직이 유지되어 있다고 사회관념상 인정되면 그것을 영업의 양도로 볼 수 있다. ▎법무사 19

○×

상법상의 영업양도는 일정한 영업목적에 의하여 조직화된 업체, 즉 인적·물적 조직을 그 동일성은 유지하면서 일체로서 이전하는 것을 의미하고, 영업양도가 이루어졌는가의 여부는 단지 어떠한 영업재산이 어느 정도로 이전되어 있는가에 의하여 결정되어야 하는 것이 아니고 거기에 종래의 영업조직이 유지되어 그 조직이 전부 또는 중요한 일부로서 기능할 수 있는가에 의하여 결정되어야 하므로, 영업재산의 일부를 유보한 채 영업시설을 양도했어도 그 양도한 부분만으로도 종래의 조직이 유지되어 있다고 사회관념상 인정되면 그것을 영업의 양도라 볼 수 있고, 이러한 영업양도는 반드시 영업양도 당사자 사이의 명시적 계약에 의하여야 하는 것은 아니며 묵시적 계약에 의하여도 가능하다(대판 2009.1.15. 2007다17123). 　　**답** ○ / ○ / ○

047
☐☐☐
상법 제7장의 영업양도가 있다고 볼 수 있는지 여부는 양수인이 유기적으로 조직화된 수익의 원천으로서의 기능적 재산을 이전받아 양도인이 하던 것과 같은 영업적 활동을 계속하고 있다고 볼 수 있는지에 따라 판단되어야 한다. ▎법무사 18　　○×

상법 제42조 제1항의 영업이란 일정한 영업목적에 의하여 조직화된 유기적 일체로서의 기능적 재산을 말하고, 여기서 말하는 유기적 일체로서의 기능적 재산이란 영업을 구성하는 유형·무형의 재산과 경제적 가치를 갖는 사실관계가 서로 유기적으로 결합하여 수익의 원천으로 기능한다는 것과 이와 같이 유기적으로 결합한 수익의 원천으로서의 기능적 재산이 마치 하나의 재화와 같이 거래의 객체가 된다는 것을 뜻하는 것이므로, 영업양도가 있다고 볼 수 있는지의 여부는 양수인이 유기적으로 조직된 수익의 원천으로서의 기능적 재산을 이전받아 양도인이 하던 것과 같은 영업적 활동을 계속하고 있다고 볼 수 있는지의 여부에 따라 판단되어야 한다(대판 1998.4.14. 96다8826). 　　**답** ○

048 유한회사가 그 영업의 중요한 일부를 양도하고자 할 경우에는 사원총회의 결의가 필요하고,
□□□ 그 결의는 총사원의 반수 이상이며 총사원의 의결권의 4분의 3 이상을 가지는 자의 동의로
한다. ▮법무사 18 ○ ×

··

상법 제576조 제1항 답 ○

> **유한회사의 영업양도 등에 특별결의를 받아야 할 사항(상법 제576조)** ① 유한회사가 제374조 제1
> 항 제1호부터 제3호까지의 규정에 해당되는 행위를 하려면 **제585조에 따른 총회의 결의**가 있어
> 야 한다.
>
> **영업양도, 양수, 임대등(상법 제374조)** ① 회사가 다음 각 호의 어느 하나에 해당하는 행위를
> 할 때에는 제434조에 따른 결의가 있어야 한다.
> 1. **영업의 전부 또는 중요한 일부의 양도**
> 2. 영업 전부의 임대 또는 경영위임, 타인과 영업의 손익 전부를 같이 하는 계약, 그 밖에 이에
>   준하는 계약의 체결·변경 또는 해약
> 3. 회사의 영업에 중대한 영향을 미치는 다른 회사의 영업 전부 또는 일부의 양수
>
> **정관변경의 특별결의(상법 제585조)** ① 전조의 결의는 **총사원의 반수 이상이며 총사원의 의결권
> 의 4분의 3 이상을 가지는 자의 동의로** 한다.

제2관 영업양도의 대내적 효과

> **영업양도인의 경업금지(상법 제41조)** ① 영업을 양도한 경우에 (다른 약정이 없으면) 양도인은 (10년)간
> 동일한 특별시·광역시·시·군과 인접 특별시·광역시·시·군에서 동종영업을 하지 못한다.
> ② 양도인이 동종영업을 하지 아니할 것을 (약정한 때)에는 동일한 특별시·광역시·시·군과 인접 특별시
> ·광역시·시·군에 한하여 (20년)을 초과하지 아니한 범위 내에서 그 효력이 있다.

049 ▸ 영업을 양도한 경우에 다른 약정이 없으면 양도인은 10년간 동일한 특별시·광역시·시·군
□□□ 과 인접 특별시·광역시·시·군에서 동종영업을 하지 못한다. ▮법무사 18 ○ ×

▸ 영업양도계약이 체결된 경우 양도인은 경업금지의무를 부담하는데, 당사자 간의 약정이
있으면 그에 의하고 약정이 없으면 동일한 특별시·광역시·시·군과 인접 특별시·광역시
·시·군에서 10년간 동종의 영업을 할 수 없다. ▮법원직9급 22 ○ ×

··

상법 제41조 제1항 답 ○ / ○

050 경업금지지역으로서의 동일 지역 또는 인접 지역은 양도된 물적 설비가 있던 지역을 기준으로
☐☐☐ 정할 것이 아니라 영업양도인의 통상적인 영업활동이 이루어지던 지역을 기준으로 정하여야
한다. ▌법무사 19　　　　　　　　　　　　　　　　　　　　　　　　　　　　○ ✕

상법 제41조 제1항은 다른 약정이 없으면 영업양도인이 10년간 동일한 특별시·광역시·시·군과 인접 특별시·
광역시·시·군에서 양도한 영업과 동종인 영업을 하지 못한다고 규정하고 있다. 위 조문에서 양도 대상으로
규정한 영업은 일정한 영업 목적에 의하여 조직화되어 유기적 일체로서 기능하는 재산의 총체를 말하는데, 여기에
는 유형·무형의 재산 일체가 포함된다. 영업양도인이 영업을 양도하고도 동종 영업을 하면 영업양수인의 이익이
침해되므로 상법은 영업양수인을 보호하기 위하여 영업양도인의 경업금지의무를 규정하고 있다. 위와 같은 상법의
취지를 고려하여 보면, 경업이 금지되는 대상으로서의 동종 영업은 영업의 내용, 규모, 방식, 범위 등 여러 사정을
종합적으로 고려하여 볼 때 양도된 영업과 경쟁관계가 발생할 수 있는 영업을 의미한다고 보아야 한다(대판
2015.9.10. 2014다80440). 　　　　　　　　　　　　　　　　　　　　　　　　답 ○

051 영업이 양도되면 반대의 특약이 없는 한 양도인과 근로자 간의 근로관계도 원칙적으로 양수인
☐☐☐ 에게 승계된다. ▌법원직9급 22　　　　　　　　　　　　　　　　　　　　　○ ✕

영업의 양도라 함은 일정한 영업목적에 의하여 조직화된 업체, 즉 인적 물적 조직을 그 동일성은 유지하면서
일체로서 이전하는 것을 말하고 영업이 포괄적으로 양도되면 반대의 특약이 없는 한 양도인과 근로자 간의 근로관
계도 원칙적으로 양수인에게 포괄적으로 승계된다(대판 1994.6.28. 93다33173). 　　　　답 ○

052 ▸ 영업양도에 의하여 승계되는 근로관계는 계약체결일 현재 실제로 그 영업부문에서 근무하고
☐☐☐ 　 있는 근로자와의 근로관계뿐만이 아니라, 계약체결일 이전에 해당 영업부문에서 근무하다가
　 해고된 근로자로서 해고의 효력을 다투는 근로자와의 근로관계도 포함한다. ▌법무사 18
　　　　　　　　　　　　　　　　　　　　　　　　　　　　　　　　　○ ✕

▸ 영업양도에 의하여 승계되는 근로관계는 계약체결일 현재 실제로 그 영업부문에서 근무하고
　 있는 근로자와의 근로관계만을 의미하고, 계약체결일 이전에 해당 영업부문에서 근무하다가
　 해고된 근로자로서 해고의 효력을 다투는 근로자와의 근로관계까지 승계되는 것은 아니다.
▌법무사 20　　　　　　　　　　　　　　　　　　　　　　　　　　　　○ ✕

영업양도에 의하여 승계되는 근로관계는 계약체결일 현재 실제로 그 영업부문에서 근무하고 있는 근로자와의
근로관계만을 의미하고, 계약체결일 이전에 해당 영업부문에서 근무하다가 해고된 근로자로서 해고의 효력을
다투는 근로자와의 근로관계까지 승계되는 것은 아니다(대판 1996.5.31. 95다33238). 　　답 ✕ / ○

상호를 속용하는 양수인의 책임(상법 제42조)　① 영업양수인이 양도인의 (상호를 계속 사용)하는 경우에는 (양도인의 영업)으로 인한 제3자의 채권에 대하여 양수인도 변제할 책임이 있다.
② 전항의 규정은 양수인이 영업양도를 받은 후 지체 없이 양도인의 채무에 대한 책임이 없음을 (등기한 때)에는 적용하지 아니한다. 양도인과 양수인이 지체 없이 (제3자에 대하여) 그 뜻을 (통지)한 경우에 그 통지를 받은 제3자에 대하여도 같다.

영업양수인에 대한 변제(상법 제43조)　전조 제1항의 경우에 양도인의 영업으로 인한 채권에 대하여 채무자가 선의이며 중대한 과실 없이 양수인에게 변제한 때에는 그 효력이 있다.

채무인수를 광고한 양수인의 책임(상법 제44조)　영업양수인이 양도인의 상호를 계속 사용하지 아니하는 경우에 양도인의 영업으로 인한 (채무를 인수)할 것을 (광고)한 때에는 양수인도 변제할 책임이 있다.

영업양도인의 책임의 존속기간(상법 제45조)　영업양수인이 제42조 제1항 또는 전조의 규정에 의하여 변제의 책임이 있는 경우에는 양도인의 제3자에 대한 채무는 영업양도 또는 광고 후 (2년)이 경과하면 소멸한다.

053
☐☐☐
▸ 상호를 속용하는 영업양수인이 상법 제42조 제1항에 따라 책임지는 제3자의 채권은 영업양도 당시 채무의 변제기가 도래할 필요까지는 없다고 하더라도 그 당시까지 발생한 것이거나 영업양도 당시로 보아 가까운 장래에 발생될 것이 확실한 채권이어야 한다.　❚법무사 19
○ ×

▸ 상법 제42조 제1항은 영업양수인이 양도인의 상호를 계속 사용하는 경우 양도인의 영업으로 인한 제3자의 채권에 대하여 양수인도 변제할 책임이 있다고 규정함으로써 양도인이 여전히 주채무자로서 채무를 부담하면서 양수인도 함께 변제책임을 지도록 하고 있는데, 영업양수인이 위 규정에 따라 책임지는 제3자의 채권은 영업양도 당시 발생한 채권과 영업양도 당시로 보아 가까운 장래에 발생될 것이 확실한 채권이다.　❚법무사 22
○ ×

▸ 상법 제42조 제1항은 영업양수인이 양도인의 상호를 계속 사용하는 경우 양도인의 영업으로 인한 제3자의 채권에 대하여 양수인도 변제할 책임이 있다고 규정함으로써 양도인이 여전히 주채무자로서 채무를 부담하면서 양수인도 함께 변제책임을 지도록 하고 있다.
❚법원직9급 21
○ ×

▸ 영업양수인이 상법 제42조 제1항 규정에 따라 책임지는 제3자의 채권은 영업양도 당시 채무의 변제기가 도래할 필요까지는 없다고 하더라도 그 당시까지 발생한 것이어야 하는데, 영업양도 당시로 보아 가까운 장래에 발생될 것이 확실한 채권도 양수인이 책임져야 한다.
❚법원직9급 21
○ ×

상법 제42조 제1항은 영업양수인이 양도인의 상호를 계속 사용하는 경우 양도인의 영업으로 인한 제3자의 채권에 대하여 양수인도 변제할 책임이 있다고 규정함으로써 양도인이 여전히 주채무자로서 채무를 부담하면서 양수인도 함께 변제책임을 지도록 하고 있으나, 위 규정이 영업양수인이 양도인의 영업자금과 관련한 피보증인의 지위까지 승계하도록 한 것이라고 보기는 어렵고, 영업양수인이 위 규정에 따라 책임지는 제3자의 채권은 영업양도 당시 채무의 변제기가 도래할 필요까지는 없다고 하더라도 그 당시까지 발생한 것이어야 하고, 영업양도 당시로 보아 가까운 장래에 발생될 것이 확실한 채권도 양수인이 책임져야 한다고 볼 수 없다(대판 2020.2.6. 2019다270217).

답 × / × / ○ / ×

054
□□□
▸ 양수인에 의하여 속용되는 명칭이 상호 자체가 아닌 옥호 또는 영업표지인 때에는, 양수인은 특별한 사정이 없는 한 양도인의 영업으로 인한 제3자의 채권에 대하여 변제할 책임이 없다.
| 법무사 19
○ ×

▸ 양수인에 의하여 속용되는 명칭이 상호 자체가 아닌 옥호 또는 영업표지인 때에도 그것이 영업주체를 나타내는 것으로 사용되는 경우에는 채권자가 영업주체의 교체나 채무인수 여부 등을 용이하게 알 수 없다는 점에서 일반적인 상호속용의 경우와 다를 바 없으므로, 양수인은 특별한 사정이 없는 한 상호를 속용하는 영업양수인의 책임을 정한 상법 제42조 제1항의 유추적용에 의하여 그 채무를 부담한다. | 법무사 22
○ ×

상호를 속용하는 영업양수인의 책임을 정하고 있는 상법 제42조 제1항은, 일반적으로 영업상의 채권자의 채무자에 대한 신용은 채무자의 영업재산에 의하여 실질적으로 담보되어 있는 것이 대부분인데도 실제 영업의 양도가 이루어지면서 채무의 승계가 제외된 경우에는 영업상의 채권자의 채권이 영업재산과 분리되게 되어 채권자를 해치게 되는 일이 일어나므로 영업상의 채권자에게 채권추구의 기회를 상실시키는 것과 같은 영업양도의 방법, 즉 채무를 승계하지 않았음에도 불구하고 상호를 속용함으로써 영업양도의 사실이 대외적으로 판명되기 어려운 방법 또는 영업양도에도 불구하고 채무의 승계가 이루어지지 않은 사실이 대외적으로 판명되기 어려운 방법 등이 채용된 경우에 양수인에게도 변제의 책임을 지우기 위하여 마련된 규정이라고 해석된다. 따라서 양수인에 의하여 속용되는 명칭이 상호 자체가 아닌 옥호(屋號) 또는 영업표지인 때에도 그것이 영업주체를 나타내는 것으로 사용되는 경우에는 영업상의 채권자가 영업주체의 교체나 채무승계 여부 등을 용이하게 알 수 없다는 점에서 일반적인 상호속용의 경우와 다를 바 없으므로, 양수인은 특별한 사정이 없는 한 상법 제42조 제1항의 유추적용에 의하여 그 채무를 부담한다(대판 2010.9.30. 2010다35138).

답 × / ○

055
□□□
상법 제42조 제1항에 의하여 상호를 속용하는 영업양수인이 변제책임을 지는 양도인의 제3자에 대한 채무는 양도인의 영업으로 인한 채무로서 영업양도 전에 발생한 것이면 족하고, 반드시 영업양도 당시의 상호를 사용하는 동안 발생한 채무에 한하는 것은 아니다. | 법무사 22
○ ×

대판 2010.9.30. 2010다35138
답 ○

056 채권자가 영업양도 무렵 채무인수 사실이 없음을 알지 못한 경우에는 특별한 사정이 없는 □□□ 한 상호를 속용하는 영업양수인의 변제책임이 발생하고, 이후 채권자가 채무인수 사실이 없음을 알게 되었다고 하더라도 이미 발생한 영업양수인의 변제책임이 소멸하는 것은 아니다.

❚법무사 22   ○ ×

....

채권자 보호의 취지와 상법 제42조 제1항의 적용을 면하기 위하여 양수인의 책임 없음을 등기하거나 통지하는 경우에는 영업양도를 받은 후 지체 없이 하도록 규정한 상법 제42조 제2항의 취지를 종합하면, 채권자가 영업양도 당시 채무인수 사실이 없음을 알고 있었거나 그 무렵 알게 된 경우에는 영업양수인의 변제책임이 발생하지 않으나, 채권자가 영업양도 무렵 채무인수 사실이 없음을 알지 못한 경우에는 특별한 사정이 없는 한 상법 제42조 제1항에 따른 영업양수인의 변제책임이 발생하고, 이후 채권자가 채무인수 사실이 없음을 알게 되었다고 하더라도 이미 발생한 영업양수인의 변제책임이 소멸하는 것은 아니다(대판 2022.4.28. 2021다305659).   답 ○

057 상법 제42조 제1항에는 영업양수인이 양도인의 상호를 계속 사용하는 경우에는 양도인의 영업 □□□ 으로 인한 제3자의 채권에 대하여 양수인도 변제할 책임이 있다고 규정되어 있는바, 이때의 영업으로 인하여 발생한 채무란 영업상의 활동에 관하여 발생하는 채무를 의미하므로, 불법행 위로 인한 손해배상채무는 이에 포함되지 않는다고 보아야 한다. ❚법무사 20   ○ ×

....

상법 제42조 제1항에는 영업양수인이 양도인의 상호를 계속 사용하는 경우에는 양도인의 영업으로 인한 제3자의 채권에 대하여 양수인도 변제할 책임이 있다고 규정되어 있는바, … 영업으로 인하여 발생한 채무란 영업상의 활동에 관하여 발생한 모든 채무를 말한다고 하여야 할 것이므로 불법행위로 인한 손해배상채무도 이에 포함된다고 보아야 할 것이다(대판 1989.3.28. 88다카12100).   답 ×

058 영업을 출자하여 주식회사를 설립하고 그 상호를 계속 사용하는 경우 새로 설립된 주식회사는 □□□ 상법 제42조 제1항의 규정의 유추적용에 의하여 출자자의 채무를 변제할 책임이 있다.

❚법무사 20   ○ ×

....

영업을 출자하여 주식회사를 설립하고 그 상호를 계속 사용하는 경우에는, 영업의 양도는 아니지만 출자의 목적이 된 영업의 개념이 동일하고 법률행위에 의한 영업의 이전이란 점에서 영업의 양도와 유사하며 채권자의 입장에서 볼 때는 외형상의 양도와 출자를 구분하기 어려우므로, 새로 설립된 법인은 상법 제42조 제1항의 규정의 유추적용에 의하여 출자자의 채무를 변제할 책임이 있다(대판 1995.8.22. 95다12231).   답 ○

059 영업양수인이 양도인의 상호를 계속 사용하는 경우에도, 양도인과 양수인이 지체없이 제3자에 □□□ 대하여 양수인이 양도인의 채무에 대한 책임이 없음을 통지한 경우에는 양도인의 영업으로 인한 제3자의 채권에 대하여 양수인은 책임이 없다. ❚법원직9급 22   ○ ×

....

상법 제42조 제2항   답 ○

060
□□□
▸ 영업임대차의 경우에는 상법 제42조 제1항을 유추적용할 수 없으므로, 임차인은 임대인의 영업으로 인한 제3자의 채권에 대하여 변제할 책임이 없다. **▎법무사 19** ○ ×

▸ 영업임대차의 경우에 상호를 속용하는 영업양수인의 책임을 정한 상법 제42조 제1항을 유추적용할 수 없다. **▎법무사 22, 법원직9급 21** ○ ×

영업임대차의 경우에는 상법 제42조 제1항과 같은 법률규정이 없을 뿐만 아니라, 영업상의 채권자가 제공하는 신용에 대하여 실질적인 담보의 기능을 하는 영업재산의 소유권이 재고상품 등 일부를 제외하고는 모두 임대인에게 유보되어 있고 임차인은 사용·수익권만을 가질 뿐이어서 임차인에게 임대인의 채무에 대한 변제책임을 부담시키면서까지 임대인의 채권자를 보호할 필요가 있다고 보기 어렵다. 여기에 상법 제42조 제1항에 의하여 양수인이 부담하는 책임은 양수한 영업재산에 한정되지 아니하고 그의 전 재산에 미친다는 점 등을 더하여 보면, 영업임대차의 경우에 상법 제42조 제1항을 그대로 유추적용할 것은 아니다(대판 2016.8.24. 2014다9212). **답** ○ / ○

061
□□□
양도인의 영업으로 인한 채권에 대하여 채무자가 선의이며 중대한 과실 없이 양도인의 상호를 계속하여 사용하는 양수인에게 변제한 때에는 그 효력이 있다. **▎법무사 19** ○ ×

상법 제43조 **답** ○

062
□□□
영업양수인이 양도인의 상호를 계속 사용하지 아니하는 경우라도 양도인의 영업으로 인한 채무를 인수할 것을 광고한 때에는 양수인도 변제할 책임이 있다. **▎법무사 18, 법원직9급 21** ○ ×

상법 제44조 **답** ○

063
□□□
영업양수인이 양도인의 채무에 대하여 상법 규정에 의하여 변제의 책임이 있는 경우에도, 양도인의 제3자에 대한 채무는 상사시효가 적용되어 영업양도 후 5년이 경과하면 소멸한다. **▎법원직9급 22** ○ ×

영업양수인이 제42조 제1항 또는 전조의 규정에 의하여 변제의 책임이 있는 경우에는 양도인의 제3자에 대한 채무는 영업양도 또는 광고 후 2년이 경과하면 소멸한다(상법 제45조). **답** ×

제1장 | 상행위법 통칙

제1절 상행위의 의의

> **공법인의 상행위(상법 제2조)** (공법인의 상행위)에 대하여는 법령에 다른 규정이 없는 경우에 한하여 본법을 (적용)한다.
>
> **일방적 상행위(상법 제3조)** 당사자 중 그 (1인의 행위)가 상행위인 때에는 (전원)에 대하여 본법을 적용한다.
>
> **기본적 상행위(상법 제46조)** 영업으로 하는 다음의 행위를 상행위라 한다. 그러나 오로지 (임금을 받을 목적)으로 물건을 제조하거나 (노무에 종사)하는 자의 행위는 그러하지 (아니하다).
>
> **보조적 상행위(상법 제47조)** ① 상인이 (영업을 위하여) 하는 행위는 상행위로 (본다).
> ② 상인의 행위는 영업을 위하여 하는 것으로 (추정)한다.
>
> **준상행위(상법 제66조)** 본장(상행위 통칙)의 규정은 (제5조(동전–의제상인))의 규정에 의한 상인의 행위에 (준용)한다.

001 공법인의 상행위에 대하여는 법령에 다른 규정이 없는 경우에 한하여 상법이 적용된다.
□□□ ▌법무사 22 ○ ✕
....
상법 제2조 답 ○

002 상법 제3조에 따라 당사자 중 1인의 행위가 상행위인 때에는 전원에 대하여 상법이 적용된다.
□□□ 따라서 당사자의 일방이 수인인 경우에 그중 1인에게만 상행위가 되더라도 전원에 대하여 상법이 적용된다고 해석된다. ▌법무사 20 ○ ✕
....
대판 2014.4.10. 2013다68207 답 ○

003 상법 제46조 각 호에서 정한 행위는 영리를 목적으로 동종의 행위를 계속 반복적으로 하는
□□□ 경우에 기본적 상행위가 된다. ┃법원직9급 22 ○ ×

어느 행위가 상법 제46조의 기본적 상행위에 해당하기 위하여는 영업으로 같은 조 각 호의 행위를 하는 경우이어야
하고, 여기서 '영업으로 한다'는 것은 영리를 목적으로 동종의 행위를 계속 반복적으로 하는 것을 의미한다(대판
2020.5.28. 2017다265389). 답 ○

004 상인의 행위는 영업을 위하여 하는 것으로 추정되므로, 영업을 위하여 하는 것인지 아닌지
□□□ 분명하지 않은 상인의 행위는 영업을 위하여 하는 것으로 추정된다. ┃법무사 21 ○ ×

상법 제47조 제1항은 "상인이 영업을 위하여 하는 행위는 상행위로 본다"고 규정하고 있고, 같은 조 제2항은
"상인의 행위는 영업을 위하여 하는 것으로 추정한다"고 규정하고 있으므로, 영업을 위하여 하는 것인지 아닌지가
분명치 아니한 상인의 행위는 영업을 위하여 하는 것으로 추정되고 그와 같은 추정을 번복하기 위해서는 그와
다른 반대사실을 주장하는 자가 이를 증명할 책임이 있다(대판 2008.12.11. 2006다54378). 답 ○

005 회사는 상행위를 하지 않더라도 상인으로 보기 때문에 회사 대표이사 개인이 회사의 운영자금
□□□ 으로 사용하려고 돈을 빌린 때에는 언제나 상행위로 본다. ┃법무사 21 ○ ×

상인은 상행위로 인하여 생기는 권리·의무의 주체로서 상행위를 하는 것이고, 영업을 위하는 행위가 보조적
상행위로서 상법의 적용을 받기 위해서는 행위를 하는 자 스스로 상인 자격을 취득하는 것을 당연한 전제로
하며, 회사가 상법에 의해 상인으로 의제된다고 하더라도 <u>회사의 기관인 대표이사 개인은 상인이 아니어서 비록
대표이사 개인이 회사 자금으로 사용하기 위해서 차용한다고 하더라도 상행위에 해당하지 아니하여 차용금채무를
상사채무로 볼 수 없다</u>(대판 2015.3.26. 2014다70184). 답 ×

006 영업의 목적인 상행위를 개시하기 전에 영업을 위한 준비행위를 하는 자는 영업으로 상행위를
□□□ 할 의사를 실현하는 것이므로 준비행위를 한 때 상인자격을 취득함과 아울러 개업준비행위는
영업을 위한 행위로서 최초의 보조적 상행위가 된다. ┃법무사 17 ○ ×

영업의 목적인 상행위를 개시하기 전에 영업을 위한 준비행위를 하는 자는 영업으로 상행위를 할 의사를 실현하는
것이므로 준비행위를 한 때 상인자격을 취득함과 아울러 개업준비행위는 영업을 위한 행위로서 최초의 보조적
상행위가 되는 것이고, 이와 같은 개업준비행위는 반드시 상호등기·개업광고·간판부착 등에 의하여 영업의사를
일반적·대외적으로 표시할 필요는 없으나 점포구입·영업양수·상업사용인의 고용 등 준비행위의 성질로 보아
영업의사를 상대방이 객관적으로 인식할 수 있으면 당해 준비행위는 보조적 상행위로서 여기에 상행위에 관한
상법의 규정이 적용된다(대판 2012.4.13. 2011다104246). 답 ○

제1편

제2편

제3편

제4편

제5편

제6편

007 ▸ 어떠한 자가 자기명의로 상행위를 함으로써 상인자격을 취득하고자 준비행위를 하는 것이 아니라 다른 상인의 영업을 위한 준비행위를 하는 것에 불과하다면, 그 행위는 행위를 한 자의 보조적 상행위가 될 수 없다. **|법무사 18**　　　　○ ×

▸ 영업을 준비하는 행위가 보조적 상행위로서 상법의 적용을 받기 위해서는 행위를 하는 자 스스로 상인자격을 취득하는 것을 당연한 전제로 하므로, 어떠한 자가 다른 상인의 영업을 위한 준비행위를 하는 것에 불과하다면, 그 행위는 행위를 한 자의 보조적 상행위가 될 수 없다. **|법원직9급 20**　　　　○ ×

....

영업을 준비하는 행위가 보조적 상행위로서 상법의 적용을 받기 위해서는 행위를 하는 자 스스로 상인자격을 취득하는 것을 당연한 전제로 하므로, 어떠한 자가 자기명의로 상행위를 함으로써 상인자격을 취득하고자 준비행위를 하는 것이 아니라 다른 상인의 영업을 위한 준비행위를 하는 것에 불과하다면, 그 행위는 행위를 한 자의 보조적 상행위가 될 수 없다(대판 2012.7.26. 2011다43594).　　　　**답** ○ / ○

008 상인이 영업과 상관없이 개인 자격에서 돈을 투자하는 행위는 상인의 기존 영업을 위한 보조적 상행위로 볼 수 없다. **|법원직9급 20**　　　　○ ×

....

대판 2018.4.24. 2017다205127　　　　**답** ○

009 한국토지공사가 택지개발사업을 시행하기 위하여 공익사업을 위한 토지 등의 취득 및 보상에 관한 법률에 따라 토지소유자로부터 사업 시행을 위한 토지를 매수하는 행위는 상행위로 볼 수 없다. **|법원직9급 22**　　　　○ ×

....

구 한국토지공사법(2009.5.22. 법률 제9706호 한국토지주택공사법 부칙 제2조로 폐지)에 따라 설립된 한국토지공사는 토지를 취득·관리·개발 및 공급하게 함으로써 토지자원의 효율적인 이용을 촉진하고 국토의 종합적인 이용·개발을 도모하여 건전한 국민경제의 발전에 이바지하게 하기 위하여 설립된 법인이다. 따라서 한국토지공사가 택지개발사업을 시행하기 위하여 공익사업을 위한 토지 등의 취득 및 보상에 관한 법률에 따라 토지소유자로부터 사업 시행을 위한 토지를 매수하는 행위를 하더라도 한국토지공사를 상인이라 할 수 없고, 한국토지공사가 택지개발사업 지구 내에 있는 토지에 관하여 토지소유자와 매매계약을 체결한 행위를 상행위로 볼 수 없다(대판 2020.5.28. 2017다265389).　　　　**답** ○

010 영업자금을 차입함에 있어 행위자의 주관적 의사가 영업을 위한 준비행위였고, 상대방도 행위자의 설명 등에 의하여 영업을 위한 준비행위라는 점을 인식하였다면, 이러한 영업자금의 차입행위에 대해서도 상행위에 관한 상법규정이 적용된다. **|법원직9급 21**　　　　○ ×

....

영업자금 차입 행위는 행위 자체의 성질로 보아서는 영업의 목적인 상행위를 준비하는 행위라고 할 수 없지만, 행위자의 주관적 의사가 영업을 위한 준비행위이었고 상대방도 행위자의 설명 등에 의하여 그 행위가 영업을 위한 준비행위라는 점을 인식하였던 경우에는 상행위에 관한 상법의 규정이 적용된다고 봄이 타당하다(대판 2012.4.13. 2011다104246).　　　　**답** ○

제2편

제2절　상행위의 특칙

제1관　민법 총칙편에 대한 특칙

1　상사대리

> **대리의 방식(상법 제48조)**　상행위의 대리인이 본인을 위한 것임을 표시하지 아니하여도 그 행위는 (본인에 대하여)효력이 있다. 그러나 상대방이 본인을 위한 것임을 알지 못한 때에는 (대리인에 대하여도) (이행의 청구)를 할 수 있다.
>
> **대리권의 존속(상법 제50조)**　상인이 그 영업에 관하여 수여한 대리권은 (본인의 사망)으로 인하여 (소멸 하지 아니한다).

011 상행위의 대리인이 본인을 위한 것임을 표시하지 아니하여도 그 행위는 본인에 대하여 효력이
□□□ 있다. 그러나 상대방이 본인을 위한 것을 알지 못한 때에는 대리인에 대하여도 이행의 청구를
할 수 있다. ▌법무사 20, 법원직9급 21　　　　　　　　　　　　　　　　　　　　　　○ ×

....

상법 제48조　　　　　　　　　　　　　　　　　　　　　　　　　　　　　　　　　　　답 ○

2　상사시효

> **상사시효(상법 제64조)**　상행위로 인한 채권은 본법에 다른 규정이 없는 때에는 5년간 행사하지 아니하면 소멸시효가 완성한다. 그러나 다른 법령에 이보다 단기의 시효의 규정이 있는 때에는 그 규정에 의한다.

012 상인이 그의 영업을 위하여 근로자와 체결하는 근로계약은 보조적 상행위에 해당한다고 하더
□□□ 라도, 근로자의 근로계약상의 주의의무 위반으로 인한 손해배상청구권은 특별한 사정이 없는
한 10년의 민사 소멸시효기간이 적용된다. ▌법무사 17　　　　　　　　　　　　　　○ ×

....

상법 제64조의 상사시효제도는 대량, 정형, 신속이라는 상거래 관계 특유의 성질에 기인한 제도임을 고려하면,
상인이 그의 영업을 위하여 근로자와 체결하는 근로계약은 보조적 상행위에 해당한다고 하더라도, 근로자의 근로
계약상의 주의의무 위반으로 인한 손해배상청구권은 상거래 관계에 있어서와 같이 정형적으로나 신속하게 해결할
필요가 있다고 볼 것은 아니므로 특별한 사정이 없는 한 5년의 상사소멸시효기간이 아니라 10년의 민사 소멸시효기
간이 적용된다(대판 2005.11.10. 2004다22742). 　　　　　　　　　　　　　　　　답 ○

013 당사자 중 일방이 수인인 경우 그중 1인에게만 상행위가 되더라도 전원에 대하여 상사소멸시효
□□□ 가 적용된다. ▌법무사 21　　　　　　　　　　　　　　　　　　　　　　　　　　○ ×

상법 제3조에 따라 당사자 중 1인의 행위가 상행위인 때에는 전원에 대하여 상법이 적용되므로, 당사자의 일방이 수인인 경우에 그중 1인에게만 상행위가 되더라도 전원에 대하여 상법이 적용된다고 해석된다(대판 2014.4.10. 2013다68207). 📘 ○

014
□□□
▸ 당사자 쌍방에 대하여 모두 상행위가 되는 행위로 인한 채권뿐만 아니라 당사자 일방에 대하여만 상행위에 해당하는 행위로 인한 채권도 상법 제64조 소정의 5년의 소멸시효기간이 적용되는 상사채권에 해당하는 것이고, 그 상행위에는 상법 제46조 각 호에 해당하는 기본적 상행위뿐만 아니라, 상인이 영업을 위하여 하는 보조적 상행위도 포함된다.
▎법무사 19, 법원직9급 21 ○ ×

▸ 당사자 일방에 대하여만 상행위에 해당하는 행위로 인한 채권에도 상사소멸시효가 적용된다.
▎법무사 21 ○ ×

▸ 당사자 일방에 대하여만 상행위에 해당하는 행위로 인한 채권도 상법 제64조 소정의 5년의 소멸시효기간이 적용되는 상사채권에 해당한다. ▎법원직9급 21 ○ ×

▸ 당사자 일방에 대하여만 기본적 상행위가 되는 행위에 대해서는 상법 제64조가 정한 5년의 소멸시효가 적용되지 않는다. ▎법원직9급 22 ○ ×

▸ 상인이 영업을 위하여 하는 보조적 상행위에도 상사소멸시효가 적용된다. ▎법무사 21
  ○ ×

당사자 쌍방에 대하여 모두 상행위가 되는 행위로 인한 채권뿐만 아니라 <u>당사자 일방에 대하여만 상행위에 해당하는 행위로 인한 채권도 상법 제64조 소정의 5년의 소멸시효기간이 적용되는 상사채권에 해당하는 것이고</u>, 그 상행위에는 상법 제46조 각 호에 해당하는 기본적 상행위뿐만 아니라, 상인이 영업을 위하여 하는 보조적 상행위도 포함된다(대판 1997.8.26. 97다9260). 📘 ○ / ○ / ○ / × / ○

015
□□□
당사자 일방에 대하여만 상행위에 해당하는 행위로 인한 채권도 상법 제64조 소정의 5년의 소멸시효기간이 적용되는 상사채권에 해당한다. 그리고 상행위로부터 생긴 채권뿐만 아니라 이에 준하는 채권에도 상법 제64조가 적용되거나 유추적용된다. ▎법무사 20 ○ ×

당사자 쌍방에 대하여 모두 상행위가 되는 행위로 인한 채권뿐만 아니라 당사자 일방에 대하여만 상행위에 해당하는 행위로 인한 채권도 상법 제64조 소정의 5년의 소멸시효기간이 적용되는 상사채권에 해당한다. 그리고 상행위로부터 생긴 채권뿐 아니라 이에 준하는 채권에도 상법 제64조가 적용되거나 유추적용된다(대판 2014.7.24. 2013다214871). 📘 ○

016
□□□
회사는 상법에 의해 상인으로 의제되므로, 회사의 기관인 대표이사 개인이 회사 자금으로 사용하기 위하여 자금을 차용하는 행위 역시 상행위에 해당하여 위 대표이사에 대한 대여금채권은 상사채권으로서 5년의 소멸시효기간이 적용된다. ▎법무사 20 ○ ×

상인은 상행위로 인하여 생기는 권리·의무의 주체로서 상행위를 하는 것이고, 영업을 위하는 행위가 보조적 상행위로서 상법의 적용을 받기 위해서는 행위를 하는 자 스스로 상인 자격을 취득하는 것을 당연한 전제로 하며, 회사가 상법에 의해 상인으로 의제된다고 하더라도 회사의 기관인 대표이사 개인은 상인이 아니어서 비록 대표이사 개인이 회사 자금으로 사용하기 위해서 차용한다고 하더라도 상행위에 해당하지 아니하여 차용금채무를 상사채무로 볼 수 없다(대판 2015.3.26. 2014다70184). 답 ×

017 상인이 판매한 상품의 대가인 채권(대금채권)의 소멸시효는 상사시효 5년보다 단기인 3년이다.
□□□ ▌법무사 20 ○ ×

3년의 단기소멸시효가 적용되는 민법 제163조 제6호 소정의 '상인이 판매한 상품의 대가'란 상품의 매매로 인한 대금 그 자체의 채권만을 말하는 것으로서, 상품의 공급 자체와 등가성 있는 청구권에 한한다(대판 1996.1.23. 95다39854). 답 ○

018 신용협동조합의 대출을 받은 회원이 상인으로서 그 영업을 위하여 대출을 받았다면 그 대출금
□□□ 채권은 상사채권이므로 위 상사채권에도 상법 제64조에 정한 5년의 소멸시효기간이 적용된다.
▌법무사 19 ○ ×

신용협동조합법의 제반 규정에 의하여 인정되는 신용협동조합의 설립목적, 법적 성격, 업무내용에 비추어 보면 신용협동조합이 조합의 회원에게 자금을 대출하는 행위는 일반적으로는 영리를 목적으로 하는 행위라고 보기 어렵다고 할 것이다. 다만 당사자 쌍방에 대하여 모두 상행위가 되는 행위로 인한 채권뿐만 아니라 당사자 일방에 대하여만 상행위가 되는 행위로 인한 채권도 상법 제64조에서 정한 5년의 소멸시효기간이 적용되는 상사채권에 해당하는 것이고, 그 상행위에는 상법 제46조 각 호에 해당하는 기본적 상행위뿐만 아니라 상인이 영업을 위하여 하는 보조적 상행위도 포함되므로, 신용협동조합의 대출을 받은 회원이 상인으로서 그 영업을 위하여 대출을 받았다면 그 대출금채권은 상사채권이라고 보아야 한다(대판 2017.5.30. 2016다254658). 답 ○

019 단체협약에 기한 근로자의 유족들의 회사에 대한 위로금채권에는 5년의 상사소멸시효기간이
□□□ 적용된다. ▌법무사 20·22 ○ ×

근로계약이나 단체협약이 보조적 상행위에 해당하므로, 단체협약에 기한 근로자의 유족들의 회사에 대한 위로금채권에 5년의 상사소멸시효기간이 적용된다(대판 2006.4.27. 2006다1381). 답 ○

020 사용자가 근로계약에 수반되는 신의칙상의 부수적 의무인 보호의무를 위반하여 근로자에게
□□□ 손해를 입힘으로써 발생한 근로자의 손해배상청구권은 특별한 사정이 없는 한 10년의 민사
소멸시효기간이 적용된다. ▌법무사 22 ○ ×

상법 제64조의 상사시효제도는 대량, 정형, 신속이라는 상거래 관계 특유의 성질에 기인한 제도임을 고려하면, 상인이 그의 영업을 위하여 근로자와 체결하는 근로계약은 보조적 상행위에 해당한다고 하더라도, 근로자의 근로계약상의 주의의무 위반으로 인한 손해배상청구권은 상거래 관계에 있어서와 같이 정형적으로나 신속하게 해결할 필요가 있다고 볼 것은 아니므로 특별한 사정이 없는 한 5년의 상사소멸시효기간이 아니라 10년의 민사 소멸시효기간이 적용된다(대판 2005.11.10. 2004다22742). 답 ○

021 한국전력공사와 다수의 전기수용가와 사이에 체결된 전기공급계약은 상법상 기본적 상행위에 해당하나 전기공급주체인 공법인은 상법이 적용되지 아니하므로, 전기공급계약에 근거한 위약금 지급채무는 10년의 민사 소멸시효기간이 적용된다. **Ⅰ법무사 22** ○ ×

다수의 전기수용가와 사이에 체결되는 전기공급계약에 적용되는 약관 등에, 계약종별 외의 용도로 전기를 사용하면 그로 인한 전기요금 면탈금액의 2배에 해당하는 위약금을 부과한다고 되어 있지만, 그와 별도로 면탈한 전기요금 자체 또는 손해배상을 청구할 수 있도록 하는 규정은 없고 면탈금액에 대해서만 부가가치세 상당을 가산하도록 되어 있는 등의 사정이 있는 경우, 위 약관에 의한 위약금은 손해배상액의 예정과 위약벌의 성질을 함께 가지는 것으로 봄이 타당하다. 그리고 계약종별 위반으로 약관에 의하여 부담하는 위약금 지급채무는 전기의 공급에 따른 전기요금 채무 자체가 아니므로, 3년의 단기소멸시효가 적용되는 민법 제163조 제1호의 채권, 즉 '1년 이내의 기간으로 정한 금전의 지급을 목적으로 한 채권'에 해당하지 않는다. 그러나 '영업으로 하는 전기의 공급에 관한 행위'는 상법상 기본적 상행위에 해당하고(상법 제46조 제4호), 전기공급주체가 공법인인 경우에도 법령에 다른 규정이 없는 한 상법이 적용되므로(상법 제2조), 그러한 전기공급계약에 근거한 위약금 지급채무 역시 상행위로 인한 채권으로서 상법 제64조에 따라 5년의 소멸시효기간이 적용된다(대판 2013.4.11. 2011다112032). **답 ×**

022 은행이 그 영업행위로서 한 대출금에 대한 변제기 이후의 지연손해금은 민법 제163조 제1호 소정의 단기소멸시효의 대상인 이자채권이 아니고, 상행위로 인한 채권의 소멸시효에 대해 규정한 상법 제64조가 적용되는 것도 아니며, 불법행위로 인한 손해배상채권에 관한 단기소멸시효를 규정한 민법 제766조 제1항이 적용될 따름이다. **Ⅰ법무사 20** ○ ×

은행이 그 영업행위로서 한 대출금에 대한 변제기 이후의 지연손해금은 민법 제163조 제1호 소정의 단기소멸시효 대상인 이자채권도 아니고, 불법행위로 인한 손해배상 채권에 관한 민법 제766조 제1항 소정의 단기소멸시효의 대상도 아니고, 상행위로 인한 채권에 관하여 적용될 5년간의 소멸시효를 규정한 상법 제64조가 적용되어야 한다(대판 1979.11.13. 79다1453). **답 ×**

023 차용금채무의 연대보증인이 그 채권자인 주식회사의 금융기관에 대한 대출금을 변제함으로써 위 차용금채무를 변제한 것으로 하기로 채권자와 약정한 경우, 위 약정에 따른 채권이 상사채권에 해당한다. **Ⅰ법무사 20** ○ ×

대판 2005.5.27. 2005다7863 **답 ○**

024 ▶ 주채무자에 대한 확정판결에 의하여 민법 제163조 각 호의 단기소멸시효에 해당하는 주채무의 소멸시효기간이 10년으로 연장된 상태에서 주채무를 보증한 경우, 그 보증채무에 대하여는 민법 제163조 각 호의 단기소멸시효가 적용될 여지가 없고, 성질에 따라 보증인에 대한 채권이 민사채권인 경우에는 10년, 상사채권인 경우에는 5년의 소멸시효기간이 적용된다. **Ⅰ법무사 20** ○ ×

▶ 주채무자에 대한 확정판결에 의하여 주채무의 소멸시효기간이 10년으로 연장된 상태에서 주채무를 보증한 경우, 특별한 사정이 없는 한 성질에 따라 보증인에 대한 채권이 민사채권인 경우에는 10년, 상사채권인 경우에는 5년의 소멸시효기간이 적용된다. **Ⅰ법무사 17** ○ ×

보증채무는 주채무와는 별개의 독립한 채무이므로 보증채무와 주채무의 소멸시효기간은 채무의 성질에 따라 각각 별개로 정해진다. 그리고 주채무자에 대한 확정판결에 의하여 민법 제163조 각 호의 단기소멸시효에 해당하는 주채무의 소멸시효기간이 10년으로 연장된 상태에서 주채무를 보증한 경우, 특별한 사정이 없는 한 보증채무에 대하여는 민법 제163조 각 호의 단기소멸시효가 적용될 여지가 없고, 성질에 따라 보증인에 대한 채권이 민사채권인 경우에는 10년, 상사채권인 경우에는 5년의 소멸시효기간이 적용된다(대판 2014.6.12. 2011다76105).

답 ○ / ○

025
□□□
상행위에 해당하는 보증보험계약에 기초한 급부가 이루어짐에 따라 발생한 부당이득반환청구권에 대하여 5년의 상사소멸시효가 적용된다. ▮법무사 17·20   ○ ×

대판 2007.5.31. 2006다63150   ○

026
□□□
보험계약자가 다수의 계약을 통하여 보험금을 부정 취득할 목적으로 보험계약을 체결하여 그것이 민법 제103조에 따라 선량한 풍속 기타 사회질서에 반하여 무효인 경우 보험자의 보험금에 대한 부당이득반환청구권은 민법상 10년의 소멸시효기간이 적용된다. ▮법무사 22

○ ×

보험계약자가 다수의 계약을 통하여 보험금을 부정 취득할 목적으로 보험계약을 체결하여 그것이 민법 제103조에 따라 선량한 풍속 기타 사회질서에 반하여 무효인 경우 보험자의 보험금에 대한 부당이득반환청구권은 상법 제64조를 유추적용하여 5년의 상사소멸시효기간이 적용된다고 봄이 타당하다(대판[전합]2021.7.22. 2019다277812).

답 ×

027
□□□
▸ 교통사고 피해자가 가해차량이 가입한 책임보험의 보험자로부터 사고로 인한 보험금을 수령하였음에도 자동차손해배상보장사업을 위탁받은 보험사업자로부터 또다시 피해보상금을 수령한 것을 원인으로 한 위 보험사업자의 피해자에 대한 부당이득반환청구권의 소멸시효기간에 관하여는 상법 제64조가 적용된다. ▮법무사 17   ○ ×

▸ 교통사고 피해자가 가해차량이 가입한 책임보험의 보험자로부터 사고로 인한 보험금을 수령하였음에도 자동차손해배상 보장사업을 위탁받은 보험사업자로부터 또다시 피해보상금을 수령한 것을 원인으로 한 위 보험사업자의 피해자에 대한 부당이득반환청구권에 관하여는 상법 제64조가 적용되지 않고, 그 소멸시효기간은 민법 제162조 제1항에 따라 10년이라고 봄이 상당하다. ▮법원직9급 21   ○ ×

자동차손해배상보장사업은 정부가 자동차의 보유자를 알 수 없거나 무보험 자동차의 운행으로 인한 사고로 인하여 사망하거나 부상을 입은 피해자의 손해를 책임보험의 보험금의 한도 안에서 보상하는 것을 주된 내용으로 하는 것으로서, 뺑소니 자동차 또는 무보험 자동차에 의한 교통사고의 피해자 보호를 목적으로 하면서 법률상 가입이 강제되는 자동차책임보험제도를 보완하려는 것이지 피해자에 대한 신속한 보상을 주목적으로 하고 있는 것이 아니다. (따라서) 교통사고 피해자가 가해차량이 가입한 책임보험의 보험자로부터 사고로 인한 보험금을 수령하였음에도 자동차손해배상보장사업을 위탁받은 보험사업자로부터 또다시 피해보상금을 수령한 것을 원인으로 한 위 보험사업자의 피해자에 대한 부당이득반환청구권에 관하여는 상법 제64조가 적용되지 아니하고, 그 소멸시효기간은 민법 제162조 제1항에 따라 10년이라고 봄이 상당하다(대판 2010.10.14. 2010다32276). × / ○

028 배당가능이익이 없는데도 이익의 배당이나 중간배당이 실시된 경우 회사나 채권자가 주주로부 □□□ 터 배당금을 회수하는 것은 회사의 자본충실을 도모하고 회사 채권자를 보호하는 데 필수적이 므로, 위법배당에 따른 부당이득반환청구권은 10년의 민사 소멸시효기간이 적용된다.

┃법무사 22   O X

....

이익의 배당이나 중간배당은 회사가 획득한 이익을 내부적으로 주주에게 분배하는 행위로서 회사가 영업으로 또는 영업을 위하여 하는 상행위가 아니므로 배당금지급청구권은 상법 제64조가 적용되는 상행위로 인한 채권이라 고 볼 수 없다. 이에 따라 위법배당에 따른 부당이득반환청구권 역시 근본적으로 상행위에 기초하여 발생한 것이라 고 볼 수 없다. 특히 배당가능이익이 없는데도 이익의 배당이나 중간배당이 실시된 경우 회사나 채권자가 주주로부 터 배당금을 회수하는 것은 회사의 자본충실을 도모하고 회사 채권자를 보호하는 데 필수적이므로, 회수를 위한 부당이득반환청구권 행사를 신속하게 확정할 필요성이 크다고 볼 수 없다. 따라서 위법배당에 따른 부당이득반환 청구권은 민법 제162조 제1항이 적용되어 10년의 민사 소멸시효에 걸린다고 보아야 한다(대판 2021.6.24. 2020다 208621).   답 O

029 ▶ 주식회사인 부동산매수인이 의료법인인 매도인과의 부동산매매계약의 이행으로서 그 매매 □□□ 대금을 매도인에게 지급하였으나, 매도인 법인을 대표하여 위 매매계약을 체결한 대표자의 선임에 관한 이사회결의가 부존재하는 것으로 확정됨에 따라 위 매매계약이 무효로 되었음을 이유로 이미 지급하였던 매매대금 상당액의 반환을 구하는 부당이득반환청구의 경우 그 소멸시효기간은 민법 제162조 제1항에 따라 10년이다. ┃법무사 17   O X

▶ 주식회사인 부동산 매수인이 의료법인인 매도인과의 부동산매매계약의 이행으로서 그 매매 대금을 매도인에게 지급하였으나, 매도인 법인을 대표하여 위 매매계약을 체결한 대표자의 선임에 관한 이사회결의가 부존재하는 것으로 확정됨에 따라 위 매매계약이 무효로 되었음을 이유로 민법의 규정에 따라 매도인에게 이미 지급하였던 매매대금 상당액의 반환을 구하는 부당이득반환청구의 경우, 위 부당이득반환청구권에는 민법 제162조 제1항이 적용되지 아니 하고 그 소멸시효기간은 상법 제64조에 따라 5년이다. ┃법원직9급 21   O X

....

주식회사인 부동산 매수인이 의료법인인 매도인과의 부동산매매계약의 이행으로서 그 매매대금을 매도인에게 지급하였으나, 매도인 법인을 대표하여 위 매매계약을 체결한 대표자의 선임에 관한 이사회결의가 부존재하는 것으로 확정됨에 따라 위 매매계약이 무효로 되었음을 이유로 민법의 규정에 따라 매도인에게 이미 지급하였던 매매대금 상당액의 반환을 구하는 부당이득반환청구의 경우, 거기에 상거래 관계와 같은 정도로 신속하게 해결할 필요성이 있다고 볼 만한 합리적인 근거도 없으므로 <u>위 부당이득반환청구권에는 상법 제64조가 적용되지 아니하 고, 그 소멸시효기간은 민법 제162조 제1항에 따라 10년이다</u>(대판 2003.4.8. 2002다64957).   답 O / X

030 건설공사에 관한 도급계약이 상행위에 해당하는 경우 그 도급계약에 기한 수급인의 하자담보 □□□ 책임은 5년의 소멸시효기간이 적용된다. ┃법무사 22   O X

....

건설공사에 관한 도급계약이 상행위에 해당하는 경우 그 도급계약에 기한 수급인의 하자담보책임은 상법 제64조 본문에 의하여 원칙적으로 5년의 소멸시효에 걸리는 것으로 보아야 한다(대판 2011.12.8. 2009다25111).

답 O

031 면책적 채무인수에서 인수채무가 원래 5년의 상사시효의 적용을 받던 채무라면 그 후 면책적
□□□ 채무인수에 따라 그 채무자의 지위가 인수인으로 교체되었다고 하더라도 그 소멸시효의 기간
은 여전히 5년의 상사시효의 적용을 받는다. ▮법무사 20 ○ ×

면책적 채무인수라 함은 채무의 동일성을 유지하면서 이를 종래의 채무자로부터 제3자인 인수인에게 이전하는
것을 목적으로 하는 계약으로서, 채무인수로 인하여 인수인은 종래의 채무자와 지위를 교체하여 새로이 당사자로
서 채무관계에 들어서서 종래의 채무자와 동일한 채무를 부담하고 동시에 종래의 채무자는 채무관계에서 탈퇴하여
면책되는 것일 뿐이므로, 인수채무가 원래 5년의 상사시효의 적용을 받던 채무라면 그 후 면책적 채무인수에
따라 그 채무자의 지위가 인수인으로 교체되었다고 하더라도 그 소멸시효의 기간은 여전히 5년의 상사시효의
적용을 받는다 할 것이고, 이는 채무인수행위가 상행위나 보조적 상행위에 해당하지 아니한다고 하여 달리 볼
것이 아니다(대판 1999.7.9. 99다12376). **답** ○

032 상사채무의 불이행으로 인한 손해배상채권 및 상인의 불법행위로 인한 손해배상청구권에 대하
□□□ 여 상사시효가 적용된다. ▮법무사 20 ○ ×

상사시효가 적용되는 채권은 직접 상행위로 인하여 생긴 채권뿐만 아니라 상행위로 인하여 생긴 채무의 불이행에
기하여 성립한 손해배상채권도 포함한다(대판 1997.8.26. 97다9260). 상법 제54조의 상사법정이율은 상행위로
인한 채무나 이와 동일성을 가진 채무에 관하여 적용되는 것이고 상행위가 아닌 불법행위로 인한 손해배상채무에
는 적용되지 아니한다(대판 1985.5.28. 84다카966). 즉, 상사채무 불이행으로 인한 손해배상채권에는 상사시효가
적용되나, 불법행위로 인한 손해배상청구권에는 적용되지 아니한다. **답** ×

033 상사시효가 적용되는 채권은 직접 상행위로 인하여 생긴 채권뿐만 아니라 상행위로 인하여
□□□ 생긴 채무의 불이행에 기하여 성립한 손해배상채권도 포함한다. 상행위인 계약의 해제로 인한
원상회복청구권도 상사시효의 대상이 된다. ▮법원직9급 21 ○ ×

대판 1997.8.26. 97다9260, 대판 1993.9.14. 93다21569 **답** ○

034 쌍방적 상행위가 되는 가맹계약을 기초로 하여 발생한 부당이득반환채권에는 상법 제64조가
□□□ 정한 5년의 상사시효가 적용된다. ▮법무사 19 ○ ×

가맹점사업자인 甲 등이 가맹본부인 乙 유한회사를 상대로 乙 회사가 가맹계약상 근거를 찾을 수 없는 'SCM
Adm'(Administration Fee)이라는 항목으로 甲 등에게 매장 매출액의 일정 비율에 해당하는 금액을 청구하여
지급받은 것은 부당이득에 해당한다며 그 금액 상당의 반환을 구한 경우, 甲 등이 청구하는 부당이득반환채권은
甲 등과 乙 회사 모두에게 상행위가 되는 가맹계약에 기초하여 발생한 것일 뿐만 아니라, 乙 회사가 정형화된
방식으로 가맹계약을 체결하고 가맹사업을 운영해 온 탓에 수백 명에 달하는 가맹점사업자들에게 甲 등에게
부담하는 것과 같은 내용의 부당이득반환채무를 부담하는 점 등 채권 발생의 경위나 원인 등에 비추어 볼 때
그로 인한 거래관계를 신속하게 해결할 필요가 있으므로, 위 부당이득반환채권은 상법 제64조에 따라 5년간
행사하지 않으면 소멸시효가 완성된다(대판 2018.6.15. 2017다248803). **답** ○

035 상법 제166조 소정의 창고업자의 책임에 관한 단기소멸시효는 창고업자의 계약상대방인 임치
☐☐☐ 인의 청구뿐만 아니라 임치물이 타인 소유의 물건인 경우에 소유권자인 타인의 청구에도 적용
된다. ▌법무사 19 ○ ×

상법 제166조 소정의 창고업자의 책임에 관한 단기소멸시효는 창고업자의 계약상대방인 임치인의 청구에만 적용
되며 임치물이 타인 소유의 물건인 경우에 소유권자인 타인의 청구에는 적용되지 아니한다(대판 2004.2.13. 2001
다75318). 📝 ×

036 위탁자의 위탁상품 공급으로 인한 위탁매매인에 대한 이득상환청구권이나 이행담보책임 이행
☐☐☐ 청구권은 민법 제163조 제6호 소정의 '상인이 판매한 상품의 대가'에 해당하지 아니하여 3년의
단기소멸시효의 대상이 아니다. ▌법무사 19 ○ ×

위탁자의 위탁상품 공급으로 인한 위탁매매인에 대한 이득상환청구권이나 이행담보책임 이행청구권은 위탁자의
위탁매매인에 대한 상품 공급과 서로 대가관계에 있지 아니하여 등가성이 없으므로 민법 제163조 제6호 소정의
'상인이 판매한 상품의 대가'에 해당하지 아니하여 3년의 단기소멸시효의 대상이 아니고, 한편 위탁매매는 상법상
전형적 상행위이며 위탁매매인은 당연한 상인이고 위탁자도 통상 상인일 것이므로, 위탁자의 위탁매매인에 대한
매매 위탁으로 인한 위의 채권은 다른 특별한 사정이 없는 한 통상 상행위로 인하여 발생한 채권이어서 상법
제64조 소정의 5년의 상사소멸시효의 대상이 된다(대판 1996.1.23. 95다39854). 📝 ○

제2관   민법 물권편에 대한 특칙

1   상사유치권

> **상사유치권(상법 제58조)**   상인 간의 상행위로 인한 채권이 변제기에 있는 때에는 채권자는 변제를 받을
> 때까지 그 채무자에 대한 상행위로 인하여 (자기가 점유)하고 있는 채무자소유의 물건 또는 유가증권을
> 유치할 수 있다. 그러나 당사자 간에 (다른 약정)이 있으면 그러하지 아니하다.

유치권의 내용 비교

구 분	민사유치권 (민법 제320조)	일반상사유치권 (상법 제58조)	특수 상사유치권	
			대리상·위탁매매인 (상법 제91조, 제111조)	운송인·운송주선인 (상법 제120조, 제147조)
견련성	필 요	불 요	불 요	필 요
채무자 소유	제한 없음	채무자 소유	제한 없음	제한 없음
담보목적물	물건·유가증권	물건·유가증권	물건·유가증권	운송물

• 대리상·위탁매매인의 유치권이 채권자에게 유리하다. 이는 유치권 성립에 제한요건이 적어(견련성 ×, 채무자
  소유 ×) 그 성립이 쉽기 때문이다.
• 일반상사유치권 및 대리상의 경우, 당사자가 상인일 것을 요한다.

037 상법 제58조의 일반상사유치권이 성립하기 위하여는 채권자와 채무자가 모두 상인이어야 한다.
☐☐☐ ┃법무사 19   ○ ×

･･
<u>상인 간의 상행위로 인한 채권</u>이 변제기에 있는 때에는 채권자는 변제를 받을 때까지 그 채무자에 대한 상행위로
인하여 자기가 점유하고 있는 <u>채무자 소유의 물건 또는 유가증권</u>을 유치할 수 있다. 그러나 당사자 간에 다른
약정이 있으면 그러하지 아니하다(상법 제58조).   **답** ○

038 상법 제58조의 일반상사유치권은 피담보채권이 '목적물에 관하여' 생긴 것일 필요는 없지만
☐☐☐ 유치권의 대상이 되는 물건은 '채무자 소유'일 것으로 제한되어 있다. 다만, 당사자 간의 약정으
로 달리 정할 수 있다. ┃법무사 19   ○ ×

･･
<u>상인 간의 상행위로 인한 채권</u>이 변제기에 있는 때에는 채권자는 변제를 받을 때까지 그 채무자에 대한 상행위로
인하여 자기가 점유하고 있는 <u>채무자 소유의 물건 또는 유가증권</u>을 유치할 수 있다. 그러나 당사자 간에 다른
약정이 있으면 그러하지 아니하다(상법 제58조). 즉, 일반상사유치권의 성립요건으로서 채권자와 채무자가 모두
상인일 것 및 채무자 소유의 물건일 것을 요한다. 다만, 견련성은 요하지 아니한다.   **답** ○

039 상법 제58조의 상사유치권은 피담보채권인 '상인 간의 상행위로 인한 채권'이 변제기에 있어야
☐☐☐ 하나, 민사유치권과 달리 피담보채권이 '목적물에 관하여' 생긴 것일 필요는 없다. ┃법무사 22
○ ×

･･
상법 제58조의 상사유치권이 성립하기 위해서는 피담보채권은 채권자와 채무자 쌍방에게 상행위가 되는 행위로
발생하여야 하고, 변제기가 도래하여야 하나, 피담보채권이 목적물에 관하여 생긴 것일 필요는 없다. 즉, 피담보채
권과 유치권의 개별적 견련성은 요구되지 않는다. 이 점에서 민법상 유치권과 구별된다.   **답** ○

040 상사유치권의 대상이 되는 '물건'에는 부동산도 포함된다. ┃법원직9급 20   ○ ×
☐☐☐
･･
상사유치권은 민사유치권의 성립요건을 변경·완화하여 채권자보호를 강화함으로써 계속적 신용거래를 원활·안
전하게 하기 위하여 당사자 사이의 합리적인 담보설정의사를 배경으로 하여 추인된 법정담보물권으로, 민사유치권
과 달리 목적물과 피담보채권 사이의 개별적인 견련관계를 요구하지 않는 대신 유치권의 대상이 되는 물건을
'채무자 소유의 물건'으로 한정하고 있어 이러한 제한이 없는 민사유치권과는 차이가 있으나, 민사유치권과 마찬가
지로 그 목적물을 동산에 한정하지 않고 '물건 또는 유가증권'으로 규정하고 있는 점에 비추어 보면 상사유치권의
대상이 되는 '물건'에는 부동산도 포함된다고 보아야 한다(대판 2013.5.24. 2012다39769).   **답** ○

041 상사유치권은 목적물과 피담보채권 사이의 견련관계를 요구하는 민사유치권보다 그 인정범위가 현저하게 광범위하다. ▮법원직9급 22 ○ ✕

□□□

상법 제58조에서 정하는 상사유치권은 단지 상인 간의 상행위에 기하여 채권을 가지는 사람이 채무자와의 상행위 (그 상행위가 채권 발생의 원인이 된 상행위일 것이 요구되지 아니한다)에 기하여 채무자 소유의 물건을 점유하는 것만으로 바로 성립하는 것으로서, 피담보채권의 보호가치라는 측면에서 보면 위와 같이 목적물과 피담보채권 사이의 이른바 견련관계를 요구하는 민사유치권보다 그 인정범위가 현저하게 광범위하다(대판 2011.12.22. 2011다 84298). **답** ○

042 ▸ 상법 제58조의 상사유치권의 목적물은, 채무자에 대한 상행위로 인하여 자기가 점유하고 있는 물건 또는 유가증권인데, 채무자의 소유일 필요는 없다. ▮법무사 22 ○ ✕

□□□

▸ 보통 상사유치권은 민사유치권과 달리 피담보채권이 '목적물에 관하여' 생긴 것일 필요는 없지만 상사유치권의 대상이 되는 물건은 '채무자 소유'일 것으로 제한되어 있다. ▮법원직9급 20 · 22 ○ ✕

상인 간의 상행위로 인한 채권이 변제기에 있는 때에는 채권자는 변제를 받을 때까지 그 채무자에 대한 상행위로 인하여 자기가 점유하고 있는 <u>채무자소유의 물건 또는 유가증권</u>을 유치할 수 있다. 그러나 당사자 간에 다른 약정이 있으면 그러하지 아니하다(상법 제58조). 그러나 피담보채권이 목적물에 관하여 생긴 것일 필요는 없다. 이점에서 민법상 유치권과 구별된다. **답** ✕ / ○

043 ▸ 상법 제58조의 일반상사유치권 배제의 특약은 당사자 사이의 묵시적 약정에 의해서도 가능하다. ▮법무사 19 ○ ✕

□□□

▸ 상법 제58조의 상사유치권은 당사자 사이의 특약에 의하여 배제될 수 있다. ▮법무사 22

○ ✕

▸ 당사자는 상사유치권을 특약으로 배제할 수 없다. ▮법원직9급 20 ○ ✕

상법은 상인 간의 거래에서 신속하고 편리한 방법으로 담보를 취득하게 하기 위한 목적에서 민법상의 유치권과 별도로 상사유치권에 관한 규정을 두고 있다. 즉 상법 제58조 본문은 "상인 간의 상행위로 인한 채권이 변제기에 있는 때에는 채권자는 변제를 받을 때까지 그 채무자에 대한 상행위로 인하여 자기가 점유하고 있는 채무자 소유의 물건 또는 유가증권을 유치할 수 있다."고 규정하여 상사유치권을 인정하는 한편 같은 조 단서에서 "그러나 당사자 간에 다른 약정이 있으면 그러하지 아니하다."고 규정하여 <u>상사유치권을 특약으로 배제할 수 있게 하였다.</u> 이러한 상사유치권 배제의 특약은 묵시적 약정에 의해서도 가능하다(대판 2012.9.27. 2012다37176). **답** ○ / ○ / ✕

044 ▸ 채무자 소유의 부동산에 관하여 이미 선행저당권이 설정되어 있는 상태에서 채권자의 상법
□□□ 제58조의 일반상사유치권이 성립한 경우, 위 유치권자는 선행 저당권에 기한 임의경매절차
에서 부동산을 취득한 매수인에게 위 일반상사유치권으로 대항할 수 있다. ▎법무사 19

○ ×

▸ 채무자 소유의 부동산에 관하여 이미 선행저당권이 설정되어 있는 상태에서 상법 제58조
상사유치권이 성립한 경우, 상사유치권자는 선행저당권자 또는 선행저당권에 기한 임의경매
절차에서 부동산을 취득한 매수인에 대한 관계에서는 그 상사유치권으로 대항할 수 없다.
▎법무사 22

○ ×

▸ 채무자 소유의 부동산에 관하여 이미 선행저당권이 설정되어 있는 상태에서 채권자의 상사유
치권이 성립한 경우, 상사유치권자는 채무자 및 그 이후 그 채무자로부터 부동산을 양수하거
나 제한물권을 설정받는 자에 대해서는 대항할 수 있지만, 선행저당권자 또는 선행저당권에
기한 임의경매절차에서 부동산을 취득한 매수인에 대한 관계에서는 그 상사유치권으로 대항
할 수 없다. ▎법원직9급 22

○ ×

상사유치권이 채무자 소유의 물건에 대해서만 성립한다는 것은, 상사유치권은 그 성립 당시 채무자가 목적물에
대하여 보유하고 있는 담보가치만을 대상으로 하는 제한물권이라는 의미를 담고 있다 할 것이고, 따라서 유치권
성립 당시에 이미 그 목적물에 대하여 제3자가 권리자인 제한물권이 설정되어 있다면, 상사유치권은 그와 같이
제한된 채무자의 소유권에 기초하여 성립할 뿐이고, 기존의 제한물권이 확보하고 있는 담보가치를 사후적으로
침탈하지는 못한다고 보아야 한다. 그러므로 채무자 소유의 부동산에 관하여 이미 선행(先行) 저당권이 설정되어
있는 상태에서 채권자의 상사유치권이 성립한 경우, 상사유치권자는 채무자 및 그 이후 그 채무자로부터 부동산을
양수하거나 제한물권을 설정받는 자에 대해서는 대항할 수 있지만, 선행 저당권자 또는 선행 저당권에 기한 임의경
매절차에서 부동산을 취득한 매수인에 대한 관계에서는 그 상사유치권으로 대항할 수 없다(대판 2013.3.28. 2012
다94285).

답 × / ○ / ○

045 유치권의 불가분성을 정한 민법 제321조(유치권자는 채권 전부의 변제를 받을 때까지 유치물
□□□ 전부에 대하여 그 권리를 행사할 수 있다)의 규정은 상법 제58조의 상사유치권에는 적용되지
않는다. ▎법원직9급 22

○ ×

민법 제321조는 "유치권자는 채권 전부의 변제를 받을 때까지 유치물 전부에 대하여 그 권리를 행사할 수 있다."라
고 정하므로, 유치물은 그 각 부분으로써 피담보채권의 전부를 담보하고, 이와 같은 유치권의 불가분성은 그
목적물이 분할 가능하거나 수 개의 물건인 경우에도 적용되며, 상법 제58조의 상사유치권에도 적용된다(대판
2022.6.16. 2018다301350).

답 ×

046 상법 제58조의 상사유치권은 계약에 의하여 설정되는 것이 아니라 법이 정하는 일정한 객관적 요건을 갖춤으로써 발생하는 이른바 법정담보물권이나, 신의성실의 원칙에 반한다고 평가되는 유치권제도 남용의 유치권 행사는 허용될 수 없다. ❙법무사 22   ○ ×

유치권은 목적물의 소유자와 채권자와의 사이의 계약에 의하여 설정되는 것이 아니라 법이 정하는 일정한 객관적 요건(민법 제320조 제1항, 상법 제58조, 제91조, 제111조, 제120조, 제147조 등 참조)을 갖춤으로써 발생하는 이른바 법정담보물권이다. 법이 유치권제도를 마련하여 위와 같은 거래상의 부담을 감수하는 것은 유치권에 의하여 우선적으로 만족을 확보하여 주려는 그 피담보채권에 특별한 보호가치가 있다는 것에 바탕을 둔 것으로서, 그러한 보호가치는 예를 들어 민법 제320조 이하의 민사유치권의 경우에는 객관적으로 점유자의 채권과 그 목적물 사이에 특수한 관계(민법 제320조 제1항의 문언에 의하면 "그 물건에 관하여 생긴 채권"일 것, 즉 이른바 '물건과 채권과의 견련관계'가 있는 것)가 있는 것에서 인정된다. 나아가 상법 제58조에서 정하는 상사유치권은 단지 상인 간의 상행위에 기하여 채권을 가지는 사람이 채무자와의 상행위(그 상행위가 채권 발생의 원인이 된 상행위일 것이 요구되지 아니한다)에 기하여 채무자 소유의 물건을 점유하는 것만으로 바로 성립하는 것으로서, 피담보채권의 보호가치라는 측면에서 보면 위와 같이 목적물과 피담보채권 사이의 이른바 견련관계를 요구하는 민사유치권보다 그 인정범위가 현저하게 광범위하다. 이상과 같은 사정을 고려하여 보면, 유치권제도와 관련하여서는 거래당사자가 유치권을 자신의 이익을 위하여 고의적으로 작출함으로써 앞서 본 유치권의 최우선순위담보권으로서의 지위를 부당하게 이용하고 전체 담보권질서에 관한 법의 구상을 왜곡할 위험이 내재한다. 이러한 위험에 대처하여, 개별 사안의 구체적인 사정을 종합적으로 고려할 때 신의성실의 원칙에 반한다고 평가되는 유치권제도 남용의 유치권 행사는 이를 허용하여서는 안 될 것이다(대판 2011.12.22. 2011다84298).   답 ○

047 운송주선인이나 운송인은 수하인 등으로부터 운송물에 관한 보수나 운임 등을 받기 전까지 그 운송물을 유치할 수 있는데, 이때 그 운송물은 수하인 등의 소유일 필요는 없다. ❙법원직9급 20   ○ ×

운송주선인이나 운송인은 운송물에 관하여 받을 보수, 운임, 기타 위탁자를 위한 체당금이나 선대금에 관하여서만 그 운송물을 유치할 수 있다(상법 제120조, 제147조 참조). 즉 유치목적물은 운송물로 제한되지만, 채무자(수하인) 소유일 것을 요하지는 않는다.   답 ○

2 유질계약

> **유질계약의 허용(상법 제59조)** (민법 제339조)의 규정은 상행위로 인하여 생긴 채권을 담보하기 위하여 설정한 질권에는 (적용하지 아니한다).

048 민법 제339조는 유질계약을 금지하고 있다. ▮법무사 18 ○ ×

질권설정자는 채무변제기 전의 계약으로 질권자에게 변제에 갈음하여 질물의 소유권을 취득하게 하거나 법률에 정한 방법에 의하지 아니하고 질물을 처분할 것을 약정하지 못한다(민법 제339조). **답** ○

049 ▸ 상법 제59조는 상행위로 인하여 생긴 채권을 담보하기 위한 질권설정계약에 대해서는 유질계약을 허용하고 있다. ▮법무사 18 ○ ×

▸ 상행위로 인하여 생긴 채권을 담보하기 위한 질권설정계약에 대해서는 유질약정이 허용된다. ▮법원직9급 22 ○ ×

민법 제339조의 규정은 상행위로 인하여 생긴 채권을 담보하기 위하여 설정한 질권에는 적용하지 아니한다(상법 제59조). **답** ○ / ○

050 ▸ 일방적 상행위로 생긴 채권을 담보하기 위한 질권에 대해서도 유질약정이 허용된다. ▮법무사 18, 법원직9급 22 ○ ×

▸ 질권설정계약에 포함된 유질약정이 상법 제59조에 따라 유효하려면 질권설정자가 상인이어야 한다. ▮법무사 18 ○ ×

▸ 질권설정계약에 포함된 유질약정이 상법 제59조에 따라 유효하기 위해서는 질권설정계약의 피담보채권이 상행위로 인하여 생긴 채권일 뿐만 아니라 질권설정자는 상인이어야 한다. ▮법원직9급 22 ○ ×

▸ 질권설정계약에 포함된 유질약정이 상법 제59조에 따라 유효하기 위해서는 질권설정계약의 피담보채권이 상행위로 인하여 생긴 채권이면 충분하고, 질권설정자가 상인이어야 하는 것은 아니다. 또한 일방적 상행위로 생긴 채권을 담보하기 위한 질권에 대해서도 유질약정을 허용한 상법 제59조가 적용된다. ▮법무사 20 ○ ×

질권설정계약에 포함된 유질약정이 상법 제59조에 따라 유효하기 위해서는 질권설정계약의 피담보채권이 상행위로 인하여 생긴 채권이면 충분하고, 질권설정자가 상인이어야 하는 것은 아니다. 또한 상법 제3조는 "당사자 중 그 1인의 행위가 상행위인 때에는 전원에 대하여 본법을 적용한다"라고 정하고 있으므로, 일방적 상행위로 생긴 채권을 담보하기 위한 질권에 대해서도 유질약정을 허용한 상법 제59조가 적용된다고 보아야 한다(대판 2017.7.18. 2017다207499). **답** ○ / × / × / ○

051 상사질권설정계약에서 유질계약의 성립을 인정하기 위하여서는 그에 관하여 별도의 명시적
☐☐☐ 또는 묵시적인 약정이 성립되어야 한다. **❙법무사 18** ○ ×

....

상행위로 인하여 생긴 채권을 담보하기 위하여 설정한 질권의 경우에는 이른바 유질계약이 허용된다고 할 것이나
(상법 제59조, 민법 제339조), 그렇다고 하여 모든 상사질권설정계약이 당연히 유질계약에 해당한다고 할 수는
없는 것이고, 상사질권설정계약에 있어서 유질계약의 성립을 인정하기 위하여서는 그에 관하여 별도의 명시적
또는 묵시적인 약정이 성립되어야 할 것이다(대판 2008.3.14. 2007다11996). **답** ○

052 유질약정이 포함된 질권설정계약이 체결된 경우, 질권의 실행 방법이나 절차는 원칙적으로
☐☐☐ 질권설정계약에서 정한 바에 따라야 한다. **❙법원직9급 22** ○ ×

....

상법 제59조는 "민법 제339조의 규정은 상행위로 인하여 생긴 채권을 담보하기 위하여 설정한 질권에는 적용하지
아니한다."라고 정함으로써 상행위로 인하여 생긴 채권을 담보하기 위한 질권설정계약에 대해서는 유질약정을
허용하고 있다. 다만 상법은 유질약정이 체결된 경우 질권의 실행 방법이나 절차에 관하여는 아무런 규정을 두고
있지 않으므로, 유질약정이 포함된 질권설정계약이 체결된 경우 질권의 실행 방법이나 절차는 원칙적으로 질권설
정계약에서 정한 바에 따라야 한다(대판 2021.11.25. 2018다304007). **답** ○

제3관 **민법 채권편에 대한 특칙**

1 **상사법정이율**

> **상사법정이율(상법 제54조)** 상행위로 인한 채무의 법정이율은 연 6분으로 한다.

053 상법 제54조의 상사법정이율이 적용되는 '상행위로 인한 채무'에는 당사자 쌍방에 대하여 모두
☐☐☐ 상행위가 되는 행위로 인한 채무뿐만 아니라 당사자 일방에 대하여만 상행위에 해당하는 행위
로 인한 채무도 포함된다. **❙법원직9급 22** ○ ×

....

상법 제54조의 상사법정이율이 적용되는 '상행위로 인한 채무'에는 상행위로 인하여 직접 생긴 채무뿐만 아니라
그와 동일성이 있는 채무 또는 변형으로 인정되는 채무도 포함되고, 당사자 쌍방에 대하여 모두 상행위가 되는
행위로 인한 채무뿐만 아니라 당사자 일방에 대하여만 상행위에 해당하는 행위로 인한 채무도 포함된다(대판
2016.6.10. 2014다200763). **답** ○

054 상인 간에 금전소비대차가 있었음을 주장하면서 약정이자의 지급을 구하는 청구에는 약정이자
☐☐☐ 율이 인정되지 않더라도 상법 소정의 법정이자의 지급을 구하는 취지가 포함되어 있다고 보아
야 한다. **❙법원직9급 22** ○ ×

....

대판 2007.3.15. 2006다73072 **답** ○

055 상법 제54조의 상사법정이율은 상행위로 인한 채무나 이와 동일성을 가진 채무뿐만 아니라, 상행위가 아닌 불법행위로 인한 손해배상채무에도 적용된다. ▮법원직9급 22 ○ ✕

상법 제54조의 상사법정이율은 상행위로 인한 채무나 이와 동일성을 가진 채무에 관하여 적용되는 것이고, <u>상행위가 아닌 불법행위로 인한 손해배상채무에는 적용되지 아니한다</u>(대판 2018.2.28. 2013다26425). **답** ✕

056 가집행선고의 실효에 따른 원상회복의무와 관련된 지연손해금에 대하여는 민법 소정의 법정이율에 의하여야 하는 것이고 상법 소정의 법정이율을 적용할 수는 없다. ▮법원직9급 22 ○ ✕

가집행선고의 실효에 따른 원상회복의무는 상행위로 인한 채무 또는 그에 준하는 채무라고 할 수는 없으므로 그 지연손해금에 대하여는 민법 소정의 법정이율에 의하여야 하는 것이고 상법 소정의 법정이율을 적용할 것은 아니다(대판 2004.2.27. 2003다52944). **답** ○

---

2 **다수당사자의 채권관계**

> **다수채무자 간 또는 채무자와 보증인의 연대(상법 제57조)** ① 수인이 그 1인 또는 전원에게 상행위가 되는 행위로 인하여 채무를 부담한 때에는 (연대)하여 변제할 책임이 있다.
> ② 보증인이 있는 경우에 그 보증이 상행위이거나 주채무가 상행위로 인한 것인 때에는 주채무자와 보증인은 (연대)하여 변제할 책임이 있다.

057 조합채무가 특히 조합원 전원을 위하여 상행위가 되는 행위로 인하여 부담하게 된 것이라면 그 채무에 관하여 조합원들에 대하여 상법 제57조 제1항을 적용하여 연대책임을 인정하여야 한다. ▮법무사 20 ○ ✕

조합의 채무는 조합원의 채무로서 특별한 사정이 없는 한 조합채권자는 각 조합원에 대하여 지분의 비율에 따라 또는 균일적으로 변제의 청구를 할 수 있을 뿐이나, 조합채무가 특히 조합원 전원을 위하여 상행위가 되는 행위로 인하여 부담하게 된 것이라면 상법 제57조 제1항을 적용하여 조합원들의 연대책임을 인정함이 상당하다(대판 1998.3.13. 97다6919). **답** ○

1 매도인의 목적물 공탁, 경매권

> **매도인의 목적물의 공탁, 경매권(상법 제67조)**　① 상인 간의 매매에 있어서 매수인이 목적물의 (수령을 거부)하거나 이를 (수령할 수 없는 때)에는 매도인은 그 물건을 공탁하거나 상당한 기간을 정하여 최고한 후 경매할 수 있다. 이 경우에는 지체 없이 매수인에 대하여 그 (통지)를 발송하여야 한다.
> ② 전항의 경우에 매수인에 대하여 최고를 할 수 없거나 목적물이 멸실 또는 훼손될 염려가 있는 때에는 최고없이 경매할 수 있다.
> ③ 전2항의 규정에 의하여 매도인이 그 목적물을 경매한 때에는 그 대금에서 경매비용을 공제한 잔액을 공탁하여야 한다. 그러나 그 전부나 일부를 매매대금에 충당할 수 있다.

058 ▶ 매수인이 목적물의 수령을 거부하는 경우 매도인은 목적물이 멸실 또는 훼손될 염려가 있는
□□□　때에는 법원의 허가를 얻어 경매할 수 있다. ▎법무사 21　　○ ✕

　　 ▶ 매수인이 목적물의 수령을 거부하거나 이를 수령할 수 없는 때에는 매도인은 그 물건을
　　공탁하거나 상당한 기간을 정하여 최고한 후 경매할 수 있다. ▎법원직9급 21　　○ ✕

　　 ▶ 매수인이 목적물의 수령을 거부하는 경우에는 매도인은 그 물건을 공탁하거나 상당한 기간을
　　정하여 최고한 후 법원의 허가를 얻어 목적물을 경매할 수 있다. ▎법원직9급 22　　○ ✕

상인 간의 매매에 있어서 매수인이 목적물의 수령을 거부하거나 이를 수령할 수 없는 때에는 매도인은 그 물건을 공탁하거나 상당한 기간을 정하여 최고한 후 경매할 수 있다. 이 경우에는 지체 없이 매수인에 대하여 그 통지를 발송하여야 한다(상법 제67조 제1항). 민법과 달리 법원의 허가를 필요로 하지 않는다.　🅳 ✕ / ○ / ✕

059 상인 간의 매매에서 매수인이 목적물의 수령을 거부하는 상황에서 목적물이 멸실 또는 훼손될
□□□　염려가 있는 때에는 매도인은 바로 경매할 수 있다. ▎법원직9급 20　　○ ✕

상법 제67조 제1항·제2항　🅳 ○

2 확정기매매의 해제

> **확정기매매의 해제(상법 제68조)**　상인 간의 매매에 있어서 매매의 성질 또는 당사자의 의사표시에 의하여 일정한 일시 또는 일정한 기간 내에 이행하지 아니하면 계약의 목적을 달성할 수 없는 경우에 당사자의 일방이 이행시기를 경과한 때에는 상대방은 즉시 그 이행을 청구하지 아니하면 계약을 해제한 것으로 본다.

060 상인 간의 매매에서 매매의 성질 또는 당사자의 의사표시에 의하여 일정한 일시 또는 일정한
□□□ 기간 내에 이행하지 아니하면 계약의 목적을 달성할 수 없는 경우에 당사자의 일방이 이행시기
를 경과한 때에는 상대방은 즉시 그 이행을 청구하지 아니하면 계약을 해제한 것으로 본다.
┃법무사 19 · 21, 법원직9급 20 · 22   ○ ×

상법 제68조   **답** ○

---

3 매수인의 목적물 검사 · 통지의무와 보관 · 공탁의무

> **매수인의 목적물의 검사와 하자통지의무(상법 제69조)** ① 상인 간의 매매에 있어서 매수인이 목적물을 수령
> 한 때에는 (지체 없이) 이를 (검사)하여야 하며 하자 또는 수량의 부족을 발견한 경우에는 (즉시) 매도인에
> 게 그 (통지)를 발송하지 아니하면 이로 인한 (계약해제, 대금감액 또는 손해배상)을 청구하지 (못한다).
> 매매의 목적물에 (즉시 발견할 수 없는 하자)가 있는 경우에 매수인이 (6월) 내에 이를 발견한 때에도 같다.
> ② 전항의 규정은 매도인이 (악의인 경우)에는 적용하지 아니한다.
>
> **매수인의 목적물보관, 공탁의무(상법 제70조)** ① 제69조의 경우에 매수인이 (계약을 해제)한 때에도 (매도
> 인의 비용)으로 매매의 목적물을 보관 또는 공탁하여야 한다. 그러나 그 목적물이 멸실 또는 훼손될 염려가
> 있는 때에는 (법원의 허가)를 얻어 경매하여 그 대가를 보관 또는 공탁하여야 한다.
> ② 제1항의 규정에 의하여 매수인이 (경매)한 때에는 지체 없이 매도인에게 그 (통지)를 발송하여야 한다.
> ③ 제1항 및 제2항의 규정은 목적물의 인도장소가 매도인의 영업소 또는 주소와 (동일한 특별시 · 광역시 · 시
> · 군)에 있는 때에는 이를 (적용하지 아니한다).

061 상인 간의 매매에 있어서 매수인이 목적물을 수령한 때에는 지체 없이 이를 검사하여야 하며
□□□ 하자 또는 수량의 부족을 발견한 경우에는 즉시 매도인에게 그 통지를 발송하지 아니하면
이로 인한 계약해제, 대금감액 또는 손해배상을 청구하지 못한다. ┃법원직9급 22   ○ ×

상법 제69조 제1항   **답** ○

062 제작물공급계약에 의하여 제작공급하여야 할 물건이 대체물인 경우에는 매수인의 목적물 검사
□□□ 와 하자통지의무에 관한 상법 제69조 제1항이 적용된다고 하여도 무방할 것이나, 그 물건이
특정의 주문자의 수요를 만족시키기 위한 부대체물인 경우에는 위 규정이 당연히 적용된다고
할 수 없다. ┃법무사 21   ○ ×

당사자의 일방이 상대방의 주문에 따라 자기소유의 재료를 사용하여 만든 물건을 공급할 것을 약정하고 이에
대하여 상대방이 대가를 지급하기로 약정하는 이른바 제작물공급계약은 그 제작의 측면에서는 도급의 성질이
있고 공급의 측면에서는 매매의 성질이 있어 이러한 계약은 대체로 매매와 도급의 성질을 함께 가지고 있는
것으로서 그 적용법률은 계약에 의하여 제작공급하여야 할 물건이 대체물인 경우에는 매매로 보아서 매매에
관한 규정이 적용된다고 할 것이나 물건이 특정의 주문자의 수요를 만족시키기 위한 불대체물인 경우에는 당해
물건의 공급과 함께 그 제작이 계약의 주목적이 되어 도급의 성질을 강하게 띠고 있다 할 것이므로 이 경우에는
매매에 관한 규정이 당연히 적용된다고 할 수 없다(대판 1987.7.21. 86다카2446). 따라서 제작물공급계약의 물건이
부대체물인 경우에는, 상사매매에 관한 규정인 상법 제69조가 당연히 적용된다고 할 수 없다.   **답** ○

제1편

제2편

제3편

제4편

제5편

제6편

063 ▶ 상인 간 매매에서 매수인의 목적물 검사와 하자 통지의무에 관하여 정한 상법 제69조는
□□□ 채무불이행에 해당하는 이른바 불완전이행으로 인한 손해배상책임을 묻는 청구에도 적용된다.
┃법무사 20 　　　　　　　　　　　　　　　　　　　　　　　　　　　　　　　　　　　　○ ×

　　　▶ 상법 제69조 제1항은 민법상 매도인의 담보책임에 대한 특칙으로서, 채무불이행에 해당하는
　　　이른바 불완전이행으로 인한 손해배상책임을 묻는 청구에는 적용되지 않는다. ┃법원직9급 21
　　　○ ×

상인 간의 매매에서 매수인이 목적물을 수령한 때에는 지체 없이 이를 검사하여 하자 또는 수량의 부족을 발견한
경우에는 즉시, 즉시 발견할 수 없는 하자가 있는 경우에는 6개월 내에 매수인이 매도인에게 그 통지를 발송하지
아니하면 그로 인한 계약해제, 대금감액 또는 손해배상을 청구하지 못하도록 규정하고 있는 상법 제69조 제1항은
민법상 매도인의 담보책임에 대한 특칙으로서, 채무불이행에 해당하는 이른바 불완전이행으로 인한 손해배상책임
을 묻는 청구에는 적용되지 않는다(대판 2015.6.24. 2013다522). 　　　　　　　　　　　🔖 × / ○

064 ▶ 상법 제69조는 유상계약 일반에 타당한 규정이므로 상인 간의 수량을 지정한 건물의 임대차
□□□ 계약에도 준용된다. ┃법무사 20 　　　　　　　　　　　　　　　　　　　　　　　○ ×

　　　▶ 상사매매에 관한 상법 제69조는, 민법의 매매에 관한 규정이 민법 제567조에 의하여 매매
　　　이외의 유상계약에 준용되는 것과 마찬가지로 상인 간의 수량을 지정한 건물의 임대차계약에
　　　준용된다. ┃법원직9급 21 　　　　　　　　　　　　　　　　　　　　　　　　　○ ×

상사매매에 관한 상법 제69조는, 민법의 매매에 관한 규정이 민법 제567조에 의하여 매매 이외의 유상계약에
준용되는 것과 달리, 상법에 아무런 규정이 없는 이상 상인 간의 수량을 지정한 건물의 임대차계약에 준용될
수 없다(대판 1995.7.14. 94다38342). 　　　　　　　　　　　　　　　　　　　　　🔖 × / ×

065 매매의 목적물에 상인에게 통상 요구되는 객관적 주의의무를 다하여도 6월 내에 발견할 수
□□□ 없는 하자가 있는 경우에는 매수인에게 과실이 없는 경우 매도인에게 하자담보책임을 물을
수 있다. ┃법무사 20 　　　　　　　　　　　　　　　　　　　　　　　　　　　　○ ×

상법 제69조는 상거래의 신속한 처리와 매도인의 보호를 위한 규정인 점에 비추어 볼 때, 상인 간의 매매에
있어서 매수인은 목적물을 수령한 때부터 지체 없이 이를 검사하여 하자 또는 수량의 부족을 발견한 경우에는
즉시 매도인에게 그 통지를 발송하여야만 그 하자로 인한 계약해제, 대금감액 또는 손해배상을 청구할 수 있고,
설령 매매의 목적물에 상인에게 통상 요구되는 객관적인 주의의무를 다하여도 즉시 발견할 수 없는 하자가 있는
경우에도 매수인은 6월 내에 그 하자를 발견하여 지체 없이 이를 통지하지 아니하면 매수인은 과실의 유무를
불문하고 매도인에게 하자담보책임을 물을 수 없다고 해석함이 상당하다(대판 1999.1.29. 98다1584). 🔖 ×

066
□□□
▶ 매매의 목적물에 즉시 발견할 수 없는 하자가 있는 경우에는 6월 내에 이를 발견하여 즉시 통지한 사실 등에 관한 입증책임은 매수인에게 있다. ▎법무사 20　　　　　　○ ×

▶ 상법 제69조의 하자담보책임을 묻기 위한 전제요건, 즉 매수인이 목적물을 수령한 때에 지체 없이 그 목적물을 검사하여 즉시 매도인에게 그 하자를 통지한 사실, 만약 매매의 목적물에 즉시 발견할 수 없는 하자가 있는 경우에는 6월 내에 이를 발견하여 즉시 통지한 사실 등에 관한 입증책임은 매수인에게 있다. ▎법원직9급 21　　　　○ ×

───────────

상법 제69조는 상인 간의 매매에 있어서는 매수인의 매매목적물에 대한 검사와 하자통지의무를 매수인이 매도인에 대하여 매매목적물에 관한 하자담보책임을 묻기 위한 전제요건으로 삼고 있음이 분명하므로 그와 같은 하자담보책임의 전제요건, 즉 매수인이 목적물을 수령한 때에 지체 없이 그 목적물을 검사하여 즉시 매도인에게 그 하자를 통지한 사실, 만약 매매의 목적물에 즉시 발견할 수 없는 하자가 있는 경우에는 6월 내에 이를 발견하여 즉시 통지한 사실 등에 관한 입증책임은 매수인에게 있다(대판 1990.12.21. 90다카28498). **답** ○ / ○

067
□□□
▶ 상법 제69조 제1항은 성질상 임의규정이고 당사자 간의 약정에 의하여 이와 달리 정할 수 있다. ▎법무사 21　　　　　　○ ×

▶ 상인 간의 매매에서 당사자들은 매매 목적물 수령 후 그 하자에 관한 매수인의 검사 및 하자통지의무를 배제하는 약정을 체결할 수 있다. ▎법원직9급 20　　　　○ ×

▶ 매매의 목적물에 즉시 발견할 수 없는 하자가 있는 경우, 목적물 수령일부터 3년까지 매도인이 책임지도록 한 당사자 간 약정은 유효하다. ▎법원직9급 22　　　　○ ×

───────────

상인 간의 매매에 있어서 매수인이 목적물을 수령한 때에는 지체 없이 이를 검사하여야 하며 하자 또는 수량의 부족을 발견한 경우에는 즉시, 즉시 발견할 수 없는 하자가 있는 경우에는 6월 내에 매수인이 매도인에게 그 통지를 발송하지 아니하면 이로 인한 계약해제, 대금감액 또는 손해배상을 청구하지 못하도록 규정하고 있는 상법 제69조 제1항은 민법상의 매도인의 담보책임에 대한 특칙으로 전문적 지식을 가진 매수인에게 신속한 검사와 통지의 의무를 부과함으로써 상거래를 신속하게 결말짓도록 하기 위한 규정으로서 그 성질상 임의규정으로 보아야 할 것이고 따라서 당사자 간의 약정에 의하여 이와 달리 정할 수 있다고 할 것이다(대판 2008.5.15. 2008다3671). **답** ○ / ○ / ○

068
□□□
▶ 매수인이 매매 목적물을 수령한 후 하자를 이유로 적법하게 계약을 해제한 경우 매수인은 그 목적물이 멸실 또는 훼손될 염려가 있는 때에는 법원의 허가를 얻어 경매하여 그 대가를 보관 또는 공탁하여야 한다. ▎법무사 21　　　　○ ×

▶ 상인 간의 매매에서 매수인은 매매 목적물 수령 후 하자를 이유로 적법하게 계약을 해제하였더라도 매도인에게 반환하기 전까지 자신의 비용으로 매매 목적물을 보관하여야 한다.
▎법원직9급 20　　　　　　○ ×

───────────

제69조(매수인의 목적물의 검사와 하자통지의무)의 경우에 매수인이 계약을 해제한 때에도 매도인의 비용으로 매매의 목적물을 보관 또는 공탁하여야 한다. 그러나 그 목적물이 멸실 또는 훼손될 염려가 있는 때에는 법원의 허가를 얻어 경매하여 그 대가를 보관 또는 공탁하여야 한다(상법 제70조 제1항). **답** ○ / ×

069 상인 간의 매매에서 매수인이 목적물을 수령한 때에는 지체 없이 이를 검사하여 하자 또는
□□□ 수량의 부족을 발견한 경우에는 즉시 매도인에게 그 통지를 발송하여야 하며, 이 경우 매수인이
계약을 해제한 때에도 매도인의 비용으로 매매의 목적물을 보관 또는 공탁하여야 한다.
▮ 법무사 19   ○ ×
....
상법 제69조 제1항, 제70조 제1항   답 ○

070 매매목적물에 하자가 있어 매수인이 매매계약을 해제한 경우에는, 매도인과 매수인은 원상회
□□□ 복의무만을 부담한다. ▮ 법무사 20   ○ ×
....
매매목적물에 하자가 있어 매수인이 매매계약을 해제한 경우 상사매매에서는 일정한 요건하에 매수인에게 목적물
보관·공탁의무를 부과하고 있다(상법 제70조 제1항 참조).   답 ×

제4절 상호계산

> **의의(상법 제72조)**   상호계산은 (상인 간) 또는 (상인과 비상인) 간에 상시 거래관계가 있는 경우에 일정한
> 기간의 거래로 인한 채권채무의 총액에 관하여 상계하고 그 잔액을 지급할 것을 약정함으로써 그 효력이
> 생긴다.
>
> **상업증권상의 채권채무에 관한 특칙(상법 제73조)**   어음 기타의 상업증권으로 인한 채권채무를 상호계산에
> 계입한 경우에 그 증권채무자가 변제하지 아니한 때에는 당사자는 그 채무의 항목을 상호계산에서 제거할
> 수 있다.
>
> **상호계산기간(상법 제74조)**   당사자가 상계할 기간을 정하지 아니한 때에는 그 기간은 (6월)로 한다.
>
> **계산서의 승인과 이의(상법 제75조)**   당사자가 채권채무의 각 항목을 기재한 계산서를 승인한 때에는 그
> 각 항목에 대하여 이의를 하지 못한다. 그러나 (착오나 탈루)가 있는 때에는 그러하지 아니하다.
>
> **잔액채권의 법정이자(상법 제76조)**   ① 상계로 인한 잔액에 대하여는 채권자는 계산폐쇄일 이후의 법정이
> 자를 청구할 수 있다.
> ② 전항의 규정에 불구하고 당사자는 각 항목을 상호계산에 계입한 날로부터 이자를 붙일 것을 약정할 수
> 있다.
>
> **해지(상법 제77조)**   각 당사자는 언제든지 상호계산을 해지할 수 있다. 이 경우에는 즉시 계산을 폐쇄하고
> 잔액의 지급을 청구할 수 있다.

071 상호계산의 계약체결당사자는 적어도 일방이 상인이면 된다. ▮법무사 21 ○ ✕

상호계산은 <u>상인 간 또는</u> <u>상인과 비상인 간에</u> 상시 거래관계가 있는 경우에 일정한 기간의 거래로 인한 채권채무의 총액에 관하여 상계하고 그 잔액을 지급할 것을 약정함으로써 그 효력이 생긴다(상법 제72조). 따라서 상호계산의 계약체결당사자는 적어도 일방이 상인이어야 한다. **답** ○

072 어음으로 인한 채권·채무를 상호계산에 계입한 경우에 그 어음채무자가 변제하지 아니한 때에 당사자는 그 채무의 항목을 상호계산에서 제거할 수 있다. ▮법무사 21 ○ ✕

어음 기타의 상업증권으로 인한 채권채무를 상호계산에 계입한 경우에 그 증권채무자가 변제하지 아니한 때에는 당사자는 그 채무의 항목을 상호계산에서 제거할 수 있다(상법 제73조). **답** ○

073 상호계산기간에 대해 당사자 간 약정이 있으면 그 기간으로 하고, 약정이 없으면 6개월로 한다. ▮법무사 21 ○ ✕

당사자가 상계할 기간을 정하지 아니한 때에는 그 기간은 6월로 한다(상법 제74조). **답** ○

074 상호계산제도에서는 상계로 인한 잔액에 대해 이자가 발생할 여지가 없다. ▮법무사 21 ○ ✕

상계로 인한 잔액에 대하여는 채권자는 <u>계산폐쇄일 이후의 법정이자를 청구할 수 있다</u>(상법 제76조 제1항). **답** ✕

075 각 당사자는 계약의 존속기간을 정한 경우에도 언제든지 상호계산을 해지할 수 있다. ▮법무사 21 ○ ✕

상법 제77조 **답** ○

제5절 익명조합

의의(상법 제78조)   익명조합은 당사자의 일방이 상대방의 영업을 위하여 (출자)하고 상대방은 그 영업으로 인한 (이익을 분배)할 것을 약정함으로써 그 효력이 생긴다.

익명조합원의 출자(상법 제79조)   익명조합원이 출자한 금전 기타의 재산은 영업자의 재산으로 본다.

익명조합원의 대외관계(상법 제80조)   익명조합원은 영업자의 행위에 관하여서는 제3자에 대하여 권리나 의무가 (없다).

성명, 상호의 사용허락으로 인한 책임(상법 제81조)   익명조합원이 자기의 (성명)을 영업자의 상호 중에 사용하게 하거나 자기의 (상호)를 영업자의 상호로 사용할 것을 (허락한 때)에는 (그 사용 이후의 채무)에 대하여 영업자와 연대하여 변제할 책임이 있다.

이익배당과 손실분담(상법 제82조)   ① 익명조합원의 출자가 손실로 인하여 (감소)된 때에는 그 손실을 (전보한 후)가 아니면 이익배당을 청구하지 못한다.
② 손실이 (출자액을) (초과)한 경우에도 익명조합원은 이미 받은 (이익의 반환 또는 증자할) (의무가 없다).
③ 전2항의 규정은 당사자 간에 (다른 약정)이 있으면 적용하지 아니한다.

계약의 해지(상법 제83조)   ① 조합계약으로 조합의 존속기간을 정하지 아니하거나 어느 당사자의 종신까지 존속할 것을 약정한 때에는 각 당사자는 영업연도말에 계약을 해지할 수 있다. 그러나 이 해지는 6월 전에 상대방에게 예고하여야 한다.
② 조합의 존속기간의 (약정의 유무에 불구)하고 (부득이한 사정)이 있는 때에는 각 당사자는 (언제든지)계약을 해지할 수 있다.

계약의 종료(상법 제84조)   조합계약은 다음의 사유로 인하여 종료한다.
1. 영업의 폐지 또는 양도
2. (영업자)의 사망 또는 성년후견개시
3. 영업자 또는 익명조합원의 파산

계약종료의 효과(상법 제85조)   조합계약이 (종료)한 때에는 영업자는 익명조합원에게 그 출자의 가액을 반환하여야 한다. 그러나 출자가 손실로 인하여 감소된 때에는 그 잔액을 반환하면 된다.

076 익명조합은 당사자의 일방이 상대방의 영업을 위하여 출자하고 상대방은 그 영업으로 인한 □□□ 이익을 분배할 것을 약정함으로써 그 효력이 생긴다. **|** 법무사 22 　　　○ ×

……

상법 제78조 　　　　　　　　　　　　　　　　　　　　　　　　　　　　　　　　　　　　**답** ○

077 익명조합원이 출자한 금전 기타의 재산은 영업자의 재산으로 본다. **|** 법무사 22 　　　○ ×
□□□
……

상법 제79조 　　　　　　　　　　　　　　　　　　　　　　　　　　　　　　　　　　　　**답** ○

078 익명조합원이 자기의 성명을 영업자의 상호 중에 사용하게 하거나 자기의 상호를 영업자의 □□□ 상호로 사용할 것을 허락한 때에는 그 사용 이후의 채무에 대하여 영업자와 연대하여 변제할 책임이 있다. **|** 법무사 19 · 22 　　　　　　　　　　　　　　　　　　　　　　○ ×

……

상법 제81조 　　　　　　　　　　　　　　　　　　　　　　　　　　　　　　　　　　　　**답** ○

079 당사자 간에 다른 약정이 없는 경우에, 익명조합원의 출자가 손실로 인하여 감소된 때에는 □□□ 그 손실을 전보한 후가 아니면 이익배당을 청구하지 못하고, 손실이 출자액을 초과한 경우에는 증자할 의무가 있다. **|** 법무사 22 　　　　　　　　　　　　　　　　　　　　　　○ ×

손실이 출자액을 초과한 경우에도 익명조합원은 이미 받은 이익의 반환 또는 증자할 의무가 없다(상법 제82조
제2항). 　　　　　　　　　　　　　　　　　　　　　　　　　　　　　　　　　　　　**답** ×

080 익명조합계약은 '영업의 폐지 또는 양도', '영업자의 사망 또는 성년후견개시', '영업자 또는 □□□ 익명조합원의 파산'으로 인하여 종료한다. **|** 법무사 22 　　　　　　　　　　　　　○ ×

……

상법 제84조 　　　　　　　　　　　　　　　　　　　　　　　　　　　　　　　　　　　　**답** ○

> 〈사례문제〉
> 甲은 출자를 하지 않고 乙과 丙이 각각 1억원을 출자하며, 甲이 단독으로 甲의 성명만이 들어간 상호를 사용하여 영업을 하고, 그 영업으로 인하여 발생한 이익의 25%씩을 乙과 丙에게 각각 분배하기로 하는 X약정을 체결하였다.

(1) 乙과 丙은 甲의 행위에 관하여는 제3자에 대하여 권리나 의무가 없다. ▮법무사 21 ○ ×

....

익명조합원은 영업자의 행위에 관하여서는 제3자에 대하여 권리나 의무가 없으나(상법 제80조), 익명조합원이 자기의 성명을 영업자의 상호 중에 사용하게 하거나 자기의 상호를 영업자의 상호로 사용할 것을 허락한 때에는 그 사용 이후의 채무에 대하여 영업자와 연대하여 변제할 책임이 있다(상법 제81조). 즉, 甲이 단독으로 甲의 성명만이 들어간 상호를 사용하여 영업을 하였으므로, 乙과 丙은 甲의 행위에 관하여는 제3자에 대하여 권리나 의무가 없다. **답** ○

(2) 乙과 丙의 출자가 손실로 인하여 감소된 때에는 그 손실을 전보한 후가 아니면 이익배당을 청구하지 못한다. ▮법무사 21 ○ ×

....

익명조합원의 출자가 손실로 인하여 감소된 때에는 그 손실을 전보한 후가 아니면 이익배당을 청구하지 못한다(상법 제82조 제1항). **답** ○

(3) 乙과 丙이 출자한 출자금 2억원은 甲의 재산으로 본다. ▮법무사 21 ○ ×

....

익명조합원이 출자한 금전 기타의 재산은 영업자의 재산으로 본다(상법 제79조). **답** ○

(4) X약정이 종료한 때에는 甲은 乙과 丙에게 그 출자의 가액을 반환하여야 하고, 출자가 손실로 인하여 감소된 경우에도 마찬가지이다. ▮법무사 21 ○ ×

....

조합계약이 종료한 때에는 영업자는 익명조합원에게 그 출자의 가액을 반환하여야 한다. 그러나 출자가 손실로 인하여 감소된 때에는 그 잔액을 반환하면 된다(상법 제85조). **답** ×

(5) 당사자의 일방이 상대방의 영업을 위하여 출자를 하는 경우라 할지라도 그 영업에서 이익이 난 여부를 따지지 않고 상대방이 정기적으로 일정한 금액을 지급하기로 약정한 경우에는 X약정과 같은 성격의 약정으로 볼 수 없다. ▮법무사 21 ○ ×

....

당사자의 일방이 상대방의 영업을 위하여 출자를 하는 경우라 할지라도 그 영업에서 이익이 난 여부를 따지지 않고 상대방이 정기적으로 일정한 금액을 지급하기로 약정한 경우는 가령 이익이라는 명칭을 사용하였다 하더라도 익명조합약정이라 할 수 없다(대판 1962.12.27. 62다660). **답** ○

의의(상법 제86조의2) 합자조합은 조합의 업무집행자로서 조합의 채무에 대하여 무한책임을 지는 조합원과 출자가액을 한도로 하여 유한책임을 지는 조합원이 상호출자하여 공동사업을 경영할 것을 약정함으로써 그 효력이 생긴다.

업무집행조합원(상법 제86조의5) ① 업무집행조합원은 조합계약에 다른 규정이 없으면 각자가 합자조합의 업무를 집행하고 대리할 권리와 의무가 있다.

② 업무집행조합원은 선량한 관리자의 주의로써 제1항에 따른 업무를 집행하여야 한다.

③ 둘 이상의 업무집행조합원이 있는 경우에 조합계약에 다른 정함이 없으면 그 각 업무집행조합원의 업무집행에 관한 행위에 대하여 다른 업무집행조합원의 이의가 있는 경우에는 그 행위를 (중지)하고 (업무집행조합원 과반수)의 (결의)에 따라야 한다.

조합원의 지분의 양도(상법 제86조의7) ① (업무집행조합원)은 다른 조합원 (전원의 동의)를 받지 아니하면 그 지분의 전부 또는 일부를 타인에게 양도하지 못한다.

② (유한책임조합원)의 지분은 (조합계약)에서 정하는 바에 따라 양도할 수 있다.

③ 유한책임조합원의 지분을 양수한 자는 양도인의 조합에 대한 권리·의무를 승계한다.

준용규정(상법 제86조의8) ③ 조합계약에 다른 규정이 없으면 유한책임조합원에 대하여는 제199조, 제272조, 제275조, 제277조, 제278조, 제283조 및 제284조를 준용한다.

유한책임사원의 출자(상법 제272조) (유한책임사원)은 (신용 또는 노무)를 출자의 목적으로 하지 (못한다).

유한책임사원의 업무집행, 회사대표의 금지(상법 제278조) 유한책임사원은 회사의 업무집행이나 대표행위를 하지 못한다.

---

082 합자조합에서 유한책임조합원의 지분은 조합계약에서 정하는 바에 따라 양도할 수 있으나, 업무집행조합원은 다른 조합원 전원의 동의가 있어야만 그 지분의 전부나 일부를 타인에게 양도할 수 있다. ▮법무사 19 ○ ✕

....

상법 제86조의7 제1항·제2항 답 ○

제1절 │ 대리상

의의(상법 제87조) 일정한 상인을 위하여 상업사용인이 아니면서 상시 그 영업부류에 속하는 거래의 대리 또는 중개를 영업으로 하는 자를 대리상이라 한다.

통지의무(상법 제88조) 대리상이 거래의 대리 또는 중개를 한 때에는 지체 없이 본인에게 그 통지를 발송하여야 한다.

경업금지(상법 제89조) ① 대리상은 본인의 허락 없이 자기나 제3자의 계산으로 본인의 영업부류에 속한 거래를 하거나 동종영업을 목적으로 하는 회사의 무한책임사원 또는 이사가 되지 못한다.
② 제17조 제2항 내지 제4항의 규정은 대리상이 전항의 규정에 위반한 경우에 준용한다.

> **상업사용인의 의무(상법 제17조)** ② 상업사용인이 전항의 규정에 위반하여 거래를 한 경우에 그 거래가 자기의 계산으로 한 것인 때에는 영업주는 이를 (영업주의 계산)으로 한 것으로 볼 수 있고 제3자의 계산으로 한 것인 때에는 영업주는 사용인에 대하여 이로 인한 (이득의 양도)를 청구할 수 있다.
> ③ 전항의 규정은 영업주로부터 사용인에 대한 계약의 해지 또는 손해배상의 청구에 영향을 미치지 아니한다.
> ④ 제2항에 규정한 권리는 영업주가 그 거래를 안 날로부터 2주간을 경과하거나 그 거래가 있은 날로부터 1년을 경과하면 소멸한다.

대리상의 유치권(상법 제91조) 대리상은 거래의 대리 또는 중개로 인한 채권이 변제기에 있는 때에는 그 변제를 받을 때까지 본인을 위하여 점유하는 물건 또는 유가증권을 유치할 수 있다. 그러나 당사자 간에 다른 약정이 있으면 그러하지 아니하다.

계약의 해지(상법 제92조) ① 당사자가 계약의 존속기간을 약정하지 아니한 때에는 각 당사자는 2월 전에 예고하고 계약을 해지할 수 있다.
② 제83조 제2항의 규정은 대리상에 준용한다.

> **계약의 해지(상법 제83조)** ② 조합의 존속기간의 (약정의 유무에 불구)하고 (부득이한 사정)이 있는 때에는 각 당사자는 (언제든지) 계약을 해지할 수 있다.

대리상의 보상청구권(상법 제92조의2)　　① 대리상의 활동으로 본인이 새로운 고객을 획득하거나 영업상의 거래가 현저하게 증가하고 이로 인하여 계약의 종료 후에도 본인이 이익을 얻고 있는 경우에는 대리상은 본인에 대하여 상당한 보상을 청구할 수 있다. 다만, 계약의 종료가 대리상의 책임있는 사유로 인한 경우에는 그러하지 아니하다.
② 제1항의 규정에 의한 보상금액은 계약의 종료 전 (5년간의 평균년보수액)을 초과할 수 없다. 계약의 존속기간이 5년 미만인 경우에는 그 기간의 평균년보수액을 기준으로 한다.
③ 제1항의 규정에 의한 보상청구권은 계약이 종료한 날부터 (6월)을 경과하면 소멸한다.

대리상의 영업비밀준수의무(상법 제92조의3)　　대리상은 계약의 (종료 후)에도 계약과 관련하여 알게 된 본인의 영업상의 비밀을 준수하여야 한다.

083　▶ 대리상은 본인의 상업사용인이 아니다. ▮법무사 20　　○ ×
□□□
　　　▶ 대리상은 본인 거래의 중개를 영업으로 할 수는 없다. ▮법무사 20　　○ ×

일정한 상인을 위하여 <u>상업사용인이 아니면서</u> 상시 그 영업부류에 속하는 거래의 <u>대리 또는 중개를 영업으로</u> <u>하는 자</u>를 대리상이라 한다(상법 제87조).　　🔑 ○ / ×

084　대리상과 중개인은 모두 일정한 상인을 위하여 계속적으로 거래의 중개를 보조하는 자이다.
□□□　▮법무사 21　　○ ×

<u>대리상은 일정한 상인을 보조하나, 중개인이나 위탁매매인은 불특정다수인을 보조한다</u>(상법 제87조, 제93조 참조).
　🔑 ×

085　대리상은 일정한 상인을 위하여 상업사용인이 아니면서 상시 그 영업부류에 속하는 거래의
□□□　대리 또는 중개를 영업으로 하는 자를 말한다. 대리상은 상업사용인이 아니지만 경업금지의무
　　　를 부담한다. ▮법원직9급 21　　○ ×

상법 제87조, 제89조 제1항 참조　　🔑 ○

086　대리상은 일정한 상인(본인)의 명의로 본인을 대리하여 거래하고, 위탁매매인은 자기의 명의
□□□　로 타인의 계산으로 거래하며, 가맹상은 자기의 명의와 계산으로 영업을 한다. ▮법무사 21
　　　　○ ×

대리상은 일정한 상인을 위하여, 즉 본인의 명의로 본인을 대리하여 거래하고(상법 제87조 참조), 위탁매매인은 자기의 명의로써 타인의 계산으로 물건 또는 유가증권을 매매하며(상법 제101조 참조), 가맹상은 자기의 명의와 자기의 계산으로 영업을 한다.　　🔑 ○

087 ▸ 대리상, 중개인, 위탁매매인 모두 경업금지의무를 부담한다. ▎법무사 21   ○ ✕

▢▢▢

▸ 위탁매매인에는 경업금지의무가 있지만, 대리상은 이러한 의무가 없다. 이는 위탁매매인의 경우 특정한 상인을 보조하지만 대리상은 이에 한정되지 않기 때문이다. ▎법원직9급 21   ○ ✕

대리상은 일정한 상인과 계속적 관계를 가지므로, 이익충돌을 방지하기 위하여 경업금지의무와 겸직금지의무를 부담하나(상법 제89조 제1항), 중개인·위탁매매인은 본인 또는 위탁자와 계속적 관계를 가지지 아니하므로, 경업금지의무와 겸직금지의무를 부담하지 아니한다. ▣ ✕ / ✕

088 어떤 자가 제조자·공급자와 사이에 대리점계약이라고 하는 명칭의 계약을 체결하였다고 해서 곧바로 상법 제87조의 대리상이 되는 것은 아니고, 그 자가 대리상인지 여부를 판단하기 위해 서는 그 계약 내용을 실질적으로 살펴야 한다. ▎법원직9급 22   ○ ✕

▢▢▢

상법 제87조는 일정한 상인을 위하여 상업사용인이 아니면서 상시 그 영업부류에 속하는 거래의 대리 또는 중개를 영업으로 하는 자를 대리상으로 규정하고 있는데, 어떤 자가 제조자나 공급자와 사이에 대리점계약이라고 하는 명칭의 계약을 체결하였다고 하여 곧바로 상법 제87조의 대리상으로 되는 것은 아니고, 그 계약 내용을 실질적으로 살펴 대리상에 해당하는지 여부를 판단하여야 한다(대판 2013.2.14. 2011다28342). ▣ ○

089 상법 제91조 대리상의 유치권은 피담보채권이 '목적물에 관하여' 생긴 것일 필요가 없고, 유치 권의 대상이 되는 물건도 '채무자 소유'일 것으로 제한되지 않는다. 다만, 당사자 간의 약정으로 달리 정할 수 있다. ▎법무사 19   ○ ✕

▢▢▢

대리상은 거래의 대리 또는 중개로 인한 채권이 변제기에 있는 때에는 그 변제를 받을 때까지 본인을 위하여 점유하는 물건 또는 유가증권을 유치할 수 있다. 그러나 당사자 간에 다른 약정이 있으면 그러하지 아니하다(상법 제91조). 즉, 대리상의 유치권은 견련성 및 채무자 소유일 것을 요하지 아니한다. ▣ ○

090 ▸ 대리상은 거래의 대리로 인한 채권이 변제기에 있는 때에는 그 변제를 받을 때까지 본인을 위하여 점유하는 물건을 유치할 수 있으나, 이때 그 물건은 본인의 소유일 것을 요한다. ▎법무사 20   ○ ✕

▢▢▢

▸ 대리상은 거래의 대리 또는 중개로 인한 채권이 변제기에 있는 때에는 그 변제를 받을 때까지 본인을 위하여 점유하는 물건 또는 유가증권을 유치할 수 있는데, 이때 본인 소유가 아닌 제3자 소유의 물건 또는 유가증권은 유치할 수 없다. ▎법원직9급 20   ○ ✕

대리상은 거래의 대리 또는 중개로 인한 채권이 변제기에 있는 때에는 그 변제를 받을 때까지 본인을 위하여 점유하는 물건 또는 유가증권을 유치할 수 있다. 그러나 당사자 간에 다른 약정이 있으면 그러하지 아니하다(상법 제91조). 즉, 대리상의 유치권 성립에는 목적물이 본인을 위하여 점유하는 물건 또는 유가증권이면 되고 본인(채무 자) 소유가 아니어도 된다. 이 점에서 일반 상사유치권과 다르고 민법상의 유치권과 같다. ▣ ✕ / ✕

091
□□□ 대리상계약의 존속기간을 약정하지 아니한 때에는 각 당사자는 2월 전에 예고하고 대리상계약을 해지할 수 있으나, 존속기간 약정의 유무에 불구하고 부득이한 사정이 있는 때에는 각 당사자는 언제든지 계약을 해지할 수 있다. **I 법원직9급 22**   ○ ×

··

상법 제92조 제1항·제2항, 제83조 제2항   **답** ○

092
□□□ ▶ 대리상의 활동으로 본인이 새로운 고객을 획득하거나 영업상의 거래가 현저하게 증가하고 이로 인하여 계약의 종료 후에도 본인이 이익을 얻고 있는 경우에는 대리상은 본인에 대하여 상당한 보상을 청구할 수 있다. **I 법무사 20**   ○ ×

▶ 대리상의 활동으로 인한 이익이 대리상계약 종료 후에도 계속되는 경우 대리상은 본인에 대해 상당한 보상을 청구할 수 있다. **I 법원직9급 20**   ○ ×

··

대리상의 활동으로 본인이 새로운 고객을 획득하거나 영업상의 거래가 현저하게 증가하고 이로 인하여 계약의 종료 후에도 본인이 이익을 얻고 있는 경우에는 대리상은 본인에 대하여 상당한 보상을 청구할 수 있다. 다만, 계약의 종료가 대리상의 책임 있는 사유로 인한 경우에는 그러하지 아니하다(상법 제92조의2 제1항).

답 ○ / ○

093
□□□ 대리상이 보상청구권에 따라 청구할 수 있는 보상금액은 계약의 종료 전 5년간의 평균연보수액을 초과할 수 없고, 그 청구권은 계약이 종료한 날로부터 6월 내에 행사하면 된다.
I 법원직9급 20   ○ ×

··

상법 제92조의2 제2항·제3항 참조   **답** ○

094
□□□ 상법 제92조의2 제1항은, 대리상이 계약 존속 중에 획득하거나 현저히 증가시킨 고객관계로 인하여 계약 종료 후에도 본인은 이익을 얻게 되나 대리상은 더 이상 아무런 이익을 얻지 못하게 되는 상황을 염두에 두고, 형평의 원칙상 대리상의 보호를 위하여 보상청구권을 인정하고 있다. **I 법원직9급 22**   ○ ×

··

상법 제92조의2 제1항은, 대리상의 활동으로 본인이 새로운 고객을 획득하거나 영업상의 거래가 현저하게 증가하고 이로 인하여 계약의 종료 후에도 본인이 이익을 얻고 있는 경우에는 대리상은 본인에 대하여 상당한 보상을 청구할 수 있다고 규정함으로써, 대리상이 계약 존속 중에 획득하거나 현저히 증가시킨 고객관계로 인하여 계약 종료 후에도 본인은 이익을 얻게 되나 대리상은 더 이상 아무런 이익을 얻지 못하게 되는 상황을 염두에 두고, 형평의 원칙상 대리상의 보호를 위하여 보상청구권을 인정하고 있다(대판 2013.2.14. 2011다28342).   **답** ○

제1편

제2편

제3편

제4편

제5편

제6편

095 상법 제92조의2 제1항에서 정한 대리상의 보상청구권의 입법 취지와 목적 등을 고려한다면,
☐☐☐ 위 규정을 상법상 대리상 아닌 자에 대하여까지 유추적용할 수는 없다. ┃법원직9급 22 ○ ✕

대리상의 보상청구권에 관한 위와 같은 입법 취지 및 목적 등을 고려할 때, 제조자나 공급자로부터 제품을 구매하여
그 제품을 자기의 이름과 계산으로 판매하는 영업을 하는 자에게도, ㄱ) 예를 들어 특정한 판매구역에서 제품에
관한 독점판매권을 가지면서 제품판매를 촉진할 의무와 더불어 제조자나 공급자의 판매활동에 관한 지침이나
지시에 따를 의무 등을 부담하는 경우처럼 계약을 통하여 사실상 제조자나 공급자의 판매조직에 편입됨으로써
대리상과 동일하거나 유사한 업무를 수행하였고, ㄴ) 자신이 획득하거나 거래를 현저히 증가시킨 고객에 관한
정보를 제조자나 공급자가 알 수 있도록 하는 등 고객관계를 이전하여 제조자나 공급자가 계약 종료 후에도
곧바로 그러한 고객관계를 이용할 수 있게 할 계약상 의무를 부담하였으며, ㄷ) 아울러 계약체결 경위, 영업을
위하여 투입한 자본과 그 회수 규모 및 영업 현황 등 제반 사정에 비추어 대리상과 마찬가지의 보호필요성이
인정된다는 요건을 모두 충족하는 때에는, <u>상법상 대리상이 아니더라도 대리상의 보상청구권에 관한 상법 제92조
의2를 유추적용할 수 있다고 보아야 한다</u>(대판 2013.2.14. 2011다28342). 답 ✕

096 대리상은 계약이 종료한 후에도 계약과 관련하여 알게 된 본인의 영업상 비밀을 준수해야
☐☐☐ 한다. ┃법원직9급 20 ○ ✕

상법 제92조의3 답 ○

097 대리상은 본인에 대해 통지의무, 경업금지의무, 영업비밀준수의무를 부담한다. ┃법무사 20
☐☐☐ ○ ✕

대리상은 선관주의의무(민법 제681조), 통지의무(상법 제88조), 경업금지의무(상법 제89조 제1항) 및 영업비밀준
수의무(상법 제92조의3)를 부담한다. 답 ○

제2절 중개업

의의(상법 제93조)　　타인 간의 상행위의 중개를 영업으로 하는 자를 중개인이라 한다.

중개인의 급여수령대리권(상법 제94조)　　중개인은 그 중개한 행위에 관하여 당사자를 위하여 (지급 기타의 이행을 받지 못한다). 그러나 다른 약정이나 관습이 있으면 그러하지 아니하다.

견품보관의무(상법 제95조)　　중개인이 그 중개한 행위에 관하여 (견품)을 받은 때에는 그 행위가 완료될 때까지 이를 보관하여야 한다.

결약서교부의무(상법 제96조)　　① 당사자 간에 계약이 성립된 때에는 중개인은 지체 없이 각 당사자의 성명 또는 상호, 계약년월일과 그 요령을 기재한 (서면)을 작성하여 기명날인 또는 서명한 후 각 당사자에게 교부하여야 한다.
② 당사자가 즉시 이행을 하여야 하는 경우를 제외하고 중개인은 각 당사자로 하여금 제1항의 서면에 기명날인 또는 서명하게 한 후 그 상대방에게 교부하여야 한다.
③ 제1항 및 제2항의 경우에 당사자의 일방이 서면의 수령을 거부하거나 기명날인 또는 서명하지 아니한 때에는 중개인은 지체 없이 상대방에게 그 통지를 발송하여야 한다.

중개인의 장부작성의무(상법 제97조)　　① 중개인은 전조(결약서교부의무)에 규정한 사항을 (장부에 기재)하여야 한다.
② 당사자는 언제든지 자기를 위하여 중개한 행위에 관한 장부의 등본의 교부를 청구할 수 있다.

성명, 상호 묵비의 의무(상법 제98조)　　당사자가 그 (성명 또는 상호)를 상대방에게 표시하지 아니할 것을 중개인에게 (요구한 때)에는 중개인은 그 상대방에게 교부할 제96조 제1항의 서면(결약서)과 전조 제2항의 등본(장부의 등본)에 이를 기재하지 못한다.

보수청구권(상법 제100조)　　① 중개인은 제96조(결약서교부의무)의 절차를 종료하지 아니하면 보수를 청구하지 못한다.
② 중개인의 보수는 당사자쌍방이 균분하여 부담한다.

상인의 의무 비교

대리상	선관주의의무(민법 제681조), 통지의무, 경업피지의무, 영업비밀준수의무 등
중개인	선관주의의무(민법 제681조), 결약서교부의무, 장부작성 및 등본교부의무, 성명·상호묵비의무, 견품보관의무, 개입의무 등
위탁매매인	선관주의의무(민법 제681조), 매매통지의무·계산서제출의무, 지정가액준수의무, 개입의무, 위탁물의 훼손·하자통지의무 등

098 견품 보관의무는 중개인의 의무이다. ┃법무사 17 ○ ×

□□□

중개인이 그 중개한 행위에 관하여 견품을 받은 때에는 그 행위가 완료될 때까지 이를 보관하여야 한다(상법 제95조). **답** ○

099 결약서교부의무는 중개인의 의무이다. ┃법무사 17 ○ ×

□□□

당사자 간에 계약이 성립된 때에는 중개인은 지체 없이 각 당사자의 성명 또는 상호, 계약년월일과 그 요령을 기재한 서면을 작성하여 기명날인 또는 서명한 후 각 당사자에게 교부하여야 한다(상법 제96조 제1항). **답** ○

100 중개인은 당사자 간에 계약이 성립된 때에 각 당사자의 성명 또는 상호, 계약년월일과 그 요령을 기재한 서면을 작성하여 기명날인 또는 서명한 후 각 당사자에게 교부하여야 한다. 이 경우 거래의 명확성을 위하여 당사자가 요구하는 경우에도 그 성명 또는 상호의 기재는 생략할 수 없다. ┃법무사 19 ○ ×

□□□

당사자 간에 계약이 성립된 때에는 중개인은 지체 없이 각 당사자의 성명 또는 상호, 계약년월일과 그 요령을 기재한 서면을 작성하여 기명날인 또는 서명한 후 각 당사자에게 교부하여야 한다(상법 제96조 제1항). 당사자가 그 성명 또는 상호를 상대방에게 표시하지 아니할 것을 중개인에게 <u>요구한 때에는</u> 중개인은 그 상대방에게 교부할 <u>제96조 제1항의 서면</u>과 전조 제2항의 등본에 <u>이를 기재하지 못한다</u>(상법 제98조). **답** ×

101 장부작성의무는 중개인의 의무이다. ┃법무사 17 ○ ×

□□□

중개인은 제96조에 규정한 사항을 장부에 기재하여야 한다(상법 제97조). **답** ○

102 성명, 상호 묵비의 의무는 중개인의 의무이다. ┃법무사 17 ○ ×

□□□

당사자가 그 성명 또는 상호를 상대방에게 표시하지 아니할 것을 중개인에게 요구한 때에는 중개인은 그 상대방에게 교부할 제96조 제1항의 서면과 전조 제2항의 등본에 이를 기재하지 못한다(상법 제98조). **답** ○

103 지정가액준수의무는 중개인의 의무이다. ┃법무사 17 ○ ×

□□□

지정가액준수의무는 <u>위탁매매인</u>에게 인정되는 의무(상법 제106조 참조)이다. **답** ×

제3절   위탁매매업

의의(상법 제101조)   (자기명의)로써 (타인의 계산)으로 물건 또는 유가증권의 매매를 영업으로 하는 자를 위탁매매인이라 한다.

위탁매매인의 지위(상법 제102조)   위탁매매인은 위탁자를 위한 매매로 인하여 상대방에 대하여 (직접 권리를 취득하고 의무를 부담)한다.

위탁물의 귀속(상법 제103조)   위탁매매인이 위탁자로부터 받은 물건 또는 유가증권이나 위탁매매로 인하여 취득한 물건, 유가증권 또는 채권은 (위탁자와 위탁매매인 또는 위탁매매인의 채권자 간)의 관계에서는 이를 위탁자의 소유 또는 채권으로 본다.

위탁매매인의 이행담보책임(상법 제105조)   위탁매매인은 위탁자를 위한 매매에 관하여 상대방이 채무를 이행하지 아니하는 경우에는 위탁자에 대하여 이를 이행할 책임이 있다. 그러나 다른 약정이나 관습이 있으면 그러하지 아니하다.

지정가액준수의무(상법 제106조)   ① 위탁자가 지정한 가액보다 (염가로 매도)하거나 (고가로 매수)한 경우에도 위탁매매인이 그 (차액을 부담)한 때에는 그 매매는 위탁자에 대하여 효력이 있다.
② 위탁자가 지정한 가액보다 고가로 매도하거나 염가로 매수한 경우에는 그 차액은 다른 약정이 없으면 위탁자의 이익으로 한다.

위탁매매인의 개입권(상법 제107조)   ① 위탁매매인이 (거래소의 시세가 있는) 물건 또는 유가증권의 매매를 위탁받은 경우에는 직접 그 (매도인이나 매수인이 될 수 있다). 이 경우의 매매대가는 위탁매매인이 매매의 통지를 발송할 때의 거래소의 시세에 따른다.
② 제1항의 경우에 위탁매매인은 위탁자에게 보수를 청구할 수 있다.

위탁물의 훼손, 하자 등의 효과(상법 제108조)   ① 위탁매매인이 위탁매매의 목적물을 인도받은 후에 그 물건의 훼손 또는 하자를 발견하거나 그 물건이 부패할 염려가 있는 때 또는 가격저락의 상황을 안 때에는 지체 없이 위탁자에게 그 통지를 발송하여야 한다.
② 전항의 경우에 위탁자의 지시를 받을 수 없거나 그 지시가 지연되는 때에는 위탁매매인은 위탁자의 이익을 위하여 적당한 처분을 할 수 있다.

준용규정(상법 제111조)   제91조(대리상의 유치권)의 규정은 위탁매매인에 준용한다.

구 분	대리상	중개인	위탁매매인
상인성 요부	본인과 대리상 모두 상인	타인 중 일방은 상인, 중개인은 상인	위탁매매인은 상인, 위탁자는 불요
특별상사유치권 인정 여부	○ (상법 제91조)	×	○ (상법 제111조, 제91조)
경업금지의무 인정 여부	○ (상법 제89조 제1항)	×	×

104 위탁매매라 함은 자기의 명의로 타인의 계산에 의하여 물품을 구입 또는 판매하고 보수를
□□□ 받는 것으로서 명의와 계산이 분리되는 것을 본질로 한다. ▎법무사 18　　　○ ×

··

위탁매매라 함은 자기의 명의로 타인의 계산에 의하여 물품을 구입 또는 판매하고 보수를 받는 것으로서 명의와
계산이 분리되는 것을 본질로 하는 것이므로, 어떠한 계약이 일반 매매계약인지 위탁매매계약인지는 계약의 명칭
내지 형식적인 문언을 떠나 그 실질을 중시하여 판단하여야 한다(대판 2008.5.29. 2005다6297). 　🔲 ○

105 ▸ 위탁매매인이 위탁자로부터 받은 물건 또는 유가증권이나 위탁매매로 인하여 취득한 물건,
□□□ 　유가증권 또는 채권은 위탁자와 위탁매매인 또는 위탁매매인의 채권자 간의 관계에서는
　이를 위탁자의 소유 또는 채권으로 본다. ▎법무사 18, 법원직9급 21　　　○ ×

　▸ 위탁매매인은 위탁자를 위한 매매로 인하여 상대방에 대하여 직접 권리를 취득하고 의무를
　부담하므로, 위탁매매인이 위탁매매로 인하여 취득한 물건, 유가증권 또는 채권은 위탁자와
　위탁매매인 또는 위탁매매인의 채권자 간의 관계에서 이를 위탁매매인의 소유 또는 채권으로
　본다. ▎법무사 19　　　○ ×

　▸ 위탁매매인이 위탁매매로 인하여 취득한 물건 또는 채권은 위탁자와 위탁매매인의 채권자
　사이에서는 위탁매매인의 소유 또는 채권으로 본다. ▎법무사 21　　　○ ×

··

위탁매매인이 위탁자로부터 받은 물건 또는 유가증권이나 위탁매매로 인하여 취득한 물건, 유가증권 또는 채권은
위탁자와 위탁매매인 또는 위탁매매인의 채권자 간의 관계에서는 이를 위탁자의 소유 또는 채권으로 본다(상법
제103조). 　🔲 ○ / × / ×

106 위탁매매인이 위탁자로부터 물건 또는 유가증권을 받은 후 파산한 경우에는 위탁자는 대외적
□□□ 인 소유자가 아니므로 위 물건 또는 유가증권을 환취할 권리가 없다. ▎법무사 18　　　○ ×

위탁매매인이 위탁자로부터 받은 물건 또는 유가증권이나 위탁매매로 인하여 취득한 물건, 유가증권 또는 채권은 위탁자와 위탁매매인 또는 위탁매매인의 채권자 간의 관계에서는 이를 위탁자의 소유 또는 채권으로 보므로(상법 제103조), 위탁매매인이 위탁자로부터 물건 또는 유가증권을 받은 후 파산한 경우에는 위탁자는 구 파산법 제79조에 의하여 위 물건 또는 유가증권을 환취할 권리가 있고, 위탁매매의 반대급부로 위탁매매인이 취득한 물건, 유가증권 또는 채권에 대하여는 구 파산법 제83조 제1항에 의하여 대상적 환취권(대체적 환취권)으로 그 이전을 구할 수 있다(대판 2008.5.29. 2005다6297).　　　**답** ✕

107
□□□
▸ 위탁매매인은 위탁자를 위한 매매에 관하여 상대방이 채무를 이행하지 아니하는 경우에는 다른 약정이나 관습이 없는 이상 위탁자에 대하여 이를 이행할 책임이 있다. **｜법무사 19**
○ ✕

▸ 위탁매매인은 위탁자를 위한 매매에 관하여 상대방이 채무를 이행하지 아니하는 경우에는 위탁자에 대하여 이를 이행할 책임이 있다. 그러나 다른 약정이나 관습이 있으면 그러하지 아니하다. **｜법원직9급 21**
○ ✕

상법 제105조　　　**답** ○ / ○

108
□□□
위탁매매인이 위탁자가 지정한 가액보다 염가로 매도하거나 고가로 매수한 경우에도 위탁매매인이 그 차액을 부담한 때에는 그 매매는 위탁자에 대하여 효력이 있다. **｜법무사 19**　○ ✕

상법 제106조 제1항　　　**답** ○

109
□□□
위탁매매인이 거래소의 시세가 있는 물건 또는 유가증권의 매매를 위탁받은 경우에는 직접 그 매도인이나 매수인이 될 수 있다. 이 경우의 매매대가는 위탁매매인이 매매의 통지를 발송할 때의 거래소의 시세에 따른다. **｜법무사 18 · 19**　○ ✕

상법 제107조 제1항　　　**답** ○

110
□□□
위탁매매인이 위탁매매의 목적물을 인도받은 후 그 물건의 훼손 또는 하자를 발견하거나 그 물건이 부패할 염려가 있는 때 또는 가격저락의 상황을 안 경우 위탁자의 지시를 받을 수 없거나 그 지시가 지연되는 때에는 위탁자의 이익을 위하여 적당한 처분을 할 수 있다.
｜법무사 19　○ ✕

상법 제108조 제1항 · 제2항　　　**답** ○

111
□□□ 위탁자의 위탁상품 공급으로 인한 위탁매매인에 대한 이득상환청구권이나 이행담보책임 이행 청구권은 민법 제163조 제6호 소정의 '상인이 판매한 상품의 대가'에 해당하지 아니하여 3년의 단기소멸시효의 대상이 아니다. **|법무사 18** ○ ×

··

위탁자의 위탁상품 공급으로 인한 위탁매매인에 대한 이득상환청구권이나 이행담보책임 이행청구권은 위탁자의 위탁매매인에 대한 상품 공급과 서로 대가관계에 있지 아니하여 등가성이 없으므로 민법 제163조 제6호 소정의 '상인이 판매한 상품의 대가'에 해당하지 아니하여 3년의 단기소멸시효의 대상이 아니고, 한편 위탁매매는 상법상 전형적 상행위이며 위탁매매인은 당연한 상인이고 위탁자도 통상 상인일 것이므로, 위탁자의 위탁매매인에 대한 매매 위탁으로 인한 위의 채권은 다른 특별한 사정이 없는 한 통상 상행위로 인하여 발생한 채권이어서 상법 제64조 소정의 5년의 상사소멸시효의 대상이 된다(대판 1996.1.23. 95다39854). **답** ○

제4절 　운송주선업

의의(상법 제114조) 　(자기의 명의)로 물건운송의 주선을 영업으로 하는 자를 운송주선인이라 한다.

손해배상책임(상법 제115조) 　운송주선인은 자기나 그 사용인이 운송물의 수령, 인도, 보관, 운송인이나 다른 운송주선인의 선택 기타 운송에 관하여 주의를 해태하지 아니하였음을 증명하지 아니하면 운송물의 멸실, 훼손 또는 연착으로 인한 손해를 배상할 책임을 면하지 못한다.

개입권(상법 제116조) 　① 운송주선인은 다른 약정이 없으면 직접운송할 수 있다. 이 경우에는 운송주선인은 운송인과 동일한 권리의무가 있다.
② 운송주선인이 위탁자의 청구에 의하여 (화물상환증을 작성)한 때에는 (직접운송)하는 것으로 본다.

보수청구권(상법 제119조) 　① 운송주선인은 운송물을 운송인에게 인도한 때에는 즉시 보수를 청구할 수 있다.
② 운송주선계약으로 운임의 액을 정한 경우에는 다른 약정이 없으면 따로 보수를 청구하지 못한다.

운송주선인의 책임의 시효(상법 제121조) 　① 운송주선인의 책임은 수하인이 운송물을 수령한 날로부터 1년을 경과하면 소멸시효가 완성한다.
② 전항의 기간은 운송물이 (전부멸실)한 경우에는 그 운송물을 인도할 날로부터 기산한다.
③ 전2항의 규정은 운송주선인이나 그 사용인이 악의인 경우에는 적용하지 아니한다.

운송주선인의 채권의 시효(상법 제122조) 　운송주선인의 위탁자 또는 수하인에 대한 채권은 (1년)간 행사하지 아니하면 소멸시효가 완성한다.

동전(상법 제124조) 　제136조 (고가물에 대한 책임), 제140조(수하인의 지위)와 제141조(수하인의 의무)의 규정은 운송주선업에 준용한다.

112
□□□
▶ 운송주선인이 위탁자의 청구에 의하여 화물상환증을 작성하거나 운송주선계약에서 운임의 액을 정한 경우에는 운송인으로서의 지위도 취득한다. ▮법무사 18　　○ ×

▶ 운송주선인이 운송인의 대리인으로서 운송계약을 체결한 경우에 운송의뢰인에 대한 관계에서는 운송주선인의 지위를 상실하고 운송인으로서의 지위를 취득한다. ▮법무사 18　　○ ×

운송주선인이 상법 제116조에 따라 위탁자의 청구에 의하여 화물상환증을 작성하거나 같은 법 제119조 제2항에 따라 운송주선계약에서 운임의 액을 정한 경우에는 운송인으로서의 지위도 취득할 수 있지만, 운송주선인이 위 각 조항에 따라 운송인의 지위를 취득하지 않는 한, <u>운송인의 대리인으로서 운송계약을 체결하였더라도 운송의뢰인에 대한 관계에서는 여전히 운송주선인의 지위에 있다</u>(대판 2007.4.27. 2007다4943). 🅰 ○ / ×

113
□□□
▶ 운송주선인은 자기의 이름으로 주선행위를 하는 것이 원칙이지만, 실제로 주선행위를 하였다면 하주나 운송인의 대리인, 위탁자의 이름으로 운송계약을 체결하는 경우에도 운송주선인으로서의 지위를 상실하지 않는다. ▮법무사 18　　○ ×

▶ 하주나 운송인의 대리인 또는 위탁자의 이름으로 운송계약을 체결한 경우에는 실제로 운송주선행위를 하였더라도 운송주선인의 지위에 있지 아니하다. ▮법원직9급 20　　○ ×

▶ 상법 제114조에서 정한 '주선'은 자기의 이름으로 타인의 계산 아래 법률행위를 하는 것을 말하므로, 운송주선인은 자기의 이름으로 주선행위를 하는 것이 원칙이지만, 실제로 주선행위를 하였다면 하주나 운송인의 대리인, 위탁자의 이름으로 운송계약을 체결하는 경우에도 운송주선인으로서의 지위를 상실하지 않는다. ▮법원직9급 20　　○ ×

상법 제114조에서 정한 '주선'은 자기의 이름으로 타인의 계산 아래 법률행위를 하는 것을 말하므로, 운송주선인은 자기의 이름으로 주선행위를 하는 것이 원칙이지만, 실제로 주선행위를 하였다면 하주나 운송인의 대리인, 위탁자의 이름으로 운송계약을 체결하는 경우에도 운송주선인으로서의 지위를 상실하지 않는다(대판 2007.4.26. 2005다5058). 🅰 ○ / × / ○

114
□□□
▶ 운송주선인은 자기나 그 사용인이 운송물의 수령, 인도, 보관, 운송인이나 다른 운송주선인의 선택 기타 운송에 관하여 주의를 게을리하지 않았음을 증명한 경우에는 운송물의 멸실로 인한 손해를 배상할 책임이 없다. ▮법무사 18　　○ ×

▶ 운송주선인은 자기나 그 사용인이 운송물의 수령, 인도, 보관, 운송인이나 다른 운송주선인의 선택, 기타 운송에 관하여 주의를 해태하지 아니하였음을 증명하지 아니하면 운송물의 멸실, 훼손 또는 연착으로 인한 손해를 배상할 책임을 면하지 못한다. ▮법원직9급 20　○ ×

상법 제115조 🅰 ○ / ○

115 운송주선계약으로 운임의 액을 정한 경우에는 다른 약정이 없으면 따로 보수를 청구하지 못한다.
□□□ ▌법원직9급 20 ○ ×

• •

상법 제119조 제2항 📖 ○

116 해상운송주선인이 위탁자의 청구에 의하여 선하증권을 작성한 때에는 개입권을 행사하였다고 볼 것이나, 해상운송주선인이 타인을 대리하여 위 타인 명의로 작성한 선하증권은 특별한 사정이 없는 개입권 행사의 적법조건이 되는 '운송주선인이 작성한 증권'으로 볼 수 없다.
□□□ ▌법무사 18 ○ ×

• •

해상운송주선인 甲이 선적선하증권을 자기의 명의로 발행한 것이 아니고 양육항에서의 통관 및 육상운송의 편의를 위하여 화주의 부탁을 받고 양육항의 현지상인이면서 甲과 상호대리관계에 있는 乙의 대리인자격으로 발행한 것이라면, 甲과 乙 간에 상호대리관계가 있다 하여도 그것만으로는 이 선하증권이 상법 제116조의 개입권 행사의 상법조건이 되는 "운송주선인이 작성한 증권"으로 볼 수는 없다(대판 1987.10.13. 85다카1080). 📖 ○

▌**제5절** 운송업

의의(상법 제125조) (육상 또는 호천, 항만)에서 물건 또는 여객의 운송을 영업으로 하는 자를 운송인이라 한다.

화물명세서(상법 제126조) ① (송하인)은 운송인의 청구에 의하여 (화물명세서)를 교부하여야 한다.
② 화물명세서에는 다음의 사항을 기재하고 송하인이 기명날인 또는 서명하여야 한다.
1. 운송물의 종류, 중량 또는 용적, 포장의 종별, 개수와 기호
2. 도착지
3. 수하인과 운송인의 성명 또는 상호, 영업소 또는 주소
4. 운임과 그 선급 또는 착급의 구별
5. 화물명세서의 작성지와 작성년월일

화물명세서의 허위기재에 대한 책임(상법 제127조) ① 송하인이 화물명세서에 허위 또는 부정확한 기재를 한 때에는 운송인에 대하여 이로 인한 손해를 배상할 책임이 있다.
② 전항의 규정은 운송인이 악의인 경우에는 적용하지 아니한다.

화물상환증의 발행(상법 제128조) ① (운송인)은 송하인의 청구에 의하여 화물상환증을 교부하여야 한다.

화물상환증의 상환증권성(상법 제129조) 화물상환증을 작성한 경우에는 이와 (상환)하지 아니하면 운송물의 인도를 청구할 수 없다.

화물상환증의 당연한 지시증권성(상법 제130조)　화물상환증은 (기명식인 경우에도) (배서)에 의하여 양도할 수 있다. 그러나 화물상환증에 배서를 금지하는 뜻을 기재한 때에는 그러하지 아니하다.

화물상환증의 처분증권성(상법 제132조)　화물상환증을 작성한 경우에는 운송물에 관한 (처분)은 (화물상환증)으로써 하여야 한다.

화물상환증교부의 물권적 효력(상법 제133조)　화물상환증에 의하여 운송물을 받을 수 있는 자에게 (화물상환증을 교부)한 때에는 운송물 위에 행사하는 권리의 취득에 관하여 운송물을 (인도)한 것과 동일한 효력이 있다.

손해배상책임(상법 제135조)　운송인은 자기 또는 운송주선인이나 사용인, 그밖에 운송을 위하여 사용한 자가 운송물의 수령, 인도, 보관 및 운송에 관하여 주의를 게을리하지 아니하였음을 증명하지 아니하면 운송물의 멸실, 훼손 또는 연착으로 인한 손해를 배상할 책임이 있다.

고가물에 대한 책임(상법 제136조)　화폐, 유가증권 기타의 고가물에 대하여는 송하인이 운송을 위탁할 때에 그 (종류와 가액을 명시)한 경우에 한하여 운송인이 손해를 배상할 책임이 있다.

손해배상의 액(상법 제137조)　① 운송물이 (전부멸실 또는 연착)된 경우의 손해배상액은 인도할 날의 도착지의 가격에 따른다.
② 운송물이 (일부 멸실 또는 훼손)된 경우의 손해배상액은 인도한 날의 도착지의 가격에 의한다.
③ 운송물의 멸실, 훼손 또는 연착이 운송인의 고의나 중대한 과실로 인한 때에는 운송인은 모든 손해를 배상하여야 한다.
④ 운송물의 멸실 또는 훼손으로 인하여 지급을 요하지 아니하는 운임 기타 비용은 전3항의 배상액에서 공제하여야 한다.

순차운송인의 연대책임, 구상권(상법 제138조)　① 수인이 순차로 운송할 경우에는 각 운송인은 운송물의 멸실, 훼손 또는 연착으로 인한 손해를 (연대)하여 배상할 책임이 있다.
② 운송인 중 1인이 전항의 규정에 의하여 손해를 배상한 때에는 그 손해의 원인이 된 행위를 한 운송인에 대하여 (구상권)이 있다.
③ 전항의 경우에 그 손해의 원인이 된 행위를 한 운송인을 (알 수 없는 때)에는 각 운송인은 그 (운임액의 비율)로 손해를 분담한다. 그러나 그 손해가 자기의 운송구간 내에서 발생하지 아니하였음을 증명한 때에는 손해분담의 책임이 없다.

준용규정(상법 제147조)　제117조, 제120조 내지 제122조의 규정은 운송인에 준용한다.

> **운송주선인의 책임의 시효(상법 제121조)**　① 운송주선인의 책임은 수하인이 운송물을 수령한 날로부터 (1년)을 경과하면 소멸시효가 완성한다.
> ② 전항의 기간은 운송물이 전부멸실한 경우에는 그 운송물을 인도할 날로부터 기산한다.
> ③ 전2항의 규정은 운송주선인이나 그 사용인이 악의인 경우에는 적용하지 아니한다.

117 운송인은 송하인의 청구에 의하여 화물상환증을 교부하여야 하고, 그 경우 화물상환증의 소지 □□□ 인은 화물상환증과 상환하지 아니하면 운송물의 인도를 청구할 수 없다. **┃법무사 21** ○ ×

상법 제128조 제1항, 제129조 **답** ○

118 화물상환증은 기명식으로 작성된 경우 배서에 의하여 양도할 수 없다. **┃법무사 18** ○ × □□□

화물상환증은 <u>기명식인 경우에도 배서에 의하여 양도</u>할 수 있다. 그러나 화물상환증에 배서를 금지하는 뜻을 기재한 때에는 그러하지 아니하다(상법 제130조). **답** ×

119 화물상환증의 교부는 운송물 자체의 인도와 동일한 효력이 있다. **┃법무사 18** ○ × □□□

화물상환증에 의하여 운송물을 받을 수 있는 자에게 화물상환증을 교부한 때에는 운송물 위에 행사하는 권리의 취득에 관하여 운송물을 인도한 것과 동일한 효력이 있다(상법 제133조). **답** ○

120 화물상환증이 발행되지 않은 경우 운송인이 수하인과의 계약으로 물건에 대한 권리를 취득한 □□□ 자에게 인도하였다면 수하인의 의사에 따른 것이므로 물건의 인도에 관한 의무위반으로 볼 수 없다. **┃법무사 21** ○ ×

운송인이 수하인 이외의 제3자에게 물건을 인도하여 수하인이 물건을 인도받을 수 없게 되었다면 그 <u>제3자가 수하인과의 계약으로 물건의 소유권을 취득한 자라 하더라도 운송인의 수하인과의 관계에 있어서 물건의 인도에 관하여 주의를 해태하지 아니하였다고 할 수 없다</u>(대판 1965.10.19. 65다697). 판례가 이와 같이 판시한 이유는, 운송물에 대한 인도청구권을 계약당사자가 아닌 수하인으로 확대하는 규정은 예외적인 특칙이므로, 이를 제3자에게까지도 인정하는 것은 엄격하게 해석하여야 하기 때문이다. **답** ×

121 운송인은 자기 또는 운송주선인이나 사용인, 그 밖에 운송을 위하여 사용한 자가 운송물의 □□□ 수령, 인도, 보관 및 운송에 관하여 주의를 게을리하지 아니하였음을 증명하지 아니하면 운송 물의 멸실, 훼손 또는 연착으로 인한 손해를 배상할 책임이 있다. **┃법무사 21** ○ ×

상법 제135조 **답** ○

122 육상물건운송인의 손해배상책임은 무과실책임이다. **┃법원직9급 21** ○ × □□□

운송인은 자기 또는 운송주선인이나 사용인, 그 밖에 운송을 위하여 사용한 자가 운송물의 수령, 인도, 보관 및 운송에 관하여 주의를 게을리하지 아니하였음을 증명하지 아니하면 운송물의 멸실, 훼손 또는 연착으로 인한 손해를 배상할 책임이 있다(상법 제135조). 즉, <u>과실책임주의</u>를 취하고 있다. 다만 운송인의 과실은 추정되어 운송인이 자신에게 귀책사유 없음을 입증해야 하고, 송하인은 손해만 입증하면 된다. **답** ×

123 육상물건운송인의 손해배상책임 관련규정은 임의규정성을 띠고 있다. **▌법원직9급 21** ○ ✕

··

육상운송에서는 해상운송과 항공운송에서와 같은 운송인의 책임감면약관을 무효로 하는 규정(상법 제799조 제1 항, 제903조)이 없기 때문에, 육상물건운송인의 손해배상책임에 관한 규정은 임의규정이라고 본다. **답** ○

124 ▸ 화폐, 유가증권 기타의 고가물에 대하여는 송하인이 운송을 위탁할 때에 그 종류와 가액을 명시한 경우에 한하여 운송인이 손해를 배상할 책임이 있다. **▌법무사 18** ○ ✕

▸ 육상물건운송인의 손해배상책임 관련규정에는 고가물에 대한 특칙이 있다. **▌법원직9급 21**
○ ✕

··

화폐, 유가증권 기타의 고가물에 대하여는 송하인이 운송을 위탁할 때에 그 종류와 가액을 명시한 경우에 한하여 운송인이 손해를 배상할 책임이 있다(상법 제136조). **답** ○ / ○

125 상법 제136조 고가물불고지로 인한 면책규정은 일반적으로 운송인의 운송계약상의 채무불이 행으로 인한 청구에만 적용되고 불법행위로 인한 손해배상청구에는 그 적용이 없다.
▌법무사 21 ○ ✕

··

상법 제136조와 관련되는 고가물불고지로 인한 면책규정은 일반적으로 운송인의 운송계약상의 채무불이행으로 인한 청구에만 적용되고 불법행위로 인한 손해배상청구에는 그 적용이 없으므로 운송인의 운송이행업무를 보조하는 자가 운송과 관련하여 고의 또는 과실로 송하인에게 손해를 가한 경우 동인은 운송계약의 당사자가 아니어서 운송계약상의 채무불이행으로 인한 책임은 부담하지 아니하나 불법행위로 인한 손해배상책임을 부담하므로 위 면책규정은 적용될 여지가 없다(대판 1991.8.23. 91다15409). **답** ○

126 육상물건운송인의 손해배상책임 관련규정에는 단기소멸시효의 특칙이 있다. **▌법원직9급 21**
○ ✕

··

상법 제147조, 제121조 제1항 **답** ○

127 해상운송에 있어서 해상강도로 인한 운송물의 멸실이 운송인의 면책사유로 인정되는 것과는 달리 육상에서의 강도로 인한 운송물의 멸실은 반드시 그 자체로서 불가항력으로 인한 면책사 유가 된다고 할 수 없다. **▌법무사 21** ○ ✕

해상운송에 있어서 해상강도로 인한 운송물의 멸실이 운송인의 손해배상책임을 면하게 하는 면책사유의 하나로서 인정되는 것과는 달리 육상에서의 강도로 인한 운송물의 멸실은 반드시 그 자체로서 불가항력으로 인한 면책사유가 된다고 할 수 없으므로, 다시 운송인이나 그 피용자에게 아무런 귀책사유도 없었는지 여부를 판단하여야 할 것이고, 그 경우 운송인이나 피용자의 무과실이 경험칙상 추단된다고 할 수도 없다(대판 1999.12.10. 98다9038).
답 ○

128
□□□ 수인이 순차로 운송할 경우에는 각 운송인은 운송물의 멸실, 훼손 또는 연착으로 인한 손해를 연대하여 배상할 책임이 있다. **Ⅰ법무사 18** ○ ✕

....

상법 제138조 제1항 **답** ○

129
□□□ 운송계약상의 채무불이행책임과 불법행위로 인한 손해배상책임은 병존하고, 운송계약상의 면책특약은 일반적으로 이를 불법행위책임에도 적용하기로 하는 명시적 또는 묵시적 합의가 없는 한 당연히 불법행위책임에 적용되지 않는다. **Ⅰ법무사 18** ○ ✕

....

대판 2004.7.22. 2001다58269 **답** ○

제6절 공중접객업

의의(상법 제151조)   극장, 여관, 음식점, 그밖의 공중이 이용하는 시설에 의한 거래를 영업으로 하는 자를 공중접객업자라 한다.

공중접객업자의 책임(상법 제152조)   ① 공중접객업자는 자기 또는 그 사용인이 고객으로부터 임치받은 물건의 보관에 관하여 주의를 게을리하지 아니하였음을 증명하지 아니하면 그 물건의 멸실 또는 훼손으로 인한 손해를 배상할 책임이 있다.
② 공중접객업자는 고객으로부터 (임치받지 아니한 경우에도) 그 시설 내에 휴대한 물건이 자기 또는 그 사용인의 과실로 인하여 멸실 또는 훼손되었을 때에는 그 손해를 배상할 책임이 있다.
③ 고객의 휴대물에 대하여 (책임이 없음을 알린 경우에도) 공중접객업자는 제1항과 제2항의 책임을 면하지 못한다.

고가물에 대한 책임(상법 제153조)   화폐, 유가증권, 그밖의 고가물에 대하여는 고객이 그 종류와 가액을 명시하여 임치하지 아니하면 공중접객업자는 그 물건의 멸실 또는 훼손으로 인한 손해를 배상할 책임이 없다.

공중접객업자의 책임의 시효(상법 제154조)   ① 제152조(공중접객업자의 책임)와 제153조(고가물에 대한 책임)의 책임은 공중접객업자가 임치물을 반환하거나 고객이 휴대물을 가져간 후 (6개월)이 지나면 소멸시효가 완성된다.
② 물건이 전부 멸실된 경우에는 제1항의 기간은 고객이 그 시설에서 (퇴거한 날부터) 기산한다.
③ 제1항과 제2항은 공중접객업자나 그 사용인이 (악의)인 경우에는 적용하지 아니한다.

130
□□□
▶ 공중접객업자가 고객의 휴대물에 대하여 책임이 없음을 알린 경우라 하더라도 고객이 임치한 물건에 대해 손해배상책임을 부담하는 것은 물론이고, 고객이 임치하지 않은 물건에 대해서도 손해배상책임을 부담할 수 있다. **▮법원직9급 20** ○ ✕

▶ 공중접객업자는 고객으로부터 임치받지 아니한 경우에도 그 시설 내에 휴대한 물건이 자기 또는 그 사용인의 과실로 인하여 멸실 또는 훼손되었을 때에는 고객의 휴대물에 대하여 책임이 없음을 알린 경우에도 그 손해를 배상할 책임이 있다. **▮법무사 19** ○ ✕

상법 제152조 제1항·제2항·제3항 **답** ○ / ○

131
□□□
상법 제152조 제1항에 따라 공중접객업자가 고객으로부터 임치받은 물건에 관하여 그 물건의 멸실 또는 훼손으로 인한 책임을 부담하기 위한 요건으로는, 그 물건의 보관에 관하여 명시적 임치계약이 있어야 한다. **▮법원직9급 20** ○ ✕

상법 제152조 제1항의 규정에 의한 임치가 성립하려면 우선 공중접객업자와 객 사이에 공중접객업자가 자기의 지배영역 내에서 목적물 보관의 채무를 부담하기로 하는 <u>명시적 또는 묵시적 합의</u>가 있음을 필요로 한다(대판 1992.2.11. 91다21800). **답** ✕

132
□□□
여관 부설주차장에 시정장치가 된 출입문이 설치되어 있는 등 여관 측에서 그 주차장에의 출입과 주차시설을 통제하거나 확인할 수 있는 조치가 되어 있다면, 그러한 주차장에 여관투숙객이 주차한 차량에 관하여는 명시적인 위탁의 의사표시가 없어도 여관업자와 투숙객 사이에 임치의 합의가 있는 것으로 볼 수 있다. **▮법무사 19** ○ ✕

여관 부설주차장에 시정장치가 된 출입문이 설치되어 있거나 출입을 통제하는 관리인이 배치되어 있거나 기타 여관 측에서 그 주차장의 출입과 주차사실을 통제하거나 확인할 수 있는 조치가 되어 있다면, 그러한 주차장에 여관 투숙객이 주차한 차량에 관하여는 명시적인 위탁의 의사표시가 없어도 여관업자와 투숙객 사이에 임치의 합의가 있는 것으로 볼 수 있으나, 위와 같은 주차장 출입과 주차사실을 통제하거나 확인하는 시설이나 조치가 되어 있지 않은 채 단지 주차의 장소만을 제공하는 데에 불과하여 그 주차장 출입과 주차사실을 여관 측에서 통제하거나 확인하지 않고 있는 상황이라면, 부설주차장 관리자로서의 주의의무 위배 여부는 별론으로 하고 그러한 주차장에 주차한 것만으로 여관업자와 투숙객 사이에 임치의 합의가 있은 것으로 볼 수 없고, 투숙객이 여관 측에 주차사실을 고지하거나 차량열쇠를 맡겨 차량의 보관을 위탁한 경우에만 임치의 성립을 인정할 수 있다(대판 1992.2.11. 91다21800). **답** ○

133 숙박업자는 고객에게 위험이 없는 안전하고 편안한 객실 등을 제공함으로써 고객의 안전을
☐☐☐ 배려하여야 할 보호의무를 부담하고, 숙박업자가 이를 위반하여 고객의 생명 등을 침해하여
투숙객에게 손해를 입힌 경우 불완전이행으로 인한 채무불이행책임을 부담한다. ❙법무사 19

○ ✕

공중접객업인 숙박업을 경영하는 자가 투숙객과 체결하는 숙박계약은 숙박업자가 고객에게 숙박을 할 수 있는
객실을 제공하여 고객으로 하여금 이를 사용할 수 있도록 하고 고객으로부터 그 대가를 받는 일종의 일시사용을
위한 임대차계약으로서, 여관의 객실 및 관련 시설, 공간은 오로지 숙박업자의 지배 아래 놓여 있는 것이므로
숙박업자는 통상의 임대차와 같이 단순히 여관의 객실 및 관련 시설을 제공하여 고객으로 하여금 이를 사용수익하
게 할 의무를 부담하는 것에서 한 걸음 더 나아가 고객에게 위험이 없는 안전하고 편안한 객실 및 관련 시설을
제공함으로써 고객의 안전을 배려하여야 할 보호의무를 부담하며 이러한 의무는 숙박계약의 특수성을 고려하여
신의칙상 인정되는 부수적인 의무로서 숙박업자가 이를 위반하여 고객의 생명, 신체를 침해하여 손해를 입힌
경우 불완전이행으로 인한 채무불이행책임을 부담한다(대판 1994.1.28. 93다43590). 답 ○

134 ▶ 화폐는 고객이 그 종류와 가액을 명시하여 임치하지 아니하면 공중접객업자는 그 물건의
☐☐☐ 멸실 또는 훼손으로 인한 손해를 배상할 책임이 없다. ❙법무사 19 ○ ✕

▶ 화폐, 유가증권, 그 밖의 고가물에 대하여는 고객이 그 종류와 가액을 명시하여 임치하지
아니하면 공중접객업자는 그 물건의 멸실 또는 훼손으로 인한 손해를 배상할 책임이 없다.
❙법원직9급 20 ○ ✕

상법 제153조 답 ○ / ○

135 고객의 임치물에 대한 공중접객업자의 책임은 공중접객업자가 임치물을 반환한 후 6개월이
☐☐☐ 지나면 소멸시효가 완성된다. ❙법원직9급 20 ○ ✕

제152조(공중접객업자의 책임)와 제153조(고가물에 대한 책임)의 책임은 공중접객업자가 임치물을 반환하거나
고객이 휴대물을 가져간 후 6개월이 지나면 소멸시효가 완성된다(상법 제154조 제1항). 답 ○

136 고객의 임치물 및 휴대물에 대한 공중접객업자의 악의로 인한 책임은 공중접객업자가 임치물
☐☐☐ 을 반환하거나 고객이 휴대물을 가져간 후 6개월이 지나면 소멸시효가 완성된다. ❙법무사 19

○ ✕

공중접객업자나 그 사용인이 악의인 경우에는, 6개월의 단기시효가 아닌 5년의 일반상사시효가 적용된다(상법
제154조 제3항 참조). 답 ✕

제7절   창고업

의의(상법 제155조)   타인을 위하여 창고에 물건을 보관함을 영업으로 하는 자를 창고업자라 한다.

창고증권의 발행(상법 제156조)   ① 창고업자는 임치인의 청구에 의하여 창고증권을 교부하여야 한다.

창고증권에 의한 입질과 일부출고(상법 제159조)   창고증권으로 임치물을 입질한 경우에도 (질권자의 승낙)이 있으면 임치인은 채권의 변제기 전이라도 임치물의 일부반환을 청구할 수 있다. 이 경우에는 창고업자는 반환한 임치물의 종류, 품질과 수량을 (창고증권에 기재)하여야 한다.

손해배상책임(상법 제160조)   (창고업자)는 자기 또는 사용인이 임치물의 보관에 관하여 주의를 해태하지 아니하였음을 (증명)하지 아니하면 임치물의 멸실 또는 훼손에 대하여 손해를 배상할 책임을 면하지 못한다.

임치물의 검사, 견품적취, 보존처분권(상법 제161조)   임치인 또는 창고증권소지인은 (영업시간 내)에 언제든지 창고업자에 대하여 임치물의 검사 또는 견품의 적취를 요구하거나 그 보존에 필요한 처분을 할 수 있다.

보관료청구권(상법 제162조)   ① 창고업자는 임치물을 (출고할 때)가 아니면 보관료 기타의 비용과 체당금의 지급을 청구하지 못한다. 그러나 보관기간 (경과 후)에는 출고 전이라도 이를 청구할 수 있다.
② 임치물의 일부출고의 경우에는 창고업자는 그 비율에 따른 보관료 기타의 비용과 체당금의 지급을 청구할 수 있다.

창고업자의 책임의 시효(상법 제166조)   ① 임치물의 멸실 또는 훼손으로 인하여 생긴 창고업자의 책임은 그 물건을 출고한 날로부터 (1년)이 경과하면 소멸시효가 완성한다.
② 전항의 기간은 임치물이 (전부 멸실)한 경우에는 임치인과 알고 있는 창고증권소지인에게 그 멸실의 (통지를 발송한 날로부터) 기산한다.
③ 전2항의 규정은 창고업자 또는 그 사용인이 (악의인 경우)에는 적용하지 (아니한다).

창고업자의 채권의 시효(상법 제167조)   창고업자의 임치인 또는 창고증권소지인에 대한 채권은 그 물건을 출고한 날로부터 (1년)간 행사하지 아니하면 소멸시효가 완성한다.

준용규정(상법 제168조)   제108조와 제146조의 규정은 창고업자에 준용한다.

> **운송인의 책임소멸(상법 제146조)**   ① 운송인의 책임은 수하인 또는 화물상환증소지인이 (유보 없이) 운송물을 (수령)하고 운임 기타의 비용을 (지급)한 때에는 (소멸)한다. 그러나 운송물에 즉시 발견할 수 없는 훼손 또는 일부 멸실이 있는 경우에 운송물을 수령한 날로부터 (2주)간 내에 운송인에게 그 통지를 발송한 때에는 그러하지 아니하다.
> ② 전항의 규정은 운송인 또는 그 사용인이 악의인 경우에는 적용하지 아니한다.

137 창고업자는 자기 또는 사용인이 임치물의 보관에 관하여 주의를 해태하지 아니하였음을 증명
☐☐☐ 하지 아니하면 임치물의 멸실 또는 훼손에 대하여 손해를 배상할 책임을 면하지 못한다.
  ▌법원직9급 21   ○ ×
....
상법 제160조   답 ○

138 임치인 또는 창고증권소지인은 영업시간 내에 언제든지 창고업자에 대하여 임치물의 검사
☐☐☐ 또는 견품의 적취를 요구하거나 그 보존에 필요한 처분을 할 수 있다. ▌법원직9급 21 ○ ×
....
상법 제161조   답 ○

139 상법 제166조 제1항은 임치물의 멸실 또는 훼손으로 인하여 생긴 창고업자의 책임은 그 물건을
☐☐☐ 출고한 날로부터 1년이 경과하면 소멸시효가 완성한다고 규정하여 창고업자의 책임에 관한
단기소멸시효를 두고 있는데, 이러한 단기소멸시효는 창고업자의 계약상대방인 임치인의 청
구뿐만 아니라 임치물이 타인 소유의 물건인 경우에 소유권자인 타인의 청구에도 적용된다.
  ▌법원직9급 21   ○ ×
....
상법 제166조 소정의 창고업자의 책임에 관한 단기소멸시효는 <u>창고업자의 계약상대방인 임치인의 청구에만 적용</u>
<u>되며 임치물이 타인 소유의 물건인 경우에 소유권자인 타인의 청구에는 적용되지 아니한다</u>(대판 2004.2.13. 2001
다75318).   답 ×

140 상법 제166조 제1항에서 말하는 "멸실"은 물리적 멸실만을 의미하는 것이 아니고 임치물을
☐☐☐ 권한없는 자에게 무단 출고함으로써 임치인에게 이를 반환할 수 없게 된 경우도 포함한다.
  ▌법원직9급 21   ○ ×
....
대판 1981.12.22. 80다1609   답 ○

제2편

제8절   새로운 상행위

제1관   금융리스업

의의(상법 제168조의2)   금융리스이용자가 선정한 기계, 시설, 그밖의 재산(이하 이 장에서 "금융리스물건"이라 한다)을 제3자(이하 이 장에서 "공급자"라 한다)로부터 (취득)하거나 (대여)받아 금융리스이용자에게 이용하게 하는 것을 영업으로 하는 자를 금융리스업자라 한다.

금융리스업자와 금융리스이용자의 의무(상법 제168조의3)   ① 금융리스업자는 금융리스이용자가 금융리스계약에서 정한 시기에 금융리스계약에 적합한 금융리스물건을 수령할 수 있도록 하여야 한다.
③ 금융리스물건수령증을 발급한 경우에는 제1항의 금융리스계약 당사자 사이에 적합한 금융리스물건이 수령된 것으로 추정한다.

공급자의 의무(상법 제168조의4)   ① 금융리스물건의 공급자는 공급계약에서 정한 시기에 그 물건을 금융리스이용자에게 인도하여야 한다.
② 금융리스물건이 공급계약에서 정한 시기와 내용에 따라 공급되지 아니한 경우 (금융리스이용자)는 (공급자에게) 직접 손해배상을 청구하거나 공급계약의 내용에 적합한 금융리스물건의 인도를 (청구할 수 있다).
③ 금융리스업자는 금융리스이용자가 제2항의 권리를 행사하는 데 필요한 협력을 하여야 한다.

금융리스계약의 해지(상법 제168조의5)   ① 금융리스이용자의 책임 있는 사유로 금융리스계약을 해지하는 경우에는 금융리스업자는 잔존 금융리스료 상당액의 일시 지급 또는 금융리스물건의 반환을 청구할 수 있다.
② 제1항에 따른 금융리스업자의 청구는 금융리스업자의 금융리스이용자에 대한 손해배상청구에 영향을 미치지 아니한다.
③ 금융리스이용자는 (중대한 사정변경)으로 인하여 금융리스물건을 계속 사용할 수 없는 경우에는 (3개월 전)에 예고하고 금융리스계약을 해지할 수 있다. 이 경우 금융리스이용자는 계약의 해지로 인하여 금융리스업자에게 발생한 손해를 배상하여야 한다.

141
□□□

▶ 금융리스계약은 금융리스업자가 금융리스이용자가 선정한 기계, 시설 등 금융리스물건을 공급자로부터 취득하거나 대여받아 금융리스이용자에게 일정 기간 이용하게 하고 그 기간 종료 후 물건의 처분에 관하여는 당사자 사이의 약정으로 정하는 계약이다. ▌법무사 19

○ ×

▶ (금융리스계약은) 금융리스업자가 금융리스이용자에게 금융리스물건을 취득 또는 대여하는 데 소요되는 자금에 관한 금융의 편의를 제공하는 것을 본질적 내용으로 한다.
▌법무사 19, 법원직9급 20

○ ×

....

금융리스계약은 금융리스업자가 금융리스이용자가 선정한 기계, 시설 등 금융리스물건을 공급자로부터 취득하거나 대여받아 금융리스이용자에게 일정 기간 이용하게 하고 그 기간 종료 후 물건의 처분에 관하여는 당사자 사이의 약정으로 정하는 계약이다(상법 제168조의2). 금융리스계약은 금융리스업자가 금융리스이용자에게 금융리스물건을 취득 또는 대여하는 데 소요되는 자금에 관한 금융의 편의를 제공하는 것을 본질적 내용으로 한다(대판 2019.2.14. 2016다245418).   답 ○ / ○

142 어린이집에서 사용하는 교육 기자재인 컴퓨터, 태블릿, 전자칠판 등 하드웨어와 학습 콘텐츠
□□□ 등 소프트웨어로 구성되는 전자장비 역시 금융리스계약의 목적물이 될 수 있다. ▎법원직9급 22

○ ✕

D은 2016.1.20. 어린이집을 운영하는 피고 B과, 어린이집에서 사용하는 교육기자재인 전자장비 등(컴퓨터, 태블릿, 전자칠판 등 하드웨어와 학습 콘텐츠등 소프트웨어로 구성되는 것으로 보인다. 이하 '이 사건 렌탈물건'이라 한다)에 관하여 D이 이를 공급하되 피고 B은 그 렌탈료를 원고에게 지급하기로 하는 계약을 체결하였다. …(중략)… 이 사건 렌탈계약의 체결 경위와 그 내용 등을 종합하면, 이 사건 렌탈계약은 원고가 피고 측이 선정한 이 사건 렌탈물건을 D으로부터 취득하여 피고들에게 36개월 동안 이용하게 하고 그 기간 종료 후 이 사건 렌탈물건의 소유권을 피고들에게 이전하기로 하는 내용의 계약으로서 금융리스계약에 해당한다고 봄이 타당하다(대판 2021.1.14. 2019다301128). 답 ○

143 ▸ 금융리스업자는 금융리스이용자가 금융리스계약에서 정한 시기에 금융리스계약에 적합한
□□□ 금융리스물건을 수령할 수 있도록 하여야 하고 금융리스이용자가 금융리스물건수령증을
발급한 경우에는 금융리스업자와 사이에 적합한 금융리스물건이 수령된 것으로 추정한다.
▎법무사 19

○ ✕

▸ 금융리스업자는 금융리스이용자가 금융리스계약에서 정한 시기에 금융리스계약에 적합한
금융리스물건을 수령할 수 있도록 하여야 한다. ▎법원직9급 20

○ ✕

▸ 금융리스이용자가 금융리스물건수령증을 발급한 경우에는 금융리스업자와 사이에 적합한
금융리스물건이 수령된 것으로 추정한다. ▎법원직9급 20

○ ✕

금융리스업자는 금융리스이용자가 금융리스계약에서 정한 시기에 금융리스계약에 적합한 금융리스물건을 수령할 수 있도록 하여야 하고(상법 제168조의3 제1항), 금융리스이용자가 금융리스물건수령증을 발급한 경우에는 금융리스업자와 사이에 적합한 금융리스물건이 수령된 것으로 추정한다(상법 제168조의3 제3항)(대판 2019.2.14. 2016다245418). 답 ○ / ○ / ○

144 ▸ 금융리스업자는 특별한 사정이 없는 한, 적합한 금융리스물건을 수령할 수 있도록 협력할
□□□ 의무와 별도로 독자적인 금융리스물건 인도의무 또는 검사·확인의무를 부담한다.
▎법무사 19, 법원직9급 20

○ ✕

▸ 금융리스계약 당사자 사이에 금융리스업자가 직접 물건의 공급을 담보하기로 약정하는 등의
특별한 사정이 없는 한, 금융리스업자는 금융리스이용자가 공급자로부터 상법 제168조의3
제1항에 따라 적합한 금융리스물건을 수령할 수 있도록 협력할 의무를 부담할 뿐이다.
▎법원직9급 22

○ ✕

▸ 특별한 사정이 없는 한, 금융리스업자가 독자적인 금융리스물건 인도의무 또는 검사·확인
의무를 부담한다고 볼 수는 없다. ▎법원직9급 22

○ ✕

금융리스계약의 법적 성격에 비추어 보면, 금융리스계약 당사자 사이에 금융리스업자가 직접 물건의 공급을 담보하기로 약정하는 등의 특별한 사정이 없는 한, <u>금융리스업자는</u> 금융리스이용자가 공급자로부터 상법 제168조의3 제1항에 따라 적합한 금융리스물건을 수령할 수 있도록 협력할 의무를 부담할 뿐이고, 이와 <u>별도로 독자적인 금융리스물건 인도의무 또는 검사·확인의무를 부담한다고 볼 수는 없다</u>(대판 2019.2.14. 2016다245418).

답 × / ○ / ○

---

145 금융리스이용자는 금융리스물건을 수령함과 동시에 금융리스료를 지급하여야 한다.
□□□　┃법무사 18　　　　　　　　　　　　　　　　　　　　　　　　　　　　　　○ ×

상법 제168조의3 제2항　　　　　　　　　　　　　　　　　　　　　　　　　　**답** ○

---

146 금융리스물건수령증을 발급한 경우에는 금융리스이용자와 공급자 사이에 적합한 금융리스물
□□□　건이 수령된 것으로 추정한다. ┃법무사 18　　　　　　　　　　　　　　　　　○ ×

금융리스물건수령증을 발급한 경우에는 제1항의 <u>금융리스계약당사자 사이에</u> 적합한 금융리스물건이 수령된 것으로 추정한다(상법 제168조의3 제3항). 이때 금융리스계약당사자는 <u>금융리스업자와 금융리스이용자이다.</u>

답 ×

---

147 ▶ 금융리스물건이 공급계약에서 정한 시기와 내용에 따라 공급되지 아니한 경우 금융리스이용
□□□　　자는 공급자에게 직접 손해배상을 청구하거나 공급계약의 내용에 적합한 금융리스물건의
　　　인도를 청구할 수 있다. ┃법무사 18　　　　　　　　　　　　　　　　　　○ ×

　　▶ 금융리스물건이 공급계약에서 정한 시기와 내용에 따라 공급되지 아니한 경우, 금융리스이
　　　용자는 금융리스업자에게 손해배상을 구하거나 금융리스물건의 인도를 청구할 수 있을 뿐이
　　　고, 공급자에게 직접 이러한 권리를 행사할 수는 없다. ┃법원직9급 22　　　○ ×

금융리스물건이 공급계약에서 정한 시기와 내용에 따라 공급되지 아니한 경우 금융리스이용자는 <u>공급자에게 직접 손해배상을 청구하거나 공급계약의 내용에 적합한 금융리스물건의 인도를 청구할 수 있다</u>(상법 제168조의4 제2항).

답 ○ / ×

---

148 금융리스업자는 금융리스이용자가 공급자에게 권리를 행사하는 데 필요한 협력을 하여야 한다.
□□□　┃법무사 18　　　　　　　　　　　　　　　　　　　　　　　　　　　　　　○ ×

상법 제168조의4 제3항　　　　　　　　　　　　　　　　　　　　　　　　　**답** ○

149 금융리스계약에서 금융리스업자가 금융리스물건의 하자에 대하여 하자담보책임을 배제하는
□□□ 특약은 합리성이 인정되어 유효하다. ▮법무사 18 ○ ×

....

시설대여계약은 법적 성격이 비전형계약으로서 민법의 임대차에 관한 규정이 적용되지 아니하는 점 및 시설대여
제도의 본질적 요청(금융적 성격) 등에 비추어, 시설대여 회사의 하자담보책임을 제한하는 약정조항은 약관의
규제에 관한 법률 제7조 제2호, 제3호에 해당하지 아니한다(대판 1996.8.23. 95다51915). 즉, 유효하다고 본다.
답 ○

150 금융리스이용자는 중대한 사정변경으로 인하여 금융리스물건을 계속 사용할 수 없는 경우에는
□□□ 3개월 전에 예고하고 금융리스계약을 해지할 수 있다. 이 경우 금융리스이용자는 계약의 해지
로 인하여 금융리스업자에게 발생한 손해를 배상하여야 한다. ▮법무사 19 ○ ×

....

상법 제168조의5 제3항
답 ○

제2관 　가맹업

의의(상법 제168조의6)　　자신의 상호·상표 등(이하 이 장에서 "상호등"이라 한다)을 제공하는 것을 영업
으로 하는 자(이하 "가맹업자"라 한다)로부터 그의 (상호등을 사용)할 것을 허락받아 가맹업자가 지정하는
품질기준이나 영업방식에 따라 영업을 하는 자를 가맹상이라 한다.

가맹업자의 의무(상법 제168조의7)　　① 가맹업자는 가맹상의 영업을 위하여 필요한 지원을 하여야 한다.
② 가맹업자는 다른 약정이 없으면 가맹상의 영업지역 내에서 동일 또는 유사한 업종의 영업을 하거나, 동일
또는 유사한 업종의 가맹계약을 체결할 수 없다.

가맹상의 의무(상법 제168조의8)　　① 가맹상은 가맹업자의 영업에 관한 권리가 침해되지 아니하도록 하여
야 한다.
② 가맹상은 계약이 (종료한 후)에도 가맹계약과 관련하여 알게 된 가맹업자의 영업상의 (비밀을 준수)하여
야 한다.

가맹상의 영업양도(상법 제168조의9)　　① 가맹상은 (가맹업자의 동의)를 받아 그 영업을 양도할 수 있다.
② 가맹업자는 특별한 사유가 없으면 제1항의 영업양도에 동의하여야 한다.

계약의 해지(상법 제168조의10)　　가맹계약상 존속기간에 대한 (약정의 유무와 관계없이) 부득이한 사정이
있으면 각 당사자는 상당한 기간을 정하여 예고한 후 가맹계약을 해지할 수 있다.

151 가맹업자로부터 그의 상호 등을 사용할 것을 허락받아 가맹업자가 지정하는 품질기준이나 영업방식에 따라 영업을 하는 자를 가맹상이라 한다. ▮법원직9급 21   ○ ✕

자신의 상호·상표 등(이하 이 장에서 "상호등"이라 한다)을 제공하는 것을 영업으로 하는 재[이하 "가맹업자"(加盟業者)라 한다]로부터 그의 상호등을 사용할 것을 허락받아 가맹업자가 지정하는 품질기준이나 영업방식에 따라 영업을 하는 자를 가맹상(加盟商)이라 한다(상법 제168조의6).   **답** ○

152 가맹상은 계약이 종료한 후에도 가맹계약과 관련하여 알게 된 가맹업자의 영업상의 비밀을 준수하여야 한다. ▮법원직9급 21   ○ ✕

상법 제168조의8 제2항   **답** ○

153 가맹상은 가맹업자의 동의를 받아 그 영업을 양도할 수 있다. ▮법원직9급 21   ○ ✕

상법 제168조의9 제1항   **답** ○

154 ▸ 가맹계약상 존속기간에 대한 약정의 유무와 관계없이 부득이한 사정이 있으면 즉시 가맹계약을 해지할 수 있다. ▮법무사 21   ○ ✕

▸ 존속기간에 대한 약정이 없는 한 부득이한 사정이 있으면 각 당사자는 상당한 기간을 정하여 예고한 후 가맹계약을 해지할 수 있다. ▮법원직9급 21   ○ ✕

가맹계약상 존속기간에 대한 약정의 유무와 관계없이 부득이한 사정이 있으면 각 당사자는 상당한 기간을 정하여 예고한 후 가맹계약을 해지할 수 있다(상법 제168조의10).   **답** ✕ / ✕

제3편 회사법

제1장 | 통 칙

제1절 　회사의 의의 · 종류 · 능력

제1관 　회사의 의의

회사의 의의(상법 제169조)	이 법에서 "회사"란 상행위나 그밖의 영리를 목적으로 하여 설립한 (**법인**)을
	말한다.
회사의 종류(상법 제170조)	회사는 합명회사, 합자회사, 유한책임회사, 주식회사와 유한회사의 5종으로
	한다.

1 　1인 회사

001 합명회사와 합자회사는 1인회사가 성립할 수 없다. **┃법무사 19** 　　　　　　○ ×

　　합명회사와 합자회사는 2인 이상의 사원이 회사의 성립요건(상법 제178조, 제268조 참조)이자 존속요건(상법 제227조 제3호, 제269조 참조)이므로, 1인회사가 인정되지 아니한다. 그러나 주식회사, 유한회사 및 유한책임회사는 1인에 의한 설립이 허용된다(상법 제288조, 제543조 참조). 　　　　　　**답** ○

> **정관의 작성(상법 제178조)** 　합명회사의 설립에는 2인 이상의 사원이 공동으로 정관을 작성하여야 한다.
>
> **회사의 조직(상법 제268조)** 　합자회사는 무한책임사원과 유한책임사원으로 조직한다.

002
□□□
▶ 총주식을 한 사람이 소유하게 된 1인회사의 경우에는 그 주주가 유일한 주주로서 주주총회에 출석하면 전원 총회로서 성립하고 따로 총회소집절차가 필요 없다. ▮법무사 19 ○ ×

▶ 실제로 주주총회를 개최한 사실이 없었다 하더라도 1인 주주에 의하여 의결이 있었던 것으로 주주총회 의사록이 작성되었다면 주주총회의 결의가 있었던 것으로 볼 수 있다. ▮법무사 19 ○ ×

▶ 주식회사에 있어서 회사가 설립된 이후 총 주식을 한 사람이 소유하게 된 이른바 1인회사의 경우, 1인주주에 의하여 의결이 있었던 것으로 주주총회의사록이 작성되었다면 특별한 사정이 없는 한 그 내용의 결의가 있었던 것으로 볼 수 있다. ▮법원직9급 21 ○ ×

▶ 회사의 총주식을 한 사람이 소유하게 된 1인 회사의 경우에는 실제 총회를 개최한 사실이 없었다 하더라도 그 1인 주주에 의하여 의결이 있었던 것으로 주주총회의사록이 작성되었다면 특별한 사정이 없는 한 그 내용의 결의가 있었던 것으로 볼 수 있다. ▮법무사 21 ○ ×

주식회사에 있어서 회사가 설립된 이후 총주식을 한 사람이 소유하게 된 이른바 1인회사의 경우에는 그 주주가 유일한 주주로서 주주총회에 출석하면 전원 총회로서 성립하고 그 주주의 의사대로 결의가 될 것임이 명백하므로 따로이 총회소집절차가 필요 없고 실제로 총회를 개최한 사실이 없었다 하더라도 그 1인 주주에 의하여 의결이 있었던 것으로 주주총회 의사록이 작성되었다면 특별한 사정이 없는 한 그 내용의 결의가 있었던 것으로 볼 수 있다(대판 1976.4.13. 74다1755). 답 ○ / ○ / ○ / ○

003
□□□
이른바 1인회사의 경우 1인 주주에 의하여 의결이 있었던 것으로 주주총회의사록이 작성되었다면 특별한 사정이 없는 한 그 내용의 결의가 있었던 것으로 볼 수 있고, 설령 그 주주총회의사록이 작성되지 아니한 경우라도 증거에 의하여 주주총회결의가 있었던 것으로 인정할 수 있다. ▮법무사 20 ○ ×

주식회사에 있어서 회사가 설립된 이후 총주식을 한 사람이 소유하게 된 이른바 1인회사의 경우에는 그 주주가 유일한 주주로서 주주총회에 출석하면 전원 총회로서 성립하고 그 주주의 의사대로 결의가 될 것임이 명백하므로 따로 총회소집절차가 필요 없고, 실제로 총회를 개최한 사실이 없었다 하더라도 그 1인 주주에 의하여 의결이 있었던 것으로 주주총회의사록이 작성되었다면 특별한 사정이 없는 한 그 내용의 결의가 있었던 것으로 볼 수 있고, 이는 실질적으로 1인회사인 주식회사의 주주총회의 경우도 마찬가지이며, 그 주주총회의사록이 작성되지 아니한 경우라도 증거에 의하여 주주총회결의가 있었던 것으로 볼 수 있다(대판 2004.12.10. 2004다25123). 답 ○

004
□□□
주식회사의 총주식을 한 사람이 소유하는 이른바 1인회사의 경우, 주주총회 소집절차에 하자가 있거나 주주총회의사록이 작성되지 않았더라도, 1인 주주의 의사가 주주총회의 결의내용과 일치한다면 증거에 의하여 그러한 내용의 결의가 있었던 것으로 볼 수 있다. ▮법무사 22 ○ ×

주식회사의 총주식을 한 사람이 소유하는 이른바 1인회사의 경우에는 그 주주가 유일한 주주로서 주주총회에 출석하면 전원 총회로서 성립하고 그 주주의 의사대로 결의가 될 것이 명백하다. 이러한 이유로 주주총회 소집절차에 하자가 있거나 주주총회의사록이 작성되지 않았더라도, 1인 주주의 의사가 주주총회의 결의내용과 일치한다면 증거에 의하여 그러한 내용의 결의가 있었던 것으로 볼 수 있다(대판 2020.6.4. 2016다241515). 답 ○

005 회사의 유일한 영업재산을 그 회사의 대표이사이자 1인 주주가 처분하였다면 주주총회의 특별
□□□ 결의가 없더라도 동 처분은 유효하다. **ㅣ법무사 19** ○ ×

....

실질상 1인회사의 소유재산을 그 회사의 대표이자 1인 주주가 처분하였다면 그러한 처분의사결정은 곧 주주총회의
특별결의에 대치되는 것이라 할 것이므로 그 재산이 회사의 유일한 영업재산이라 하더라도 동 처분은 유효하다(대
판 1976.5.11. 73다52). **답** ○

006 1인회사는 주주와 회사의 이익이 일치하므로, 주주가 회사금원을 임의로 처분하더라도 횡령죄
□□□ 를 구성하지 않는다. **ㅣ법무사 19** ○ ×

....

주식회사의 주식이 사실상 1인의 주주에 귀속하는 <u>1인회사의 경우에도 회사와 주주는 별개의 인격체로서</u> 1인회사
의 재산이 곧바로 그 1인 주주의 소유라고 볼 수 없으므로, 그 회사 소유의 금원을 업무상 보관 중 임의로 소비하면
<u>횡령죄를 구성하는 것이다</u>(대판 1999.7.9. 99도1040). **답** ×

007 주식회사의 주식이 사실상 1인의 주주에 귀속되는 1인회사의 경우 회사와 주주는 서로 이해관
□□□ 계가 상충되는 바가 없다고 볼 수 있으므로 1인 주주가 회사의 금원을 업무상 보관 중 이를
임의로 처분하더라도 업무상 횡령죄를 구성하지 않는다. **ㅣ법원직9급 21** ○ ×

....

주식회사의 주식이 사실상 1인의 주주에 귀속하는 1인 회사에 있어서도 회사와 주주는 분명히 별개의 인격이어서
1인 회사의 재산이 곧바로 그 1인 주주의 소유라고 볼 수 없으므로, <u>회사의 사실상 1인 주주라고 하더라도 회사의
금원을 업무상 보관 중 이를 임의로 처분한 소위는 업무상 횡령죄를 구성한다</u>(대판 1995.3.14. 95도59).
답 ×

2 법인격부인론

008 회사가 외형상으로는 법인의 형식을 갖추고 있으나 법인의 형태를 빌리고 있는 것에 지나지
□□□ 아니하고 실질적으로는 완전히 그 법인격의 배후에 있는 타인의 개인기업에 불과하거나 그것
이 배후자에 대한 법률적용을 회피하기 위한 수단으로 함부로 이용되는 경우에는, 회사는
물론 그 배후자인 타인에 대하여도 회사의 행위에 관한 책임을 물을 수 있다. **ㅣ법원직9급 22**
○ ×

....

회사가 외형상으로는 법인의 형식을 갖추고 있으나 법인의 형태를 빌리고 있는 것에 지나지 아니하고 실질적으로
는 완전히 그 법인격의 배후에 있는 사람의 개인기업에 불과하거나, 그것이 배후자에 대한 법률적용을 회피하기
위한 수단으로 함부로 이용되는 경우에는, 비록 외견상으로는 회사의 행위라 할지라도 회사와 그 배후자가 별개의
인격체임을 내세워 회사에게만 그로 인한 법적 효과가 귀속됨을 주장하면서 배후자의 책임을 부정하는 것은
신의성실의 원칙에 위배되는 법인격의 남용으로서 심히 정의와 형평에 반하여 허용될 수 없고, 따라서 회사는
물론 그 배후자인 타인에 대하여도 회사의 행위에 관한 책임을 물을 수 있다고 보아야 한다(대판 2008.9.11.
2007다90982). **답** ○

009 회사가 그 법인격의 배후에 있는 타인의 개인기업에 불과한지 여부의 판단은 원칙적으로 문제
□□□ 가 되고 있는 법률행위나 사실행위를 한 시점을 기준으로 한다. **| 법원직9급 22** ○ ×

....

회사가 그 법인격의 배후에 있는 사람의 개인기업에 불과하다고 보려면, 원칙적으로 문제가 되고 있는 법률행위나
사실행위를 한 시점을 기준으로 하여, 회사와 배후자 사이에 재산과 업무가 구분이 어려울 정도로 혼용되었는지
여부, 주주총회나 이사회를 개최하지 않는 등 법률이나 정관에 규정된 의사결정절차를 밟지 않았는지 여부, 회사
자본의 부실 정도, 영업의 규모 및 직원의 수 등에 비추어 볼 때, 회사가 이름뿐이고 실질적으로는 개인 영업에
지나지 않는 상태로 될 정도로 형해화되어야 한다(대판 2008.9.11. 2007다90982). **답** ○

010 회사와 개인이 별개의 인격체임을 내세워 회사 설립 전 개인의 채무 부담행위에 대한 회사의
□□□ 책임을 부인하는 것이 심히 정의와 형평에 반한다고 인정되는 때에는 회사에 대하여 회사
설립 전에 개인이 부담한 채무의 이행을 청구하는 것도 가능하다. **| 법원직9급 22** ○ ×

....

그 개인과 회사의 주주들이 경제적 이해관계를 같이하는 등 개인이 새로 설립한 회사를 실질적으로 운영하면서
자기 마음대로 이용할 수 있는 지배적 지위에 있다고 인정되는 경우로서, 회사 설립과 관련된 개인의 자산 변동
내역, 특히 개인의 자산이 설립된 회사에 이전되었다면 그에 대하여 정당한 대가가 지급되었는지 여부, 개인의
자산이 회사에 유용되었는지 여부와 그 정도 및 제3자에 대한 회사의 채무 부담 여부와 그 부담 경위 등을 종합적으
로 살펴보아 회사와 개인이 별개의 인격체임을 내세워 회사 설립 전 개인의 채무 부담행위에 대한 회사의 책임을
부인하는 것이 심히 정의와 형평에 반한다고 인정되는 때에는 회사에 대하여 회사 설립 전에 개인이 부담한
채무의 이행을 청구하는 것도 가능하다고 보아야 한다(대판 2021.4.15. 2019다293449). **답** ○

011 기존회사가 채무를 면탈할 의도로 기업의 형태·내용이 실질적으로 동일한 신설회사를 설립한
□□□ 경우 이는 회사제도를 남용한 것에 해당하므로, 기존회사의 채권자는 위 두 회사 어느 쪽에
대해서도 채무의 이행을 청구할 수 있지만, 기존회사의 자산이 기업의 형태·내용이 실질적으
로 동일한 다른 회사로 바로 이전되지 않고, 기존회사에 정당한 대가를 지급한 제3자에게
이전되었다가 다시 다른 회사로 이전되었다면, 기존회사의 채권자는 다른 회사에 채무 이행을
청구할 수 없다. **| 법원직9급 22** ○ ×

....

기존회사가 채무를 면탈할 의도로 기업의 형태·내용이 실질적으로 동일한 신설회사를 설립한 경우 이는 기존회사
의 채무면탈이라는 위법한 목적을 달성하기 위하여 회사제도를 남용한 것에 해당한다. 기존회사의 채권자에 대하
여 위 두 회사가 별개의 법인격을 갖고 있다고 주장하는 것은 신의성실의 원칙상 허용되지 않는다. 기존회사의
채권자는 위 두 회사 어느 쪽에 대해서도 채무의 이행을 청구할 수 있다. 이러한 법리는 어느 회사가 이미 설립되어
있는 다른 회사 가운데 기업의 형태·내용이 실질적으로 동일한 회사를 채무를 면탈할 의도로 이용한 경우에도
적용된다. …(중략)… 이때 기존회사의 자산이 기업의 형태·내용이 실질적으로 동일한 다른 회사로 바로 이전되지
않고, 기존회사에 정당한 대가를 지급한 제3자에게 이전되었다가 다시 다른 회사로 이전되었다고 하더라도, 다른
회사가 제3자로부터 자산을 이전받는 대가로 기존회사의 다른 자산을 이용하고도 기존회사에 정당한 대가를
지급하지 않았다면, 이는 기존회사에서 다른 회사로 직접 자산이 유용되거나 정당한 대가 없이 자산이 이전된
경우와 다르지 않다. 이러한 경우에도 기존회사의 채무를 면탈할 의도나 목적, 기존회사의 경영상태, 자산상황
등 여러 사정을 종합적으로 고려하여 회사제도를 남용한 것으로 판단된다면, 기존회사의 채권자는 다른 회사에
채무 이행을 청구할 수 있다(대판 2019.12.13. 2017다271643). **답** ×

012 상법상 모회사의 기준은 자회사 발행주식 총수의 50%를 초과하여 소유하는 것이다.
□□□ ▮법무사 18   ○ ×
....
상법 제342조의2 제1항   답 ○

> **자회사에 의한 모회사주식의 취득(상법 제342조의2)**   ① 다른 회사의 발행주식의 총수의 100분의
> 50을 초과하는 주식을 가진 회사(이하 "모회사"라 한다)의 주식은 다음의 경우를 제외하고는
> 그 다른 회사(이하 "자회사"라 한다)가 이를 취득할 수 없다.
> 1. 주식의 포괄적 교환, 주식의 포괄적 이전, 회사의 합병 또는 다른 회사의 영업전부의 양수로
>   인한 때
> 2. 회사의 권리를 실행함에 있어 그 목적을 달성하기 위하여 필요한 때

제2관   회사의 능력

> **권리능력의 제한(상법 제173조)**   회사는 다른 회사의 (무한책임사원)이 되지 못한다.
>
> **손해배상책임(상법 제210조)**   회사를 대표하는 사원이 그 업무집행으로 인하여 타인에게 손해를 가한 때에
>   는 회사는 그 사원과 (연대)하여 배상할 책임이 있다.

013 회사는 다른 회사의 무한책임사원이 되지 못한다. ▮법무사 17   ○ ×
□□□ ....
상법 제173조   답 ○

제2절   회사의 설립

> **설립무효, 취소의 소(상법 제184조)**   ① (합명)회사의 (설립의 무효)는 그 (사원에 한하여), (설립의 취소)는
>   그 (취소권 있는 자에 한하여) 회사성립의 날로부터 (2년) 내에 (소)만으로 이를 주장할 수 있다.
> ② 민법 제140조(법률행위의 취소권자)의 규정은 전항의 설립의 취소에 준용한다.
>
> **채권자에 의한 설립취소의 소(상법 제185조)**   사원이 그 (채권자를 해할 것을 알고) 회사를 설립한 때에는
>   채권자는 그 사원과 회사에 대한 소로 회사의 설립취소를 청구할 수 있다.

전속관할(상법 제186조)　　전2조의 소는 (본점소재지)의 지방법원의 관할에 전속한다.

소의 병합심리(상법 제188조)　　수개의 설립무효의 소 또는 설립취소의 소가 제기된 때에는 법원은 이를 병합심리하여야 한다.

하자의 보완 등과 청구의 기각(상법 제189조)　　설립무효의 소 또는 설립취소의 소가 그 심리 중에 원인이 된 하자가 보완되고 회사의 현황과 제반사정을 참작하여 설립을 무효 또는 취소하는 것이 (부적당)하다고 인정한 때에는 법원은 그 청구를 (기각)할 수 있다.

판결의 효력(상법 제190조)　　설립무효의 판결 또는 설립취소의 판결은 (제3자)에 대하여도 그 효력이 있다. 그러나 판결확정 (전)에 생긴 회사와 사원 및 제3자 간의 권리의무에 영향을 미치지 아니한다.

패소원고의 책임(상법 제191조)　　설립무효의 소 또는 설립취소의 소를 제기한 자가 패소한 경우에 (악의 또는 중대한 과실)이 있는 때에는 회사에 대하여 연대하여 손해를 배상할 책임이 있다.

설립무효, 취소의 등기(상법 제192조)　　설립무효의 판결 또는 설립취소의 판결이 확정된 때에는 (본점과 지점의 소재지)에서 (등기)하여야 한다.

설립무효, 취소판결의 효과(상법 제193조)　　① 설립무효의 판결 또는 설립취소의 판결이 확정된 때에는 해산의 경우에 (준)하여 (청산)하여야 한다.
② 전항의 경우에는 법원은 사원 기타의 이해관계인의 청구에 의하여 청산인을 선임할 수 있다.

설립무효, 취소와 회사계속(상법 제194조)　　① 설립무효의 판결 또는 설립취소의 판결이 확정된 경우에 그 무효나 취소의 원인이 특정한 사원에 한한 것인 때에는 다른 사원 (전원의 동의)로써 회사를 (계속)할 수 있다.

준용규정(상법 제287조의6)　　유한책임회사의 설립의 무효와 취소에 관하여는 제184조부터 제194조까지의 규정을 준용한다. 이 경우 제184조 중 "사원"은 "사원 및 업무집행자"로 본다.

설립무효의 소(상법 제328조)　　① (주식)회사설립의 무효는 (주주·이사 또는 감사)에 한하여 회사성립의 날로부터 (2년) 내에 (소)만으로 이를 주장할 수 있다.
② 제186조 내지 제193조의 규정은 제1항의 소에 준용한다.

설립무효, 취소의 소(상법 제552조)　　① (유한)회사의 설립의 무효는 그 (사원, 이사와 감사)에 한하여 설립의 취소는 그 취소권있는 자에 한하여 회사설립의 날로부터 (2년) 내에 (소)만으로 이를 주장할 수 있다.
② 제184조 제2항과 제185조 내지 제193조의 규정은 전항의 소에 준용한다.

014 회사의 설립의 무효는 그 사원에 한하여, 설립의 취소는 그 취소권 있는 자에 한하여 회사성립
☐☐☐ 의 날로부터 2년 내에 소만으로 이를 주장할 수 있는데, 사원은 사원의 주소지 법원에 설립무효
의 소를 제기할 수 있다. ┃법무사 22 ○ ✕

··

상법 제184조 제1항, 제186조 **답** ✕

> **설립무효, 취소의 소(상법 제184조)**   ① 회사의 설립의 무효는 그 사원에 한하여, 설립의 취소는
> 그 취소권 있는 자에 한하여 회사성립의 날로부터 2년 내에 소만으로 이를 주장할 수 있다.
>
> **전속관할(상법 제186조)**   전2조의 소는 본점소재지의 지방법원의 관할에 전속한다.

015 회사설립의 하자가 있는 경우 법률관계의 획일적 처리를 위하여 설립의 무효 또는 취소는
☐☐☐ 반드시 소에 의하여 주장하여야 한다. ┃법무사 19 ○ ✕

··

회사설립무효, 취소의 소는 형성의 소로써 소에 의하여만 주장할 수 있다(상법 제184조 참조). 단, 주식회사의
경우는 설립취소의 소를 인정하지 않고 있다. **답** ○

016 수개의 설립무효의 소 또는 설립취소의 소가 제기된 때에는 법원은 이를 병합심리하여야 한다.
☐☐☐ ┃법무사 22 ○ ✕

··

상법 제188조 **답** ○

017 설립무효의 판결 또는 설립취소의 판결은 제3자에 대하여도 그 효력이 있으나 판결확정 전에
☐☐☐ 생긴 회사와 사원 및 제3자 간의 권리의무에 영향을 미치지 아니한다.
┃법무사 19 · 22, 법원직9급 22 ○ ✕

··

회사설립무효, 취소소송에서 원고승소판결 시에는 법률관계의 안정을 위하여 대세효를 인정하고 소급효를 제한한
다(상법 제190조 참조). 상법은 이러한 합명회사편에서 규정한 판결의 효력규정을 다른 회사의 경우에도 준용하고
있다(상법 제269조, 제287조의6, 제328조 제2항, 제552조 제2항 참조). **답** ○

018 설립무효의 판결 또는 설립취소의 판결이 확정된 때에는 본점과 지점의 소재지에서 등기하여
☐☐☐ 야 한다. ┃법무사 22 ○ ✕

··

상법 제192조 **답** ○

019 설립무효의 판결 또는 설립취소의 판결이 확정된 때에는 해산의 경우에 준하여 청산하여야
□□□ 한다. ▎법무사 22   ○×

....

상법 제193조 제1항   冨 ○

020 ▸ 주식회사 설립의 무효는 주주·이사 또는 감사에 한하여 회사성립의 날로부터 2년 내에
□□□   소만으로 이를 주장할 수 있다. ▎법무사 21, 법원직9급 21   ○×

▸ 주식회사에 설립무효 사유가 있는 경우 채권자 등 이해관계인은 설립무효의 소를 제기할
  수 있다. ▎법원직9급 20   ○×

▸ 주식회사 설립의 무효는 회사성립의 날로부터 2년 내에 소만으로 이를 주장할 수 있다.
  ▎법원직9급 20   ○×

....

회사설립의 무효는 <u>주주·이사 또는 감사에 한</u>하여 회사성립의 날로부터 2년 내에 소만으로 이를 주장할 수
있다(상법 제328조 제1항).   冨 ○ / × / ○

021 (주식회사의) 설립무효의 판결은 제3자에 대하여도 그 효력이 있다. 그러나 판결확정 전에
□□□ 생긴 회사와 제3자 간의 권리의무에 영향을 미치지 아니한다. ▎법원직9급 20·21   ○×

....

설립무효의 판결 또는 설립취소의 판결은 제3자에 대하여도 그 효력이 있다. 그러나 판결확정 전에 생긴 회사와
사원 및 제3자 간의 권리의무에 영향을 미치지 아니한다(상법 제328조 제1항, 제190조).   冨 ○

022 ▸ 물적 회사로서 주주 개인의 개성이 중시되지 않는 주식회사에 있어서는 취소사유에 해당하는
□□□   하자를 이유로 회사 설립의 효력을 다툴 수 없도록 하고 있다. ▎법원직9급 21   ○×

▸ 주식회사의 설립과 관련된 주주 개인의 의사무능력이나 의사표시의 하자는 회사설립무효의
  사유에 해당한다. ▎법원직9급 21   ○×

....

주식회사를 제외한 합명회사와 합자회사, 유한책임회사와 유한회사에 대해서는 설립취소의 소를 규정하고 있으나
주식회사에 대해서는 설립취소의 소에 관한 규정을 두지 않았는데(상법 제184조, 제269조, 제287조의6, 제552조),
이는 물적 회사로서 주주 개인의 개성이 중시되지 않는 주식회사에 있어서는 취소사유에 해당하는 하자를 이유로
해서는 회사 설립의 효력을 다툴 수 없도록 정한 것이다. 회사 설립을 위해 주식을 인수한 자는 일정한 요건을
갖추어 주식인수의 무효 또는 취소를 다툴 수 있으나, 이 역시 주식회사가 성립된 이후에는 그 권리행사가 제한된다
(상법 제320조). 이러한 상법의 체계와 규정 내용을 종합해 보면, <u>주식회사의 설립과 관련된 주주 개인의 의사무능
력이나 의사표시의 하자는 회사설립무효의 사유가 되지 못하고, 주식회사의 설립 자체가 강행규정에 반하거나
선량한 풍속 기타 사회질서에 반하는 경우 또는 주식회사의 본질에 반하는 경우 등에 한하여 회사설립무효의
사유가 된다고 봄이 타당하다</u>(대판 2020.5.14. 2019다299614).   冨 ○ / ×

023 주식회사설립무효의 소가 그 심리 중에 원인이 된 하자가 보완되고 회사의 현황과 제반사정을
□□□ 참작하여 설립을 무효로 하는 것이 부적당하다고 인정한 때에는 법원은 그 청구를 기각할
수 있다. ▮법무사 21, 법원직9급 20 ○ ×

···

상법 제328조 제2항, 제189조 **답** ○

024 합명회사와 합자회사에서는 설립무효의 판결 또는 설립취소의 판결이 확정된 경우에 그 무효
□□□ 나 취소의 원인이 특정한 사원에 한한 것인 때에는 다른 사원 전원의 동의로써 회사를 계속할
수 있다. ▮법무사 21 ○ ×

···

합자회사에는 합명회사의 설립무효, 취소와 회사계속에 관한 규정인 상법 제194조를 준용한다(상법 제269조
참조). **답** ○

> **설립무효, 취소와 회사계속(상법 제194조)** ① 설립무효의 판결 또는 설립취소의 판결이 확정된
> 경우에 그 무효나 취소의 원인이 특정한 사원에 한한 것인 때에는 다른 사원 전원의 동의로써
> 회사를 계속할 수 있다.
>
> **준용규정(상법 제269조)** 합자회사에는 본장에 다른 규정이 없는 사항은 합명회사에 관한 규정을
> 준용한다.

제3절 회사의 합병·분할

제1관 회사의 합병

> **회사의 합병(상법 제174조)** ① 회사는 합병을 할 수 있다.
> ② 합병을 하는 회사의 일방 또는 쌍방이 주식회사, 유한회사 또는 유한책임회사인 경우에는 합병 후 존속하
> 는 회사나 합병으로 설립되는 회사는 (주식회사), (유한회사) 또는 (유한책임)회사이어야 한다.
> ③ 해산 후의 회사는 존립 중의 회사를 존속하는 회사로 하는 경우에 한하여 합병을 할 수 있다.
>
> **합병의 결의(상법 제230조)** 회사가 합병을 함에는 (총사원의 동의)가 있어야 한다.
>
> **합병의 등기(상법 제233조)** 회사가 합병을 한 때에는 (본점)소재지에서는 (2주간) 내, (지점)소재지에서
> 는 (3주간) 내에 합병 후 존속하는 회사의 변경등기, 합병으로 인하여 소멸하는 회사의 해산등기, 합병으
> 로 인하여 설립되는 회사의 설립등기를 하여야 한다.
>
> **합병의 효력발생(상법 제234조)** 회사의 합병은 합병 후 존속하는 회사 또는 합병으로 인하여 설립되는
> 회사가 그 본점소재지에서 전조의 등기를 함으로써 그 효력이 생긴다.

합병계약서와 그 승인결의(상법 제522조)   ① 회사가 합병을 함에는 합병계약서를 작성하여 (주주총회의 승인)을 얻어야 한다.
③ 제1항의 승인결의는 (제434조의 규정)에 의하여야 한다.

합병반대주주의 주식매수청구권(상법 제522조의3)   ① 제522조 제1항에 따른 결의사항에 관하여 이사회의 결의가 있는 때에 그 결의에 반대하는 주주(의결권이 없거나 제한되는 주주를 포함)한다. 이하 이 조에서 같다)는 주주총회 전에 회사에 대하여 서면으로 그 결의에 반대하는 의사를 통지한 경우에는 그 총회의 결의일부터 (20일 이내)에 주식의 종류와 수를 기재한 서면으로 회사에 대하여 자기가 소유하고 있는 주식의 매수를 청구할 수 있다.

합명회사, 합자회사의 합병계약서(상법 제525조)   ① 합병 후 존속하는 회사 또는 합병으로 인하여 설립되는 회사가 주식회사인 경우에 (합병할 회사의 일방 또는 쌍방이 합명회사 또는 합자회사인 때)에는 (총사원의 동의)를 얻어 합병계약서를 작성하여야 한다.

간이합병(상법 제527조의2)   ① 합병할 회사의 일방이 합병 후 존속하는 경우에 합병으로 인하여 (소멸하는 회사)의 (총주주의 동의)가 있거나 그 회사의 발행주식총수의 (100분의 90) 이상을 합병 후 (존속하는 회사가 소유)하고 있는 때에는 합병으로 인하여 소멸하는 회사의 주주총회의 승인은 이를 (이사회의 승인)으로 갈음할 수 있다.
② 제1항의 경우에 합병으로 인하여 소멸하는 회사는 합병계약서를 작성한 날부터 2주 내에 주주총회의 승인을 얻지 아니하고 합병을 한다는 뜻을 공고하거나 주주에게 통지하여야 한다. 다만, 총주주의 동의가 있는 때에는 그러하지 아니하다.

소규모합병(상법 제527조의3)   ① (합병 후 존속하는 회사)가 합병으로 인하여 발행하는 신주 및 이전하는 자기주식의 총수가 그 회사의 발행주식총수의 (100분의 10)을 초과하지 아니하는 경우에는 그 존속하는 회사의 주주총회의 승인은 이를 (이사회의 승인)으로 갈음할 수 있다. 다만, 합병으로 인하여 소멸하는 회사의 주주에게 제공할 금전이나 그밖의 재산을 정한 경우에 그 금액 및 그밖의 재산의 가액이 존속하는 회사의 최종 대차대조표상으로 현존하는 (순자산액)의 (100분의 5)를 (초과)하는 경우에는 (그러하지 아니하다).

이사·감사의 임기(상법 제527조의4)   ① 합병을 하는 회사의 일방이 합병 후 존속하는 경우에 (존속하는 회사)의 이사 및 감사로서 합병 전에 취임한 자는 합병계약서에 다른 정함이 있는 경우를 제외하고는 합병후 최초로 도래하는 결산기의 정기총회가 (종료하는 때)에 퇴임한다.

채권자보호절차(상법 제527조의5)   ① 회사는 제522조의 주주총회의 승인결의가 있은 날부터 2주내에 채권자에 대하여 합병에 이의가 있으면 1월 이상의 기간내에 이를 제출할 것을 공고하고 알고 있는 채권자에 대하여는 따로따로 이를 최고하여야 한다.
② 제1항의 규정을 적용함에 있어서 제527조의2 및 제527조의3의 경우에는 이사회의 승인결의를 주주총회의 승인결의로 본다.

합병의 등기(상법 제528조) ① 회사가 합병을 한 때에는 제526조의 주주총회가 종결한 날 또는 보고에 갈음하는 공고일, 제527조의 창립총회가 종결한 날 또는 보고에 갈음하는 공고일부터 본점소재지에서는 2주내, 지점소재지에서는 3주내에 합병 후 존속하는 회사에 있어서는 변경의 등기, 합병으로 인하여 소멸하는 회사에 있어서는 해산의 등기, 합병으로 인하여 설립된 회사에 있어서는 제317조에 정하는 등기를 하여야 한다.
② 합병 후 존속하는 회사 또는 합병으로 인하여 설립된 회사가 합병으로 인하여 전환사채 또는 신주인수권부사채를 승계한 때에는 제1항의 등기와 동시에 사채의 등기를 하여야 한다.

합병무효의 소(상법 제529조) ① 합병무효는 각 회사의 (주주 · 이사 · 감사 · 청산인 · 파산관재인) 또는 (합병을 승인하지 아니한 채권자)에 한하여 (소만으로) 이를 주장할 수 있다.
② 제1항의 소는 제528조(합병의 등기)의 등기가 있은 날로부터 (6월)내에 제기하여야 한다.

준용규정(상법 제530조) ② 제234조, 제235조, 제237조 내지 제240조, 제329조의2, 제374조 제2항, 제374조의2 제2항 내지 제5항 및 제439조 제3항의 규정은 주식회사의 합병에 관하여 이를 준용한다.

유한회사와 주식회사의 합병(상법 제600조) ① 유한회사가 주식회사와 합병하는 경우에 합병 후 존속하는 회사 또는 합병으로 인하여 설립되는 회사가 (주식회사)인 때에는 (법원의 인가)를 얻지 아니하면 합병의 효력이 없다.
② 합병을 하는 회사의 일방이 (사채의 상환을 완료)하지 아니한 주식회사인 때에는 합병 후 존속하는 회사 또는 합병으로 인하여 설립되는 회사는 (유한회사로 하지 못한다).

---

025 합병을 하는 회사의 일방 또는 쌍방이 주식회사, 유한회사 또는 유한책임회사인 경우에는
□□□ 합병 후 존속하는 회사나 합병으로 설립되는 회사는 주식회사, 유한회사 또는 유한책임회사이어야 한다. ▌법무사 17 ○ ✕

....

상법 제174조 제2항 ▣ ○

026 회사의 합병이라 함은 두 개 이상의 회사가 계약에 의하여 신회사를 설립하거나 또는 그 중의
□□□ 한 회사가 다른 회사를 흡수하고, 소멸회사의 재산과 주주가 신설회사 또는 존속회사에 법정절차에 따라 이전 · 수용되는 효과를 가져오는 것으로서, 소멸회사의 주주는 합병에 의하여 1주 미만의 단주만을 취득하게 되는 경우나 혹은 합병에 반대한 주주로서의 주식매수청구권을 행사하는 경우 등과 같은 특별한 경우를 제외하고는 원칙적으로 합병계약상의 합병비율과 배정방식에 따라 존속회사 또는 신설회사의 주주권을 취득하여, 존속회사 또는 신설회사의 주주가 되는 것이다. ▌법원직9급 21 ○ ✕

....

대판 2003.2.11. 2001다14351 ▣ ○

027 (상법상 주식회사의) 합병에 대하여는 주주총회 특별결의에 의한 승인을 요한다.
□□□ ▌법원직9급 21   ○ ×

....

상법 제522조 제3항   답 ○

028 합병할 회사의 일방이 합병 후 존속하는 경우에 합병으로 인하여 소멸하는 회사의 총주주의
□□□ 동의가 있거나 그 회사의 발행주식 총수의 100분의 90 이상을 합병 후 존속하는 회사가 소유하
고 있는 때에는 합병으로 인하여 소멸하는 회사의 주주총회의 승인은 이를 이사회의 승인으로
갈음할 수 있다. ▌법무사 19, 법원직9급 20 · 22   ○ ×

....

상법 제527조의2 제1항   답 ○

029 ▶ 합병 후 존속하는 회사가 합병으로 인하여 발행하는 신주 및 이전하는 자기주식의 총수가
□□□   그 회사의 발행주식총수의 100분의 10을 초과하지 아니하는 경우에는 그 존속하는 회사의
주주총회의 승인은 이를 이사회의 승인으로 갈음할 수 있다. ▌법원직9급 20   ○ ×

▶ 합병 후 존속하는 회사가 합병으로 인하여 발행하는 신주 및 이전하는 자기주식의 총수가
그 회사의 발행주식총수의 100분의 5를 초과하지 아니하는 경우에는 그 존속하는 회사의
주주총회의 승인은 이를 이사회의 승인으로 갈음할 수 있다. ▌법원직9급 22   ○ ×

합병 후 존속하는 회사가 합병으로 인하여 발행하는 신주 및 이전하는 자기주식의 총수가 그 회사의 발행주식총수
의 <u>100분의 10</u>을 초과하지 아니하는 경우에는 그 존속하는 회사의 주주총회의 승인은 이를 이사회의 승인으로
갈음할 수 있다. 다만, 합병으로 인하여 소멸하는 회사의 주주에게 제공할 금전이나 그 밖의 재산을 정한 경우에
그 금액 및 그 밖의 재산의 가액이 존속하는 회사의 최종 대차대조표상으로 현존하는 순자산액의 100분의 5를
초과하는 경우에는 그러하지 아니하다(상법 제527조의3 제1항).   답 ○ / ×

030 ▶ 합병을 하는 회사의 일방이 합병 후 존속하는 경우에 존속하는 회사의 이사 및 감사로서
□□□   합병 전에 취임한 자는 합병계약서에 다른 정함이 있는 경우를 제외하고는 합병 후 최초로
도래하는 결산기의 정기총회가 종료하는 때에 퇴임한다. ▌법무사 19   ○ ×

▶ 합병을 하는 회사의 일방이 합병 후 존속하는 경우에 소멸하는 회사의 이사 및 감사로서
합병 전에 취임한 자는 합병계약서에 다른 정함이 있는 경우를 제외하고는 합병 후 최초로
도래하는 결산기의 정기총회가 종료하는 때에 퇴임한다. ▌법원직9급 20   ○ ×

....

합병을 하는 회사의 일방이 합병 후 존속하는 경우에 <u>존속하는 회사의 이사 및 감사</u>로서 합병 전에 취임한 자는
합병계약서에 다른 정함이 있는 경우를 제외하고는 합병 후 최초로 도래하는 결산기의 정기총회가 종료하는
때에 퇴임한다(상법 제527조의4). 이는 새로운 주주들의 의사를 반영하기 위한 규정이다.   답 ○ / ×

031 회사는 합병에 대한 주주총회의 승인결의가 있은 날부터 2주 내에 채권자에 대하여 합병에
□□□ 이의가 있으면 1월 이상의 기간 내에 이를 제출할 것을 공고하고 알고 있는 채권자에 대하여는
따로따로 이를 최고하여야 한다. ▌법원직9급 22　　　　　　　　　　　　　　　　　　○ ×

───

상법 제527조의5 제1항　　　　　　　　　　　　　　　　　　　　　　　　　　　　　답 ○

032 (상법상 주식회사의) 합병비율이 현저하게 불공정한 경우 합병할 각 회사의 주주 등은 상법
□□□ 제529조에 의하여 소로써 합병의 무효를 구할 수 있다. ▌법무사 19　　　　　　　　○ ×

───

현저하게 불공정한 합병비율을 정한 합병계약은 사법관계를 지배하는 신의성실의 원칙이나 공평의 원칙 등에
비추어 무효이고, 따라서 합병비율이 현저하게 불공정한 경우 합병할 각 회사의 주주 등은 상법 제529조에 의하여
소로써 합병의 무효를 구할 수 있다(대판 2008.1.10. 2007다64136).　　　　　　　　　답 ○

033 (상법상 주식회사의) 합병무효는 각 회사의 주주·이사·감사·청산인·파산관재인 또는 합
□□□ 병을 승인하지 아니한 채권자에 한하여 소만으로 이를 주장할 수 있고, 이는 합병등기가 있은
날로부터 6월내에 제기하여야 한다. ▌법원직9급 22　　　　　　　　　　　　　　　　○ ×

───

상법 제529조 제1항·제2항　　　　　　　　　　　　　　　　　　　　　　　　　　　답 ○

034 (상법상 비상장 주식회사의) 회사합병에 있어서 합병등기에 의하여 합병의 효력이 발생한
□□□ 후에는 합병무효의 소를 제기하는 외에 합병결의무효확인청구만을 독립된 소로서 구할 수
없다. ▌법원직9급 20　　　　　　　　　　　　　　　　　　　　　　　　　　　　○ ×

───

회사합병에 있어서 합병등기에 의하여 합병의 효력이 발생한 후에는 합병무효의 소를 제기하는 외에 합병결의무효
확인청구만을 독립된 소로서 구할 수 없다(대판 1993.5.27. 92누14908).　　　　　　　답 ○

035 비상장법인 간 합병의 경우 합병비율의 산정방법에 관하여는 법령에 아무런 규정이 없을 뿐만
□□□ 아니라 합병비율은 자산가치 이외에 다양한 요소를 고려하여 결정되어야 하는 만큼 엄밀한
객관적 정확성에 기하여 유일한 수치로 확정할 수 없는 것이므로, 소멸회사의 주주인 회사의
이사가 합병의 목적과 필요성, 합병 당사자인 비상장법인 간의 관계, 합병 당시 각 비상장법인
의 상황, 업종의 특성 및 보편적으로 인정되는 평가방법에 의하여 주가를 평가한 결과 등
합병에 있어서 적정한 합병비율을 도출하기 위한 합당한 정보를 가지고 합병비율의 적정성을
판단하여 합병에 동의할 것인지를 결정하였고, 합병비율이 객관적으로 현저히 불합리하지
아니할 정도로 상당성이 있다면, 이사는 선량한 관리자의 주의의무를 다한 것이다.
▌법원직9급 21　　　　　　　　　　　　　　　　　　　　　　　　　　　　　　　○ ×

───

대판 2015.7.23. 2013다62278　　　　　　　　　　　　　　　　　　　　　　　　답 ○

036 합병에 반대하는 주주의 주식매수청구권에 관하여 규율하고 있는 상법 제522조의3 제1항에
□□□ 준용되는 상법 제374조의2 제2항의 '매수청구기간이 종료하는 날부터 2개월 이내'는 주식매매
대금 지급의무의 이행기를 정한 것으로 해석되나, 이러한 법리는 위 2월 이내에 주식의 매수가
액이 확정되지 아니한 경우에까지 마찬가지로 적용된다고 볼 수 없다. **l 법원직9급 21** ○ ×

> 합병에 반대하는 주주(이하 '합병 반대주주'라고 한다)의 주식매수청구권에 관하여 규율하고 있는 상법 제522조의
> 3 제1항, 상법 제530조 제2항에 의하여 준용되는 상법 제374조의2 제2항 내지 제4항의 규정 취지에 비추어
> 보면, 합병 반대주주의 주식매수청구권은 이른바 형성권으로서 그 행사로 회사의 승낙 여부와 관계없이 주식에
> 관한 매매계약이 성립하고, 상법 제374조의2 제2항의 '회사가 주식매수청구를 받은 날로부터 2월'은 주식매매대금
> 지급의무의 이행기를 정한 것이라고 해석된다. 그리고 이러한 법리는 위 2월 이내에 주식의 매수가액이 확정되지
> 아니하였다고 하더라도 다르지 아니하다(대판 2011.4.28. 2009다72667). **답** ×

037 (주식)회사의 합병은 합병 후 존속하는 회사 또는 합병으로 인하여 설립되는 회사가 그 본점소
□□□ 재지에서 합병의 등기를 함으로써 그 효력이 생긴다. **l 법무사 19** ○ ×

> 상법 제530조, 제234조 **답** ○

제2관 회사의 분할

회사의 분할·분할합병(상법 제530조의2) ① 회사는 분할에 의하여 1개 또는 수개의 회사를 설립할 수
  있다.
② 회사는 분할에 의하여 1개 또는 수개의 존립 중의 회사와 합병(이하 "분할합병"이라 한다)할 수 있다.
③ 회사는 분할에 의하여 1개 또는 수개의 회사를 설립함과 동시에 분할합병할 수 있다.
④ 해산 후의 회사는 존립 중의 회사를 존속하는 회사로 하거나 새로 회사를 설립하는 경우에 한하여 분할
  또는 분할합병할 수 있다.

분할 및 분할합병 후의 회사의 책임(상법 제530조의9) ① 분할회사, 단순분할신설회사, 분할승계회사 또는
  분할합병신설회사는 분할 또는 분할합병 전의 분할회사 채무에 관하여 (연대)하여 변제할 책임이 있다.
② 제1항에도 불구하고 분할회사가 제530조의3 제2항에 따른 결의로 분할에 의하여 회사를 설립하는 경우에
  는 단순분할신설회사는 분할회사의 채무 중에서 분할계획서에 승계하기로 정한 채무에 대한 책임만을
  부담하는 것으로 정할 수 있다. 이 경우 분할회사가 분할 후에 존속하는 경우에는 단순분할신설회사가
  부담하지 아니하는 채무에 대한 책임만을 부담한다.
③ 분할합병의 경우에 분할회사는 제530조의3 제2항에 따른 결의로 분할합병에 따른 출자를 받는 분할승계
  회사 또는 분할합병신설회사가 분할회사의 채무 중에서 분할합병계약서에 승계하기로 정한 채무에 대한
  책임만을 부담하는 것으로 정할 수 있다. 이 경우 제2항 후단을 준용한다.
④ 제2항의 경우에는 제439조 제3항 및 제527조의5를 준용한다.

038
□□□ 회사 분할의 경우, 개별 최고가 필요한 '회사가 알고 있는 채권자'라 함은 채권자가 누구이고 그 채권이 어떠한 내용의 청구권인지가 대체로 회사에게 알려져 있는 채권자를 의미하는데, 회사의 장부 기타 근거에 의하여 그 성명과 주소가 회사에 알려져 있는 자는 이에 해당하지만, 회사 대표이사 개인이 알고 있는 채권자는 이에 포함된다고 볼 수 없다. **ㅣ법원직9급 22** ○ ✕

분할 또는 분할합병으로 인하여 회사의 책임재산에 변동이 생기게 되는 채권자를 보호하기 위하여 상법이 채권자의 이의제출권을 인정하고 그 실효성을 확보하기 위하여 알고 있는 채권자에게 개별적으로 최고하도록 한 입법 취지를 고려하면, 개별 최고가 필요한 '회사가 알고 있는 채권자'란 채권자가 누구이고 채권이 어떠한 내용의 청구권인지가 대체로 회사에게 알려져 있는 채권자를 말하는 것이고, 회사에 알려져 있는지 여부는 개개의 경우에 제반 사정을 종합적으로 고려하여 판단하여야 할 것인데, 회사의 장부 기타 근거에 의하여 성명과 주소가 회사에 알려져 있는 자는 물론이고 회사 대표이사 개인이 알고 있는 채권자도 이에 포함된다고 봄이 타당하다(대판 2011.9.29. 2011다38516). **답** ✕

039
□□□ 채권자가 분할이 이루어진 후에 분할회사를 상대로 분할 전의 분할회사 채무에 관한 소를 제기하여 분할회사에 대한 관계에서 시효가 중단되거나 확정판결을 받아 소멸시효기간이 연장되었다면, 그와 같은 소멸시효 중단이나 연장의 효과는 다른 채무자인 분할로 인하여 설립되는 회사 또는 존속하는 회사에 효력이 미친다. **ㅣ법무사 19** ○ ✕

부진정연대채무에서는 채무자 1인에 대한 이행청구 또는 채무자 1인이 행한 채무의 승인 등 소멸시효의 중단사유나 시효이익의 포기가 다른 채무자에게 효력을 미치지 않는다. 따라서 채권자가 분할 또는 분할합병이 이루어진 후에 분할회사를 상대로 분할 또는 분할합병 전의 분할회사 채무에 관한 소를 제기하여 분할회사에 대한 관계에서 시효가 중단되거나 확정판결을 받아 소멸시효기간이 연장된다고 하더라도 그와 같은 소멸시효 중단이나 연장의 효과는 다른 채무자인 분할 또는 분할합병으로 인하여 설립되는 회사 또는 존속하는 회사에 효력이 미치지 않는다(대판 2017.5.30. 2016다34687). **답** ✕

040
□□□ 분할회사, 단순분할신설회사, 분할승계회사 또는 분할합병신설회사는 분할 또는 분할합병 전의 분할회사 채무에 관하여 연대하여 변제할 책임이 있다. **ㅣ법원직9급 22** ○ ✕

상법 제530조의9 제1항 **답** ○

041
□□□ 분할 또는 분할합병으로 인하여 설립되는 회사 또는 존속하는 회사가 채권자에게 부담하는 연대채무의 소멸시효 기간과 기산점은 분할 또는 분할합병 전의 회사가 채권자에게 부담하는 채무와 동일하다. **ㅣ법원직9급 22** ○ ✕

분할 또는 분할합병으로 인하여 설립되는 회사 또는 존속하는 회사(이하 '수혜회사'라 한다)가 채권자에게 연대하여 변제할 책임을 부담하는 채무는 분할 또는 분할합병 전의 회사가 채권자에게 부담하는 채무와 동일한 채무이다. 따라서 수혜회사가 채권자에게 부담하는 연대채무의 소멸시효 기간과 기산점은 분할 또는 분할합병 전의 회사가 채권자에게 부담하는 채무와 동일한 것으로 봄이 타당하다(대판 2017.5.30. 2016다34687). **답** ○

제4절	회사의 해산과 청산

제1관	회사의 해산

회사의 해산명령(상법 제176조) ① 법원은 다음의 사유가 있는 경우에는 이해관계인이나 검사의 청구에 의하여 또는 직권으로 회사의 해산을 명할 수 있다.
  1. 회사의 설립목적이 (불법)한 것인 때
  2. 회사가 정당한 사유없이 설립 후 (1년) 내에 영업을 개시하지 아니하거나 (1년) 이상 영업을 휴지하는 때
  3. 이사 또는 회사의 업무를 집행하는 사원이 법령 또는 정관에 위반하여 회사의 존속을 허용할 수 없는 행위를 한 때
② 전항의 청구가 있는 때에는 법원은 해산을 명하기 전일지라도 이해관계인이나 검사의 청구에 의하여 또는 직권으로 관리인의 선임 기타 회사재산의 보전에 필요한 처분을 할 수 있다.
③ 이해관계인이 제1항의 청구를 한 때에는 법원은 회사의 청구에 의하여 (상당한 담보)를 제공할 것을 명할 수 있다.
④ 회사가 전항의 청구를 함에는 이해관계인의 청구가 (악의)임을 소명하여야 한다.

해산원인(상법 제227조) 회사는 다음의 사유로 인하여 해산한다.
  1. 존립기간의 (만료) 기타 정관으로 정한 사유의 발생
  2. 총사원의 (동의)
  3. 사원이 (1인)으로 된 때
  4. 합병
  5. 파산
  6. 법원의 명령 또는 판결

해산등기(상법 제228조) 회사가 해산된 때에는 합병과 파산의 경우 외에는 그 해산사유가 있는 날로부터 본점소재지에서는 2주간 내, 지점소재지에서는 3주간 내에 해산등기를 하여야 한다.

회사의 계속(상법 제229조) ① 제227조 제1호와 제2호의 경우에는 사원의 전부 또는 일부의 (동의)로 회사를 계속할 수 있다. 그러나 동의를 하지 아니한 사원은 퇴사한 것으로 본다.
② 제227조 제3호의 경우에는 새로 사원을 가입시켜서 회사를 계속할 수 있다.
③ 전2항의 경우에 이미 회사의 해산등기를 하였을 때에는 본점소재지에서는 2주간 내, 지점소재지에서는 3주간 내에 회사의 계속등기를 하여야 한다.

해산사유(상법 제517조) 주식회사는 다음의 사유로 인하여 해산한다.
  1. 제227조 제1호, 제4호 내지 제6호에 정한 사유(*사원이 1인으로 된 때가 제외됨을 주의!)
  1의2. 제530조의2의 규정에 의한 회사의 분할 또는 분할합병
  2. (주주총회의 결의)

휴면회사의 해산(상법 제520조의2) ① 법원행정처장이 최후의 등기 후 5년을 경과한 회사는 본점의 소재지를 관할하는 법원에 아직 영업을 폐지하지 아니하였다는 뜻의 신고를 할 것을 관보로써 공고한 경우에, 그 공고한 날에 이미 최후의 등기 후 5년을 경과한 회사로써 공고한 날로부터 2월 이내에 대통령령이 정하는 바에 의하여 신고를 하지 아니한 때에는 그 회사는 그 신고기간이 만료된 때에 해산한 것으로 본다. 그러나 그 기간 내에 등기를 한 회사에 대하여는 그러하지 아니하다.

② 제1항의 공고가 있는 때에는 법원은 해당 회사에 대하여 그 공고가 있었다는 뜻의 통지를 발송하여야 한다.

③ 제1항의 규정에 의하여 해산한 것으로 본 회사는 그 후 (3년) 이내에는 (제434조의 결의)에 의하여 회사를 (계속)할 수 있다.

④ 제1항의 규정에 의하여 해산한 것으로 본 회사가 제3항의 규정에 의하여 회사를 계속하지 아니한 경우에는 그 회사는 그 3년이 경과한 때에 청산이 종결된 것으로 본다.

042 이해관계인이 회사의 해산명령을 청구한 때에는 법원은 회사의 청구에 의하여 상당한 담보를 제공할 것을 명할 수 있다. ▌법무사 17   ◯ ✕

□□□

상법 제176조 제3항   답 ◯

043 합명회사가 총사원의 동의로 해산한 경우 사원의 전부 또는 일부의 동의로 회사를 계속할 수 있다. ▌법무사 17   ◯ ✕

□□□

상법 제229조 제1항   답 ◯

044 주식회사가 해산간주에 의하여 해산한 경우 언제든지 주주총회 특별결의로 회사를 계속할 수 있다. ▌법무사 17   ◯ ✕

□□□

제1항의 규정에 의하여 해산한 것으로 본 회사는 그 후 3년 이내에는 제434조의 결의에 의하여 회사를 계속할 수 있다(상법 제520조의2 제3항).   답 ✕

제2관   회사의 청산

청산 중의 회사(상법 제245조)   회사는 해산된 후에도 청산의 목적범위 내에서 존속하는 것으로 본다.

청산인(상법 제251조)-합명회사   ① 회사가 해산된 때에는 총사원 (과반수)의 (결의)로 청산인을 선임한다.
② 청산인의 선임이 없는 때에는 업무집행사원이 청산인이 된다.

청산인의 직무권한(상법 제254조)   ① 청산인의 직무는 다음과 같다.
  1. 현존사무의 종결
  2. 채권의 추심과 채무의 변제
  3. 재산의 환가처분
  4. 잔여재산의 분배
② 청산인이 수인인 때에는 청산의 직무에 관한 행위는 그 과반수의 결의로 정한다.
③ 회사를 대표할 청산인은 제1항의 직무에 관하여 재판상 또는 재판 외의 모든 행위를 할 권한이 있다.

청산인(상법 제287조)-합자회사 합자회사의 청산인은 무한책임사원 (과반수)의 (의결)로 선임한다. 이를 선임하지 아니한 때에는 업무집행사원이 청산인이 된다.

청산인의 결정(상법 제531조)-주식회사 ① 회사가 해산한 때에는 합병·분할·분할합병 또는 파산의 경우 외에는 (이사)가 청산인이 된다. 다만, 정관에 다른 정함이 있거나 주주총회에서 타인을 선임한 때에는 그러하지 아니하다.
② 전항의 규정에 의한 청산인이 없는 때에는 법원은 이해관계인의 청구에 의하여 청산인을 선임한다.

청산인의 해임(상법 제539조) ① 청산인은 법원이 선임한 경우 (외)에는 언제든지 (주주총회의 결의)로 이를 해임할 수 있다.
② 청산인이 그 업무를 집행함에 현저하게 부적임하거나 중대한 임무에 위반한 행위가 있는 때에는 발행주식의 총수의 (100분의 3 이상)에 해당하는 주식을 가진 주주는 법원에 그 청산인의 해임을 청구할 수 있다.

준용규정(상법 제542조) ① 제245조, 제252조 내지 제255조, 제259조, 제260조와 제264조의 규정은 주식회사에 준용한다.

---

045 합명회사가 해산된 때에는 총사원 전원의 동의로 청산인을 선임한다. ▮법원직9급 21 ○×
□□□
....
(합명)회사가 해산된 때에는 <u>총사원 과반수의 결의</u>로 청산인을 선임한다(상법 제251조 제1항). 답 ×

046 등기의 공신력에 따라 회사에 관한 청산종결의 등기가 마쳐진 경우에는 남아 있는 청산사무가 있더라도 법인격은 소멸하고 남은 청산사무를 종료할 의무만을 부담한다. ▮법무사 19 ○×
□□□
....
<u>청산종결등기가 경료된 경우에도 청산사무가 종료되었다 할 수 없는 경우에는</u> 청산법인으로 존속한다(대판 1980.4.8. 79다2036). 답 ×

047 ▶ 당사자들이 자금을 출자하여 공동으로 주식회사를 설립하여 운영하고, 그 회사를 공동으로 경영함에 따르는 비용의 부담과 이익의 분배를 지분 비율에 따라 할 것을 내용으로 하는 동업계약에서는 그 청산도 주식회사의 청산에 관한 상법의 규정에 따라 이루어져야 한다.
□□□   ▮법원직9급 21 ○×

▶ 동업약정에 따라 주식회사가 설립되어 그 실체가 갖추어진 경우, 주식회사의 청산에 관한 상법의 규정에 따라 청산절차가 이루어지지 않는 한 일방 당사자가 잔여재산을 분배받을 수 없다. ▮법원직9급 21 ○×
....
당사자들이 자금을 출자하여 공동으로 주식회사를 설립하여 운영하고, 그 회사를 공동으로 경영함에 따르는 비용의 부담과 이익의 분배를 지분 비율에 따라 할 것을 내용으로 하는 동업계약은 당사자들의 공동사업을 주식회사의 명의로 하고 대외관계 및 대내관계에서 주식회사의 법리에 따름을 전제로 하는 것이어서 이에 관한 청산도 주식회사의 청산에 관한 상법의 규정에 따라 이루어져야 한다. 따라서 그러한 동업약정에 따라 회사가 설립되어 그 실체가 갖추어진 이상, 주식회사의 청산에 관한 상법의 규정에 따라 청산절차가 이루어지지 않는 한 일방 당사자가 잔여재산을 분배받을 수 없다(대판 2015.12.10. 2013다973). 답 ○ / ○

048 동업계약에 따라 주식회사가 설립된 후 당사자 일방은 상법 규정에 따라 주식을 양도하여 투하 자본을 회수할 수 있을 뿐 동업관계에서의 탈퇴를 주장하며 출자금의 반환 기타 지분의 정산을 구할 수 없다. ▮법원직9급 21 ○ ×

> 원고와 피고 B 및 C이 이 사건 동업사업을 하다가 'E'를 설립하고 이 사건 동업의 영업주체를 'E'로 변경하여 사업을 계속하였다면, 원고 등은 상법의 규정에 따라 'E'의 주식을 양도하여 투하 자본을 회수할 수 있을 뿐 동업관계에서의 탈퇴를 이유로 출자금의 반환 기타 지분의 정산을 구할 수는 없다(대판 2015.12.10. 2013다973).
> 답 ○

049 주식회사의 청산인은 법원이 선임한 경우를 제외하고는 언제라도 주주총회의 결의로 이를 해임할 수 있다. ▮법무사 19 ○ ×

> 상법 제539조 제1항
> 답 ○

제2장 │ 주식회사의 설립

제1절 주식회사의 기초

> **주주의 책임(상법 제331조)** 　주주의 책임은 그가 가진 주식의 인수가액을 한도로 한다.

050 주주의 책임은 그가 가진 주식의 인수가액을 한도로 한다. ▮법무사 17 ○ ×

> 상법 제331조
> 답 ○

051 정관에서 정하는 수권주식의 규모에는 제한이 없다. ▮법무사 17 ○ ×

> 현재 정관에서 정하는 수권주식의 규모에 제한은 없다. 과거에는 수권주식의 한도가 발행주식 총수의 4배를 넘지 아니하도록 하기 위하여 회사설립 시 발행할 주식수가 회사가 발행할 주식총수의 4분의 1 이상이어야 한다거나, 정관변경으로 수권주식수를 증가시키는 경우에 발행주식 총수의 4배를 초과하지 못하도록 하는 규정들이 있었으나 모두 삭제되었다.
> 답 ○

052 주식회사를 설립하려면 5,000만원 이상의 자본금이 있어야 한다. ▮법무사 17 ○ ×

> 주식회사 설립 시 요구되는 <u>최저자본금에 관한 규정은 2009년 상법개정으로 폐지되었다.</u>
> 답 ×

> **발기인(상법 제288조)** 주식회사를 설립함에는 발기인이 정관을 작성하여야 한다.
>
> **정관의 작성, 절대적 기재사항(상법 제289조)** ① 발기인은 정관을 작성하여 다음의 사항을 적고 각 발기인이 기명날인 또는 서명하여야 한다.
> 1. 목 적
> 2. 상 호
> 3. 회사가 (발행할) 주식의 총수
> 4. 액면주식을 발행하는 경우 1주의 금액
> 5. 회사의 설립 시에 (발행하는) 주식의 총수
> 6. 본점의 소재지
> 7. 회사가 공고를 하는 방법
> 8. 발기인의 성명·주민등록번호 및 주소
>
> **정관의 효력발생(상법 제292조)** 정관은 (공증인의 인증)을 받음으로써 효력이 생긴다. 다만, (자본금 총액이 10억원 미만인 회사)를 제295조 제1항에 따라 발기설립하는 경우에는 제289조 제1항에 따라 이 정관에 (기명날인 또는 서명)함으로써 효력이 생긴다.

1 정관의 작성

053
□□□
▶ 회사의 설립 시에 발행하는 주식의 총수, 액면주식을 발행하는 경우 1주의 금액은 정관의 절대적 기재사항이다. **∎법무사 19 기출변형**　　○ ×

▶ 현물출자를 하는 자의 성명과 그 목적인 재산의 종류·수량·가격과 이에 대하여 부여할 주식의 종류와 수, 회사가 공고를 하는 방법, 발기인의 성명·주민등록번호 및 주소는 정관의 절대적 기재사항이다. **∎법무사 19 기출변형**　　○ ×

．．．

현물출자를 하는 자의 성명과 그 목적인 재산의 종류, 수량, 가격과 이에 대하여 부여할 주식의 종류와 수는 상대적 기재사항 중 변태설립사항에 해당한다(상법 제290조 제2호 참조). 📖 ○ / ×

054
□□□
발기설립의 정관은 반드시 공증인의 인증을 받음으로써 효력이 생긴다. **∎법무사 17**　○ ×

．．．

정관은 공증인의 인증을 받음으로써 효력이 생긴다. 다만, 자본금 총액이 10억원 미만인 회사를 제295조 제1항에 따라 발기설립(發起設立)하는 경우에는 제289조 제1항에 따라 각 발기인이 정관에 기명날인 또는 서명함으로써 효력이 생긴다(상법 제292조). 📖 ×

055 주식회사의 설립과정에서 설립 중의 회사는 정관이 작성되고 발기인이 적어도 1주 이상의
□□□ 주식을 인수하였을 때 성립한다. **∥법무사 21**　　　　　　　　　　　　　　　　　○ ×

....

설립 중의 회사는 정관이 작성되고 발기인이 적어도 1주 이상의 주식을 인수하였을 때 비로소 성립한다(대판
1998.5.12. 97다56020).　　　　　　　　　　　　　　　　　　　　　　　　　　　　**답** ○

056 설립 중의 회사로서의 실체가 갖추어지기 이전에 발기인이 취득한 권리의무는 구체적인 사정
□□□ 에 따라 발기인 개인 또는 발기인 조합에 귀속되고, 이후 양수나 계약자 지위인수 등의 특별한
이전행위 없이 설립 후의 회사에게 귀속된다. **∥법무사 21**　　　　　　　　　　　　○ ×

....

설립 중의 회사로서의 실체가 갖추어지기 이전에 발기인이 취득한 권리의무는 구체적인 사정에 따라 발기인
개인 또는 발기인 조합에 귀속되는 것으로서, 이들에게 귀속된 권리의무를 설립 후의 회사에게 귀속시키기 위하여
는 양수나 계약자 지위인수 등의 특별한 이전행위가 있어야 한다(대판 1998.5.12. 97다56020).　　**답** ×

057 발기인 중 1인이 회사설립을 추진 중 행한 불법행위라면, 해당 행위가 설립 후 회사의 대표이사
□□□ 로서의 직무와 밀접한 관련이 없는 경우라고 하더라도 회사는 그 불법행위책임을 부담한다.
　∥법원직9급 22　　　　　　　　　　　　　　　　　　　　　　　　　　　　　　○ ×

....

발기인 중 1인이 회사의 설립을 추진 중에 행한 불법행위가 외형상 객관적으로 설립 후 회사의 대표이사로서의
직무와 밀접한 관련이 있다고 보아 회사의 불법행위책임을 인정한 사례가 있다(대판 2000.1.28. 99다35737).
　　　　　　　　　　　　　　　　　　　　　　　　　　　　　　　　　　　　　　답 ×

제2관　　변태설립사항

변태설립사항(상법 제290조)　　다음의 사항은 (정관에 기재)함으로써 그 효력이 있다.
1. 발기인이 받을 (특별이익)과 이를 받을 자의 성명
2. (현물출자)를 하는 자의 성명과 그 목적인 재산의 종류, 수량, 가격과 이에 대하여 부여할 주식의 종류
　와 수
3. (회사성립 후)에 양수할 것을 약정한 재산의 종류, 수량, 가격과 그 양도인의 성명
4. 회사가 부담할 (설립비용)과 발기인이 받을 (보수액)

이사·감사의 조사·보고와 검사인의 선임청구(상법 제298조)–발기설립　　④ 정관으로 제290조 각 호의
　사항을 정한 때에는 (이사)는 이에 관한 조사를 하게 하기 위하여 검사인의 선임을 (법원)에 청구하여야
　한다. 다만, 제299조의2의 경우에는 그러하지 아니하다.

검사인의 조사, 보고(상법 제299조)-발기설립 ① 검사인은 제290조 각 호의 사항과 제295조에 따른 현물 출자의 이행을 조사하여 (법원)에 보고하여야 한다.

② 제1항은 다음 각 호의 어느 하나에 해당할 경우에는 적용하지 아니한다.

   1. 제290조 제2호 및 제3호의 재산총액이 자본금의 5분의 1을 초과하지 아니하고 대통령령으로 정한 금액 (5천만원)을 초과하지 아니하는 경우
   2. 제290조 제2호 또는 제3호의 재산이 거래소에서 시세가 있는 유가증권인 경우로서 정관에 적힌 가격이 대통령령으로 정한 방법으로 산정된 시세를 초과하지 아니하는 경우
   3. 그밖에 제1호 및 제2호에 준하는 경우로서 대통령령으로 정하는 경우

현물출자 등의 증명(상법 제299조의2) 제290조 제1호 및 제4호에 기재한 사항에 관하여는 (공증인의 조사 ·보고)로, 제290조 제2호 및 제3호의 규정에 의한 사항과 제295조의 규정에 의한 현물출자의 이행에 관하여는 공인된 (감정인의 감정)으로 제299조 제1항의 규정에 의한 검사인의 조사에 (갈음)할 수 있다. 이 경우 공증인 또는 감정인은 조사 또는 감정결과를 (법원)에 (보고하여야) 한다.

변태설립의 경우의 조사(상법 제310조)-모집설립 ① 정관으로 제290조에 게기한 사항을 정한 때에는 (발기인)은 이에 관한 조사를 하게 하기 위하여 검사인의 선임을 법원에 청구하여야 한다.

② 전항의 검사인의 보고서는 이를 (창립총회)에 제출하여야 한다.

③ 제298조 제4항 단서 및 제299조의2의 규정은 제1항의 조사에 관하여 이를 준용한다.

---

058 ▸ 발기인이 받을 특별이익과 이를 받을 자의 성명, 현물출자를 하는 자의 성명과 그 목적인 □□□ 재산의 종류·수량·가격과 이에 대하여 부여할 주식의 종류와 수, 액면주식의 경우에 액면 이상의 주식을 발행할 때에는 그 수와 금액은 변태설립사항이다. ▮법무사 22 기출변형 ○ ×

▸ 회사성립 후에 양수할 것을 약정한 재산의 종류·수량·가격과 그 양도인의 성명, 회사가 부담할 설립비용과 발기인이 받을 보수액은 변태설립사항이다. ▮법무사 22 기출변형 ○ ×

··

변태설립사항은 발기인의 특별이익, 현물출자, 재산인수, 설립비용과 발기인의 보수 등이다(상법 제290조 참조).

답 × / ○

---

059 회사의 설립비용은 발기인이 설립 중의 회사의 기관으로서 회사설립을 위하여 지출한 비용으 □□□ 로서 회사가 성립한 후에는 회사가 부담하여야 한다. ▮법원직9급 21 ○ ×

··

회사의 설립비용은 발기인이 설립 중의 회사의 기관으로서 회사설립을 위하여 지출한 비용으로서 원래 회사 성립 후에는 회사가 부담하여야 하는 것이다(대결 1994.3.28. 93마916). **답** ○

---

060 마우스부품 제조업체인 주식회사 X 설립 시 발기인 甲이 위 회사 운영에 필수적인 특허권을 □□□ 출자하고 이를 1억원으로 평가하여 액면금 10,000원의 주식 10,000주를 부여받기로 한 경우, 이러한 내용은 정관에 기재되지 않으면 효력이 없다. ▮법무사 18 ○ ×

··

특허권과 같은 현물출자는 현물출자를 하는 자의 성명과 그 목적인 재산의 종류, 수량, 가격과 이에 대하여 부여할 주식의 종류와 수는 정관에 기재되지 않으면 효력이 없다(상법 제290조 제2호 참조). **답** ○

061 현물출자의 목적이 될 수 있는 재산은 금전 이외의 재산으로서 대차대조표의 부에 계상할
□□□ 수 있는 것이라면 무엇이든지 가능하므로, 노무나 신용도 출자할 수 있다. ┃법무사 18 ○ ×

....

현물출자의 목적이 될 수 있는 재산은 금전 이외의 재산으로, 대차대조표의 부에 계상할 수 있는 것이라면 무엇이든지 가능하나, <u>노무나 신용은 회사의 재산적 기초를 형성한다고 할 수 없으므로 출자할 수 없다.</u> 답 ×

062 ▶ 현물출자의 경우 출자된 재산이 금전으로 평가되는 과정에서 과대평가가 이루어질 우려가
□□□ 있기 때문에 반드시 검사인의 조사를 받아야 한다. ┃법무사 18 ○ ×

▶ 현물출자를 하더라도 일정한 경우에는 법원에 의해 선임된 검사인의 조사 대신 공인된 감정
인의 감정으로 갈음할 수 있고 이 경우 감정인은 그 결과를 법원에 보고하지 않아도 된다.
┃법무사 18 ○ ×

....

변태설립사항은 원칙적으로 발기설립의 경우에는 이사의 청구에 의하여(상법 제298조 제4항 참조) 법원이 선임한 검사인이 조사하여 법원에 보고하고(상법 제299조 제1항 참조), 모집설립의 경우에는 발기인의 청구에 의하여(상법 제310조 제1항 참조) 법원이 선임한 검사인이 조사하여 창립총회에 제출하여야 한다(상법 제310조 제2항 참조). 그러나 <u>특별이익과 설립비용</u> 등에 관하여는 <u>공증인의 조사</u>로, <u>현물출자 및 재산인수</u>의 경우에는 <u>공인된 감정인의 감정으로 검사인의 조사에 갈음할 수 있고</u>, 이 경우 <u>공증인 또는 감정인은 조사 또는 감정결과를 법원에 보고하여야 한다</u>(상법 제299조의2 참조). 또한 현물출자 및 재산인수의 가액이 자본금의 20%와 5천만원을 초과하지 아니하거나, 거래소의 시세가 있는 유가증권일 경우에는 <u>조사를 면제하고 있다</u>(상법 제299조 제2항, 동법 시행령 제7조 참조). 답 × / ×

063 현물출자에 따른 번잡함을 피하기 위해 회사성립 후 회사와 甲 간의 매매계약에 의한 소유권이
□□□ 전등기의 방법에 의하여 위 현물출자를 완성하기로 약정하고 그 후 회사설립을 위한 소정의
절차를 거쳐 위 약정에 따른 현물출자가 이루어진 것이라면, 위 현물출자를 위한 약정은 실질
그대로 상법 제290조 제2호의 현물출자에 해당한다고 할 것이어서 정관에 기재되지 아니하는
한 무효이다. ┃법무사 18 ○ ×

....

상법 제290조 제3호 소정의 "회사성립 후에 양수할 것을 약정"한다 함은 회사의 변태설립의 일종인 재산인수로서 발기인이 설립될 회사를 위하여 회사의 성립을 조건으로 다른 발기인이나 주식인수인 또는 제3자로부터 일정한 재산을 매매의 형식으로 양수할 것을 약정하는 계약을 의미하므로, 당사자 사이에 회사를 설립하기로 합의하면서 그 일방은 일정한 재산을 현물로 출자하고, 타방은 현금을 출자하되, 현물출자에 따른 번잡함을 피하기 위하여 회사의 성립 후 회사와 현물출자자 사이의 매매계약에 의한 방법에 의하여 위 현물출자를 완성하기로 약정하고 그 후 회사설립을 위한 소정의 절차를 거쳐 위 약정에 따른 현물출자가 이루어진 것이라면, 위 현물출자를 위한 약정은 그대로 위 법조가 규정하는 <u>재산인수에 해당한다고</u> 할 것이어서 정관에 기재되지 아니하는 한 무효이다(대판 1994.5.13. 94다323). 답 ×

발기인의 주식인수(상법 제293조)　각 발기인은 (서면)에 의하여 주식을 인수하여야 한다.

발기설립의 경우의 납입과 현물출자의 이행(상법 제295조)　① 발기인이 회사의 설립 시에 발행하는 주식의 총수를 인수한 때에는 지체 없이 각 주식에 대하여 그 인수가액의 (전액)을 납입하여야 한다. 이 경우 발기인은 납입을 맡을 은행 기타 금융기관과 납입장소를 지정하여야 한다.
② 현물출자를 하는 발기인은 납입기일에 지체 없이 출자의 목적인 재산을 인도하고 등기, 등록 기타 권리의 설정 또는 이전을 요할 경우에는 이에 관한 서류를 완비하여 교부하여야 한다.

모집설립의 경우의 주식모집(상법 제301조)　발기인이 회사의 설립시에 발행하는 주식의 총수를 인수하지 아니하는 때에는 주주를 모집하여야 한다.

주식인수의 청약, 주식청약서의 기재사항(상법 제302조)　① 주식인수의 청약을 하고자 하는 자는 주식청약서 2통에 인수할 주식의 종류 및 수와 주소를 기재하고 기명날인 또는 서명하여야 한다.
② 주식청약서는 발기인이 작성하고 다음의 사항을 적어야 한다.
 1. 정관의 인증년월일과 공증인의 성명
 2. 제289조(정관의 작성, 절대적 기재사항) 제1항과 제290조(변태설립사항)에 게기한 사항
 3. 회사의 존립기간 또는 해산사유를 정한 때에는 그 규정
 4. 각 발기인이 인수한 주식의 종류와 수
 5. 제291조에 게기한 사항
 5의2. 주식의 양도에 관하여 이사회의 승인을 얻도록 정한 때에는 그 규정
 6. 삭제 〈2011.4.14.〉
 7. 주주에게 배당할 이익으로 주식을 소각할 것을 정한 때에는 그 규정
 8. 일정한 시기까지 창립총회를 종결하지 아니한 때에는 주식의 인수를 취소할 수 있다는 뜻
 9. 납입을 맡을 은행 기타 금융기관과 납입장소
 10. 명의개서대리인을 둔 때에는 그 성명·주소 및 영업소

주식인수인의 의무(상법 제303조)　주식인수를 청약한 자는 발기인이 배정한 주식의 수에 따라서 인수가액을 납입할 의무를 부담한다.

주식에 대한 납입(상법 제305조)　① 회사설립 시에 발행하는 주식의 총수가 인수된 때에는 발기인은 지체 없이 주식인수인에 대하여 각 주식에 대한 인수가액의 (전액)을 납입시켜야 한다.
② 전항의 납입은 주식청약서에 기재한 납입장소에서 하여야 한다.
③ 제295조 제2항의 규정은 제1항의 경우에 준용한다.

납입금의 보관자 등의 변경(상법 제306조)　납입금의 보관자 또는 납입장소를 변경할 때에는 법원의 (허가)를 얻어야 한다.

주식인수인의 실권절차(상법 제307조)　① 주식인수인이 제305조의 규정에 의한 납입을 하지 아니한 때에는 발기인은 일정한 기일을 정하여 그 기일 내에 납입을 하지 아니하면 그 (권리를 잃는다는 뜻)을 기일의 (2주간 전)에 그 주식인수인에게 (통지)하여야 한다.

② 전항의 통지를 받은 주식인수인이 그 기일 내에 납입의 이행을 하지 아니한 때에는 그 권리를 잃는다. 이 경우에는 발기인은 다시 그 주식에 대한 주주를 모집할 수 있다.

③ 전2항의 규정은 그 주식인수인에 대한 손해배상의 청구에 영향을 미치지 아니한다.

납입금 보관자의 증명과 책임(상법 제318조)　① 납입금을 보관한 은행이나 그밖의 금융기관은 발기인 또는 이사의 청구를 받으면 그 보관금액에 관하여 증명서를 발급하여야 한다.

② 제1항의 은행이나 그밖의 금융기관은 증명한 보관금액에 대하여는 납입이 부실하거나 그 금액의 반환에 제한이 있다는 것을 이유로 회사에 대항하지 못한다.

③ 자본금 총액이 10억원 미만인 회사를 제295조 제1항에 따라 발기설립하는 경우에는 제1항의 증명서를 은행이나 그밖의 금융기관의 잔고증명서로 대체할 수 있다.

064 발기인이 회사의 설립 시에 발행하는 주식의 총수를 인수한 때에는 지체 없이 각 주식에 대하여
☐☐☐ 그 인수가액의 전액을 납입하여야 한다. 이 경우 발기인은 납입을 맡을 은행 기타 금융기관과 납입장소를 지정하여야 한다. ┃법무사 17　　　　　　　　　　　　　　　　　　　　○ ✕

‎⋯⋯

발기인이 회사의 설립 시에 발행하는 주식의 총수를 인수한 때에는 지체 없이 각 주식에 대하여 그 인수가액의 전액을 납입하여야 한다. 이 경우 발기인은 납입을 맡을 은행 기타 금융기관과 납입장소를 지정하여야 한다(상법 제295조 제1항).　　　　　　　　　　　　　　　　　　**답** ○

065 모집설립의 경우 주식의 인수인이 출자를 이행하지 않으면 실권절차가 있다. ┃법무사 17
☐☐☐　　　　　　　　　　　　　　　　　　　　　　　　　　　　　　　　　　　　○ ✕

‎⋯⋯

발기설립과 달리 모집설립의 경우에는, 주식인수인이 출자를 이행하지 아니하면 실권절차를 통하여 주식인수인의 권리를 상실시키고 있다(상법 제307조 참조).　　　　　　　　　　　　　**답** ○

066 주식회사를 설립하면서 일시적인 차입금으로 주금납입의 외형을 갖추고 회사 설립절차를 마친
☐☐☐ 다음 바로 그 납입금을 인출하여 차입금을 변제하는 이른바 가장납입의 경우에도 주금납입의 효력을 부인할 수는 없다고 할 것이어서 주식인수인이나 주주의 주금납입의무도 종결되었다고 보아야 한다. ┃법무사 18　　　　　　　　　　　　　　　　　　　　　　　　○ ✕

‎⋯⋯

주식회사를 설립하면서 일시적인 차입금으로 주금납입의 외형을 갖추고 회사 설립절차를 마친 다음 바로 그 납입금을 인출하여 차입금을 변제하는 이른바 가장납입의 경우에도 주금납입의 효력을 부인할 수는 없다고 할 것이어서 주식인수인이나 주주의 주금납입의무도 종결되었다고 보아야 할 것이고, 한편 주식을 인수함에 있어 타인의 승낙을 얻어 그 명의로 출자하여 주식대금을 납입한 경우에는 실제로 주식을 인수하여 그 대금을 납입한 명의차용인만이 실질상의 주식인수인으로서 주주가 된다고 할 것이고 단순한 명의대여인은 주주가 될 수 없다(대판 2004.3.26. 2002다29138).　　　　　　　　　　　　　　　　　　**답** ○

067
☐☐☐ 일시적인 차입금으로 주금납입의 외형을 갖추고 회사설립 후 곧바로 그 납입금을 인출하여 차입금을 변제하는 경우에도 금원의 이동에 따른 현실의 불입이 있는 것이고, 실제로는 주금납입의 가장 수단으로 이용된 것이라 하더라도 이는 그 납입을 하는 발기인 또는 이사들의 주관적 의도의 문제에 불과하므로, 이러한 내심적 사정에 의하여 회사의 설립이나 증자와 같은 집단적 절차의 일환을 이루는 주금납입의 효력이 좌우될 수 없다. ▮법원직9급 21   ○ ✕

일시적인 차입금으로 주금납입의 외형을 갖추고 회사설립이나 증자 후 곧바로 그 납입금을 인출하여 차입금을 변제하는 주금의 가장납입 소위 견금의 경우에도 금원의 이동에 따른 현실의 불입이 있는 것이고 설령 그것이 주금납입의 가장수단으로 이용된 것이라 할지라도 이는 납입을 하는 발기인, 이사들의 주관적 의도에 불과하고 이러한 내심적 사정은 회사의 설립이나 증자와 같은 집단적 절차의 일환을 이루는 주금납입의 효력을 좌우할 수 없다(대판 1983.5.24. 82누522). **답** ○

068
☐☐☐ 주식회사의 자본충실의 요청상 주금을 납입하기 전에 명의대여자 및 명의차용자 모두에게 주금납입의 연대책임을 부과하는 규정인 상법 제332조 제2항은 이미 주금납입의 효력이 발생한 주금의 가장납입의 경우에는 적용되지 않는다. ▮법무사 18   ○ ✕

주식회사의 자본충실의 요청상 주금을 납입하기 전에 명의대여자 및 명의차용자 모두에게 주금납입의 연대책임을 부과하는 규정인 상법 제332조 제2항은 이미 주금납입의 효력이 발생한 주금의 가장납입의 경우에는 적용되지 않는다고 할 것이고, 또한 주금의 가장납입이 일시 차입금을 가지고 주주들의 주금을 체당납입한 것과 같이 볼 수 있어 주금납입이 종료된 후에도 주주는 회사에 대하여 체당납입한 주금을 상환할 의무가 있다고 하여도 이러한 주금상환채무는 실질상 주주인 명의차용자가 부담하는 것일 뿐 단지 명의대여자로서 주식회사의 주주가 될 수 없는 자가 부담하는 채무라고는 할 수 없다(대판 2004.3.26. 2002다29138). **답** ○

069
☐☐☐ 회사가 대여금을 실질적으로 회수할 의사 없이 제3자에게 주식인수대금 상당을 대여하고 제3자는 그 대여금으로 주식인수대금을 납입한 경우 그 납입의 효력은 무효이다. ▮법무사 18

○ ✕

주식회사의 자본충실의 원칙상 주식의 인수대금은 그 전액을 현실적으로 납입하여야 하고 그 납입에 관하여 상계로써 회사에 대항하지 못하는 것이므로 회사가 제3자에게 주식인수대금 상당의 대여를 하고 제3자는 그 대여금으로 주식인수대금을 납입한 경우에, 회사가 처음부터 제3자에 대하여 대여금채권을 행사하지 아니하기로 약정되어 있는 등으로 대여금을 실질적으로 회수할 의사가 없었고 제3자도 그러한 회사의 의사를 전제로 하여 주식인수청약을 한 때에는, 그 제3자가 인수한 주식의 액면금액에 상당하는 회사의 자본이 증가되었다고 할 수 없으므로 위와 같은 주식인수대금의 납입은 단순히 납입을 가장한 것에 지나지 아니하여 무효이다(대판 2003.5.16. 2001다44109). **답** ○

070 주식회사의 설립업무를 담당한 자가 주금납입취급은행 이외의 제3자로부터 납입금에 해당하
□□□ 는 금액을 차입하여 주금을 납입하고 회사의 설립등기를 마친 직후 이를 인출하여 위 차용채무
의 변제에 사용한 경우에, 그 주금납입은 회사에 대하여 유효하고 그 주금의 납입 즉시 그
납입금은 회사의 재산으로 되는 것이므로, 이와 같은 인출행위는 상법상 주금가장납입죄에
해당하는 것과는 별도로 회사재산의 불법영득 행위로서 횡령죄를 구성한다. ▎법무사 18

○ ×

....

주식회사의 설립업무 또는 증자업무를 담당한 자와 주식인수인이 사전공모하여 주금납입취급은행 이외의 제3자로
부터 납입금에 해당하는 금액을 차입하여 주금을 납입하고 납입취급은행으로부터 납입금보관증명서를 교부받아
회사의 설립등기절차 또는 증자등기절차를 마친 직후 이를 인출하여 위 차용금채무의 변제에 사용하는 경우,
위와 같은 행위는 실질적으로 회사의 자본을 증가시키는 것이 아니고 등기를 위하여 납입을 가장하는 편법에
불과하여 주금의 납입 및 인출의 전 과정에서 회사의 자본금에는 실제 아무런 변동이 없다고 보아야 할 것이므로,
그들에게 회사의 돈을 임의로 유용한다는 불법영득의 의사가 있다고 보기 어렵다 할 것이고, 이러한 관점에서
<u>상법상 납입가장죄의 성립을 인정하는 이상</u> 회사 자본이 실질적으로 증가됨을 전제로 한 <u>업무상횡령죄가 성립한다
고 할 수는 없다</u>(대판[전합]2004.6.17. 2003도7645). 즉, 가장납입의 경우에도 상법상 주금납입으로서의 효력을
인정하는 것은 단체법질서의 안정을 위한 것이므로, 그 효력이 인정된다 하여 이를 업무상횡령죄와 같은 개인의
형사책임을 인정하는 근거로 삼을 수는 없다는 것이 판례의 입장이다. ×

071 신주발행의 실체가 존재한다고 할 수 없는 경우, 납입가장죄도 성립하지 않는다. ▎법무사 18
□□□
○ ×

....

상법 제628조 제1항의 납입가장죄는 회사의 자본충실을 기하려는 법의 취지를 해치는 행위를 단속하려는 것인바,
회사가 신주를 발행하여 증자를 함에 있어서 신주발행의 절차적, 실체적 하자가 극히 중대한 경우, 즉 신주발행의
실체가 존재한다고 할 수 없고 신주발행으로 인한 변경등기만이 있는 경우와 같이 신주발행의 외관만이 존재하는
소위 신주발행의 부존재라고 볼 수밖에 없는 경우에는 처음부터 신주발행의 효력이 없고 신주인수인들의 주금납입
의무도 발생하지 않으며 증자로 인한 자본 충실의 문제도 생기지 않는 것이어서 그 주금의 납입을 가장하였더라도
상법상의 납입가장죄가 성립하지 아니한다(대판 2006.6.2. 2006도48). ○

발기설립의 경우의 임원선임(상법 제296조)-발기설립   ① 전조의 규정에 의한 납입과 현물출자의 이행이 완료된 때에는 (발기인)은 지체 없이 의결권의 과반수로 (이사와 감사)를 선임하여야 한다.

창립총회(상법 제308조)-모집설립   ① 제305조의 규정에 의한 납입과 현물출자의 이행을 완료한 때에는 발기인은 지체 없이 (창립총회)를 소집하여야 한다.

창립총회의 결의(상법 제309조)   창립총회의 결의는 (출석한) 주식인수인의 의결권의 (3분의 2) 이상이며 (인수된) 주식의 총수의 (과반수)에 해당하는 다수로 하여야 한다.

발기인의 보고(상법 제311조)   ① 발기인은 회사의 창립에 관한 사항을 서면에 의하여 창립총회에 보고하여야 한다.

임원의 선임(상법 제312조)-모집설립   (창립총회)에서는 (이사와 감사)를 선임하여야 한다.

이사, 감사의 조사, 보고(상법 제313조)   ① 이사와 감사는 취임 후 지체 없이 회사의 설립에 관한 모든 사항이 법령 또는 정관의 규정에 위반되지 아니하는지의 여부를 조사하여 창립총회에 보고하여야 한다.

변태설립사항의 변경(상법 제314조)   ① 창립총회에서는 제290조에 게기한 사항이 부당하다고 인정한 때에는 이를 변경할 수 있다.

정관변경, 설립폐지의 결의(상법 제316조)   ① 창립총회에서는 (정관의 변경) 또는 (설립의 폐지)를 결의할 수 있다.
② 전항의 결의는 (소집통지서에 그 뜻의 기재가 없는 경우)에도 이를 할 수 있다.

---

072   모집설립의 경우 창립총회의 결의는 출석한 주식인수인의 의결권의 3분의 2 이상이며 인수된 주식의 총수의 과반수에 해당하는 다수로 하여야 한다. ▮법무사 17   ○ ✕

상법 제309조   답 ○

---

073   주식회사 창립총회에서 정관의 변경뿐만 아니라 소집통지서에 그 뜻의 기재가 없는 경우에도 설립의 폐지를 결의할 수 있다. ▮법무사 19   ○ ✕

상법 제316조   답 ○

회사의 성립(상법 제172조)　　회사는 본점소재지에서 설립등기를 함으로써 성립한다.

설립의 등기(상법 제317조)　　① 주식회사의 설립등기는 발기인이 회사설립 시에 발행한 주식의 총수를 인수한 경우에는 제299조와 제300조의 규정에 의한 절차가 종료한 날로부터, 발기인이 주주를 모집한 경우에는 창립총회가 종결한 날 또는 제314조의 규정에 의한 절차가 종료한 날로부터 (2주간) 내에 이를 하여야 한다.

② 제1항의 설립등기에 있어서는 다음의 사항을 등기하여야 한다.

1. 제289조 제1항 제1호 내지 제4호, 제6호와 제7호에 게기한 사항

> **정관의 작성, 절대적 기재사항(상법 제289조)**　　① 발기인은 정관을 작성하여 다음의 사항을 적고 각 발기인이 기명날인 또는 서명하여야 한다.
> 1. 목 적
> 2. 상 호
> 3. 회사가 발행할 주식의 총수
> 4. 액면주식을 발행하는 경우 1주의 금액
> 6. 본점의 소재지
> 7. 회사가 공고를 하는 방법

2. 자본금의 액
3. 발행주식의 총수, 그 종류와 각종 주식의 내용과 수
3의2. 주식의 양도에 관하여 이사회의 승인을 얻도록 정한 때에는 그 규정
3의3. 주식매수선택권을 부여하도록 정한 때에는 그 규정
3의4. 지점의 소재지
4. 회사의 존립기간 또는 해산사유를 정한 때에는 그 기간 또는 사유
5. 삭제〈2011.4.14.〉
6. 주주에게 배당할 이익으로 주식을 소각할 것을 정한 때에는 그 규정
7. 전환주식을 발행하는 경우에는 제347조에 게기한 사항
8. 사내이사, 사외이사, 그밖에 상무에 종사하지 아니하는 이사, 감사 및 집행임원의 성명과 주민등록번호
9. 회사를 대표할 이사 또는 집행임원의 성명·주민등록번호 및 주소
10. 둘 이상의 대표이사 또는 대표집행임원이 공동으로 회사를 대표할 것을 정한 경우에는 그 규정
11. 명의개서대리인을 둔 때에는 그 상호 및 본점소재지
12. 감사위원회를 설치한 때에는 감사위원회 위원의 성명 및 주민등록번호

주식인수의 무효 주장, 취소의 제한(상법 제320조)　　① (회사성립 후)에는 주식을 인수한 자는 주식청약서의 요건의 흠결을 이유로 하여 그 인수의 무효를 주장하거나 (사기, 강박 또는 착오)를 이유로 하여 그 인수를 (취소하지 못한다).

② (창립총회에 출석)하여 그 (권리를 행사)한 자는 회사의 성립 (전)에도 전항과 같다.

주권발행의 시기(상법 제355조)　　① 회사는 성립 후 또는 신주의 납입기일 후 지체 없이 주권을 발행하여야 한다.

074
☐☐☐
발기설립이든 모집설립이든 상법 제317조의 설립등기를 완료함으로써 설립절차가 종료된다.

▎법무사 17
○ ✕

회사는 본점소재지에서 설립등기를 함으로써 성립한다(상법 제172조).
답 ○

제3절　설립관여자의 책임

발기인의 인수, 납입담보책임(상법 제321조)　① 회사설립 시에 발행한 주식으로서 회사성립 후에 아직 인수되지 아니한 주식이 있거나 주식인수의 청약이 취소된 때에는 (발기인)이 이를 (공동)으로 (인수)한 것으로 본다.
② 회사성립 후 제295조 제1항 또는 제305조 제1항의 규정에 의한 납입을 완료하지 아니한 주식이 있는 때에는 (발기인)은 (연대)하여 그 (납입)을 하여야 한다.
③ 제315조의 규정은 전2항의 경우에 준용한다.

> **발기인에 대한 손해배상청구(상법 제315조)**　전조의 규정은 발기인에 대한 **손해배상의 청구에 영향을 미치지 아니한다.**

발기인의 손해배상책임(상법 제322조)　① 발기인이 회사의 설립에 관하여 그 임무를 해태한 때에는 그 발기인은 (회사에 대하여) (연대)하여 손해를 배상할 책임이 있다.
② 발기인이 (악의 또는 중대한 과실)로 인하여 그 임무를 해태한 때에는 그 발기인은 (제3자에 대하여)도 (연대)하여 손해를 배상할 책임이 있다.

발기인, 임원의 연대책임(상법 제323조)　이사 또는 감사가 제313조 제1항의 규정(이사, 감사의 조사, 보고)에 의한 임무를 해태하여 회사 또는 제3자에 대하여 손해를 배상할 책임을 지는 경우에 발기인도 책임을 질 때에는 그 (이사, 감사와 발기인)은 연대하여 손해를 배상할 책임이 있다.

발기인의 책임면제, 주주의 대표소송(상법 제324조)　제400조, 제403조부터 제406조까지 및 제406조의2는 발기인에 준용한다.

검사인의 손해배상책임(상법 제325조)　법원이 선임한 검사인이 (악의 또는 중대한 과실)로 인하여 그 임무를 해태한 때에는 회사 또는 제3자에 대하여 손해를 배상할 책임이 있다.

회사불성립의 경우의 발기인의 책임(상법 제326조)　① 회사가 성립하지 못한 경우에는 발기인은 그 설립에 관한 행위에 대하여 (연대)하여 책임을 진다.
② 전항의 경우에 회사의 설립에 관하여 지급한 비용은 발기인이 부담한다.

유사발기인의 책임(상법 제327조)　주식청약서 기타 주식모집에 관한 서면에 성명과 회사의 설립에 찬조하는 뜻을 기재할 것을 승낙한 자는 발기인과 동일한 책임이 있다.

075 회사설립 시 발행한 주식으로서 회사성립 후에 아직 인수되지 아니한 주식이 있거나 주식인수
□□□ 의 청약이 취소된 때에는 발기인이 이를 공동으로 인수한 것으로 본다. **| 법원직9급 21** ○ ×

....

상법 제321조 제1항 **답** ○

076 발기인이 회사의 설립에 관하여 그 임무를 해태한 때에는 그 발기인은 그 지분비율에 비례하여
□□□ 회사에 대하여 손해를 배상할 책임이 있다. **| 법원직9급 21** ○ ×

....

발기인은 회사의 설립에 대하여 <u>연대하여</u> 손해를 배상할 책임이 있다(상법 제322조 제1항). **답** ×

077 발기인이 악의 또는 중대한 과실로 인하여 그 임무를 해태한 때에는 그 발기인은 제3자에
□□□ 대하여 연대하여 손해를 배상할 책임이 있다. **| 법원직9급 21** ○ ×

....

상법 제322조 제2항 **답** ○

078 회사가 성립하지 못한 경우에는 발기인은 그 설립에 관한 행위에 대하여 연대하여 책임을
□□□ 진다. **| 법원직9급 21** ○ ×

....

상법 제326조 제1항 **답** ○

제3장 │ 주식과 주주

제1절 주 식

제1관 주식의 의의 및 분류

자본금의 구성(상법 제329조) ① 회사는 정관으로 정한 경우에는 주식의 전부를 무액면주식으로 발행할
수 있다. 다만, 무액면주식을 발행하는 경우에는 액면주식을 발행할 수 없다.
② 액면주식의 금액은 (균일)하여야 한다.
③ 액면주식 (1주)의 금액은 (100원) 이상으로 하여야 한다.
④ 회사는 정관으로 정하는 바에 따라 발행된 액면주식을 무액면주식으로 전환하거나 무액면주식을 액면주
식으로 (전환할 수 있다).
⑤ 제4항의 경우에는 제440조, 제441조 본문 및 제442조를 준용한다.

액면미달발행의 제한(상법 제330조)　　주식은 액면미달의 가액으로 발행하지 못한다. 그러나 제417조의 경우에는 그러하지 아니하다.

주식의 공유(상법 제333조)　　① 수인이 공동으로 주식을 인수한 자는 (연대)하여 납입할 책임이 있다.
② 주식이 수인의 공유에 속하는 때에는 공유자는 주주의 권리를 행사할 자 1인을 정하여야 한다.
③ 주주의 권리를 행사할 자가 없는 때에는 공유자에 대한 통지나 최고는 그 1인에 대하여 하면 된다.

자본금(상법 제451조)　　① 회사의 자본금은 이 법에서 달리 규정한 경우 외에는 발행주식의 (액면총액)으로 한다.
② 회사가 (무액면주식)을 발행하는 경우 회사의 자본금은 주식 발행가액의 (2분의 1) 이상의 금액으로서 이사회(제416조 단서에서 정한 주식발행의 경우에는 주주총회를 말한다)에서 자본금으로 계상하기로 한 금액의 총액으로 한다. 이 경우 주식의 발행가액 중 (자본금으로 계상하지 아니하는 금액)은 (자본준비금)으로 계상하여야 한다.
③ 회사의 자본금은 액면주식을 무액면주식으로 전환하거나 무액면주식을 액면주식으로 전환함으로써 (변경할 수 없다).

---

079 액면주식 1주의 금액은 100원 이상으로 하여야 하고 액면주식의 금액은 균일하여야 한다.
□□□　┃법무사 18　　　　　　　　　　　　　　　　　　　　　　　　　　　　　　○ ✕

상법 제329조 제2항·제3항　　　　　　　　　　　　　　　　　　　　　　　　　　　답 ○

---

080 회사는 정관으로 정하는 바에 따라 발행된 액면주식을 무액면주식으로 전환하거나 무액면주식을 액면주식으로 전환할 수 있다.　┃법무사 17　　　　　　　　　　　　　　　　　○ ✕
□□□

상법 제329조 제4항　　　　　　　　　　　　　　　　　　　　　　　　　　　　　답 ○

---

081 회사가 무액면주식을 발행하는 경우 회사의 자본금은 주식 발행가액의 3분의 2 이상의 금액으로서 이사회에서 자본금으로 계상하기로 한 금액의 총액으로 한다. 이 경우 주식의 발행가액 중 자본금으로 계상하지 아니하는 금액의 2분의 1은 자본준비금으로 계상하여야 한다.
□□□　┃법원직9급 21　　　　　　　　　　　　　　　　　　　　　　　　　　　　○ ✕

회사가 무액면주식을 발행하는 경우 회사의 자본금은 <u>주식 발행가액의 2분의 1 이상</u>의 금액으로서 이사회(제416조 단서에서 정한 주식발행의 경우에는 주주총회를 말한다)에서 자본금으로 계상하기로 한 금액의 총액으로 한다. 이 경우 주식의 발행가액 중 <u>자본금으로 계상하지 아니하는 금액은 자본준비금으로 계상하여야 한다</u>(상법 제451조 제2항).　　　　　　　　　　　　　　　　　　　　　　　　　　　　　답 ✕

종류주식(상법 제344조)　① 회사는 (이익의 배당), (잔여재산의 분배), (주주총회에서의 의결권의 행사), (상환 및 전환) 등에 관하여 내용이 다른 종류의 주식(이하 "종류주식"이라 한다)을 발행할 수 있다.

② 제1항의 경우에는 (정관)으로 각 종류주식의 내용과 수를 정하여야 한다.

③ 회사가 종류주식을 발행하는 때에는 정관에 다른 정함이 없는 경우에도 주식의 종류에 따라 신주의 인수, 주식의 병합·분할·소각 또는 회사의 합병·분할로 인한 주식의 배정에 관하여 특수하게 정할 수 있다.

④ 종류주식 주주의 (종류주주총회의 결의)에 관하여는 제435조 제2항을 준용한다.

　　종류주주총회(상법 제435조)　② 제1항의 결의는 **출석한 주주의 의결권의 3분의 2 이상의 수**와 그 종류의 **발행주식총수의 3분의 1 이상의 수**로써 하여야 한다.

이익배당, 잔여재산분배에 관한 종류주식(상법 제344조의2)　① 회사가 이익의 배당에 관하여 내용이 다른 종류주식을 발행하는 경우에는 (정관)에 그 종류주식의 주주에게 교부하는 배당재산의 종류, 배당재산의 가액의 결정방법, 이익을 배당하는 조건 등 이익배당에 관한 내용을 정하여야 한다.

② 회사가 잔여재산의 분배에 관하여 내용이 다른 종류주식을 발행하는 경우에는 (정관)에 잔여재산의 종류, 잔여재산의 가액의 결정방법, 그밖에 잔여재산분배에 관한 내용을 정하여야 한다.

의결권의 배제·제한에 관한 종류주식(상법 제344조의3)　① 회사가 의결권이 없는 종류주식이나 의결권이 제한되는 종류주식을 발행하는 경우에는 (정관)에 의결권을 행사할 수 없는 사항과, 의결권행사 또는 부활의 조건을 정한 경우에는 그 조건 등을 정하여야 한다.

② 제1항에 따른 종류주식의 총수는 발행주식총수의 (4분의 1)을 초과하지 못한다. 이 경우 의결권이 없거나 제한되는 종류주식이 발행주식총수의 4분의 1을 초과하여 발행된 경우에는 회사는 지체 없이 그 제한을 초과하지 아니하도록 하기 위하여 필요한 조치를 하여야 한다.

주식의 상환에 관한 종류주식(상법 제345조)　① 회사는 (정관)으로 정하는 바에 따라 회사의 이익으로써 (소각)할 수 있는 (종류주식)을 발행할 수 있다. 이 경우 회사는 정관에 상환가액, 상환기간, 상환의 방법과 상환할 주식의 수를 정하여야 한다.

② 제1항의 경우 회사는 상환대상인 주식의 취득일부터 2주 전에 그 사실을 그 주식의 주주 및 주주명부에 적힌 권리자에게 따로 통지하여야 한다. 다만, 통지는 공고로 갈음할 수 있다.

③ 회사는 정관으로 정하는 바에 따라 주주가 회사에 대하여 상환을 청구할 수 있는 종류주식을 발행할 수 있다. 이 경우 회사는 정관에 주주가 회사에 대하여 상환을 청구할 수 있다는 뜻, 상환가액, 상환청구기간, 상환의 방법을 정하여야 한다.

④ 제1항 및 제3항의 경우 회사는 주식의 취득의 대가로 현금 외에 유가증권(다른 종류주식은 제외한다)이나 그밖의 자산을 교부할 수 있다. 다만, 이 경우에는 그 자산의 장부가액이 제462조에 따른 배당가능이익을 초과하여서는 아니 된다.

⑤ 제1항과 제3항에서 규정한 주식은 종류주식(상환과 전환에 관한 것은 제외한다)에 한정하여 발행할 수 있다.

주식의 전환에 관한 종류주식(상법 제346조)　① 회사가 종류주식을 발행하는 경우에는 (정관)으로 정하는 바에 따라 (주주)는 인수한 주식을 다른 종류주식으로 (전환할 것을 청구)할 수 있다. 이 경우 전환의 조건, 전환의 청구기간, 전환으로 인하여 발행할 주식의 수와 내용을 정하여야 한다.

② 회사가 종류주식을 발행하는 경우에는 정관에 일정한 사유가 발생할 때 회사가 주주의 인수 주식을 다른 종류주식으로 전환할 수 있음을 정할 수 있다. 이 경우 회사는 전환의 사유, 전환의 조건, 전환의 기간, 전환으로 인하여 발행할 주식의 수와 내용을 정하여야 한다.

③ 제2항의 경우에 이사회는 다음 각 호의 사항을 그 주식의 주주 및 주주명부에 적힌 권리자에게 따로 통지하여야 한다. 다만, 통지는 공고로 갈음할 수 있다.

　1. 전환할 주식

　2. 2주 이상의 일정한 기간 내에 그 주권을 회사에 제출하여야 한다는 뜻

　3. 그 기간 내에 주권을 제출하지 아니할 때에는 그 주권이 무효로 된다는 뜻

④ 제344조 제2항에 따른 종류주식의 수 중 새로 발행할 주식의 수는 전환청구기간 또는 전환의 기간 내에는 그 발행을 유보하여야 한다.

---

082 회사는 이익의 배당, 잔여재산의 분배, 주주총회에서의 의결권의 행사, 상환 및 전환 등에 관하여 내용이 다른 종류의 주식을 발행할 수 있다. **｜법원직9급 21** ○ ×

．．．

상법 제344조 제1항 **답** ○

---

083 주식회사는 우선주에 한하여 의결권이 없는 주식을 발행할 수 있다. **｜법무사 19** ○ ×

．．．

상법개정으로 우선주와 무의결권의 연동을 폐지하고, 의결권의 배제·제한에 관한 종류주식을 발행할 수 있도록 하였다(상법 제344조, 제344조의3 참조). 따라서 <u>보통주도 의결권이 없는 주식으로 발행할 수 있다.</u> **답** ×

---

084 회사가 의결권이 없는 종류주식 등을 발행하는 경우에 정관에 의결권의 행사 또는 부활의 조건 등을 정한 경우에는 그 조건 등을 정하여야 한다. **｜법무사 19** ○ ×

．．．

회사가 의결권이 없는 종류주식이나 의결권이 제한되는 종류주식을 발행하는 경우에는 정관에 의결권을 행사할 수 없는 사항과, 의결권 행사 또는 부활의 조건을 정한 경우에는 그 조건 등을 정하여야 한다(상법 제344조의3 제1항). **답** ○

---

085 회사는 정관으로 정하는 바에 따라 주주가 회사에 대하여 상환을 청구할 수 있는 종류주식을 발행할 수 있다. **｜법무사 19** ○ ×

．．．

2011년 상법개정으로 주주가 상환권을 가지는 상환주식을 명시적으로 규정하였다(상법 제345조 제3항 참조). **답** ○

---

086 회사가 종류주식을 발행하는 경우에는 정관에 일정한 사유가 발생할 때 회사가 주주의 인수 주식을 다른 종류주식으로 전환할 수 있음을 정할 수 있다. **｜법무사 19** ○ ×

．．．

종래 주주가 전환청구권을 가지는 전환주식만이 인정되었으나, 2011년 상법개정으로 회사가 전환권을 가지는 전환주식을 신설하였다(상법 제346조 제2항 참조). **답** ○

087 회사가 분할 또는 분할합병을 하기 위한 주주총회의 승인결의에 관하여는 의결권이 배제되는
□□□ 주주도 의결권이 있다. ▍법무사 19　　　　　　　　　　　　　　　　　　　　　　　　○ ✕

상법 제530조의3 제3항　　　　　　　　　　　　　　　　　　　　　　　　　　　　　　　답 ○

> **분할계획서·분할합병계약서의 승인(상법 제530조의3)**　① 회사가 분할 또는 분할합병을 하는
> 때에는 분할계획서 또는 분할합병계약서를 작성하여 주주총회의 승인을 얻어야 한다.
> ② 제1항의 승인결의는 제434조의 규정에 의하여야 한다.
> ③ 제2항의 결의에 관하여는 제344조의3 제1항에 따라 의결권이 배제되는 주주도 의결권이 있다.

제2절　주 주

> **가설인, 타인의 명의에 의한 인수인의 책임(상법 제332조)**　① (가설인의 명의)로 주식을 인수하거나 타인
> 의 (승락없이) 그 명의로 주식을 인수한 자는 (주식인수인으로서의 책임)이 있다.
> ② 타인의 (승락을 얻어) 그 명의로 주식을 인수한 자는 그 (타인과 연대)하여 납입할 책임이 있다.

088 타인의 승낙을 얻어 그 명의로 주식을 인수한 자는 그 타인과 연대하여 납입할 책임이 있다.
□□□ ▍법무사 17　　　　　　　　　　　　　　　　　　　　　　　　　　　　　　　　　　　○ ✕

상법 제332조 제2항　　　　　　　　　　　　　　　　　　　　　　　　　　　　　　　답 ○

089 주주평등의 원칙을 위반하여 회사가 일부 주주에게만 우월한 권리나 이익을 부여하기로 하는
□□□ 약정은 특별한 사정이 없는 한 무효이다. ▍법원직9급 21　　　　　　　　　　　　　○ ✕

주주평등의 원칙이란, 주주는 회사와의 법률관계에서는 그가 가진 주식의 수에 따라 평등한 취급을 받아야 함을
의미한다. 이를 위반하여 회사가 일부 주주에게만 우월한 권리나 이익을 부여하기로 하는 약정은 특별한 사정이
없는 한 무효이다(대판 2020.8.13. 2018다236241).　　　　　　　　　　　　　　　　답 ○

090　▸ 회사가 신주를 인수하여 주주의 지위를 갖게 되는 자와 사이에 상법 제462조 등 법률의
□□□　　규정에 의한 배당 외에 다른 주주들에게는 지급되지 않는 별도의 수익을 지급하기로 약정한
　　　다면, 이는 회사가 해당 주주에 대하여만 투하자본의 회수를 절대적으로 보장함으로써 다른
　　　주주들에게 인정되지 않는 우월한 권리를 부여하는 것으로서 주주평등의 원칙에 위배되어
　　　무효이다. ▍법원직9급 21　　　　　　　　　　　　　　　　　　　　　　　　○ ✕

　　▸ 회사가 신주를 인수하여 주주의 지위를 갖게 된 주주와 사이에 주주로서의 지위에서 발생하
　　　는 손실의 보상을 주된 내용으로 한 약정을 체결하였더라도, 그 약정이 해당 주주의 자격을
　　　취득하기 이전에 신주인수계약과 별도의 계약으로 체결된 경우에는 이러한 약정을 주주평등
　　　의 원칙에 위배되어 무효라고 볼 것은 아니다. ▍법원직9급 21　　　　　　　　　○ ✕

회사가 신주를 인수하여 주주의 지위를 갖게 되는 자와 사이에 신주인수대금으로 납입한 돈을 전액 보전해 주기로 약정하거나, 상법 제462조 등 법률의 규정에 의한 배당 외에 다른 주주들에게는 지급되지 않는 별도의 수익을 지급하기로 약정한다면, 이는 회사가 해당 주주에 대하여만 투하자본의 회수를 절대적으로 보장함으로써 다른 주주들에게 인정되지 않는 우월한 권리를 부여하는 것으로서 주주평등의 원칙에 위배되어 무효이다. 이러한 약정의 내용이 주주로서의 지위에서 발생하는 손실의 보상을 주된 내용으로 하는 이상, <u>그 약정이 주주의 자격을 취득하기 이전에 체결되었다거나, 신주인수계약과 별도의 계약으로 체결되는 형태를 취하였다고 하여 달리 볼 것은 아니다</u>(대판 2020.8.13. 2018다236241). 답 ○ / ×

제3절 주 권

주권발행의 시기(상법 제355조) ① 회사는 (성립 후) 또는 신주의 (납입기일 후) 지체 없이 주권을 발행하여야 한다.
② 주권은 회사의 성립 후 또는 신주의 납입기일 후가 아니면 발행하지 못한다.
③ 전항의 규정에 위반하여 발행한 주권은 (무효)로 한다. 그러나 발행한 자에 대한 손해배상의 청구에 영향을 미치지 아니한다.

주권의 기재사항(상법 제356조) 주권에는 다음의 사항과 번호를 기재하고 대표이사가 기명날인 또는 서명하여야 한다.
1. 회사의 상호
2. 회사의 성립년월일
3. 회사가 발행할 주식의 총수
4. 액면주식을 발행하는 경우 1주의 금액
5. 회사의 성립 후 발행된 주식에 관하여는 그 발행 연월일
6. 종류주식이 있는 경우에는 그 주식의 종류와 내용
6의2. 주식의 양도에 관하여 이사회의 승인을 얻도록 정한 때에는 그 규정

주권의 불소지(상법 제358조의2) ① 주주는 정관에 다른 정함이 있는 경우를 (제외)하고는 그 주식에 대하여 주권의 소지를 하지 아니하겠다는 뜻을 회사에 신고할 수 있다.
② 제1항의 신고가 있는 때에는 회사는 지체 없이 주권을 발행하지 아니한다는 뜻을 주주명부와 그 복본에 기재하고, 그 사실을 주주에게 통지하여야 한다. 이 경우 회사는 그 주권을 발행할 수 없다.
③ 제1항의 경우 이미 발행된 주권이 있는 때에는 이를 회사에 제출하여야 하며, 회사는 제출된 주권을 무효로 하거나 명의개서대리인에게 임치하여야 한다.
④ 제1항 내지 제3항의 규정에 불구하고 주주는 (언제든지) 회사에 대하여 주권의 발행 또는 반환을 청구할 수 있다.

주권의 제권판결, 재발행(상법 제360조) ① 주권은 (공시최고)의 절차에 의하여 이를 (무효)로 할 수 있다.
② 주권을 상실한 자는 (제권판결)을 얻지 아니하면 회사에 대하여 주권의 재발행을 청구하지 못한다.

091
□□□ 상법 제356조에서는 주권에 회사의 상호, 회사가 발행할 주식의 총수, 회사성립 후 발행된 주식에 관하여는 그 발행 연월일 등을 기재하도록 정하고 있으므로 이러한 기재사항을 모두 기재하지 않으면 그 주권은 무효이다. **ㅣ법무사 18** ○ ×

....

대표이사가 주권 발행에 관한 주주총회나 이사회의 결의 없이 주주 명의와 발행연월일을 누락한 채 단독으로 주권을 발행한 경우, 특별한 사정이 없는 한 주권의 발행은 대표이사의 권한이라고 할 것이고, 그 회사 정관의 규정상으로도 주권의 발행에 주주총회나 이사회의 의결을 거치도록 되어 있다고 볼 근거도 없으며, <u>기명주권의 경우에 주주의 이름이 기재되어 있지 않다거나 또한 주식의 발행연월일의 기재가 누락되어 있다고 하더라도 이는 주식의 본질에 관한 사항이 아니므로, 주권의 무효사유가 된다고 할 수 없다</u>(대판 1996.1.26. 94다24039).

답 ×

092
□□□ 대표이사가 정관에 규정된 병합 주권의 종류와 다른 주권을 발행하였다고 하더라도 회사가 이미 발행한 주식을 표창하는 주권을 발행한 것이라면, 위와 같은 정관 규정에 위배되었다는 사유만으로 이미 발행된 위 주권이 무효라고 할 수는 없다. **ㅣ법무사 21** ○ ×

....

설사 대표이사가 정관에 규정된 병합 주권의 종류와 다른 주권을 발행하였다고 하더라도 회사가 이미 발행한 주식을 표창하는 주권을 발행한 것이라면, 단순히 정관의 임의적 기재사항에 불과한 병합 주권의 종류에 관한 규정에 위배되었다는 사유만으로 이미 발행된 주권이 무효라고 할 수는 없다(대판 1996.1.26. 94다24039).

답 ○

093
□□□ 주주는 회사에 대해 주권의 발행 및 교부청구권을 행사할 수 있는데, 이러한 권리는 주주의 채권자가 대위해서 행사할 수 있다. **ㅣ법무사 18** ○ ×

....

상법 제335조 제2항의 규정은 주권발행 전의 주식양도는 회사에 대하여 대항할 수 없을 뿐 아니라 회사도 이를 승인하지 못하여 대 회사관계에 있어서는 아무런 효력이 없다는 것이나 그렇다고 양도당사자 사이에 있어서까지 양도양수의 효력을 부정하는 취지라고 해석되지 않으므로 그 당사자 간에서는 유효하다 할 것이니 주권발행 전의 주식을 전전 양수한 원고가 회사에 대하여 원시 주주를 대위하여 직접 원고에게 주권의 발행교부를 청구할 수는 없다 할지라도 원시 주주들의 회사에 대한 주권발행 및 교부청구권을 대위행사하여 원시주주에의 주권발행 및 교부를 구할 수 있다(대판 1982.9.28. 82다카21).

답 ○

094
□□□ 상법 제355조의 주권발행은 동법 제356조 소정의 형식을 구비한 문서를 작성하여 이를 주주에게 교부하는 것을 말하고, 위 문서가 주주에게 교부된 때에 비로소 주권으로서의 효력을 발생하는 것이므로, 회사가 주주권을 표창하는 문서를 작성하여 이를 주주가 아닌 제3자에게 교부하여 주었다 할지라도 위 문서는 아직 회사의 주권으로서의 효력을 가지지 못한다.
ㅣ법무사 20 ○ ×

....

대판 2000.3.23. 99다67529

답 ○

095 주주의 주권불소지신고에 의해 회사가 주주명부에 주권을 발행하지 아니한다는 뜻을 기재하고
☐☐☐ 그 사실을 주주에게 통지한 경우, 회사는 그 주권을 발행할 수 없다. ┃법무사 21　○ ✕

──

상법 제358조의2 제2항 참조　　　　　　　　　　　　　　　　　　　　　　　**답** ○

096 주권을 상실한 자는 제권판결을 얻지 아니하면 회사에 대하여 주권의 재발행을 청구하지 못한다.
☐☐☐ ┃법무사 21　　　　　　　　　　　　　　　　　　　　　　　　　　　　　○ ✕

──

상법 제360조 제2항　　　　　　　　　　　　　　　　　　　　　　　　　**답** ○

제4절　주식의 양도

제1관　주식의 양도성과 양도방법

> **주식의 양도성(상법 제335조)**　① 주식은 타인에게 양도할 수 있다. 다만, 회사는 정관으로 정하는 바에 따라 그 발행하는 주식의 양도에 관하여 (이사회의 승인)을 받도록 할 수 있다.
>
> **주식의 양도방법(상법 제336조)**　① 주식의 (양도)에 있어서는 주권을 (교부)하여야 한다.
> ② 주권의 점유자는 이를 적법한 소지인으로 (추정)한다.
>
> **주식의 이전의 대항요건(상법 제337조)**　① 주식의 (이전)은 취득자의 성명과 주소를 (주주명부에 기재)하지 아니하면 회사에 대항하지 못한다.

097 주권발행 후의 주식의 양도에 있어서는 주권을 교부하여야 효력이 발생하고, 주권의 교부는
☐☐☐ 현실의 인도 이외에 간이인도, 반환청구권의 양도에 의하여 할 수 있으나 점유개정의 방법에
의해서는 할 수 없다. ┃법무사 17　　　　　　　　　　　　　　　　　○ ✕

──

주권발행 후의 주식의 양도에 있어서는 주권을 교부하여야 효력이 발생하고(상법 제336조 제1항), 주권의 교부는
현실의 인도 이외에 간이인도, 점유개정, 반환청구권의 양도에 의하여도 할 수 있다(대판 2014.12.24. 2014다
221258).　　　　　　　　　　　　　　　　　　　　　　　　　　　**답** ✕

098 발행주식 전부 또는 지배주식의 양도와 함께 경영권이 주식 양도인으로부터 주식 양수인에게
☐☐☐ 이전하는 경우, 양도인은 양수인에 대하여 주식 양도의무와 독립적으로 경영권 양도의무를
부담한다. ┃법원직9급 22　　　　　　　　　　　　　　　　　　　　○ ✕

──

발행주식 전부 또는 지배주식의 양도와 함께 경영권이 주식 양도인으로부터 주식 양수인에게 이전하는 경우
경영권의 이전은 발행주식 전부 또는 지배주식의 양도에 따른 부수적인 효과에 지나지 않아 주식 양도의무와
독립적으로 경영권 양도의무를 인정하기 어렵다(대판 2021.7.29. 2017다3222).　　　　**답** ✕

주주명부의 기재사항(상법 제352조)   ① 주식을 발행한 때에는 주주명부에 다음의 사항을 기재하여야 한다.
 1. 주주의 성명과 주소
 2. 각 주주가 가진 주식의 종류와 그 수
 2의2. 각 주주가 가진 주식의 주권을 발행한 때에는 그 주권의 번호
 3. 각 주식의 취득년월일
② 제1항의 경우에 전환주식을 발행한 때에는 제347조에 게기한 사항도 주주명부에 기재하여야 한다.

전자주주명부(상법 제352조의2)   ① 회사는 정관으로 정하는 바에 따라 전자문서로 주주명부(이하 "전자주주명부"라 한다)를 작성할 수 있다.
② 전자주주명부에는 제352조 제1항의 기재사항 외에 (전자우편주소)를 적어야 한다.

주식의 이전의 대항요건(상법 제337조)   ① 주식의 (이전)은 취득자의 성명과 주소를 주주명부에 기재하지 아니하면 회사에 대항하지 못한다.
② 회사는 정관이 정하는 바에 의하여 명의개서대리인을 둘 수 있다. 이 경우 명의개서대리인이 취득자의 성명과 주소를 주주명부의 복본에 기재한 때에는 제1항의 명의개서가 있는 것으로 본다.

주주명부의 효력(상법 제353조)   ① 주주 또는 질권자에 대한 회사의 통지 또는 최고는 주주명부에 기재한 주소 또는 그 자로부터 회사에 통지한 주소로 하면 된다.

주주명부의 폐쇄, 기준일(상법 제354조)   ① 회사는 의결권을 행사하거나 배당을 받을 자 기타 주주 또는 질권자로서 권리를 행사할 자를 정하기 위하여 일정한 기간을 정하여 주주명부의 기재변경을 정지하거나 일정한 날에 주주명부에 기재된 주주 또는 질권자를 그 권리를 행사할 주주 또는 질권자로 볼 수 있다.
② 제1항의 기간은 (3월)을 초과하지 못한다.
③ 제1항의 날은 주주 또는 질권자로서 권리를 행사할 날에 앞선 3월 내의 날로 정하여야 한다.
④ 회사가 제1항의 기간 또는 날을 정한 때에는 그 기간 또는 날의 (2주간 전)에 이를 (공고)하여야 한다. 그러나 정관으로 그 기간 또는 날을 지정한 때에는 그러하지 아니하다.

099
□□□   주식의 발행 및 양도에 따라 주주의 구성이 계속 변화하는 단체법적 법률관계의 특성상 회사가 다수의 주주와 관련된 법률관계를 외부적으로 용이하게 식별할 수 있는 형식적이고도 획일적인 기준에 의하여 처리할 수 있도록 하여 이와 관련된 사무처리의 효율성과 법적 안정성을 도모하기 위해 상법에서는 주주명부제도를 두고 있다. ▮법원직9급 21   ○ ×

....

상법이 주주명부제도를 둔 이유는, 주식의 발행 및 양도에 따라 주주의 구성이 계속 변화하는 단체법적 법률관계의 특성상 회사가 다수의 주주와 관련된 법률관계를 외부적으로 용이하게 식별할 수 있는 형식적이고도 획일적인 기준에 의하여 처리할 수 있도록 하여 이와 관련된 사무처리의 효율성과 법적 안정성을 도모하기 위함이다(대판 2020.6.11. 2017다278385).   답 ○

100 ▸ 회사에 대하여 주주권을 행사할 자가 주주명부의 기재에 의하여 확정되어야 한다는 법리는
□□□ 주식양도의 경우뿐만 아니라 주식발행의 경우에도 마찬가지로 적용된다. ┃법무사 18·19

○ ×

▸ 회사에 대하여 주주권을 행사할 자가 주주명부의 기재에 의하여 확정되어야 한다는 법리는
주식양도의 경우에만 해당하고 주식발행의 경우에는 적용되지 아니한다. ┃법원직9급 20

○ ×

....

회사에 대하여 주주권을 행사할 자가 주주명부의 기재에 의하여 확정되어야 한다는 법리는 <u>주식양도의 경우뿐만
아니라 주식발행의 경우에도 마찬가지로 적용된다.</u> 주식양도의 경우와 달리 주식발행의 경우에는 주식발행 회사가
관여하게 되므로 주주명부에의 기재를 주주권 행사의 대항요건으로 규정하고 있지는 않으나, 그럼에도 상법은
주식을 발행한 때에는 주주명부에 주주의 성명과 주소 등을 기재하여 본점에 비치하도록 하고(제352조 제1항,
제396조 제1항), 주주에 대한 회사의 통지 또는 최고는 주주명부에 기재한 주소 또는 그 자로부터 회사에 통지한
주소로 하면 되도록(제353조 제1항) 규정하고 있다. 이와 같은 상법 규정의 취지는, 주식을 발행하는 단계에서나
주식이 양도되는 단계에서나 회사에 대한 관계에서 주주권을 행사할 자를 주주명부의 기재에 따라 획일적으로
확정하기 위한 것으로 보아야 한다(대판[전합] 2017.3.23. 2015다248342). ┃답┃ ○ / ×

101 ▸ 상법은 주식의 유통성으로 인해 주주가 계속 변동되는 단체적 법률관계의 특성을 고려하여
□□□ 주주들과 회사 간의 권리관계를 획일적이고 안정적으로 처리할 수 있도록 명의개서제도를
마련해 두고 있다. ┃법무사 19

○ ×

▸ 주주명부에 명의개서를 한 주식양수인은 회사에 대하여 자신이 권리자라는 사실을 따로
증명하지 않고도 의결권, 배당금청구권, 신주인수권 등 주주로서의 권리를 적법하게 행사할
수 있다. ┃법무사 19

○ ×

▸ 회사로서도 주주명부에 기재된 자를 주주로 보고 주주로서의 권리를 인정한 경우 주주명부상
주주가 진정한 주주가 아니더라도 책임을 지지 않는다. ┃법무사 19

○ ×

....

상법은 주식의 유통성으로 인해 주주가 계속 변동되는 단체적 법률관계의 특성을 고려하여 주주들과 회사 간의
권리관계를 획일적이고 안정적으로 처리할 수 있도록 명의개서제도를 마련해 두고 있다. 즉, 주식을 양수하여
기명주식을 취득한 자가 회사에 대하여 주주의 권리를 행사하려면 자기의 성명과 주소를 주주명부에 기재하여야
한다(상법 제337조 제1항). 주주명부에 명의개서를 한 주식양수인은 회사에 대하여 자신이 권리자라는 사실을
따로 증명하지 않고도 의결권, 배당금청구권, 신주인수권 등 주주로서의 권리를 적법하게 행사할 수 있다. 회사로서
도 주주명부에 기재된 자를 주주로 보고 주주로서의 권리를 인정한 경우 주주명부상 주주가 진정한 주주가 아니더
라도 책임을 지지 않는다(대판 2018.10.12. 2017다221501). ┃답┃ ○ / ○ / ○

102 ▸ 주식의 양도에 있어서는 주권을 교부하여야 하고, 주권이 발행되어 있는 주식을 양수한
□□□ 자는 주권을 제시하여 양수사실을 증명함으로써 회사에 대해 단독으로 명의개서를 청구할
수 있다. ┃법무사 21, 법원직9급 20

○ ×

▶ 주권이 발행되어 있는 주식을 양수한 자가 단독으로 명의개서를 청구한 경우, 회사는 청구자가 진정한 주주인가에 대한 실질적 자격을 심사하여 명의개서 여부를 결정하여야 한다. ▮법무사 21 ○ ×

▶ 주권이 발행되어 있는 주식을 취득한 자가 주권을 제시하는 등 그 취득사실을 증명하는 방법으로 명의개서를 신청하고, 그 신청에 관하여 주주명부를 작성할 권한 있는 자가 형식적 심사의무를 다하였으며, 그에 따라 명의개서가 이루어졌다면, 특별한 사정이 없는 한 그 명의개서는 적법한 것으로 보아야 한다. ▮법원직9급 20 ○ ×

....

주권의 점유자는 적법한 소지인으로 추정되므로(상법 제336조 제2항), 주권을 점유하는 자는 반증이 없는 한 그 권리자로 인정되고 이를 다투는 자는 반대사실을 입증하여야 한다. 주권이 발행되어 있는 주식을 양도할 때에는 주권을 교부하여야 하고(상법 제336조 제1항), 주권이 발행되어 있는 주식을 양수한 자는 주권을 제시하여 양수사실을 증명함으로써 회사에 대해 단독으로 명의개서를 청구할 수 있다. 이때 회사는 청구자가 진정한 주권을 점유하고 있는가에 대한 형식적 자격만을 심사하면 족하고, 나아가 청구자가 진정한 주주인가에 대한 실질적 자격까지 심사할 의무는 없다. 따라서 주권이 발행되어 있는 주식을 취득한 자가 주권을 제시하는 등 그 취득사실을 증명하는 방법으로 명의개서를 신청하고, 그 신청에 관하여 주주명부를 작성할 권한 있는 자가 형식적 심사의무를 다하였으며, 그에 따라 명의개서가 이루어졌다면, 특별한 사정이 없는 한 그 명의개서는 적법한 것으로 보아야 한다(대판 2019.8.14. 2017다231980). 답 ○ / × / ○

103 주식을 취득한 자는 특별한 사정이 없는 한 회사를 상대로 직접 자신이 주주임을 증명하여 □□□ 명의개서절차의 이행을 구할 수 있으므로, 이러한 경우에 회사를 상대로 주주권 확인을 구하는 것은 확인의 이익이 없다. ▮법원직9급 22 ○ ×

....

甲이 乙 주식회사를 상대로 자신이 주주명부상 주식의 소유자인데 위조된 주식매매계약서에 의해 타인 앞으로 명의개서가 되었다며 주주권 확인을 구한 경우, 甲이 乙 회사를 상대로 직접 자신이 주주임을 증명하여 명의개서절차의 이행을 구할 수 있으므로, 甲이 乙 회사를 상대로 주주권 확인을 구하는 것은 甲의 권리 또는 법률상 지위에 현존하는 불안·위험을 제거하는 유효·적절한 수단이 아니거나 분쟁의 종국적 해결방법이 아니어서 확인의 이익이 없다(대판 2019.5.16. 2016다240338). 답 ○

104 명의개서청구권은 기명주식을 취득한 자가 회사에 대하여 주주권에 기하여 그 기명주식에 □□□ 관한 자신의 성명, 주소 등을 주주명부에 기재하여 줄 것을 청구하는 권리로서 기명주식을 취득한 자만이 그 기명주식에 관한 명의개서청구권을 행사할 수 있다. 또한 기명주식의 취득자는 원칙적으로 취득한 기명주식에 관하여 명의개서를 할 것인지 아니면 명의개서 없이 이를 타인에게 처분할 것인지 등에 관하여 자유로이 결정할 권리가 있으므로, 주식 양도인은 다른 특별한 사정이 없는 한 회사에 대하여 주식 양수인 명의로 명의개서를 하여 달라고 청구할 권리가 없다. ▮법무사 22 ○ ×

명의개서청구권은 기명주식을 취득한 자가 회사에 대하여 주주권에 기하여 그 기명주식에 관한 자신의 성명, 주소 등을 주주명부에 기재하여 줄 것을 청구하는 권리로서 기명주식을 취득한 자만이 그 기명주식에 관한 명의개서청구권을 행사할 수 있다. 또한 기명주식의 취득자는 원칙적으로 취득한 기명주식에 관하여 명의개서를 할 것인지 아니면 명의개서 없이 이를 타인에게 처분할 것인지 등에 관하여 자유로이 결정할 권리가 있으므로, 주식 양도인은 다른 특별한 사정이 없는 한 회사에 대하여 주식 양수인 명의로 명의개서를 하여 달라고 청구할 권리가 없다. 이러한 법리는 주권이 발행되어 주권의 인도에 의하여 기명주식이 양도되는 경우뿐만 아니라, 회사성립 후 6월이 경과하도록 주권이 발행되지 아니하여 양도인과 양수인 사이의 의사표시에 의하여 기명주식이 양도되는 경우에도 동일하게 적용된다(대판 2010.10.14. 2009다89665).　　　　　　　　　　　　　　　**답** ○

105
☐☐☐ 주식을 양수하였으나 아직 주주명부에 명의개서를 하지 아니하여 주주명부에는 양도인이 주주로 기재되어 있는 경우 회사에 대한 관계에서는 주주명부상 주주만이 주주로서 의결권 등 주주권을 적법하게 행사할 수 있다. **‖법무사 17**　　　　　　　　　　　　　　○ ✕

주식을 양수하였으나 아직 주주명부에 명의개서를 하지 아니하여 주주명부에는 양도인이 주주로 기재되어 있는 경우뿐만 아니라, 주식을 인수하거나 양수하려는 자가 타인의 명의를 빌려 회사의 주식을 인수하거나 양수하고 타인의 명의로 주주명부에의 기재까지 마치는 경우에도, 회사에 대한 관계에서는 주주명부상 주주만이 주주로서 의결권 등 주주권을 적법하게 행사할 수 있다. 이는 주주명부에 주주로 기재되어 있는 자는 특별한 사정이 없는 한 회사에 대한 관계에서 주식에 관한 의결권 등 주주권을 적법하게 행사할 수 있고, 회사의 주식을 양수하였더라도 주주명부에 기재를 마치지 아니하면 주식의 양수를 회사에 대항할 수 없다는 법리에 비추어 볼 때 자연스러운 결과이다(대판[전합]2017.3.23. 2015다248342).　　　　　　　　　　　　**답** ○

106
☐☐☐ ▸ 만약 회사가 주주명부상 주주 외에 실제 주식을 인수하거나 양수하고자 하였던 자가 따로 존재한다는 사실을 알고 있는 경우, 회사는 주주명부상 주주의 주주권 행사를 부인할 수 있고, 주주명부에 기재를 마치지 아니한 자의 주주권 행사를 인정할 수 있다. **‖법원직9급 21**
　　　　　　　　　　　　　　　　　　　　　　　　　　　　○ ✕

▸ 상법은 주주명부의 기재를 회사에 대한 대항요건으로 정하고 있을 뿐 주식이전의 효력발생요건으로 정하고 있지 않으므로 명의개서가 이루어졌다고 하여 무권리자가 주주가 되는 것은 아니고, 명의개서가 이루어지지 않았다고 해서 주주가 그 권리를 상실하는 것도 아니다. **‖법무사 21**　　　　　　　　　　　　　　　　　　　　　○ ✕

▸ 주주명부에 명의개서가 이루어졌다고 하여 무권리자가 주주가 되는 것은 아니고, 명의개서가 이루어지지 않았다고 해서 주주가 그 권리를 상실하는 것도 아니다. **‖법원직9급 21**
　　　　　　　　　　　　　　　　　　　　　　　　　　　　○ ✕

특별한 사정이 없는 한, 주주명부에 적법하게 주주로 기재되어 있는 자는 회사에 대한 관계에서 그 주식에 관한 의결권 등 주주권을 행사할 수 있고, 회사 역시 <u>주주명부상 주주 외에 실제 주식을 인수하거나 양수하고자 하였던 자가 따로 존재한다는 사실을 알았든 몰랐든 간에 주주명부상 주주의 주주권 행사를 부인할 수 없으며, 주주명부에 기재를 마치지 아니한 자의 주주권 행사를 인정할 수도 없다.</u> 그러나 상법은 주주명부의 기재를 회사에 대한 대항요건으로 정하고 있을 뿐 주식이전의 효력발생요건으로 정하고 있지 않으므로 명의개서가 이루어졌다고 하여 무권리자가 주주가 되는 것은 아니고, 명의개서가 이루어지지 않았다고 해서 주주가 그 권리를 상실하는 것도 아니다(대판 2020.6.11. 2017다278385).　　　　　　**답** ✕ / ○ / ○

107 채무자가 채무담보 목적으로 주식을 채권자에게 양도하여 채권자가 주주명부상 주주로 기재된
□□□ 경우 그 양수인이 주주로서 주주권을 행사할 수 있다. ▮법원직9급 21 ○ ✕

채무자가 채무담보 목적으로 주식을 채권자에게 양도하여 채권자가 주주명부상 주주로 기재된 경우, 그 양수인이
주주로서 주주권을 행사할 수 있고 회사 역시 주주명부상 주주인 양수인의 주주권 행사를 부인할 수 없다(대결
2020.6.11. 2020마5263). **답** ○

108 ▸ 주식을 인수하거나 양수하려는 자가 타인의 명의를 빌려 회사의 주식을 인수하거나 양수하고
□□□ 타인의 명의로 주주명부에의 기재까지 마친 경우, 주주명부상의 주주가 아니라 명의를 빌려
실제 주식을 인수하거나 양수한 자가 회사에 대한 관계에서 주주로서 의결권 등 주주권을
적법하게 행사할 수 있다. ▮법무사 21 ○ ✕

▸ 주식을 인수하거나 양수하려는 자가 타인의 명의를 빌려 회사의 주식을 인수하거나 양수하고
타인의 명의로 주주명부에의 기재까지 마치는 경우, 회사에 대한 관계에서는 주주명부상
주주만이 주주로서 의결권 등 주주권을 행사할 수 있다. ▮법원직9급 21 ○ ✕

주식을 양수하였으나 아직 주주명부에 명의개서를 하지 아니하여 주주명부에는 양도인이 주주로 기재되어 있는
경우뿐만 아니라, 주식을 인수하거나 양수하려는 자가 타인의 명의를 빌려 회사의 주식을 인수하거나 양수하고
타인의 명의로 주주명부에의 기재까지 마치는 경우에도, 회사에 대한 관계에서는 주주명부상 주주만이 주주로서
의결권 등 주주권을 적법하게 행사할 수 있다(대판[전합]2017.3.23. 2015다248342). **답** ✕ / ○

109 주식의 이전은 취득자의 성명과 주소를 주주명부에 기재하지 아니하면 회사에 대항하지 못한다.
□□□ ▮법무사 20 ○ ✕

상법 제337조 제1항 **답** ○

110 타인의 명의를 빌려 주식을 인수하고 타인의 명의로 주주명부 기재를 마친 경우 실질상의
□□□ 주주인 명의차용인만이 주주권을 행사할 수 있는 주주이다. ▮법무사 20 ○ ✕

주식을 양수하였으나 아직 주주명부에 명의개서를 하지 아니하여 주주명부에는 양도인이 주주로 기재되어 있는
경우뿐만 아니라, 주식을 인수하거나 양수하려는 자가 타인의 명의를 빌려 회사의 주식을 인수하거나 양수하고
타인의 명의로 주주명부에의 기재까지 마치는 경우에도, 회사에 대한 관계에서는 주주명부상 주주만이 주주로서
의결권 등 주주권을 적법하게 행사할 수 있다. 이는 주주명부에 주주로 기재되어 있는 자는 특별한 사정이 없는
한 회사에 대한 관계에서 주식에 관한 의결권 등 주주권을 적법하게 행사할 수 있고, 회사의 주식을 양수하였더라도
주주명부에 기재를 마치지 아니하면 주식의 양수를 회사에 대항할 수 없다는 법리에 비추어 볼 때 자연스러운
결과이다(대판[전합]2017.3.23. 2015다248342). **답** ✕

111 타인의 명의로 주식을 인수한 경우에 누가 주주인지는 결국 주식인수를 한 당사자를 누구로
□□□ 볼 것인지에 따라 결정하여야 한다. 이때 누가 주식인수인이고 주주인지는 결국 신주인수계약
의 당사자 확정 문제이므로, 원칙적으로 계약당사자를 확정하는 법리를 따르되, 주식인수계약
의 특성을 고려하여야 한다. ▮법무사 20 ○ ✕

타인의 명의로 주식을 인수한 경우에 누가 주주인지는 결국 주식인수를 한 당사자를 누구로 볼 것인지에 따라 결정하여야 한다. 발기설립의 경우에는 발기인 사이에, 자본의 증가를 위해 신주를 발행할 경우에는 주식인수의 청약자와 회사 사이에 신주를 인수하는 계약이 성립한다. 이때 누가 주식인수인이고 주주인지는 결국 신주인수계약의 당사자 확정 문제이므로, 원칙적으로 계약당사자를 확정하는 법리를 따르되, 주식인수계약의 특성을 고려하여야 한다(대판 2017.12.5. 2016다265351). 🔑 ○

112
☐☐☐
▸ 회사는 특별한 사정이 없는 한 주주명부상 주주 외에 실제 주식을 인수하거나 양수하고자 하였던 자가 따로 존재한다는 사실을 알았든 몰랐든 간에 주주명부상 주주의 주주권 행사를 부인할 수 없다. ▮법무사 20 ■ ✕

▸ 주주명부에 기재를 마치지 않고도 회사에 대한 관계에서 주주권을 행사할 수 있는 경우는 주주명부에 기재 또는 명의개서청구가 부당하게 지연되거나 거절되었다는 등의 극히 예외적인 사정이 인정되는 경우에 한한다. ▮법무사 20 ○ ✕

▸ 회사는 주주명부상 주주 외에 실제 주식을 인수하거나 양수하고자 하였던 자가 따로 존재한다는 사실을 알았든 몰랐든 간에 주주명부에 기재를 마치지 아니한 자의 주주권 행사를 인정할 수 없다. ▮법무사 18 ○ ✕

특별한 사정이 없는 한, 주주명부에 적법하게 주주로 기재되어 있는 자는 회사에 대한 관계에서 주식에 관한 의결권 등 주주권을 행사할 수 있고, 회사 역시 주주명부상 주주 외에 실제 주식을 인수하거나 양수하고자 하였던 자가 따로 존재한다는 사실을 알았든 몰랐든 간에 주주명부상 주주의 주주권 행사를 부인할 수 없으며, 주주명부에 기재를 마치지 아니한 자의 주주권 행사를 인정할 수도 없다. 주주명부에 기재를 마치지 않고도 회사에 대한 관계에서 주주권을 행사할 수 있는 경우는 주주명부에의 기재 또는 명의개서청구가 부당하게 지연되거나 거절되었다는 등의 극히 예외적인 사정이 인정되는 경우에 한한다(대판[전합]2017.3.23. 2015다248342). 🔑 ○ / ○ / ○

113
☐☐☐
주주명부상 주주가 주식을 인수하거나 양수한 사람의 의사에 반하여 주주권을 행사하는 경우에 이러한 주주권의 행사는 신의칙에 반하여 무효이다. ▮법무사 18 ○ ✕

언제든 주주명부에 주주로 기재해 줄 것을 청구하여 주주권을 행사할 수 있는 자가 자기의 명의가 아닌 타인의 명의로 주주명부에 기재를 마치는 것은 적어도 주주명부상 주주가 회사에 대한 관계에서 주주권을 행사하더라도 이를 허용하거나 받아들이려는 의사였다고 봄이 합리적이다. 그렇기 때문에 주주명부상 주주가 주식을 인수하거나 양수한 사람의 의사에 반하여 주주권을 행사한다 하더라도, 이는 주주명부상 주주에게 주주권을 행사하는 것을 허용함에 따른 결과이므로 <u>주주권의 행사가 신의칙에 반한다고 볼 수 없다</u>(대판[전합]2017.3.23. 2015다248342). 🔑 ✕

114
☐☐☐
상법 제337조 제1항에서 말하는 주식 이전의 대항력은 그 문언에 불구하고 회사도 주주명부 기재에 구속되어 주주명부에 기재된 자의 주주권 행사를 부인하거나 주주명부에 기재되지 아니한 자의 주주권 행사를 인정할 수 없다는 의미를 포함한다. ▮법무사 18 ○ ✕

주식양도의 경우에는 주식발행의 경우와는 달리 회사 스스로가 아니라 취득자의 청구에 따라 주주명부의 기재를 변경하는 것이기는 하나, 회사가 주식발행 시 작성하여 비치한 주주명부에의 기재가 회사에 대한 구속력이 있음을 전제로 하여 주주명부에의 명의개서에 대항력을 인정함으로써 주식양도에 있어서도 일관되게 회사에 대한 구속력을 인정하려는 것이므로, 상법 제337조 제1항에서 말하는 대항력은 그 문언에 불구하고 회사도 주주명부에의 기재에 구속되어, 주주명부에 기재된 자의 주주권 행사를 부인하거나 주주명부에 기재되지 아니한 자의 주주권 행사를 인정할 수 없다는 의미를 포함하는 것으로 해석함이 타당하다(대판[전합]2017.3.23. 2015다248342).

답 ○

115 회사는 정관으로 정하는 바에 따라 전자문서로 주주명부를 작성할 수 있는데, 전자주주명부에 □□□ 는 주주명부의 기재사항 외에 전자우편주소를 적어야 한다. ▮법무사 18   ○ ✕

상법 제352조의2 제1항·제2항   답 ○

제3관   주권의 선의취득

주권의 선의취득(상법 제359조)   수표법 제21조의 규정은 주권에 관하여 이를 준용한다.

수표의 선의취득(수표법 제21조)   어떤 사유로든 수표의 점유를 잃은 자가 있는 경우에 그 수표의 소지인은 그 수표가 소지인출급식일 때 또는 배서로 양도할 수 있는 수표의 소지인이 제19조에 따라 그 권리를 증명할 때에는 그 수표를 반환할 의무가 없다. 그러나 소지인이 (악의) 또는 (중대한 과실)로 인하여 수표를 취득한 경우에는 그러하지 아니하다.

116 주권의 선의취득은 주권의 소지라는 권리외관을 신뢰하여 거래한 사람을 보호하는 제도로서, □□□ 주권 취득이 악의 또는 중대한 과실로 인한 때에는 선의취득이 인정되지 않는다. 여기서 악의 또는 중대한 과실이 있는지는 그 취득시기를 기준으로 결정하여야 하며, 악의란 교부계약에 하자가 있다는 것을 알고 있었던 경우를 말하고 중대한 과실이란 주의의무를 현저히 결여한 것을 말한다. ▮법무사 20   ○ ✕

주권의 취득이 악의 또는 중대한 과실로 인한 때에는 선의취득이 인정되지 않는바(상법 제359조, 수표법 제21조), 여기서 악의 또는 중대한 과실의 존부는 주권 취득의 시기를 기준으로 결정하여야 하며, 중대한 과실이란 거래에서 필요로 하는 주의의무를 현저히 결여한 것을 말한다(대판 2000.9.8. 99다58471).   답 ○

117 주권의 점유를 취득하는 방법에는 현실의 인도 외에 간이인도, 반환청구권의 양도가 있다. □□□ 양도인이 소유자로부터 보관을 위탁받은 주권을 제3자에게 보관시킨 경우에 반환청구권의 양도에 의하여 주권의 선의취득에 필요한 요건인 주권의 점유를 취득하였다고 하려면, 양도인이 그 제3자에 대한 반환청구권을 양수인에게 양도하고 지명채권 양도의 대항요건을 갖추어야 한다. ▮법무사 20   ○ ✕

대판 2000.9.8. 99다58471   답 ○

　　주식의 양도의 제한

1 　**정관에 의한 주식양도 제한**

주식의 양도성(상법 제335조)　　① 주식은 타인에게 양도할 수 있다. 다만, 회사는 정관으로 정하는 바에 따라 그 발행하는 주식의 양도에 관하여 이사회의 승인을 받도록 할 수 있다.
② 제1항 단서의 규정에 위반하여 이사회의 승인을 얻지 아니한 주식의 양도는 (회사에 대하여 효력이 없다).

양도승인의 청구(상법 제335조의2)-양도인의 사전청구　　① 주식의 양도에 관하여 이사회의 승인을 얻어야 하는 경우에는 주식을 양도하고자 하는 주주는 회사에 대하여 양도의 상대방 및 양도하고자 하는 주식의 종류와 수를 기재한 서면으로 양도의 승인을 청구할 수 있다.
② 회사는 제1항의 청구가 있는 날부터 (1월) 이내에 주주에게 그 승인 여부를 서면으로 통지하여야 한다.
③ 회사가 제2항의 기간 내에 주주에게 거부의 통지를 하지 아니한 때에는 주식의 양도에 관하여 이사회의 승인이 있는 것으로 본다.
④ 제2항의 양도승인거부의 통지를 받은 주주는 통지를 받은 날부터 20일 내에 회사에 대하여 양도의 상대방의 지정 또는 그 주식의 매수를 청구할 수 있다.

양도상대방의 지정청구(상법 제335조의3)　　① 주주가 양도의 상대방을 지정하여 줄 것을 청구한 경우에는 이사회는 이를 지정하고, 그 청구가 있는 날부터 2주간 내에 주주 및 지정된 상대방에게 서면으로 이를 통지하여야 한다.
② 제1항의 기간 내에 주주에게 상대방지정의 통지를 하지 아니한 때에는 주식의 양도에 관하여 이사회의 승인이 있는 것으로 본다.

지정된 자의 매도청구권(상법 제335조의4)　　① 제335조의3 제1항의 규정에 의하여 상대방으로 지정된 자는 지정통지를 받은 날부터 10일 이내에 지정청구를 한 주주에 대하여 서면으로 그 주식을 자기에게 매도할 것을 청구할 수 있다.
② 제335조의3 제2항의 규정은 주식의 양도상대방으로 지정된 자가 제1항의 기간 내에 매도의 청구를 하지 아니한 때에 이를 준용한다.

매도가액의 결정(상법 제335조의5)　　① 제335조의4의 경우에 그 주식의 매도가액은 주주와 매도청구인 간의 (협의)로 이를 결정한다.
② 제374조의2 제4항 및 제5항의 규정은 제335조의4 제1항의 규정에 의한 청구를 받은 날부터 30일 이내에 제1항의 규정에 의한 협의가 이루어지지 아니하는 경우에 이를 준용한다.

주식의 양수인에 의한 승인청구(상법 제335조의7)-양수인의 사후청구　　① 주식의 양도에 관하여 이사회의 승인을 얻어야 하는 경우에 주식을 (취득한 자)는 회사에 대하여 그 주식의 종류와 수를 기재한 서면으로 그 취득의 승인을 청구할 수 있다.
② 제335조의2 제2항 내지 제4항, 제335조의3 내지 제335조의6의 규정은 제1항의 경우에 이를 준용한다.

118 주식의 양도성은 정관에 의해 이사회 승인을 받도록 하는 방법으로 제한될 수 있다.
□□□ **┃법무사 18** ○ ×

주식은 타인에게 양도할 수 있다. 다만, 회사는 정관으로 정하는 바에 따라 그 발행하는 주식의 양도에 관하여 이사회의 승인을 받도록 할 수 있다(상법 제335조 제1항). **답** ○

119 정관이 정하는 바에 따라 주식의 양도에 관하여 이사회의 승인을 얻어야 하는 경우 이사회의
□□□ 승인을 얻지 아니한 주식의 양도는 회사에 대하여 효력이 없다. **┃법무사 17** ○ ×

상법 제335조 제1항·제2항 **답** ○

120 ▸ 주식의 양도는 이사회의 승인을 얻도록 회사 정관에 규정되어 있음에도 이사회의 승인을
□□□ 얻지 아니하고 주식을 양도하였다면 그 주식의 양도는 회사에 대하여 뿐만 아니라 주주
사이의 주식양도계약 자체가 무효가 된다. **┃법무사 20** ○ ×

▸ 주식의 양도는 이사회의 승인을 얻도록 규정되어 있는 회사의 정관에도 불구하고 이사회의
승인을 얻지 아니하고 주식을 양도한 경우에는, 그 주식의 양도는 회사에 대하여 효력이
없음은 물론이고 주주 사이의 주식양도계약 자체도 무효이다. **┃법원직9급 21** ○ ×

주식의 양도는 이사회의 승인을 얻도록 규정되어 있는 회사의 정관에도 불구하고 이사회의 승인을 얻지 아니하고
주식을 양도한 경우에 그 주식의 양도는 회사에 대하여 효력이 없을 뿐, 주주 사이의 주식양도계약 자체가 무효라고
할 수는 없다(대판 2008.7.10. 2007다14193). **답** × / ×

121 상법 제335조 제1항 단서는 주식의 양도를 전제로 하고, 다만 이를 제한하는 방법으로서 이사
□□□ 회의 승인을 요하도록 정관에 정할 수 있다는 취지이지 주식의 양도 그 자체를 금지할 수
있음을 정할 수 있다는 뜻은 아니기 때문에, 정관의 규정으로 주식의 양도를 제한하는 경우에도
주식양도를 전면적으로 금지하는 규정을 둘 수는 없다. **┃법무사 21** ○ ×

대판 2000.9.26. 99다48429 **답** ○

122 정관에 의하여 양도가 제한된 주식을 보유한 주주는 이사회로부터 양도승인거부의 통지를
□□□ 받은 경우 통지를 받은 날부터 20일 내에 회사에 대하여 양도 상대방의 지정 또는 그 주식의
매수를 청구할 수 있다. **┃법무사 21** ○ ×

제335조의2 제4항 **답** ○

123 주주가 양도의 상대방을 지정하여 줄 것을 청구한 경우, 이사회가 2주간 내에 주주에게 상대방 지정의 통지를 하지 아니한 때에는 주식의 양도에 관하여 이사회의 승인이 있는 것으로 본다.
▌법무사 21　　　　　　　　　　　　　　　　　　　　　　　　　　　　○ ×

상법 제335조의3 제2항　　　　　　　　　　　　　　　　　　　　　　　　**답** ○

124 ▸ 주식의 양도에 관하여 이사회의 승인을 얻어야 하는 경우에 주식을 취득하였으나 회사로부터 양도승인거부의 통지를 받은 양수인은 상법 제335조의7에 따라 회사에 대하여 주식매수청구권을 행사할 수 있다. 이와 관련하여 주식을 취득하지 못한 양수인이 회사에 대하여 주식매수청구를 하더라도 이는 효력이 없으나, 사후적으로 양수인이 주식 취득의 요건을 갖추게 되면 그 하자가 치유될 수 있다. ▌법무사 21　　　　　　　　　　　○ ×

▸ 정관상 주식의 양도에 관하여 이사회의 승인을 얻어야 하는 경우에 주식을 취득하였으나 회사로부터 양도승인거부의 통지를 받은 양수인은 회사에 대하여 주식매수청구권을 행사할 수 있고, 이로써 회사의 승낙 여부와 관계없이 주식에 관한 매매계약이 성립하게 된다.
▌법원직9급 20　　　　　　　　　　　　　　　　　　　　　　　　　　　○ ×

주식의 양도에 관하여 이사회의 승인을 얻어야 하는 경우에 주식을 취득하였으나 회사로부터 양도승인거부의 통지를 받은 양수인은 상법 제335조의7에 따라 회사에 대하여 주식매수청구권을 행사할 수 있다. 이러한 주식매수청구권은 주식을 취득한 양수인에게 인정되는 이른바 형성권으로서 그 행사로 회사의 승낙 여부와 관계없이 주식에 관한 매매계약이 성립하게 되므로, 주식을 취득하지 못한 양수인이 회사에 대하여 주식매수청구를 하더라도 이는 아무런 효력이 없고, <u>사후적으로 양수인이 주식 취득의 요건을 갖추게 되더라도 하자가 치유될 수는 없다</u>(대판 2014.12.24. 2014다221258).　　　　　　　　　　　　**답** × / ○

2 **주주 간 주식양도제한약정**

125 상법 제335조 제1항의 본문 및 단서에 의하면, 주식은 원칙적으로 타인에게 양도할 수 있고, 예외적으로 회사가 정관으로 정하는 바에 따라 그 발행하는 주식의 양도에 관하여 이사회의 승인을 받도록 할 수 있을 뿐이므로, 주주 사이에서 주식의 양도를 일부 제한하는 약정은 원칙적으로 무효이다. ▌법무사 22　　　　　　　　　　　　　　　　　　　　○ ×

주식의 양도를 제한하는 방법으로서 이사회의 승인을 요하도록 정관에 정할 수 있다는 상법 제335조 제1항 단서의 취지에 비추어 볼 때, <u>주주들 사이에서 주식의 양도를 일부 제한하는 내용의 약정을 한 경우, 그 약정은 주주의 투하자본회수의 가능성을 전면적으로 부정하는 것이 아니고, 공서양속에 반하지 않는다면 당사자 사이에서는 원칙적으로 유효하다고 할 것이다</u>(대판 2008.7.10. 2007다14193).　　　　　　　**답** ×

126
□□□
주주들 사이에서 회사의 설립일로부터 5년 동안 주식의 전부 또는 일부를 다른 당사자 또는 제3자에게 매각·양도할 수 없다는 내용의 약정을 한 경우, 그 약정은 주주의 투하자본회수의 가능성을 전면적으로 부정하는 것으로서 무효이다. **┃법원직9급 20** ○ ✕

....

회사와 주주들 사이에서, 혹은 주주들 사이에서 회사의 설립일로부터 5년 동안 주식의 전부 또는 일부를 다른 당사자 또는 제3자에게 매각·양도할 수 없다는 내용의 약정을 한 경우, 그 약정은 주식양도에 이사회의 승인을 얻도록 하는 등 그 양도를 제한하는 것이 아니라 설립 후 5년간 일체 주식의 양도를 금지하는 내용으로 이를 정관으로 규정하였다고 하더라도 주주의 투하자본회수의 가능성을 전면적으로 부정하는 것으로서 무효이므로 정관으로 규정하여도 무효가 되는 내용을 나아가 회사와 주주들 사이에서, 혹은 주주들 사이에서 약정하였다고 하더라도 이 또한 무효이다(대판 2000.9.26. 99다48429). **답** ○

---

3 **권리주의 양도제한**

> **권리주의 양도(상법 제319조)**　　주식의 인수로 인한 권리의 양도는 회사에 대하여 효력이 없다.

---

4 **주권발행 전 주식의 양도제한**

> **주식의 양도성(상법 제335조)**　　③ (주권발행 전)에 한 주식의 양도는 (회사에 대하여) 효력이 없다. 그러나 회사성립 후 또는 신주의 납입기일 후 (6월)이 경과한 때에는 그러하지 아니하다.

127
□□□
회사성립 후 6월이 경과하기 전에는 주권 발행 전의 주식을 양도하더라도 당사자 사이에서만 채권적 효력이 있을 뿐 회사에 대하여는 효력이 없다. **┃법무사 18** ○ ✕

....

상법 제335조 제2항의 규정은 주권발행 전의 주식양도는 회사에 대하여 대항할 수 없을 뿐 아니라 회사도 이를 승인하지 못하여 대 회사관계에 있어서는 아무런 효력이 없다는 것이나 그렇다고 양도당사자 사이에 있어서까지 양도양수의 효력을 부정하는 취지라고 해석되지 않으므로 그 당사자 간에서는 유효하다 할 것이니 주권발행 전의 주식을 전전 양수한 원고가 회사에 대하여 원시 주주를 대위하여 직접 원고에게 주권의 발행교부를 청구할 수는 없다 할지라도 원시 주주들의 회사에 대한 주권발행 및 교부청구권을 대위행사하여 원시주주에의 주권발행 및 교부를 구할 수 있다(대판 1982.9.28. 82다카21). **답** ○

128
□□□
주권발행 전 주식의 양도에 관한 양도통지가 확정일자 없는 증서에 의하여 이루어짐으로써 제3자에 대한 대항력을 갖추지 못하였더라도 확정일자 없는 증서에 의한 양도통지나 승낙 후에 그 증서에 확정일자를 얻은 경우에는 최초 양도통지일에 소급하여 제3자에 대한 대항력을 취득한다. **┃법무사 20** ○ ✕

주식의 양도통지가 확정일자 없는 증서에 의하여 이루어짐으로써 제3자에 대한 대항력을 갖추지 못하였더라도 확정일자 없는 증서에 의한 양도통지나 승낙 후에 그 증서에 확정일자를 얻은 경우에는 그 일자 이후에는 제3자에 대한 대항력을 취득하는 것이나, 그 대항력 취득의 효력이 당초 주식 양도통지일로 소급하여 발생하는 것은 아니라 할 것이다(대판 2010.4.29. 2009다88631). 〔답〕 ×

129 주권발행 전 주식의 양도인은 양수인에 대하여 회사에 양도통지를 하거나 회사로부터 승낙을
☐☐☐ 받음으로써 제3자에 대한 대항요건을 갖추어줄 의무를 부담한다. ▎법무사 20 ○ ×

주식 양도의 원인이 된 매매·증여 기타의 채권계약에서 다른 약정이 없는 한 양도인은 그 채권계약에 기하여 양수인이 목적물인 주식에 관하여 완전한 권리 내지 이익을 누릴 수 있도록 할 의무를 진다고 할 것이다. 그러므로 양도인은 이미 양도한 주식을 제3자에게 다시 양도 기타 처분함으로써 양수인의 주주로서의 권리가 침해되도록 하여서는 아니 된다. 나아가 회사 이외의 제3자에 대하여 주식의 양도를 대항하기 위하여는 지명채권의 양도에 준하여 확정일자 있는 증서에 의한 양도의 통지 또는 그와 같은 승낙(이하 단지 '제3자대항요건'이라고 한다)이 있어야 하므로, 양도인은 위와 같은 의무의 일환으로 양수인에 대하여 회사에 그와 같은 양도통지를 하거나 회사로 부터 그러한 승낙을 받을 의무를 부담한다(대판 2012.11.29. 2012다38780). 〔답〕 ○

130 주권발행 전 주식의 이중양도가 문제되는 경우에 그 이중양수인 상호 간의 우열은 지명채권
☐☐☐ 이중양도에 준하여 확정일자 있는 양도통지가 회사에 도달한 일시 또는 확정일자 있는 승낙의
일시의 선후에 의하여 결정하는 것이 원칙이다. ▎법무사 17 ○ ×

주주명부에 기재된 명의상의 주주는 회사에 대한 관계에 자신의 실질적 권리를 증명하지 않아도 주주의 권리를 행사할 수 있는 자격수여적 효력을 인정받을 뿐이지 주주명부의 기재에 의하여 창설적 효력을 인정받는 것은 아니므로, 실질상 주식을 취득하지 못한 사람이 명의개서를 받았다고 하여 주주의 권리를 행사할 수 있는 것이 아니다. 따라서 주권발행 전 주식의 이중양도가 문제되는 경우, 그 이중양수인 중 일부에 대하여 이미 명의개서가 경료되었는지 여부를 불문하고 누가 우선순위자로서 권리취득자인지를 가려야 하고, 이때 이중양수인 상호 간의 우열은 지명채권 이중양도의 경우에 준하여 확정일자 있는 양도통지가 회사에 도달한 일시 또는 확정일자 있는 승낙의 일시의 선후에 의하여 결정하는 것이 원칙이다(대판 2006.9.14. 2005다45537). 〔답〕 ○

131 주권발행 전에 한 주식의 양도라도 회사성립 후 또는 신주의 납입기일 후 6월이 경과한 때에는
☐☐☐ 회사에 대하여 효력이 있다. ▎법무사 17 ○ ×

상법 제335조 제3항 단서 〔답〕 ○

132 ▸ 주권발행 전에 한 주식의 양도도 회사성립 후 또는 신주의 납입기일 후 6월이 경과한 때에는
☐☐☐ 회사에 대하여 효력이 있고, 이 경우 주식의 양도는 주권의 교부 없이 지명채권의 양도에
관한 일반원칙에 따라 당사자의 의사표시만으로 효력이 발생한다. ▎법원직9급 22 ○ ×

▸ 주권이 발행되지 않은 주식의 매매계약이 무효라면 그 계약은 처음부터 당연히 효력을 가지
지 아니하므로, 원칙적으로 계약에 따라 매도의 대상이 되었던 주식의 이전은 일어나지
않고, 매도인은 매매계약 이후에도 주주의 지위를 상실하지 않는다. ▎법원직9급 22 ○ ×

계약이 무효가 되면 각 당사자는 상대방에 대하여 부당이득반환의무를 부담하므로, 주권이 발행된 주식의 매매계약이 무효라면, 매도인은 매수인에게 지급받은 주식매매대금을 반환할 의무를, 매수인은 매도인에게 교부받은 주권을 반환할 의무를 각 부담한다. 그런데 주권발행 전에 한 주식의 양도도 회사성립 후 또는 신주의 납입기일 후 6월이 경과한 때에는 회사에 대하여 효력이 있고(상법 제335조 제3항), 이 경우 주식의 양도는 주권의 교부 없이 지명채권의 양도에 관한 일반원칙에 따라 당사자의 의사표시만으로 효력이 발생한다. 이와 같이 주권이 발행되지 않은 주식의 매매계약이 무효라면 그 계약은 처음부터 당연히 효력을 가지지 아니하므로, 원칙적으로 계약에 따라 매도의 대상이 되었던 주식의 이전은 일어나지 않고, 매도인은 매매계약 이후에도 주주의 지위를 상실하지 않는다(대판 2018.10.25. 2016다42800).　　　　　　답 ○ / ○

133 상법 제335조 제3항 소정의 주권발행 전에 한 주식의 양도는 회사성립 후 6월이 경과한 때에는
□□□ 회사에 대하여 효력이 있는 것으로서, 이 경우 주식의 양도는 지명채권의 양도에 관한 일반원칙에 따라 당사자의 의사표시만으로 효력이 발생하는 것이고, 상법 제337조 제1항에 규정된 주주명부상의 명의개서는 주식의 양수인이 회사에 대한 관계에서 주주의 권리를 행사하기 위한 대항요건에 지나지 아니한다.　┃법무사 20 · 22　　○ ×

＋＋

대판 2003.10.24. 2003다29661　　　　　　　　　　　　　　　　　　　　　답 ○

134 주권발행 전 주식의 양도가 회사성립 후 6월이 경과한 후에 이루어진 때에는 당사자의 의사표
□□□ 시만으로 회사에 대하여 효력이 있으므로, 주식양수인은 특별한 사정이 없는 한 양도인의 협력을 받을 필요 없이 단독으로 자신이 주식을 양수한 사실을 증명함으로써 회사에 대하여 명의개서를 청구할 수 있다.　┃법무사 20 · 21 · 22　　○ ×

＋＋

대판 2016.3.24. 2015다71795　　　　　　　　　　　　　　　　　　　　　　답 ○

135 주권발행 전에 한 주식의 양도가 회사성립 후 또는 신주의 납입기일 후 6월이 경과하기 전에
□□□ 이루어졌다고 하더라도 그 이후 6월이 경과하고 그 때까지 회사가 주권을 발행하지 않았다면, 그 하자는 치유되어 회사에 대하여도 유효한 주식양도가 된다.　┃법무사 22　　○ ×

＋＋

주권발행 전의 주식의 양도는 지명채권의 양도에 관한 일반원칙에 따라 당사자의 의사표시만으로 효력이 발생하는 것이고, 한편 주권발행 전에 한 주식의 양도가 회사성립 후 또는 신주의 납입기일 후 6월이 경과하기 전에 이루어졌다고 하더라도 그 이후 6월이 경과하고 그 때까지 회사가 주권을 발행하지 않았다면, 그 하자는 치유되어 회사에 대하여도 유효한 주식양도가 된다고 봄이 상당하다(대판 2002.3.15. 2000두1850).　　　　　　답 ○

136
☐☐☐

▶ 회사성립 후 또는 신주의 납입기간 후 6월이 지나도록 주권이 발행되지 않아 주권 없이 채권담보를 목적으로 체결된 주식양도계약은 바로 주식양도담보의 효력이 생기고, 양도담보권자가 대외적으로는 주식의 소유자가 된다. 주권발행 전 주식의 양도담보권자와 동일 주식에 대하여 압류명령을 집행한 자 사이의 우열은 주식양도의 경우와 마찬가지로 확정일자 있는 증서에 의한 양도통지 또는 승낙의 일시와 압류명령의 송달일시를 비교하여 그 선후에 따라 결정된다. 이때 그들이 주주명부에 명의개서를 하였는지 여부와는 상관없다. ┃법무사 20   ○ ×

▶ 주권발행 전 주식의 양도담보권자와 동일 주식에 대하여 압류명령을 집행한 자 사이의 우열은 주주명부에 명의개서를 한 선후에 의하여 결정된다. ┃법무사 19   ○ ×

▶ 회사성립 후 또는 신주의 납입기간 후 6월이 지나도록 주권이 발행되지 않아 주권 없이 채권담보를 목적으로 체결된 주식양도계약에 따른 주식의 양도담보권자와 동일 주식에 대하여 압류명령을 집행한 자 사이의 우열은 그들이 주주명부에 명의개서를 하였는지 여부와는 상관없이 확정일자 있는 증서에 의한 양도통지 또는 승낙의 일시와 압류명령의 송달일시를 비교하여 그 선후에 따라 결정된다. ┃법무사 21   ○ ×

▶ 주권발행 전 주식의 양도담보권자와 동일 주식에 대하여 압류명령을 집행한 자 사이의 우열은 주식양도의 경우와 마찬가지로 확정일자 있는 증서에 의한 양도통지 또는 승낙의 일시와 압류명령의 송달일시를 비교하여 그 선후에 따라 결정된다. 이때 그들이 주주명부에 명의개서를 하였는지 여부와는 상관없다. ┃법원직9급 20   ○ ×

회사 이외의 제3자에 대하여 주권발행 전 주식의 양도사실을 대항하기 위해서는 지명채권 양도의 경우와 마찬가지로 확정일자 있는 증서에 의한 양도통지 또는 회사의 승낙요건을 갖추어야 한다. 주권발행 전 주식의 양수인과 동일 주식에 대하여 압류명령을 집행한 자 사이의 우열은 확정일자 있는 증서에 의한 양도통지 또는 승낙의 일시와 압류명령의 송달일시를 비교하여 그 선후에 따라 정하여야 한다. 주주가 제3자에게 주권발행 전 주식을 양도하고 확정일자 있는 증서에 의한 통지나 승낙으로 주식양도의 대항요건을 갖추었다면, 그 후 주주의 다른 채권자가 그 양도된 주식을 압류하더라도 위와 같이 먼저 주식을 양도받아 대항요건을 갖춘 제3자에 대하여 압류의 효력을 주장할 여지가 없다. 회사성립 후 또는 신주의 납입기간 후 6월이 지나도록 주권이 발행되지 않아 주권 없이 채권담보를 목적으로 체결된 주식양도계약은 바로 주식양도담보의 효력이 생기고, 양도담보권자가 대외적으로는 주식의 소유자가 된다. 주권발행 전 주식의 양도담보권자와 동일 주식에 대하여 압류명령을 집행한 자 사이의 우열은 주식양도의 경우와 마찬가지로 확정일자 있는 증서에 의한 양도통지 또는 승낙의 일시와 압류명령의 송달일시를 비교하여 그 선후에 따라 결정된다. 이때 그들이 주주명부에 명의개서를 하였는지 여부와는 상관없다(대판 2018.10.12. 2017다221501).   ▣답 ○ / × / ○ / ○

자기주식의 취득(상법 제341조)　① 회사는 다음의 방법에 따라 자기의 명의와 계산으로 자기의 주식을 취득할 수 있다. 다만, 그 취득가액의 총액은 직전 결산기의 대차대조표상의 순자산액에서 제462조 제1항 각 호의 금액(자본금과 법정준비금)을 뺀 금액(배당가능이익)을 초과하지 못한다.
1. 거래소에서 시세가 있는 주식의 경우에는 거래소에서 취득하는 방법
2. 제345조 제1항의 주식의 상환에 관한 종류주식의 경우 외에 각 주주가 가진 주식 수에 따라 균등한 조건으로 취득하는 것으로서 대통령령으로 정하는 방법

> **자기주식 취득 방법의 종류 등(상법 시행령 제9조)**　① 법 제341조 제1항 제2호에서 "대통령령으로 정하는 방법"이란 다음 각 호의 어느 하나에 해당하는 방법을 말한다.
> 1. 회사가 모든 주주에게 자기주식 취득의 통지 또는 공고를 하여 주식을 취득하는 방법
> 2. 「자본시장과 금융투자업에 관한 법률」 제133조부터 제146조까지의 규정에 따른 공개매수의 방법

② 제1항에 따라 자기주식을 취득하려는 회사는 미리 주주총회의 결의로 다음 각 호의 사항을 결정하여야 한다. 다만, 이사회의 결의로 이익배당을 할 수 있다고 정관으로 정하고 있는 경우에는 이사회의 결의로써 주주총회의 결의를 갈음할 수 있다.
1. 취득할 수 있는 주식의 종류 및 수
2. 취득가액의 총액의 한도
3. 1년을 초과하지 아니하는 범위에서 자기주식을 취득할 수 있는 기간
③ 회사는 해당 영업연도의 결산기에 대차대조표상의 순자산액이 제462조 제1항 각 호의 금액의 합계액에 미치지 못할 (우려)가 있는 경우에는 제1항에 따른 주식의 취득을 하여서는 아니 된다.
④ 해당 영업연도의 결산기에 대차대조표상의 순자산액이 제462조 제1항 각 호의 금액의 합계액에 미치지 못함에도 불구하고 회사가 제1항에 따라 주식을 취득한 경우 이사는 회사에 대하여 연대하여 그 (미치지 못한 금액을 배상)할 책임이 있다. 다만, 이사가 제3항의 우려가 없다고 판단하는 때에 주의를 게을리하지 아니하였음을 (증명)한 경우에는 그러하지 아니하다.

특정목적에 의한 자기주식의 취득(상법 제341조의2)　회사는 다음 각 호의 어느 하나에 해당하는 경우에는 제341조에도 불구하고 자기의 주식을 취득할 수 있다.
1. 회사의 합병 또는 다른 회사의 영업전부의 양수로 인한 경우
2. 회사의 (권리를 실행)함에 있어 그 목적을 달성하기 위하여 필요한 경우
3. 단주(端株)의 처리를 위하여 필요한 경우
4. 주주가 주식매수청구권을 행사한 경우

자기주식의 처분(상법 제342조)　회사가 보유하는 자기의 주식을 처분하는 경우에 다음 각 호의 사항으로서 정관에 규정이 없는 것은 (이사회가 결정)한다.
1. 처분할 주식의 종류와 수
2. 처분할 주식의 처분가액과 납입기일
3. 주식을 처분할 상대방 및 처분방법

137
☐☐☐
▶ 상법상 자기주식 취득 금지규정에 위반하여 회사가 자기주식을 취득하거나 취득하기로 하는 약정은 무효이다. ▮법무사 17 ○ ×

▶ 자기주식의 취득이 예외적으로 허용되는 경우를 제외하고, 상법에서 정한 요건과 절차에 따르지 않은 자기주식 취득은 당연히 무효이다. ▮법무사 22 ○ ×

상법은 주식회사가 자기의 계산으로 자기주식을 취득하는 것을 원칙적으로 금지하면서, 예외적으로 일정한 경우에만 그 취득이 허용되는 것으로 명시하고 있다. 따라서 상법 제341조, 제341조의2, 제342조의2 또는 증권거래법 등이 명시적으로 이를 허용하고 있는 경우 외에는, 회사의 자본적 기초를 위태롭게 하거나 주주 등의 이익을 해한다고 할 수 없는 것이 유형적으로 명백한 경우가 아닌 한 자기주식의 취득은 허용되지 아니하고, 위와 같은 금지규정에 위반하여 회사가 자기주식을 취득하거나 취득하기로 하는 약정은 무효이다(대판 2006.10.12. 2005다75729). 답 ○ / ○

138
☐☐☐
▶ 상법 등에서 명시적으로 자기주식의 취득을 허용하는 경우 외에 회사의 자본적 기초를 위태롭게 하거나 주주 등의 이익을 해한다고 할 수 없는 것이 유형적으로 명백한 경우에도 자기주식의 취득이 예외적으로 허용되지만, 그 밖의 경우에는, 설령 회사 또는 주주나 회사채권자 등에게 생길지도 모르는 중대한 손해를 회피하기 위하여 부득이한 사정이 있다고 하더라도 자기주식의 취득은 허용되지 않고 위와 같은 금지규정에 위반하여 회사가 자기주식을 취득하는 것은 당연히 무효이다. ▮법무사 21 ○ ×

▶ 상법 등이 자기주식의 취득을 금지하면서 예외적으로 자기주식 취득이 허용되는 경우를 명시하고 있으나, 이런 명시적 예외사유에 해당하지 않더라도 회사에 생길지도 모르는 중대한 손해를 회피하기 위한 부득이한 사정이 있는 경우 및 회사가 자기주식을 무상으로 취득하거나 타인의 계산으로 취득하는 경우에는 자기주식의 취득이 허용된다. ▮법원직9급 20 ○ ×

상법 제341조, 제341조의2, 제342조의2 또는 증권거래법 등에서 명시적으로 자기주식의 취득을 허용하는 경우 외에, 회사가 자기주식을 무상으로 취득하는 경우 또는 타인의 계산으로 자기주식을 취득하는 경우 등과 같이, 회사의 자본적 기초를 위태롭게 하거나 주주 등의 이익을 해한다고 할 수 없는 것이 유형적으로 명백한 경우에도 자기주식의 취득이 예외적으로 허용되지만, 그 밖의 경우에 있어서는, 설령 <u>회사 또는 주주나 회사채권자 등에게 생길지도 모르는 중대한 손해를 회피하기 위하여 부득이한 사정이 있다고 하더라도 자기주식의 취득은 허용되지 아니하는 것이고 위와 같은 금지규정에 위반하여 회사가 자기주식을 취득하는 것은 당연히 무효이다</u>(대판 2003.5.16. 2001다44109). 답 ○ / ×

139
☐☐☐
상법 제341조의2에서 정한 특정목적에 의한 자기주식 취득이 아닌 경우에 회사는 직전 결산기의 배당가능이익을 초과하지 않는 범위에서 자기주식을 취득할 수 있다. ▮법무사 22 ○ ×

상법은 배당가능이익의 범위 내에서의 자기주식 취득(상법 제341조 제1항 참조)과 특정한 목적에 의한 자기주식 취득(상법 제341조의2)을 인정하고 있다. 답 ○

140 배당가능이익으로 하는 자기주식 취득에서 매수할 주식의 종류와 수, 취득가액의 총액 한도
□□□ 등은 주주총회 결의로 정하지만, 정관에서 이사회의 결의로 이익배당을 할 수 있다고 정하는
경우에는 이사회 결의로 정할 수 있다. ▮법무사 22   ○ ×

....

상법 제341조 제2항   답 ○

141 회사의 합병 또는 다른 회사의 영업전부의 양수로 인한 경우, 회사의 권리를 실행함에 있어
□□□ 그 목적을 달성하기 위하여 필요한 경우, 단주의 처리를 위하여 필요한 경우, 주주가 주식매수
청구권을 행사한 경우에는 배당가능이익과 무관하게 자기주식을 취득할 수 있다. ▮법무사 22

○ ×

....

상법 제341조의2   답 ○

142 회사는 회사의 합병 또는 다른 회사의 영업전부의 양수로 인한 경우 자기주식을 취득할 수
□□□ 있다. ▮법무사 17   ○ ×

....

상법 제341조의2 제1호   답 ○

143 회사는 그 권리를 실행하기 위하여 강제집행, 담보권의 실행 등을 함에 있어 채무자에게 회사의
□□□ 주식 이외에 재산이 없을 때라도 자기주식을 경락 또는 대물변제로 취득할 수는 없다.
▮법무사 17   ○ ×

....

주식회사가 자기주식을 취득할 수 있는 경우로서 상법 제341조의2 제2호가 규정하고 있는 '회사의 권리를 실행함에
있어 그 목적을 달성하기 위하여 필요한 때'라 함은 회사가 그 권리를 실행하기 위하여 강제집행, 담보권의 실행
등을 함에 있어 채무자에게 회사의 주식 이외에 재산이 없을 때 회사가 자기주식을 경락 또는 대물변제로 취득하는
경우 등을 말한다(대판 2006.10.12. 2005다75729).   답 ×

144 회사는 단주의 처리를 위하여 필요한 경우 자기주식을 취득할 수 있다. ▮법무사 17   ○ ×
□□□
....

상법 제341조의2 제3호   답 ○

145 회사는 주주가 주식매수청구권을 행사한 경우 자기주식을 취득할 수 있다. ▮법무사 17
□□□
○ ×

....

상법 제341조의2 제4호   답 ○

146 회사가 자기주식을 취득한 경우 상법 제341조의2에서 정한 특정목적에 의한 자기주식 취득이
□□□ 아닌 이상 지체 없이 주식실효의 절차를 밟아야 한다. ▮법무사 22　　　　　○ ×

> 종전에는 취득한 자기주식을 즉시 처분하도록 하였으나, 2011년 개정 상법은 자기주식의 처분을 이사회의 재량으로 정하도록 하고 있다(상법 제342조 참조).　　　　　**답** ×

---

6 주식 상호소유의 제한

> **자회사에 의한 모회사주식의 취득(상법 제342조의2)**　　① 다른 회사의 발행주식의 총수의 100분의 50을 초과하는 주식을 가진 회사(이하 "(모회사)"라 한다)의 주식은 다음의 경우를 제외하고는 그 다른 회사(이하 "(자회사)"라 한다)가 이를 (취득할 수 없다).
> 1. 주식의 포괄적 교환, 주식의 포괄적 이전, 회사의 합병 또는 다른 회사의 영업전부의 양수로 인한 때
> 2. 회사의 권리를 실행함에 있어 그 목적을 달성하기 위하여 필요한 때
> ② 제1항 각 호의 경우 자회사는 그 주식을 취득한 날로부터 (6월 이내)에 (모회사의 주식)을 (처분)하여야 한다.
> ③ 다른 회사의 발행주식의 총수의 100분의 50을 초과하는 주식을 (모회사 및 자회사) 또는 (자회사)가 가지고 있는 경우 그 다른 회사는 이 법의 적용에 있어 그 모회사의 자회사로 본다.
>
> **다른 회사의 주식취득(상법 제342조의3)**　　회사가 다른 회사의 발행주식총수의 (10분의 1)을 (초과)하여 취득한 때에는 그 다른 회사에 대하여 지체없이 이를 (통지)하여야 한다.
>
> **의결권(상법 제369조)**　　③ 회사, 모회사 및 자회사 또는 자회사가 다른 회사의 발행주식의 총수의 (10분의 1)을 (초과)하는 주식을 가지고 있는 경우 그 (다른 회사가) 가지고 있는 회사 또는 모회사의 주식은 (의결권이 없다).

147 甲회사가 乙회사의 발생주식총수의 10분의 1을 초과하여 취득한 때에는 乙회사에 지체 없이
□□□ 이를 통지하여야 하고, 이 경우 乙회사가 가지고 있는 甲회사의 주식은 의결권이 없다.
▮법무사 21, 법원직9급 20　　　　　○ ×

> 상법 제342조의3, 제369조 제3항　　　　　**답** ○

주식의 입질(상법 제338조)　① 주식을 질권의 목적으로 하는 때에는 주권을 질권자에게 교부하여야 한다.
② 질권자는 계속하여 주권을 점유하지 아니하면 그 질권으로써 제3자에게 대항하지 못한다.

질권의 물상대위(상법 제339조)　주식의 소각, 병합, 분할 또는 전환이 있는 때에는 이로 인하여 종전의 주주가 받을 금전이나 주식에 대하여도 종전의 주식을 목적으로 한 질권을 행사할 수 있다.

주식의 등록질(상법 제340조)　① 주식을 질권의 목적으로 한 경우에 회사가 질권설정자의 청구에 따라 그 (성명과 주소)를 (주주명부)에 덧붙여 쓰고 그 (성명)을 (주권)(株券)에 적은 경우에는 질권자는 회사로부터 이익배당, 잔여재산의 분배 또는 제339조에 따른 금전의 지급을 받아 다른 채권자에 우선하여 자기채권의 변제에 충당할 수 있다.
② 민법 제353조 제3항의 규정은 전항의 경우에 준용한다.
③ 제1항의 질권자는 회사에 대하여 전조의 주식에 대한 주권의 교부를 청구할 수 있다.

자기주식의 질취(상법 제341조의3)　회사는 발행주식총수의 20분의 1을 초과하여 자기의 주식을 질권의 목적으로 받지 못한다. 다만, 제341조의2 제1호(회사의 (합병) 또는 다른 회사의 (영업전부의 양수)로 인한 경우) 및 제2호(회사의 (권리를 실행)함에 있어 그 목적을 달성하기 위하여 필요한 경우)의 경우에는 그 한도를 초과하여 질권의 목적으로 할 수 있다.

---

148 질권자는 계속하여 주권을 점유하지 아니하면 그 질권으로써 제3자에게 대항하지 못한다.
□□□　❚법무사 19　　　　　　　　　　　　　　　　　　　　　　　　　　　　O ×

....

상법 제338조 제2항　　　　　　　　　　　　　　　　　　　　　　　　　　　답 O

---

149 주식의 소각, 병합, 분할 또는 전환이 있는 때에는 이로 인하여 종전의 주주가 받을 금전이나
□□□　주식에 대하여도 종전의 주식을 목적으로 한 질권을 행사할 수 있다. ❚법무사 19　O ×

....

상법 제339조　　　　　　　　　　　　　　　　　　　　　　　　　　　　　　답 O

---

150 주식의 질권설정에 필요한 요건인 주권의 점유를 이전하는 방법으로는 현실인도(교부)만이
□□□　허용될 뿐, 반환청구권의 양도는 허용되지 않는다. ❚법무사 19　　　　　　　O ×

....

기명주식의 약식질에 관한 상법 제338조는 기명주식을 질권의 목적으로 하는 때에는 주권을 질권자에게 교부하여야 하고(제1항), 질권자는 계속하여 주권을 점유하지 아니하면 그 질권으로써 제3자에게 대항하지 못한다고(제2항) 규정하고 있다. 여기에서 주식의 질권설정에 필요한 요건인 주권의 점유를 이전하는 방법으로는 현실인도(교부) 외에 간이인도나 반환청구권 양도도 허용된다(대판 2012.8.23. 2012다34764).　　　답 ×

151 주식을 질권의 목적으로 한 경우 회사가 질권설정자의 청구에 따라 그 성명과 주소를 주주명부
☐☐☐ 에 덧붙여 쓰고, 그 성명을 주권에 적은 경우에는 질권자는 회사로부터 이익배당, 잔여재산의
분배를 받아 다른 채권자에 우선하여 자기채권의 변제에 충당할 수 있다. ▎법무사 20 ○ ✕

상법 제340조 제1항 답 ○

152 회사는 회사의 합병 또는 다른 회사의 영업 전부의 양수로 인한 경우에는 발행주식 총수의
☐☐☐ 20분의 1을 초과하여 자기의 주식을 질권의 목적으로 받을 수 있다. ▎법무사 19 ○ ✕

상법 제341조의3 단서 답 ○

153 명의개서를 마친 등록양도담보권자는 자익권과 공익권 등 주주권을 행사할 수 있다.
☐☐☐ ▎법무사 19 ○ ✕

환매특약부 매매가 채권담보의 경제적 기능을 갖는 것은 사실이나, 그렇다고 하더라도 채권자(매수인)가 단순히
담보권만을 취득하는 것이 아니고 목적물의 소유권까지를 일단 취득하고 단지 채무자(매도인)가 환매기간 내에
환매할 수 있는 권리를 유보하는 부담을 갖는 데에 그치는 것이므로, 주식을 환매조건부로 취득하여 주주명부상의
명의개서까지 마친 매수인으로서는 주주로서의 의결권 기타의 공익권도 행사할 수 있고, 설사 주식의 양도가
양도담보의 의미로 이루어지고 양수인이 양도담보권자에 불과하더라도, 회사에 대한 관계에 있어서는 양도담보권
자가 주주의 자격을 갖는 것이어서 의결권 기타의 공익권도 양도인에 대한 관계에서는 담보권자인 양수인에
귀속한다 할 것이다(대판 1992.5.26. 92다84). 답 ○

제6절 **지배주주에 의한 소수주식의 전부취득**

지배주주의 매도청구권(상법 제360조의24) ① 회사의 발행주식총수의 (100분의 95) 이상을 자기의 계산
으로 보유하고 있는 주주(이하 이 관에서 "지배주주"라 한다)는 회사의 경영상 목적을 달성하기 위하여
필요한 경우에는 회사의 다른 주주(이하 이 관에서 "소수주주"라 한다)에게 그 보유하는 주식의 매도를
청구할 수 있다.
② 제1항의 보유주식의 수를 산정할 때에는 (모회사와 자회사)가 보유한 주식을 (합산)한다. 이 경우 회사가
아닌 주주가 발행주식총수의 100분의 50을 초과하는 주식을 가진 회사가 보유하는 주식도 그 주주가 보유
하는 주식과 합산한다.
③ 제1항의 매도청구를 할 때에는 미리 주주총회의 승인을 받아야 한다.
④ 제3항의 주주총회의 소집을 통지할 때에는 다음 각 호에 관한 사항을 적어야 하고, 매도를 청구하는 지배
주주는 주주총회에서 그 내용을 설명하여야 한다.
1. 지배주주의 회사 주식의 보유 현황
2. 매도청구의 목적
3. 매매가액의 산정 근거와 적정성에 관한 공인된 감정인의 평가
4. 매매가액의 지급보증

⑤ 지배주주는 매도청구의 날 1개월 전까지 다음 각 호의 사실을 공고하고, 주주명부에 적힌 주주와 질권자에게 따로 그 통지를 하여야 한다.
1. 소수주주는 매매가액의 수령과 동시에 주권을 지배주주에게 교부하여야 한다는 뜻
2. 교부하지 아니할 경우 매매가액을 수령하거나 지배주주가 매매가액을 공탁(供託)한 날에 주권은 무효가 된다는 뜻
⑥ 제1항의 매도청구를 받은 소수주주는 매도청구를 받은 날부터 2개월 내에 지배주주에게 그 주식을 매도하여야 한다.
⑦ 제6항의 경우 그 매매가액은 매도청구를 받은 소수주주와 매도를 청구한 지배주주 간의 협의로 결정한다.
⑧ 제1항의 매도청구를 받은 날부터 30일 내에 제7항의 매매가액에 대한 협의가 이루어지지 아니한 경우에는 매도청구를 받은 소수주주 또는 매도청구를 한 지배주주는 법원에 매매가액의 결정을 청구할 수 있다.
⑨ 법원이 제8항에 따라 주식의 매매가액을 결정하는 경우에는 회사의 재산상태와 그밖의 사정을 고려하여 공정한 가액으로 산정하여야 한다.

소수주주의 매수청구권(상법 제360조의25) ① 지배주주가 있는 회사의 소수주주는 언제든지 지배주주에게 그 보유주식의 매수를 청구할 수 있다.
② 제1항의 매수청구를 받은 지배주주는 매수를 청구한 날을 기준으로 (2개월) 내에 매수를 청구한 주주로부터 그 주식을 매수하여야 한다.
③ 제2항의 경우 그 매매가액은 매수를 청구한 주주와 매수청구를 받은 지배주주 간의 (협의)로 결정한다.
④ 제2항의 매수청구를 받은 날부터 30일 내에 제3항의 매매가액에 대한 협의가 이루어지지 아니한 경우에는 매수청구를 받은 지배주주 또는 매수청구를 한 소수주주는 (법원에) 대하여 매매가액의 결정을 청구할 수 있다.
⑤ 법원이 제4항에 따라 주식의 매매가액을 결정하는 경우에는 회사의 재산상태와 그밖의 사정을 고려하여 공정한 가액으로 산정하여야 한다.

주식의 이전 등(상법 제360조의26) ① 제360조의24와 제360조의25에 따라 주식을 취득하는 지배주주가 매매가액을 소수주주에게 (지급한 때)에 주식이 이전된 것으로 본다.
② 제1항의 매매가액을 지급할 소수주주를 알 수 없거나 소수주주가 수령을 거부할 경우에는 지배주주는 그 가액을 공탁할 수 있다. 이 경우 주식은 공탁한 날에 지배주주에게 이전된 것으로 본다.

---

154 회사 발행주식총수의 100분의 95 이상을 자기의 계산으로 보유하고 있는 지배주주는 회사
□□□ 경영상의 목적을 달성하기 위해 필요한 경우 회사의 다른 주주에게 그 보유 주식의 매도를 청구할 수 있다. ▮법원직9급 21   ○ ✕

....

상법 제360조의24 제1항   답 ○

155 지배주주는 회사의 경영상 목적을 달성하기 위해 필요한 경우 미리 주주총회의 승인을 받아
□□□ 소수주주에게 그 보유하는 주식의 매도청구를 할 수 있다. ▮법무사 17   ○ ✕

....

상법 제360조의24 제1항·제3항   답 ○

156 지배주주로부터 매도청구를 받은 소수주주는 매도청구를 받은 날부터 1개월 내에 지배주주에게 그 주식을 매도하여야 한다. ┃법무사 17   ○ ✕

제1항의 매도청구를 받은 소수주주는 매도청구를 받은 날부터 <u>2개월</u> 내에 지배주주에게 그 주식을 매도하여야 한다(상법 제360조의24 제6항).   **답** ✕

157 지배주주에 의한 소수주식의 전부취득 시 그 매매가액은 매도청구를 받은 소수주주와 매도를 청구한 지배주주 간의 협의로 결정하고, 매도청구를 받은 날부터 30일 내에 매매가액 협의가 이루어지지 아니한 경우 해당 소수주주 또는 지배주주는 법원에 매매가액의 결정을 청구할 수 있다. ┃법무사 17   ○ ✕

상법 제360조의24 제7항·제8항   **답** ○

158 지배주주가 소수주주에 대해 주식매도청구권을 행사할 경우 반드시 소수주주가 보유하는 주식 전부에 대해 매도청구를 하여야 하는 것은 아니다. ┃법원직9급 21   ○ ✕

상법 제360조의24 제1항은 회사의 발행주식총수의 100분의 95 이상을 자기의 계산으로 보유하고 있는 주주(이하 '지배주주'라고 한다)는 회사의 경영상 목적을 달성하기 위하여 필요한 경우에는 회사의 다른 주주(이하 '소수주주'라고 한다)에게 그 보유하는 주식의 매도를 청구할 수 있다고 규정하고 있다. 이는 95% 이상의 주식을 보유한 지배주주가 소수주주에게 공정한 가격을 지급한다면, 일정한 요건하에 발행주식 전부를 지배주주 1인의 소유로 할 수 있도록 함으로써 회사 경영의 효율성을 향상시키고자 한 제도이다. 이러한 입법 의도와 목적 등에 비추어 보면, 지배주주가 매도청구권을 행사할 때에는 반드시 소수주주가 보유하고 있는 <u>주식 전부에 대하여 권리를 행사하여야 한다</u>(대판 2020.6.11. 2018다224699).   **답** ✕

159 주식매도청구권에 따라 지배주주가 소수주주에게 지급하여야 할 매매가액은 소수주주와 협의로 결정된 금액 또는 법원이 상법에 따라 산정한 공정한 가액으로 보아야 한다. ┃법원직9급 21   ○ ✕

상법 제360조의26 제1항은 상법 제360조의24에 따라 주식을 취득하는 지배주주는 매매가액을 소수주주에게 지급한 때에 주식이 이전된 것으로 본다고 규정하고, 같은 조 제2항은 제1항의 매매가액을 지급할 소수주주를 알 수 없거나 소수주주가 수령을 거부할 경우에는 지배주주는 그 가액을 공탁할 수 있다고 규정하고 있다. 이때의 '매매가액'은 지배주주가 일방적으로 산정하여 제시한 가액이 아니라 소수주주와 협의로 결정된 금액 또는 법원이 상법 제360조의24 제9항에 따라 산정한 공정한 가액으로 보아야 한다(대판 2020.6.11. 2018다224699).   **답** ○

160 지배주주가 있는 회사의 소수주주는 언제든지 지배주주에게 그 보유주식의 매수를 청구할 수 있다. ┃법무사 17   ○ ✕

상법 제360조의25 제1항   **답** ○

161 ▸ 지배주주가 소수주주에 대한 매도청구에 따라 소수주식을 취득하는 때에는 매매가액을 소수
□□□　　주주에게 지급한 때에 주식이 이전된 것으로 본다. **ㅣ법무사 17**　　　　　　　　　　　○ ×

　　▸ 지배주주가 소수주주에 대해 주식매도청구권을 행사할 경우, 매매가액이 소수주주에게 지급
　　　된 때에 곧바로 매도청구의 대상이 된 주식이 지배주주에게 이전된 것으로 본다.
　　　ㅣ법원직9급 21　　　　　　　　　　　　　　　　　　　　　　　　　　　　　○ ×

………

제360조의24(지배주주의 매도청구권)와 제360조의25(소수주주의 매수청구권)에 따라 주식을 취득하는 지배주
주가 매매가액을 소수주주에게 지급한 때에 주식이 이전된 것으로 본다(상법 제360조의26 제1항).

답 ○ / ○

제4장 ┃ 주식회사의 기관

제1절 주주총회

제1항 주주총회의 소집

제1관 소집권자

소집의 결정(상법 제362조)　　총회의 소집은 본법에 다른 규정이 있는 경우 외에는 이사회가 이를 결정한다.

소수주주에 의한 소집청구(상법 제366조)　　① 발행주식총수의 (100분의 3) 이상에 해당하는 주식을 가진
　주주는 회의의 목적사항과 소집의 이유를 적은 서면 또는 전자문서를 이사회에 제출하여 임시총회의 소집
　을 청구할 수 있다.
② 제1항의 청구가 있은 후 지체 없이 총회소집의 절차를 밟지 아니한 때에는 청구한 주주는 법원의 허가를
　받아 총회를 소집할 수 있다. 이 경우 주주총회의 의장은 (법원)이 이해관계인의 청구나 직권으로 선임할
　수 있다.
③ 제1항 및 제2항의 규정에 의한 총회는 회사의 업무와 재산상태를 조사하게 하기 위하여 검사인을 선임할
　수 있다.

총회의 소집청구(상법 제412조의3)　　① (감사)는 회의의 목적사항과 소집의 이유를 기재한 서면을 이사회
　에 제출하여 임시총회의 소집을 청구할 수 있다.
② 제366조 제2항의 규정은 감사가 총회를 소집하는 경우에 이를 준용한다.

162 소수주주가 주주총회 소집을 청구하였음에도 불구하고 지체 없이 그 소집절차를 밟지 아니한
☐☐☐ 때에는 청구한 주주는 법원의 허가를 받아 총회를 소집할 수 있는데, 이 경우 주주총회 의장은
법원이 이해관계인의 청구나 직권으로 선임할 수 있다. ❙법무사 18   ○ ×

상법 제366조 제2항   **답** ○

제1편   제2편   제3편   제4편   제5편   제6편

제2관   소집의 통지, 소집장소, 소집시기

소집의 통지(상법 제363조)   ① 주주총회를 소집할 때에는 주주총회일의 (2주 전)에 각 주주에게 (서면)으로
통지를 발송하거나 각 주주의 동의를 받아 (전자문서)로 통지를 발송하여야 한다. 다만, 그 통지가 주주명부상
주주의 주소에 계속 3년간 도달하지 아니한 경우에는 회사는 해당 주주에게 총회의 소집을 통지하지 아니할
수 있다.
② 제1항의 통지서에는 회의의 목적사항을 적어야 한다.
③ 제1항에도 불구하고 자본금 총액이 10억원 미만인 회사가 주주총회를 소집하는 경우에는 주주총회일의
10일 전에 각 주주에게 서면으로 통지를 발송하거나 각 주주의 동의를 받아 전자문서로 통지를 발송할
수 있다.
④ 자본금 총액이 10억원 미만인 회사는 주주 전원의 동의가 있을 경우에는 소집절차 없이 주주총회를 개최
할 수 있고, 서면에 의한 결의로써 주주총회의 결의를 갈음할 수 있다. 결의의 목적사항에 대하여 주주
전원이 서면으로 동의를 한 때에는 서면에 의한 결의가 있는 것으로 본다.

소집지(상법 제364조)   총회는 정관에 다른 정함이 없으면 본점소재지 또는 이에 인접한 지에 소집하여야
한다.

총회의 소집(상법 제365조)   ① 정기총회는 (매년 1회) 일정한 시기에 이를 소집하여야 한다.
② 연 2회 이상의 결산기를 정한 회사는 (매기)에 총회를 소집하여야 한다.
③ 임시총회는 필요 있는 경우에 수시 이를 소집한다.

163 자본금 총액이 10억원 미만인 회사가 주주총회를 소집하는 경우에는 주주총회일의 10일 전에
☐☐☐ 각 주주에게 서면으로 통지를 발송하거나 각 주주의 동의를 받아 전자문서로 통지를 발송할
수 있고, 주주 전원의 동의가 있을 경우에는 소집절차 없이 주주총회를 개최할 수도 있다.
❙법무사 21   ○ ×

상법 제363조 제3항·제4항   **답** ○

164 ▸ 자본금 총액이 10억원 미만인 회사는 주주 전원의 동의가 있을 경우에는 서면에 의한 결의로
□□□ 써 주주총회결의를 갈음할 수 있다. ❙법무사 18 ○×

▸ 자본금 총액이 10억원 미만인 회사는 주주 전원의 동의가 있을 경우에는 소집절차 없이
주주총회를 개최할 수 있고, 서면에 의한 결의로써 주주총회의 결의를 갈음할 수 있다. 결의
의 목적사항에 대하여 주주 전원이 서면으로 동의를 한 때에는 서면에 의한 결의가 있는
것으로 본다. ❙법무사 20 ○×

....

상법 제363조 제4항 🗹 ○ / ○

165 ▸ 주주총회 소집의 통지·공고가 행하여진 후 소집을 철회하거나 연기하기 위해서는 소집의
□□□ 경우에 준하여 이사회의 결의를 거쳐 대표이사가 그 뜻을 그 소집에서와 같은 방법으로
통지·공고하여야 한다. ❙법무사 20 ○×

▸ 주주총회의 소집을 철회·취소하는 경우에는 반드시 총회의 소집과 동일한 방식으로 그
철회·취소를 총회 구성원들에게 통지하여야 할 필요는 없고, 주주에게 소집의 철회·취소
결정이 있었음이 알려질 수 있는 적절한 조치를 취하면 된다. ❙법무사 21 ○×

....

주주총회 소집의 통지·공고가 행하여진 후 소집을 철회하거나 연기하기 위해서는 소집의 경우에 준하여 이사회의
결의를 거쳐 대표이사가 그 뜻을 그 소집에서와 같은 방법으로 통지·공고하여야 한다(대판 2009.3.26. 2007도
8195). 🗹 ○ / ×

166 이사회에서 주주총회의 소집을 철회하기로 결의하자, 주주총회 개최장소 출입문에 총회소집
□□□ 이 철회되었다는 취지의 공고문을 부착하고 위 이사회에 참석하지 않은 주주들에게는 퀵서비
스를 통해 소집철회통지서를 보내는 한편, 전보와 휴대전화로도 같은 취지의 통지를 하였다면,
그 소집은 적법하게 철회되었다고 볼 수 있다. ❙법무사 18 ○×

....

주식회사 대표이사가 이사회결의를 거쳐 주주들에게 임시주주총회 소집통지서를 발송하였다가 다시 이를 철회하
기로 하는 이사회결의를 거친 후 총회 개최장소 출입문에 총회 소집이 철회되었다는 취지의 공고문을 부착하고,
이사회에 참석하지 않은 주주들에게는 퀵서비스를 이용하여 총회 소집이 철회되었다는 내용의 소집철회통지서를
보내는 한편, 전보와 휴대전화(직접 통화 또는 메시지 녹음)로도 같은 취지의 통지를 한 경우, 임시주주총회 소집을
철회하기로 하는 이사회결의를 거친 후 주주들에게 소집통지와 같은 방법인 서면에 의한 소집철회통지를 한
이상 임시주주총회 소집이 적법하게 철회되었다(대판 2011.6.24. 2009다 35033). 🗹 ○

167 주식회사의 임시주주총회가 법령 및 정관상 요구되는 이사회의 결의 및 소집절차 없이 이루어
□□□ 졌다 하더라도, 주주명부상의 주주 전원이 참석하여 총회를 개최하는 데 동의하고 아무런
이의 없이 만장일치로 결의가 이루어졌다면 그 결의는 특별한 사정이 없는 한 유효하다.
❙법무사 20·21, 법원직9급 21 ○×

....

대판 2002.12.24. 2000다69927 🗹 ○

주주제안권(상법 제363조의2) ① 의결권없는 주식을 제외한 발행주식총수의 (100분의 3) 이상에 해당하는 주식을 가진 주주는 (이사)에게 주주총회일(정기주주총회의 경우 직전 연도의 정기주주총회일에 해당하는 그 해의 해당일. 이하 이 조에서 같다)의 (6주) 전에 서면 또는 전자문서로 일정한 사항을 주주총회의 목적사항으로 할 것을 제안(이하 '주주제안'이라 한다)할 수 있다.
② 제1항의 주주는 이사에게 주주총회일의 6주 전에 서면 또는 전자문서로 회의의 목적으로 할 사항에 추가하여 당해 주주가 제출하는 의안의 요령을 제363조에서 정하는 통지에 기재할 것을 청구할 수 있다.
③ 이사는 제1항에 의한 주주제안이 있는 경우에는 이를 이사회에 보고하고, 이사회는 주주제안의 내용이 (법령) 또는 (정관을 위반)하는 경우와 그밖에 대통령령으로 정하는 경우를 (제외)하고는 이를 주주총회의 목적사항으로 하여야 한다. 이 경우 주주제안을 한 자의 청구가 있는 때에는 주주총회에서 당해 의안을 설명할 기회를 주어야 한다.

168 ▶ 의결권 없는 주식을 제외한 발행주식총수의 100분의 3 이상에 해당하는 주식을 가진 주주는 주주제안권을 행사할 수 있다. ▎법원직9급 20 ○ ×

▶ 주주제안권의 행사는 주주총회일의 6주 전에 서면 또는 전자문서로 하여야 한다. ▎법원직9급 20 ○ ×

상법 제363조의2 제1항 답 ○ / ○

169 ▶ 주주제안의 상대방은 이사이고, 다만 이사는 주주제안이 있는 경우 이를 이사회에 보고해야 한다. ▎법원직9급 20 ○ ×

▶ 주주제안권은 소수주주를 보호하기 위해 규정된 권리이므로, 설령 그 내용이 정관에 위반된다 하더라도 이사는 이를 주주총회의 목적사항으로 하여야 한다. ▎법원직9급 20 ○ ×

주주제안의 상대방은 이사이다. 이사는 주주제안이 있는 경우에는 이를 이사회에 보고하고, 이사회는 주주제안의 내용이 법령 또는 정관을 위반하는 경우와 그 밖에 대통령령으로 정하는 경우를 제외하고는 이를 주주총회의 목적사항으로 하여야 한다(상법 제363조의2 제1항, 제3항 참조). 답 ○ / ×

의결권(상법 제369조)　① 의결권은 1주마다 1개로 한다.
② 회사가 가진 자기주식은 의결권이 없다.
③ 회사, 모회사 및 자회사 또는 자회사가 다른 회사의 발행주식의 총수의 10분의 1을 초과하는 주식을 가지고 있는 경우 그 (다른 회사가) 가지고 있는 회사 또는 모회사의 주식은 의결권이 없다.

총회의 결의방법과 의결권의 행사(상법 제368조)　③ 총회의 결의에 관하여 (특별한 이해관계)가 있는 자는 의결권을 행사하지 못한다.

의결권의 배제·제한에 관한 종류주식(상법 제344조의3)　① 회사가 의결권이 없는 종류주식이나 의결권이 제한되는 종류주식을 발행하는 경우에는 정관에 의결권을 행사할 수 없는 사항과, 의결권행사 또는 부활의 조건을 정한 경우에는 그 조건 등을 정하여야 한다.

선임(상법 제409조)　② 의결권없는 주식을 제외한 발행주식의 총수의 (100분의 3)(정관에서 더 낮은 주식 보유비율을 정할 수 있으며, 정관에서 더 낮은 주식 보유비율을 정한 경우에는 그 비율로 한다)을 초과하는 수의 주식을 가진 주주는 그 (초과하는 주식)에 관하여 제1항의 (감사의 선임)에 있어서는 의결권을 행사하지 못한다.

감사위원회의 구성 등(상법 제542조의12)　④ 제1항에 따른 (감사위원회위원)을 (선임 또는 해임)할 때에는 (상장회사)의 의결권 없는 주식을 제외한 발행주식총수의 (100분의 3)(정관에서 더 낮은 주식 보유비율을 정할 수 있으며, 정관에서 더 낮은 주식 보유비율을 정한 경우에는 그 비율로 한다)을 초과하는 수의 주식을 가진 주주(최대주주인 경우에는 사외이사가 아닌 감사위원회위원을 선임 또는 해임할 때에 그의 특수관계인, 그밖에 대통령령으로 정하는 자가 소유하는 주식을 합산한다)는 그 (초과하는 주식)에 관하여 의결권을 행사하지 못한다.
⑦ 제4항은 (상장회사)가 (감사)를 (선임하거나 해임)할 때에 준용한다. 이 경우 주주가 최대주주인 경우에는 그의 특수관계인, 그밖에 대통령령으로 정하는 자가 소유하는 주식을 합산한다.

170　1주 1의결권의 원칙을 규정하고 있는 상법 제369조 제1항은 강행규정이므로 법률에서 위 원칙에 대한 예외를 인정하는 경우를 제외하고, 정관의 규정이나 주주총회의 결의 등으로 위 원칙에 반하여 의결권을 제한하더라도 효력이 없다. **▍법무사 17**　○ ×

□□□

　상법 제369조 제1항에서 주식회사의 주주는 1주마다 1개의 의결권을 가진다고 하는 1주 1의결권의 원칙을 규정하고 있는바, 위 규정은 강행규정이므로 법률에서 위 원칙에 대한 예외를 인정하는 경우를 제외하고, 정관의 규정이나 주주총회의 결의 등으로 위 원칙에 반하여 의결권을 제한하더라도 효력이 없다(대판 2009.11.26, 2009다51820).

답 ○

총회의 결의방법과 의결권의 행사(상법 제368조)　② 주주는 대리인으로 하여금 그 의결권을 행사하게 할 수 있다. 이 경우에는 그 대리인은 대리권을 증명하는 서면을 총회에 제출하여야 한다.

의결권의 불통일행사(상법 제368조의2)　① 주주가 2 이상의 의결권을 가지고 있는 때에는 이를 통일하지 아니하고 행사할 수 있다. 이 경우 주주총회일의 3일 전에 회사에 대하여 서면 또는 전자문서로 그 뜻과 이유를 통지하여야 한다.
② 주주가 주식의 신탁을 인수하였거나 기타 타인을 위하여 주식을 가지고 있는 경우외에는 회사는 주주의 의결권의 불통일행사를 거부할 수 있다.

서면에 의한 의결권의 행사(상법 제368조의3)　① 주주는 정관이 정한 바에 따라 총회에 출석하지 아니하고 서면에 의하여 의결권을 행사할 수 있다.
② 회사는 총회의 소집통지서에 주주가 제1항의 규정에 의한 의결권을 행사하는 데 필요한 서면과 참고자료를 첨부하여야 한다.

전자적 방법에 의한 의결권의 행사(상법 제368조의4)　① 회사는 (이사회의 결의)로 주주가 총회에 출석하지 아니하고 전자적 방법으로 의결권을 행사할 수 있음을 정할 수 있다.
② 회사는 제363조에 따라 소집통지를 할 때에는 주주가 제1항에 따른 방법으로 의결권을 행사할 수 있다는 내용을 통지하여야 한다.
③ 회사가 제1항에 따라 전자적 방법에 의한 의결권행사를 정한 경우에 주주는 주주 확인절차 등 대통령령으로 정하는 바에 따라 의결권을 행사하여야 한다. 이 경우 회사는 의결권행사에 필요한 양식과 참고자료를 주주에게 전자적 방법으로 제공하여야 한다.
④ 동일한 주식에 관하여 제1항 또는 제368조의3 제1항에 따라 의결권을 행사하는 경우 전자적 방법 또는 서면 중 어느 하나의 방법을 선택하여야 한다.

이익공여의 금지(상법 제467조의2)　① 회사는 누구에게든지 주주의 권리행사와 관련하여 재산상의 이익을 공여할 수 없다.
② 회사가 특정의 주주에 대하여 무상으로 재산상의 이익을 공여한 경우에는 주주의 권리행사와 관련하여 이를 공여한 것으로 추정한다. 회사가 특정의 주주에 대하여 유상으로 재산상의 이익을 공여한 경우에 있어서 회사가 얻은 이익이 공여한 이익에 비하여 현저하게 적은 때에도 또한 같다.
③ 회사가 제1항의 규정에 위반하여 재산상의 이익을 공여한 때에는 그 이익을 공여받은 자는 이를 회사에 (반환)하여야 한다. 이 경우 회사에 대하여 대가를 지급한 것이 있는 때에는 그 반환을 받을 수 있다.
④ 제403조 내지 제406조의 규정은 제3항의 이익의 반환을 청구하는 소에 대하여 이를 준용한다.

171　의결권의 대리행사로 말미암아 주주총회의 개최가 부당하게 저해되거나 혹은 회사의 이익이 부당하게 침해될 염려가 있는 등의 특별한 사정이 있는 경우에는 회사가 이를 거절할 수 있다.
▎법무사 17　　　　　　　　　　　　　　　　　　　　　　　　　　　　　　　○　×

주주의 자유로운 의결권 행사를 보장하기 위하여 주주가 의결권의 행사를 대리인에게 위임하는 것이 보장되어야 한다고 하더라도 주주의 의결권 행사를 위한 대리인 선임이 무제한적으로 허용되는 것은 아니고, 그 의결권의 대리행사로 말미암아 주주총회의 개최가 부당하게 저해되거나 혹은 회사의 이익이 부당하게 침해될 염려가 있는 등의 특별한 사정이 있는 경우에는 회사가 이를 거절할 수 있다(대판 2009.4.23. 2005다22701).　**답** ○

172 주주가 대리인으로 하여금 그 의결권을 행사하게 하는 경우 대리권을 증명하는 서면은 위조나
☐☐☐ 변조 여부를 쉽게 식별할 수 있는 원본이어야 하고 특별한 사정이 없는 한 사본은 그 서면에
해당하지 않는다. ▌법무사 17　　　　　　　　　　　　　　　　　　　　　　　　○ ✕

상법 제368조 제2항의 규정은 대리권의 존부에 관한 법률관계를 명확히 하여 주주총회결의의 성립을 원활하게
하기 위한 데 그 목적이 있다고 할 것이므로 대리권을 증명하는 서면은 위조나 변조 여부를 쉽게 식별할 수
있는 원본이어야 하고, 특별한 사정이 없는 한 사본은 그 서면에 해당하지 아니하고, 팩스를 통하여 출력된 팩스본
위임장 역시 성질상 원본으로 볼 수 없다(대판 2004.4.27. 2003다29616). 　　　　　　　🔲 ○

173 상법 제368조 제2항이 규정하는 대리권을 증명하는 서면이란 위임장을 일컫는 것으로서 회사
☐☐☐ 가 위임장과 함께 인감증명서, 참석장 등을 제출하도록 요구하는 것은 대리인의 자격 유무를
일률적으로 명확히 확인하기 위한 취지로서, 이러한 서류 등을 지참하지 아니한 대리인이
다른 방법으로 위임장의 진정성을 증명하더라도 회사는 그 대리권을 부정할 수 있다.
▌법무사 20　　　　　　　　　　　　　　　　　　　　　　　　　　　　　　　　○ ✕

상법 제368조 제2항이 규정하는 '대리권을 증명하는 서면'이라 함은 위임장을 일컫는 것으로서 회사가 위임장과
함께 인감증명서, 참석장 등을 제출하도록 요구하는 것은 <u>대리인의 자격을 보다 확실하게 확인하기 위하여 요구하
는 것일 뿐</u>, 이러한 서류 등을 지참하지 아니하였다 하더라도 주주 또는 대리인이 <u>다른 방법으로 위임장의 진정성
내지 위임의 사실을 증명할 수 있다면 회사는 그 대리권을 부정할 수 없다.</u> 한편, 회사가 주주 본인에 대하여
주주총회 참석장을 지참할 것을 요구하는 것 역시 주주 본인임을 보다 확실하게 확인하기 위한 방편에 불과하므로,
다른 방법으로 주주 본인임을 확인할 수 있는 경우에는 회사는 주주 본인의 의결권 행사를 거부할 수 없다(대판
2009.4.23. 2005다22701). 　　　　　　　　　　　　　　　　　　　　　　　🔲 ✕

174 ▶ 대리인의 자격을 주주로 한정하는 취지의 주식회사의 정관 규정은 주주총회가 주주 이외의
☐☐☐ 제3자에 의하여 교란되는 것을 방지하여 회사 이익을 보호하는 취지에서 마련된 것으로서
합리적인 이유에 의한 상당한 정도의 제한이라고 볼 수 있으므로 이를 무효라고 볼 수는
없다. ▌법무사 17　　　　　　　　　　　　　　　　　　　　　　　　　　　　○ ✕

▶ 주주의 대리인의 자격을 주주로 제한하는 정관규정이 있는 경우 주주인 국가, 지방공공단체
또는 주식회사 소속의 공무원, 직원 또는 피용자 등이 그 주주를 위한 대리인으로서 의결권을
대리행사하는 것은 정관 규정에 위반한 무효의 의결권 대리행사이므로 허용될 수 없다.
▌법무사 17　　　　　　　　　　　　　　　　　　　　　　　　　　　　　　　○ ✕

상법 제368조 제2항의 규정은 주주의 대리인의 자격을 제한할 만한 합리적인 이유가 있는 경우 정관의 규정에
의하여 상당하다고 인정되는 정도의 제한을 가하는 것까지 금지하는 취지는 아니라고 해석되는바, 대리인의 자격
을 주주로 한정하는 취지의 주식회사의 정관규정은 주주총회가 주주 이외의 제3자에 의하여 교란되는 것을 방지하
여 회사 이익을 보호하는 취지에서 마련된 것으로서 합리적인 이유에 의한 상당한 정도의 제한이라고 볼 수
있으므로 이를 무효라고 볼 수는 없다. 그런데 위와 같은 정관규정이 있다 하더라도 주주인 국가, 지방공공단체
또는 주식회사 등이 그 소속의 공무원, 직원 또는 피용자 등에게 의결권을 대리행사하도록 하는 때에는 특별한
사정이 없는 한 그들의 의결권 행사에는 주주 내부의 의사결정에 따른 대표자의 의사가 그대로 반영된다고 할
수 있고 이에 따라 주주총회가 교란되어 회사 이익이 침해되는 위험은 없는 반면에, 이들의 대리권 행사를 거부하게
되면 사실상 국가, 지방공공단체 또는 주식회사 등의 의결권 행사의 기회를 박탈하는 것과 같은 부당한 결과를

초래할 수 있으므로, <u>주주인 국가, 지방공공단체 또는 주식회사 소속의 공무원, 직원 또는 피용자 등이 그 주주를 위한 대리인으로서 의결권을 대리행사하는 것은 허용되어야 하고 이를 가리켜 정관규정에 위반한 무효의 의결권 대리행사라고 할 수는 없다</u>(대판 2009.4.23. 2005다22701). **답** ○ / ×

175 주주의 의결권을 적법하게 위임받은 대리인은 특별한 사정이 없는 한 주주총회에 참석하여
□□□ 의결권을 행사할 수 있다 할 것이나, 그 대리인이 그 의결권의 대리행사를 제3자에게 재위임하는 것은 주주의 당초 수권에 반하는 것으로서 허용되지 않는다. **｜법무사 20** ○ ×

···········

주주의 의결권을 적법하게 위임받은 수임인은 특별한 사정이 없는 한 주주총회에 참석하여 의결권을 행사할 수 있으므로, 의결권을 적법하게 위임받은 대리인이 주주총회에 출석한 것은 그 의결권의 범위 내에서는 주주의 수권에 따른 것으로서 주주가 직접 출석하여 의결권을 행사하는 것과 마찬가지로 볼 수 있고, <u>주주로부터 의결권 행사를 위임받은 대리인은 특별한 사정이 없는 한 그 의결권 행사의 취지에 따라 제3자에게 그 의결권의 대리행사를 재위임할 수 있다</u>(대판 2014.1.23. 2013다56839). **답** ×

176 주식에 대해 질권이 설정되었다 하더라도 질권설정계약 등에 따라 질권자가 담보제공자인
□□□ 주주로부터 의결권을 위임받아 직접 의결권을 행사하기로 약정하는 등의 특별한 약정이 있는 경우를 제외하고 질권설정자인 주주는 여전히 주주로서의 지위를 가지고 의결권을 행사할 수 있다. **｜법무사 20** ○ ×

···········

대판 2017.8.18. 2015다5569 **답** ○

177 주주권 행사의 위임은 구체적이고 개별적인 사항에 국한된다고 해석할 근거는 없으므로 주주
□□□ 권행사의 위임은 포괄적으로도 이루어질 수 있다고 보아야 한다. 그리고 포괄적 위임을 받은 자는 위임자나 회사 재산에 불리한 영향을 미칠 사항이라고 하여 그 위임된 주주권 행사를 하지 못하는 것은 아니다. **｜법무사 20** ○ ×

주식회사의 주주권 행사는 포괄적으로 위임할 수 있고, 수임자는 위임자나 그 회사 재산에 불리한 영향을 미칠 사항에 관하여도 그 주주권을 행사할 수 있다(대판 1969.7.8. 69다688). **답** ○

178 회사는 누구에게든 주주의 권리행사와 관련하여 재산상의 이익을 공여할 수 없다. 회사가
□□□ 특정의 주주에 대하여 무상으로 재산상의 이익을 공여한 경우에는 주주의 권리행사와 관련하여 이를 공여한 것으로 추정한다. 회사가 특정의 주주에 대하여 유상으로 재산상의 이익을 공여한 경우 회사가 얻은 이익이 공여한 이익에 비하여 현저하게 적은 때에도 또한 같다.
｜법무사 20 ○ ×

상법 제467조의2 제1항·제2항 **답** ○

179
□□□ 상법 제368조의2 제1항에 따라 주주가 2 이상의 의결권을 가지고 있어 이를 통일하지 않고 행사하고자 한다면 주주총회일 3일 전까지 회사에 대하여 서면 또는 전자문서로 그 취지를 통지해야 하는데, 여기서 통지의 의미는 주주가 3일 전까지 통지를 발송하기만 하면 된다는 의미이고, 회사에 3일 전까지 도달해야 한다는 의미는 아니다. ┃법무사 18   ○ ×

....

상법 제368조의2 제1항은 "주주가 2 이상의 의결권을 가지고 있는 때에는 이를 통일하지 아니하고 행사할 수 있다. 이 경우 회일의 3일 전에 회사에 대하여 서면으로 그 뜻과 이유를 통지하여야 한다"고 규정하고 있는바, 여기서 3일의 기간이라 함은 의결권의 불통일행사가 행하여지는 경우에 회사 측에 그 불통일행사를 거부할 것인가를 판단할 수 있는 시간적 여유를 주고, 회사의 총회 사무운영에 지장을 주지 아니하도록 하기 위하여 부여된 기간으로서, 그 불통일행사의 통지는 주주총회 회일의 3일 전에 회사에 도달할 것을 요한다. 다만, 위와 같은 3일의 기간이 부여된 취지에 비추어 보면, 비록 불통일행사의 통지가 주주총회 회일의 3일 전이라는 시한보다 늦게 도착하였다고 하더라도 회사가 스스로 총회운영에 지장이 없다고 판단하여 이를 받아들이기로 하고 이에 따라 의결권의 불통일행사가 이루어진 것이라면, 그것이 주주평등의 원칙을 위반하거나 의결권 행사의 결과를 조작하기 위하여 자의적으로 이루어진 것이라는 등의 특별한 사정이 없는 한, 그와 같은 의결권의 불통일행사를 위법하다고 볼 수는 없다(대판 2009.4.23. 2005다22701).   답 ×

제3항   의사진행과 결의

제1관   주주총회의 의사진행

총회의 질서유지(상법 제366조의2)   ① 총회의 의장은 정관에서 정함이 없는 때에는 총회에서 선임한다.
② 총회의 의장은 총회의 질서를 유지하고 의사를 정리한다.
③ 총회의 의장은 고의로 의사진행을 방해하기 위한 발언·행동을 하는 등 현저히 질서를 문란하게 하는 자에 대하여 그 발언의 정지 또는 퇴장을 명할 수 있다.

검사인의 선임(상법 제367조)   ① 총회는 이사가 제출한 서류와 감사의 보고서를 조사하게 하기 위하여 검사인을 선임할 수 있다.
② 회사 또는 발행주식총수의 100분의 1 이상에 해당하는 주식을 가진 주주는 총회의 소집절차나 결의방법의 적법성을 조사하기 위하여 총회 전에 법원에 검사인의 선임을 청구할 수 있다.

총회의 연기, 속행의 결의(상법 제372조)   ① 총회에서는 회의의 속행 또는 연기의 결의를 할 수 있다.
② 전항의 경우에는 제363조(소집의 통지)의 규정을 적용하지 아니한다.

총회의 의사록(상법 제373조)   ① 총회의 의사에는 의사록을 작성하여야 한다.
② 의사록에는 의사의 경과요령과 그 결과를 기재하고 (의장과 출석한 이사)가 기명날인 또는 서명하여야 한다.

총회의 결의방법과 의결권의 행사(상법 제368조) ① 총회의 결의는 이 법 또는 정관에 다른 정함이 있는 경우를 제외하고는 (출석한 주주의 의결권의 과반수)와 (발행주식총수의 4분의 1) 이상의 수로써 하여야 한다.

정관변경의 특별결의(상법 제434조) 제433조 제1항(정관변경의 방법)의 결의는 출석한 주주의 의결권의 3분의 2 이상의 수와 발행주식총수의 3분의 1 이상의 수로써 하여야 한다.

영업양도, 양수, 임대등(상법 제374조) ① 회사가 다음 각 호의 어느 하나에 해당하는 행위를 할 때에는 (제434조)에 따른 결의가 있어야 한다.
1. 영업의 전부 또는 중요한 일부의 양도
2. 영업 전부의 임대 또는 경영위임, 타인과 영업의 손익 전부를 같이 하는 계약, 그밖에 이에 준하는 계약의 체결·변경 또는 해약
3. 회사의 영업에 중대한 영향을 미치는 다른 회사의 영업 전부 또는 일부의 양수

간이영업양도, 양수, 임대 등(상법 제374조의3) ① 제374조 제1항 각 호의 어느 하나에 해당하는 행위를 하는 회사의 총주주의 동의가 있거나 그 회사의 발행주식총수의 100분의 90 이상을 해당 행위의 상대방이 소유하고 있는 경우에는 그 회사의 주주총회의 승인은 이를 이사회의 승인으로 갈음할 수 있다.

정족수, 의결권수의 계산(상법 제371조) ① 총회의 결의에 관하여는 제344조의3 제1항(의결권이 (배제)되는 종류주식)과 제369조 제2항((자기주식)) 및 제3항(의결권 (없는) 상호주)의 의결권 없는 주식의 수는 (발행주식총수)에 산입하지 아니한다.
② 총회의 결의에 관하여는 제368조 제3항((특별이해관계인 보유 주식))에 따라 행사할 수 없는 주식의 의결권 수와 제409조 제2항((감사선임 시 100분의 3)) 및 제542조의12 제4항((감사위원 선임·해임 시 100분의 3))에 따라 그 비율을 초과하는 주식으로서 행사할 수 없는 주식의 의결권 수는 (출석한 주주)의 의결권의 수에 산입하지 아니한다.

주주총회의 **특별결의사항**

회사의 법적 기초에 구조적 변화를 가져오는 사항
정관변경(상법 제434조), 자본금 감소(상법 제438조 제1항), 영업양도·영업양수(상법 제374조), 주식분할(상법 제329조의2), 합병(상법 제522조 제3항), 분할·분할합병(상법 제530조의3 제2항), 주식의 포괄적 교환·이전(상법 제360조의3, 제360조의16), 회사 해산(상법 제518조), 회사의 계속(상법 제519조)
주주의 이해관계에 중요한 영향을 미치는 사항
이사·감사의 해임(상법 제385조 제1항, 제415조), 주식매수선택권의 부여(상법 제340조의2), 사후설립(상법 제375조), 제3자에 대한 전환사채·신주인수권부사채의 발행(상법 제513조 제3항, 제516조의2 제4항), 액면미달의 신주발행(상법 제417조 제1항)

180 정관변경의 결의는 출석한 주주의 의결권의 3분의 2 이상의 수와 발행주식총수의 3분의 1 이상의 수로써 하여야 한다. ┃법원직9급 22 　　　　　　　　　　　　 ○ ✕

☐☐☐

상법 제434조 　　　　　　　　　　　　　　　　　　　　　　　　　　　　　　　　　🔲 ○

181 ▸ 회사가 '영업의 전부 또는 중요한 일부의 양도', '영업 전부의 임대 또는 경영위임, 타인과 영업의 손익 전부를 같이 하는 계약, 그 밖에 이에 준하는 계약의 체결·변경 또는 해약', '회사의 영업에 중대한 영향을 미치는 다른 회사의 영업 전부 또는 일부의 양수'를 할 때에는 주주총회의 특별결의가 있어야 한다. ┃법무사 22 　　　　　　　　　　 ○ ✕

☐☐☐

▸ 회사가 영업의 전부 또는 중요한 일부를 양도할 때에는 주주총회의 특별결의를 거쳐야 한다. ┃법원직9급 22 　　　　　　　　　　　　　　　　　　　　　　　　 ○ ✕

▸ 영업의 전부 또는 중요한 일부의 양도는 출석한 주주의 의결권의 3분의 2 이상의 수와 발행주식총수의 3분의 1 이상의 수로써 하여야 한다. ┃법원직9급 22 　　 ○ ✕

상법 제374조 제1항 　　　　　　　　　　　　　　　　　　　　　　　　　🔲 ○ / ○ / ○

182 단순한 영업용 재산의 양도는 주주총회의 특별결의가 있어야 하는 상법 제374조 제1항 제1호에서 말하는 '영업의 전부 또는 중요한 일부의 양도'에는 해당하지 않는다. ┃법무사 20 ○ ✕

☐☐☐

주주총회의 특별결의가 있어야 하는 상법 제374조 제1호 소정의 "영업의 전부 또는 중요한 일부의 양도"라 함은 일정한 영업목적을 위하여 조직되고 유기적 일체로 기능하는 재산의 전부 또는 중요한 일부를 총체적으로 양도하는 것을 의미하는 것으로서 이에는 양수회사에 의한 양도회사의 영업적 활동의 전부 또는 중요한 일부의 승계가 수반되어야 하는 것이므로 단순한 영업용재산의 양도는 이에 해당하지 않으나 다만 영업용재산의 처분으로 말미암아 회사영업의 전부 또는 일부를 양도하거나 폐지하는 것과 같은 결과를 가져오는 경우에는 주주총회의 특별결의가 필요하다(대판 1987.6.9. 86다카2428). 　　　　　　　　　　　　　　　🔲 ○

183 회사의 영업 그 자체가 아닌 영업용재산의 처분이라고 하더라도 그로 인하여 회사의 영업의 전부 또는 중요한 일부를 양도하거나 폐지하는 것과 같은 결과를 가져오는 경우에는 그 처분행위를 함에 있어서 상법 제374조 제1항 제1호 소정의 주주총회의 특별결의를 요하는 것이고, 다만 회사가 위와 같은 회사존속의 기초가 되는 영업재산을 처분할 당시에 이미 영업을 폐지하거나 중단하고 있었던 경우에는 그 처분으로 인하여 비로소 영업의 전부 또는 일부가 폐지되거나 중단되기에 이른 것이라고 할 수 없으므로 주주총회의 특별결의를 요하지 않는 것이고, 위에서 '영업의 중단'이라고 함은 영업의 계속을 포기하고 일체의 영업활동을 중단한 것으로서 영업의 폐지에 준하는 상태를 말하고 단순히 회사의 자금사정 등 경영상태의 악화로 일시 영업활동을 중지한 경우는 여기에 해당하지 않는다. ┃법무사 22 　　　　　　　 ○ ✕

☐☐☐

대판 1992.8.18. 91다14369 　　　　　　　　　　　　　　　　　　　　　🔲 ○

184 ▸ 주식회사가 영업의 전부 또는 중요한 일부를 양도한 후 주주총회의 특별결의가 없었다는 이유를 들어 스스로 그 약정의 무효를 주장하더라도 주주 전원이 그와 같은 약정에 동의한 것으로 볼 수 있는 등 특별한 사정이 인정되지 않는다면 위와 같은 무효 주장이 신의성실 원칙에 반한다고 할 수는 없다. ▎법무사 20 ○ ×

▸ 상법 제374조 제1항 제1호는 주식회사가 영업의 전부 또는 중요한 일부의 양도행위를 할 때에는 제434조에 따라 출석한 주주의 의결권의 3분의 2 이상의 수와 발행주식총수의 3분의 1 이상의 수로써 결의가 있어야 한다고 규정하고 있으나, 거래 상대방이 아닌 주식회사가 영업의 전부 또는 중요한 일부를 양도한 후 주주총회의 특별결의가 없었다는 이유를 들어 스스로 그 약정의 무효를 주장하는 것은 특별한 사정이 없는 한 신의성실 원칙에 반한다. ▎법무사 22 ○ ×

상법 제374조 제1항 제1호는 주식회사가 영업의 전부 또는 중요한 일부의 양도행위를 할 때에는 제434조에 따라 출석한 주주의 의결권의 3분의 2 이상의 수와 발행주식총수의 3분의 1 이상의 수로써 결의가 있어야 한다고 규정하고 있는데 이는 주식회사가 주주의 이익에 중대한 영향을 미치는 계약을 체결할 때에는 주주총회의 특별결의를 얻도록 하여 그 결정에 주주의 의사를 반영하도록 함으로써 주주의 이익을 보호하려는 강행법규이므로, 주식회사가 영업의 전부 또는 중요한 일부를 양도한 후 주주총회의 특별결의가 없었다는 이유를 들어 스스로 그 약정의 무효를 주장하더라도 주주 전원이 그와 같은 약정에 동의한 것으로 볼 수 있는 등 특별한 사정이 인정되지 않는다면 위와 같은 무효 주장이 신의성실 원칙에 반한다고 할 수는 없다(대판 2018.4.26. 2017다288757). 답 ○ / ×

185 주식분할, 정관변경, 재무제표승인에는 상법 제434조에 따른 주주총회의 특별결의가 필요하다. ▎법무사 20 ○ ×

주식분할(상법 제329조의2)과 정관변경(상법 제434조)은 주주총회의 특별결의사항이고, 재무제표 승인은 주주총회의 보통결의사항이다(상법 제449조). 답 ×

186 회사가 존립기간의 만료 기타 정관에 정한 사유의 발생 또는 주주총회의 결의에 의하여 해산한 경우에는 주주총회에서 총주주의 동의로 회사를 계속할 수 있다. ▎법원직9급 22 ○ ×

회사가 존립기간의 만료 기타 정관에 정한 사유의 발생 또는 주주총회의 결의에 의하여 해산한 경우에는 제434조의 규정에 의한 결의로 회사를 계속할 수 있다있다(상법 제519조). 답 ×

187 주주총회의 결의에 있어서 회사가 가진 자기주식은 의결권이 없고, 그와 같은 자기주식의 수는 발행주식 총수에 산입하지 아니한다. ▎법무사 20 ○ ×

상법 제369조 제2항, 제371조 제1항 답 ○

188
□□□
상법 제409조 제2항에 따라 의결권 없는 주식을 제외한 발행주식 총수의 3%를 초과하는 주식을 가진 주주는 그 초과하는 주식에 관하여 주주총회의 감사 선임에 있어서 의결권을 행사하지 못하는데, 위와 같이 3%를 초과하는 주식은 상법 제368조 제1항의 총회결의요건 중 '발행주식 총수의 4분의 1 이상'에서 말하는 '발행주식 총수'에는 산입되지 않는다. ▮법무사 20 ○ ×

주주총회에서 감사를 선임하려면 우선 '출석한 주주의 의결권의 과반수'라는 의결정족수를 충족하여야 하고, 나아가 의결정족수가 '발행주식 총수의 4분의 1 이상의 수'이어야 하는데, 상법 제371조는 제1항에서 '발행주식 총수에 산입하지 않는 주식'에 대하여 정하면서 상법 제409조 제2항의 의결권 없는 주식(이하 '3% 초과 주식'이라 한다)은 이에 포함시키지 않고 있고, 제2항에서 '출석한 주주의 의결권 수에 산입하지 않는 주식'에 대하여 정하면서는 3% 초과 주식을 이에 포함시키고 있다. 그런데 만약 3% 초과 주식이 상법 제368조 제1항에서 말하는 '발행주식 총수'에 산입된다고 보게 되면, 어느 한 주주가 발행주식 총수의 78%를 초과하여 소유하는 경우와 같이 3% 초과 주식의 수가 발행주식 총수의 75%를 넘는 경우에는 상법 제368조 제1항에서 말하는 '발행주식 총수의 4분의 1 이상의 수'라는 요건을 충족시키는 것이 원천적으로 불가능하게 되는데, 이러한 결과는 감사를 주식회사의 필요적 상설기관으로 규정하고 있는 상법의 기본입장과 모순된다. 따라서 감사의 선임에서 3% 초과 주식은 상법 제371조의 규정에도 불구하고 상법 제368조 제1항에서 말하는 '발행주식 총수'에 산입되지 않는다. 그리고 이는 자본금 총액이 10억원 미만이어서 감사를 반드시 선임하지 않아도 되는 주식회사라고 하여 달리 볼 것도 아니다(대판 2016.8.17. 2016다222996). 답 ○

제4항　반대주주의 주식매수청구권

> **반대주주의 주식매수청구권(상법 제374조의2)**　① 제374조에 따른 결의사항에 반대하는 주주((의결권이 없거나 제한되는 주주를 포함)한다. 이하 이 조에서 같다)는 주주총회 전에 회사에 대하여 서면으로 그 결의에 반대하는 의사를 통지한 경우에는 그 총회의 결의일부터 (20일 이내)에 주식의 종류와 수를 기재한 서면으로 회사에 대하여 자기가 소유하고 있는 주식의 매수를 청구할 수 있다.
> ② 제1항의 청구를 받으면 해당 회사는 같은 항의 매수 청구 기간(이하 이 조에서 "매수청구기간"이라 한다)이 종료하는 날부터 (2개월) 이내에 그 주식을 매수하여야 한다.
> ③ 제2항의 규정에 의한 주식의 매수가액은 주주와 회사간의 (협의)에 의하여 결정한다.
> ④ 매수청구기간이 종료하는 날부터 30일 이내에 제3항의 규정에 의한 협의가 이루어지지 아니한 경우에는 회사 또는 주식의 매수를 청구한 주주는 (법원에) 대하여 매수가액의 결정을 청구할 수 있다.
> ⑤ 법원이 제4항의 규정에 의하여 주식의 매수가액을 결정하는 경우에는 회사의 재산상태 그밖의 사정을 참작하여 공정한 가액으로 이를 산정하여야 한다.

결의반대주주의 주식매수청구권

인정되는 경우	부정되는 경우
• 주식의 포괄적 교환 및 이전(상법 제360조의5, 제360조의22) • 영업의 전부 또는 중요한 일부의 양도(상법 제374조의2) • 합병(상법 제522조의3) • 간이합병(상법 제527조의2) • 분할합병(상법 제530조의11)	• 정관변경 • 자본금 감소 • 주식분할 • 해 산 • 분 할 • 소규모 (흡수)합병(상법 제527조의3) • 소규모 분할(흡수)합병 • 소규모 주식교환(상법 제360조의10)

189　영업양도 결의에 반대하는 주주는 주주총회 전에 회사에 대하여 서면으로 그 결의에 반대하는 □□□　의사를 통지하고, 총회결의일부터 20일 이내에 자기가 소유하고 있는 주식의 매수를 청구할 수 있다.　┃법원직9급 22　　　　　　　○ ×

....

상법 제374조의2 제1항　　　　　　　　　　　　　　　　　　　　　　　　　　**답** ○

190　상법 제374조의2 제1항의 청구를 받은 해당 회사는 매수청구기간이 종료하는 날로부터 2개월 □□□　이내에 그 주식을 매수하여야 한다.　┃법원직9급 22　　　　　　　○ ×

....

상법 제374조의2 제2항　　　　　　　　　　　　　　　　　　　　　　　　　　**답** ○

191 영업양도에 반대하는 주주는 주주총회의 결의일부터 20일 이내에 회사에 대해 주식매수청구를 할 수 있고, 회사는 위 통지를 받으면 위 매수청구기간이 종료하는 날부터 2개월 이내에 그 주식을 매수해야 한다. ┃법무사 18 ○ ╳

....

상법 제374조의2 제1항 · 제2항 **답** ╳

192 ▶ 영업양도에 반대하는 주주의 주식매수청구권은 이른바 형성권으로서 그 행사로 회사의 승낙 여부와 관계없이 주식에 관한 매매계약이 성립하고, 상법 제374조의2 제2항의 '매수 청구 기간이 종료하는 날부터 2개월'은 주식매매대금 지급의무의 이행기를 정한 것이라고 해석된다. 그리고 이러한 법리는 위 2개월 이내에 주식의 매수가액이 확정되지 아니하였다고 하더라도 다르지 아니하다. ┃법무사 22 ○ ╳

▶ 영업양도에 반대하는 주주가 주식매수청구권을 행사하면 회사의 승낙 여부와 상관없이 주주와 회사 사이에 매매계약이 체결된다. ┃법무사 18 ○ ╳

▶ 영업양도에 반대하는 주주의 주식매수청구권은 말 그대로 청구권의 성질을 가지므로, 그 행사로 회사의 승낙 여부와 관계없이 주식에 관한 매매계약이 자동으로 성립하는 것은 아니다. ┃법원직9급 22 ○ ╳

....

영업양도에 반대하는 주주의 주식매수청구권에 관하여 규율하고 있는 상법 제374조의2 제1항 내지 제4항의 규정 취지에 비추어 보면, <u>영업양도에 반대하는 주주의 주식매수청구권은 이른바 형성권으로서 그 행사로 회사의 승낙 여부와 관계없이 주식에 관한 매매계약이 성립하고</u>, 상법 제374조의2 제2항의 '회사가 주식매수청구를 받은 날로부터 2월'은 주식매매대금 지급의무의 이행기를 정한 것이라고 해석된다. 그리고 이러한 법리는 위 2월 이내에 주식의 매수가액이 확정되지 아니하였다고 하더라도 다르지 아니하다(대판 2011.4.28. 2010다94953).

답 ○ / ○ / ╳

193 의결권이 없는 종류주식을 보유한 주주는 영업양도에 반대하더라도 주식매수청구권을 행사할 수 없다. ┃법무사 18 ○ ╳

....

제374조에 따른 결의사항에 반대하는 주주(의결권이 없거나 제한되는 주주를 포함한다)는 주주총회 전에 회사에 대하여 서면으로 그 결의에 반대하는 의사를 통지한 경우에는 그 총회의 결의일부터 20일 이내에 주식의 종류와 수를 기재한 서면으로 회사에 대하여 자기가 소유하고 있는 주식의 매수를 청구할 수 있다(상법 제374조의2 제1항). **답** ╳

194 영업양도에 반대하는 주주의 주식매수청구권 행사에 따른 주식의 매수가액은 주주와 회사 간의 협의에 의하여 결정하고, 매수청구기간이 종료하는 날부터 30일 이내에 그 협의가 이루어지지 아니한 경우에는 회사 또는 주식의 매수를 청구한 주주는 법원에 대하여 매수가액의 결정을 청구할 수 있나. ┃법무사 22 ○ ╳

....

상법 제374조의2 제3항 · 제4항 **답** ○

195
□□□ 회사가 주식을 분할하기 위해 주주총회를 열어 이를 결의하는 경우, 주주가 주식분할에 반대하더라도 주식매수청구권이 인정되지 않는다. ❚법무사 18　　　　　　○ ×

주식분할은 회사의 재산이나 자본금의 변동이 없으므로 주주에게 불이익이 없다. 따라서 주주가 주식분할에 반대하더라도, 주식매수청구권은 인정되지 아니한다.　　　　　　**답** ○

196
□□□ 소규모합병의 경우 존속회사의 주주는 합병에 반대하더라도 주식매수청구권을 행사할 수 없다.
❚법무사 18　　　　　　○ ×

상법 제527조의3 제5항　　　　　　**답** ○

> **소규모합병(상법 제527조의3)**　　① 합병 후 존속하는 회사가 합병으로 인하여 발행하는 신주 및 이전하는 자기주식의 총수가 그 회사의 발행주식 총수의 100분의 10을 초과하지 아니하는 경우에는 그 존속하는 회사의 주주총회의 승인은 이를 이사회의 승인으로 갈음할 수 있다. 다만, 합병으로 인하여 소멸하는 회사의 주주에게 제공할 금전이나 그 밖의 재산을 정한 경우에 그 금액 및 그 밖의 재산의 가액이 존속하는 회사의 최종 대차대조표상으로 현존하는 순자산액의 100분의 5를 초과하는 경우에는 그러하지 아니하다.
> ⑤ 제1항 본문의 경우에는 제522조의3의 규정(합병반대주주의 주식매수청구권)은 이를 적용하지 아니한다.

제1관 결의취소의 소

결의취소의 소(상법 제376조) ① 총회의 (소집절차 또는 결의방법)이 법령 또는 정관에 위반하거나 현저하게 불공정한 때 또는 그 결의의 내용이 정관에 위반한 때에는 주주·이사 또는 감사는 결의의 날로부터 2월 내에 결의취소의 소를 제기할 수 있다.

② 제186조 내지 제188조, 제190조 본문과 제191조의 규정은 제1항의 소에 준용한다.

> **전속관할(상법 제186조)** 전2조의 소는 본점소재지의 지방법원의 관할에 전속한다.
>
> **소제기의 공고(상법 제187조)** 설립무효의 소 또는 설립취소의 소가 제기된 때에는 회사는 지체없이 공고하여야 한다.
>
> **소의 병합심리(상법 제188조)** 수개의 설립무효의 소 또는 설립취소의 소가 제기된 때에는 법원은 이를 병합심리하여야 한다.
>
> **판결의 효력(상법 제190조)** 설립무효의 판결 또는 설립취소의 판결은 **제3자에 대하여도 그 효력이 있다.** 그러나 판결확정 전에 생긴 회사와 사원 및 제3자 간의 권리의무에 영향을 미치지 아니한다.
>
> **패소원고의 책임(상법 제191조)** 설립무효의 소 또는 설립취소의 소를 제기한 자가 패소한 경우에 악의 또는 중대한 과실이 있는 때에는 회사에 대하여 연대하여 손해를 배상할 책임이 있다.

제소주주의 담보제공의무(상법 제377조) ① 주주가 결의취소의 소를 제기한 때에는 법원은 회사의 청구에 의하여 (상당한 담보)를 제공할 것을 명할 수 있다. 그러나 그 주주가 이사 또는 감사인 때에는 그러하지 아니하다.

② 제176조 제4항의 규정은 제1항의 청구에 준용한다.

> **회사의 해산명령(상법 제176조)** ④ 회사가 전항의 청구를 함에는 이해관계인의 청구가 **악의임을 소명**하여야 한다.

결의취소의 등기(상법 제378조) 결의한 사항이 등기된 경우에 결의취소의 판결이 확정된 때에는 본점과 지점의 소재지에서 등기하여야 한다.

법원의 재량에 의한 청구기각(상법 제379조) (결의취소의 소)가 제기된 경우에 결의의 내용, 회사의 현황과 제반사정을 참작하여 그 취소가 부적당하다고 인정한 때에는 법원은 그 청구를 (기각할 수 있다).

주주총회결의 하자의 소 비교

소의 종류		취소의 소	무효확인의 소	부존재확인의 소	부당결의취소·변경의 소
소의 원인	소집절차, 결의방법	법령·정관 위반 또는 현저한 불공정	×	결의가 존재한다고 볼 수 없을 정도의 중대한 하자	×
	결의내용	정관위반	법령위반	×	특별이해관계가 있는 주주에게 현저히 부당한 결의
소의 성질		형성의 소	확인의 소(판례)		형성의 소
당 사 자	원고	주주·이사·감사	소의 이익이 있는 자		특별이해관계가 있는 주주
	피고	회사			
제소기간		결의의 날로부터 2월	제한 없음		결의의 날로부터 2월
소의 절차		• 관할(회사의 본점소재지 지방법원) • 제소주의 담보제공의무 • 결의취소의 본점과 지점의 소재지에서 등기			
재량기각		가능	불가능		
판결의 효력		대세효·소급효			

197 상법은 주주총회결의 하자의 내용에 따라 결의취소의 소, 결의무효확인의 소, 결의부존재확인
□□□ 의 소, 부당결의의 취소·변경의 소를 규정하고 있다. ▮법무사 20　　　　○ ×

상법상 주주총회결의의 하자에 대한 소에는 결의취소의 소(상법 제376조), 결의무효확인의 소(상법 제380조),
결의부존재확인의 소(상법 제380조) 및 부당결의의 취소·변경의 소(상법 제381조)가 있다.　　　**답** ○

198 주주총회 결의의 내용이 법령 또는 정관에 위반한 경우는 상법상 주주총회 결의 부존재확인의
□□□ 소의 원인이 되는 사항이다. ▮법무사 20, 법원직9급 21　　　　○ ×

주주총회의 결의의 내용이 법령에 위반하는 때에는 결의무효확인의 소의 원인이고(상법 제380조 참조), 주주총회
의 결의의 내용이 정관에 위반한 경우는 결의취소의 소의 원인이다(상법 제376조).　　　**답** ×

199 모든 결의하자의 소는 대세효, 소급효가 있다는 점에서 차이가 없다. ▮법무사 20　　　　○ ×
□□□

모든 주주총회결의의 하자에 대한 소는 상법 제190조 본문을 준용하므로 대세효가 있고, 상법 제190조 단서는
준용하지 아니하므로 소급효도 있다.　　　**답** ○

200 모든 결의하자의 소에 있어서 피고는 회사로 한정된다. ┃법무사 20 ○ ×

□□□

주주총회결의 취소와 결의무효확인판결은 대세적 효력이 있으므로 그와 같은 소송의 피고가 될 수 있는 자는 그 성질상 회사로 한정된다. …(중략)… 주주총회결의부존재확인의 소송에는 그 결의무효확인의 소송에 관한 상법 제380조의 규정이 준용된다 할 것이므로 그 결의부존재확인판결의 효력은 제3자에게 미치고 그 부존재확인 소송에 있어서 피고가 될 수 있는 자도 회사로 한정된다(대판[전합]1982.9.14. 80다2425). 답 ○

201 모든 결의하자의 소는 형성의 소이다. ┃법무사 20 ○ ×

□□□

주주총회결의의 효력이 그 회사 아닌 제3자 사이의 소송에 있어 선결문제로 된 경우에는 당사자는 언제든지 당해 소송에서 주주총회결의가 처음부터 무효 또는 부존재하다고 다투어 주장할 수 있는 것이고, 반드시 먼저 회사를 상대로 제소하여야만 하는 것은 아니며, 이와 같이 제3자 간의 법률관계에 있어서는 상법 제380조, 제190조는 적용되지 아니한다(대판 1992.9.22. 91다5365). 즉, 결의취소의 소와 부당결의의 취소·변경의 소는 형성의 소이나, 결의무효확인의 소와 결의부존재확인의 소는 확인의 소로 보는 것이 판례의 입장이다. 답 ×

202 결의취소 및 결의무효·부존재확인의 판결은 제3자에 대하여도 그 효력이 있다. ┃법무사 19

□□□ ○ ×

결의취소 및 결의무효·부존재확인의 소는 상법 제190조 본문을 준용하므로, 그 판결은 제3자에 대하여도 그 효력이 있다(상법 제376조 제2항, 제380조 참조). 답 ○

203 결의취소의 소가 제기된 경우에 결의의 내용, 회사의 현황과 제반사정을 참작하여 그 취소가 □□□ 부적당하다고 인정한 때에는 법원은 그 청구를 기각할 수 있다. ┃법무사 19 ○ ×

상법 제379조 답 ○

204 ▶ 모든 결의하자의 소 중 이른바 법원의 재량기각이 인정되는 것은 결의취소의 소뿐이다.

□□□ ┃법무사 20 ○ ×

▶ 주주총회결의 취소의 소는 법원이 재량으로 그 청구를 기각할 수 있으나, 주주총회결의 부존재 확인의 소에 있어서는 이러한 법원의 재량에 의한 청구기각이 인정되지 않는다.

┃법원직9급 20 ○ ×

결의취소의 소가 제기된 경우에 결의의 내용, 회사의 현황과 제반사정을 참작하여 그 취소가 부적당하다고 인정한 때에는 법원은 그 청구를 기각할 수 있다(상법 제379조). 이러한 재량기각은 결의취소의 소에서만 인정되고 결의무효·부존재확인의 소, 부당결의취소·변경의 소에서는 인정되지 않는다. 답 ○ / ○

205 총회의 소집절차 또는 결의방법이 법령 또는 정관에 위반하거나 현저하게 불공정한 때 또는
☐☐☐ 그 결의의 내용이 정관에 위반한 때에는 주주·이사 또는 감사는 결의의 날로부터 2월 내에
결의취소의 소를 제기할 수 있다. **┃법원직9급 20**   ○ ×

상법 제376조 제1항   **답** ○

206 이사회에 의한 소집 외관과는 달리 이사회의 결정이 없었다는 사정은 주주총회결의의 취소사
☐☐☐ 유이다. **┃법무사 18**   ○ ×

이사회의 결정 없이 주주총회가 소집되었다고 하더라도 외관상 이사회의 결정이 있었던 것과 같은 소집형식을
갖추어 소집권한 있는 자가 적법한 소집절차를 밟은 이상 이사회의 결정이 없었다는 사정은 주주총회결의부존재의
사유는 되지 않고 주주총회결의 취소의 사유가 됨에 불과하다(대판 1980.10.27. 79다1264).   **답** ○

207 총회의 소집절차 또는 결의방법이 법령 또는 정관에 위반하거나 현저하게 불공정한 때 또는
☐☐☐ 그 결의의 내용이 정관에 위반한 때에 주주는 2월 내에 결의취소의 소를 제기할 수 있고,
하자가 일부 주주에게만 있는 경우 다른 주주도 그 하자를 주장하여 소를 제기할 수 있다.
┃법무사 21   ○ ×

총회의 소집절차 또는 결의방법이 법령 또는 정관에 위반하거나 현저하게 불공정한 때 또는 그 결의의 내용이
정관에 위반한 때에는 주주·이사 또는 감사는 결의의 날로부터 2월내에 결의취소의 소를 제기할 수 있고(상법
제376조 제1항), 주주는 다른 주주에 대한 소집절차의 하자를 이유로 주주총회결의 취소의 소를 제기할 수도
있다(대판 2003.7.11. 2001다45584).   **답** ○

208 ▶ 주주총회결의 취소소송의 계속 중 원고가 주주로서의 지위를 상실하면 원고는 그 취소를
☐☐☐ 　구할 당사자적격을 상실한다. **┃법무사 19**   ○ ×

　　　▶ 주주총회결의 취소소송의 계속 중 원고가 주주로서의 지위를 상실하면 원고는 상법 제376조
　　　　에 따라 그 취소를 구할 당사자적격을 상실하고, 이는 원고가 자신의 의사에 반하여 주주의
　　　　지위를 상실하였다 하여 달리 볼 것은 아니다. **┃법원직9급 20**   ○ ×

주주총회결의 취소소송의 계속 중 원고가 주주로서의 지위를 상실하면 원고는 상법 제376조에 따라 그 취소를
구할 당사자적격을 상실하고, 이는 원고가 자신의 의사에 반하여 주주의 지위를 상실하였다 하여 달리 볼 것은
아니다(대판 2016.7.22. 2015다66397).   **답** ○ / ○

209
□□□
소제기 이후 주식의 포괄적 교환이 이루어져 원고가 피고회사의 주주의 지위를 상실한 경우에 는 주주총회결의의 취소를 구할 원고적격이 인정되지 않는다. ▌법무사 19 　　○ ×

- -

甲 주식회사의 주주인 乙 등이 주주총회결의 부존재 확인 및 취소를 구하는 소를 제기하였는데 소송 계속 중에 甲 회사와 丙 주식회사의 주식 교환에 따라 丙 회사가 甲 회사의 완전모회사가 되고 乙 등은 丙 회사의 주주가 된 경우, 乙 등에게 주주총회결의 부존재 확인을 구할 이익이 없고, 결의취소의 소를 제기할 원고적격도 인정되지 않는다(대판 2016.7.22. 2015다66397). 　　답 ○

210
□□□
이사가 그 지위에 기하여 주주총회결의 취소의 소를 제기하였다가 소송 계속 중에 사망하였거 나 사실심 변론종결 후에 사망하였다면, 그 소송은 이사의 사망으로 중단된다.
▌법무사 19, 법원직9급 20 · 22 　　○ ×

- -

이사가 그 지위에 기하여 주주총회결의 취소의 소를 제기하였다가 소송 계속 중에 사망하였거나 사실심 변론종결 후에 사망하였다면, 그 소송은 이사의 사망으로 중단되지 않고 그대로 종료된다. 이사는 주식회사의 의사결정기관 인 이사회의 구성원이고, 의사결정기관 구성원으로서의 지위는 일신전속적인 것이어서 상속의 대상이 되지 않기 때문이다(대판 2019.2.14. 2015다255258). 　　답 ×

211
□□□
주주총회결의 취소의 소는 상법 제376조 제1항에 따라 그 결의의 날로부터 2개월 내에 제기하 여야 하고, 이 기간이 지난 후에 제기된 소는 부적법하다. 주주총회에서 여러 개의 안건이 상정되어 각 결의가 행하여진 경우 위 제소기간의 준수 여부는 각 안건에 대한 결의마다 별도로 판단되어야 한다. ▌법무사 20 　　○ ×

- -

대판 2010.3.11. 2007다51505 　　답 ○

212
□□□
이사 선임의 주주총회결의에 대한 취소판결이 확정된 경우 그 결의에 의하여 이사로 선임된 이사들에 의하여 구성된 이사회에서 선정된 대표이사는 소급하여 그 자격을 상실하고, 그 대표이사가 이사 선임의 주주총회결의에 대한 취소판결이 확정되기 전에 한 행위는 대표권이 없는 자가 한 행위로서 무효가 된다. ▌법무사 22 　　○ ×

- -

대판 2004.2.27. 2002다19797 　　답 ○

결의무효확인의 소, 결의부존재확인의 소

결의무효 및 부존재확인의 소(상법 제380조)　제186조 내지 제188조, 제190조 본문, 제191조, 제377조와 제378조의 규정은 총회의 (결의의 내용)이 (법령에 위반)한 것을 이유로 하여 (결의무효)의 확인을 청구하는 소와 총회의 (소집절차 또는 결의방법)에 총회결의가 (존재한다고 볼 수 없을 정도의 중대한 하자)가 있는 것을 이유로 하여 (결의부존재)의 확인을 청구하는 소에 이를 준용한다.

1 결의무효확인의 소

213　주주총회결의의 효력이 그 회사 아닌 제3자 사이의 소송에 있어 선결문제로 된 경우에는 당사자는 언제든지 당해 소송에서 주주총회결의가 처음부터 무효 또는 부존재하다고 다투어 주장할 수 있는 것이고, 반드시 먼저 회사를 상대로 제소하여야만 하는 것은 아니다. ▎법무사 22

○ ×

주주총회결의의 효력이 그 회사 아닌 제3자 사이의 소송에 있어 선결문제로 된 경우에는 당사자는 언제든지 당해 소송에서 주주총회결의가 처음부터 무효 또는 부존재하다고 다투어 주장할 수 있는 것이고, 반드시 먼저 회사를 상대로 제소하여야만 하는 것은 아니며, 이와 같이 제3자 간의 법률관계에 있어서는 상법 제380조, 제190조는 적용되지 아니한다(대판 1992.9.22. 91다5365). **답** ○

2 결의부존재확인의 소

214　소집권한이 없는 자가 이사회의 주주총회소집결정도 없이 일부 주주에게만 구두로 소집통지하여 소집한 주주총회에서 이루어진 결의는 주주총회 결의 부존재확인의 소의 원인이 되는 사항이다. ▎법무사 20, 법원직9급 21

○ ×

주주총회의 소집을 일부 주주에게만 구두로 소집통지를 하였고, 그 총회 소집이 이사회에서 결정된 것이 아니고 또 그 소집통지가 권한 있는 자에 의한 것이 아니라면 사회통념상 총회 자체의 성립이 인정되기 어렵다(대판 1973.6.29. 72다2611). **답** ○

215　총주식의 과반수를 넘는 주식을 소유한 주주가 참석하여 참석주주 전원의 찬성으로 결의가 있었으나 일부 주주에게 소집통지를 하지 아니한 경우는 상법상 주주총회 결의 부존재확인의 소의 원인이 되는 사항이다. ▎법무사 20, 법원직9급 21

○ ×

적법한 소집권자에 의하여 소집된 주주총회에서 총주식의 과반수를 넘는 주식을 소유한 주주가 참석하여 참석주주 전원의 찬성으로 결의가 있었으나 일부 주주에게 소집통지를 하지 아니하였거나 법정기간을 준수한 서면통지를 하지 아니하여 그 소집절차에 하자가 있었다면 이 하자는 동 결정의 무효사유가 아니라 <u>취소사유</u>에 해당한다(대판 1981.7.28. 80다2745). **답** ×

216 이사회의 결정 없이 주주총회가 소집되었지만 외관상 이사회의 결정이 있었던 것 같은 형식을
□□□ 갖추고 소집권한 있는 자가 소집한 경우는 상법상 주주총회 결의 부존재확인의 소의 원인이
되는 사항이다. **| 법무사 20, 법원직9급 21**   ○ ×

이사회의 결정 없이 주주총회가 소집되었다고 하더라도 외관상 이사회의 결정이 있었던 것과 같은 소집형식을
갖추어 소집권한 있는 자가 적법한 소집절차를 밟은 이상 이사회의 결정이 없었다는 사정은 주주총회결의 부존재
의 사유는 되지 않고 주주총회결의 <u>취소의 사유</u>가 됨에 불과하다(대판 1980.10.27. 79다1264).   **답** ×

217 소집통지서에 기재된 바 없는 사항에 관한 주주총회결의는 상법상 주주총회 결의 부존재확인
□□□ 의 소의 원인이 되는 사항이다. **| 법무사 20**   ○ ×

상법 제363조 제항, 제2항의 규정에 의하면 주주총회를 소집함에 있어서는 회의의 목적사항을 기재하여 서면으로
그 통지를 발송하게 되어 있으므로 주주총회에 있어서는 원칙적으로 주주총회 소집을 함에 있어서 회의의 목적사
항으로 한 것 이외에는 결의할 수 없으며, 이에 위배된 결의는, 특별한 사정이 없는 한, <u>상법 제376조 소정의</u>
<u>총회의 소집절차 또는 결의방법이 법령에 위반하는 것으로 보아야 한다</u>(대판 1979.3.27. 79다19). 즉, 주주총회결
의 취소의 소(상법 제376조)의 원인이 된다.   **답** ×

218 주식회사와 전혀 관계없는 사람이 주주총회의사록을 위조한 경우와 같이 주식회사 내부의
□□□ 의사결정 자체가 아예 존재하지 않는 경우에 이를 확인하는 판결은 상법 제380조 소정의 주주
총회결의부존재확인판결에 해당한다고 보아서는 안 된다. **| 법무사 22**   ○ ×

상법 제380조가 규정하고 있는 주주총회결의부존재확인판결은, "주주총회의 결의"라는 주식회사 내부의 의사결
정이 일단 존재하기는 하지만 그와 같은 의사결정을 위한 주주총회의 소집절차 또는 결의방법에 중대한 하자가
있기 때문에 그 결의를 법률상 유효한 주주총회의 결의라고 볼 수 없음을 확인하는 판결을 의미하는 것으로
해석함이 상당하고, 주식회사와 전혀 관계없는 사람이 주주총회의사록을 위조한 경우와 같이 주식회사 내부의
의사결정 자체가 아예 존재하지 않는 경우에 이를 확인하는 판결도 상법 제380조 소정의 주주총회결의부존재확인
판결에 해당한다고 보아 상법 제190조를 준용하여서는 안 된다(대판 1994.3.25. 93다36097).   **답** ○

219 주주총회결의의 부존재·무효를 확인하거나 결의를 취소하는 판결이 확정되면 당사자 이외의
□□□ 제3자에게도 그 효력이 미쳐 제3자도 이를 다툴 수 없게 되므로, 주주총회결의의 하자를 다투
는 소에 있어서 청구의 인낙이나 그 결의의 부존재·무효를 확인하는 내용의 화해·조정은
할 수 없고, 가사 이러한 내용의 청구인낙 또는 화해·조정이 이루어졌다 하여도 그 인낙조서나
화해·조정조서는 효력이 없다. **| 법무사 22**   ○ ×

대판 2004.9.24. 2004다28047   **답** ○

220
□□□
▶ 주주총회결의의 부존재 또는 무효 확인을 구하는 소에서 그 청구를 인용하는 판결은 제3자에 대하여는 효력이 없다. ▎법원직9급 22　　　　　　　　　　　　　　　　　　　　　○ ×

▶ 주주총회결의의 부존재 또는 무효 확인을 구하는 소를 여러 사람이 공동으로 제기한 경우 필수적 공동소송이 아니라 통상공동소송에 해당한다. ▎법무사 22, 법원직9급 22　　　　○ ×

⋯⋯⋯

주주총회결의의 부존재 또는 무효 확인을 구하는 소의 경우, 상법 제380조에 의해 준용되는 상법 제190조 본문에 따라 <u>청구를 인용하는 판결은 제3자에 대하여도 효력이 있다</u>. 이러한 소를 여러 사람이 공동으로 제기한 경우 당사자 1인이 받은 승소판결의 효력이 다른 공동소송인에게 미치므로 공동소송인 사이에 소송법상 합일확정의 필요성이 인정되고, 상법상 회사관계소송에 관한 전속관할이나 병합심리 규정(상법 제186조, 제188조)도 당사자 간 합일확정을 전제로 하는 점 및 당사자의 의사와 소송경제 등을 함께 고려하면, 이는 <u>민사소송법 제67조가 적용되는 필수적 공동소송에 해당한다</u>(대판[전합] 2021.7.22. 2020다284977).　　📖 × / ×

제3관　　부당결의 취소·변경의 소

부당결의의 취소, 변경의 소(상법 제381조)　① 주주가 제368조 제3항의 규정에 의하여 의결권을 행사할 수 없었던 경우에 (결의가 현저하게 부당)하고 그 주주가 의결권을 행사하였더라면 이를 저지할 수 있었을 때에는 그 주주는 그 결의의 날로부터 (2월) 내에 결의의 취소의 소 또는 변경의 소를 제기할 수 있다.
② 제186조 내지 제188조, 제190조 본문, 제191조, 제377조와 제378조의 규정은 제1항의 소에 준용한다.

제2절　　이사·이사회·대표이사

제1항　　이 사

제1관　　이사의 선임과 해임

이사의 선임, 회사와의 관계 및 사외이사(상법 제382조)　① 이사는 주주총회에서 선임한다.

집중투표(상법 제382조의2)　① 2인 이상의 이사의 선임을 목적으로 하는 총회의 소집이 있는 때에는 (의결권 없는 주식을 제외)한 발행주식총수의 (100분의 3 이상)에 해당하는 주식을 가진 주주는 (정관에서 달리 정하는 경우)를 (제외)하고는 회사에 대하여 (집중투표의 방법)으로 이사를 선임할 것을 청구할 수 있다.
② 제1항의 청구는 주주총회일의 (7일) 전까지 서면 또는 전자문서로 하여야 한다.
③ 제1항의 청구가 있는 경우에 이사의 선임결의에 관하여 각 주주는 (1주마다 선임할 이사의 수와 동일한 수)의 의결권을 가지며, 그 의결권은 이사 후보자 (1인 또는 수인에게 집중)하여 투표하는 방법으로 행사할 수 있다.

④ 제3항의 규정에 의한 투표의 방법으로 이사를 선임하는 경우에는 투표의 (최다수)를 얻은 자부터 순차적으로 이사에 선임되는 것으로 한다.
⑤ 제1항의 청구가 있는 경우에는 의장은 의결에 앞서 그러한 청구가 있다는 취지를 알려야 한다.

해임(상법 제385조) ① 이사는 언제든지 제434조의 규정에 의한 (주주총회의 결의)로 이를 해임할 수 있다. 그러나 이사의 임기를 정한 경우에 정당한 이유 없이 그 임기만료 전에 이를 해임한 때에는 그 이사는 회사에 대하여 해임으로 인한 손해의 배상을 청구할 수 있다.
② 이사가 그 직무에 관하여 부정행위 또는 법령이나 정관에 위반한 중대한 사실이 있음에도 불구하고 주주총회에서 그 해임을 부결한 때에는 발행주식의 총수의 (100분의 3) 이상에 해당하는 주식을 가진 주주는 총회의 결의가 있은 날부터 (1월) 내에 그 이사의 해임을 법원에 청구할 수 있다.
③ 제186조(전속관할)의 규정은 전항의 경우에 준용한다.

자격주(상법 제387조) 정관으로 이사가 가질 주식의 수를 정한 경우에 다른 규정이 없는 때에는 이사는 그 수의 주권을 감사에게 공탁하여야 한다.

221
□□□
▸ 이사의 선임은 주주총회 보통결의사항, 이사의 해임은 특별결의사항이다. **┃법무사 20**   ○ ×

▸ 이사는 주주총회에서 특별결의로 선임된다. **┃법무사 22**   ○ ×

....

상법은 이사의 선임을 주주총회의 보통결의사항(상법 제382조 제1항 참조)으로, 해임은 선임보다 더 중요한 의사결정으로 보아 주주총회의 특별결의사항(상법 제385조 제1항 참조)으로 규정하고 있다.   **답** ○ / ×

222
□□□
사외이사는 대표이사가 선임한다. **┃법무사 19**   ○ ×

....

이사는 <u>주주총회에서 선임한다</u>(상법 제382조 제1항). 이는 사외이사도 마찬가지이다.   **답** ×

223
□□□
▸ 2인 이상의 이사의 선임을 목적으로 하는 총회의 소집이 있는 때에는 발행주식총수의 100분의 3 이상에 해당하는 주식을 가진 주주는 회사에 대하여 집중투표의 방법으로 이사를 선임할 것을 청구할 수 있다. 이때 100분의 3에는 의결권 없는 주식도 포함한다. **┃법무사 22**
○ ×

▸ 정관에 집중투표를 배제하는 규정이 없어야 집중투표를 할 수 있다. **┃법무사 17**   ○ ×

▸ 2인 이상의 이사 선임에 관한 집중투표를 배제하는 정관 규정은 효력이 없다. **┃법무사 22**
○ ×

▸ 집중투표를 하기 위해서는 발행주식 총수의 100분의 3 이상에 해당하는 주식(의결권 없는 주식 포함)을 가진 주주가 주주총회일의 7일 전까지 회사에 대하여 집중투표의 방법으로 이사를 선임할 것을 청구해야 한다. **┃법무사 17**   ○ ×

2인 이상의 이사의 선임을 목적으로 하는 총회의 소집이 있는 때에는 <u>의결권 없는 주식을 제외한</u> 발행주식총수의 100분의 3 이상에 해당하는 주식을 가진 주주는 <u>정관에서 달리 정하는 경우를</u> 제외하고는 회사에 대하여 집중투표의 방법으로 이사를 선임할 것을 청구할 수 있다(상법 제382조의2 제1항). 집중투표의 청구는 주주총회일의 7일 전까지 서면 또는 전자문서로 하여야 한다(상법 제382조의2 제2항). 답 × / ○ / × / ×

224
☐☐☐ 이사선임결의와 피선임자의 승낙만 있으면 대표이사와 별도의 임용계약을 체결하였는지와 관계없이 이사의 지위를 취득한다. ▎법무사 22　　　○ ×

주주총회에서 이사나 감사를 선임하는 경우 선임결의와 피선임자의 승낙 있으면, 피선임자는 대표이사와 별도의 임용계약을 체결하였는지와 관계없이 이사나 감사의 지위를 취득한다(대판[전합]2017.3.23. 2016다251215).
답 ○

225
☐☐☐ 이사의 선임결의에 관하여 집중투표를 하는 경우 각 주주는 1주마다 선임할 이사의 수와 동일한 수의 의결권을 가지며, 그 의결권은 이사 후보자 1인 또는 수인에게 집중하여 투표하는 방법으로 행사할 수 있다. ▎법무사 17　　　○ ×

상법 제382조의2 제3항　　　답 ○

226
☐☐☐ 집중투표 결과 투표의 최다수를 얻은 사람부터 순차적으로 이사에 선임된다. ▎법무사 17
　　　○ ×

상법 제382조의2 제4항　　　답 ○

227
☐☐☐
▸ 상법 제382조의2에 정한 집중투표란 2인 이상의 이사를 선임하는 경우에 각 주주가 1주마다 선임할 이사의 수와 동일한 수의 의결권을 가지고 이를 이사 후보자 1인 또는 수인에게 집중하여 투표하는 방법으로 행사함으로써 투표의 최다수를 얻은 자부터 순차적으로 이사에 선임되는 것으로, 이 규정은 주주의 의결권 행사에 관련된 조항이다. ▎법원직9급 21　○ ×

▸ 주식회사의 정관에서 이사의 선임을 발행주식 총수의 과반수에 해당하는 주식을 가진 주주의 출석과 출석주주의 의결권의 과반수에 의한다고 규정하고 있는 경우 이사의 선임을 집중투표의 방법으로 하더라도 정관에 규정한 의사정족수는 충족되어야 한다. ▎법무사 17　○ ×

▸ 주식회사의 정관에서 이사의 선임을 발행주식총수의 과반수에 해당하는 주식을 가진 주주의 출석과 출석주주의 의결권의 과반수에 의한다고 규정하더라도, 이사의 선임을 집중투표의 방법으로 하는 경우에는 위와 같은 정관상 의사정족수 규정은 적용되지 아니한다.
▎법원직9급 21　　　○ ×

상법 제382조의2에 정한 집중투표란 2인 이상의 이사를 선임하는 경우에 각 주주가 1주마다 선임할 이사의 수와 동일한 수의 의결권을 가지고 이를 이사 후보자 1인 또는 수인에게 집중하여 투표하는 방법으로 행사함으로써 투표의 최다수를 얻은 자부터 순차적으로 이사에 선임되는 것으로서, 이 규정은 어디까지나 주주의 의결권 행사에 관련된 조항이다. 따라서 주식회사의 정관에서 이사의 선임을 발행주식총수의 과반수에 해당하는 주식을 가진 주주의 출석과 출석주주의 의결권의 과반수에 의한다고 규정하는 경우, 집중투표에 관한 위 상법조항이 정관에 규정된 의사정족수 규정을 배제한다고 볼 것은 아니므로, 이사의 선임을 집중투표의 방법으로 하는 경우에도 정관에 규정한 의사정족수는 충족되어야 한다(대판 2017.1.12. 2016다217741). 답 ○ / ○ / ×

제2관　인원수와 임기

원수, 임기(상법 제383조)　① 이사는 (3명) 이상이어야 한다. 다만, 자본금 총액이 10억원 미만인 회사는 1명 또는 2명으로 할 수 있다.
② 이사의 임기는 (3년)을 초과하지 못한다.
③ 제2항의 임기는 정관으로 그 임기 중의 최종의 결산기에 관한 정기주주총회의 종결에 이르기까지 연장할 수 있다.

결원의 경우(상법 제386조)　① 법률 또는 정관에 정한 이사의 원수를 결한 경우에는 임기의 만료 또는 사임으로 인하여 (퇴임한 이사)는 새로 선임된 이사가 취임할 때까지 이사의 권리의무가 있다.
② 제1항의 경우에 필요하다고 인정할 때에는 (법원은) 이사, 감사 기타의 이해관계인의 청구에 의하여 (일시 이사)의 직무를 행할 자를 선임할 수 있다. 이 경우에는 본점의 소재지에서 그 등기를 하여야 한다.

228　이사는 3명 이상이어야 한다. 다만, 자본금 총액이 10억원 미만인 회사는 1명 또는 2명으로 □□□　할 수 있다. ▎법원직9급 21　　○ ×

상법 제383조 제1항　　답 ○

229　이사의 임기는 3년을 초과하지 못하므로, 임기를 정하지 않은 경우에는 그 임기를 3년으로 □□□　본다. ▎법무사 22　　○ ×

상법 제385조 제1항에 의하면 "이사는 언제든지 주주총회의 특별결의로 해임할 수 있으나, 이사의 임기를 정한 경우에 정당한 이유 없이 그 임기만료 전에 이를 해임한 때에는 그 이사는 회사에 대하여 해임으로 인한 손해의 배상을 청구할 수 있다"고 규정하고 있는바, 이때 이사의 임기를 정한 경우라 함은 정관 또는 주주총회의 결의로 임기를 정하고 있는 경우를 말하고, 이사의 임기를 하지 않은 때에는 이사의 임기의 최장기인 3년을 경과하지 않는 동안에 해임되더라도 그로 인한 손해의 배상을 청구할 수 없다고 할 것이고, 회사의 정관에서 상법 제383조 제2항과 동일하게 "이사의 임기는 3년을 초과하지 못한다"고 규정한 것이 이사의 임기를 3년으로 정하는 취지라고 해석할 수는 없다(대판 2001.6.15. 2001다23928). 즉, 판례는 회사가 이사의 임기를 정하지 않은 경우에 이사의 임기가 3년이 된다는 의미는 아니라고 한다.　　답 ×

230 주식회사 이사의 임기를 정한 경우에 주식회사가 정당한 이유 없이 임기만료 전에 이사를 해임한 때에는 그 이사는 회사에 대하여 해임으로 인한 손해의 배상을 청구할 수 있는데, 이러한 경우 정당한 이유의 존부에 관한 입증책임은 손해배상을 청구하는 이사가 부담한다.

ㅣ법무사 20　　　　　　　　　　　　　　　　　　　　　　　　○ ×

주식회사 이사의 임기를 정한 경우에 주식회사가 정당한 이유 없이 임기만료 전에 이사를 해임한 때에는 그 이사는 회사에 대하여 해임으로 인한 손해의 배상을 청구할 수 있는데(상법 제385조 제1항 후문), 이러한 경우 '정당한 이유'의 존부에 관한 입증책임은 손해배상을 청구하는 이사가 부담한다(대판 2006.11.23. 2004다49570).

답 ○

231 대표이사를 포함한 이사가 임기의 만료나 사임에 의하여 퇴임함으로 말미암아 법률 또는 정관에 정한 대표이사나 이사의 원수를 채우지 못하게 되는 경우에, 그 퇴임한 이사는 새로 선임된 이사(후임이사)가 취임할 때까지 이사로서의 권리의무가 있고, 이러한 경우에는 이사의 퇴임등기를 하여야 하는 2주 또는 3주의 기간은 일반의 경우처럼 퇴임한 이사의 퇴임일부터 기산하는 것이 아니라 후임이사의 취임일부터 기산한다고 보아야 하며, 후임이사가 취임하기 전에는 퇴임한 이사의 퇴임등기만을 따로 신청할 수 없다고 봄이 상당하다. ㅣ법무사 20　　○ ×

대표이사를 포함한 이사가 임기의 만료나 사임에 의하여 퇴임함으로 말미암아 법률 또는 정관에 정한 대표이사나 이사의 원수(최저인원수 또는 특정한 인원수)를 채우지 못하게 되는 결과가 일어나는 경우에, 그 퇴임한 이사는 새로 선임된 이사(후임이사)가 취임할 때까지 이사로서의 권리의무가 있는 것인바(상법 제386조 제1항, 제389조 제3항), 이러한 경우에는 이사의 퇴임등기를 하여야 하는 2주 또는 3주의 기간은 일반의 경우처럼 퇴임한 이사의 퇴임일부터 기산하는 것이 아니라 후임이사의 취임일부터 기산한다고 보아야 하며, 후임이사가 취임하기 전에는 퇴임한 이사의 퇴임등기만을 따로 신청할 수 없다고 봄이 상당하다(대판[전합] 2005.3.8. 2004마800).

답 ○

232 임기만료로 퇴임한 이사라 하더라도 새로 선임된 이사의 취임 시까지 이사로서의 권리의무를 가지게 될 수 있으므로, 상법 제385조 제1항에 따라 주주총회의 특별결의로 해임할 수 있다고 정하고 있는 '이사'에는 '임기만료 후 이사로서의 권리의무를 행사하고 있는 퇴임이사'도 포함된다고 보아야 한다. ㅣ법원직9급 22　　○ ×

주식회사의 이사는 임기가 만료됨에 따라 이사의 지위를 상실하는 것이 원칙이지만, 소유와 경영의 분리를 원칙으로 하는 주식회사에 있어 경영자 지위의 안정이라는 이사의 이익뿐만 아니라 주주의 회사에 대한 지배권 확보라는 주주의 이익 또한 보호되어야 하므로, 위와 같은 주주와 이사의 이익을 조화시키기 위해 상법 제385조 제1항은 회사가 언제든지 주주총회의 결의로 이사를 해임할 수 있도록 하는 한편 이사를 선임할 때와 달리 이사를 해임할 때에는 주주총회의 특별결의를 거치도록 하고, 임기가 정해진 이사가 임기만료 전에 정당한 이유 없이 해임된 때에는 회사에 대하여 손해배상을 청구할 수 있도록 하고 있다. 한편 임기만료로 퇴임한 이사라 하더라도 상법 제386조 제1항 등에 따라 새로 선임된 이사의 취임 시까지 이사로서의 권리의무를 가지게 될 수 있으나(이하 '퇴임이사'라고 한다), 그와 같은 경우에도 새로 선임된 이사가 취임하거나 상법 제386조 제2항에 따라 일시 이사의 직무를 행할 자가 선임되면 별도의 주주총회 해임결의 없이 이사로서의 권리의무를 상실하게 된다. 이러한 상법 제385조 제1항의 입법 취지, 임기만료 후 이사로서의 권리의무를 행사하고 있는 퇴임이사의 지위 등을 종합하면, <u>상법 제385조 제1항에서 해임대상으로 정하고 있는 '이사'에는 '임기만료 후 이사로서의 권리의무를 행사하고 있는 퇴임이사'는 포함되지 않는다고 보아야</u> 한다(대판 2021.8.19. 2020다285406).

답 ×

> **직무집행정지, 직무대행자선임(상법 제407조)** ① (이사선임결의의 무효나 취소) 또는 (이사해임의 소)가 제기된 경우에는 법원은 당사자의 신청에 의하여 가처분으로써 이사의 직무집행을 정지할 수 있고 또는 직무대행자를 선임할 수 있다. 급박한 사정이 있는 때에는 (본안소송의 제기 전)에도 그 처분을 할 수 있다.
> ② 법원은 당사자의 신청에 의하여 전항의 가처분을 변경 또는 취소할 수 있다.
> ③ 전2항의 처분이 있는 때에는 본점과 지점의 소재지에서 그 등기를 하여야 한다.
>
> **직무대행자의 권한(상법 제408조)** ① 전조의 직무대행자는 가처분명령에 다른 정함이 있는 경우 외에는 회사의 상무에 속하지 아니한 행위를 하지 못한다. 그러나 법원의 허가를 얻은 경우에는 그러하지 아니하다.
> ② 직무대행자가 전항의 규정에 위반한 행위를 한 경우에도 회사는 (선의)의 제3자에 대하여 책임을 진다.

233 직무대행자가 법원의 허가 없이 상무에서 벗어난 행위를 한 경우에도 회사는 선의의 제3자에 □□□ 대하여 책임을 부담한다. **|법원직9급 20** ○ ×

상법 제408조 제2항 **답** ○

234 직무집행정지 및 직무대행자선임 가처분은 등기할 사항이므로, 이를 등기하지 아니하면 선·□□□ 악의를 불문하고 제3자에게 대항하지 못한다. **|법원직9급 20** ○ ×

등기할 사항인 직무집행정지 및 직무대행자선임 가처분은 상법 제37조 제1항에 의하여 이를 등기하지 아니하면 위 가처분으로 선의의 제3자에게 대항하지 못하지만 악의의 제3자에게는 대항할 수 있다(대판 2014.3.27. 2013다 39551). **답** ×

235 이사의 직무집행정지가처분을 신청하기 위해서 이사의 지위를 다투는 본안소송이 반드시 제기 □□□ 되어 있어야 하는 것은 아니다. **|법원직9급 20** ○ ×

상법 제385조 제2항에 의하면 이사가 그 직무에 관하여 부정행위 또는 법령이나 정관에 위반한 중대한 사실이 있음에도 불구하고 주주총회에서 그 해임을 부결한 때에는 발행주식 총수의 100분의 5 이상에 해당하는 주식을 가진 주주는 총회의 결의가 있은 날로부터 1월 내에 그 이사의 해임을 법원에 청구할 수 있고, 그와 같은 해임의 소를 피보전권리로 하는 이사의 직무집행정지신청은 본안의 소송이 제기된 경우뿐만 아니라 급박한 경우에는 본안소송의 제기 전에라도 할 수 있음은 같은 법 제407조에서 명문으로 인정하고 있을 뿐더러, 그와 같은 직무집행 정지신청을 민사소송법 제714조 제2항 소정의 임시의 지위를 정하는 가처분과 달리 볼 것은 아니므로 반드시 본안소송을 제기하였음을 전제로 하지는 않는다(대결 1997.1.10. 95마837). **답** ○

236 대표이사의 직무집행정지 및 직무대행자 선임의 가처분이 이루어진 이상, 그 후 대표이사가 □□□ 해임되고 새로운 대표이사가 선임되었다 하더라도 가처분결정이 취소되지 아니하는 한 직무대 행자의 권한은 유효하게 존속하는 반면 새로이 선임된 대표이사는 그 선임결의의 적법 여부에 관계없이 대표이사로서의 권한을 가지지 못한다. **|법원직9급 20** ○ ×

대판 1992.5.12. 92다5638　　　　　　　　　　　　　　　　　　　　　　　　　　　　　　**답** ○

제4관　이사의 보수

> **이사의 보수(상법 제388조)**　이사의 보수는 정관에 그 액을 정하지 아니한 때에는 (주주총회의 결의)로 이를 정한다.

237
☐☐☐
상법 제388조는 "이사의 보수는 정관에 그 액을 정하지 아니한 때에는 주주총회의 결의로 이를 정한다"라고 규정하고 있고, 위 규정의 보수에는 연봉, 수당, 상여금 등 명칭을 불문하고 이사의 직무수행에 대한 보상으로 지급되는 모든 대가가 포함된다. 다만 주주총회에서 이사의 보수에 관한 구체적 사항을 이사회에 위임한 경우에는 주주총회에서 이를 직접 정할 수 없다.
┃ 법무사 22　　　　　　　　　　　　　　　　　　　　　　　　　　　　　　○ ✕

[1] 상법 제388조는 "이사의 보수는 정관에 그 액을 정하지 아니한 때에는 주주총회의 결의로 이를 정한다"라고 규정하고 있고, 위 규정의 보수에는 연봉, 수당, 상여금 등 명칭을 불문하고 이사의 직무수행에 대한 보상으로 지급되는 모든 대가가 포함된다. 이는 이사가 자신의 보수와 관련하여 개인적 이익을 도모하는 폐해를 방지하여 회사와 주주 및 회사채권자의 이익을 보호하기 위한 강행규정이다. [2] 상법 제361조는 "주주총회는 본법 또는 정관에 정하는 사항에 한하여 결의할 수 있다"라고 규정하고 있는데, 이러한 주주총회 결의사항은 반드시 주주총회가 정해야 하고 정관이나 주주총회의 결의에 의하더라도 이를 다른 기관이나 제3자에게 위임하지 못한다. 따라서 정관 또는 주주총회에서 임원의 보수 총액 내지 한도액만을 정하고 개별 이사에 대한 지급액 등 구체적인 사항을 이사회에 위임하는 것은 가능하지만, 이사의 보수에 관한 사항을 이사회에 포괄적으로 위임하는 것은 허용되지 아니한다. 그리고 <u>주주총회에서 이사의 보수에 관한 구체적 사항을 이사회에 위임한 경우에도 이를 주주총회에서 직접 정하는 것도 상법이 규정한 권한의 범위에 속하는 것으로서 가능하다</u>(대판 2020.6.4. 2016다241515).
　　　　　　　　　　　　　　　　　　　　　　　　　　　　　　　　　　답 ✕

238
☐☐☐
이사의 보수는 정관에 그 액을 정하지 아니한 때에는 주주총회의 결의로 정한다고 규정한 상법 제388조는 이사가 자신의 보수와 관련하여 개인적 이익을 도모하는 폐해를 방지하여 회사와 주주 및 회사채권자의 이익을 보호하기 위한 강행규정이므로, 정관 등에서 이사의 보수에 관하여 주주총회의 결의로 정한다고 규정되어 있는 경우 그 금액·지급방법·지급시기 등에 관한 주주총회의 결의가 있었음을 인정할 증거가 없는 한 이사의 보수 청구권을 행사할 수 없다. ┃ 법원직9급 20　　　　　　　　　　　　　　　　　　○ ✕

상법 제388조에 의하면 주식회사의 이사의 보수는 정관에 그 액을 정하지 아니한 때에는 주주총회의 결의로 이를 정한다고 규정되어 있다. 이는 이사가 자신의 보수와 관련하여 개인적 이익을 도모하는 폐해를 방지하여 회사와 주주 및 회사채권자의 이익을 보호하기 위한 강행규정이다. 따라서 정관 등에서 이사의 보수에 관하여 주주총회의 결의로 정한다고 규정되어 있는 경우 그 금액·지급방법·지급시기 등에 관한 주주총회의 결의가 있었음을 인정할 증거가 없는 한 이사의 보수 청구권을 행사할 수 없다(대판 2019.7.4. 2017다17436).
　　　　　　　　　　　　　　　　　　　　　　　　　　　　　　　　　　답 ○

239
□□□

▶ 이사의 퇴직금은 상법 제388조에 규정된 보수에 포함되고, 퇴직금을 미리 정산하여 지급받는 형식을 취하는 퇴직금 중간정산금도 퇴직금과 성격이 동일하다. ▌법원직9급 20　○ ×

▶ 정관 등에서 이사의 퇴직금에 관하여 주주총회의 결의로 정한다고 규정하면서 퇴직금의 액수에 관하여 정하였다면, 퇴직금 중간정산에 관한 별도의 정관 규정이나 별도의 주주총회 결의가 없더라도, 이사는 퇴직금 중간정산금 청구권을 행사할 수 있다. ▌법원직9급 20

○ ×

이사의 퇴직금은 상법 제388조에 규정된 보수에 포함되고, 퇴직금을 미리 정산하여 지급받는 형식을 취하는 퇴직금 중간정산금도 퇴직금과 성격이 동일하다. 다만 이사에 대한 퇴직금은 성격상 퇴직한 이사에 대해 재직 중 직무집행의 대가로 지급되는 보수의 일종이므로, 이사가 재직하는 한 이사에 대한 퇴직금 지급의무가 발생할 여지가 없고 이사가 퇴직하는 때에 비로소 지급의무가 생긴다. 그런데 퇴직금 중간정산금은 지급시기가 일반적으로 정해져 있는 정기적 보수 또는 퇴직금과 달리 권리자인 이사의 신청을 전제로 이사의 퇴직 전에 지급의무가 발생하게 되므로, 이사가 중간정산의 형태로 퇴직금을 지급받을 수 있는지 여부는 퇴직금의 지급시기와 지급방법에 관한 매우 중요한 요소이다. 따라서 <u>정관 등에서 이사의 퇴직금에 관하여 주주총회의 결의로 정한다고 규정하면서 퇴직금의 액수에 관하여만 정하고 있다면, 퇴직금 중간정산에 관한 주주총회의 결의가 있었음을 인정할 증거가 없는 한 이사는 퇴직금 중간정산금 청구권을 행사할 수 없다</u>(대판 2019.7.4. 2017다17436). 　답 ○ / ×

240
□□□

▶ 이사에 대한 퇴직위로금은 상법 제388조에 규정된 보수에 포함되지 않는다. ▌법무사 20

○ ×

▶ 이사의 퇴직위로금은 그 직에서 퇴임한 자에 대하여 그 재직 중 직무집행의 대가로 지급되는 보수의 일종으로서 상법 제388조에 규정된 보수에 포함된다. ▌법원직9급 20　○ ×

상법 제388조에 의하면, 주식회사 이사의 보수는 정관에 그 액을 정하지 아니한 때에는 주주총회의 결의로 이를 정한다고 규정되어 있는바, <u>이사에 대한 퇴직위로금은 그 직에서 퇴임한 자에 대하여 그 재직 중 직무집행의 대가로 지급되는 보수의 일종으로서 상법 제388조에 규정된 보수에 포함되고</u>, 정관 등에서 이사의 보수 또는 퇴직금에 관하여 주주총회의 결의로 정한다고 규정되어 있는 경우 그 금액·지급방법·지급시기 등에 관한 주주총회의 결의가 있었음을 인정할 증거가 없는 한 이사의 보수나 퇴직금청구권을 행사할 수 없다(대판 2004.12.10. 2004다25123). 　답 × / ○

241
□□□

경영권 상실 등으로 퇴직을 앞둔 이사가 회사에서 최대한 많은 보수를 받기 위해 지나치게 과다하여 합리적 수준을 현저히 벗어나는 보수 지급 기준을 마련하고 지위를 이용한 영향력 행사로 소수주주의 반대에도 주주총회결의가 성립되도록 한 경우, 위 행위가 유효하다 할 수 없다. ▌법무사 20　○ ×

회사에 대한 경영권 상실 등으로 퇴직을 앞둔 이사가 회사에서 최대한 많은 보수를 받기 위하여 그에 동조하는 다른 이사와 함께 이사의 직무내용, 회사의 재무상황이나 영업실적 등에 비추어 지나치게 과다하여 합리적 수준을 현저히 벗어나는 보수 지급 기준을 마련하고 지위를 이용하여 주주총회에 영향력을 행사함으로써 소수주주의 반대에 불구하고 이에 관한 주주총회결의가 성립되도록 하였다면, 이는 회사를 위하여 직무를 충실하게 수행하여야 하는 상법 제382조의3에서 정한 의무를 위반하여 회사재산의 부당한 유출을 야기함으로써 회사와 주주의 이익을 침해하는 것으로서 회사에 대한 배임행위에 해당하므로, 주주총회결의를 거쳤다 하더라도 그러한 위법행위가 유효하다 할 수는 없다(대판 2016.1.28. 2014다11888). 　답 ○

주식매수선택권(상법 제340조의2)   ① 회사는 (정관)으로 정하는 바에 따라 제434조의 (주주총회의 결의)로 회사의 설립·경영 및 기술혁신 등에 기여하거나 기여할 수 있는 회사의 이사, 집행임원, 감사 또는 피용자에게 미리 정한 가액(이하 "주식매수선택권의 행사가액"이라 한다)으로 신주를 인수하거나 자기의 주식을 매수할 수 있는 권리(이하 "주식매수선택권"이라 한다)를 부여할 수 있다. 다만, 주식매수선택권의 행사가액이 주식의 실질가액보다 낮은 경우에 회사는 그 차액을 금전으로 지급하거나 그 차액에 상당하는 자기의 주식을 양도할 수 있다. 이 경우 주식의 실질가액은 주식매수선택권의 행사일을 기준으로 평가한다.

② 다음 각 호의 어느 하나에 해당하는 자에게는 제1항의 주식매수선택권을 부여할 수 (없다).

   1. 의결권 없는 주식을 제외한 발행주식총수의 (100분의 10) 이상의 주식을 가진 주주

   2. 이사·집행임원·감사의 선임과 해임 등 회사의 (주요 경영사항)에 대하여 (사실상 영향력을 행사)하는 자

   3. 제1호와 제2호에 규정된 자의 배우자와 직계존비속

③ 제1항에 따라 발행할 신주 또는 양도할 자기의 주식은 회사의 발행주식총수의 (100분의 10)을 초과할 수 없다.

④ 제1항의 주식매수선택권의 행사가액은 다음 각 호의 가액 이상이어야 한다.

   1. 신주를 발행하는 경우에는 주식매수선택권의 부여일을 기준으로 한 주식의 실질가액과 주식의 권면액 중 높은 금액. 다만, 무액면주식을 발행한 경우에는 자본으로 계상되는 금액 중 1주에 해당하는 금액을 권면액으로 본다.

   2. 자기의 주식을 양도하는 경우에는 주식매수선택권의 부여일을 기준으로 한 주식의 실질가액

주식매수선택권의 부여(상법 제340조의3)   ① 제340조의2 제1항의 주식매수선택권에 관한 정관의 규정에는 다음 각 호의 사항을 기재하여야 한다.

   1. 일정한 경우 주식매수선택권을 부여할 수 있다는 뜻

   2. 주식매수선택권의 행사로 발행하거나 양도할 주식의 종류와 수

   3. 주식매수선택권을 부여받을 자의 자격요건

   4. 주식매수선택권의 행사기간

   5. 일정한 경우 이사회결의로 주식매수선택권의 부여를 취소할 수 있다는 뜻

② 제340조의2 제1항의 주식매수선택권에 관한 주주총회의 결의에 있어서는 다음 각 호의 사항을 정하여야 한다.

   1. 주식매수선택권을 부여받을 자의 성명

   2. 주식매수선택권의 부여방법

   3. 주식매수선택권의 행사가액과 그 조정에 관한 사항

   4. 주식매수선택권의 행사기간

   5. 주식매수선택권을 부여받을 자 각각에 대하여 주식매수선택권의 행사로 발행하거나 양도할 주식의 종류와 수

주식매수선택권의 행사(상법 제340조의4)   ① 제340조의2 제1항의 주식매수선택권은 제340조의3 제2항 각 호의 사항을 정하는 주주총회결의일부터 (2년) 이상 재임 또는 재직하여야 이를 행사할 수 있다.

② 제340조의2 제1항의 주식매수선택권은 이를 양도할 수 없다. 다만, 동조 제2항의 규정에 의하여 주식매수선택권을 행사할 수 있는 자가 사망한 경우에는 그 상속인이 이를 행사할 수 있다.

242
□□□ 회사는 정관으로 정하는 바에 따라 상법 제434조가 정한 주주총회의 특별결의로 회사의 설립·경영 및 기술혁신 등에 기여하거나 기여할 수 있는 회사의 이사, 집행임원, 감사 또는 피용자에게 미리 정한 가액으로 신주를 인수하거나 자기의 주식을 매수할 수 있는 권리를 부여할 수 있다. **▮법무사 19** ○ ×

⋯⋯⋯

상법 제340조의2 제1항 **답** ○

243
□□□ 회사는 주식매수선택권을 부여받은 자의 권리를 부당하게 제한하지 않고 정관의 기본 취지나 핵심 내용을 해치지 않는 범위에서 주주총회결의와 개별계약을 통해서 주식매수선택권을 부여받은 자가 언제까지 선택권을 행사할 수 있는지를 자유롭게 정할 수 있다. **▮법무사 19** ○ ×

주식매수선택권 부여에 관한 주주총회결의는 회사의 의사결정절차에 지나지 않고, 특정인에 대한 주식매수선택권의 구체적 내용은 일반적으로 회사가 체결하는 계약을 통해서 정해진다. 주식매수선택권을 부여받은 자는 계약에서 주어진 조건에 따라 계약에서 정한 기간 내에 선택권을 행사할 수 있다. 상법은 주식매수선택권을 부여하기로 한 주주총회결의일(상장회사에서 이사회결의로 부여하는 경우에는 이사회결의일)부터 2년 이상 재임 또는 재직하여야 주식매수선택권을 행사할 수 있다고 정하고 있다(상법 제340조의4 제1항, 제542조의3 제4항, 상법 시행령 제30조 제5항). 이와 같이 상법은 주식매수선택권을 행사할 수 있는 시기만을 제한하고 있을 뿐 언제까지 행사할 수 있는지에 관해서는 정하지 않고 회사의 자율적인 결정에 맡기고 있다. 따라서 회사는 주식매수선택권을 부여받은 자의 권리를 부당하게 제한하지 않고 정관의 기본 취지나 핵심 내용을 해치지 않는 범위에서 주주총회결의와 개별계약을 통해서 주식매수선택권을 부여받은 자가 언제까지 선택권을 행사할 수 있는지를 자유롭게 정할 수 있다고 보아야 한다(대판 2018.7.26. 2016다237714). **답** ○

244
□□□ 주주총회결의 이후 회사가 주식매수선택권 부여에 관한 계약을 체결할 때 주식매수선택권의 행사기간 등을 일부 변경하거나 조정한 경우 그것이 주식매수선택권을 부여받은 자, 기존 주주 등 이해관계인들 사이의 균형을 해치지 않고 주주총회결의에서 정한 본질적인 내용을 훼손하는 것이 아니라면 유효하다. **▮법무사 19** ○ ×

주식매수선택권을 부여하는 주주총회결의에서 주식매수선택권의 부여 대상과 부여방법, 행사가액, 행사기간, 주식매수선택권의 행사로 발행하거나 양도할 주식의 종류와 수 등을 정하도록 한 것은 이해관계를 가지는 기존 주주들로 하여금 회사의 의사결정 단계에서 중요 내용을 정하도록 함으로써 주식매수선택권의 행사에 관한 예측가능성을 도모하기 위한 것이다. 그러나 주주총회결의 시 해당 사항의 세부적인 내용을 빠짐없이 정하도록 예정한 것으로 보기는 어렵다. 이후 회사가 주식매수선택권 부여에 관한 계약을 체결할 때 주식매수선택권의 행사기간 등을 일부 변경하거나 조정한 경우 그것이 주식매수선택권을 부여받은 자, 기존 주주 등 이해관계인들 사이의 균형을 해치지 않고 주주총회결의에서 정한 본질적인 내용을 훼손하는 것이 아니라면 유효하다고 보아야 한다(대판 2018.7.26. 2016다237714). **답** ○

245
□□□ 본인의 귀책사유가 아닌 사유로 퇴임 또는 퇴직하게 된 경우에는, 비록 형식적으로는 상법 제340조의4 제1항의 '2년 이상 재임 또는 재직'요건을 충족하지 못하더라도 주식매수선택권을 행사할 수 있다. **▮법무사 19** ○ ×

상법 제340조의4 제1항과 구 증권거래법(2007.8.3. 법률 제8635호 자본시장과 금융투자업에 관한 법률 부칙 제2조로 폐지, 이하 '구 증권거래법'이라 한다) 및 그 내용을 이어받은 상법 제542조의3 제4항이 주식매수선택권 행사요건에서 차별성을 유지하고 있는 점, 위 각 법령에서 '2년 이상 재임 또는 재직'요건의 문언적인 차이가 뚜렷한 점, 비상장법인, 상장법인, 벤처기업은 주식매수선택권 부여 법인과 부여 대상, 부여 한도 등에서 차이가 있는 점, 주식매수선택권 제도는 임직원의 직무 충실로 야기된 기업가치 상승을 유인동기로 하여 직무에 충실하게 하고자 하는 제도인 점, 상법의 규정은 주주, 회사의 채권자 등 다수의 이해관계인에게 영향을 미치는 단체법적 특성을 가지는 점 등을 고려하면, 상법 제340조의4 제1항에서 정하는 주식매수선택권 행사요건을 판단할 때에는 구 증권거래법 및 그 내용을 이어받은 상법 제542조의3 제4항을 적용할 수 없고, 정관이나 주주총회의 특별결의를 통해서도 상법 제340조의4 제1항의 요건을 완화하는 것은 허용되지 않는다고 해석하여야 한다. 따라서 <u>본인의 귀책사유가 아닌 사유로 퇴임 또는 퇴직하게 되더라도 퇴임 또는 퇴직일까지 상법 제340조의4 제1항의 '2년 이상 재임 또는 재직'요건을 충족하지 못한다면 위 조항에 따른 주식매수선택권을 행사할 수 없다</u>(대판 2011.3.24. 2010다85027). **답** ×

246 회사가 주식매수선택권을 부여하기 위해서는 정관에 근거가 있어야 하고, 주식매수선택권에
☐☐☐ 관한 주주총회결의에서는 주식매수선택권을 부여받을 자의 성명, 부여방법, 행사가액과 조정에 관한 사항, 주식매수선택권의 행사기간, 주식매수선택권의 행사로 발행하거나 양도할 주식의 종류와 수를 정하여야 한다. **|법무사 19** ○ ×

상법 제340조의3 제1항·제2항 **답** ○

| 제2항 | 이사회 |

이사회의 소집(상법 제390조) ① 이사회는 각 이사가 소집한다. 그러나 이사회의 결의로 소집할 이사를 정한 때에는 그러하지 아니하다.
② 제1항 단서의 규정에 의하여 소집권자로 지정되지 않은 다른 이사는 소집권자인 이사에게 이사회 소집을 요구할 수 있다. 소집권자인 이사가 정당한 이유 없이 이사회 소집을 거절하는 경우에는 다른 이사가 이사회를 소집할 수 있다.
③ 이사회를 소집함에는 회일을 정하고 그 (1주)간 전에 각 (이사 및 감사)에 대하여 통지를 발송하여야 한다. 그러나 그 기간은 (정관)으로 (단축)할 수 있다.
④ 이사회는 (이사 및 감사 전원의 동의)가 있는 때에는 제3항의 절차 없이 언제든지 회의할 수 있다.

이사회의 결의방법(상법 제391조) ① 이사회의 결의는 이사 과반수의 출석과 출석이사의 과반수로 하여야 한다. 그러나 정관으로 그 비율을 높게 정할 수 있다.
② 정관에서 달리 정하는 경우를 제외하고 이사회는 이사의 전부 또는 일부가 직접 회의에 출석하지 아니하고 모든 이사가 음성을 동시에 송수신하는 원격통신수단에 의하여 결의에 참가하는 것을 허용할 수 있다. 이 경우 당해 이사는 이사회에 직접 출석한 것으로 본다.
③ 제368조 제3항 및 제371조 제2항의 규정은 제1항의 경우에 이를 준용한다.

이사회의 의사록(상법 제391조의3)　① 이사회의 의사에 관하여는 의사록을 작성하여야 한다.
② 의사록에는 의사의 안건, 경과요령, 그 결과, 반대하는 자와 그 반대이유를 기재하고 출석한 이사 및 감사가 기명날인 또는 서명하여야 한다.
③ 주주는 영업시간 내에 이사회의사록의 열람 또는 등사를 청구할 수 있다.
④ 회사는 제3항의 청구에 대하여 이유를 붙여 이를 거절할 수 있다. 이 경우 주주는 법원의 허가를 얻어 이사회의사록을 열람 또는 등사할 수 있다.

이사회의 권한(상법 제393조)　① (중요한 자산의 처분 및 양도, 대규모 재산의 차입, 지배인의 선임 또는 해임과 지점의 설치·이전 또는 폐지) 등 회사의 업무집행은 이사회의 결의로 한다.
② 이사회는 이사의 직무의 집행을 (감독)한다.
③ 이사는 대표이사로 하여금 다른 이사 또는 피용자의 업무에 관하여 이사회에 보고할 것을 요구할 수 있다.
④ 이사는 3월에 1회 이상 업무의 집행상황을 이사회에 보고하여야 한다.

이사회 내 위원회(상법 제393조의2)　① 이사회는 정관이 정한 바에 따라 위원회를 설치할 수 있다.
② 이사회는 다음 각 호의 사항을 제외하고는 그 권한을 위원회에 위임할 수 있다.
  1. 주주총회의 승인을 요하는 사항의 제안
  2. 대표이사의 선임 및 해임
  3. 위원회의 설치와 그 위원의 선임 및 해임
  4. 정관에서 정하는 사항
③ 위원회는 (2인 이상의 이사)로 구성한다.
④ 위원회는 결의된 사항을 각 이사에게 통지하여야 한다. 이 경우 이를 통지받은 각 이사는 이사회의 소집을 요구할 수 있으며, 이사회는 위원회가 결의한 사항에 대하여 다시 결의할 수 있다.
⑤ 제386조 제1항·제390조·제391조·제391조의3 및 제392조의 규정은 위원회에 관하여 이를 준용한다.

247　▶ 정관이나 이사회 결의로 특별히 정하지 않는 한 이사회는 대표이사가 소집한다.　┃법무사 20
□□□　○ ×

▶ 이사회는 각 이사가 소집한다. 그러나 이사회의 결의로 소집할 이사를 정한 때에는 그러하지 아니하다.　┃법무사 22　○ ×

이사회는 각 이사가 소집한다. 그러나 이사회의 결의로 소집할 이사를 정한 때에는 그러하지 아니하다(상법 제390조 제1항).　답 × / ○

248 이사회의 결의로 소집권자로 지정된 이사가 다른 이사로부터 이사회 소집을 요구받고도 정당한 이유 없이 이사회 소집을 거절하는 경우 그 다른 이사는 이사회를 소집할 수 있다.
▮법무사 20　　　　　　　　　　　　　　　　　　　　　　　　　　　　　　○ ×

상법 제390조 제2항　　　　　　　　　　　　　　　　　　　　　　　　　　　답 ○

249 이사회의 소집통지는 정관에 달리 규정이 없는 한 서면으로 하여야 한다. ▮법무사 20 ○ ×

주주총회와는 달리 이사회의 소집통지방법에 대한 상법상 특별한 제한규정은 없다. 따라서 서면, 구두, 전화 및 문자 등에 의한 통지도 가능하다.　　　　　　　　　　　　　　　　　　　　답 ×

250 ▸ 이사회는 이사 및 감사 전원의 동의가 있더라도 소집통지의 발송절차를 생략할 수 없다.
▮법무사 20　　　　　　　　　　　　　　　　　　　　　　　　　　　　　　○ ×

▸ 이사회는 이사 및 감사 전원의 동의가 있는 때에는 회일을 정하고 그 전에 통지하는 등의 절차 없이 언제든지 회의할 수 있다. ▮법무사 19　　　　　　　　　　　○ ×

이사회는 이사 및 감사 전원의 동의가 있는 때에는 제3항(소집통지의 발송)의 절차 없이 언제든지 회의할 수 있다(상법 제390조 제4항).　　　　　　　　　　　　　　　　　　　　　답 × / ○

251 ▸ 이사회의 결의는 이사 과반수의 출석과 출석이사의 과반수로 하여야 하고, 정관으로 그 비율을 높이는 것은 허용되지 않는다. ▮법무사 20　　　　　　　　　　○ ×

▸ 이사회의 결의는 이사 과반수의 출석과 출석이사의 과반수로 하여야 한다. 그러나 정관으로 그 비율을 높게 정할 수 있다. ▮법무사 22　　　　　　　　　　○ ×

상법 제391조 제1항　　　　　　　　　　　　　　　　　　　　　　　　답 × / ○

252 이사회의 결의에 관하여 특별한 이해관계가 있는 이사는 의결권을 행사하지 못한다.
▮법무사 19　　　　　　　　　　　　　　　　　　　　　　　　　　　　　　○ ×

상법 제391조 제3항, 제368조 제3항　　　　　　　　　　　　　　　　　답 ○

253 주주는 영업시간 내에 이사회의사록의 열람 또는 등사를 청구할 수 있다. ▮법무사 19 ○ ×

상법 제391조의3 제3항　　　　　　　　　　　　　　　　　　　　　　　답 ○

254 법률 또는 정관 등의 규정에 의하여 주주총회 또는 이사회의 결의를 필요로 하는 것으로 되어
□□□ 있지 아니한 업무 중 이사회가 일반적·구체적으로 대표이사에게 위임하지 않은 업무로서
일상 업무에 속하지 아니한 중요한 업무에 대하여는 이사회에게 그 의사결정권한이 있다.
  ┃법원직9급 20   ○ ×
··
대판 1997.6.13. 96다48282   답 ○

255 주식회사의 중요한 자산의 처분이나 대규모 재산의 차입행위뿐만 아니라 이사회가 일반적·구
□□□ 체적으로 대표이사에게 위임하지 않은 업무로서 일상 업무에 속하지 아니한 중요한 업무에
대해서는 이사회의 결의를 거쳐야 한다. ┃법원직9급 20   ○ ×
··
상법 제393조 제1항은 주식회사의 중요한 자산의 처분 및 양도, 대규모 재산의 차입 등 회사의 업무집행은 이사회의
결의로 한다고 규정함으로써 주식회사의 이사회는 회사의 업무집행에 관한 의사결정권한이 있음을 밝히고 있으므
로, 주식회사의 중요한 자산의 처분이나 대규모 재산의 차입행위뿐만 아니라 이사회가 일반적·구체적으로 대표이
사에게 위임하지 않은 업무로서 일상 업무에 속하지 아니한 중요한 업무에 대해서는 이사회의 결의를 거쳐야
한다(대판 2019.8.14. 2019다204463).   답 ○

256 이사회는 정관이 정한 바에 따라 위원회를 설치할 수 있다. ┃법무사 19   ○ ×
□□□ ··
상법 제393조의2 제1항   답 ○

┃**제3항**┃ 대표이사

┃**제1관**┃ **선임과 종임**

┌──┐
│ **대표이사(상법 제389조)**   ① 회사는 이사회의 결의로 회사를 대표할 이사를 선정하여야 한다. 그러나 정관 │
│   으로 (주주총회)에서 이를 선정할 것을 정할 수 있다.   │
└──┘

257 ▶ 대표이사는 이사회의 결의로 선정하여야 하나 정관의 규정이 있으면 주주총회에서 선정할
□□□   수 있다. ┃법무사 17   ○ ×

▶ 대표이사는 이사회에서 선정하나, 정관으로 정한 경우에는 주주총회에서 선정할 수 있다.
  ┃법무사 19   ○ ×

▶ 회사는 이사회의 결의로 회사를 대표할 이사를 선정하여야 한다. 그러나 정관으로 주주총회
  에서 이를 선정할 것을 정할 수 있다. ┃법무사 22   ○ ×

▶ 정관에 다른 정함이 없으면 대표이사는 이사회의 결의로 선정한다. ┃법원직9급 21   ○ ×
··
상법 제389조 제1항   답 ○ / ○ / ○ / ○

258
□□□
대표이사는 이사의 자격을 전제로 하므로 이사의 자격을 상실하면 대표이사의 자격도 잃게되나, 반대로 대표이사에서 해임되었다고 하여 이사의 자격을 상실하는 것은 아니다.
┃법무사 19
○ ×

회사는 이사회의 결의로 회사를 대표할 이사를 선정하여야 한다(상법 제389조 제1항). 즉, 대표이사는 이사들 중에서 회사를 대표하는 이사를 의미하므로, 이사의 자격을 전제한다. 따라서 이사의 자격을 상실하면 대표이사의 자격 또한 상실한다. 다만, 대표이사에서 해임된 경우에는, 대표이사의 자격만을 상실할 뿐 이사의 자격을 상실하는 것은 아니한다. 🅐 ○

제2관 대표이사의 권한과 제한

> **대표이사(상법 제389조)** ③ 제208조 제2항, 제209조, 제210조와 제386조의 규정은 대표이사에 준용한다.
>
> > **공동대표(상법 제208조)** ② 전항의 경우에도 제삼자의 회사에 대한 의사표시는 공동대표의 권한있는 사원 1인에 대하여 이를 함으로써 그 효력이 생긴다.
> >
> > **대표사원의 권한(상법 제209조)** ① 회사를 대표하는 사원은 회사의 영업에 관하여 **재판상 또는 재판 외의 모든 행위를 할 권한**이 있다.
> > ② 전항의 권한에 대한 제한은 **선의의 제3자에게 대항하지 못한다.**
> >
> > **손해배상책임(상법 제210조)** 회사를 대표하는 사원이 그 업무집행으로 인하여 타인에게 손해를 가한 때에는 회사는 그 사원과 연대하여 배상할 책임이 있다.
>
> **이사와 회사 간의 소에 관한 대표(상법 제394조)** ① 회사가 이사에 대하여 또는 이사가 회사에 대하여 소를 제기하는 경우에 (감사는 그 소에 관하여 회사를 대표)한다. 회사가 제403조 제1항 또는 제406조의2 제1항의 (청구)를 받은 경우에도 또한 같다.
> ② 제415조의2의 규정에 의한 감사위원회의 위원이 소의 당사자인 경우에는 감사위원회 또는 이사는 법원에 회사를 대표할 자를 선임하여 줄 것을 신청하여야 한다.

259
□□□
대표이사는 회사의 영업에 관한 재판상 또는 재판 외의 모든 행위를 할 권한이 있고, 그 권한에 대한 내부적 제한은 선의의 제3자에게 대항할 수 없다. ┃법무사 17
○ ×

상법 제389조 제3항, 제209조 제1항·제2항 🅐 ○

260
□□□
주식회사의 회생절차개시신청은 대표이사의 업무권한인 일상 업무에 속하지 아니한 중요한 업무에 해당하여 이사회 결의가 필요하다. ┃법무사 20, 법원직9급 20
○ ×

주식회사는 회생절차를 통하여 채권자·주주 등 여러 이해관계인의 법률관계를 조정하여 채무자 또는 그 사업의 효율적인 회생을 도모할 수 있으나(채무자회생법 제1조), 회생절차 폐지의 결정이 확정된 경우 파산절차가 진행될 수 있는 등(채무자회생법 제6조 제1항) 회생절차 신청 여부에 관한 결정이 주식회사에 미치는 영향이 크다. 위와 같은 주식회사에서의 이사회의 역할 및 주식회사에 대한 회생절차개시결정의 효과 등에 비추어 보면 주식회사의 회생절차개시신청은 대표이사의 업무권한인 일상 업무에 속하지 아니한 중요한 업무에 해당하여 이사회 결의가 필요하다고 보아야 한다(대판 2019.8.14. 2019다204463). 답 ○

261
□□□
주식회사의 대표이사가 이사회의 결의를 거쳐야 할 대외적 거래행위에 관하여 이를 거치지 아니한 경우, 그 거래 상대방이 그와 같은 이사회 결의가 없었음을 알았거나 알 수 있었을 경우가 아니라면 그 거래행위는 유효하다. ▮법원직9급 20 ○ ×

주식회사의 대표이사가 이사회의 결의를 거쳐야 할 대외적 거래행위에 관하여 이를 거치지 아니하고 한 경우라도 이와 같은 이사회결의사항은 회사의 내부적 의사결정에 불과하다 할 것이므로 그 거래 상대방이 그와 같은 이사회 결의가 없었음을 알거나 알 수 있었을 경우가 아니라면 그 거래행위는 유효하다고 해석되고 위와 같은 상대방의 악의는 이를 주장하는 회사측이 주장·입증하여야 할 것이다(대판 1993.6.25. 93다13391). 답 ○

262
□□□
▸ 일정한 대외적 거래행위에 관하여 회사 정관이나 이사회 규정 등에서 이사회 결의를 거치도록 대표이사의 대표권을 제한한 경우에도 선의의 제3자는 상법 제209조 제2항에 따라 보호된다. 거래행위의 상대방인 제3자가 상법 제209조 제2항에 따라 보호받기 위해서는 선의 이외에 무과실까지 필요하다. ▮법무사 20 ○ ×

▸ 회사의 정관에서 이사회 승인이 필요하다고 정한 계약임에도 이사회 승인 없이 한 대표이사와 계약한 상대방이 이사회 승인여부를 알지 못하였고, 알지 못한 것에 중대한 과실은 없지만 경과실이 있는 경우, 상대방은 계약의 효력을 주장할 수 없다. ▮법원직9급 22 ○ ×

일정한 대외적 거래행위에 관하여 이사회 결의를 거치도록 대표이사의 권한을 제한한 경우에도 이사회 결의는 회사의 내부적 의사결정절차에 불과하고, 특별한 사정이 없는 한 거래 상대방으로서는 회사의 대표자가 거래에 필요한 회사의 내부절차를 마쳤을 것으로 신뢰하였다고 보는 것이 경험칙에 부합한다. 따라서 회사 정관이나 이사회 규정 등에서 이사회 결의를 거치도록 대표이사의 대표권을 제한한 경우(이하 '내부적 제한'이라 한다)에도 선의의 제3자는 상법 제209조 제2항에 따라 보호된다. 거래행위의 상대방인 제3자가 상법 제209조 제2항에 따라 보호받기 위하여 선의 이외에 무과실까지 필요하지는 않지만, 중대한 과실이 있는 경우에는 제3자의 신뢰를 보호할 만한 가치가 없다고 보아 거래행위가 무효라고 해석함이 타당하다(대판[전합] 2021.2.18. 2015다45451).
답 × / ×

263
□□□
▸ 주식회사의 대표이사가 대표권의 범위 내에서 한 행위는 설사 대표이사가 회사의 영리 목적과 관계없이 자기 또는 제3자의 이익을 도모할 목적으로 권한을 남용한 것이라도 일응 회사의 행위로서 유효하나, 회사는 상대방의 악의를 입증하여 행위의 효과를 부인할 수 있다.
▮법무사 17 ○ ×

▶ 주식회사의 대표이사가 그 대표권의 범위 내에서 한 행위는 회사의 영리 목적과 관계없이 자기의 이익을 도모할 목적으로 그 권한을 남용한 것이라 할지라도 회사의 행위로서 유효하다. 다만 그 행위의 상대방이 그와 같은 정을 알았던 경우 회사는 상대방의 악의를 증명하여 그 행위의 효과를 부인할 수 있다. ▎법무사 19　　　　　　　　　○ ×

주식회사의 대표이사가 대표권의 범위 내에서 한 행위는 설사 대표이사가 회사의 영리 목적과 관계없이 자기 또는 제3자의 이익을 도모할 목적으로 권한을 남용한 것이라도 일응 회사의 행위로서 유효하다. 그러나 행위의 상대방이 그와 같은 정을 알았던 경우에는 그로 인하여 취득한 권리를 회사에 대하여 주장하는 것이 신의칙에 반하므로 회사는 상대방의 악의를 입증하여 행위의 효과를 부인할 수 있다(대판 2016.8.24. 2016다222453).

답 ○ / ○

---

264 ▶ 회사가 이사에 대하여 또는 이사가 회사에 대하여 소를 제기하는 경우에 감사는 그 소에 관하여 회사를 대표한다. ▎법무사 17 · 18　　　　　　　　　○ ×

▶ 이사와 회사 사이의 소송에서는 회사가 원고 또는 피고임을 가리지 않고 감사가 그 소에 관하여 회사를 대표한다. ▎법무사 20　　　　　　　　　○ ×

▶ 발행주식 총수의 100분의 1 이상에 해당하는 주식을 가진 주주가 회사에 대하여 이사의 책임을 추궁할 소를 제기할 경우에도 감사가 회사를 대표한다. ▎법무사 18　　　○ ×

회사가 이사에 대하여 또는 이사가 회사에 대하여 소를 제기하는 경우에 감사는 그 소에 관하여 회사를 대표한다. 회사가 제403조 제1항(주주의 대표소송) 또는 제406조의2 제1항(다중대표소송)의 청구를 받은 경우에도 또한 같다(상법 제394조 제1항).

답 ○ / ○ / ○

---

265 이사와 회사 사이의 소에서 감사로 하여금 회사를 대표하도록 한 취지는, 이사와 회사 양자 간에 이해의 충돌이 있기 쉬우므로 그 충돌을 방지하고 공정한 소송수행을 확보하기 위한 것이다. ▎법무사 18　　　　　　　　　○ ×

상법 제394조 제1항은 이사와 회사 사이의 소에 관하여 감사로 하여금 회사를 대표하도록 규정하고 있는데, 이는 이사와 회사 양자 간에 이해의 충돌이 있기 쉬우므로, 그 충돌을 방지하고 공정한 소송수행을 확보하기 위한 것이다(대판 2018.3.15. 2016다275679).

답 ○

---

266 피고 회사의 이사인 원고가 피고 회사에 대하여 소를 제기할 때, 대표이사를 피고 회사의 대표자로 표시한 소장을 법원에 제출하고, 법원도 이 점을 간과하여 피고 회사의 대표이사에게 소장의 부본을 송달한 채, 피고 회사의 대표이사로부터 소송대리권을 위임받은 변호사들에 의하여 소송이 수행되었다면, 이 사건 소에 관하여는 피고 회사를 대표할 권한이 대표이사에게 없기 때문에 소장이 피고에게 적법유효하게 송달되었다고 볼 수 없음은 물론 피고 회사의 대표이사가 피고를 대표하여 한 소송행위나 피고 회사의 대표이사에 대하여 원고가 한 소송행위는 모두 무효이다. ▎법무사 18　　　　　　　　　○ ×

피고 회사의 이사인 원고가 피고 회사에 대하여 소를 제기함에 있어서 상법 제394조에 의하여 그 소에 관하여 회사를 대표할 권한이 있는 감사를 대표자로 표시하지 아니하고 대표이사를 피고 회사의 대표자로 표시한 소장을 법원에 제출하고, 법원도 이 점을 간과하여 피고 회사의 대표이사에게 소장의 부본을 송달한 채, 피고 회사의 대표이사로부터 소송대리권을 위임받은 변호사들에 의하여 소송이 수행되었다면, 이 사건 소에 관하여는 피고 회사를 대표할 권한이 대표이사에게 없기 때문에 소장이 피고에게 적법유효하게 송달되었다고 볼 수 없음은 물론 피고 회사의 대표이사가 피고를 대표하여 한 소송행위나 피고 회사의 대표이사에 대하여 원고가 한 소송행위는 모두 무효이다(대판 1990.5.11. 89다카5199). 답 ○

267
□□□
소송의 목적이 되는 권리관계가 이사의 재직 중에 일어난 사유로 인한 것이라 할지라도 회사가 그 사람을 이사의 자격으로 제소하는 것이 아니고 이사가 이미 이사의 자리를 떠난 경우에 회사가 그 사람을 상대로 제소하는 경우에는 특별한 사정이 없는 한 상법 제394조 제1항을 적용하여 당해 소송에서 감사가 회사를 대표해야 한다고 볼 것은 아니다. ▮법무사 20 ○ ×

상법 제394조 제1항에서는 이사와 회사 사이의 소에 있어서 양자 간에 이해의 충돌이 있기 쉬우므로 그 충돌을 방지하고 공정한 소송수행을 확보하기 위하여 비교적 객관적 지위에 있는 감사로 하여금 그 소에 관하여 회사를 대표하도록 규정하고 있는바, 소송의 목적이 되는 권리관계가 이사의 재직 중에 일어난 사유로 인한 것이라 할지라도 회사가 그 사람을 이사의 자격으로 제소하는 것이 아니고 이사가 이미 이사의 자리를 떠난 경우에 회사가 그 사람을 상대로 제소하는 경우에는 특별한 사정이 없는 한 위 상법 제394조 제1항은 적용되지 않는다(대판 2002.3.15. 2000다9086). 답 ○

268
□□□
▶ 법원에서 회사의 일시대표이사를 선임한 경우라 하더라도, 상법 제394조 제1항에 따라 이사와 회사 사이의 소에서는 감사가 회사를 대표해야 하므로, 회사가 주주총회에서 이사로 선임된 자를 상대로 그 이사선임결의의 부존재를 주장하면서 이사 지위의 부존재 확인을 구하는 소에서 위 일시대표이사가 회사를 대표하였다면 그 소는 부적법하다. ▮법원직9급 22
○ ×

▶ 소 제기 전 甲 회사의 주주가 甲 회사를 적법하게 대표할 사람이 없다는 이유로 일시대표이사 및 이사의 선임을 구하는 신청을 하여 변호사인 乙이 甲 회사의 일시대표이사 및 이사로 선임된 경우에 일시대표이사인 乙은 감사가 아니므로 甲 회사를 대표하여 甲 회사의 소수주주가 소집한 주주총회에서 이사로 선임된 丙을 상대로 이사선임결의의 부존재를 주장하며 이사 지위의 부존재 확인을 구할 수 없다. ▮법무사 18
○ ×

甲 주식회사의 일시대표이사인 乙이 甲 회사를 대표하여 甲 회사의 소수주주가 소집한 주주총회에서 이사로 선임된 丙을 상대로 이사선임결의 부존재를 주장하며 이사 지위의 부존재 확인을 구하자, 丙이 회사와 이사 사이의 소는 상법 제394조 제1항에 따라 감사가 회사를 대표하여야 한다고 주장한 경우, 소 제기 전 갑 회사의 주주가 甲 회사를 적법하게 대표할 사람이 없다는 이유로 일시대표이사 및 이사의 선임을 구하는 신청을 하여 변호사인 乙이 甲 회사의 일시대표이사 및 이사로 선임된 것이어서 일시대표이사인 乙로 하여금 甲 회사를 대표하도록 하였더라도 그것이 공정한 소송수행을 저해하는 것이라고 보기는 어려우므로, 위 소에 상법 제394조 제1항은 적용되지 않는다(대판 2018.3.15. 2016다275679). 답 × / ×

> **표현대표이사의 행위와 회사의 책임(상법 제395조)** 사장, 부사장, 전무, 상무 기타 회사를 대표할 권한이 있는 것으로 인정될 만한 명칭을 사용한 이사의 행위에 대하여는 그 이사가 회사를 대표할 권한이 없는 경우에도 회사는 (선의의 제3자)에 대하여 그 책임을 진다.

269
□□□
▶ 이사자격이 없는 자에게 회사가 표현대표이사의 명칭을 사용케 한 경우이거나 이사자격 없이 그 명칭을 사용하는 것을 회사가 알고 용인상태에 둔 경우에는 회사는 상법 제395조에 의한 표현책임을 질 수 있다. ┃법무사 17 ○×

▶ 상법 제395조에서는 "회사를 대표할 권한이 있는 것으로 인정될 만한 명칭을 사용한 이사"라고 정하고 있으나, 이사의 자격이 없는 자도 표현대표이사에 해당할 수 있다. ┃법원직9급 22 ○×

....

상법 제395조가 회사를 대표할 권한이 있는 것으로 인정될 만한 명칭을 사용한 이사의 행위에 대한 회사의 책임을 규정한 것이어서, 표현대표이사가 이사의 자격을 갖출 것을 요건으로 하고 있으나, 이 규정은 표시에 의한 금반언의 법리나 외관이론에 따라 대표이사로서의 외관을 신뢰한 제3자를 보호하기 위하여 그와 같은 외관의 존재에 대하여 귀책사유가 있는 회사로 하여금 선의의 제3자에 대하여 그들의 행위에 관한 책임을 지도록 하려는 것이므로, 회사가 이사의 자격이 없는 자에게 표현대표이사의 명칭을 사용하게 허용한 경우는 물론, 이사의 자격이 없는 사람이 임의로 표현대표이사의 명칭을 사용하고 있는 것을 회사가 알면서도 아무런 조치를 취하지 아니한 채 그대로 방치하여 소극적으로 묵인한 경우에도 위 규정이 유추적용되는 것으로 해석함이 상당하다(대판 1998.3.27. 97다34709). 답 ○ / ○

270
□□□
표현대표이사의 명칭을 사용하는 이사가 자기명의로 행위할 때뿐 아니라 행위자 자신이 표현대표이사인 이상 다른 대표이사의 명칭을 사용하여 행위한 경우에도 상법 제395조가 적용된다.
┃법무사 17 ○×

....

상법 제395조는 표현대표이사가 자기의 명칭을 사용하여 법률행위를 한 경우는 물론이고 자기의 명칭을 사용하지 아니하고 다른 대표이사의 명칭을 사용하여 행위를 한 경우에도 적용된다(대판 1998.3.27. 97다34709). 답 ○

271
□□□
상법 제395조는 표현대표이사가 자기의 명칭을 사용하여 법률행위를 한 경우뿐만 아니라 자기의 명칭을 사용하지 아니하고 다른 대표이사의 명칭을 사용하여 행위를 한 경우에도 유추적용된다. ┃법무사 21 ○×

....

상법 제395조는 표현대표이사가 자기의 명칭을 사용하여 법률행위를 한 경우는 물론이고 자기의 명칭을 사용하지 아니하고 다른 대표이사의 명칭을 사용하여 행위를 한 경우에도 유추적용되고, 이와 같은 대표권 대행의 경우 제3자의 선의나 중과실은 표현대표이사의 대표권 존부에 대한 것이 아니라 대표이사를 대행하여 법률행위를 할 권한이 있느냐에 대한 것이다(대판 2003.7.22. 2002다40432). 답 ○

272
□□□
회사가 표현대표를 허용하였다고 하기 위하여는 진정한 대표이사가 표현대표를 허용하거나, 이사 전원이 아닐지라도 적어도 이사회결의의 성립을 위하여 회사의 정관에서 정한 이사의 수, 그와 같은 정관의 규정이 없다면 최소한 이사 정원의 과반수 이사가 적극적 또는 묵시적으로 표현대표를 허용한 경우이어야 한다. ▌법무사 21　　　　　　　　○ ×

상법 제395조에 의하여 회사가 표현대표이사의 행위에 대하여 책임을 지기 위하여는 표현대표이사의 행위에 대하여 그를 믿었던 제3자가 선의이었어야 하고 또한 회사가 적극적 또는 묵시적으로 표현대표를 허용한 경우에 한한다고 할 것이며, 이 경우 회사가 표현대표를 허용하였다고 하기 위하여는 진정한 대표이사가 이를 허용하거나, 이사 전원이 아닐지라도 적어도 이사회의 결의의 성립을 위하여 회사의 정관에서 정한 이사의 수, 그와 같은 정관의 규정이 없다면 최소한 이사 정원의 과반수의 이사가 적극적 또는 묵시적으로 표현대표를 허용한 경우이어야 할 것이므로, 대표이사로 선임등기된 자가 부적법한 대표이사로서 사실상의 대표이사에 불과한 경우에 있어서는 먼저 위 대표이사의 선임에 있어 회사에 귀책사유가 있는지를 살피고 이에 따라 회사에게 표현대표이사로 인한 책임이 있는지 여부를 가려야 할 것이다(대판 1992.9.22. 91다5365). 　🅳 ○

273
□□□
상법 제395조 소정의 '선의'란 표현대표이사가 대표권이 없음을 알지 못한 것을 말하는 것이지 반드시 형식상 대표이사가 아니라는 것을 알지 못한 것에 한정할 필요는 없다. ▌법무사 17
　　　　　　　　○ ×

대판 1998.3.27. 97다34709 　🅳 ○

274
□□□
거래의 상대방인 제3자가 회사의 대표이사가 아닌 이사에게 그 거래행위를 함에 있어 회사를 대표할 권한이 있다고 믿었다 할지라도 그와 같이 믿음에 있어서 중대한 과실이 있는 경우에는 회사는 그 제3자에 대하여는 상법 제395조에 의한 책임을 지지 아니한다. ▌법무사 17 · 21
　　　　　　　　○ ×

상법 제395조가 규정하는 표현대표이사의 행위로 인한 주식회사의 책임이 성립하기 위하여 법률행위의 상대방이 된 제3자의 선의 이외에 무과실까지도 필요로 하는 것은 아니지만, 그 규정의 취지는 회사의 대표이사가 아닌 이사가 외관상 회사의 대표권이 있는 것으로 인정될 만한 명칭을 사용하여 거래행위를 하고, 이러한 외관이 생겨난 데에 관하여 회사에 귀책사유가 있는 경우에 그 외관을 믿은 선의의 제3자를 보호함으로써 상거래의 신뢰와 안전을 도모하려는 데에 있다 할 것인바, 그와 같은 제3자의 신뢰는 보호할 만한 가치가 있는 정당한 것이어야 할 것이므로 설령 제3자가 회사의 대표이사가 아닌 이사가 그 거래행위를 함에 있어서 회사를 대표할 권한이 있다고 믿었다 할지라도 그와 같이 믿음에 있어서 중대한 과실이 있는 경우에는 회사는 그 제3자에 대하여는 책임을 지지 아니한다(대판 1999.11.12. 99다19797). 　🅳 ○

275
□□□
▶ 회사를 대표할 권한이 없는 표현대표이사가 다른 대표이사의 명칭을 사용하여 어음행위를 한 경우, 회사가 책임을 지는 선의의 제3자의 범위에는 표현대표이사로부터 직접 어음을 취득한 상대방만 포함된다. ▌법무사 17　　　　　　　　○ ×

▶ 회사를 대표할 권한이 없는 표현대표이사가 다른 대표이사의 명칭을 사용하여 어음행위를 한 경우, 회사가 책임을 지는 선의의 제3자는 표현대표이사로부터 직접 어음을 취득한 상대방에 한하고, 그로부터 어음을 다시 배서양도받은 제3취득자는 포함되지 않는다.

┃법무사 21　　　　　　　　　　　　　　　　　　　　　　　　○ ×

회사를 대표할 권한이 없는 표현대표이사가 다른 대표이사의 명칭을 사용하여 어음행위를 한 경우, 회사가 책임을 지는 선의의 제3자의 범위에는 표현대표이사로부터 직접 어음을 취득한 상대방뿐만 아니라, <u>그로부터 어음을 다시 배서양도받은 제3취득자도 포함된다</u>(대판 2003.9.26. 2002다65073).　　　🅐 × / ×

276
□□□ 상법 제395조는 회사가 이사의 자격이 없는 자에게 표현대표이사의 명칭을 사용하게 허용한 경우는 물론, 이사의 자격도 없는 사람이 임의로 표현대표이사의 명칭을 사용하고 있는 것을 회사가 알면서도 아무런 조치를 취하지 아니한 채 그대로 방치하여 소극적으로 묵인한 경우에도 유추적용된다. ┃법무사 21　　　　　　　　　　　　　○ ×

상법 제395조가 회사를 대표할 권한이 있는 것으로 인정될 만한 명칭을 사용한 이사의 행위에 대한 회사의 책임을 규정한 것이어서, 표현대표이사가 이사의 자격을 갖출 것을 요건으로 하고 있으나, 이 규정은 표시에 의한 금반언의 법리나 외관이론에 따라 대표이사로서의 외관을 신뢰한 제3자를 보호하기 위하여 그와 같은 외관의 존재에 대하여 귀책사유가 있는 회사로 하여금 선의의 제3자에 대하여 그들의 행위에 관한 책임을 지도록 하려는 것이므로, 회사가 이사의 자격이 없는 자에게 표현대표이사의 명칭을 사용하게 허용한 경우는 물론, 이사의 자격이 없는 사람이 임의로 표현대표이사의 명칭을 사용하고 있는 것을 회사가 알면서도 아무런 조치를 취하지 아니한 채 그대로 방치하여 소극적으로 묵인한 경우에도 위 규정이 유추적용되는 것으로 해석함이 상당하다(대판 1998.3.27. 97다34709).　　　🅐 ○

277
□□□ 회사가 이사의 권한 없는 자를 대표이사로 등기하였고, 그것을 신뢰하고 계약한 상대방은 상법 제39조 부실 등기의 효력을 주장하며 계약의 이행을 청구할 수 있다. ┃법원직9급 22

　　　　　　　　　　　　　　　　　　　　　　　　　　　　　○ ×

이사 선임의 주주총회결의에 대한 취소판결이 확정된 경우 그 결의에 의하여 이사로 선임된 이사들에 의하여 구성된 이사회에서 선정된 대표이사는 소급하여 그 자격을 상실하고, 그 대표이사가 이사 선임의 주주총회결의에 대한 취소판결이 확정되기 전에 한 행위는 대표권이 없는 자가 한 행위로서 무효가 된다. 이사 선임의 주주총회결의에 대한 취소판결이 확정되어 그 결의가 소급하여 무효가 된다고 하더라도 그 선임 결의가 취소되는 대표이사와 거래한 상대방은 상법 제39조의 적용 내지 유추적용에 의하여 보호될 수 있으며, 주식회사의 법인등기의 경우 회사는 대표자를 통하여 등기를 신청하지만 등기신청권자는 회사 자체이므로 취소되는 주주총회결의에 의하여 이사로 선임된 대표이사가 마친 이사 선임 등기는 상법 제39조의 부실등기에 해당된다(대판 2004.2.27. 2002다19797).　　　🅐 ○

대표이사(상법 제389조) ② 전항의 경우에는 수인의 대표이사가 (공동으로) 회사를 대표할 것을 정할 수 있다.

③ 제208조 제2항, 제209조, 제210조와 제386조의 규정은 대표이사에 준용한다.

공동대표(상법 제208조) ② 전항의 경우에도 제3자의 회사에 대한 의사표시는 공동대표의 권한 있는 사원 1인에 대하여 이를 함으로써 그 효력이 생긴다.

278 주식회사가 수인의 대표이사를 둔 경우 원칙적으로 각 대표이사가 단독으로 회사를 대표하지
☐☐☐ 만 공동으로 회사를 대표할 것을 정할 수 있다. **┃법무사 17** ○ ✕

··

상법 제389조 제2항 **답** ○

279 수인의 대표이사가 공동으로 회사를 대표하도록 정한 경우에 제3자의 회사에 대한 의사표시는
☐☐☐ 대표이사 중 1인에 대하여 함으로써 그 효력이 생긴다. **┃법무사 19** ○ ✕

··

상법 제389조 제3항, 제208조 제2항 **답** ○

280 회사가 공동대표이사에게 단순한 대표이사라는 명칭을 사용하여 법률행위를 하는 것을 용인
☐☐☐ 내지 방임한 경우 상법 제395조에 의한 표현책임을 진다. **┃법원직9급 20** ○ ✕

··

회사가 공동대표이사에게 단순한 대표이사라는 명칭을 사용하여 법률행위를 하는 것을 용인 내지 방임한 경우에도 회사는 상법 제395조에 의한 표현책임을 면할 수 없다(대판 1992.10.27. 92다19033). **답** ○

281 공동대표이사 중 1인은 다른 공동대표이사에게 그 대표권의 행사를 일반적, 포괄적으로 위임할
☐☐☐ 수 있다. **┃법무사 17, 법원직9급 22** ○ ✕

··

주식회사에 있어서의 공동대표제도는 대외 관계에서 수인의 대표이사가 공동으로만 대표권을 행사할 수 있게 하여 업무집행의 통일성을 확보하고, 대표권 행사의 신중을 기함과 아울러 대표이사 상호 간의 견제에 의하여 대표권의 남용 내지는 오용을 방지하여 회사의 이익을 도모하려는데 그 취지가 있으므로 공동대표이사의 1인이 그 대표권의 행사를 특정사항에 관하여 개별적으로 다른 공동대표이사에게 위임함은 별론으로 하고, <u>일반적, 포괄적으로 위임함은 허용되지 아니한다</u>(대판 1989.5.23. 89다카3677). **답** ✕

이사의 의무

선관의무, 충실의무

이사의 선임, 회사와의 관계 및 사외이사(상법 제382조) ② 회사와 이사의 관계는「민법」의 위임에 관한 규정을 준용한다.

이사의 충실의무(상법 제382조의3) 이사는 법령과 정관의 규정에 따라 회사를 위하여 그 직무를 충실하게 수행하여야 한다.

보고의무 및 비밀유지의무

이사회의 권한(상법 제393조) ④ 이사는 (3월에 1회) 이상 업무의 집행상황을 이사회에 보고하여야 한다.

이사의 보고의무(상법 제412조의2) 이사는 회사에 현저하게 손해를 미칠 염려가 있는 사실을 발견한 때에는 (즉시) 감사에게 이를 보고하여야 한다.

감사위원회(상법 제415조의2) ⑦ … 제412조 내지 제414조 … 의 규정은 감사위원회에 관하여 이를 준용한다. 이 경우 제530조의5 제1항 제9호 및 제530조의6 제1항 제10호 중 "감사"는 "감사위원회 위원"으로 본다.

이사의 비밀유지의무(상법 제382조의4) 이사는 재임 중 뿐만 아니라 퇴임 후에도 직무상 알게 된 회사의 영업상 비밀을 누설하여서는 아니 된다.

감시의무

이사의 선임, 회사와의 관계 및 사외이사(상법 제382조) ② 회사와 이사의 관계는「민법」의 위임에 관한 규정을 준용한다.

이사회의 권한(상법 제393조) ② 이사회는 이사의 직무의 집행을 감독한다.

282
□□□ 주식회사의 이사는 자신의 업무에만 주의를 기울이면 되고, 다른 업무담당이사들의 업무집행까지 감시할 의무는 없다. **법원직9급 22**   ○ ✕

....

이사가 고의 또는 과실로 법령 또는 정관에 위반한 행위를 하거나 그 임무를 게을리한 경우에는 그 이사는 회사에 대하여 연대하여 손해를 배상할 책임이 있다(상법 제399조 제1항). 주식회사의 이사는 담당업무는 물론 다른 업무담당이사의 업무집행을 감시할 의무가 있으므로 스스로 법령을 준수해야 할 뿐 아니라 <u>다른 업무담당이사들도 법령을 준수하여 업무를 수행하도록 감시·감독하여야 할 의무를 부담한다</u>(대판 2021.11.11. 2017다222368).   **답** ✕

283
□□□ 회사 업무의 전반을 총괄하여 다른 이사의 업무집행을 감시·감독하여야 할 지위에 있는 대표이사가 회사의 목적이나 규모, 영업의 성격 및 법령의 규제 등에 비추어 높은 법적 위험이 예상되는 경우임에도 이와 관련된 내부통제시스템을 구축하고 그것이 제대로 작동되도록 하기 위한 노력을 전혀 하지 않거나 위와 같은 시스템을 통한 감시·감독의무의 이행을 의도적으로 외면한 결과 다른 이사 등의 위법한 업무집행을 방지하지 못하였다면, 이는 대표이사로서 회사 업무 전반에 대한 감시의무를 게을리한 것이라고 할 수 있다. **법원직9급 22**   ○ ✕

....

대판 2021.11.11. 2017다222368   **답** ○

284
□□□ 업무집행을 담당하지 않는 비상근이사·사외이사도 업무담당이사의 업무집행이 위법하다고 의심할 만한 사유가 있었음에도 불구하고 감시의무를 위반하여 방치한 때에는 손해배상책임을 진다. **법무사 21**   ○ ✕

....

주식회사의 이사는 이사회의 일원으로서 이사회에 상정된 의안에 대하여 찬부의 의사표시를 하는 데 그치지 않고, 담당업무는 물론 다른 업무담당 이사의 업무집행을 전반적으로 감시할 의무가 있고 <u>이러한 의무는 비상근이사라고 하여 면할 수 있는 것은 아니므로 주식회사의 이사가 이사회에 참석하지도 않고 사후적으로 이사회의 결의를 추인하는 등으로 실질적으로 이사의 임무를 전혀 수행하지 않은 이상 그 자체로서 임무해태가 된다고</u> 할 것이다. 원심이 이러한 취지에서 피고 8, 9에 대하여 임무해태에 따른 손해배상책임을 면할 수 없다고 판단한 것은 수긍할 수 있고 이사책임에 관한 법리오해의 위법이 없다(대판 2008.12.11. 2005다51471).   **답** ○

> **경업금지(상법 제397조)**　① 이사는 (이사회의 승인)이 없으면 자기 또는 제3자의 계산으로 회사의 영업부류에 (속한) 거래를 하거나 (동종)영업을 목적으로 하는 (다른) 회사의 (무한)책임사원이나 (이사)가 되지 못한다.
> ② 이사가 제1항의 규정에 위반하여 거래를 한 경우에 회사는 이사회의 결의로 그 이사의 거래가 (자기의 계산)으로 한 것인 때에는 이를 (회사의 계산)으로 한 것으로 볼 수 있고 (제3자의 계산)으로 한 것인 때에는 그 이사에 대하여 이로 인한 (이득의 양도)를 청구할 수 있다.
> ③ 제2항의 권리는 거래가 있은 날로부터 (1년)을 경과하면 소멸한다.

285 이사는 경업 대상 회사의 이사, 대표이사가 되는 경우뿐만 아니라 그 회사의 지배주주가 되어 □□□ 그 회사의 의사결정과 업무집행에 관여할 수 있게 되는 경우에도 자신이 속한 회사 이사회의 승인을 얻어야 한다. ▮법무사 22, 법원직9급 20　　　　○ ×

> 상법이 제397조 제1항으로 "이사는 이사회의 승인이 없으면 자기 또는 제3자의 계산으로 회사의 영업부류에 속한 거래를 하거나 동종영업을 목적으로 하는 다른 회사의 무한책임사원이나 이사가 되지 못한다."고 규정한 취지는, 이사가 그 지위를 이용하여 자신의 개인적 이익을 추구함으로써 회사의 이익을 침해할 우려가 큰 경업을 금지하여 이사로 하여금 선량한 관리자의 주의로써 회사를 유효적절하게 운영하여 그 직무를 충실하게 수행하여야 할 의무를 다하도록 하려는 데 있다. 따라서 이사는 경업 대상 회사의 이사, 대표이사가 되는 경우뿐만 아니라 그 회사의 지배주주가 되어 그 회사의 의사결정과 업무집행에 관여할 수 있게 되는 경우에도 자신이 속한 회사 이사회의 승인을 얻어야 하는 것으로 볼 것이다(대판 2013.9.12. 2011다57869).　　　답 ○

제5관　자기거래 금지의무

> **이사 등과 회사 간의 거래(상법 제398조)**　다음 각 호의 어느 하나에 해당하는 자가 자기 또는 제3자의 계산으로 회사와 거래를 하기 위하여는 미리 이사회에서 해당 거래에 관한 중요사실을 밝히고 (이사회의 승인)을 받아야 한다. 이 경우 이사회의 승인은 이사 3분의 2 이상의 수로써 하여야 하고, 그 거래의 내용과 절차는 공정하여야 한다.
> 1. 이사 또는 제542조의8 제2항 제6호에 따른 주요주주
> 2. 제1호의 자의 배우자 및 직계존비속
> 3. 제1호의 자의 (배우자의 직계존비속)
> 4. 제1호부터 제3호까지의 자가 단독 또는 공동으로 의결권 있는 발행주식 총수의 100분의 50 이상을 가진 회사 및 그 자회사
> 5. 제1호부터 제3호까지의 자가 제4호의 회사와 합하여 의결권 있는 발행주식총수의 100분의 50 이상을 가진 회사

286 이사가 자기 또는 제3자의 계산으로 회사와 거래를 하기 위해서는 상법 제398조에 따라 미리
□□□ 이사회의 승인을 받아야 하고, 이 경우 이사회 승인은 상법 제397조에 따른 경업금지의 해제에
대한 이사회 승인과 동일하게 이사 과반수의 출석과 출석이사의 과반수로 하여야 한다.

┃법무사 21   ○ ×

이사 등과 회사 간의 거래에 대한 이사회의 승인에는 <u>이사 3분의 2 이상의 수가 요구된다</u>(상법 제398조 참조).

답 ×

287 이사의 배우자의 직계존비속이 자기 또는 제3자의 계산으로 회사와 거래를 하기 위하여는
□□□ 미리 이사회에서 해당 거래에 관한 중요사실을 밝히고 이사회의 승인을 받아야 한다. 이 경우
이사회의 승인은 이사 3분의 2 이상의 수로써 하여야 한다. ┃법무사 22   ○ ×

상법 제398조 제3호

답 ○

288 ▶ 이사와 회사 사이의 이익상반거래에 대한 승인은 원칙적으로 이사회의 전결사항이므로 이사
□□□   회의 승인을 받지 못한 이익상반거래에 대하여 주주총회에서 사후적으로 추인결의를 하였다
하더라도 그 거래는 여전히 무효이다. ┃법무사 20   ○ ×

▶ 이사와 회사 사이의 이익상반거래에 대한 승인은 주주 전원의 동의가 있다거나 그 승인이
정관에 주주총회의 권한사항으로 정해져 있다는 등의 특별한 사정이 없는 한 이사회의 전결
사항이므로, 주주총회가 최고기관성을 가지고 있다고 하더라도 이사회의 승인을 받지 못한
이익상반거래에 대하여 승인 권한이 없는 주주총회에서 사후적으로 추인 결의를 하였다고
하여 그 거래가 유효하게 될 수는 없다. ┃법무사 20   ○ ×

▶ 이사회의 승인을 받지 못한 이사와 회사 사이의 이익상반거래에 대하여는, 사전에 주주
전원의 동의가 있다거나 그 승인이 정관에 주주총회의 권한사항으로 정해져 있다는 등의
특별한 사정이 없는 한, 주주총회에서 사후적으로 추인 결의를 하였다 하여 그 거래가 유효하
게 될 수는 없다. ┃법무사 21   ○ ×

이사와 회사 사이의 이익상반거래에 대한 승인은 주주 전원의 동의가 있다거나 그 승인이 정관에 주주총회의
권한사항으로 정해져 있다는 등의 특별한 사정이 없는 한 이사회의 전결사항이라 할 것이므로, 이사회의 승인을
받지 못한 이익상반거래에 대하여 아무런 승인권한이 없는 주주총회에서 사후적으로 추인결의를 하였다 하여
그 거래가 유효하게 될 수는 없다(대판 2007.5.10. 2005다4284).   **답** ○ / ○ / ○

289
□□□ 이사회의 승인 없이 이루어진 이사의 자기거래행위가 무효라는 것을 회사가 제3자에 대하여 주장하기 위해서는, 이사회 승인의 부존재 외에 제3자가 이사회 승인이 없었음을 알았거나 알지 못한 데에 중대한 과실이 있었음도 증명해야 한다. ▮법원직9급 22   ○ ✕

이사회의 승인 없이 행하여진 이른바 이사의 자기거래행위는 회사와 이사 간에서는 무효이지만, 회사가 위 거래가 이사회의 승인을 얻지 못하여 무효라는 것을 제3자에 대하여 주장하기 위해서는 이사회의 승인을 얻지 못하였다는 것 외에 제3자가 이사회의 승인 없음을 알았거나 이를 알지 못한 데 중대한 과실이 있음을 증명하여야 한다(대판 2013.7.11. 2013다5091). ▮답 ○

290
□□□ 회사의 채무부담행위가 상법 제398조 소정의 이사의 자기거래에 해당하여 이사회의 승인을 요한다고 할지라도, 그 채무부담행위에 대하여 사전에 주주 전원의 동의가 있었다면 회사는 이사회의 승인이 없었음을 이유로 그 책임을 회피할 수 없다. ▮법무사 20, 법원직9급 21   ○ ✕

구 상법 제398조는 "이사는 이사회의 승인이 있는 때에 한하여 자기 또는 제3자의 계산으로 회사와 거래를 할 수 있다. 이 경우에는 민법 제124조의 규정을 적용하지 아니한다"라고 정하고 있다. 그러나 회사의 채무부담행위가 구 상법 제398조에서 정한 이사의 자기거래에 해당하여 이사회의 승인이 필요하다고 할지라도, 위 규정의 취지가 회사와 주주에게 예기치 못한 손해를 끼치는 것을 방지함에 있으므로, 그 채무부담행위에 대하여 주주 전원이 이미 동의하였다면 회사는 이사회의 승인이 없었음을 이유로 그 책임을 회피할 수 없다(대판 2017.8.18. 2015다5569). ▮답 ○

291
□□□ 이사와 회사 사이의 거래가 상법 제398조를 위반하였음을 이유로 무효임을 주장할 수 있는 자는 회사에 한정되고 특별한 사정이 없는 한 거래의 상대방인 당해 이사나 제3자는 그 무효를 주장할 이익이 없다. ▮법무사 21   ○ ✕

상법 제398조가 이사와 회사 사이의 거래에 관하여 이사회의 승인을 얻도록 한 것은, 이사가 그 지위를 이용하여 회사와 직접 거래를 하거나 이사 자신의 이익을 위하여 회사와 제3자 사이의 거래를 함으로써 이사 자신의 이익을 도모하고 회사 및 주주에게 손해를 입히는 것을 방지하고자 하는 것이므로, 그 규정 취지에 비추어 이사와 회사 사이의 거래가 상법 제398조를 위반하였음을 이유로 무효임을 주장할 수 있는 자는 회사에 한정되고 특별한 사정이 없는 한 거래의 상대방이나 제3자는 그 무효를 주장할 이익이 없다고 보아야 하므로, 거래의 상대방인 당해 이사 스스로가 위 규정 위반을 내세워 그 거래의 무효를 주장하는 것은 허용되지 않는다 할 것이다(대판 2012.12.27. 2011다67651). ▮답 ○

292
□□□ 회사에 대하여 개인적인 채권을 가지고 있는 대표이사가 회사를 위하여 보관하고 있는 회사 소유의 금전으로 자신의 채권 변제에 충당하는 행위는 회사와 이사의 이해가 충돌하는 자기거래행위에 해당하므로 이사회의 승인을 필요로 한다. ▮법무사 21   ○ ✕

회사에 대하여 개인적인 채권을 가지고 있는 대표이사가 회사를 위하여 보관하고 있는 회사 소유의 금전으로 자신의 채권의 변제에 충당하는 행위는 회사와 이사의 이해가 충돌하는 자기거래행위에 해당하지 않는다고 할 것이므로, 대표이사가 이사회의 승인 등의 절차 없이 그와 같이 자신의 회사에 대한 채권을 변제하였더라도 이는 대표이사의 권한 내에서 한 회사채무의 이행행위로서 유효하다(대판 1999.2.23. 98도2296). ▮답 ✕

293 甲, 乙 두 회사의 대표이사를 겸하고 있던 자에 의하여 甲 회사와 乙 회사 사이에 토지 및
□□□ 건물에 대한 매매계약이 체결되고 乙 회사 명의로 소유권이전등기가 경료된 경우, 그 매매계약
은 원칙적으로 이사회의 승인을 요하는 이사의 자기거래에 해당한다. ▮법무사 21 ○ ✕

⋯⋯

甲, 乙 두 회사의 대표이사를 겸하고 있던 자에 의하여 甲 회사와 乙 회사 사이에 토지 및 건물에 대한 매매계약이
체결되고 乙 회사 명의로 소유권이전등기가 경료된 경우, 그 매매계약은 이른바 '이사의 자기거래'에 해당하고,
달리 특별한 사정이 없는 한 이는 甲 회사와 그 이사와의 사이에 이해충돌의 염려 내지 甲 회사에 불이익을
생기게 할 염려가 있는 거래에 해당하는데, 그 거래에 대하여 甲 회사 이사회의 승인이 없었으므로 그 매매계약의
효력은 乙 회사에 대한 관계에 있어서 무효이다(대판 1996.5.28. 95다12101). 　　　　　　　　　　　답 ○

제6관　　회사기회유용 금지의무

┌───┐
회사의 기회 및 자산의 유용 금지(상법 제397조의2)　　① 이사는 (이사회의 승인 없이) 현재 또는 장래에
　회사의 이익이 될 수 있는 다음 각 호의 어느 하나에 해당하는 회사의 사업기회를 자기 또는 제3자의
　이익을 위하여 이용하여서는 아니 된다. 이 경우 이사회의 승인은 이사 (3분의 2) 이상의 수로써 하여야
　한다.
　1. 직무를 수행하는 과정에서 알게 되거나 회사의 정보를 이용한 사업기회
　2. 회사가 수행하고 있거나 수행할 사업과 밀접한 관계가 있는 사업기회
② 제1항을 위반하여 회사에 손해를 발생시킨 이사 및 승인한 이사는 연대하여 손해를 배상할 책임이 있으며
　이로 인하여 이사 또는 제3자가 얻은 이익은 손해로 추정한다.
└───┘

294 회사의 이사회가 충분한 정보를 수집·분석하고 정당한 절차를 거쳐 회사의 이익을 위하여
□□□ 의사를 결정함으로써 사업기회를 포기하거나 어느 이사가 그것을 이용할 수 있도록 승인하였
다면 그 의사결정과정에 현저한 불합리가 없는 한 그와 같이 결의한 이사들의 경영판단은
존중되어야 할 것이므로, 이 경우에는 어느 이사가 그러한 사업기회를 이용하게 되었더라도
그 이사나 이사회의 승인 결의에 참여한 이사들이 이사로서 선량한 관리자의 주의의무 또는
충실의무를 위반하였다고 할 수 없다. ▮법원직9급 20 ○ ✕

⋯⋯

이사는 회사에 대하여 선량한 관리자의 주의의무를 지므로, 법령과 정관에 따라 회사를 위하여 그 의무를 충실히
수행한 때에야 이사로서의 임무를 다한 것이 된다. 이사는 이익이 될 여지가 있는 사업기회가 있으면 이를 회사에
제공하여 회사로 하여금 이를 이용할 수 있도록 하여야 하고, 회사의 승인 없이 이를 자기 또는 제3자의 이익을
위하여 이용하여서는 아니 된다. 그러나 회사의 이사회가 그에 관하여 충분한 정보를 수집·분석하고 정당한
절차를 거쳐 의사를 결정함으로써 그러한 사업기회를 포기하거나 어느 이사가 그것을 이용할 수 있도록 승인하였
다면 의사결정과정에 현저한 불합리가 없는 한 그와 같이 결의한 이사들의 경영판단은 존중되어야 할 것이므로,
이 경우에는 어느 이사가 그러한 사업기회를 이용하게 되었더라도 그 이사나 이사회의 승인 결의에 참여한 이사들
이 이사로서 선량한 관리자의 주의의무 또는 충실의무를 위반하였다고 할 수 없다(대판 2017.9.12. 2015다70044).
　　　 ○

이사의 책임

회사에 대한 손해배상책임

회사에 대한 책임(상법 제399조)   ① 이사가 고의 또는 과실로 법령 또는 정관에 위반한 행위를 하거나 그 임무를 게을리한 경우에는 그 이사는 회사에 대하여 연대하여 손해를 배상할 책임이 있다.
② 전항의 행위가 이사회의 결의에 의한 것인 때에는 그 결의에 찬성한 이사도 전항의 책임이 있다.
③ 전항의 결의에 참가한 이사로서 (이의를 한 기재가 의사록에 없는 자)는 그 결의에 (찬성)한 것으로 (추정)한다.

회사에 대한 책임의 감면(상법 제400조)   ① 제399조에 따른 이사의 책임은 (주주 전원의 동의)로 면제할 수 있다.
② 회사는 정관으로 정하는 바에 따라 제399조에 따른 이사의 책임을 이사가 그 행위를 한 날 이전 최근 1년간의 보수액(상여금과 주식매수선택권의 행사로 인한 이익 등을 포함한다)의(6배)((사외이사)의 경우는 (3배))를 (초과)하는 금액에 대하여 (면제할 수 있다). 다만, 이사가 고의 또는 중대한 과실로 손해를 발생시킨 경우와 제397조 제397조의2 및 제398조에 해당하는 경우에는 그러하지 아니하다.

이사, 감사의 책임해제(상법 제450조)   정기총회에서 전조(재무제표 등의 승인·공고) 제1항의 승인을 한 후 (2년 내)에 다른 결의가 없으면 회사는 (이사와 감사의 책임을 해제)한 것으로 본다. 그러나 이사 또는 감사의 부정행위에 대하여는 그러하지 아니하다.

---

295 ▸ 이사가 고의 또는 과실로 법령 또는 정관에 위반한 행위를 하거나 그 임무를 게을리한 경우에는 회사에 대하여 손해배상책임을 진다. ▎법무사 21   ○ ×

▸ 이사가 고의 또는 과실로 법령 또는 정관에 위반한 행위를 하거나 그 임무를 게을리한 경우에는 그 이사는 회사에 대하여 연대하여 손해를 배상할 책임이 있다. ▎법원직9급 22   ○ ×

···

상법 제399조 제1항   답 ○ / ○

296 이사가 고의 또는 과실로 법령 또는 정관에 위반한 행위를 하거나 그 임무를 게을리한 경우에 그 행위가 이사회의 결의에 의한 것인 때에는 그 결의에 찬성한 이사도 상법 제399조 제1항의 책임이 있다. ▎법무사 22   ○ ×

···

제399조 제2항   답 ○

297 위의 이사회 결의에 참가한 이사로서 이의를 한 기재가 의사록에 없는 자는 상법 제399조 제3항에 따라 그 결의에 찬성한 것으로 추정한다. ▎법무사 22   ○ ×

···

상법 제399조 제3항   답 ○

298
□□□
이사가 위의 이사회에 출석하여 결의에 기권하였다고 의사록에 기재된 경우에는 그 결의에 이의하였다고 볼 수 없으므로 상법 제399조 제3항에 따라 그 결의에 찬성한 것으로 추정한다.

┃법무사 22   ○ ×

상법 제399조 제3항은 같은 조 제2항을 전제로 하면서, 이사의 책임을 추궁하는 자로서는 어떤 이사가 이사회 결의에 찬성하였는지를 알기 어려워 증명이 곤란한 경우가 있음을 고려하여 증명책임을 이사에게 전가하는 규정이다. 그렇다면 <u>이사가 이사회에 출석하여 결의에 기권하였다고 의사록에 기재된 경우에 그 이사는 "이의를 한 기재가 의사록에 없는 자"라고 볼 수 없으므로, 상법 제399조 제3항에 따라 이사회 결의에 찬성한 것으로 추정할 수 없고, 따라서 같은 조 제2항의 책임을 부담하지 않는다고 보아야 한다</u>(대판 2019.5.16. 2016다260455).

答 ×

299
□□□
법령 또는 정관 위반 행위가 이사회의 결의에 의한 경우 결의에 찬성한 이사도 손해배상책임을 지고, 나아가 이사회에 참석하지 아니한 경우에도 이사회 불출석 자체가 임무해태에 해당한다면 손해배상책임을 질 수 있다. ┃법무사 21   ○ ×

법령 또는 정관 위반 행위가 이사회의 결의에 의한 경우 결의에 찬성한 이사도 손해배상책임을 진다(상법 제399조 제2항 참조). 또한 판례는 주식회사의 이사는 이사회의 일원으로서 이사회에 상정된 의안에 대하여 찬부의 의사표시를 하는 데 그치지 않고, 담당업무는 물론 다른 업무담당 이사의 업무집행을 전반적으로 감시할 의무가 있고 <u>이러한 의무는 비상근이사라고 하여 면할 수 있는 것은 아니므로 주식회사의 이사가 이사회에 참석하지도 않고 사후적으로 이사회의 결의를 추인하는 등으로 실질적으로 이사의 임무를 전혀 수행하지 않은 이상 그 자체로서 임무해태가 된다</u>고 할 것이다. 원심이 이러한 취지에서 피고 8, 9에 대하여 임무해태에 따른 손해배상책임을 면할 수 없다고 판단한 것은 수긍할 수 있고 이사책임에 관한 법리오해의 위법이 없다(대판 2008.12.11. 2005다51471)고 하여 이사회 불출석 자체가 임무해태에 해당한다면 손해배상책임을 질 수 있다는 입장이다. 答 ○

300
□□□
이사회 결의에 참여한 이사로서 이의를 한 기재가 의사록에 없는 자는 그 결의에 찬성한 것으로 추정되므로, 당해 결의에 기권하였다고 의사록에 기재되었다면 찬성한 것으로 추정되어 그 이사는 손해배상책임을 진다. ┃법무사 21   ○ ×

상법 제399조 제2항은 같은 조 제1항이 규정한 이사의 임무 위반행위가 이사회 결의에 의한 것일 때 결의에 찬성한 이사에 대하여도 손해배상책임을 지우고 있고, 상법 제399조 제3항은 같은 조 제2항을 전제로 하면서, 이사의 책임을 추궁하는 자로서는 어떤 이사가 이사회 결의에 찬성하였는지를 알기 어려워 증명이 곤란한 경우가 있음을 고려하여 증명책임을 이사에게 전가하는 규정이다. 그렇다면 <u>이사가 이사회에 출석하여 결의에 기권하였다고 의사록에 기재된 경우에 그 이사는 "이의를 한 기재가 의사록에 없는 자"라고 볼 수 없으므로, 상법 제399조 제3항에 따라 이사회 결의에 찬성한 것으로 추정할 수 없고, 따라서 같은 조 제2항의 책임을 부담하지 않는다고 보아야 한다</u>(대판 2019.5.16. 2016다260455).

答 ×

301 상법 제399조는 이사가 법령에 위반한 행위를 한 경우에 회사에 대하여 손해배상책임을 지도록 규정하고 있는데, 이사가 임무를 수행함에 있어서 위와 같이 법령에 위반한 행위를 한 때에는, 그로 인하여 회사에 손해가 발생한 이상 특별한 사정이 없는 한 손해배상책임을 면할 수 없고, 원칙적으로 경영판단의 원칙이 적용되지 않는다. **|법무사 20** ○ ×

··

상법 제399조는 이사가 법령을 위반한 행위를 한 경우에 회사에 대하여 손해배상책임을 지도록 규정하고 있는데, 이사가 임무를 수행하면서 위와 같이 법령을 위반한 행위를 한 때에는 그 행위 자체가 회사에 대한 채무불이행에 해당하므로, 그로 인하여 회사에 손해가 발생한 이상 특별한 사정이 없는 한 손해배상책임을 면할 수 없고, 법령을 위반한 행위에 대하여는 원칙적으로 경영판단의 원칙이 적용되지 않는다(대판 2008.4.10. 2004다68519). **답** ○

302 이사가 임무를 수행함에 있어서 법령을 위반한 행위를 한 때에는 그 행위 자체가 회사에 대하여 채무불이행에 해당하므로, 그로 인하여 회사에 손해가 발생한 이상 손해배상책임을 면할 수 없고, 위와 같은 법령을 위반한 행위에 대하여는 이사가 임무를 수행함에 있어서 선량한 관리자의 주의의무를 위반하여 임무해태로 인한 손해배상책임이 문제되는 경우에 고려될 수 있는 경영판단의 원칙은 적용될 여지가 없다. **|법원직9급 20** ○ ×

··

상법 제399조는 이사가 법령에 위반한 행위를 한 경우에 회사에 대하여 손해배상책임을 지도록 규정하고 있는바, 이사가 회사에 대하여 손해배상책임을 지는 사유가 되는 법령에 위반한 행위는 이사로서 임무를 수행함에 있어서 준수하여야 할 의무를 개별적으로 규정하고 있는 상법 등의 제 규정과 회사가 기업활동을 함에 있어서 준수하여야 할 제 규정을 위반한 경우가 이에 해당된다고 할 것이고, 이사가 임무를 수행함에 있어서 위와 같은 법령에 위반한 행위를 한 때에는 그 행위 자체가 회사에 대하여 채무불이행에 해당되므로 이로 인하여 회사에 손해가 발생한 이상, 특별한 사정이 없는 한 손해배상책임을 면할 수는 없다 할 것이며, 위와 같은 법령에 위반한 행위에 대하여는 이사가 임무를 수행함에 있어서 선관주의의무를 위반하여 임무해태로 인한 손해배상책임이 문제되는 경우에 고려될 수 있는 경영판단의 원칙은 적용될 여지가 없다(대판 2005.10.28. 2003다69638). **답** ○

303 대표이사가 회사 명의로 한 채무부담행위가 회사에 대하여 무효인 경우에는 회사에 어떠한 손해가 발생하였다고 할 수 없으므로 회사가 사용자책임을 지는 등의 특별한 사정이 없는 한 이사는 회사에 대하여 책임을 지지 않는다. **|법무사 18** ○ ×

··

법인의 대표자 또는 피용자가 그 법인 명의로 한 채무부담행위가 관련 법령에 위배되어 법률상 효력이 없는 경우에는 그로 인하여 법인에게 어떠한 손해가 발생한다고 할 수 없으므로, 그 행위로 인하여 법인이 민법상 사용자책임 또는 법인의 불법행위책임을 부담하는 등의 특별한 사정이 없는 한 그 대표자 또는 피용자의 행위는 배임죄를 구성하지 아니한다(대판 2010.9.30. 2010도6490). 즉, 이사의 회사에 대한 책임(상법 제399조)은 회사의 손해발생을 전제로 한다. **답** ○

304 이사가 법령 또는 정관에 위반한 행위를 하거나 그 임무를 게을리함으로써 회사에 대하여
☐☐☐ 손해를 배상할 책임이 있는 경우에 그 손해배상의 범위를 정함에 있어서는, 여러 제반 사정을
참작하여 손해분담의 공평이라는 손해배상제도의 이념에 비추어 그 손해배상액을 제한할 수
있다. ▌법무사 20　　　　　　　　　　　　　　　　　　　　　　　　　　　○ ×

....

이사가 법령 또는 정관에 위반한 행위를 하거나 그 임무를 해태함으로써 회사에 대하여 손해를 배상할 책임이
있는 경우에 그 손해배상의 범위를 정함에 있어서는, 당해 사업의 내용과 성격, 당해 이사의 임무위반의 경위
및 임무위반행위의 태양, 회사의 손해 발생 및 확대에 관여된 객관적인 사정이나 그 정도, 평소 이사의 회사에
대한 공헌도, 임무위반행위로 인한 당해 이사의 이득 유무, 회사의 조직체계의 흠결 유무나 위험관리체제의 구축
여부 등 제반 사정을 참작하여 손해분담의 공평이라는 손해배상제도의 이념에 비추어 그 손해배상액을 제한할
수 있다(대판 2005.10.28. 2003다69638).　　　　　　　　　　　　　　　　　　　📖 ○

305 개개의 이사들은 합리적인 정보 및 보고 시스템과 내부통제시스템을 구축하고 그것이 제대로
☐☐☐ 작동하도록 배려할 의무가 있는 것이므로, 이러한 시스템을 구축하기 위한 노력을 전혀 하지
아니하였거나 이러한 시스템이 구축되었다 하더라도 이를 이용한 회사 운영의 감시·감독을
의도적으로 외면한 결과 다른 이사의 위법한 업무집행을 지속적으로 방치하였다면 그로 인하
여 발생한 손해를 배상할 책임이 있다. ▌법원직9급 20　　　　　　　　　　　　　　○ ×

....

감시의무의 구체적인 내용은 회사의 규모나 조직, 업종, 법령의 규제, 영업상황 및 재무상태에 따라 크게 다를
수 있는바, 고도로 분업화되고 전문화된 대규모의 회사에서 여러 대표이사 및 업무담당이사들이 내부적인 사무분
장에 따라 각자의 전문 분야를 전담하여 업무를 처리하는 것이 불가피한 경우라 할지라도 개개의 이사들은 합리적
인 정보 및 보고 시스템과 내부통제시스템을 구축하고 그것이 제대로 작동하도록 배려할 의무가 있는 것이므로,
이러한 시스템을 구축하기 위한 노력을 전혀 하지 아니하였거나 이러한 시스템이 구축되었다 하더라도 이를
이용한 회사 운영의 감시·감독을 의도적으로 외면한 결과 다른 이사의 위법한 업무집행을 지속적으로 방치하였다
면 그로 인하여 발생한 손해를 배상할 책임이 있다고 보아야 할 것이다(대판 2008.9.11. 2006다68834).
　　　　　　　　　　　　　　　　　　　　　　　　　　　　　　　　　　　📖 ○

306 ▸ 상법 제399조에 따른 이사의 책임은 주주 전원의 동의로 면제할 수 있다. ▌법무사 18
☐☐☐ 　　　　　　　　　　　　　　　　　　　　　　　　　　　　　　　○ ×

....

▸ 이사의 회사에 대한 상법 제399조에 따른 책임은 주주 전원의 동의로 면제할 수 있다.
　▌법원직9급 22　　　　　　　　　　　　　　　　　　　　　　　　　　　　○ ×

....

상법 제400조 제1항　　　　　　　　　　　　　　　　　　　　　　　📖 ○ / ○

307 회사는 정관으로 정하는 바에 따라 상법 제399조에 따른 사외이사의 책임을 그 행위를 한
□□□ 날 이전 최근 1년간의 보수액의 6배를 초과하는 금액에 대하여 면제할 수 있다.
▮법무사 18 ○ ✕

회사는 정관으로 정하는 바에 따라 제399조에 따른 이사의 책임을 이사가 그 행위를 한 날 이전 최근 1년간의
보수액(상여금과 주식매수선택권의 행사로 인한 이익 등을 포함한다)의 6배(사외이사의 경우는 3배)를 초과하는
금액에 대하여 면제할 수 있다. 다만, 이사가 고의 또는 중대한 과실로 손해를 발생시킨 경우와 제397조(경업금지),
제397조의2(회사의 기회 및 자산의 유용금지) 및 제398조(이사 등과 회사 간의 거래)에 해당하는 경우에는 그러하
지 아니하다(상법 제400조 제2항). **답** ✕

308 회사의 이사에 대한 책임은 총주주의 동의로 면제할 수 있는데, 다수의 주주가 면책에 동의한다
□□□ 하더라도 총주주에 이르지 못하는 이상 면책되지 않는다. ▮법무사 21 ○ ✕

이사의 회사에 대한 손해배상책임은 상법 제400조에 따라 총주주의 동의로만 면제할 수 있을 뿐인데, 피고들의
주장 자체에 의하더라도 총주주에 미달하는 주주 또는 면제할 권한 없는 파산자의 대표이사에 의하여 이루어졌을
뿐임이 명백하다고 하여 피고들의 위 주장을 배척하였는바, 위와 같은 원심의 판단도 옳고, 거기에 상고이유의
주장과 같은 이사에 대한 책임면제에 관한 법리오해의 위법이 있다고 할 수 없다(대판 2004.12.10. 2002다60467).
답 ○

309 상법 제399조에서 정한 이사의 회사에 대한 손해배상책임은 상법 제400조의 규정에 따라
□□□ 총주주의 동의로 이를 면제할 수 있는데, 이때 총주주의 동의는 묵시적 의사표시의 방법으로
할 수 있고 반드시 명시적, 적극적으로 이루어질 필요는 없다. ▮법원직9급 20 ○ ✕

상법 제399조 소정의 이사의 책임은 상법 제400조의 규정에 따라 총주주의 동의로 이를 면제할 수 있는데, 이
때 총주주의 동의는 묵시적 의사표시의 방법으로 할 수 있고 반드시 명시적, 적극적으로 이루어질 필요는 없으며,
실질적으로는 1인에게 주식 전부가 귀속되어 있지만 그 주주 명부상으로만 일부 주식이 타인 명의로 신탁되어
있는 경우라도 사실상의 1인 주주가 한 동의도 총주주의 동의로 볼 것이다(대판 2002.6.14. 2002다11441).
답 ○

310 정기총회에서 재무제표 등을 승인한 후 2년 내에 다른 결의가 없으면 부정행위가 없는 한
□□□ 이사의 책임이 해제된다. ▮법무사 18 ○ ✕

정기총회에서 전조(재무제표 등의 승인·공고) 제1항의 승인을 한 후 2년 내에 다른 결의가 없으면 회사는 이사와
감사의 책임을 해제한 것으로 본다. 그러나 이사 또는 감사의 부정행위에 대하여는 그러하지 아니하다(상법 제450조).
답 ○

제3자에 대한 책임(상법 제401조)   ① 이사가 (고의) 또는 (중대한 과실)로 그 임무를 게을리한 때에는 그 이사는 (제3자에 대하여) 연대하여 손해를 배상할 책임이 있다.
② 제399조 제2항, 제3항의 규정은 전항의 경우에 준용한다.

> **회사에 대한 책임(상법 제399조)**   ② 전항의 행위가 이사회의 결의에 의한 것인 때에는 그 결의에 찬성한 이사도 전항의 책임이 있다.
> ③ 전항의 결의에 참가한 이사로서 이의를 한 기재가 의사록에 없는 자는 그 결의에 찬성한 것으로 추정한다.

311
□□□
▸ 이사가 회사재산을 횡령하여 회사재산이 감소함으로써 회사가 손해를 입고 결과적으로 주주의 경제적 이익이 침해되는 손해와 같은 간접적인 손해는 상법 제401조 제1항에서 말하는 손해의 개념에 포함되지 아니하므로 이에 대하여는 위 법조항에 의한 손해배상을 청구할 수 없다. ▍법무사 20   ○ ✕

▸ 대표이사가 회사재산을 횡령하여 회사재산이 감소함으로써 회사가 손해를 입고 결과적으로 주주의 경제적 이익이 침해되는 간접적인 손해가 발생한 경우 주주는 이와 같은 손해에 대하여 대표이사를 상대로 상법 제401조 제1항에 따라 손해배상을 청구할 수 있다.
▍법무사 19   ○ ✕

주식회사의 주주가 이사의 악의 또는 중대한 과실로 인한 임무해태행위로 직접 손해를 입은 경우에는 이사에 대하여 상법 제401조에 의하여 손해배상을 청구할 수 있으나, 이사가 회사재산을 횡령하여 회사재산이 감소함으로써 회사가 손해를 입고 결과적으로 주주의 경제적 이익이 침해되는 손해와 같은 간접적인 손해는 상법 제401조 제1항에서 말하는 손해의 개념에 포함되지 아니하므로 이에 대하여는 위 법조항에 의한 손해배상을 청구할 수 없다(대판 2003.10.24. 2003다29661).   🅰 ○ / ✕

312
□□□
상법 제401조에 기한 이사의 제3자에 대한 손해배상책임이 불법행위책임이라는 점을 감안할 때, 일반 불법행위책임의 단기소멸시효를 규정한 민법 제766조 제1항이 적용되어 그 소멸시효 기간은 피해자 등이 그 손해 및 가해자를 안 날로부터 3년이다. ▍법원직9급 20   ○ ✕

상법 제401조에 의한 이사의 제3자에 대한 손해배상책임이 제3자를 보호하기 위하여 상법이 인정하는 특수한 책임이라는 점을 감안할 때, 일반 불법행위책임의 단기소멸시효를 규정한 민법 제766조 제1항은 적용될 여지가 없고, 달리 별도로 시효를 정한 규정이 없는 이상 일반 채권으로서 민법 제162조 제1항에 따라 그 소멸시효기간은 10년이라고 봄이 상당하다(대판 2008.1.18. 2005다65579).   🅰 ✕

제3관 업무집행지시자 등의 손해배상책임

업무집행지시자 등의 책임(상법 제401조의2)　　① 다음 각 호의 어느 하나에 해당하는 자가 그 지시하거나 집행한 업무에 관하여 제399조, 제401조, 제403조 및 제406조의2를 적용하는 경우에는 그 자를 "(이사)"로 본다.

1. 회사에 대한 자신의 영향력을 이용하여 이사에게 업무집행을 지시한 자
2. 이사의 이름으로 직접 업무를 집행한 자
3. 이사가 아니면서 명예회장·회장·사장·부사장·전무·상무·이사 기타 회사의 업무를 집행할 권한이 있는 것으로 인정될 만한 명칭을 사용하여 회사의 업무를 집행한 자

② 제1항의 경우에 회사 또는 제3자에 대하여 손해를 배상할 책임이 있는 이사는 제1항에 규정된 자와 연대하여 그 책임을 진다.

---

313 회사 또는 제3자에 대하여 손해를 배상할 책임이 있는 이사는 업무집행지시자와 연대하여
□□□ 그 책임을 진다. ▎법무사 20　　　　　　　　　　　　　　　　　　　　　　　　○ ×

．．

상법 제401조의2 제2항　　　　　　　　　　　　　　　　　　　　　　　　　　　　　　　**답** ○

314 ▶ 회사의 이사가 될 수 있는 자는 자연인에 한정되므로, 이사와 동일한 책임을 지는 업무집행지
□□□ 시자 역시 자연인에 한정된다. ▎법무사 20　　　　　　　　　　　　　　　　　○ ×

　　　 ▶ 법인인 지배회사는 상법 제401조의2 제1항 제1호의 '회사에 대한 자신의 영향력을 이용하여
　　　 이사에게 업무집행을 지시한 자'에 포함되지 않는다. ▎법원직9급 20　　　　　　○ ×

．．

상법 제401조의2 제1항 제1호의 '회사에 대한 자신의 영향력을 이용하여 이사에게 업무집행을 지시한 자'에는
자연인뿐만 아니라 법인인 지배회사도 포함된다(대판 2006.8.25. 2004다26119).　　　　　**답** × / ×

제6항　이사에 대한 주주의 직접감독

제1관　유지청구권

유지청구권(상법 제402조)　　이사가 법령 또는 정관에 위반한 행위를 하여 이로 인하여 회사에 (회복할 수 없는 손해가 생길 염려)가 있는 경우에는 (감사) 또는 발행주식의 총수의 (100분의 1) 이상에 해당하는 주식을 가진 (주주)는 회사를 위하여 이사에 대하여 그 행위를 유지할 것을 청구할 수 있다.

---

1 주주의 대표소송

주주의 대표소송(상법 제403조) ① 발행주식의 총수의 (100분의 1) 이상에 해당하는 주식을 가진 주주는 회사에 대하여 이사의 책임을 추궁할 소의 제기를 청구할 수 있다.

② 제1항의 청구는 그 이유를 기재한 (서면)으로 하여야 한다.

③ 회사가 전항의 청구를 받은 날로부터 (30일) 내에 소를 제기하지 아니한 때에는 제1항의 주주는 즉시 회사를 위하여 소를 제기할 수 있다.

④ 제3항의 기간의 경과로 인하여 회사에 회복할 수 없는 (손해가 생길 염려)가 있는 경우에는 전항의 규정에 불구하고 제1항의 주주는 (즉시) 소를 제기할 수 있다.

⑤ 제3항과 제4항의 소를 제기한 주주의 보유주식이 제소 후 발행주식총수의 100분의 1 미만으로 감소한 경우(발행주식을 보유하지 아니하게 된 경우를 제외한다)에도 제소의 효력에는 영향이 없다.

⑥ 회사가 제1항의 청구에 따라 소를 제기하거나 주주가 제3항과 제4항의 소를 제기한 경우 당사자는 법원의 허가를 얻지 아니하고는 소의 취하, 청구의 포기·인락·화해를 할 수 없다.

⑦ 제176조 제3항, 제4항과 제186조의 규정은 본조의 소에 준용한다.

> **회사의 해산명령(상법 제176조)** ③ 이해관계인이 제1항의 청구를 한 때에는 법원은 회사의 청구에 의하여 상당한 담보를 제공할 것을 명할 수 있다.
> ④ 회사가 전항의 청구를 함에는 이해관계인의 청구가 악의임을 소명하여야 한다.
>
> **전속관할(상법 제186조)** 전2조의 소는 본점소재지의 지방법원의 관할에 전속한다.

대표소송과 소송참가, 소송고지(상법 제404조) ① 회사는 전조 제3항과 제4항의 (소송에 참가)할 수 있다.

② 전조 제3항과 제4항의 소를 제기한 주주는 소를 제기한 후 지체 없이 회사에 대하여 그 (소송의 고지)를 하여야 한다.

제소주주의 권리의무(상법 제405조) ① 제403조 제3항과 제4항의 규정에 의하여 소를 제기한 주주가 (승소)한 때에는 그 주주는 (회사에 대하여) 소송비용 및 그밖에 소송으로 인하여 지출한 비용 중 상당한 금액의 지급을 청구할 수 있다. 이 경우 소송비용을 지급한 회사는 이사 또는 감사에 대하여 구상권이 있다.

② 제403조 제3항과 제4항의 규정에 의하여 소를 제기한 주주가 패소한 때에는 악의인 경우 외에는 회사에 대하여 손해를 배상할 책임이 없다.

대표소송과 재심의 소(상법 제406조) ① 제403조의 소가 제기된 경우에 (원고와 피고의 공모)로 인하여 소송의 목적인 (회사의 권리를 사해할 목적)으로써 판결을 하게 한 때에는 회사 또는 주주는 확정한 종국판결에 대하여 재심의 소를 제기할 수 있다.

② 전조의 규정은 전항의 소에 준용한다.

315 ▸ 발행주식 총수의 100분의 1 이상에 해당하는 주식을 가진 주주는 회사에 대하여 서면으로 이사의 책임을 추궁하는 소의 제기를 청구하였으나 회사가 그로부터 30일 내에 소를 제기하지 아니한 때에는 즉시 회사를 위하여 주주의 대표소송을 제기할 수 있다. **|법무사 17**

○ ×

▸ 발행주식의 총수의 100분의 1 이상에 해당하는 주식을 가진 주주는 회사에 대하여 이사의 책임을 추궁할 소의 제기를 청구할 수 있다. 이때의 청구는 그 이유를 기재한 서면으로 하여야 하며, 회사가 청구를 받은 날로부터 30일 내에 소를 제기하지 아니한 때에는 청구한 주주가 즉시 소를 제기할 수 있다. **|법원직9급 21**

○ ×

상법 제403조 제1항, 제2항, 제3항　　　　　　　　　　　　　　　**답** ○ / ○

316 주주의 제소청구서에 책임추궁 대상 이사의 성명이 기재되어 있지 않거나 책임발생 원인사실이 다소 개략적으로 기재되어 있더라도, 회사가 그 서면에 기재된 내용, 이사회의사록 등 회사 보유 자료 등을 종합하여 책임추궁 대상 이사, 책임발생 원인사실을 구체적으로 특정할 수 있다면, 그 서면은 상법 제403조 제2항에서 정한 요건을 충족하였다고 보아야 한다.
|법무사 22

○ ×

제소청구서에 기재되어야 하는 '이유'에는 권리귀속주체인 회사가 제소 여부를 판단할 수 있도록 책임추궁 대상 이사, 책임발생 원인사실에 관한 내용이 포함되어야 한다. 다만 주주가 언제나 회사의 업무 등에 대해 정확한 지식과 적절한 정보를 가지고 있다고 할 수는 없으므로, 제소청구서에 책임추궁 대상 이사의 성명이 기재되어 있지 않거나 책임발생 원인사실이 다소 개략적으로 기재되어 있더라도, 회사가 제소청구서에 기재된 내용, 이사회의사록 등 회사 보유 자료 등을 종합하여 책임추궁 대상 이사, 책임발생 원인사실을 구체적으로 특정할 수 있다면, 그 제소청구서는 상법 제403조 제2항에서 정한 요건을 충족하였다고 보아야 한다(대판 2021.7.15. 2018다298744). **답** ○

317 주주가 대표소송에서 주장한 이사의 손해배상책임이 제소청구서에 적시된 것과 차이가 있더라도 제소청구서의 책임발생 원인사실을 기초로 하면서 법적 평가만을 달리한 것에 불과하다면 그 대표소송은 적법하다. **|법무사 22**

○ ×

주주가 아예 상법 제403조 제2항에 따른 서면(이하 '제소청구서'라 한다)을 제출하지 않은 채 대표소송을 제기하거나 제소청구서를 제출하였더라도 대표소송에서 제소청구서에 기재된 책임발생 원인사실과 전혀 무관한 사실관계를 기초로 청구를 하였다면 그 대표소송은 상법 제403조 제4항의 사유가 있다는 등의 특별한 사정이 없는 한 부적법하다. 반면 주주가 대표소송에서 주장한 이사의 손해배상책임이 제소청구서에 적시된 것과 차이가 있더라도 제소청구서의 책임발생 원인사실을 기초로 하면서 법적 평가만을 달리한 것에 불과하다면 그 대표소송은 적법하다. 따라서 주주는 적법하게 제기된 대표소송 계속 중에 제소청구서의 책임발생 원인사실을 기초로 하면서 법적 평가만을 달리한 청구를 추가할 수도 있다(대판 2021.7.15. 2018다298744). **답** ○

318 ▸ 주주의 대표소송 제기 후 제소한 주주의 보유주식이 발행주식 총수의 100분의 1 미만으로 감소하더라도(발행주식을 보유하지 아니하게 된 경우 제외) 그로 인해 소가 부적법하게 되는 것은 아니다. ┃법무사 17 O X

▸ 주주 대표소송을 제기한 주주의 보유주식이 제소 후 발행주식 총수의 100분의 1 미만으로 감소하거나 발행주식을 보유하지 않게 된 경우에도 소가 부적법하게 되는 것은 아니다. ┃법무사 21 O X

제3항과 제4항의 소를 제기한 주주의 보유주식이 제소 후 발행주식 총수의 100분의 1 미만으로 감소한 경우(발행주식을 보유하지 아니하게 된 경우를 제외한다)에도 제소의 효력에는 영향이 없다(상법 제403조 제5항). **답** O / X

319 여러 주주들이 함께 대표소송을 제기하기 위하여는 그들이 회사에 대하여 이사의 책임을 추궁할 소의 제기를 청구할 때와 회사를 위하여 그 소를 제기할 때 보유주식을 합산하여 상법 또는 구 증권거래법이 정하는 주식보유요건을 갖추면 된다. 소 제기 후에는 보유주식의 수가 그 요건에 미달하여도 무방하나, 만일 대표소송을 제기한 주주 중 일부가 주식을 처분하는 등으로 주식을 전혀 보유하지 않게 되어 주주의 지위를 상실한다면 특별한 사정이 없는 한 그 주주는 원고적격을 상실하여 그가 제기한 부분의 소는 부적법하게 된다. ┃법원직9급 21 O X

상법 제403조 제1항, 제2항, 제3항, 제5항과 구 증권거래법(2007.8.3. 법률 제8635호 자본시장과 금융투자업에 관한 법률 부칙 제2조로 폐지, 이하 '구 증권거래법'이라 한다) 제191조의13 제1항을 종합하여 보면, 여러 주주들이 함께 대표소송을 제기하기 위하여는 그들이 회사에 대하여 이사의 책임을 추궁할 소의 제기를 청구할 때와 회사를 위하여 그 소를 제기할 때 보유주식을 합산하여 상법 또는 구 증권거래법이 정하는 주식보유요건을 갖추면 되고, 소 제기 후에는 보유주식의 수가 그 요건에 미달하게 되어도 무방하다. 그러나 대표소송을 제기한 주주 중 일부가 주식을 처분하는 등의 사유로 주식을 전혀 보유하지 아니하게 되어 주주의 지위를 상실하면, 특별한 사정이 없는 한 그 주주는 원고적격을 상실하여 그가 제기한 부분의 소는 부적법하게 되고, 이는 함께 대표소송을 제기한 다른 원고들이 주주의 지위를 유지하고 있다고 하여 달리 볼 것은 아니다(대판 2013.9.12. 2011다57869). **답** O

320 주주의 대표소송은 주주가 타인인 회사의 이익을 위해서 스스로 원고가 되어 소송을 수행하는 것으로 주주가 승소한 경우 그 손해배상액은 주주에게 귀속된다. ┃법무사 21 O X

대표소송의 경우, 실질적으로는 주주가 회사 대표기관의 지위에서 제기하는 소이나, 형식적으로는 주주가 타인인 회사의 이익을 위하여 스스로 원고가 되어 제기하는 소로, 제3자의 소송담당에 해당한다. 따라서 주주인 원고가 받은 판결의 효력은 회사에 미쳐 주주가 승소한 경우, 그 손해배상액은 주주가 아닌 회사에 귀속된다. **답** X

321
□□□ 주주가 대표소송을 제기한 경우에는 법원의 허가 없이 소의 취하·청구의 포기·화해를 할 수 없지만 회사가 주주의 청구에 따라 이사의 책임을 추궁하는 소를 제기한 경우에는 법원의 허가 없이 할 수 있다. **|법무사 21**　　　　　○ ×

....

회사가 제1항의 청구에 따라 소를 제기하거나 주주가 제3항과 제4항의 소를 제기한 경우 당사자는 법원의 허가를 얻지 아니하고는 소의 취하, 청구의 포기·인락·화해를 할 수 없다(상법 제403조 제6항). **답 ×**

322
□□□ 회사가 전(前) 이사들을 상대로 하는 주주의 대표소송에 참가하는 경우 회사를 대표하는 자는 대표이사가 아닌 감사이다. **|법무사 17**　　　　　○ ×

....

전 이사들을 상대로 하는 주주대표소송에 회사가 참가하는 경우, 상법 제394조 제1항의 적용이 배제되어 <u>회사를 대표하는 자는 감사가 아닌 대표이사라고 보아야 한다</u>(대판 2002.3.15. 2000다9086). **답 ×**

323
□□□ 주주의 대표소송에서 주주가 원고로서 제대로 소송수행을 하지 못하거나 혹은 상대방이 된 이사와 결탁함으로써 회사의 권리보호에 미흡하여 회사의 이익이 침해될 염려가 있는 경우에는 회사가 그 소송에 참가할 필요가 생기게 되는데, 이때 회사가 상법 제404조 제1항에 따라 소송에 참가하는 것은 공동소송참가로 보아야 한다. **|법원직9급 21**　　　　　○ ×

....

주주의 대표소송에 있어서 원고 주주가 원고로서 제대로 소송수행을 하지 못하거나 혹은 상대방이 된 이사와 결탁함으로써 회사의 권리보호에 미흡하여 회사의 이익이 침해될 염려가 있는 경우 그 판결의 효력을 받는 권리귀속주체인 회사가 이를 막거나 자신의 권리를 보호하기 위하여 소송수행권한을 가진 정당한 당사자로서 그 소송에 참가할 필요가 있으며, 회사가 대표소송에 당사자로서 참가하는 경우 소송경제가 도모될 뿐만 아니라 판결의 모순·저촉을 유발할 가능성도 없다는 사정과, 상법 제404조 제1항에서 특별히 참가에 관한 규정을 두어 주주의 대표소송의 특성을 살려 회사의 권익을 보호하려한 입법 취지를 함께 고려할 때, 상법 제404조 제1항에서 규정하고 있는 회사의 참가는 공동소송참가를 의미하는 것으로 해석함이 타당하고, 나아가 이러한 해석이 중복제소를 금지하고 있는 민사소송법 제234조에 반하는 것도 아니다(대판 2002.3.15. 2000다9086). **답 ○**

324
□□□ 주주의 대표소송을 제기한 주주는 주주대표소송에서 확정된 승소판결을 집행권원으로 하여 채무자를 상대로 강제집행신청을 하는 집행채권자가 될 수 있다. **|법무사 17**　　　　　○ ×

....

주주대표소송의 주주와 같이 다른 사람을 위하여 원고가 된 사람이 받은 확정판결의 집행력은 확정판결의 당사자인 원고가 된 사람과 다른 사람 모두에게 미치므로, 주주대표소송의 주주는 집행채권자가 될 수 있다(대결 2014.2.19. 2013마2316). **답 ○**

325
☐☐☐ 대표소송의 주주가 승소한 때에는 그 주주는 이사 또는 감사에 대하여 소송비용 및 그 밖에 소송으로 인하여 지출한 비용 중 상당한 금액의 지급을 청구할 수 있다. 이 경우 소송비용을 지급한 이사 또는 감사는 회사에 대하여 구상권이 있다. Ⅰ법원직9급 21 ○ ×

제403조(주주의 대표소송) 제3항과 제4항의 규정에 의하여 소를 제기한 주주가 승소한 때에는 그 주주는 회사에 대하여 소송비용 및 그 밖에 소송으로 인하여 지출한 비용 중 상당한 금액의 지급을 청구할 수 있다. 이 경우 소송비용을 지급한 <u>회사</u>는 이사 또는 감사에 대하여 구상권이 있다(상법 제405조 제1항). 🔲 ×

326
☐☐☐ ▸ 주주의 대표소송을 제기한 주주가 패소한 때에는 악의인 경우 외에는 회사에 대하여 손해를 배상할 책임이 없다. Ⅰ법무사 17 ○ ×

▸ 주주가 대표소송에서 패소한 경우 자신의 청구가 근거 없다는 것을 알면서 또는 과실로 알지 못하고 제소하였다면 손해배상책임을 진다. Ⅰ법무사 21 ○ ×

제403조(주주의 대표소송) 제3항과 제4항의 규정에 의하여 소를 제기한 주주가 패소한 때에는 <u>악의인 경우 외에는</u> 회사에 대하여 손해를 배상할 책임이 없다(상법 제405조 제2항). 🔲 ○ / ×

---

2 다중대표소송

다중대표소송(상법 제406조의2) ① 모회사 발행주식총수의 100분의 1 이상에 해당하는 주식을 가진 주주는 (자회사에 대하여) 자회사 이사의 책임을 추궁할 소의 제기를 청구할 수 있다.
② 제1항의 주주는 자회사가 제1항의 청구를 받은 날부터 (30일) 내에 소를 제기하지 아니한 때에는 즉시 자회사를 위하여 소를 제기할 수 있다.
③ 제1항 및 제2항의 소에 관하여는 제176조 제3항·제4항, 제403조 제2항, 같은 조 제4항부터 제6항까지 및 제404조부터 제406조까지의 규정을 준용한다.
④ 제1항의 청구를 한 후 모회사가 보유한 자회사의 주식이 자회사 발행주식총수의 (100분의 50) 이하로 감소한 경우(발행주식을 보유하지 아니하게 된 경우를 (제외)한다)에도 제1항 및 제2항에 따른 제소의 효력에는 영향이 없다.
⑤ 제1항 및 제2항의 소는 자회사의 본점소재지의 지방법원의 관할에 전속한다.

327
☐☐☐ 모회사 발행주식 총수의 100분의 1 이상에 해당하는 주식을 가진 주주는 자회사에 대하여 자회사 이사의 책임을 추궁할 소의 제기를 청구할 수 있다. Ⅰ법무사 21 ○ ×

상법 제406조의2 제1항 🔲 ○

328
☐☐☐ 모회사 발행주식총수의 100분의 1 이상에 해당하는 주식을 가진 주주는 다중대표소송의 제기를 위해 이유를 붙인 서면으로 자회사에 대해 회계의 장부와 서류의 열람 또는 등사를 청구할 수 있다. Ⅰ법무사 22 ○ ×

우리 상법은 다중대표소송은 규정하고 있으나 모회사 주주의 자회사에 대한 회계장부열람권, 즉 다중회계장부열람권에 대해서는 규정하고 있지 않다. 발행주식의 총수의 100분의 3 이상에 해당하는 주식을 가진 주주는 이유를 붙인 서면으로 회계의 장부와 서류의 열람 또는 등사를 청구할 수 있으나(상법 제466조 제1항), 이 경우의 열람청구의 주체는 당해 회사의 주주를 의미한다. 판례는 상법 제466조 제1항에서 정하고 있는 소수주주의 열람·등사청구의 대상이 되는 '회계의 장부 및 서류'에는 소수주주가 열람·등사를 구하는 이유와 실질적으로 관련이 있는 회계장부와 그 근거자료가 되는 회계서류를 가리키는 것으로서, 그것이 회계서류인 경우에는 그 작성명의인이 반드시 열람·등사제공의무를 부담하는 회사로 국한되어야 하거나, 원본에 국한되는 것은 아니며, 열람·등사제공의무를 부담하는 회사의 출자 또는 투자로 성립한 자회사의 회계장부라 할지라도 그것이 모자관계에 있는 모회사에 보관되어 있고, 또한 모회사의 회계상황을 파악하기 위한 근거자료로서 실질적으로 필요한 경우에는 모회사의 회계서류로서 모회사 소수주주의 열람·등사청구의 대상이 될 수 있다(대판 2001.10.26. 99다58051)고 하였으나 이는 다중회계장부열람권이 아닌 모회사가 회계장부를 보관하고 있다면 모회사의 회계서류로서 모회사 주주의 열람청구권을 인정한 것이다. **답 ×**

329 다중대표소송이 제기된 경우에 원고와 피고의 공모로 인하여 소송의 목적인 회사의 권리를 사해할 목적으로써 판결을 하게 한 때에는 회사 또는 주주는 확정한 종국판결에 대하여 재심의 소를 제기할 수 있다. ▌법무사 22 ○ ×

상법 제406조의2 제3항, 제406조 제1항 **답 ○**

> **다중대표소송(상법 제406조의2)** ③ 제1항 및 제2항의 소에 관하여는 제176조 제3항·제4항, 제403조 제2항, 같은 조 제4항부터 제6항까지 및 제404조부터 제406조까지의 규정을 준용한다.
>
> **대표소송과 재심의 소(상법 제406조)** ① 제403조의 소가 제기된 경우에 원고와 피고의 공모로 인하여 소송의 목적인 회사의 권리를 사해할 목적으로써 판결을 하게 한 때에는 회사 또는 주주는 확정한 종국판결에 대하여 재심의 소를 제기할 수 있다.

330 6개월 전부터 계속하여 상장회사인 모회사 발행주식총수의 1만분의 50 이상에 해당하는 주식을 보유한 주주는 자회사에 대하여 자회사 이사의 책임을 추궁할 소의 제기를 청구할 수 있다. ▌법무사 22 ○ ×

상법 제542조의6 제7항, 제406조의2 제1항 **답 ○**

> **소수주주권(상법 제542조의6)** ⑦ 6개월 전부터 계속하여 상장회사 발행주식총수의 1만분의 50 이상에 해당하는 주식을 보유한 자는 제406조의2(제324조, 제408조의9, 제415조 및 제542조에서 준용하는 경우를 포함한다)에 따른 주주의 권리를 행사할 수 있다.
>
> **다중대표소송(상법 제406조의2)** ① 모회사 발행주식총수의 100분의 1 이상에 해당하는 주식을 가진 주주는 자회사에 대하여 자회사 이사의 책임을 추궁할 소의 제기를 청구할 수 있다.

제3절 감사와 감사위원회

선임(상법 제409조) ① 감사는 (주주총회)에서 선임한다.

② 의결권없는 주식을 제외한 발행주식의 총수의 (100분의 3)(정관에서 더 낮은 주식 보유비율을 정할 수 있으며, 정관에서 더 낮은 주식 보유비율을 정한 경우에는 그 비율로 한다)을 초과하는 수의 주식을 가진 주주는 그 (초과하는 주식)에 관하여 제1항의 (감사의 선임)에 있어서는 의결권을 행사하지 못한다.

③ 회사가 제368조의4 제1항에 따라 (전자적 방법)으로 의결권을 행사할 수 있도록 한 경우에는 제368조 제1항에도 불구하고 (출석한 주주의 의결권의 과반수)로써 제1항에 따른 감사의 선임을 결의할 수 있다.

④ 제1항, 제296조 제1항 및 제312조에도 불구하고 자본금의 총액이 10억원 미만인 회사의 경우에는 감사를 선임하지 아니할 수 있다.

⑤ 제4항에 따라 감사를 선임하지 아니한 회사가 이사에 대하여 또는 이사가 그 회사에 대하여 소를 제기하는 경우에 회사, 이사 또는 이해관계인은 법원에 회사를 대표할 자를 선임하여 줄 것을 신청하여야 한다.

⑥ 제4항에 따라 감사를 선임하지 아니한 경우에는 제412조, 제412조의2 및 제412조의5 제1항·제2항 중 "감사"는 각각 "주주총회"로 본다.

감사의 해임에 관한 의견진술의 권리(상법 제409조의2) (감사)는 주주총회에서 (감사의 해임)에 관하여 의견을 (진술할 수 있다).

임기(상법 제410조) 감사의 임기는 취임 후 (3년) 내의 최종의 결산기에 관한 (정기총회)의 종결 시까지로 한다.

겸임금지(상법 제411조) 감사는 회사 및 자회사의 이사 또는 지배인 기타의 사용인의 직무를 겸하지 못한다.

감사의 직무와 보고요구, 조사의 권한(상법 제412조) ① 감사는 이사의 직무의 집행을 감사한다.

② 감사는 언제든지 이사에 대하여 영업에 관한 보고를 요구하거나 회사의 업무와 재산상태를 조사할 수 있다.

③ 감사는 회사의 비용으로 전문가의 도움을 구할 수 있다.

이사의 보고의무(상법 제412조의2) 이사는 회사에 현저하게 손해를 미칠 염려가 있는 사실을 발견한 때에는 즉시 감사에게 이를 보고하여야 한다.

총회의 소집청구(상법 제412조의3) ① (감사)는 회의의 목적사항과 소집의 이유를 기재한 서면을 이사회에 제출하여 임시총회의 소집을 청구할 수 있다.

② 제366조 제2항의 규정은 감사가 총회를 소집하는 경우에 이를 준용한다.

감사의 이사회 소집 청구(상법 제412조의4) ① (감사)는 필요하면 회의의 목적사항과 소집이유를 서면에 적어 (이사)(소집권자가 있는 경우에는 소집권자를 말한다. 이하 이 조에서 같다)에게 제출하여 이사회 소집을 (청구)할 수 있다.

② 제1항의 청구를 하였는데도 이사가 지체 없이 이사회를 소집하지 아니하면 그 청구한 감사가 이사회를 소집할 수 있다.

자회사의 조사권(상법 제412조의5)　① 모회사의 감사는 그 직무를 수행하기 위하여 필요한 때에는 자회사에 대하여 영업의 보고를 요구할 수 있다.

② 모회사의 감사는 제1항의 경우에 자회사가 지체 없이 보고를 하지 아니할 때 또는 그 보고의 내용을 확인할 필요가 있는 때에는 자회사의 업무와 재산상태를 조사할 수 있다.

③ 자회사는 정당한 이유가 없는 한 제1항의 규정에 의한 보고 또는 제2항의 규정에 의한 조사를 거부하지 못한다.

이사회의 소집(상법 제390조)　③ 이사회를 소집함에는 회일을 정하고 그 (1주)간 전에 각 (이사 및 감사)에 대하여 (통지)를 발송하여야 한다. 그러나 그 기간은 (정관으로 단축)할 수 있다.

감사의 이사회출석 · 의견진술권(상법 제391조의2)　① 감사는 이사회에 출석하여 의견을 진술할 수 있다.

이사와 회사간의 소에 관한 대표(상법 제394조)　① 회사가 이사에 대하여 또는 이사가 회사에 대하여 소를 제기하는 경우에 (감사)는 그 소에 관하여 회사를 대표한다. 회사가 제403조 제1항 또는 제406조의2 제1항의 청구를 받은 경우에도 또한 같다.

감사의 이사회출석 · 의견진술권(상법 제391조의2)　② 감사는 이사가 법령 또는 정관에 위반한 행위를 하거나 그 행위를 할 염려가 있다고 인정한 때에는 이사회에 이를 보고하여야 한다.

조사 · 보고의 의무(상법 제413조)　감사는 이사가 주주총회에 제출할 의안 및 서류를 조사하여 법령 또는 정관에 위반하거나 현저하게 부당한 사항이 있는지의 여부에 관하여 주주총회에 그 의견을 진술하여야 한다.

감사록의 작성(상법 제413조의2)　① 감사는 감사에 관하여 감사록을 작성하여야 한다.

② 감사록에는 감사의 실시요령과 그 결과를 기재하고 감사를 실시한 감사가 기명날인 또는 서명하여야 한다.

감사의 책임(상법 제414조)　① 감사가 그 임무를 해태한 때에는 그 감사는 (회사에 대하여) (연대)하여 손해를 배상할 책임이 있다.

② 감사가 (악의 또는 중대한 과실)로 인하여 그 임무를 해태한 때에는 그 감사는 (제3자에 대하여) (연대)하여 손해를 배상할 책임이 있다.

③ 감사가 회사 또는 제3자에 대하여 손해를 배상할 책임이 있는 경우에 이사도 그 책임이 있는 때에는 그 감사와 이사는 연대하여 배상할 책임이 있다.

준용규정(상법 제415조)　제382조 제2항(위임규정 준용), 제382조의4(이사의 비밀유지의무), 제385조(해임), 제386조(결원의 경우), 제388조(이사의 보수), 제400조(회사에 대한 책임의 감면), 제401조(제3자에 대한 책임), 제403조(주주의 대표소송)부터 제406조까지(대표소송과 재심의 소), 제406조의2(다중대표소송) 및 제407조(직무집행정지, 직무대행자선임)는 감사에 준용한다.

> **해임(상법 제385조)**　① 이사는 언제든지 **제434조의 규정에 의한 주주총회의 결의**로 이를 해임할 수 있다. 그러나 이사의 임기를 정한 경우에 정당한 이유 없이 그 임기만료 전에 이를 해임한 때에는 그 이사는 회사에 대하여 해임으로 인한 손해의 배상을 청구할 수 있다.

감사위원회(상법 제415조의2) ① 회사는 정관이 정한 바에 따라 감사에 갈음하여 제393조의2의 규정에 의한 위원회로서 감사위원회를 설치할 수 있다. 감사위원회를 설치한 경우에는 감사를 둘 수 없다.

② 감사위원회는 제393조의2 제3항에도 불구하고 3명 이상의 이사로 구성한다. 다만, 사외이사가 위원의 3분의 2 이상이어야 한다.

③ 감사위원회의 위원의 (해임)에 관한 이사회의 결의는 이사 총수의 3분의 2 이상의 결의로 하여야 한다.

④ 감사위원회는 그 결의로 위원회를 대표할 자를 선정하여야 한다. 이 경우 수인의 위원이 (공동으로) 위원회를 대표할 것을 정(할 수 있다).

⑤ 감사위원회는 회사의 비용으로 전문가의 조력을 구할 수 있다.

⑥ 감사위원회에 대하여는 제393조의2 제4항 후단을 적용하지 아니한다.

⑦ 제296조 · 제312조 · 제367조 · 제387조 · 제391조의2 제2항 · 제394조 제1항 · 제400조 · 제402조 내지 제407조 · 제412조 내지 제414조 · 제447조의3 · 제447조의4 · 제450조 · 제527조의4 · 제530조의5 제1항 제9호 · 제530조의6 제1항 제10호 및 제534조의 규정은 감사위원회에 관하여 이를 준용한다. 이 경우 제530조의5 제1항 제9호 및 제530조의6 제1항 제10호 중 "감사"는 "감사위원회 위원"으로 본다.

---

331 의결권 없는 주식을 제외한 발행주식의 총수의 100분의 3을 초과하는 수의 주식을 가진 주주는 □□□ 그 초과하는 주식에 관하여 감사의 선임에 있어서는 의결권을 행사하지 못한다. **▮ 법무사 19**

○ ✕

....

상법 제409조 제2항 **답** ○

---

332 회사가 상법 제368조의4 제1항에 따라 전자적 방법으로 의결권을 행사할 수 있도록 한 경우에 □□□ 는 주주총회에 출석한 주주의 의결권의 과반수로써 감사의 선임을 결의할 수 있다.

▮ 법원직9급 22 ○ ✕

....

상법 제409조 제3항 **답** ○

---

333 자본금의 총액이 10억원 미만인 회사의 경우에는 감사를 선임하지 않을 수 있다.
□□□ **▮ 법무사 17 · 21** ○ ✕

....

상법 제409조 제4항 **답** ○

---

334 감사는 언제든지 상법 제434조의 규정에 의한 주주총회의 결의로 해임할 수 있다.
□□□ **▮ 법무사 19** ○ ✕

....

상법 제415조, 제385조 제1항 **답** ○

335 감사는 주주총회에서 감사의 해임에 관하여 의견을 진술할 수 있다. | 법무사 21   ○ ×
□□□
....
상법 제409조의2   답 ○

336 감사의 임기는 취임 후 3년 내의 최종의 결산기에 관한 정기총회의 종결 시까지로 한다.
□□□ | 법무사 17 · 19   ○ ×
....
상법 제410조   답 ○

337 ▸ 감사의 지위는 주주총회의 선임결의와 피선임자의 승낙만 있다고 하여 바로 취득하는 것은
□□□   아니고 주주총회의 선임결의에 따라 회사의 대표기관이 임용계약의 청약을 하고 피선임자가
이에 승낙을 함으로써 임용계약이 체결되어야만 비로소 인정된다. | 법무사 17   ○ ×

▸ 주주총회에서 감사를 선임하는 경우, 그 선임결의가 있었다고 하여 바로 피선임자가 감사의
지위를 취득하는 것은 아니고 회사의 대표기관과 별도의 임용계약을 체결하여야 감사의
지위를 취득하게 된다. | 법무사 19   ○ ×
....
이사 · 감사의 지위가 주주총회의 선임결의와 별도로 대표이사와 사이에 임용계약이 체결되어야만 비로소 인정된
다고 보는 것은, 이사 · 감사의 선임을 주주총회의 전속적 권한으로 규정하여 주주들의 단체적 의사결정사항으로
정한 상법의 취지에 배치된다. 또한 상법상 대표이사는 회사를 대표하며, 회사의 영업에 관한 재판상 또는 재판
외의 모든 행위를 할 권한이 있으나(제389조 제3항, 제209조 제1항), 이사 · 감사의 선임이 여기에 속하지 아니함은
법문상 분명하다. 그러므로 이사 · 감사의 지위는 주주총회의 선임결의가 있고 선임된 사람의 동의가 있으면 취득
된다고 보는 것이 옳다. 결론적으로, <u>주주총회에서 이사나 감사를 선임하는 경우, 선임결의와 피선임자의 승낙만
있으면, 피선임자는 대표이사와 별도의 임용계약을 체결하였는지와 관계없이 이사나 감사의 지위를 취득한다</u>(대
판[전합] 2017.3.23. 2016다251215).   답 × / ×

338 감사가 회사에 대하여 제공하는 반대급부와 지급받는 보수 사이에는 합리적 비례관계가 유지
□□□   되어야 하므로 보수가 합리적인 수준을 벗어나서 현저히 균형성을 잃을 정도로 과다하거나,
오로지 보수의 지급이라는 형식으로 회사의 자금을 개인에게 지급하기 위한 방편으로 감사로
선임하였다는 등의 특별한 사정이 있는 경우에는 보수청구권의 일부 또는 전부에 대한 행사가
제한되고 회사는 합리적이라고 인정되는 범위를 초과하여 지급된 보수의 반환을 구할 수 있다.
| 법원직9급 22   ○ ×
....
이사 · 감사의 소극적인 직무 수행에 대하여 보수청구권이 인정된다 하더라도, 이사 · 감사의 보수는 직무 수행에
대한 보상으로 지급되는 대가로서 이사 · 감사가 회사에 대하여 제공하는 반대급부와 지급받는 보수 사이에는
합리적 비례관계가 유지되어야 하므로 보수가 합리적인 수준을 벗어나서 현저히 균형성을 잃을 정도로 과다하거
나, 오로지 보수의 지급이라는 형식으로 회사의 자금을 개인에게 지급하기 위한 방편으로 이사 · 감사로 선임하였
다는 등의 특별한 사정이 있는 경우에는 보수청구권의 일부 또는 전부에 대한 행사가 제한되고 회사는 합리적이라
고 인정되는 범위를 초과하여 지급된 보수의 반환을 구할 수 있다(대판 2015.9.10. 2015다213308).   답 ○

339
□□□ 주주총회에서 선임된 감사가 회사와의 명시적 또는 묵시적 약정에 따라 업무를 다른 감사 등에게 포괄적으로 위임하고 감사로서의 실질적인 업무를 수행하지 않는 경우라 하더라도, 특별한 사정이 없다면, 소극적인 직무 수행 사유만을 가지고 감사로서의 자격을 부정하거나 주주총회 결의에서 정한 보수청구권의 효력을 부정하기는 어렵다. **| 법원직9급 22**　　○ ×

주식회사의 주주총회에서 이사·감사로 선임된 사람이 주식회사와 계약을 맺고 이사·감사로 취임한 경우에, 상법 제388조, 제415조에 따라 정관 또는 주주총회 결의에서 정한 금액·지급시기·지급방법에 의하여 보수를 받을 수 있다. 이에 비추어 보면, 주주총회에서 선임된 이사·감사가 회사와의 명시적 또는 묵시적 약정에 따라 업무를 다른 이사 등에게 포괄적으로 위임하고 이사·감사로서의 실질적인 업무를 수행하지 않는 경우라 하더라도 이사·감사로서 상법 제399조, 제401조, 제414조 등에서 정한 법적 책임을 지므로, 이사·감사를 선임하거나 보수를 정한 주주총회 결의의 효력이 무효이거나 또는 소극적인 직무 수행이 주주총회에서 이사·감사를 선임하면서 예정하였던 직무 내용과 달라 주주총회에서 한 선임 결의 및 보수지급 결의에 위배되는 배임적인 행위에 해당하는 등의 특별한 사정이 없다면, 소극적인 직무 수행 사유만을 가지고 이사·감사로서의 자격을 부정하거나 주주총회 결의에서 정한 보수청구권의 효력을 부정하기는 어렵다(대판 2015.9.10. 2015다213308). **답** ○

340
□□□ 감사업무와 관련하여 회계감사에 관한 상법상의 감사와 「주식회사의 외부감사에 관한 법률」상의 감사인에 의한 감사는 일부 중복되는 면이 있기는 하나 상호 독립적인 것이므로 외부감사인에 의한 감사가 있다고 해서 상법상 감사의 감사의무가 면제되거나 경감되지 않는다.
| 법원직9급 22　　○ ×

대판 2019.11.28. 2017다244115 **답** ○

341
□□□ 감사가 회의의 목적사항과 소집이유를 서면에 적어 소집권자에게 제출하여 이사회 소집을 청구하였는데도 소집권자가 지체 없이 이사회를 소집하지 아니하면 그 청구한 감사가 이사회를 소집할 수 있다. **| 법무사 17**　　○ ×

상법 제412조의4 제2항 **답** ○

342
□□□ 회사는 정관이 정한 바에 따라 감사에 갈음하여 제393조의2의 규정에 의한 위원회로서 감사위원회를 설치할 수 있고, 감사위원회를 설치한 경우에도 감사를 함께 둘 수 있다. **| 법무사 21**
　　○ ×

회사는 정관이 정한 바에 따라 감사에 갈음하여 제393조의2의 규정에 의한 위원회로서 감사위원회를 설치할 수 있다. <u>감사위원회를 설치한 경우에는 감사를 둘 수 없다</u>(상법 제415조의2 제1항). **답** ×

343
□□□ 감사위원회는 3명 이상의 이사로 구성하고, 사외이사가 위원의 3분의 2 이상이어야 한다.
| 법무사 19　　○ ×

상법 제415조의2 제2항 **답** ○

344 감사위원회의 위원의 해임에 관한 이사회의 결의는 이사 총수의 3분의 2 이상의 결의로 하여야 한다. ▮법무사 21　　　　　　　　　　　　　　　　　　　　　　　　　○ ×

□□□

상법 제415조의2 제3항　　　　　　　　　　　　　　　　　　　　　　　　　📭 ○

345 감사위원회는 그 결의로 위원회를 대표할 자를 선정하여야 하고, 이 경우 수인의 위원이 공동으로 위원회를 대표할 것을 정할 수 있다. ▮법무사 21　　　　　　　　　　　○ ×

□□□

상법 제415조의2 제4항　　　　　　　　　　　　　　　　　　　　　　　　　📭 ○

제4절　상장회사에 대한 특례

제1관　적용범위

> **적용범위(상법 제542조의2)**　① 이 절은 대통령령으로 정하는 증권시장(증권의 매매를 위하여 개설된 시장을 말한다)에 상장된 주권을 발행한 주식회사(이하 "상장회사"라 한다)에 대하여 적용한다. 다만, 집합투자(2인 이상에게 투자권유를 하여 모은 금전이나 그밖의 재산적 가치가 있는 재산을 취득·처분, 그밖의 방법으로 운용하고 그 결과를 투자자에게 배분하여 귀속시키는 것을 말한다)를 수행하기 위한 기구로서 대통령령으로 정하는 주식회사는 제외한다.
> ② 이 절은 이 장 다른 절에 (우선)하여 적용한다.
>
> **소수주주권(상법 제542조의6)**　⑩ 제1항부터 제7항까지는 제542조의2 제2항에도 불구하고 이 장의 다른 절에 따른 소수주주권의 행사에 영향을 미치지 아니한다.

제2관　주식매수선택권에 관한 특례

주식매수선택권	비상장회사	상장회사
대상자	당해회사의 이사, 집행임원, 감사, 피용자	당해회사의 이사, 집행임원, 감사, 피용자 + 관계 회사의 이사, 집행임원, 감사 또는 피용자
발행한도	발행주식총수의 100분의 10 이내	발행주식총수의 100분의 20의 범위에서 대통령령으로 정하는 한도 (100분의 15)
절 차	주주총회 특별결의	발행주식총수의 100분의 10의 범위에서 대통령령으로 정하는 한도까지 이사회가 부여 + 그 후 처음으로 소집되는 주주총회의 승인
재임기간	2년 이상 재임하거나 재직	2년 이상 재임하거나 재직(단, 사망 또는 본인의 책임이 아닌 사유로 퇴임하거나 퇴직한 경우 2년 이상 재임하지 않더라도 가능)

제3관 주주총회의 소집 및 이사·감사의 선임방법에 관한 특례

주주총회의 소집 및 이사·감사의 선임	비상장회사	상장회사
소집통지를 공고로 갈음	소집통지	대통령령으로 정하는 수(발행주식총수의 100분의 1) 이하의 주식을 소유하는 주주에게는 공고함으로써 소집통지를 갈음
소집통지 또는 공고사항	목적사항	• 이사·감사의 선임 시 이사·감사 후보자의 성명, 약력, 추천인, 그 밖에 대통령령으로 정하는 후보자에 관한 사항 • 사외이사 등의 활동내역과 보수에 관한 사항, 사업개요 등 대통령령으로 정하는 사항
이사·감사의 선임방법	통지서에 기재되지 않은 후보 선임 가능	통지하거나 공고한 후보자 중에서 선임

제4관 소수주주권에 관한 특례

소수주주권	비상장회사	상장회사	
주주총회소집청구, 회사의 업무와 재산상태 조사를 위한 검사인 선임청구	100분의 3 이상	1천분의 15 이상	
주주제안권	100분의 3 이상	의결권 없는 주식을 제외한 1천분의 10 이상	자본금 1천억원 이상인 상장회사는 1천분의 5 이상
이사·감사·청산인 해임청구	100분의 3 이상	1만분의 50 이상	자본금 1천억원 이상인 상장회사는 1만분의 25
회계장부열람권	100분의 3 이상	1만분의 10 이상	자본금 1천억원 이상인 상장회사는 1만분의 5 이상
위법행위 유지청구권	100분의 1 이상	10만분의 50 이상	자본금 1천억원 이상인 상장회사는 10만분의 25 이상
대표소송	100분의 1 이상	1만분의 1 이상	
다중대표소송	100분의 1 이상	1만분의 50 이상	

제5관 집중투표에 관한 특례

집중투표		비상장회사	상장회사
청구시기		7일 전까지 청구	6주 전까지 청구
소수주주 요건		의결권 없는 주식을 제외한 발행주식총수의 100분의 3 이상	의결권 없는 주식을 제외한 발행주식총수의 100분의 1 이상
집중투표배제와 관련된 정관변경	의결권 제한	제한 없음	자산총액 2조원 이상인 상장회사
			의결권 없는 주식을 제외한 발행주식총수의 100분의 3을 초과하는 수의 주식을 가진 주주는 그 초과하는 주식에 관하여 의결권을 행사하지 못한다. 다만, 정관에서 이보다 낮은 주식 보유비율을 정할 수 있음
	의안상정	동시상정 가능	별도상정

제6관 사외이사에 관한 특례

사외이사	비상장회사	상장회사	
		자산총액 2조원 미만	자산총액 2조원 이상
수	제한 없음	이사 총수의 4분의 1 이상	3명 이상으로 하되, 이사 총수의 과반수
결격사유	1. 회사의 상무에 종사하는 이사·집행임원 및 피용자 또는 최근 2년 이내에 회사의 상무에 종사한 이사·감사·집행임원 및 피용자 2. 최대주주가 자연인인 경우 본인과 그 배우자 및 직계 존속·비속 3. 최대주주가 법인인 경우 그 법인의 이사·감사·집행임원 및 피용자 4. 이사·감사·집행임원의 배우자 및 직계 존속·비속 5. 회사의 모회사 또는 자회사의 이사·감사·집행임원 및 피용자 6. 회사와 거래관계 등 중요한 이해관계에 있는 법인의 이사·감사·집행임원 및 피용자 7. 회사의 이사·집행임원 및 피용자가 이사·집행임원으로 있는 다른 회사의 이사·감사·집행임원 및 피용자	비상장회사의 결격사유 포함 1. 미성년자, 피성년후견인 또는 피한정후견인 2. 파산선고를 받고 복권되지 아니한 자 3. 금고 이상의 형을 선고받고 그 집행이 끝나거나 집행이 면제된 후 2년이 지나지 아니한 자 4. 대통령령으로 별도로 정하는 법률을 위반하여 해임되거나 면직된 후 2년이 지나지 아니한 자 5. 상장회사의 주주로서 의결권 없는 주식을 제외한 발행주식총수를 기준으로 본인 및 그와 대통령령으로 정하는 특수한 관계에 있는 자(이하 "특수관계인"이라 한다)가 소유하는 주식의 수가 가장 많은 경우 그 본인(이하 "최대주주"라 한다) 및 그의 특수관계인 6. 누구의 명의로 하든지 자기의 계산으로 의결권 없는 주식을 제외한 발행주식총수의 100분의 10 이상의 주식을 소유하거나 이사·집행임원·감사의 선임과 해임 등 상장회사의 주요 경영사항에 대하여 사실상의 영향력을 행사하는 주주(이하 "주요주주"라 한다) 및 그의 배우자와 직계 존속·비속 7. 그밖에 사외이사로서의 직무를 충실하게 수행하기 곤란하거나 상장회사의 경영에 영향을 미칠 수 있는 자로서 대통령령으로 정하는 자	
사외이사 후보추천위원회 설치의무 여부	설치의무 없음	설치의무 없음	설치의무 있음 (이 경우 사외이사 후보추천위원회는 사외이사가 총위원의 과반수가 되도록 구성하여야 함)

상근감사(상법 제542조의10)　　① 대통령령으로 정하는 상장회사((자산총액 1천억원 이상))는 주주총회 결의에 의하여 회사에 상근하면서 감사업무를 수행하는 감사(이하 "상근감사"라고 한다)를 (1명) 이상 두어야 한다. 다만, 이 절 및 다른 법률에 따라 (감사위원회를 설치)한 경우(감사위원회 설치 의무가 없는 상장회사가 이 절의 요건을 갖춘 감사위원회를 설치한 경우를 (포함)한다)에는 (그러하지 아니하다).

감사위원회(상법 제542조의11)　　① 자산 규모 등을 고려하여 대통령령으로 정하는 상장회사((자산총액이 2조원 이상))는 감사위원회를 설치(하여야 한다).

구 분	상장회사		
	자산총액 1천억원 미만	자산총액 1천억원 이상	자산총액 2조원 이상
감사위원회 설치의무 여부	임의적	임의적	설치의무 있음
감사위원회위원 선임, 해임권한	이사회	이사회	주주총회
감사위원회 구성 및 자격	3명 이상의 이사로 구성 (단, 사외이사가 위원의 3분의 2 이상)	3명 이상의 이사로 구성 (단, 사외이사가 위원의 3분의 2 이상)	• 3명 이상의 이사로 구성(단, 사외이사가 위원의 3분의 2 이상) • 위원 중 1명 이상은 대통령령으로 정하는 회계 또는 재무 전문가일 것 • 감사위원회의 대표는 사외이사일 것

제8관 준법통제기준 및 준법지원인

준법통제기준 및 준법지원인(상법 제542조의13)　　① 자산 규모 등을 고려하여 대통령령으로 정하는 상장회사((자산총액 5천억원 이상))는 법령을 준수하고 회사경영을 적정하게 하기 위하여 임직원이 그 직무를 수행할 때 따라야 할 준법통제에 관한 기준 및 절차(이하 "(준법통제기준)"이라 한다)를 마련하여야 한다.
② 제1항의 상장회사는 준법통제기준의 준수에 관한 업무를 담당하는 사람(이하 "(준법지원인)"이라 한다)을 1명 이상 두어야 한다.
③ 준법지원인은 준법통제기준의 준수 여부를 점검하여 그 결과를 이사회에 보고하여야 한다.
④ 제1항의 상장회사는 준법지원인을 임면하려면 이사회 결의를 거쳐야 한다.
⑤ 준법지원인은 다음 각 호의 사람 중에서 임명하여야 한다.
　1. 변호사 자격을 가진 사람
　2. 「고등교육법」 제2조에 따른 학교에서 법률학을 가르치는 조교수 이상의 직에 5년 이상 근무한 사람
　3. 그밖에 법률적 지식과 경험이 풍부한 사람으로서 대통령령으로 정하는 사람
⑥ 준법지원인의 임기는 3년으로 하고, 준법지원인은 상근으로 한다.
⑦ 준법지원인은 선량한 관리자의 주의로 그 직무를 수행하여야 한다.
⑧ 준법지원인은 (재임 중)뿐만 아니라 (퇴임 후)에도 직무상 알게 된 회사의 영업상 비밀을 누설하여서는 아니 된다.

⑨ 제1항의 상장회사는 준법지원인이 그 직무를 독립적으로 수행할 수 있도록 하여야 하고, 제1항의 상장회사의 임직원은 준법지원인이 그 직무를 수행할 때 자료나 정보의 제출을 요구하는 경우 이에 성실하게 응하여야 한다.

⑩ 제1항의 상장회사는 준법지원인이었던 사람에 대하여 그 직무수행과 관련된 사유로 부당한 인사상의 불이익을 주어서는 아니 된다.

⑪ 준법지원인에 관하여 다른 법률에 특별한 규정이 있는 경우를 제외하고는 이 법에서 정하는 바에 따른다. 다만, 다른 법률의 규정이 준법지원인의 임기를 제6항보다 단기로 정하고 있는 경우에는 제6항을 다른 법률에 우선하여 적용한다.

⑫ 그 밖의 준법통제기준 및 준법지원인에 관하여 필요한 사항은 대통령령으로 정한다.

346 상법 시행령으로 정하는 상장회사는 준법지원인을 1명 이상 두어야 한다. ▮법무사 17 ○ ×
□□□
....
상법 제542조의13 제2항 **답** ○

347 상법 제542조의13의 준법지원인은 준법통제기준의 준수 여부를 점검하여 그 결과를 이사회에 보고하여야 한다. ▮법무사 17 ○ ×
□□□
....
상법 제542조의13 제3항 **답** ○

348 상법 제542조의13의 준법지원인의 임기는 1년으로 하고, 준법지원인은 비상근으로 한다.
□□□ ▮법무사 17 ○ ×
....
준법지원인의 임기는 <u>3년</u>으로 하고, 준법지원인은 <u>상근</u>으로 한다(상법 제542조의13 제6항). **답** ×

349 상법 제542조의13의 준법지원인은 선량한 관리자의 주의로 그 직무를 수행하여야 한다.
□□□ ▮법무사 17 ○ ×
....
상법 제542조의13 제7항 **답** ○

350 상법 제542조의13의 준법지원인은 재임 중뿐만 아니라 퇴임 후에도 직무상 알게 된 회사의 영업상 비밀을 누설하여서는 아니 된다. ▮법무사 17 ○ ×
□□□
....
상법 제542조의13 제8항 **답** ○

제5장 | 기업재무

제1절 신주발행

발행사항의 결정(상법 제416조) 회사가 그 성립 후에 주식을 발행하는 경우에는 다음의 사항으로서 정관에 규정이 없는 것은 (이사회가 결정)한다. 다만, 이 법에 다른 규정이 있거나 정관으로 주주총회에서 결정하기로 정한 경우에는 그러하지 아니하다.
1. 신주의 종류와 수
2. 신주의 발행가액과 납입기일
2의2. 무액면주식의 경우에는 신주의 발행가액 중 자본금으로 계상하는 금액
3. 신주의 인수방법
4. 현물출자를 하는 자의 성명과 그 목적인 재산의 종류, 수량, 가액과 이에 대하여 부여할 주식의 종류와 수
5. 주주가 가지는 신주인수권을 양도할 수 있는 것에 관한 사항
6. 주주의 청구가 있는 때에만 신주인수권증서를 발행한다는 것과 그 청구기간

액면미달의 발행(상법 제417조) ① 회사가 성립한 날로부터 (2년을 경과한 후)에 주식을 발행하는 경우에는 회사는 제434조의 규정에 의한 (주주총회의 결의)와 (법원의 인가)를 얻어서 주식을 액면미달의 가액으로 발행할 수 있다.
② 전항의 주주총회의 결의에서는 주식의 최저발행가액을 정하여야 한다.
③ 법원은 회사의 현황과 제반사정을 참작하여 최저발행가액을 변경하여 인가할 수 있다. 이 경우에 법원은 회사의 재산상태 기타 필요한 사항을 조사하게 하기 위하여 검사인을 선임할 수 있다.
④ 제1항의 주식은 법원의 인가를 얻은 날로부터 1월 내에 발행하여야 한다. 법원은 이 기간을 연장하여 인가할 수 있다.

신주인수권의 내용 및 배정일의 지정·공고(상법 제418조) ① 주주는 그가 가진 (주식 수)에 따라서 신주의 배정을 받을 권리가 있다.
② 회사는 제1항의 규정에 불구하고 정관에 정하는 바에 따라 (주주 외의 자)에게 신주를 배정할 수 있다. 다만, 이 경우에는 (신기술의 도입, 재무구조의 개선 등 회사의 경영상 목적)을 달성하기 위하여 필요한 경우에 한한다.
③ 회사는 일정한 날을 정하여 그 날에 주주명부에 기재된 주주가 제1항의 권리를 가진다는 뜻과 신주인수권을 양도할 수 있을 경우에는 그 뜻을 그 날의 (2주간 전)에 (공고)하여야 한다. 그러나 그 날이 제354조 제1항의 기간 중인 때에는 그 기간의 초일의 2주간 전에 이를 공고하여야 한다.
④ 제2항에 따라 주주 외의 자에게 신주를 배정하는 경우 회사는 제416조 제1호, 제2호, 제2호의2, 제3호 및 제4호에서 정하는 사항을 그 납입기일의 2주 전까지 주주에게 통지하거나 공고하여야 한다.

신주인수권자에 대한 최고(상법 제419조) ① 회사는 신주의 인수권을 가진 자에 대하여 그 인수권을 가지는 주식의 종류 및 수와 일정한 기일까지 주식인수의 청약을 하지 아니하면 그 권리를 잃는다는 뜻을 (통지)하여야 한다. 이 경우 제416조 제5호 및 제6호에 규정한 사항의 정함이 있는 때에는 그 내용도 통지하여야 한다.

② 제1항의 통지는 제1항의 기일의 (2주간 전)에 이를 하여야 한다.

③ 제1항의 통지에도 불구하고 그 기일까지 주식인수의 청약을 하지 아니한 때에는 신주의 인수권을 가진 자는 그 권리를 잃는다.

신주인수권증서의 발행(상법 제420조의2)　① 제416조 제5호에 규정한 사항을 정한 경우에 회사는 동조 제6호의 정함이 있는 때에는 그 정함에 따라, 그 정함이 없는 때에는 제419조 제1항의 기일의 2주간 전에 신주인수권증서를 발행하여야 한다.

신주인수권의 양도(상법 제420조의3)　① 신주인수권의 양도는 (신주인수권증서의 교부)에 의하여서만 이를 행한다.

② 제336조 제2항 및 수표법 제21조의 규정은 신주인수권증서에 관하여 이를 준용한다.

주식에 대한 납입(상법 제421조)　① 이사는 신주의 인수인으로 하여금 그 배정한 주수에 따라 납입기일에 그 인수한 주식에 대한 인수가액의 전액을 납입시켜야 한다.

② 신주의 인수인은 회사의 동의 없이 제1항의 납입채무와 주식회사에 대한 채권을 상계할 수 없다.

현물출자의 검사(상법 제422조)　① 현물출자를 하는 자가 있는 경우에는 이사는 제416조 제4호의 사항을 조사하게 하기 위하여 검사인의 선임을 법원에 청구하여야 한다. 이 경우 공인된 감정인의 감정으로 검사인의 조사에 갈음할 수 있다.

주주가 되는 시기, 납입해태의 효과(상법 제423조)　① 신주의 인수인은 납입 또는 현물출자의 이행을 한 때에는 (납입기일의 다음 날)로부터 주주의 권리의무가 있다.

② 신주의 인수인이 납입기일에 납입 또는 현물출자의 이행을 하지 아니한 때에는 그 권리를 잃는다.

③ 제2항의 규정은 신주의 인수인에 대한 손해배상의 청구에 영향을 미치지 아니한다.

유지청구권(상법 제424조)　회사가 법령 또는 정관에 위반하거나 현저하게 불공정한 방법에 의하여 주식을 발행함으로써 주주가 불이익을 받을 염려가 있는 경우에는 그 주주는 회사에 대하여 그 발행을 유지할 것을 청구할 수 있다.

불공정한 가액으로 주식을 인수한 자의 책임(상법 제424조의2)　① (이사와 통모)하여 현저하게 불공정한 발행가액으로 주식을 인수한 자는 회사에 대하여 공정한 발행가액과의 차액에 상당한 금액을 지급할 의무가 있다.

② 제403조 내지 제406조의 규정은 제1항의 지급을 청구하는 소에 관하여 이를 준용한다.

③ 제1항 및 제2항의 규정은 이사의 회사 또는 주주에 대한 손해배상의 책임에 영향을 미치지 아니한다.

인수의 무효주장, 취소의 제한(상법 제427조)　신주의 발행으로 인한 (변경등기)를 한 날로부터 (1년)을 경과한 후에는 신주를 인수한 자는 (주식청약서 또는 신주인수권증서의 요건의 흠결)을 이유로 하여 그 (인수의 무효)를 주장하거나 (사기, 강박 또는 착오)를 이유로 하여 그 (인수를 취소하지 못한다). 그 주식에 대하여 (주주의 권리를 행사)한 때에도 같다.

이사의 인수담보책임(상법 제428조)　① 신주의 발행으로 인한 변경등기가 있은 후에 아직 인수하지 아니한 주식이 있거나 주식인수의 청약이 취소된 때에는 이사가 이를 공동으로 인수한 것으로 본다.

② 전항의 규정은 이사에 대한 손해배상의 청구에 영향을 미치지 아니한다.

신주발행무효의 소(상법 제429조) 신주발행의 무효는 (주주·이사 또는 감사)에 한하여 신주를 발행한 날로부터 (6월) 내에 소만으로 이를 주장할 수 있다.

신주발행무효판결의 효력(상법 제431조) ① 신주발행무효의 판결이 확정된 때에는 신주는 (장래에 대하여) 그 효력을 잃는다.
② 전항의 경우에는 회사는 지체 없이 그 뜻과 일정한 기간 내에 신주의 주권을 회사에 제출할 것을 공고하고 주주명부에 기재된 주주와 질권자에 대하여는 각별로 그 통지를 하여야 한다. 그러나 그 기간은 3월 이상 으로 하여야 한다.

무효판결과 주주에의 환급(상법 제432조) ① 신주발행무효의 판결이 확정된 때에는 회사는 신주의 주주에 대하여 그 납입한 금액을 반환하여야 한다.
② 전항의 금액이 전조 제1항의 판결확정 시의 회사의 재산상태에 비추어 현저하게 부당한 때에는 법원은 회사 또는 전항의 주주의 청구에 의하여 그 금액의 증감을 명할 수 있다.
③ 제339조와 제340조 제1항, 제2항의 규정은 제1항의 경우에 준용한다.

351 추상적 신주인수권(신주의 배정을 받을 권리)은 원칙적으로 지분비례에 따라 주주에게 귀속된
☐☐☐ 다. ▎법무사 18 ○ ✕

··

주주는 그가 가진 주식 수에 따라서 신주의 배정을 받을 권리가 있다(상법 제418조 제1항). **답** ○

352 상법 제418조 제1항, 제2항의 규정은 회사가 신주를 발행하는 경우 원칙적으로 기존 주주에게
☐☐☐ 이를 배정하고 정관에 정한 경우에만 제3자에게 신주배정을 할 수 있게 하면서 그 사유도 신기술의 도입이나 재무구조의 개선 등 경영상 목적을 달성하기 위하여 필요한 경우에 한정함 으로써 기존 주주의 신주인수권을 보호하고 있다. 따라서 회사가 위와 같은 사유가 없음에도 경영권 분쟁이 현실화된 상황에서 경영진의 경영권이나 지배권 방어라는 목적을 달성하기 위하여 제3자에게 신주를 배정하는 것은 상법 제418조 제2항을 위반하여 주주의 신주인수권을 침해하는 것이다. ▎법무사 20 ○ ✕

··

상법 제418조 제1항, 제2항은 회사가 신주를 발행하는 경우 원칙적으로 기존 주주에게 배정하고 정관에 정한 경우에만 제3자에게 신주배정을 할 수 있게 하면서 사유도 신기술의 도입이나 재무구조의 개선 등 경영상 목적을 달성하기 위하여 필요한 경우에 한정함으로써 기존 주주의 신주인수권을 보호하고 있다. 따라서 회사가 위와 같은 사유가 없음에도 경영권 분쟁이 현실화된 상황에서 경영진의 경영권이나 지배권 방어라는 목적을 달성하기 위하여 제3자에게 신주를 배정하는 것은 상법 제418조 제2항을 위반하여 주주의 신주인수권을 침해하는 것이다. 그리고 이러한 법리는 신주인수권부사채를 제3자에게 발행하는 경우에도 마찬가지로 적용된다(대판 2015.12.10. 2015다202919). **답** ○

353 ▶ 회사가 주주배정방식에 의하여 신주를 발행하려는데 주주가 인수를 포기하거나 청약을 하지
☐☐☐ 아니함으로써 그 인수권을 잃은 때에는 회사는 이사회 결의로 인수가 없는 부분에 대하여 자유로이 이를 제3자에게 처분할 수 있고, 이 경우 실권된 신주를 제3자에게 발행하는 것에 관하여 정관에 반드시 근거 규정이 있어야 하는 것은 아니다. ▎법무사 20 ○ ✕

▶ 회사가 주주배정방식에 의하여 신주를 발행하려고 하였다면, 주주가 인수를 포기하거나 청약을 하지 아니함으로써 그 인수권을 잃은 경우라 하더라도 회사가 그 실권된 신주를 제3자에게 발행하기 위해서는 회사 정관에 반드시 근거 규정이 있어야 한다. **법원직9급 22** ○ ×

회사가 주주배정방식에 의하여 신주를 발행하려는데 주주가 인수를 포기하거나 청약을 하지 아니함으로써 그 인수권을 잃은 때에는(상법 제419조 제3항) 회사는 이사회결의로 인수가 없는 부분에 대하여 자유로이 이를 제3자에게 처분할 수 있고, 이 경우 <u>실권된 신주를 제3자에게 발행하는 것에 관하여 정관에 반드시 근거 규정이 있어야 하는 것은 아니다</u>(대판 2012.11.15. 2010다49380). **답** ○ / ×

354
☐☐☐
회사설립과 달리 신주발행에서는 납입이 이루어지지 않는 경우 따로 실권절차를 두지 않고 바로 실권시킨다. **법무사 18** ○ ×

신주의 인수인이 납입기일에 납입 또는 현물출자의 이행을 하지 아니한 때에는 그 권리를 잃는다(상법 제423조 제2항). **답** ○

355
☐☐☐
신주발행에서 이사의 담보책임은 인수담보책임에 국한된다. **법무사 18** ○ ×

신주의 발행으로 인한 변경등기가 있은 후에 아직 인수하지 아니한 주식이 있거나 주식인수의 청약이 취소된 때에는 이사가 이를 공동으로 인수한 것으로 본다(상법 제428조 제1항). 즉, 회사설립 시의 발기인은 인수담보책임과 납입담보책임을 지나, 신주발행에서 이사의 담보책임은 인수담보책임에 국한된다. **답** ○

356
☐☐☐
▶ 회사가 법령 또는 정관에 위반하거나 현저하게 불공정한 방법에 의하여 주식을 발행함으로써 주주가 불이익을 받을 염려가 있는 경우에는 그 주주는 회사에 대하여 그 발행을 유지할 것을 청구할 수 있다. **법무사 18** ○ ×

▶ (위법·불공정한) 신주발행으로 인해 불이익을 받을 염려가 있는 주주는 보유주식 수에 관계 없이 회사에 대하여 그 발행을 유지할 것을 청구할 수 있다. **법원직9급 20** ○ ×

회사가 법령 또는 정관에 위반하거나 현저하게 불공정한 방법에 의하여 주식을 발행함으로써 주주가 불이익을 받을 염려가 있는 경우에는 그 주주는 회사에 대하여 그 발행을 유지할 것을 청구할 수 있다(상법 제424조). 신주발행유지청구권은 단독주주권으로서 불이익을 받을 염려가 있는 주주라면 1주만 보유한 경우에도 청구권자가 된다. **답** ○ / ○

357
☐☐☐
현저하게 불공정한 발행가액으로 주식을 인수한 자는 그러한 사정을 몰랐더라도 회사에 대하여 공정한 발행가격과의 차액에 상당한 금액을 지급할 의무가 있다. **법원직9급 20** ○ ×

<u>이사와 통모하여</u> 현저하게 불공정한 발행가액으로 주식을 인수한 자는 회사에 대하여 공정한 발행가액과의 차액에 상당한 금액을 지급할 의무가 있다(상법 제424조의2 제1항). **답** ×

358 ▸ 회사는 정관에 정하는 바에 따라 경영권방어를 위해 주주 외의 자에게 신주를 배정할 수 있다. ▎법무사 18　　　　　　　　　　　　　　　　　　　　　　○ ×

▸ 경영권 방어만을 목적으로 제3자에게 신주를 배정하여 회사의 지배권에 중대한 영향을 미치는 경우 그러한 신주의 발행은 원칙적으로 무효이다. ▎법원직9급 20　　　　○ ×

....

상법 제418조 제1항, 제2항의 규정은 주식회사가 신주를 발행하면서 주주 아닌 제3자에게 신주를 배정할 경우 기존 주주에게 보유 주식의 가치 하락이나 회사에 대한 지배권 상실 등 불이익을 끼칠 우려가 있다는 점을 감안하여, 신주를 발행할 경우 원칙적으로 기존 주주에게 이를 배정하고 제3자에 대한 신주배정은 정관이 정한 바에 따라서만 가능하도록 하면서, 그 사유도 신기술의 도입이나 재무구조 개선 등 기업 경영의 필요상 부득이한 예외적인 경우로 제한함으로써 기존 주주의 신주인수권에 대한 보호를 강화하고자 하는 데 그 취지가 있다. 따라서 주식회사가 신주를 발행함에 있어 신기술의 도입, 재무구조의 개선 등 회사의 경영상 목적을 달성하기 위하여 필요한 범위 안에서 정관이 정한 사유가 없는데도, 회사의 경영권 분쟁이 현실화된 상황에서 <u>경영진의 경영권이나 지배권 방어라는 목적을 달성하기 위하여 제3자에게 신주를 배정하는 것은 상법 제418조 제2항을 위반하여 주주의 신주인수권을 침해하는 것이다.</u> 신주발행을 사후에 무효로 하는 경우 거래의 안전과 법적 안정성을 해할 우려가 큰 점을 고려할 때 신주발행무효의 소에서 그 무효원인은 가급적 엄격하게 해석하여야 한다. 그러나 신주발행에 법령이나 정관의 위반이 있고 그것이 주식회사의 본질 또는 회사법의 기본원칙에 반하거나 기존 주주들의 이익과 회사의 경영권 내지 지배권에 중대한 영향을 미치는 경우로서 주식에 관련된 거래의 안전, 주주 기타 이해관계인의 이익 등을 고려하더라도 도저히 묵과할 수 없는 정도라고 평가되는 경우에는 그 신주의 발행을 무효라고 보지 않을 수 없다(대판 2009.1.30. 2008다50776).　　　　　　　　　　　　　　　답 × / ○

359 ▸ 신주발행의 무효는 주주·이사 또는 감사에 한하여 신주를 발행한 날부터 6월 내에 소만으로 주장할 수 있다. ▎법무사 17, 법원직9급 22　　　　　　　　　　　　　　○ ×

▸ 신주발행 무효의 소는 주주·이사 또는 감사만이 제기할 수 있다. ▎법원직9급 20　　○ ×

....

상법 제429조　　　　　　　　　　　　　　　　　　　　　　　　　　　　　답 ○ / ○

360 신주발행무효의 소에서 신주를 발행한 날부터 6월의 출소기간이 경과한 후에도 새로운 무효사유를 추가하여 주장할 수 있다. ▎법무사 17·20, 법원직9급 22　　　　　　　○ ×

....

상법 제429조는 신주발행의 무효는 주주·이사 또는 감사에 한하여 신주를 발행한 날부터 6월 내에 소만으로 주장할 수 있다고 규정하고 있는데, 이는 신주발행에 수반되는 복잡한 법률관계를 조기에 확정하고자 하는 것으로서, 새로운 무효사유를 출소기간 경과 후에도 주장할 수 있도록 하면 법률관계가 불안정하게 되어 위 규정의 취지가 몰각된다는 점에 비추어, 위 규정은 무효사유의 주장시기도 제한하고 있는 것이라고 해석함이 타당하므로, 신주발행 무효의 소에서 <u>신주를 발행한 날부터 6월의 출소기간이 경과한 후에는 새로운 무효사유를 추가하여 주장할 수 없다</u>(대판 2012.11.15. 2010다49380).　　　　　　　　　답 ×

361
☐☐☐ 신주발행 무효원인은 가급적 엄격하게 해석하여야 하고, 따라서 법령이나 정관의 중대한 위반 또는 현저한 불공정이 있어 그것이 주식회사의 본질이나 회사법의 기본원칙에 반하거나 기존 주주들의 이익과 회사의 경영권 내지 지배권에 중대한 영향을 미치는 경우로서 신주와 관련된 거래의 안전, 주주 기타 이해관계인의 이익 등을 고려하더라도 도저히 묵과할 수 없는 정도라고 평가되는 경우에 한하여 신주의 발행을 무효로 할 수 있다. **▎법무사 20**　　○ ×

신주발행 무효의 소를 규정하는 상법 제429조에는 그 무효원인이 따로 규정되어 있지 않으므로 신주발행유지청구의 요건으로 상법 제424조에서 규정하는 '법령이나 정관의 위반 또는 현저하게 불공정한 방법에 의한 주식의 발행'을 신주발행의 무효원인으로 일응 고려할 수 있다고 하겠으나 다른 한편, 신주가 일단 발행되면 그 인수인의 이익을 고려할 필요가 있고 또 발행된 주식은 유가증권으로서 유통되는 것이므로 거래의 안전을 보호하여야 할 필요가 크다고 할 것인데, 신주발행유지청구권은 위법한 발행에 대한 사전구제수단임에 반하여 신주발행 무효의 소는 사후에 이를 무효로 함으로써 거래의 안전과 법적 안정성을 해칠 위험이 큰 점을 고려할 때, 그 무효원인은 가급적 엄격하게 해석하여야 하고, 따라서 법령이나 정관의 중대한 위반 또는 현저한 불공정이 있어 그것이 주식회사의 본질이나 회사법의 기본원칙에 반하거나 기존 주주들의 이익과 회사의 경영권 내지 지배권에 중대한 영향을 미치는 경우로서 신주와 관련된 거래의 안전, 주주 기타 이해관계인의 이익 등을 고려하더라도 도저히 묵과할 수 없는 정도라고 평가되는 경우에 한하여 신주의 발행을 무효로 할 수 있을 것이다(대판 2010.4.29. 2008다65860).　　답 ○

362
☐☐☐ ▶ 신주 등의 발행에서 주주배정방식과 제3자배정방식을 구별하는 기준은 회사가 신주 등을 발행하면서 주주들에게 그들의 지분비율에 따라 신주 등을 우선적으로 인수할 기회를 부여하였는지 여부에 따라 객관적으로 결정되어야 한다. **▎법무사 17**　　○ ×

▶ 신주 등의 발행에서 주주배정방식과 제3자배정방식을 구별하는 기준은 회사가 신주 등을 발행함에 있어서 주주들에게 그들의 지분비율에 따라 신주 등을 우선적으로 인수할 기회를 부여하였는지 여부에 따라 객관적으로 결정되어야 하고, 신주 등의 인수권을 부여받은 주주들이 실제로 인수권을 행사함으로써 신주 등을 배정받았는지 여부에 좌우되는 것은 아니다.

▎법원직9급 22　　○ ×

신주 등의 발행에서 주주배정방식과 제3자배정방식을 구별하는 기준은 회사가 신주 등을 발행하면서 주주들에게 그들의 지분비율에 따라 신주 등을 우선적으로 인수할 기회를 부여하였는지 여부에 따라 객관적으로 결정되어야 하고, 신주 등의 인수권을 부여받은 주주들이 실제로 인수권을 행사함으로써 신주 등을 배정받았는지 여부에 좌우되는 것은 아니다(대판 2012.11.15. 2010다49380).　　답 ○ / ○

363
☐☐☐ 회사가 주주배정방식에 의하여 신주를 발행하려는데 주주가 인수를 포기하거나 청약을 하지 아니함으로써 그 인수권을 잃은 때에는 회사는 이사회 결의로 인수가 없는 부분에 대하여 자유로이 이를 제3자에게 처분할 수 있다. **▎법무사 17**　　○ ×

회사가 주주배정방식에 의하여 신주를 발행하려는데 주주가 인수를 포기하거나 청약을 하지 아니함으로써 그 인수권을 잃은 때에는(상법 제419조 제4항) 회사는 이사회결의로 인수가 없는 부분에 대하여 자유로이 이를 제3자에게 처분할 수 있고, 이 경우 실권된 신주를 제3자에게 발행하는 것에 관하여 정관에 반드시 근거규정이 있어야 하는 것은 아니다(대판 2012.11.15. 2010다49380).　　답 ○

364 신주발행무효의 소 계속 중 그 원고 적격의 근거가 되는 주식이 양도된 경우에 그 양수인은
□□□ 제소기간 등의 요건이 충족된다면 새로운 주주의 지위에서 신소를 제기할 수 있을 뿐만 아니라,
양도인이 이미 제기한 기존의 위 소송을 적법하게 승계할 수도 있다. **|법무사 17** ○ ×

> 구 민사소송법 제74조에서 규정하고 있는 소송의 목적물인 권리관계의 승계라 함은 소송물인 권리관계의 양도뿐만
> 아니라 당사자적격 이전의 원인이 되는 실체법상의 권리 이전을 널리 포함하는 것이므로, 신주발행 무효의 소
> 계속 중 그 원고 적격의 근거가 되는 주식이 양도된 경우에 그 양수인은 제소기간 등의 요건이 충족된다면 새로운
> 주주의 지위에서 신소를 제기할 수 있을 뿐만 아니라, 양도인이 이미 제기한 기존의 위 소송을 적법하게 승계할
> 수도 있다(대판 2003.2.26. 2000다42786). **답 ○**

365 신주인수권부사채 발행의 경우에도 신주발행무효의 소에 관한 상법 제429조가 유추적용되나,
□□□ 전환사채는 장차 주식으로 전환될 권리가 부여되었을 뿐이므로 전환사채 발행의 경우에는
신주발행무효의 소에 관한 상법 제429조가 유추적용되지 않는다. **|법무사 20** ○ ×

> 신주인수권부사채는 미리 확정된 가액으로 일정한 수의 신주 인수를 청구할 수 있는 신주인수권이 부여된 사채로
> 서 신주인수권부사채 발행의 경우에도 주식회사의 물적 기초와 기존 주주들의 이해관계에 영향을 미친다는 점에서
> 사실상 신주를 발행하는 것과 유사하므로, 신주발행무효의 소에 관한 상법 제429조가 유추적용되고, 신주발행의
> 무효원인에 관한 법리 또한 마찬가지로 적용된다(대판 2015.12.10. 2015다202919). 상법은 제516조 제1항에서
> 신주발행의 유지청구권에 관한 제424조 및 불공정한 가액으로 주식을 인수한 자의 책임에 관한 제424조의2
> 등을 전환사채의 발행의 경우에 준용한다고 규정하면서도, 신주발행무효의 소에 관한 제429조의 준용 여부에
> 대해서는 아무런 규정을 두고 있지 않으나, 전환사채는 전환권의 행사에 의하여 장차 주식으로 전환될 수 있는
> 권리가 부여된 사채로서, 이러한 전환사채의 발행은 주식회사의 물적 기초와 기존 주주들의 이해관계에 영향을
> 미친다는 점에서 사실상 신주를 발행하는 것과 유사하므로, <u>전환사채 발행의 경우에도 신주발행무효의 소에 관한
> 상법 제429조가 유추적용된다</u>(대판 2004.8.16. 2003다9636). **답 ×**

제2절 자본의 감소

> **주식의 소각(상법 제343조)** ① 주식은 (자본금 감소에 관한 규정)에 따라서만 소각할 수 있다. 다만, 이사
> 회의 결의에 의하여 회사가 보유하는 자기주식을 소각하는 경우에는 그러하지 아니하다.
> ② 자본금 감소에 관한 규정에 따라 주식을 소각하는 경우에는 제440조 및 제441조를 준용한다.
>
> **자본금 감소의 결의(상법 제438조)** ① 자본금의 감소에는 (제434조에 따른 결의)가 있어야 한다.
> ② 제1항에도 불구하고 결손의 보전을 위한 자본금의 감소는 (제368조 제1항의 결의)에 의한다.
> ③ 자본금의 감소에 관한 의안의 주요내용은 제363조에 따른 통지에 적어야 한다.
>
> **자본금 감소의 방법, 절차(상법 제439조)** ① 자본금 감소의 결의에서는 그 감소의 방법을 정하여야 한다.
> ② 자본금 감소의 경우에는 제232조를 준용한다. 다만, 결손의 보전을 위하여 자본금을 감소하는 경우에는
> 그러하지 아니하다.

> **채권자의 이의(상법 제232조)**   ① 회사는 합병의 결의가 있은 날부터 2주 내에 회사채권자에 대하여 합병에 이의가 있으면 일정한 기간 내에 이를 제출할 것을 공고하고 알고 있는 채권자에 대하여는 따로따로 이를 최고하여야 한다. 이 경우 그 기간은 1월 이상이어야 한다.
> ② 채권자가 제1항의 기간 내에 이의를 제출하지 아니한 때에는 합병을 승인한 것으로 본다.
> ③ 이의를 제출한 채권자가 있는 때에는 회사는 그 채권자에 대하여 변제 또는 상당한 담보를 제공하거나 이를 목적으로 하여 상당한 재산을 신탁회사에 신탁하여야 한다.

③ 사채권자가 이의를 제기하려면 사채권자집회의 결의가 있어야 한다. 이 경우에는 법원은 이해관계인의 청구에 의하여 사채권자를 위하여 이의 제기 기간을 연장할 수 있다.

주식병합의 절차(상법 제440조)   주식을 병합할 경우에는 회사는 1월 이상의 기간을 정하여 그 뜻과 그 기간 내에 주권을 회사에 제출할 것을 공고하고 주주명부에 기재된 주주와 질권자에 대하여는 각별로 그 통지를 하여야 한다.

동전(상법 제441조)   주식의 병합은 전조의 기간이 만료한 때에 그 효력이 생긴다. 그러나 제232조의 규정에 의한 절차가 종료하지 아니한 때에는 그 종료한 때에 효력이 생긴다.

감자무효의 소(상법 제445조)   자본금 감소의 무효는 주주·이사·감사·청산인·파산관재인 또는 자본금의 감소를 승인하지 아니한 (채권자만)이 자본금 감소로 인한 변경등기가 된 날부터 (6개월) 내에 소만으로 주장할 수 있다.

366 ▶ 자본금 감소를 위한 주식소각 절차에 하자가 있다면, 주주 등은 자본금 감소로 인한 변경등기가 된 날부터 6개월 내에 소로써만 무효를 주장할 수 있다. **⁞법원직9급 22**   ○ ✕
□□□

▶ 이사가 주식소각 과정에서 법령을 위반하여 회사에 손해를 끼친 사실이 인정되더라도 상법 제445조의 감자무효의 판결이 확정되어야만 상법 제399조 제1항에 따라 회사에 대하여 손해배상책임을 부담한다. **⁞법원직9급 22**   ○ ✕

이사가 고의 또는 과실로 법령 또는 정관에 위반한 행위를 하거나 그 임무를 게을리한 경우에는 그 이사는 회사에 대하여 연대하여 손해를 배상할 책임이 있다(상법 제399조 제1항). 이사가 임무를 수행함에 있어서 법령을 위반한 행위를 한 때에는 그 행위 자체가 회사에 대하여 채무불이행에 해당하므로, 그로 인하여 회사에 손해가 발생한 이상 특별한 사정이 없는 한 손해배상책임을 면할 수 없다. 자본금 감소를 위한 주식소각 절차에 하자가 있다면, 주주 등은 자본금 감소로 인한 변경등기가 된 날부터 6개월 내에 소로써만 무효를 주장할 수 있다(상법 제445조). 그러나 이사가 주식소각 과정에서 법령을 위반하여 회사에 손해를 끼친 사실이 인정될 때에는 <u>감자무효의 판결이 확정되었는지 여부와 관계없이</u> 상법 제399조 제1항에 따라 회사에 대하여 손해배상책임을 부담한다(대판 2021.7.15. 2018다298744).   🗓 ○ / ✕

367 자본금 감소 무효의 소를 제기할 수 있는 사유로는, 자본금 감소의 방법 또는 기타 절차가
☐☐☐ 주주평등의 원칙에 반하는 경우, 기타 법령·정관에 위반하거나 민법상 일반원칙인 신의성실
의 원칙에 반하여 현저히 불공정한 경우 등이 있다. ▮법원직9급 22   ○ ×

주식병합을 통한 자본금 감소에 이의가 있는 주주·이사·감사·청산인·파산관재인 또는 자본금의 감소를 승인
하지 않은 채권자는 자본금 감소로 인한 변경등기가 된 날부터 6개월 내에 자본금 감소 무효의 소를 제기할
수 있다(상법 제445조). 상법은 자본금 감소의 무효와 관련하여 개별적인 무효사유를 열거하고 있지 않으므로,
자본금 감소의 방법 또는 기타 절차가 주주평등의 원칙에 반하는 경우, 기타 법령·정관에 위반하거나 민법상
일반원칙인 신의성실의 원칙에 반하여 현저히 불공정한 경우에 무효소송을 제기할 수 있다. 즉 주주평등의 원칙은
그가 가진 주식의 수에 따른 평등한 취급을 의미하는데, 만일 주주의 주식수에 따라 다른 비율로 주식병합을
하여 차등감자가 이루어진다면 이는 주주평등의 원칙에 반하여 자본금 감소 무효의 원인이 될 수 있다. 또한
주식병합을 통한 자본금 감소가 현저하게 불공정하게 이루어져 권리남용금지의 원칙이나 신의성실의 원칙에
반하는 경우에도 자본금 감소 무효의 원인이 될 수 있다(대판 2020.11.26. 2018다283315).   **답** ○

368 상법상 주식병합을 통한 자본금 감소를 위해서는 주주총회의 특별결의와 채권자보호절차 등을
☐☐☐ 거쳐야 한다. ▮법원직9급 22   ○ ×

자본금이 감소하는 주식병합은 자본금이 감소하기 때문에 결손의 보전을 위한 경우가 아니라면 주주총회의 특별결
의(상법 제438조 제1항, 제2항)와 채권자보호절차를 거쳐야 한다(상법 제439조 제2항, 제232조).   **답** ○

제3절 **사 채**

제1관 **사채의 발행·유통·관리**

사채의 발행(상법 제469조)   ① 회사는 (이사회의 결의)에 의하여 사채(社債)를 발행할 수 있다.
② 제1항의 사채에는 다음 각 호의 사채를 포함한다.
 1. 이익배당에 참가할 수 있는 사채
 2. 주식이나 그 밖의 다른 유가증권으로 교환 또는 상환할 수 있는 사채
 3. 유가증권이나 통화 또는 그 밖에 대통령령으로 정하는 자산이나 지표 등의 변동과 연계하여 미리 정하
   여진 방법에 따라 상환 또는 지급금액이 결정되는 사채
④ 제1항에도 불구하고 정관으로 정하는 바에 따라 이사회는 대표이사에게 사채의 금액 및 종류를 정하여
 (1년)을 초과하지 아니하는 기간 내에 사채를 발행할 것을 위임할 수 있다.

공모발행, 사채청약서(상법 제474조)   ① 사채의 모집에 응하고자 하는 자는 사채청약서 2통에 그 인수할
 사채의 수와 주소를 기재하고 기명날인 또는 서명하여야 한다.
② 사채청약서는 이사가 작성하고 다음의 사항을 적어야 한다.

총액인수의 방법(상법 제475조)   전조의 규정은 계약에 의하여 사채의 총액을 인수하는 경우에는 이를 적
 용하지 아니한다. 사채모집의 위탁을 받은 회사가 사채의 일부를 인수하는 경우에는 그 일부에 대하여도
 같다.

납입(상법 제476조) ① 사채의 모집이 완료한 때에는 이사는 지체 없이 인수인에 대하여 각 사채의 (전액 또는 제1회의 납입)을 시켜야 한다.
② 사채모집의 위탁을 받은 회사는 그 명의로 위탁회사를 위하여 제474조 제2항과 전항의 행위를 할 수 있다.

채권의 발행(상법 제478조) ① 채권은 (사채전액의 납입이 완료)한 후가 아니면 이를 발행하지 못한다.
② 채권에는 다음의 사항을 적고 대표이사가 기명날인 또는 서명하여야 한다.
  1. 채권의 번호
③ 회사는 제1항의 채권을 발행하는 대신 정관으로 정하는 바에 따라 전자등록기관의 전자등록부에 채권을 등록할 수 있다. 이 경우 제356조의2 제2항부터 제4항까지의 규정을 준용한다.

기명사채의 이전(상법 제479조) ① 기명사채의 이전은 취득자의 성명과 주소를 사채원부에 기재하고 그 성명을 채권에 기재하지 아니하면 회사 기타의 제3자에게 대항하지 못한다.
② 제337조(주식의 이전의 대항요건) 제2항의 규정은 기명사채의 이전에 대하여 이를 준용한다.

기명식, 무기명식 간의 전환(상법 제480조) 사채권자는 언제든지 기명식의 채권을 무기명식으로, 무기명식의 채권을 기명식으로 할 것을 회사에 청구할 수 있다. 그러나 채권을 기명식 또는 무기명식에 한할 것으로 정한 때에는 그러하지 아니하다.

사채관리회사의 지정·위탁(상법 제480조의2) (회사)는 사채를 발행하는 경우에 사채관리회사를 정하여 변제의 수령, 채권의 보전, 그 밖에 사채의 관리를 위탁할 수 있다.

사채관리회사의 권한(상법 제484조) ① 사채관리회사는 사채권자를 위하여 사채에 관한 채권을 변제받거나 채권의 실현을 보전하기 위하여 필요한 재판상 또는 재판 외의 모든 행위를 할 수 있다.
② 사채관리회사는 제1항의 변제를 받으면 지체 없이 그 뜻을 공고하고, 알고 있는 사채권자에게 통지하여야 한다.
④ 사채관리회사가 다음 각 호의 어느 하나에 해당하는 행위(사채에 관한 채권을 변제받거나 채권의 실현을 보전하기 위한 행위는 제외한다)를 하는 경우에는 (사채권자집회의 결의)에 의하여야 한다. 다만, 사채를 발행하는 회사는 제2호의 행위를 사채관리회사가 사채권자집회결의에 의하지 아니하고 할 수 있음을 정할 수 있다.
  1. 해당 사채 전부에 (대한) 지급의 유예, 그 채무의 불이행으로 발생한 책임의 면제 또는 화해
  2. 해당 사채 전부에 (관한) 소송행위 또는 채무자회생 및 파산에 관한 절차에 속하는 행위
⑤ 사채관리회사가 제4항 단서에 따라 사채권자집회의 결의에 의하지 아니하고 제4항 제2호의 행위를 한 때에는 지체 없이 그 뜻을 공고하고, 알고 있는 사채권자에게는 따로 통지하여야 한다.
⑥ 제2항과 제5항의 공고는 사채를 발행한 회사가 하는 공고와 같은 방법으로 하여야 한다.
⑦ 사채관리회사는 그 관리를 위탁받은 사채에 관하여 제1항 또는 제4항 각 호에서 정한 행위를 위하여 필요하면 법원의 허가를 받아 사채를 발행한 회사의 업무와 재산상태를 조사할 수 있다.

둘 이상의 사채관리회사가 있는 경우의 권한과 의무(상법 제485조) ① 사채관리회사가 둘 이상 있을 때에는 그 권한에 속하는 행위는 공동으로 하여야 한다.
② 제1항의 경우에 사채관리회사가 제484조 제1항의 변제를 받은 때에는 사채관리회사는 사채권자에 대하여 연대하여 변제액을 지급할 의무가 있다.

이권흠결의 경우(상법 제486조)　① 이권 있는 무기명식의 사채를 상환하는 경우에 이권이 (흠결)된 때에는 그 이권에 (상당한 금액)을 상환액으로부터 (공제)한다.

② 전항의 이권소지인은 언제든지 그 이권과 상환하여 공제액의 지급을 청구할 수 있다.

원리청구권의 시효(상법 제487조)　① 사채의 상환청구권은 (10년)간 행사하지 아니하면 소멸시효가 완성한다.

② 제484조 제3항의 청구권도 전항과 같다.

③ 사채의 (이자)와 전조 제2항의 청구권은 (5년)간 행사하지 아니하면 소멸시효가 완성한다.

소집권자(상법 제491조)　① 사채권자집회는 사채를 발행한 회사 또는 사채관리회사가 소집한다.

② 사채의 종류별로 해당 종류의 사채 총액(상환받은 액은 제외한다)의 10분의 1 이상에 해당하는 사채를 가진 사채권자는 회의 목적인 사항과 소집 이유를 적은 서면 또는 전자문서를 사채를 발행한 회사 또는 사채관리회사에 제출하여 사채권자집회의 소집을 청구할 수 있다.

의결권(상법 제492조)　① 각 사채권자는 그가 가지는 해당 종류의 사채 금액의 합계액(상환받은 액은 제외한다)에 따라 의결권을 가진다.

결의의 인가의 청구(상법 제496조)　사채권자집회의 소집자는 결의한 날로부터 1주간 내에 결의의 인가를 법원에 청구하여야 한다.

결의의 효력(상법 제498조)　① 사채권자집회의 결의는 (법원의 인가)를 받음으로써 그 효력이 생긴다. 다만, 그 종류의 사채권자 전원이 동의한 결의는 법원의 인가가 필요하지 아니하다.

② 사채권자집회의 결의는 그 종류의 사채를 가진 모든 사채권자에게 그 효력이 있다.

사채관리회사에 의한 취소의 소(상법 제511조)　① 회사가 어느 사채권자에게 한 변제, 화해, 그밖의 행위가 현저하게 불공정한 때에는 사채관리회사는 소만으로 그 행위의 취소를 청구할 수 있다.

369
☐☐☐

▸ 정관이 정하는 바에 따라 이사회는 대표이사에게 사채의 금액 및 종류를 정하여 1년을 초과하지 아니하는 기간 내에 사채를 발행할 것을 위임할 수 있다. ▌법원직9급 21　○ ×

▸ 회사는 이사회의 결의에 의하여 사채를 발행할 수 있고, 정관의 근거가 있는 경우 이사회는 일정한 한도 내에서 대표이사에게 사채 발행을 위임할 수 있다. ▌법원직9급 20　○ ×

····················

상법 제469조 제1항, 제4항　🅐 ○ / ○

370
☐☐☐

회사는 이익배당에 참가할 수 있는 사채, 주식이나 그 밖의 유가증권으로 교환 또는 상환할 수 있는 사채도 발행할 수 있다. ▌법원직9급 20　○ ×

····················

상법 제469조 제2항 제1호 · 제2호　🅐 ○

371 사채권자는 언제든지 기명식의 채권을 무기명식으로, 무기명식의 채권을 기명식으로 할 것을 회사에 청구할 수 있다. 그러나 채권을 기명식 또는 무기명식에 한할 것으로 정한 때에는 그러하지 아니하다. ▮법원직9급 21 ○ ×

상법 제480조 답 ○

372 사채권자집회는 사채관리회사를 정하여 변제의 수령, 채권의 보전, 그 밖에 사채의 관리를 위탁할 수 있다. ▮법원직9급 20 ○ ×

회사는 사채를 발행하는 경우에 사채관리회사를 정하여 변제의 수령, 채권의 보전, 그 밖에 사채의 관리를 위탁할 수 있다(상법 제480조의2). 답 ×

373 사채의 상환청구권은 5년간 행사하지 아니하면 소멸시효가 완성한다. ▮법원직9급 21 ○ ×

사채의 상환청구권은 10년간 행사하지 아니하면 소멸시효가 완성한다(상법 제487조 제1항). 답 ×

374 사채의 이자청구권은 5년간 행사하지 아니하면 소멸시효가 완성한다. ▮법원직9급 21 ○ ×

사채의 이자와 전조 제2항의 청구권(이권공제액지급청구권)은 5년간 행사하지 아니하면 소멸시효가 완성한다(상법 제487조 제3항). 답 ○

제2관 전환사채

전환사채의 발행(상법 제513조) ① 회사는 전환사채를 발행할 수 있다.
② 제1항의 경우에 다음의 사항으로서 정관에 규정이 없는 것은 이사회가 이를 결정한다. 그러나 정관으로 주주총회에서 이를 결정하기로 정한 경우에는 그러하지 아니하다.
1. 전환사채의 총액
2. 전환의 조건
3. 전환으로 인하여 발행할 주식의 내용
4. 전환을 청구할 수 있는 기간
5. 주주에게 전환사채의 인수권을 준다는 뜻과 인수권의 목적인 전환사채의 액
6. 주주외의 자에게 전환사채를 발행하는 것과 이에 대하여 발행할 전환사채의 액
③ 주주(외의) 자에 대하여 전환사채를 발행하는 경우에 그 발행할 수 있는 전환사채의 액, 전환의 조건, 전환으로 인하여 발행할 주식의 내용과 전환을 청구할 수 있는 기간에 관하여 정관에 규정이 없으면 제434조의 (결의)로써 이를 정하여야 한다. 이 경우 제418조 제2항 단서의 규정을 준용한다.

> **신주인수권의 내용 및 배정일의 지정·공고(상법 제418조)** ② 회사는 제1항의 규정에 불구하고 정관에 정하는 바에 따라 주주 외의 자에게 신주를 배정할 수 있다. 다만, 이 경우에는 **신기술의 도입, 재무구조의 개선 등 회사의 경영상 목적을 달성하기 위하여 필요한 경우에 한한다.**

④ 제3항의 결의에 있어서 전환사채의 발행에 관한 의안의 요령은 제363조의 규정에 의한 통지에 기재하여야 한다.

전환사채의 인수권을 가진 주주의 권리(상법 제513조의2)　① 전환사채의 인수권을 가진 주주는 그가 가진 주식의 수에 따라서 전환사채의 배정을 받을 권리가 있다. 그러나 각 전환사채의 금액 중 최저액에 미달하는 단수에 대하여는 그러하지 아니하다.
② 제418조 제3항은 주주가 전환사채의 인수권을 가진 경우에 이를 준용한다.

전환사채의 인수권을 가진 주주에 대한 최고(상법 제513조의3)　① 주주가 전환사채의 인수권을 가진 경우에는 각 주주에 대하여 그 인수권을 가지는 전환사채의 액, 발행가액, 전환의 조건, 전환으로 인하여 발행할 주식의 내용, 전환을 청구할 수 있는 기간과 일정한 기일까지 전환사채의 청약을 하지 아니하면 그 권리를 잃는다는 뜻을 (통지)하여야 한다.
② 제419조 제2항 및 제3항의 규정은 제1항의 경우에 이를 준용한다.

전환사채발행의 절차(상법 제514조)　① 전환사채에 관하여는 사채청약서, 채권과 사채원부에 다음의 사항을 기재하여야 한다.
1. 사채를 주식으로 전환할 수 있다는 뜻
2. 전환의 조건
3. 전환으로 인하여 발행할 주식의 내용
4. 전환을 청구할 수 있는 기간
5. 주식의 양도에 관하여 이사회의 승인을 얻도록 정한 때에는 그 규정

전환사채의 등기(상법 제514조의2)　① 회사가 전환사채를 발행한 때에는 제476조의 규정에 의한 납입이 완료된 날로부터 (2주)간 내에 본점의 소재지에서 전환사채의 등기를 하여야 한다.

준용규정(상법 제516조)　① 제346조 제4항, 제424조 및 제424조의2의 규정은 전환사채의 발행의 경우에 이를 준용한다.

> **주식의 전환에 관한 종류주식(상법 제346조)**　④ 제344조 제2항에 따른 종류주식의 수 중 새로 발행할 주식의 수는 전환청구기간 또는 전환의 기간 내에는 그 발행을 유보(留保)하여야 한다.
>
> **유지청구권(상법 제424조)**　회사가 법령 또는 정관에 위반하거나 현저하게 불공정한 방법에 의하여 주식을 발행함으로써 주주가 불이익을 받을 염려가 있는 경우에는 그 주주는 회사에 대하여 그 발행을 유지할 것을 청구할 수 있다.
>
> **불공정한 가액으로 주식을 인수한 자의 책임(상법 제424조의2)**　① 이사와 통모하여 현저하게 불공정한 발행가액으로 주식을 인수한 자는 회사에 대하여 공정한 발행가액과의 차액에 상당한 금액을 지급할 의무가 있다.

② 제339조, 제348조, 제350조 및 제351조의 규정은 사채의 전환의 경우에 이를 준용한다.

> **질권의 물상대위(상법 제339조)** 　주식의 소각, 병합, 분할 또는 전환이 있는 때에는 이로 인하여 종전의 주주가 받을 금전이나 주식에 대하여도 종전의 주식을 목적으로한 질권을 행사할 수 있다.
>
> **전환의 효력발생(상법 제350조)** 　① 주식의 전환은 주주가 전환을 청구한 경우에는 그 청구한 때에, 회사가 전환을 한 경우에는 제346조 제3항 제2호의 기간이 끝난 때에 그 효력이 발생한다.
> ② 제354조 제1항의 기간 중에 전환된 주식의 주주는 그 기간 중의 총회의 결의에 관하여는 의결권을 행사할 수 없다.

375
☐☐☐
회사가 주주 이외의 자에 대하여 전환사채를 발행하는 경우에는 그 발행할 수 있는 전환사채의 액, 전환의 조건, 전환으로 인하여 발행할 주식의 내용과 전환을 청구할 수 있는 기간에 관하여 정관에 규정이 없으면 주주총회의 특별결의로써 정한다. ▎**법원직9급 21**　　○ ×

....

상법 제513조 제3항　　　　　　　　　　　　　　　　　　　　　　　　　　　　　　🅰 ○

376
☐☐☐
회사는 신기술의 도입, 재무구조의 개선 등 회사의 경영상 목적을 달성하기 위하여 필요한 때에 한하여 주주 외의 자에 대하여 전환사채를 발행할 수 있다. ▎**법원직9급 20**　　○ ×

....

상법 제513조 제3항, 제418조 제2항 단서　　　　　　　　　　　　　　　　　　　🅰 ○

377
☐☐☐
주주가 전환사채의 인수권을 가진 경우에는 각 주주에 대하여 그 인수권을 가지는 전환사채의 액, 발행가액, 전환의 조건, 전환으로 인하여 발행할 주식의 내용, 전환을 청구할 수 있는 기간과 일정한 기일까지 전환사채의 청약을 하지 아니하면 그 권리를 잃는다는 뜻을 통지하여야 한다. ▎**법원직9급 21**　　○ ×

....

상법 제513조의3 제1항　　　　　　　　　　　　　　　　　　　　　　　　　　　🅰 ○

378
☐☐☐
전환사채발행유지청구는 회사가 법령 또는 정관에 위반하거나 현저하게 불공정한 방법에 의하여 전환사채를 발행함으로써 주주가 불이익을 받을 염려가 있는 경우에 회사에 대하여 그 발행의 유지를 청구하는 것으로서, 전환사채 발행의 효력이 생기기 전, 즉 전환사채의 납입기일까지 이를 행사하여야 한다. ▎**법원직9급 21**　　○ ×

....

전환사채발행유지청구는 회사가 법령 또는 정관에 위반하거나 현저하게 불공정한 방법에 의하여 전환사채를 발행함으로써 주주가 불이익을 받을 염려가 있는 경우에 회사에 대하여 그 발행의 유지를 청구하는 것으로서(상법 제516조 제1항, 제424조), 전환사채 발행의 효력이 생기기 전, 즉 전환사채의 납입기일까지 이를 행사하여야 할 것이다(대판 2004.8.20. 2003다20060).　　🅰 ○

379 상법상 전환사채의 발행 무효의 주장방법으로 전환사채발행무효의 소가 명문으로 인정되고
□□□ 그 구체적인 내용에 관하여는 신주발행 무효의 소에 관한 규정을 준용하고 있다. **｜법무사 21**
○ ×

상법은 제516조 제1항에서 신주발행의 유지청구권에 관한 제424조 및 불공정한 가액으로 주식을 인수한 자의
책임에 관한 제424조의2 등을 전환사채의 발행의 경우에 준용한다고 규정하면서도, 신주발행무효의 소에 관한
제429조의 준용 여부에 대해서는 아무런 규정을 두고 있지 않으나, 전환사채는 전환권의 행사에 의하여 장차
주식으로 전환될 수 있는 권리가 부여된 사채로서, 이러한 전환사채의 발행은 주식회사의 물적 기초와 기존 주주들
의 이해관계에 영향을 미친다는 점에서 사실상 신주를 발행하는 것과 유사하므로, 전환사채 발행의 경우에도
신주발행무효의 소에 관한 상법 제429조가 유추적용된다(대판 2004.8.16. 2003다9636). **답** ×

380 ▶ 전환사채발행무효확인의 소에 있어서도 신주발행무효의 소와 마찬가지로 6월의 제소기간의
□□□ 제한이 적용된다. **｜법무사 21**
○ ×

▶ 전환사채발행부존재확인의 소도 인정되고 이 경우 6월의 제소기간 제한은 적용되지 않는다.
｜법무사 21
○ ×

▶ 전환사채 관련 규정에서 신주발행무효의 소의 출소기간에 관한 제429조의 준용 여부에 대해
서는 아무런 규정을 두고 있지 않더라도, 전환사채발행부존재 확인의 소에 있어서도 상법
제429조가 유추적용된다. **｜법원직9급 21**
○ ×

전환사채 발행의 경우에도 신주발행무효의 소에 관한 상법 제429조가 유추적용되므로 전환사채발행무효확인의
소에 있어서도 상법 제429조 소정의 6월의 제소기간의 제한이 적용된다 할 것이나, 이와 달리 전환사채 발행의
실체가 없음에도 전환사채 발행의 등기가 되어 있는 외관이 존재하는 경우 이를 제거하기 위한 전환사채발행부존
재확인의 소에 있어서는 상법 제429조 소정의 6월의 제소기간의 제한이 적용되지 아니한다(대판 2004.8.16.
2003다9636). **답** ○ / ○ / ×

381 전환사채발행무효확인의 소에 있어서 전환사채를 발행한 날로부터 6월의 출소기간이 경과한
□□□ 후에는 새로운 무효사유를 추가할 수 없다. **｜법무사 21**
○ ×

상법 제429조는 신주발행의 무효는 주주·이사 또는 감사에 한하여 신주를 발행한 날로부터 6월 내에 소만으로
이를 주장할 수 있다고 규정하고 있는바, 이는 신주발행에 수반되는 복잡한 법률관계를 조기에 확정하고자 하는
것이므로, 새로운 무효사유를 출소시간의 경과 후에도 주장할 수 있도록 하면 법률관계가 불안정하게 되어 위
규정의 취지가 몰각된다는 점에 비추어 위 규정은 무효사유의 주장시기도 제한하고 있는 것이라고 해석함이
상당하고, 한편 상법 제429조의 유추적용에 의한 전환사채발행무효의 소에 있어서도 전환사채를 발행한 날로부터
6월의 출소기간이 경과한 후에는 새로운 무효사유를 추가하여 주장할 수 없다고 보아야 한다(대판 2004.6.25.
2000다37326). **답** ○

382
□□□ 전환사채인수인이 회사의 지배주주와 특별한 관계에 있는 자라거나 그 전환가액이 발행시점의 주가 등에 비추어 다소 낮은 가격이라는 사유는 일반적으로 이미 발행된 전환사채를 무효화할 만한 원인이 되지 못한다. ▎법무사 21   ○ ×

··

전환사채의 인수인이 회사의 지배주주와 특별한 관계에 있는 자라거나 그 전환가액이 발행시점의 주가 등에 비추어 다소 낮은 가격이라는 것과 같은 사유는 일반적으로 전환사채발행유지청구의 원인이 될 수 있음은 별론으로 하고 이미 발행된 전환사채 또는 그 전환권의 행사로 발행된 주식을 무효화할 만한 원인이 되지는 못한다(대판 2004.6.25. 2000다37326).   📄 ○

제3관　신주인수권부사채

신주인수권부사채의 발행(상법 제516조의2)　① 회사는 신주인수권부사채를 발행할 수 있다.

② 제1항의 경우에 다음의 사항으로서 정관에 규정이 없는 것은 (이사회)가 이를 결정한다. 그러나 정관으로 주주총회에서 이를 결정하도록 정한 경우에는 그러하지 아니하다.

1. 신주인수권부사채의 총액
2. 각 신주인수권부사채에 부여된 신주인수권의 내용
3. 신주인수권을 행사할 수 있는 기간
4. 신주인수권만을 양도할 수 있는 것에 관한 사항
5. 신주인수권을 행사하려는 자의 청구가 있는 때에는 신주인수권부사채의 상환에 갈음하여 그 발행가액으로 제516조의9 제1항의 납입이 있는 것으로 본다는 뜻
6. 삭제〈1995.12.29.〉
7. 주주에게 신주인수권부사채의 인수권을 준다는 뜻과 인수권의 목적인 신주인수권부사채의 액
8. 주주외의 자에게 신주인수권부사채를 발행하는 것과 이에 대하여 발행할 신주인수권부사채의 액

③ 각 신주인수권부사채에 부여된 신주인수권의 행사로 인하여 발행할 주식의 발행가액의 합계액은 각 신주인수권부사채의 금액을 (초과할 수 없다).

④ (주주외의 자)에 대하여 신주인수권부사채를 발행하는 경우에 그 발행할 수 있는 신주인수권부사채의 액, 신주인수권의 내용과 신주인수권을 행사할 수 있는 기간에 관하여 정관에 규정이 없으면 (제434조의 결의)로써 이를 정하여야 한다. 이 경우 제418조 제2항 단서의 규정을 준용한다.

> **신주인수권의 내용 및 배정일의 지정·공고(상법 제418조)**　② 회사는 제1항의 규정에 불구하고 정관에 정하는 바에 따라 주주 외의 자에게 신주를 배정할 수 있다. 다만, 이 경우에는 **신기술의 도입, 재무구조의 개선 등 회사의 경영상 목적을 달성하기 위하여 필요한 경우에 한한다.**

⑤ 제513조 제4항의 규정은 제4항의 경우에 이를 준용한다.

신주인수권부사채의 인수권을 가진 주주에 대한 최고(상법 제516조의3)　① 주주가 신주인수권부사채의 인수권을 가진 경우에는 각 주주에 대하여 인수권을 가지는 신주인수권부사채의 액, 발행가액, 신주인수권의 내용, 신주인수권을 행사할 수 있는 기간과 일정한 기일까지 신주인수권부사채의 청약을 하지 아니하면 (그 권리를 잃는다)는 뜻을 통지하여야 한다. 이 경우 제516조의2 제2항 제4호 또는 제5호에 규정한 사항의 정함이 있는 때에는 그 내용도 통지하여야 한다.

② 제419조 제2항 및 제3항의 규정은 제1항의 경우에 이를 준용한다.

신주인수권의 양도(상법 제516조의6)　① 신주인수권증권이 발행된 경우에 신주인수권의 양도는 신주인수권증권의 (교부)에 의하여서만 이를 행한다.

주주가 되는 시기(상법 제516조의10)　제516조의9 제1항에 따라 신주인수권을 행사한 자는 동항의 (납입을 한 때)에 주주가 된다. 이 경우 제350조 제2항을 준용한다.

> **전환의 효력발생(상법 제350조)**　② 제354조 제1항의 기간 중에 전환된 주식의 주주는 그 기간 중의 총회의 결의에 관하여는 의결권을 행사할 수 없다.

준용규정(상법 제516조의11)　제351조의 규정은 신주인수권의 행사가 있는 경우에, 제513조의2 및 제516조 제1항의 규정은 신주인수권부사채에 관하여 이를 준용한다.

> **준용규정(상법 제516조)**　① 제346조 제4항, 제424조 및 제424조의2의 규정은 전환사채의 발행의 경우에 이를 준용한다.
>
> **유지청구권(상법 제424조)**　회사가 법령 또는 정관에 위반하거나 현저하게 불공정한 방법에 의하여 주식을 발행함으로써 주주가 불이익을 받을 염려가 있는 경우에는 그 주주는 회사에 대하여 그 발행을 유지할 것을 청구할 수 있다.
>
> **불공정한 가액으로 주식을 인수한 자의 책임(상법 제424조의2)**　① 이사와 통모하여 현저하게 불공정한 발행가액으로 주식을 인수한 자는 회사에 대하여 공정한 발행가액과의 차액에 상당한 금액을 지급할 의무가 있다.

383　신주인수권만의 분리 양도가 가능한 신주인수권부사채의 발행은 허용되지 않는다.
　□□□　┃법원직9급 21　　　　　　　　　　　　　　　　　　　　　　○ ✕

신주인수권만의 분리 양도가 가능한 신주인수권부사채의 발행도 가능하다(상법 제516조의2 제2항 제4호 참조). 신주인수권부사채는 신주인수권을 분리하여 양도할 수 있는지에 따라 분리형과 비분리형으로 나뉜다. 🗒 ✕

384　각 신주인수권부사채에 부여된 신주인수권의 행사로 인하여 발행할 주식의 발행가액의 합계액은 각 신주인수권부사채의 금액을 초과할 수 없다.　┃법원직9급 21　　　○ ✕
　□□□

상법 제516조의2 제3항　　　　　　　　　　　　　　　　　　　　　　　🗒 ○

385 ▸ 주주 외의 자에 대하여 신주인수권부사채를 발행하는 경우에 그 발행할 수 있는 신주인수권
부사채의 액, 신주인수권의 내용과 신주인수권을 행사할 수 있는 기간에 관하여 정관에
규정이 없으면 주주총회에서 출석한 주주의 의결권의 3분의 2 이상의 수와 발행주식총수의
3분의 1 이상의 수로써 이를 정하여야 한다. ▎법무사 22　　　　　　　　　○ ✕

▸ 주주 외의 자에 대하여 신주인수권부사채를 발행하는 경우에 그 발행할 수 있는 신주인수권
부사채의 액, 신주인수권의 내용과 신주인수권을 행사할 수 있는 기간에 관하여 정관에
규정이 없으면 주주총회 특별결의로 이를 정해야 한다. ▎법원직9급 21　　　　　○ ✕

상법 제516조의2 제4항　　　　　　　　　　　　　　　　　　　　　　　　답 ○ / ○

386 상법의 규정에 따르면 주주 외의 자에 대하여 신주인수권부사채를 발행하는 경우에 회사는
제516조 제2항에서 정한 신주인수권부사채에 관한 내용을 그 납입기일의 2주 전까지 주주에게
통지하거나 공고하여야 한다. ▎법무사 22　　　　　　　　　　　　　　　　○ ✕

신주의 제3자배정의 경우에는 신주의 종류와 수, 신주의 인수방법 등 신주의 발행에 관한 사항을 그 납입기일의
2주 전까지 주주에게 통지하거나 공고하여야 하나(상법 제418조 제4항), <u>전환사채와 신주인수권부사채의 경우에
이를 준용하고 있지 않다.</u>　　　　　　　　　　　　　　　　　　　　　답 ✕

387 ▸ 회사가 법령 또는 정관에 위반하거나 현저하게 불공정한 방법에 의하여 신주인수권부사채를
발행함으로써 주주가 불이익을 받을 염려가 있는 경우에는 그 주주는 회사에 대하여 그
발행을 유지할 것을 청구할 수 있다. ▎법무사 22　　　　　　　　　　　○ ✕

▸ 이사와 통모하여 현저하게 불공정한 발행가액으로 신주인수권부사채를 인수한 자는 회사에
대하여 공정한 발행가액과의 차액에 상당한 금액을 지급할 의무가 있다. ▎법무사 22 ○ ✕

위법·불공정한 신주인수권부사채 발행에 대한 구제수단으로 유지청구권과 통모인수인의 책임이 인정된다(상법
제516조의11, 제516조 제1항, 제424조, 제424조의2 참조).　　　　　　　　답 ○ / ○

388 ▸ 신주인수권부사채 발행의 무효는 주주·이사 또는 감사에 한하여 신주인수권부사채를 발행
한 날로부터 6월 내에 소만으로 이를 주장할 수 있다. ▎법무사 22　　　○ ✕

▸ 신주인수권부사채에는 신주발행무효의 소에 관하여 6개월의 출소기간을 정한 상법 제429조
가 유추적용된다. ▎법원직9급 21　　　　　　　　　　　　　　　　　○ ✕

신주인수권부사채는 미리 확정된 가액으로 일정한 수의 신주 인수를 청구할 수 있는 신주인수권이 부여된 사채로
서 신주인수권부사채 발행의 경우에도 주식회사의 물적 기초와 기존 주주들의 이해관계에 영향을 미친다는 점에서
사실상 신주를 발행하는 것과 유사하므로, <u>신주발행무효의 소에 관한 상법 제429조가 유추적용되고,</u> 신주발행의
무효원인에 관한 법리 또한 마찬가지로 적용된다(대판 2015.12.10. 2015다202919). 따라서 신주인수권부사채
발행의 무효는 주주·이사 또는 감사에 한하여 신주인수권부사채를 발행한 날로부터 6월 내에 소만으로 이를
주장할 수 있다(상법 제429조 참조).　　　　　　　　　　　　　　　　답 ○ / ○

회계의 원칙(상법 제446조의2) 회사의 회계는 이 법과 대통령령으로 규정한 것을 제외하고는 일반적으로 공정하고 타당한 회계관행에 따른다.

이익준비금(상법 제458조) 회사는 그 자본금의 (2분의 1)이 될 때까지 매 결산기 이익배당액의 (10분의 1) 이상을 (이익준비금)으로 적립하여야 한다. 다만, 주식배당의 경우에는 그러하지 아니하다.

자본준비금(상법 제459조) ① 회사는 (자본거래에서 발생한 잉여금)을 대통령령으로 정하는 바에 따라 (자본준비금)으로 적립하여야 한다.
② 합병이나 제530조의2에 따른 분할 또는 분할합병의 경우 소멸 또는 분할되는 회사의 이익준비금이나 그밖의 법정준비금은 합병·분할·분할합병 후 존속되거나 새로 설립되는 회사가 승계할 수 있다.

법정준비금의 사용(상법 제460조) 제458조 및 제459조의 준비금은 (자본금의 결손 보전에 충당)하는 경우 외에는 처분하지 못한다.

준비금의 자본금 전입(상법 제461조) ① 회사는 (이사회의 결의)에 의하여 준비금의 전부 또는 일부를 자본금에 전입할 수 있다. 그러나 정관으로 주주총회에서 결정하기로 정한 경우에는 그러하지 아니하다.
② 제1항의 경우에는 주주에 대하여 그가 가진 주식의 수에 따라 주식을 발행하여야 한다. 이 경우 1주에 미달하는 단수에 대하여는 제443조 제1항의 규정을 준용한다.
③ 제1항의 이사회의 결의가 있은 때에는 회사는 일정한 날을 정하여 그 날에 주주명부에 기재된 주주가 제2항의 신주의 주주가 된다는 뜻을 그 날의 2주간 전에 공고하여야 한다. 그러나 그 날이 제354조 제1항의 기간 중인 때에는 그 기간의 초일의 2주간 전에 이를 공고하여야 한다.
④ 제1항 단서의 경우에 주주는 주주총회의 결의가 있은 때로부터 제2항의 신주의 주주가 된다.
⑤ 제3항 또는 제4항의 규정에 의하여 신주의 주주가 된 때에는 이사는 지체 없이 신주를 받은 주주와 주주명부에 기재된 질권자에 대하여 그 주주가 받은 주식의 종류와 수를 통지하여야 한다.
⑥ 제339조의 규정은 제2항의 규정에 의하여 주식의 발행이 있는 경우에 이를 준용한다.

준비금의 감소(상법 제461조의2) 회사는 적립된 자본준비금 및 이익준비금의 총액이 자본금의 (1.5배)를 초과하는 경우에 (주주총회의 결의)에 따라 그 초과한 금액 범위에서 자본준비금과 이익준비금을 (감액할 수 있다).

389 회사의 회계는 상법과 상법 시행령으로 규정한 것을 제외하고는 일반적으로 공정하고 타당한
□□□ 회계관행에 따른다. ▮법무사 19   ○ ×
....
상법 제446조의2   답 ○

390 회사는 그 자본금의 2분의 1이 될 때까지 매 결산기 이익배당액의 10분의 1 이상을 이익준비금
□□□ 으로 적립하여야 한다. 다만, 주식배당의 경우에는 그러하지 아니하다. **Ⅰ법원직9급 21** ○ ×
....
상법 제458조 **답** ○

391 회사는 적립된 자본준비금 및 이익준비금의 총액이 자본금의 1.5배를 초과하는 경우에 주주총
□□□ 회의 결의에 따라 그 초과한 금액 범위에서 자본준비금과 이익준비금을 감액할 수 있다.
Ⅰ법원직9급 21 ○ ×
....
상법 제461조의2 **답** ○

제2관　이익배당

1　협의의 이익배당(금전배당)

이익의 배당(상법 제462조)　① 회사는 대차대조표의 순자산액으로부터 다음의 금액을 공제한 액을 한도
로 하여 이익배당을 할 수 있다.
1. 자본금의 액
2. 그 결산기까지 적립된 자본준비금과 이익준비금의 합계액
3. 그 결산기에 적립하여야 할 이익준비금의 액
4. 대통령령으로 정하는 (미실현이익)
② 이익배당은 (주주총회의 결의)로 정한다. 다만, 제449조의2 제1항에 따라 재무제표를 이사회가 승인하는
경우에는 (이사회의 결의)로 정한다.
③ 제1항을 위반하여 이익을 배당한 경우에 회사채권자는 배당한 이익을 회사에 반환할 것을 청구할 수 있다.
④ 제3항의 청구에 관한 소에 대하여는 제186조를 준용한다.

이익배당의 기준(상법 제464조)　이익배당은 각 주주가 가진 주식의 수에 따라 한다. 다만, 제344조 제1항
을 적용하는 경우에는 그러하지 아니하다.

이익배당의 지급시기(상법 제464조의2)　① 회사는 제464조에 따른 이익배당을 제462조 제2항의 주주총
회나 이사회의 결의 또는 제462조의3 제1항의 결의를 한 날부터 1개월 내에 하여야 한다. 다만, 주주총회
또는 이사회에서 배당금의 지급시기를 따로 정한 경우에는 그러하지 아니하다.
② 제1항의 배당금의 지급청구권은 5년간 이를 행사하지 아니하면 소멸시효가 완성한다.

392 이익배당을 할 수 있는 금액을 계산할 때에는 대통령령으로 정하는 미실현이익을 공제하지
□□□ 않는다. **Ⅰ법무사 22** ○ ×
....
회사는 대차대조표의 순자산액으로부터 자본금의 액, 그 결산기까지 적립된 자본준비금과 이익준비금의 합계액,
그 결산기에 적립하여야 할 이익준비금의 액, 대통령령으로 정하는 미실현이익을 공제한 액을 한도로 하여 이익배
당을 할 수 있다(상법 제462조 제1항 참조). **답** ×

393 □□□ 이익배당은 주주의 기본적 권리이자 중요한 권리로, 배당을 결의하지 않는 회사에 대해 주주는 상법 제464조의2에 의해 배당을 요구할 수 있다. ▌법원직9급 22   ○ ×

주주의 이익배당청구권은 장차 이익배당을 받을 수 있다는 의미의 권리에 지나지 아니하여 이익잉여금처분계산서가 주주총회에서 승인됨으로써 이익배당이 확정될 때까지는 주주에게 구체적이고 확정적인 배당금지급청구권이 인정되지 아니한다(대판 2010.10.28. 2010다53792 참조). 따라서 배당을 결의하지 않는 회사에 대해 주주는 상법 제464조의2에 의해 배당을 요구할 수 없다. 다만 정관에서 회사에 배당의무를 부과하면서 배당금의 지급조건이나 배당금액을 산정하는 방식 등을 구체적으로 정하고 있어 그에 따라 개별 주주에게 배당할 금액이 일의적으로 산정되고, 대표이사나 이사회가 경영판단에 따라 배당금 지급 여부나 시기, 배당금액 등을 달리 정할 수 있도록 하는 규정이 없다면, 예외적으로 정관에서 정한 지급조건이 갖추어지는 때에 주주에게 구체적이고 확정적인 배당금지급청구권이 인정될 수 있다. 그리고 이러한 경우 회사는 주주총회에서 이익배당에 관한 결의를 하지 않았다거나 정관과 달리 이익배당을 거부하는 결의를 하였다는 사정을 들어 주주에게 이익배당금의 지급을 거절할 수 없다(대판 2022.8.19. 2020다263574). 🗹 ×

394 □□□ ▸ 이익배당의 의사결정은 주주총회의 결의로만 정할 수 있다. ▌법무사 22   ○ ×

▸ 이익배당은 주주총회의 결의로 정한다. 다만, 상법 제449조의2 제1항에 따라 재무제표를 이사회가 승인하는 경우에는 이사회의 결의로 정한다. ▌법원직9급 22   ○ ×

상법 제462조 제2항 🗹 × / ○

395 □□□ 배당가능이익에 관한 제한을 위반하여 이익을 배당한 경우에도 무효라고 할 수는 없으므로 회사채권자는 배당한 이익을 회사에 반환할 것을 청구할 수는 없다. ▌법무사 22   ○ ×

제1항(배당가능이익에 관한 제한)을 위반하여 이익을 배당한 경우에 회사채권자는 배당한 이익을 회사에 반환할 것을 청구할 수 있다(상법 제462조 제3항). 🗹 ×

396 □□□ 배당금의 지급청구권은 5년간 이를 행사하지 아니하면 소멸시효가 완성한다. ▌법무사 19   ○ ×

상법 제464조의2 제2항 🗹 ○

397 □□□ ▸ 대주주에게는 30%, 소수주주에게는 33%의 이익배당을 하기로 하는 주주총회의 결의는, 이익배당이 각 주주가 가진 주식의 수에 따라야 한다는 상법 제464조에 반하여 위법하다. ▌법무사 19   ○ ×

▸ 이익배당은 각 주주가 가진 주식의 수에 따라 한다. 대주주 역시 주주평등의원칙에 적용을 받으므로 대주주에게 30%, 소수주주에게 33% 배당을 하기로 한 차등배당 결의는 위법하다. ▌법원직9급 22   ○ ×

피고회사가 79.2.26. 제28기 정기주주총회를 개최하면서 그 총회에서 이익금처분으로 발행주식 총수의 1% 이상 주식을 가진 주주에게는 30%, 1% 미만의 주식을 가진 이른바 소액주주에게는 33%의 이익배당을 하기로 한 사실 …(중략)… 그렇다면 위 대주주가 참석하여 당해 사업연도 잉여이익 중 자기들이 배당받을 몫의 일부를 스스로 떼어내어 소액주주들에게 고루 나눠주기로 한 것이니 이는 <u>주주가 스스로 그 배당받을 권리를 포기하거나 양도하는 것과 마찬가지로서 상법 제464조의 규정에 위반된다고 볼 수 없다</u>(대판 1980.8.26. 80다1263). 즉, 주주총회에서 차등배당의 결의를 하고, 대주주가 이를 받아들여 스스로 배당을 포기하는 경우와 마찬가지일 때에는, 차등배당도 유효하다는 것이 판례의 입장이다.

답 × / ×

2 주식배당

주식배당(상법 제462조의2) ① 회사는 (주주총회의 결의)에 의하여 이익의 배당을 새로이 발행하는 주식으로써 할 수 있다. 그러나 주식에 의한 배당은 이익배당총액의 2분의 1에 상당하는 금액을 초과하지 못한다.
② 제1항의 배당은 주식의 권면액으로 하며, 회사가 종류주식을 발행한 때에는 각각 그와 같은 종류의 주식으로 할 수 있다.
③ 주식으로 배당할 이익의 금액 중 주식의 권면액에 미달하는 단수가 있는 때에는 그 부분에 대하여는 제443조 제1항의 규정을 준용한다.
④ 주식으로 배당을 받은 주주는 제1항의 결의가 있는 (주주총회가 종결한 때부터) 신주의 주주가 된다.
⑤ 이사는 제1항의 결의가 있는 때에는 지체 없이 배당을 받을 주주와 주주명부에 기재된 질권자에게 그 주주가 받을 주식의 종류와 수를 통지하여야 한다.
⑥ 제340조 제1항의 질권자의 권리는 제1항의 규정에 의한 주주가 받을 주식에 미친다. 이 경우 제340조 제3항의 규정을 준용한다.

398

▶ 주식배당의 의사결정은 주주총회의 결의로만 정할 수 있다. ▮법무사 22 ○ ×

▶ 이익의 배당은 새로이 발행하는 주식으로써 할 수도 있고 그 경우 이익배당총액 상당까지 할 수 있다. ▮법무사 22 ○ ×

▶ 주식에 의한 배당은 이익배당총액의 2분의 1에 상당하는 금액을 초과하지 못한다. ▮법무사 19 ○ ×

▶ 회사는 주주총회의 결의에 의하여 이익의 배당을 새로이 발행하는 주식으로써 할 수 있다. 그러나 주식에 의한 배당은 이익배당총액의 2분의 1에 상당하는 금액을 초과하지 못한다. ▮법원직9급 21 ○ ×

▶ 회사는 주주총회의 결의에 의하여 이익의 배당을 새로이 발행하는 주식으로써 할 수 있다. 그러나 주식에 의한 배당은 이익배당총액의 3분의 1에 상당하는 금액을 초과하지 못한다. ▮법원직9급 22 ○ ×

회사는 <u>주주총회의 결의에 의하여</u> 이익의 배당을 새로이 발행하는 <u>주식으로써</u> 할 수 있다. 그러나 <u>주식에 의한 배당은 이익배당총액의 2분의 1에 상당하는 금액을 초과하지 못한다</u>(상법 제462조의2 제1항).

답 ○ / × / ○ / ○ / ×

③ 중간배당

중간배당(상법 제462조의3)　① 년 1회의 결산기를 정한 회사는 영업년도 중 (1회)에 한하여 이사회의 결의로 일정한 날을 정하여 그 날의 주주에 대하여 이익을 배당(이하 이 조에서 "중간배당"이라 한다)할 수 있음을 정관으로 정할 수 있다.
② 중간배당은 (직전) 결산기의 대차대조표상의 순자산액에서 다음 각 호의 금액을 공제한 액을 한도로 한다.
　1. 직전 결산기의 자본금의 액
　2. 직전 결산기까지 적립된 자본준비금과 이익준비금의 합계액
　3. 직전 결산기의 정기총회에서 이익으로 배당하거나 또는 지급하기로 정한 금액
　4. 중간배당에 따라 당해 결산기에 적립하여야 할 이익준비금
③ 회사는 (당해) 결산기의 대차대조표상의 순자산액이 제462조 제1항 각 호의 금액의 합계액에 미치지 못할 우려가 있는 때에는 중간배당을 하여서는 아니 된다.
④ 당해 결산기 대차대조표상의 순자산액이 제462조 제1항 각 호의 금액의 합계액에 미치지 못함에도 불구하고 중간배당을 한 경우 이사는 회사에 대하여 연대하여 그 차액(배당액이 그 차액보다 적을 경우에는 배당액)을 배상할 책임이 있다. 다만, 이사가 제3항의 우려가 없다고 판단함에 있어 주의를 게을리하지 아니하였음을 증명한 때에는 그러하지 아니하다.

④ 현물배당

현물배당(상법 제462조의4)　① 회사는 정관으로 금전 외의 재산으로 배당을 할 수 있음을 정할 수 있다.
② 제1항에 따라 배당을 결정한 회사는 다음 사항을 정할 수 있다.
　1. 주주가 배당되는 금전 외의 재산 대신 금전의 지급을 회사에 청구할 수 있도록 한 경우에는 그 금액 및 청구할 수 있는 기간
　2. 일정 수 미만의 주식을 보유한 주주에게 금전 외의 재산 대신 금전을 지급하기로 한 경우에는 그 일정 수 및 금액

제3관　주주의 회계장부열람·등사권 등

주주의 회계장부열람권(상법 제466조)　① 발행주식의 총수의 (100분의 3) 이상에 해당하는 주식을 가진 주주는 이유를 붙인 서면으로 회계의 장부와 서류의 열람 또는 등사를 청구할 수 있다.
② 회사는 제1항의 주주의 청구가 부당함을 증명하지 아니하면 이를 거부하지 못한다.

소수주주권(상법 제542조의6)　④ (6개월 전부터 계속)하여 (상장회사) 발행주식 총수의 (1만분의 10)(대통령령으로 정하는 상장회사의 경우에는 (1만분의 5)) 이상에 해당하는 주식을 보유한 자는 제466조(제542조에서 준용하는 경우를 포함한다)에 따른 주주의 권리를 행사할 수 있다.

399 발행주식의 총수의 100분의 3 이상에 해당하는 주식을 가진 주주는 이유를 붙인 서면으로
□□□ 회계의 장부와 서류의 열람 또는 등사를 청구할 수 있다. ▮법무사 17·19   ○ ✕

....

상법 제466조 제1항   답 ○

400 ▶ 발행주식 총수의 100분의 3 이상에 해당하는 주식을 가진 상태에서 회계장부와 서류 열람
□□□ 등을 재판상으로 청구하였더라도 소송계속 중 신주발행 등으로 위 요건에 미달하게 된 경우
에는 당사자적격이 상실된다. ▮법무사 21   ○ ✕

▶ 발행주식 총수의 100분의 3 이상에 해당하는 주식을 가진 상태에서 회계 장부와 서류 열람
등을 재판상으로 청구하였다면, 이후 소송계속 도중에 보유한 주식의 수가 발행주식 총수의
100분의 3 미만으로 되었다 하더라도 회계장부의 열람·등사를 구할 당사자적격을 상실하지
아니한다. ▮법무사 19   ○ ✕

▶ 발행주식의 총수의 100분의 3 이상에 해당하는 주식을 가진 주주가 상법 제466조 제1항에
따라 이유를 붙인 서면으로 회계의 장부와 서류의 열람 또는 등사를 재판상 청구하는 경우에
는 소송이 계속되는 동안 위 주식 보유요건을 구비하여야 한다. ▮법원직9급 20   ○ ✕

....

발행주식의 총수의 100분의 3 이상에 해당하는 주식을 가진 주주는 상법 제466조 제1항에 따라 이유를 붙인
서면으로 회계의 장부와 서류의 열람 또는 등사를 청구할 수 있다. 열람과 등사에 시간이 소요되는 경우에는
열람·등사를 청구한 주주가 전 기간을 통해 발행주식 총수의 100분의 3 이상의 주식을 보유하여야 하고, 회계장부
의 열람·등사를 재판상 청구하는 경우에는 소송이 계속되는 동안 위 주식보유요건을 구비하여야 한다(대판
2017.11.9. 2015다252037).   답 ○ / ✕ / ○

401 ▶ 주식매수청구권을 행사한 주주도 회사로부터 아직 대금을 지급받지 않고 있다면 여전히
□□□ 주주로서의 지위를 가지므로 주주권 행사에 필요하다면 회계장부의 열람·등사를 청구할
수 있다. ▮법무사 21   ○ ✕

▶ 주주가 주식의 매수가액을 결정하기 위한 경우뿐만 아니라 회사의 이사에 대하여 대표소송을
통한 책임추궁이나 유지청구, 해임청구를 하는 등 주주로서의 권리를 행사하기 위하여 필요
하다고 인정되는 경우에는 특별한 사정이 없는 한 그 청구는 회사의 경영을 감독하여 회사와
주주의 이익을 보호하기 위한 것이므로, 주식매수청구권을 행사하였다는 사정만으로 청구가
정당한 목적을 결하여 부당한 것이라고 볼 수 없다. ▮법무사 19   ○ ✕

▶ 주식매수청구권을 행사한 주주도 회사로부터 주식의 매매대금을 지급받지 아니하고 있는
동안에는 주주로서의 지위를 여전히 가지고 있으므로 특별한 사정이 없는 한 주주로서의
권리를 행사하기 위하여 필요한 경우에는 회계장부열람·등사권을 가진다.
▮법무사 19, 법원직9급 20   ○ ✕

주식매수청구권을 행사한 주주도 회사로부터 주식의 매매대금을 지급받지 아니하고 있는 동안에는 주주로서의 지위를 여전히 가지고 있으므로 특별한 사정이 없는 한 주주로서의 권리를 행사하기 위하여 필요한 경우에는 위와 같은 회계장부열람·등사권을 가진다. 주주가 주식의 매수가액을 결정하기 위한 경우뿐만 아니라 회사의 이사에 대하여 대표소송을 통한 책임추궁이나 유지청구, 해임청구를 하는 등 주주로서의 권리를 행사하기 위하여 필요하다고 인정되는 경우에는 특별한 사정이 없는 한 그 청구는 회사의 경영을 감독하여 회사와 주주의 이익을 보호하기 위한 것이므로, 주식매수청구권을 행사하였다는 사정만으로 청구가 정당한 목적을 결하여 부당한 것이라고 볼 수 없다(대판 2018.2.28. 2017다270916). 탭 O / O / O

402 주주가 열람·등사를 청구하기 위해서는 이유를 붙인 서면을 미리 회사에 제출하여야 하고,
□□□ 구두에 의한 청구나 이유를 기재하지 않은 청구는 효력이 없다. |법무사 21   O X

주식회사 소수주주가 상법 제466조 제1항의 규정에 따라 회사에 대하여 회계의 장부와 서류의 열람 또는 등사를 청구하기 위하여는 이유를 붙인 서면으로 하여야 하는바, 회계의 장부와 서류를 열람 또는 등사시키는 것은 회계운영상 중대한 일이므로 그 절차를 신중하게 함과 동시에 상대방인 회사에게 열람 및 등사에 응하여야 할 의무의 존부 또는 열람 및 등사를 허용하지 않으면 안 될 회계의 장부 및 서류의 범위 등의 판단을 손쉽게 하기 위하여 그 이유는 구체적으로 기재하여야 한다(대판 1999.12.21. 99다137). 탭 O

403 ▸ 회사는 주주의 회계장부열람·등사청구가 있는 경우 그 청구가 부당함을 증명하여 이를
□□□ 거부할 수 있다. |법무사 17   O X

▸ 회사는 주주의 회계 장부와 서류 열람 등 청구가 부당함을 증명하여 이를 거부할 수 있고, 주주의 열람·등사권 행사가 부당한 것인지는 행사에 이르게 된 경위, 행사의 목적, 악의성 유무 등 제반 사정을 종합적으로 고려하여 판단하여야 한다. |법무사 19   O X

▸ 상법 제466조 제1항에서 규정하고 있는 주주의 회계장부와 서류 등에 대한 열람·등사청구가 있는 경우 회사는 청구가 부당함을 증명하여 이를 거부할 수 있다. |법원직9급 20 O X

▸ 주주의 회계장부열람·등사권 행사가 회사업무의 운영 또는 주주 공동의 이익을 해치거나 주주가 회사의 경쟁자로서 취득한 정보를 경업에 이용할 우려가 있거나 또는 회사에 지나치게 불리한 시기를 택하여 행사하는 경우 등에는 정당한 목적을 결하여 부당하다.
|법무사 17   O X

▸ 회사는 주주의 회계장부 열람·등사청구가 부당함을 입증하여 이를 거부할 수 있고, 주주명부에 대한 열람·등사청구에 대하여도 그 청구에 정당한 목적이 없음을 입증하여 거부할 수 있다. |법무사 21   O X

상법 제466조 제1항에서 규정하고 있는 주주의 회계장부와 서류 등에 대한 열람·등사청구가 있는 경우 회사는 청구가 부당함을 증명하여 이를 거부할 수 있고, 주주의 열람·등사권 행사가 부당한 것인지는 행사에 이르게 된 경위, 행사의 목적, 악의성 유무 등 제반 사정을 종합적으로 고려하여 판단하여야 한다. 특히 주주의 이와 같은 열람·등사권 행사가 회사업무의 운영 또는 주주 공동의 이익을 해치거나 주주가 회사의 경쟁자로서 취득한 정보를 경업에 이용할 우려가 있거나, 또는 회사에 지나치게 불리한 시기를 택하여 행사하는 경우 등에는 정당한

목적을 결하여 부당한 것이라고 보아야 한다(대판 2018.2.28. 2017다270916). 상법 제396조 제2항에서 규정하고 있는 주주 또는 회사채권자의 주주명부 등에 대한 열람등사청구는 회사가 그 청구의 목적이 정당하지 아니함을 주장·입증하는 경우에는 이를 거부할 수 있다(대결 1997.3.19. 97그7).　 ○ / ○ / ○ / ○ / ○

404
□□□
회계장부의 열람·등사청구권을 피보전권리로 한 당해 회계장부의 열람·등사를 명하는 가처분은 사실상 본안소송의 목적을 완전히 달성하게 되는 결과가 되므로 허용되지 않는다.
┃법무사 21　　　　　　　　　　　　　　　　　　　　　　　　　　　　○ ×

상법 제466조 제1항 소정의 소수주주의 회계장부열람등사청구권을 피보전권리로 하여 당해 장부 등의 열람·등사를 명하는 가처분이 실질적으로 본안소송의 목적을 달성하여 버리는 면이 있다고 할지라도, 나중에 본안소송에서 패소가 확정되면 손해배상청구권이 인정되는 등으로 법률적으로는 여전히 잠정적인 면을 가지고 있기 때문에 임시적인 조치로서 이러한 회계장부열람등사청구권을 피보전권리로 하는 가처분도 허용된다고 볼 것이고, 이러한 가처분을 허용함에 있어서는 피신청인인 회사에 대하여 직접 열람·등사를 허용하라는 명령을 내리는 방법뿐만 아니라, 열람·등사의 대상 장부 등에 관하여 훼손, 폐기, 은닉, 개찬이 행하여질 위험이 있는 때에는 이를 방지하기 위하여 그 장부 등을 집행관에게 이전 보관시키는 가처분을 허용할 수도 있다(대판 1999.12.21. 99다137).
답 ×

405
□□□
▸ 자회사의 회계장부라도 모자관계에 있는 모회사에 보관되어 있고, 모회사의 회계상황을 파악하기 위한 근거자료로서 실질적으로 필요한 경우에는 모회사의 회계서류로서 모회사 주주의 회계장부열람 또는 등사청구의 대상이 될 수 있다. ┃법무사 17　　○ ×

▸ 열람·등사제공의무를 부담하는 회사의 출자 또는 투자로 성립한 자회사의 회계장부라 할지라도 모회사 소수주주의 열람·등사청구의 대상이 될 수는 없다. ┃법원직9급 20　　○ ×

상법 제466조 제1항에서 정하고 있는 소수주주의 열람·등사청구의 대상이 되는 '회계의 장부 및 서류'에는 소수주주가 열람·등사를 구하는 이유와 실질적으로 관련이 있는 회계장부와 그 근거자료가 되는 회계서류를 가리키는 것으로서, 그것이 회계서류인 경우에는 그 작성명의인이 반드시 열람·등사제공의무를 부담하는 회사로 국한되어야 하거나, 원본에 국한되는 것은 아니며, 열람·등사제공의무를 부담하는 회사의 출자 또는 투자로 성립한 자회사의 회계장부라 할지라도 그것이 모자관계에 있는 모회사에 보관되어 있고, 또한 모회사의 회계상황을 파악하기 위한 근거자료로서 실질적으로 필요한 경우에는 모회사의 회계서류로서 모회사 소수주주의 열람·등사청구의 대상이 될 수 있다(대판 2001.10.26. 99다58051).
답 ○ / ×

406
□□□
주주의 회계장부열람·등사청구권이 인정되는 경우라도 그 횟수는 1회로 국한되는 등 사전에 제한되어야 한다. ┃법무사 17　　　　　　　　　　　　　　　　　　　○ ×

상법 제466조 제1항 소정의 소수주주의 회계장부 및 서류의 열람, 등사청구권이 인정되는 이상 그 열람, 등사청구권은 그 권리행사에 필요한 범위 내에서 허용되어야 할 것이지, 열람 및 등사의 회수가 1회에 국한되는 등으로 사전에 제한될 성질의 것은 아니다(대판 1999.12.21. 99다137).
답 ×

제6장 | 주식의 포괄적 교환 · 이전

제1절 주식의 포괄적 교환

주식의 포괄적 교환에 의한 완전모회사의 설립(상법 제360조의2)　① 회사는 이 관의 규정에 의한 주식의 포괄적 교환에 의하여 다른 회사의 발행주식의 총수를 소유하는 회사(이하 "완전모회사"라 한다)가 될 수 있다. 이 경우 그 다른 회사를 "완전자회사"라 한다.

② 주식의 포괄적 교환(이하 이 관에서 "주식교환"이라 한다)에 의하여 완전자회사가 되는 회사의 주주가 가지는 그 회사의 주식은 (주식을 교환하는 날)에 주식교환에 의하여 (완전모회사가 되는 회사에 이전)하고, 그 완전자회사가 되는 회사의 주주는 그 완전모회사가 되는 회사가 주식교환을 위하여 발행하는 (신주의 배정을 받거나 그 회사 자기주식의 이전을 받음)으로써 그 회사의 (주주)가 된다.

주식교환계약서의 작성과 주주총회의 승인 및 주식교환대가가 모회사 주식인 경우의 특칙(상법 제360조의3)

① 주식교환을 하고자 하는 회사는 주식교환계약서를 작성하여 (주주총회의 승인)을 얻어야 한다.

② 제1항의 승인결의는 제434조의 규정에 의하여야 한다.

③ 주식교환계약서에는 다음 각호의 사항을 적어야 한다.

1. 완전모회사가 되는 회사가 주식교환으로 인하여 정관을 변경하는 경우에는 그 규정
2. 완전모회사가 되는 회사가 주식교환을 위하여 신주를 발행하거나 자기주식을 이전하는 경우에는 발행하는 신주 또는 이전하는 자기주식의 총수·종류, 종류별 주식의 수 및 완전자회사가 되는 회사의 주주에 대한 신주의 배정 또는 자기주식의 이전에 관한 사항
3. 완전모회사가 되는 회사의 자본금 또는 준비금이 증가하는 경우에는 증가할 자본금 또는 준비금에 관한 사항
4. 완전자회사가 되는 회사의 주주에게 제2호에도 불구하고 그 대가의 전부 또는 일부로서 금전이나 그밖의 재산을 제공하는 경우에는 그 내용 및 배정에 관한 사항
5. 각 회사가 제1항의 결의를 할 주주총회의 기일
6. 주식교환을 할 날

⑥ 제342조의2 제1항에도 불구하고 제3항 제4호에 따라 완전자회사가 되는 회사의 주주에게 제공하는 재산이 완전모회사가 되는 회사의 모회사 주식을 포함하는 경우에는 완전모회사가 되는 회사는 그 지급을 위하여 그 모회사의 주식을 취득할 수 있다.

⑦ 완전모회사가 되는 회사는 제6항에 따라 취득한 그 회사의 모회사 주식을 주식교환 후에도 계속 보유하고 있는 경우 주식교환의 효력이 발생하는 날부터 6개월 이내에 그 주식을 처분하여야 한다.

반대주주의 주식매수청구권(상법 제360조의5)　① 제360조의3 제1항의 규정에 의한 승인사항에 관하여 이사회의 결의가 있는 때에 그 결의에 반대하는 주주(의결권이 없거나 제한되는 주주를 포함한다. 이하 이 조에서 같다)는 주주총회 전에 회사에 대하여 서면으로 그 결의에 반대하는 의사를 통지한 경우에는 그 총회의 결의일부터 (20일) 이내에 주식의 종류와 수를 기재한 서면으로 회사에 대하여 자기가 소유하고 있는 주식의 매수를 청구할 수 있다.

② 제360조의9 제2항의 공고 또는 통지를 한 날부터 2주 내에 회사에 대하여 서면으로 주식교환에 반대하는 의사를 통지한 주주는 그 기간이 경과한 날부터 20일 이내에 주식의 종류와 수를 기재한 서면으로 회사에 대하여 자기가 소유하고 있는 주식의 매수를 청구할 수 있다.

③ 제1항 및 제2항의 매수청구에 관하여는 제374조의2 제2항 내지 제5항의 규정을 준용한다.

간이주식교환(상법 제360조의9) ① 완전자회사가 되는 회사의 총주주의 동의가 있거나 그 회사의 발행주식총수의 100분의 90 이상을 완전모회사가 되는 회사가 소유하고 있는 때에는 완전자회사가 되는 회사의 주주총회의 승인은 이를 이사회의 승인으로 갈음할 수 있다.

소규모 주식교환(상법 제360조의10) ① 완전모회사가 되는 회사가 주식교환을 위하여 발행하는 신주 및 이전하는 자기주식의 총수가 그 회사의 발행주식총수의 100분의 10을 초과하지 아니하는 경우에는 그 회사에서의 제360조의3 제1항의 규정에 의한 주주총회의 승인은 이를 이사회의 승인으로 갈음할 수 있다. 다만, 완전자회사가 되는 회사의 주주에게 제공할 금전이나 그밖의 재산을 정한 경우에 그 금액 및 그밖의 재산의 가액이 제360조의4 제1항 제3호에서 규정한 최종 대차대조표에 의하여 완전모회사가 되는 회사에 현존하는 순자산액의 100분의 5를 초과하는 때에는 그러하지 아니하다.

완전모회사의 이사·감사의 임기(상법 제360조의13) 주식교환에 의하여 완전모회사가 되는 회사의 이사 및 감사로서 주식교환전에 취임한 자는 주식교환계약서에 다른 정함이 있는 경우를 제외하고는 주식교환 후 최초로 도래하는 결산기에 관한 (정기총회가 종료하는 때)에 퇴임한다.

주식교환무효의 소(상법 제360조의14) ① 주식교환의 무효는 각 회사의 주주·이사·감사·감사위원회의 위원 또는 청산인에 한하여 주식교환의 날부터 (6월) 내에 소만으로 이를 주장할 수 있다.

주식의 포괄적 이전에 의한 완전모회사의 설립(상법 제360조의15) ① 회사는 이 관의 규정에 의한 주식의 포괄적 이전(이하 이 관에서 "주식이전"이라 한다)에 의하여 완전모회사를 설립하고 완전자회사가 될 수 있다.
② 주식이전에 의하여 완전자회사가 되는 회사의 주주가 소유하는 그 회사의 주식은 주식이전에 의하여 설립하는 완전모회사에 이전하고, 그 완전자회사가 되는 회사의 주주는 그 완전모회사가 주식이전을 위하여 발행하는 주식의 배정을 받음으로써 그 완전모회사의 주주가 된다.

주식이전무효의 소(상법 제360조의23) ① 주식이전의 무효는 각 회사의 주주·이사·감사·감사위원회의 위원 또는 청산인에 한하여 주식이전의 날부터 (6월) 내에 소만으로 이를 주장할 수 있다.

---

407 회사의 채권자는 주식교환의 날로부터 6개월 내에 소만으로 주식교환의 무효를 주장할 수 □□□ 있다. ┃법무사 21 ○ ×

....

주식교환의 무효는 각 회사의 <u>주주·이사·감사·감사위원회의 위원 또는 청산인에 한하여</u> 주식교환의 날부터 6월 내에 소만으로 이를 주장할 수 있다(상법 제360조의14 제1항). 🅑 ×

408 주식교환에 의하여 완전자회사가 되는 회사의 주주는 완전모회사가 되는 회사가 주식교환을 □□□ 위하여 발행하는 신주의 배정을 받거나 그 회사 자기주식의 이전을 받음으로써 그 회사의 주주가 된다. ┃법무사 21 ○ ×

....

상법 제360조의2 제2항 🅑 ○

409 완전모회사가 되는 회사가 완전자회사가 되는 회사의 주주들에게 주식교환의 대가로 이전하기 위하여 취득한 그 모회사의 주식이 주식교환 후에도 남은 경우 완전모회사가 되는 회사는 이를 처분할 의무가 없다. **┃법무사 21** ○ ×

⋯⋯

완전모회사가 되는 회사는 제6항에 따라 취득한 그 회사의 모회사 주식을 주식교환 후에도 계속 보유하고 있는 경우 주식교환의 효력이 발생하는 날부터 6개월 이내에 그 주식을 처분하여야 한다(상법 제360조의3 제7항).

답 ×

410 완전자회사가 되는 회사의 총주주의 동의가 있거나 그 회사의 발행주식 총수의 100분의 90 이상을 완전모회사가 되는 회사가 소유하고 있는 때에는 완전자회사가 되는 회사의 주주총회의 승인이나 이사회의 승인은 필요하지 않다. **┃법무사 21** ○ ×

⋯⋯

완전자회사가 되는 회사의 총주주의 동의가 있거나 그 회사의 발행주식 총수의 100분의 90 이상을 완전모회사가 되는 회사가 소유하고 있는 때에는 완전자회사가 되는 회사의 주주총회의 승인은 이를 이사회의 승인으로 갈음할 수 있다(상법 제360조의9).

답 ×

411 주식교환에 의하여 완전모회사가 되는 회사의 이사로서 주식교환 이전에 취임한 자는 주식교환계약서에 다른 정함이 있는 경우를 제외하고는 주식교환이 이루어진 영업연도가 종료된 때 퇴임한다. **┃법무사 21** ○ ×

⋯⋯

주식교환에 의하여 완전모회사가 되는 회사의 이사 및 감사로서 주식교환 전에 취임한 자는 주식교환계약서에 다른 정함이 있는 경우를 제외하고는 주식교환 후 최초로 도래하는 결산기에 관한 정기총회가 종료하는 때에 퇴임한다(상법 제360조의13).

답 ×

제7장 ┃ 주식회사 외의 회사

제1절 합명회사

정관의 작성(상법 제178조) 합명회사의 설립에는 2인 이상의 사원이 공동으로 정관을 작성하여야 한다.

정관의 절대적 기재사항(상법 제179조) 정관에는 다음의 사항을 기재하고 (총사원)이 기명날인 또는 서명하여야 한다.
1. 목 적
2. 상 호
3. 사원의 성명·주민등록번호 및 주소
4. 사원의 출자의 목적과 가격 또는 그 평가의 표준
5. 본점의 소재지
6. 정관의 작성년월일

설립의 등기(상법 제180조) 합명회사의 설립등기에 있어서는 다음의 사항을 등기하여야 한다.
1. 제179조 제1호 내지 제3호 및 제5호의 사항과 지점을 둔 때에는 그 소재지. 다만, 회사를 대표할 사원을 정한 때에는 그 외의 사원의 주소를 제외한다.
2. 사원의 출자의 목적, 재산출자에는 그 가격과 이행한 부분
3. 존립기간 기타 해산사유를 정한 때에는 그 기간 또는 사유
4. 회사를 대표할 사원을 정한 경우에는 그 성명·주소 및 주민등록번호
5. 수인의 사원이 공동으로 회사를 대표할 것을 정한 때에는 그 규정

준용법규(상법 제195조) 합명회사의 내부관계에 관하여는 정관 또는 본법에 다른 규정이 없으면 조합에 관한 (민법)의 규정을 준용한다.

지분의 양도(상법 제197조) 사원은 (다른 사원의 동의)를 얻지 아니하면 그 지분의 전부 또는 일부를 타인에게 양도하지 못한다.

사원의 경업의 금지(상법 제198조) ① 사원은 (다른 사원의 동의)가 없으면 자기 또는 제3자의 계산으로 회사의 영업부류에 속하는 거래를 하지 못하며 동종영업을 목적으로 하는 다른 회사의 무한책임사원 또는 이사가 되지 못한다.
② 사원이 전항의 규정에 위반하여 거래를 한 경우에 그 거래가 자기의 계산으로 한 것인 때에는 회사는 이를 회사의 계산으로 한 것으로 볼 수 있고 제3자의 계산으로 한 것인 때에는 그 사원에 대하여 회사는 이로 인한 이득의 양도를 청구할 수 있다.
③ 전항의 규정은 회사의 그 사원에 대한 손해배상의 청구에 영향을 미치지 아니한다.
④ 제2항의 권리는 다른 사원 과반수의 결의에 의하여 행사하여야 하며 다른 사원의 1인이 그 거래를 안 날로부터 2주간을 경과하거나 그 거래가 있은 날로부터 1년을 경과하면 소멸한다.

사원의 자기거래(상법 제199조) 사원은 (다른 사원 과반수의 결의)가 있는 때에 한하여 자기 또는 제3자의 계산으로 회사와 거래를 할 수 있다. 이 경우에는 민법 제124조의 규정을 적용하지 아니한다.

업무집행의 권리의무(상법 제200조)　　① (각 사원)은 정관에 다른 규정이 없는 때에는 회사의 업무를 집행할 권리와 의무가 있다.

② 각 사원의 업무집행에 관한 행위에 대하여 다른 사원의 이의가 있는 때에는 곧 행위를 (중지)하고 총사원 과반수의 결의에 의하여야 한다.

업무집행사원(상법 제201조)　　① 정관으로 사원의 1인 또는 수인을 업무집행사원으로 정한 때에는 그 사원이 회사의 업무를 집행할 권리와 의무가 있다.

② 수인의 업무집행사원이 있는 경우에 그 각 사원의 업무집행에 관한 행위에 대하여 다른 업무집행사원의 이의가 있는 때에는 곧 그 행위를 (중지)하고 (업무집행사원 과반수의 결의)에 의하여야 한다.

공동업무집행사원(상법 제202조)　　정관으로 수인의 사원을 공동업무집행사원으로 정한 때에 그 (전원의 동의)가 없으면 업무집행에 관한 행위를 하지 못한다. 그러나 지체할 염려가 있는 때에는 그러하지 아니하다.

지배인의 선임과 해임(상법 제203조)　　지배인의 선임과 해임은 정관에 다른 정함이 없으면 업무집행사원이 있는 경우에도 (총사원 과반수의 결의)에 의하여야 한다.

정관의 변경(상법 제204조)　　정관을 변경함에는 (총사원의 동의)가 있어야 한다.

업무집행사원의 권한상실선고(상법 제205조)　　① 사원이 업무를 집행함에 현저하게 부적임하거나 중대한 의무에 위반한 행위가 있는 때에는 법원은 (사원의 청구)에 의하여 업무집행권한의 상실을 선고할 수 있다.

사원의 책임(상법 제212조)　　① 회사의 재산으로 회사의 채무를 완제할 수 없는 때에는 각 사원은 연대하여 변제할 책임이 있다.

② 회사재산에 대한 강제집행이 주효하지 못한 때에도 전항과 같다.

③ 전항의 규정은 사원이 회사에 변제의 자력이 있으며 집행이 용이한 것을 증명한 때에는 적용하지 아니한다.

사원의 퇴사권(상법 제217조)　　① 정관으로 회사의 존립기간을 정하지 아니하거나 어느 사원의 종신까지 존속할 것을 정한 때에는 사원은 영업년도 말에 한하여 퇴사할 수 있다. 그러나 6월 전에 이를 예고하여야 한다.

② 사원이 부득이한 사유가 있을 때에는 언제든지 퇴사할 수 있다.

퇴사원인(상법 제218조)　　사원은 전조의 경우 외에 다음의 사유로 인하여 퇴사한다.

1. 정관에 정한 사유의 발생
2. 총사원의 동의
3. 사 망
4. 성년후견개시
5. 파 산
6. 제 명

신입사원의 책임(상법 제213조)　　회사성립 후에 가입한 사원은 그 가입 전에 생긴 회사채무에 대하여 다른 사원과 (동일한 책임)을 진다.

지분의 환급(상법 제222조)　　퇴사한 사원은 노무 또는 신용으로 출자의 목적으로 한 경우에도 그 지분의 환급을 받을 수 있다. 그러나 정관에 다른 규정이 있는 때에는 그러하지 아니하다.

청산 중의 회사(상법 제245조)　　회사는 해산된 후에도 청산의 목적범위내에서 존속하는 것으로 본다.

수인의 지분상속인이 있는 경우(상법 제246조)　　회사의 해산후 사원이 사망한 경우에 그 상속인이 수인인 때에는 청산에 관한 사원의 권리를 행사할 자 (1인)을 정하여야 한다. 이를 정하지 아니한 때에는 회사의 통지 또는 최고는 (그 중의) (1인)에 대하여 하면 (전원)에 대하여 그 효력이 있다.

임의청산(상법 제247조)　　① 해산된 회사의 재산처분방법은 (정관 또는 총사원의 동의)로 이를 정할 수 있다. 이 경우에는 해산사유가 있는 날로부터 (2주간) 내에 재산목록과 대차대조표를 작성하여야 한다. ④ 제1항의 경우에 사원의 지분을 압류한 자가 있는 때에는 그 동의를 얻어야 한다.

청산인(상법 제251조)　　① 회사가 해산된 때에는 (총사원 과반수의 결의)로 청산인을 선임한다. ② 청산인의 선임이 없는 때에는 업무집행사원이 청산인이 된다.

법원선임에 의한 청산인(상법 제252조)　　회사가 제227조 제3호(사원이 1인으로 된 때) 또는 제6호(법원의 명령 또는 판결)의 사유로 인하여 해산된 때에는 법원은 사원 기타의 이해관계인이나 검사의 청구에 의하여 또는 직권으로 청산인을 선임한다.

청산인의 직무권한(상법 제254조)　　① 청산인의 직무는 다음과 같다.
1. 현존사무의 종결
2. 채권의 추심과 채무의 변제
3. 재산의 환가처분
4. 잔여재산의 분배
② 청산인이 수인인 때에는 청산의 직무에 관한 행위는 그 (과반수의 결의)로 정한다.

412
▶ 합명회사란 회사채권자에 대하여 직접·연대하여 무한책임을 지는 무한책임사원으로만 이루어진 회사를 말한다. ▎법무사 18　　○ ✕

▶ 합명회사의 사원은 회사채권자에 대하여 직접·연대·무한책임을 진다. ▎법원직9급 21　　○ ✕

合명회사의 경우, 회사의 재산으로 회사의 채무를 완제할 수 없는 때에는 각 사원은 연대하여 변제할 책임이 있다(상법 제212조 제1항). 즉, 합명회사의 사원은 회사채권자에 대하여 직접·연대하여 무한책임을 지는 무한책임사원이고, 합명회사는 이들로만 구성된 회사이다.　　답 ○ / ○

413
□□□ 합명회사의 내부관계에 관한 상법 규정은 원칙적으로 임의규정이고 정관에서 상법 규정과 달리 정하는 것이 허용된다. **| 법무사 20, 법원직9급 21**   ○ ×

....

상법 제195조에 비추어 볼 때, 합명회사의 내부관계에 관한 상법 규정은 원칙적으로 임의규정이고, 정관에서 상법 규정과 달리 정하는 것이 허용된다. 이와 같이 합명회사의 정관에서 내부관계에 관하여 상법과 달리 정한 경우, 해당 정관 규정이 관련 상법 규정의 적용을 배제하는지는 해당 정관 규정의 내용, 관련 상법 규정의 목적, 합명회사의 특징 등 여러 사정을 종합적으로 고려하여 판단하여야 한다(대판 2015.5.29. 2014다51541).   **답** ○

414
□□□ 합명회사의 사원은 업무집행권한 상실제도를 통하여 업무집행에 현저히 부적합하거나 중대하게 의무를 위반한 사원이나 업무집행사원을 업무집행에서 배제함으로써 자신의 책임이 부당하게 발생·증대되는 것으로부터 자신을 보호할 수 있다. **| 법원직9급 21**   ○ ×

....

합명회사의 사원은 회사채권자에 대하여 직접·연대·무한책임을 진다. 만약 다른 사원 또는 업무집행사원이 업무집행에 현저히 부적합하거나 중대하게 의무를 위반하는 경우에는 그로 인하여 자신의 책임이 발생·증대될 우려가 있으므로, 다른 사원 또는 업무집행사원을 업무집행에서 배제할 수 있는지는 각 사원의 이해관계에 큰 영향을 미친다. 합명회사의 사원은 업무집행권한 상실제도를 통하여 업무집행에 현저히 부적합하거나 중대하게 의무를 위반한 사원이나 업무집행사원을 업무집행에서 배제함으로써 자신의 책임이 부당하게 발생·증대되는 것으로부터 자신을 보호할 수 있다. 따라서 업무집행권한 상실에 관한 정관이나 관련 법률 규정을 해석할 때에는 위와 같은 사원의 권리가 합리적 근거 없이 제한되지 않도록 신중하게 해석하여야 한다(대판 2015.5.29. 2014다 51541).   **답** ○

415
□□□ 합명회사의 정관에 상법 제205조 제1항의 적용을 배제한다는 명시적 규정은 없으나, "업무집행사원이 업무를 집행함에 현저하게 부적임하거나 중대한 업무에 위반한 행위가 있는 때에는 총사원의 결의로써 업무집행권한을 상실하게 할 수 있다."라고 정하고 있는 경우, 그 업무집행사원의 업무집행권한은 총사원의 결의로써만 상실시킬 수 있다. **| 법원직9급 21**   ○ ×

....

甲 합명회사의 정관에서 "업무집행사원이 업무를 집행함에 현저하게 부적임하거나 중대한 업무에 위반한 행위가 있는 때에는 총사원의 결의로써 업무집행권한을 상실하게 할 수 있다."라고 규정한 사안에서, 정관에서 명시적으로 상법 제205조 제1항의 적용을 배제하고 있지 않는 한 업무집행권한 상실과 관련하여 상법이 부여한 사원의 권리를 제한할 합리적 근거를 찾을 수 없고, 법원의 선고절차 없는 업무집행권한 상실방법과 유사한 정관 규정이 신설되었다고 하여 법원의 선고에 의한 업무집행권한 상실방법을 배제한 것이라고 해석하기는 어려우므로, 상법 제205조 제1항은 위 정관 규정의 신설에도 불구하고 여전히 적용된다고 보아야 하는데도, 위 정관 규정이 상법 제205조 제1항의 적용을 배제하는 규정이라고 본 원심판단에 법리오해의 잘못이 있다(대판 2015.5.29. 2014다51541).   **답** ×

416
□□□ 회사의 해산 후 사원이 사망한 경우에 그 상속인이 수인인 때에는 청산에 관한 사원의 권리를 행사할 자 1인을 정하여야 한다. 이를 정하지 아니한 때에는 회사의 통지 또는 최고는 그 중의 1인에 대하여 하면 전원에 대하여 그 효력이 있다. **| 법원직9급 22**   ○ ×

....

상법 제246조   **답** ○

417 해산된 회사의 재산처분방법은 정관 또는 총사원의 동의로 이를 정할 수 있다. 이 경우에는
☐☐☐ 해산사유가 있는 날로부터 2주간 내에 재산목록과 대차대조표를 작성하여야 한다.

　┃ 법원직 9급 22　　　　　　　　　　　　　　　　　　　　　　　　　　　○ ×

....

상법 제247조 제1항　　　　　　　　　　　　　　　　　　　　　　　　　　답 ○

418 합명회사의 사원이 1인이 되어 해산하게 된 때에는 법원은 사원 기타의 이해관계인이나 검사의
☐☐☐ 청구에 의하여 또는 직권으로 청산인을 선임한다. ┃ 법원직9급 22　　　　　　　　○ ×

상법 제252조　　　　　　　　　　　　　　　　　　　　　　　　　　　　답 ○

419 상법상 합명회사의 청산에서 청산인의 직무는 현존사무의 종결, 채권의 추심과 채무의 변제,
☐☐☐ 재산의 환가처분, 잔여재산의 분배이고, 청산인이 수인인 때에 이러한 청산의 직무에 관한
행위는 청산인 각자가 할 수 있다. ┃ 법원직9급 22　　　　　　　　　　　　　○ ×

합명회사의 청산에서 청산인의 직무는 현존사무의 종결, 채권의 추심과 채무의 변제, 재산의 환가처분, 잔여재산의
분배이고(상법 제254조 제1항), 청산인이 수인인 때에는 청산의 직무에 관한 행위는 그 과반수의 결의로 정한다(상
법 제254조 제2항).　　　　　　　　　　　　　　　　　　　　　　　　　　답 ×

제2절　합자회사

회사의 조직(상법 제268조)　　합자회사는 무한책임사원과 유한책임사원으로 조직한다.

준용규정(상법 제269조)　　합자회사에는 본장에 다른 규정이 없는 사항은 합명회사에 관한 규정을 준용한다.

정관의 절대적 기재사항(상법 제270조)　　합자회사의 정관에는 제179조에 게기한 사항 외에 각 사원의 무한
책임 또는 유한책임인 것을 기재하여야 한다.

유한책임사원의 출자(상법 제272조)　　유한책임사원은 (신용 또는 노무)를 출자의 목적으로 하지 못한다.

업무집행의 권리의무(상법 제273조)　　무한책임사원은 정관에 다른 규정이 없는 때에는 각자가 회사의 업무
를 집행할 권리와 의무가 있다.

지배인의 선임, 해임(상법 제274조)　　지배인의 선임과 해임은 업무집행사원이 있는 경우에도 무한책임사원
과반수의 결의에 의하여야 한다.

유한책임사원의 경업의 자유(상법 제275조)　　유한책임사원은 다른 사원의 동의 없이 자기 또는 제3자의
계산으로 회사의 영업부류에 속하는 거래를 할 수 있고 동종영업을 목적으로 하는 다른 회사의 무한책임사
원 또는 이사가 될 수 있다.

유한책임사원의 지분양도(상법 제276조)　유한책임사원은 무한책임사원 전원의 동의가 있으면 그 지분의 전부 또는 일부를 타인에게 양도할 수 있다. 지분의 양도에 따라 정관을 변경하여야 할 경우에도 같다.

유한책임사원의 감시권(상법 제277조)　① 유한책임사원은 영업년도 말에 있어서 영업시간 내에 한하여 회사의 회계장부·대차대조표 기타의 서류를 열람할 수 있고 회사의 업무와 재산상태를 검사할 수 있다. ② 중요한 사유가 있는 때에는 유한책임사원은 언제든지 법원의 허가를 얻어 제1항의 열람과 검사를 할 수 있다.

유한책임사원의 업무집행, 회사대표의 금지(상법 제278조)　유한책임사원은 회사의 업무집행이나 대표행위를 하지 못한다.

유한책임사원의 책임(상법 제279조)　① 유한책임사원은 그 출자가액에서 (이미 이행한 부분을 공제)한 가액을 한도로 하여 회사채무를 변제할 책임이 있다. ② 회사에 이익이 없음에도 불구하고 배당을 받은 금액은 변제책임을 정함에 있어서 이를 가산한다.

출자감소의 경우의 책임(상법 제280조)　유한책임사원은 그 출자를 감소한 후에도 본점소재지에서 등기를 하기 전에 생긴 회사채무에 대하여는 등기 후 2년 내에는 전조의 책임을 면하지 못한다.

자칭 무한책임사원의 책임(상법 제281조)　① 유한책임사원이 타인에게 자기를 무한책임사원이라고 오인시키는 행위를 한 때에는 오인으로 인하여 회사와 거래를 한 자에 대하여 무한책임사원과 동일한 책임이 있다. ② 전항의 규정은 유한책임사원이 그 책임의 한도를 오인시키는 행위를 한 경우에 준용한다.

---

420 합자회사는 무한책임사원과 유한책임사원으로 구성되고, 유한책임사원은 주식회사·유한회사의 사원과 마찬가지로 회사채무에 대하여 간접책임을 진다. ▮법무사 18　○ ×
□□□

합자회사는 무한책임사원과 유한책임사원으로 조직한다(상법 제268조). 그런데 유한책임사원은 출자의무를 부담하는 금액 중 아직 미이행된 출자금액을 한도로 회사채무를 변제할 책임이 있으므로(상법 제279조 참조), 주식회사·유한회사의 사원과는 달리 회사채무에 대하여 직접책임을 진다고 할 수 있다.　🅐 ×

421 합자회사의 경우 무한책임사원의 지분 양도는 유한책임사원을 포함한 모든 사원의 동의를 요하지만, 유한책임사원의 지분 양도는 유한책임사원 전원의 동의만 있으면 충분하고 다른 무한책임사원의 동의를 요하지 않는다. ▮법무사 20　○ ×
□□□

합자회사에서 무한책임사원의 지분양도는 유한책임사원의 이해관계에도 영향을 미치므로, 총사원의 동의, 즉 무한책임사원뿐만 아니라 유한책임사원의 동의까지 요한다(상법 제269조, 제197조 참조). 반면, 유한책임사원의 지분양도는 무한책임사원 전원의 동의만 있으면 된다(상법 제276조 참조).　🅐 ×

정관의 작성, 절대적 기재사항(상법 제543조) ① 유한회사를 설립함에는 사원이 정관을 작성하여야 한다.
② 정관에는 다음의 사항을 기재하고 각 사원이 기명날인 또는 서명하여야 한다.
　　1. 제179조 제1호 내지 제3호에 정한 사항

> **정관의 절대적 기재사항(상법 제179조)** 정관에는 다음의 사항을 기재하고 총사원이 기명날인
> 또는 서명하여야 한다.
> 　1. 목 적
> 　2. 상 호
> 　3. 사원의 성명·주민등록번호 및 주소

　　2. 자본금의 총액
　　3. 출자1좌의 금액
　　4. 각 사원의 출자좌수
　　5. 본점의 소재지
③ 제292조의 규정은 유한회사에 준용한다.

변태설립사항(상법 제544조) 다음의 사항은 정관에 기재함으로써 그 효력이 있다.
　1. 현물출자를 하는 자의 성명과 그 목적인 재산의 종류, 수량, 가격과 이에 대하여 부여하는 출자좌수
　2. 회사의 설립 후에 양수할 것을 약정한 재산의 종류, 수량, 가격과 그 양도인의 성명
　3. 회사가 부담할 설립비용

초대이사의 선임(상법 제547조) ① 정관으로 이사를 정하지 아니한 때에는 회사성립 전에 사원총회를 열
어 이를 선임하여야 한다.
② 전항의 사원총회는 각 사원이 소집할 수 있다.

출자의 납입(상법 제548조) ① 이사는 사원으로 하여금 출자전액의 납입 또는 현물출자의 목적인 재산전
부의 급여를 시켜야 한다.
② 제295조 제2항의 규정은 사원이 현물출자를 하는 경우에 준용한다.

설립의 등기(상법 제549조) ① 유한회사의 설립등기는 제548조의 납입 또는 현물출자의 이행이 있는 날로
부터 2주간 내에 하여야 한다.

현물출자 등에 관한 회사성립 시의 사원의 책임(상법 제550조) ① 제544조 제1호와 제2호의 재산의 회사성
립 당시의 실가가 정관에 정한 가격에 현저하게 부족한 때에는 회사성립 당시의 (사원)은 회사에 대하여
그 부족액을 연대하여 지급할 책임이 있다.
② 전항의 사원의 책임은 면제하지 못한다.

출자미필액에 대한 회사성립 시의 사원 등의 책임(상법 제551조) ① 회사성립 후에 출자금액의 납입 또는
현물출자의 이행이 완료되지 아니하였음이 발견된 때에는 회사성립 당시의 (사원, 이사와 감사)는 회사에
대하여 그 납입되지 아니한 금액 또는 이행되지 아니한 현물의 가액을 연대하여 지급할 책임이 있다.
② 전항의 사원의 책임은 면제하지 못한다.
③ 제1항의 이사와 감사의 책임은 총사원의 동의가 없으면 면제하지 못한다.

설립무효, 취소의 소(상법 제552조) ① 회사의 설립의 무효는 그 사원, 이사와 감사에 한하여 설립의 취소는 그 취소권 있는 자에 한하여 회사설립의 날로부터 2년 내에 소만으로 이를 주장할 수 있다.
② 제184조 제2항과 제185조 내지 제193조의 규정은 전항의 소에 준용한다.

사원의 책임(상법 제553조) 사원의 책임은 본법에 다른 규정이 있는 경우 외에는 그 출자금액을 한도로 한다.

사원의 지분(상법 제554조) 각 사원은 그 출자좌수에 따라 지분을 가진다.

지분에 관한 증권(상법 제555조) (유한회사)는 사원의 지분에 관하여 (지시식) 또는 (무기명식)의 증권을 발행하지 못한다.

지분의 양도(상법 제556조) 사원은 그 지분의 전부 또는 일부를 양도하거나 상속할 수 있다. 다만, 정관으로 지분의 양도를 제한할 수 있다.

지분이전의 대항요건(상법 제557조) 지분의 이전은 취득자의 성명, 주소와 그 목적이 되는 출자좌수를 사원명부에 기재하지 아니하면 이로써 회사와 제3자에게 대항하지 못한다.

지분의 공유(상법 제558조) 제333조의 규정은 지분이 수인의 공유에 속하는 경우에 준용한다.

지분의 입질(상법 제559조) ① 지분은 (질권의 목적)으로 할 수 있다.

회사대표(상법 제562조) ① 이사는 회사를 대표한다.
② 이사가 수인인 경우에 정관에 다른 정함이 없으면 사원총회에서 회사를 대표할 이사를 선정하여야 한다.
③ 정관 또는 사원총회는 수인의 이사가 공동으로 회사를 대표할 것을 정할 수 있다.

이사, 회사 간의 소에 관한 대표(상법 제563조) 회사가 이사에 대하여 또는 이사가 회사에 대하여 소를 제기하는 경우에는 사원총회는 그 소에 관하여 회사를 대표할 자를 선정하여야 한다.

감사(상법 제568조) ① 유한회사는 정관에 의하여 (1인) 또는 (수인)의 감사를 (둘 수 있다).

사원총회의 소집(상법 제571조) ① 사원총회는 이 법에서 달리 규정하는 경우 외에는 (이사가 소집)한다. 그러나 임시총회는 감사도 소집할 수 있다.
② 사원총회를 소집할 때에는 사원총회일의 1주 전에 각 사원에게 서면으로 통지서를 발송하거나 각 사원의 동의를 받아 전자문서로 통지서를 발송하여야 한다.
③ 사원총회의 소집에 관하여는 제363조 제2항 및 제364조를 준용한다.

소수사원에 의한 총회소집청구(상법 제572조) ① 자본금 총액의 (100분의 3) 이상에 해당하는 출자좌수를 가진 사원은 회의의 목적사항과 소집의 이유를 기재한 서면을 이사에게 제출하여 총회의 소집을 청구할 수 있다.
② 전항의 규정은 (정관)으로 다른 정함을 할 수 있다.
③ 제366조 제2항과 제3항의 규정은 제1항의 경우에 준용한다.

소집절차의 생략(상법 제573조) (총사원의 동의)가 있을 때에는 소집절차 없이 총회를 열 수 있다.

총회의 정족수, 결의방법(상법 제574조) 사원총회의 결의는 정관 또는 본법에 다른 규정이 있는 경우 외에는 총사원의 의결권의 (과반수)를 가지는 사원이 출석하고 그 의결권의 (과반수)로써 하여야 한다.

사원의 의결권(상법 제575조) 각 사원은 출자(1좌)마다 (1개)의 의결권을 가진다. 그러나 정관으로 의결권의 수에 관하여 (다른 정함을 할 수 있다).

유한회사의 영업양도 등에 특별결의를 받아야 할 사항(상법 제576조) ① 유한회사가 제374조 제1항 제1호부터 제3호까지의 규정에 해당되는 행위를 하려면 제585조에 따른 총회의 결의가 있어야 한다.
② 전항의 규정은 유한회사가 그 성립 후 2년 내에 성립 전으로부터 존재하는 재산으로서 영업을 위하여 계속하여 사용할 것을 자본금의 20분의 1 이상에 상당한 대가로 취득하는 계약을 체결하는 경우에 준용한다.

서면에 의한 결의(상법 제577조) ① 총회의 결의를 하여야 할 경우에 (총사원의 동의)가 있는 때에는 서면에 의한 결의를 할 수 있다.
② 결의의 목적사항에 대하여 총사원이 서면으로 동의를 한 때에는 서면에 의한 결의가 있은 것으로 본다.
③ 서면에 의한 결의는 총회의 결의와 동일한 효력이 있다.
④ 총회에 관한 규정은 서면에 의한 결의에 준용한다.

자본금 증가의 경우의 출자인수권의 부여(상법 제587조) 유한회사가 특정한 자에 대하여 장래 그 자본금을 증가할 때 출자의 인수권을 부여할 것을 약속하는 경우에는 제585조에서 정하는 결의에 의하여야 한다.

사원의 출자인수권(상법 제588조) 사원은 증가할 자본금에 대하여 그 지분에 따라 출자를 인수할 권리가 있다. 그러나 전2조의 결의에서 출자의 인수자를 정한 때에는 그러하지 아니하다.

출자인수의 방법(상법 제589조) ① 자본금 증가의 경우에 출자의 인수를 하고자 하는 자는 인수를 증명하는 서면에 그 인수할 출자의 좌수와 주소를 기재하고 기명날인 또는 서명하여야 한다.
② 유한회사는 광고 기타의 방법에 의하여 인수인을 공모하지 못한다.

422 유한회사의 사원은 출자전보책임을 진다. ▮법무사 18 ○ ×
□□□
....
유한회사의 사원은 출자전보책임(상법 제550조, 제551조 참조)을 진다는 점에서 주식회사와 차이가 있다.

답 ○

423 유한회사는 사원의 지분에 관하여 지시식 또는 무기명식의 출자증서를 발행할 수 없다.
□□□ ▮법원직9급 20 ○ ×
....
상법 제555조

답 ○

424 유한회사 역시 주식회사와 마찬가지로 적어도 1인 이상의 감사를 두어야 한다. ▮법원직9급 20
□□□   O ✕

....

유한회사는 정관에 의하여 1인 또는 수인의 감사를 <u>둘 수 있다</u>(상법 제568조 제1항).   답 ✕

425 유한회사 자본금 총액의 100분의 3 이상에 해당하는 출자좌수를 가진 사원은 회의의 목적사항
□□□ 과 소집의 이유를 기재한 서면을 이사에게 제출하여 총회의 소집을 청구할 수 있는데, 이러한
요건은 정관으로 달리 정할 수도 있다. ▮법원직9급 20   O ✕

....

상법 제572조 제1항, 제2항   답 O

426 유한회사의 사원은 출자 1좌마다 1개의 의결권을 가지는 것이 원칙이지만, 정관으로 의결권의
□□□ 수에 관하여 달리 정할 수 있다. ▮법원직9급 20   O ✕

....

상법 제575조   답 O

427 유한회사의 사원총회에서 임용계약의 내용으로 이미 편입된 이사의 보수를 감액하거나 박탈하
□□□ 는 결의를 하더라도, 이러한 사원총회 결의는 결의 자체의 효력과 관계없이 이사의 보수청구권
에 아무런 영향을 미치지 못한다. ▮법원직9급 22   O ✕

....

유한회사에서 상법 제567조, 제388조에 따라 정관 또는 사원총회 결의로 특정 이사의 보수액을 구체적으로 정하였
다면, 보수액은 임용계약의 내용이 되어 당사자인 회사와 이사 쌍방을 구속하므로, 이사가 보수의 변경에 대하여
명시적으로 동의하였거나, 적어도 직무의 내용에 따라 보수를 달리 지급하거나 무보수로 하는 보수체계에 관한
내부규정이나 관행이 존재함을 알면서 이사직에 취임한 경우와 같이 직무내용의 변동에 따른 보수의 변경을
감수한다는 묵시적 동의가 있었다고 볼 만한 특별한 사정이 없는 한, 유한회사가 이사의 보수를 일방적으로 감액하
거나 박탈할 수 없다. 따라서 유한회사의 사원총회에서 임용계약의 내용으로 이미 편입된 이사의 보수를 감액하거
나 박탈하는 결의를 하더라도, 이러한 사원총회 결의는 결의 자체의 효력과 관계없이 이사의 보수청구권에 아무런
영향을 미치지 못한다(대판 2017.3.30. 2016다21643).   답 O

정관의 작성(상법 제287조의2) 유한책임회사를 설립할 때에는 사원은 정관을 작성하여야 한다.

정관의 기재사항(상법 제287조의3) 정관에는 다음 각 호의 사항을 적고 (각 사원)이 기명날인하거나 서명하여야 한다.
1. 제179조 제1호부터 제3호까지, 제5호 및 제6호에서 정한 사항
2. 사원의 출자의 목적 및 가액
3. (자본금의 액)
4. 업무집행자의 성명(법인인 경우에는 명칭) 및 주소

설립 시의 출자의 이행(상법 제287조의4) ① 사원은 (신용이나 노무)를 출자의 목적으로 (하지 못한다).
② 사원은 정관의 작성 후 설립등기를 하는 때까지 금전이나 그밖의 재산의 출자를 전부 이행하여야 한다.
③ 현물출자를 하는 사원은 납입기일에 지체 없이 유한책임회사에 출자의 목적인 재산을 인도하고, 등기, 등록, 그밖의 권리의 설정 또는 이전이 필요한 경우에는 이에 관한 서류를 모두 갖추어 교부하여야 한다.

설립의 등기 등(상법 제287조의5) ① 유한책임회사는 본점의 소재지에서 다음 각 호의 사항을 등기함으로써 성립한다.
1. 제179조 제1호(목적) · 제2호(상호) 및 제5호(본점의 소재지)에서 정한 사항과 지점을 둔 경우에는 그 소재지
2. 제180조 제3(존립기간 기타 해산사유를 정한 때에는 그 기간 또는 사유)호에서 정한 사항
3. 자본금의 액
4. 업무집행자의 성명, 주소 및 주민등록번호(법인인 경우에는 명칭, 주소 및 법인등록번호). 다만, 유한책임회사를 대표할 업무집행자를 정한 경우에는 그 외의 업무집행자의 주소는 제외한다.
5. 유한책임회사를 대표할 자를 정한 경우에는 그 성명 또는 명칭과 주소
6. 정관으로 공고방법을 정한 경우에는 그 공고방법
7. 둘 이상의 업무집행자가 공동으로 회사를 대표할 것을 정한 경우에는 그 규정

사원의 책임(상법 제287조의7) 사원의 책임은 이 법에 다른 규정이 있는 경우 외에는 그 (출자금액을 한도)로 한다.

지분의 양도(상법 제287조의8) ① 사원은 (다른 사원의 동의)를 받지 아니하면 그 지분의 전부 또는 일부를 타인에게 양도하지 못한다.
② 제1항에도 불구하고 업무를 집행하지 아니한 사원은 업무를 집행하는 (사원 전원의 동의)가 있으면 지분의 전부 또는 일부를 타인에게 양도할 수 있다. 다만, 업무를 집행하는 사원이 없는 경우에는 (사원 전원의 동의)를 받아야 한다.
③ 제1항과 제2항에도 불구하고 정관으로 그에 관한 사항을 달리 정할 수 있다.

유한책임회사에 의한 지분양수의 금지(상법 제287조의9) ① 유한책임회사는 그 지분의 전부 또는 일부를 (양수할 수 없다).
② 유한책임회사가 지분을 취득하는 경우에 그 지분은 취득한 때에 소멸한다.

업무집행자의 경업 금지(상법 제287조의10) ① 업무집행자는 사원 전원의 동의를 받지 아니하고는 자기 또는 제3자의 계산으로 회사의 영업부류에 속한 거래를 하지 못하며, (같은 종류)의 영업을 목적으로 하는 다른 회사의 업무집행자·이사 또는 집행임원이 되지 못한다.
② 업무집행자가 제1항을 위반하여 거래를 한 경우에는 제198조 제2항부터 제4항까지의 규정을 준용한다.

업무집행자와 유한책임회사 간의 거래(상법 제287조의11) 업무집행자는 (다른 사원 과반수의 결의)가 있는 경우에만 자기 또는 제3자의 계산으로 회사와 거래를 할 수 있다. 이 경우에는 「민법」 제124조를 적용하지 아니한다.

업무의 집행(상법 제287조의12) ① 유한책임회사는 정관으로 (사원 또는 사원이 아닌 자)를 업무집행자로 정하여야 한다.
② 1명 또는 둘 이상의 업무집행자를 정한 경우에는 (업무집행자 각자가) 회사의 업무를 집행할 권리와 의무가 있다. 이 경우에는 제201조 제2항을 준용한다.

> **업무집행사원(상법 제201조)** ② 수인의 업무집행사원이 있는 경우에 그 각 사원의 업무집행에 관한 행위에 대하여 다른 업무집행사원의 (이의)가 있는 때에는 곧 그 행위를 (중지)하고 업무집행사원 (과반수의 결의)에 의하여야 한다.

③ 정관으로 둘 이상을 공동업무집행자로 정한 경우에는 그 전원의 동의가 없으면 업무집행에 관한 행위를 하지 못한다.

사원의 감시권(상법 제287조의14) 업무집행자가 아닌 사원의 감시권에 대하여는 제277조(합자회사에서의 유한책임사원의 감시권)를 준용한다.

법인이 업무집행자인 경우의 특칙(상법 제287조의15) ① 법인이 업무집행자인 경우에는 그 법인은 해당 업무집행자의 직무를 행할 자를 선임하고, 그 자의 성명과 주소를 다른 사원에게 통지하여야 한다.

준용규정(상법 제287조의18) 유한책임회사의 내부관계에 관하여는 정관이나 이 법에 다른 규정이 없으면 합명회사에 관한 규정을 준용한다.

유한책임회사의 대표(상법 제287조의19) ① 업무집행자는 유한책임회사를 대표한다.
② 업무집행자가 둘 이상인 경우 (정관 또는 총사원의 동의)로 유한책임회사를 (대표할 업무집행자)를 정할 수 있다.
③ 유한책임회사는 (정관 또는 총사원의 동의)로 둘 이상의 업무집행자가 (공동으로) 회사를 대표할 것을 정할 수 있다.
④ 제3항의 경우에 제3자의 유한책임회사에 대한 의사표시는 공동대표의 권한이 있는 자 1인에 대하여 함으로써 그 효력이 생긴다.
⑤ 유한책임회사를 대표하는 업무집행자에 대하여는 제209조를 준용한다.

재무제표의 작성 및 보존(상법 제287조의33) 업무집행자는 결산기마다 대차대조표, 손익계산서, 그 밖에 유한책임회사의 재무상태와 경영성과를 표시하는 것으로서 대통령령으로 정하는 서류를 작성하여야 한다.

조직의 변경(상법 제287조의43) ① (주식회사)는 총회에서 (총주주의 동의)로 결의한 경우에는 그 조직을 변경하여 이 장에 따른 (유한책임회사)로 할 수 있다.
(유한책임회사)는 (총사원의 동의)에 의하여 주식회사로 변경할 수 있다.

428 유한책임회사의 설립 시 사원은 신용이나 노무를 출자의 목적으로 하지 못한다.

　□□□　　┃법무사 22, 법원직9급 20　　　　　　　　　　　　　　　　　　　　　　○ ×

상법 제287조의4 제1항　　　　　　　　　　　　　　　　　　　　　　　　　　답 ○

429 유한책임회사 설립등기사항은 목적·상호·본점의 소재지·지점을 둔 경우에는 그 소재지,

　□□□　존립기간 기타 해산사유를 정한 때에는 그 기간 또는 사유, 자본금의 액, 사원의 성명·주민등

　　　록번호, 유한책임회사를 대표할 자를 정한 경우에는 그 성명 또는 명칭과 주소이다.

　　　┃법무사 22　　　　　　　　　　　　　　　　　　　　　　　　　　　　　○ ×

업무집행자의 인적사항은 설립등기사항이나, <u>사원의 성명·주민등록번호 등의 인적사항은 설립등기사항이 아니다</u>(상법 제287조의5 참조).　　　　　　　　　　　　　　　　　답 ×

430 유한책임회사의 사원은 다른 사원의 동의를 받지 아니하면 그 지분의 전부 또는 일부를 타인에

　□□□　게 양도하지 못한다.　┃법무사 22　　　　　　　　　　　　　　　　　　○ ×

상법 제287조의8 제1항　　　　　　　　　　　　　　　　　　　　　　　　　답 ○

431 (상법상 유한책임회사의) 업무집행자는 다른 사원 과반수의 결의가 있는 경우에 자기 또는

　□□□　제3자의 계산으로 회사와 거래를 할 수 있다.　┃법원직9급 20　　　　　　　○ ×

상법 제287조의11　　　　　　　　　　　　　　　　　　　　　　　　　　　답 ○

432 유한책임회사는 사원이 아닌 자를 업무집행자로 정할 수 없다.　┃법원직9급 20　　○ ×

　□□□

유한책임회사는 정관으로 <u>사원 또는 사원이 아닌 자</u>를 업무집행자로 정하여야 한다(상법 제287조의12 제1항).

　　　　　　　　　　　　　　　　　　　　　　　　　　　　　　　　　　답 ×

433 (상법상 유한책임회사에서) 1명 또는 둘 이상의 업무집행자를 정한 경우에는 업무집행자 각자

　□□□　가 회사의 업무를 집행할 권리와 의무가 있다. 업무집행자의 업무집행에 관한 행위에 대하여

　　　다른 업무집행자가 이의가 있는 때에는 곧 그 행위를 중지하고 업무집행자 과반수의 결의에

　　　의하여야 한다.　┃법원직9급 20　　　　　　　　　　　　　　　　　　○ ×

상법 제287조의12 제2항, 제201조 제2항　　　　　　　　　　　　　　　　　답 ○

434 유한책임회사는 법인을 업무집행자로 선임할 수 있고, 이 경우 그 법인은 해당 업무집행자의
□□□ 직무를 행할 자를 선임하여야 한다. ▮법무사 22 　　　　　　　　　　　　○ ×

　　　 법인이 업무집행자인 경우에는 그 법인은 해당 업무집행자의 직무를 행할 자를 선임하고, 그 자의 성명과 주소를
　　　 다른 사원에게 통지하여야 한다(상법 제287조의15 제1항). 　　　　　　　　　　　　　　　답 ○

435 유한책임회사의 내부관계는 원칙적으로 합명회사에 관한 규정을 준용한다. ▮법무사 18 ○ ×
□□□

　　　 상법 제287조의18 　　　　　　　　　　　　　　　　　　　　　　　　　　　　　　답 ○

436 유한책임회사의 업무집행자는 결산기마다 대차대조표, 손익계산서, 그 밖에 유한책임회사의
□□□ 재무상태와 경영성과를 표시하는 것으로서 대통령령으로 정하는 서류를 작성하여야 한다.
　　　 ▮법무사 22 　　　　　　　　　　　　　　　　　　　　　　　　　　　　　　　　　○ ×

　　　 상법 제287조의33 　　　　　　　　　　　　　　　　　　　　　　　　　　　　　　답 ○

제5절　회사의 조직변경

조직변경(상법 제242조)　　① (합명회사)는 (총사원의 동의)로 일부사원을 유한책임사원으로 하거나 유한
책임사원을 새로 가입시켜서 (합자회사)로 변경할 수 있다.

조직변경(상법 제286조)　　① (합자회사)는 사원전원의 동의로 그 조직을 (합명회사)로 변경하여 계속할
수 있다.
② 유한책임사원전원이 퇴사한 경우에도 무한책임사원은 그 (전원의 동의)로 (합명회사)로 변경하여 계속할
수 있다.

조직의 변경(상법 제287조의43)　　① (주식회사)는 총회에서 (총주주의 동의)로 결의한 경우에는 그 조직을
변경하여 이 장에 따른 (유한책임회사)로 할 수 있다.
② (유한책임회사)는 (총사원의 동의)에 의하여 (주식회사)로 변경할 수 있다.

준용규정(상법 제287조의44)　　유한책임회사의 조직의 변경에 관하여는 제232조 및 제604조부터 제607조
까지의 규정을 준용한다.

주식회사의 유한회사에의 조직변경(상법 제604조)　① 주식회사는 총주주의 일치에 의한 총회의 결의로 그 조직을 변경하여 이를 유한회사로 할 수 있다. 그러나 사채의 상환을 완료하지 아니한 경우에는 그러하지 아니하다.
② 전항의 조직변경의 경우에는 회사에 현존하는 순재산액보다 많은 금액을 자본금의 총액으로 하지 못한다.
③ 제1항의 결의에 있어서는 정관 기타 조직변경에 필요한 사항을 정하여야 한다.

유한회사의 주식회사로의 조직변경(상법 제607조)　① 유한회사는 총사원의 일치에 의한 총회의 결의로 주식회사로 조직을 변경할 수 있다. 다만, 회사는 그 결의를 정관으로 정하는 바에 따라 제585조의 사원총회의 결의로 할 수 있다.
② 제1항에 따라 조직을 변경할 때 발행하는 주식의 발행가액의 총액은 회사에 현존하는 순재산액을 초과하지 못한다.
③ 제1항의 조직변경은 법원의 인가를 받지 아니하면 효력이 없다.

437 유한책임회사는 총사원의 동의에 의하여 유한회사로 변경할 수 있다. ▮법무사 22　○ ✕
☐☐☐

유한책임회사는 총사원의 동의에 의하여 <u>주식회사</u>로 변경할 수 있다(상법 제287조의43 제2항). 회사의 조직변경은 성질이 비슷한 합명회사와 합자회사 상호 간(상법 제242조, 제286조), 주식회사와 유한회사 상호 간(상법 제604조 제1항, 제607조 제1항), 주식회사와 유한책임회사 상호 간(상법 제287조의43)에만 허용된다. **답** ✕

제4편 어음법·수표법

제1장 어음법·수표법 총론

제1절 개 관

001 환어음은 조건 없이 일정한 금액을 지급할 것을 위탁하는 뜻을 적고, 약속어음은 조건 없이 일정한 금액을 지급할 것을 약속하는 뜻을 적는다. **법무사 22** ○ ×

□□□

환어음은 지급위탁증권으로 지급위탁 문언을(어음법 제1조 제2호), 약속어음은 지급약속증권으로 지급약속의 문언을 기재하여야 한다(어음법 제75조 제2호). **답** ○

002 약속어음은 지급인이 없고 따라서 지급지도 기재하지 않는다. **법무사 22** ○ ×

□□□

약속어음은 환어음과 달리 지급인이 존재하지 않으나, 지급지는 발행인의 채무이행 지역으로 이를 기재하지 않으면 어음은 무효가 된다(어음법 제75조 제4호). **답** ×

003 수표에는 만기와 수취인을 기재할 필요가 없다. **법무사 22** ○ ×

□□□

환어음과 다르게 수표는 만기와 수취인이 필수적 기재사항이 아니다(수표법 제1조). 수표는 지급증권이므로 만기가 없고 언제나 일람출급이며, 이를 기재하더라도 무익적 기재사항이다(수표법 제28조 제1항). 또한 수표는 수취인을 기재하지 않고 소지인출급식으로 발행할 수도 있고(수표법 제5조 제1항 제3호), 이를 기재하여 기명식 또는 지시식으로 발행할 수도 있으므로(수표법 제5조 제1항 제1호) 수표에서 수취인은 유익적 기재사항이다. **답** ○

004 수표는 발행인이 처분할 수 있는 자금이 있는 은행을 지급인으로 한다. 그러나 이를 위반하는 경우에도 수표로서의 효력에 영향을 미치지 않는다. **법무사 22** ○ ×

□□□

수표는 제시한 때에 발행인이 처분할 수 있는 자금이 있는 은행을 지급인으로 하고, 발행인이 그 자금을 수표에 의하여 처분할 수 있는 명시적 또는 묵시적 계약에 따라서만 발행할 수 있다. 그러나 이 규정을 위반하는 경우에도 수표로서의 효력에 영향을 미치지 아니한다(수표법 제3조). **답** ○

005 환어음과 달리 수표는 인수하지 못한다. ▮법무사 22　　　　○ ×
□□□

수표는 인수하지 못한다. 수표에 적은 인수의 문구는 적지 아니한 것으로 본다(수표법 제4조). 📖 ○

제2절 어음 · 수표행위

제1관 어음 · 수표의 의의와 성립요건

006 무인 또는 지장을 찍는 것은 유효한 날인이 될 수 없다. ▮법무사 18　　　　○ ×
□□□

약속어음의 서명에 갈음하는 기명날인을 함에는 날인은 인장을 압날하여야 하고 무인으로 한 진출행위는 무효이다(대판 1956.4.26. 4288민상424). 배서날인에는 기명무인은 포함되지 않으므로 기명무인으로서 한 어음행위는 무효라 할 것이어서 약속어음에 수차 배서가 될 경우에 시초에만 배서가 기명무인이 되었다면 그 어음에는 본조가 규정한 배서의 연속이 없고 위 무효인 배서 이후의 어음취득자는 배서의 연속에 의하여 그 권리를 증명한 자라 할 수 없다(대판 1962.11.1. 62다604). 즉, 무인 또는 지장은 유효한 날인이 될 수 없다는 것이 통설 · 판례의 입장이다. 📖 ○

007 어음 · 수표행위자의 진정한 의사에 기하여 기명날인이 이루어진 이상 기명과 날인이 서로 일치하지 않더라도 유효한 것으로 본다. ▮법무사 18　　　　○ ×
□□□

어음법상의 기명날인이라는 것은 기명된 자와 여기에 압날된 인영이 반드시 합치됨을 요구한다고 볼 근거는 없으므로 약속어음에 기명이 되고 거기에 어떤 인장이 압날되어 있는 이상 외관상 날인이 전연 없는 경우와는 구별되어야 한다(대판 1978.2.28. 77다2489). 📖 ○

008 약속어음의 발행인 명의가 회사 대표이사인 개인으로만 되어 있고 별다른 뜻이 표시되어 있지 아니한 경우 날인된 인영에 법인의 명칭이 나타나 있더라도 이를 가지고 법인의 명칭이 기재되었다고 할 수 없다. ▮법무사 18　　　　○ ×
□□□

약속어음의 발행인 명의가 회사 대표이사인 개인 甲으로만 되어 있고, 동인이 회사를 위하여 발행하였다는 뜻이 표시되어 있지 아니한 이상, 그 명하에 날인된 인영이 회사의 대표이사 직인이라 할지라도 그 어음은 동인이 회사를 대표하여 발행한 것이라고 볼 수 없다(대판 1979.3.27. 78다2477). 📖 ○

009 'A 주식회사 甲'이라고 기명하고, 그 옆에 'A 주식회사 대표이사'라고 날인하여 그 인영에
□□□ 대표이사라는 사실이 드러나더라도 법인의 어음·수표행위로는 볼 수 없다. ▮법무사 18
　○ ✕

피고 회사의 대표이사인 소외 甲이 어음을 발행함에 있어 명의표시와 날인형식의 예에 따라 "피고 회사 甲"이라고
표시하고 등록된 "대표이사 甲인"이라고 된 회사 대표이사 직인을 날인하였다면 <u>피고 회사는 어음상의 의무가
있다</u> 할 것이다(대판 1969.9.23. 69다930). 　▮답 ✕

010 대표기관의 기명날인이 없이 법인의 명칭만을 기재하고 대표기관의 날인만 있는 경우에는
□□□ 무효이다. ▮법무사 18　○ ✕

은행 지점장이 수취인이 은행인 약속어음의 배서란에 지점의 주소와 지점 명칭이 새겨진 명판을 찍고 기명을
생략한 채 자신의 사인(私印)을 날인하는 방법으로 배서한 경우, 그 배서는 행위자인 대리인의 기명이 누락되어
그 요건을 갖추지 못한 무효의 배서이므로 배서의 연속에 흠결이 있다 할 것이다(대판 1999.3.9. 97다7745).
　▮답 ○

011 어음행위의 내용은 어디까지나 어음상의 기재에 의하여 객관적으로 해석하여야 하는 것이지,
□□□ 어음 외의 사정에 의하여 어음상의 기재를 변경하는 방식으로 해석하여서는 아니 된다.
　▮법무사 19　○ ✕

대판 2000.12.8. 2000다33737 　▮답 ○

012 어음을 유통시킬 의사로 어음상에 발행인으로 기명날인하여 외관을 갖춘 어음을 작성한 자는
□□□ 그 어음이 도난·분실 등으로 인하여 그의 의사에 의하지 아니하고 유통되었다고 하더라도,
배서가 연속되어 있는 그 어음의 외관을 신뢰하고 취득한 소지인에 대하여는 그 소지인이
악의 내지 중과실에 의하여 그 어음을 취득하였음을 주장·입증하지 아니하는 한 발행인으로
서의 어음상의 채무를 부담한다. ▮법무사 19　○ ✕

대판 1999.11.26. 99다34307 　▮답 ○

⊃ 어음법
어음행위의 무권대리(어음법 제8조)   (대리권 없이 타인의 대리인)으로 환어음에 기명날인하거나 서명한 자는 그 어음에 의하여 (의무를 부담한다). 그 자가 어음금액을 지급한 경우에는 본인과 같은 권리를 가진다. 권한을 초과한 대리인의 경우도 같다.

⊃ 수표법
수표행위의 무권대리(수표법 제11조)   대리권 없이 타인의 대리인으로 수표에 기명날인하거나 서명한 자는 그 수표에 의하여 의무를 부담한다. 그 자가 수표금액을 지급한 경우에는 본인과 같은 권리를 가진다. 권한을 초과한 대리인의 경우도 같다.

013   어음상에 대리인 자신을 위한 어음행위가 아니고 본인을 위하여 어음행위를 한다는 취지를 □□□ 인식할 수 있을 정도의 표시가 있으면 대리관계의 표시로 보아야 할 것이어서, "甲주식회사 이사 乙"이라는 표시는 甲주식회사의 대리관계의 표시로써 적법한 표시이다. ▮법무사 21

○ ×

회사나 기타 법인이 어음행위를 하려면 대표기관이 그 법인을 위하여 하는 것임을 표시하고 자기성명을 기재하여야 하는 것은 대표기관 자신이 직접 어음행위를 하는 경우이고 대리인이 어음행위를 하려면 어음상에 대리관계를 표시하여야 하는바, 그 표시방법에 대하여 특별한 규정이 없으므로 어음상에 대리인 자신을 위한 어음행위가 아니고 본인을 위하여 어음행위를 한다는 취지를 인식할 수 있을 정도의 표시가 있으면 대리관계의 표시로 보아야 할 것인바, 본건에 있어 "연합실업주식회사 이사 소외 2"라는 표시는 동 회사의 대리관계의 표시로써 적법한 표시로 인정하여야 할 것이다(대판 1973.12.26. 73다1436).   답 ○

014   대리권 없이 타인의 대리인으로 환어음에 기명날인하거나 서명한 자는 그 어음상의 책임을 □□□ 부담하지 않는다. ▮법무사 17

○ ×

대리권 없이 타인의 대리인으로 환어음에 기명날인하거나 서명한 자는 <u>그 어음에 의하여 의무를 부담한다</u>. 그 자가 어음금액을 지급한 경우에는 본인과 같은 권리를 가진다. 권한을 초과한 대리인의 경우도 같다(어음법 제8조).   답 ×

015   조합의 어음행위는 조합의 성질상 조합원 전원이 기명날인 또는 서명을 하여야 하고, 대표조합 □□□ 원이 그 대표자격을 밝히고 조합원 전원을 대리하여 서명한 경우라도 조합원 전원에 대한 유효한 어음행위가 될 수 없다. ▮법무사 21

○ ×

조합의 어음행위는 전 조합원의 어음상의 서명에 의한 것은 물론 <u>대표조합원이 그 대표자격을 밝히고 조합원 전원을 대리하여 서명하였을 경우에도 유효하다</u>(대판 1970.8.31. 70다1360).   답 ×

016 어음행위의 대리 또는 대행권한을 수여받은 자가 그 수권의 범위를 넘어 어음행위를 한 경우
□□□ 본인은 수권의 범위를 불문하고 아무런 어음상의 채무를 부담하지 않는다. **| 법무사 17 · 21**
○ ×

어음행위의 대리 또는 대행권한을 수여받은 자가 그 수권의 범위를 넘어 어음행위를 한 경우에 <u>본인은 그 수권의</u>
<u>범위 내에서는 대리 또는 대행자와 함께 어음상의 채무를 부담한다</u>(대판 2001.2.23. 2000다45303). **답** ×

017 약속어음의 보증 부분이 위조된 경우 해당 약속어음을 배서, 양도받은 제3취득자는 위 보증행
□□□ 위가 민법 제126조가 정한 표현(表見)대리행위로서 보증인에게 그 효력이 미친다고 주장할
수 있는 제3자에 해당한다. **| 법무사 17 · 21**
○ ×

표현대리에 관한 민법 제126조의 규정에서 제3자라 함은 당해 표현대리행위의 직접 상대방이 된 자만을 <u>지칭하는</u>
<u>것이고</u>, 약속어음의 보증은 발행인을 위하여 그 어음금채무를 담보할 목적으로 하는 보증인의 단독행위이므로
그 행위의 구체적, 실질적인 상대방은 어음의 제3취득자가 아니라 발행인이라 할 것이어서 약속어음의 보증 부분이
위조된 경우, 동 <u>약속어음을 배서, 양도받는 제3취득자는 위 보증행위가 민법 제126조 소정의 표현대리행위로서</u>
<u>보증인에게 그 효력이 미친다고 주장할 수 있는 제3자에 해당하지 않는다</u>(대판 2002.12.10. 2001다58443).
답 ×

018 어음위조의 경우에도 제3자가 어음행위를 실제로 한 자에게 그와 같은 어음행위를 할 수 있는
□□□ 권한이 있다고 믿을 만한 사유가 있고, 본인에게 책임을 질 만한 사유가 있는 때에는 대리방식
에 의한 어음행위의 경우와 마찬가지로 민법상의 표현대리 규정을 유추적용하여 본인에게
그 책임을 물을 수 있다. **| 법무사 21**
○ ×

다른 사람이 본인을 위하여 한다는 대리문구를 어음상에 기재하지 않고 직접 본인 명의로 기명날인을 하여 어음행
위를 하는 이른바 기관방식 또는 서명대리방식의 어음행위가 권한 없는 자에 의하여 행하여졌다면 이는 어음행위
의 무권대리가 아니라 어음의 위조에 해당하는 것이기는 하나, 그 경우에도 제3자가 어음행위를 실제로 한 자에게
그와 같은 어음행위를 할 수 있는 권한이 있다고 믿을 만한 사유가 있고, 본인에게 책임을 질 만한 사유가 있는
때에는 대리방식에 의한 어음행위의 경우와 마찬가지로 민법상의 표현대리 규정을 유추적용하여 본인에게 그
책임을 물을 수 있다(대판 2000.3.23. 99다50385). **답** ○

019 민법상 표현대리에 관한 규정이 어음행위의 위조에 관하여 유추적용되기 위하여서는 상대방이
□□□ 위조자에게 어음행위를 할 권한이 있다고 믿거나 피위조자가 진정하게 당해 어음행위를 한
것으로 믿은 것만으로 충분하다. **| 법무사 17**
○ ×

민법상의 표현대리에 관한 규정이 어음행위의 위조에 관하여 유추적용되기 위하여서는 <u>상대방이 위조자에게</u>
<u>어음행위를 할 권한이 있다고 믿거나 피위조자가 진정하게 당해 어음행위를 한 것으로 믿은 것만으로는 부족하고,</u>
<u>그와 같이 믿은 데에 정당한 사유가 있어야 하는바</u>, 이러한 정당한 사유는 어음행위 당시에 존재한 여러 사정을
객관적으로 관찰하여 보통인이면 유효한 행위가 있었던 것으로 믿는 것이 당연하다고 보여지면 이를 긍정할
수 있지만, 어음 자체에 위조자의 권한이나 어음행위의 진정성을 의심하게 할 만한 사정이 있는데도 불구하고
그 권한 유무나 본인의 의사를 조사·확인하지 아니하였다면 상대방의 믿음에 정당한 사유가 있다고 하기 어렵다
(대판 2000.2.11. 99다47525). **답** ×

020 어음이 위조된 경우 피위조자는 민법상 표현(表見)대리에 관한 규정이 유추적용될 수 있다는
□□□ 등의 특별한 경우를 제외하고는 원칙적으로 어음상의 책임을 지지 않는다. **┃법무사 17·21**

○ ✕

어음이 위조된 경우에 피위조자는 민법상 표현대리에 관한 규정이 유추적용될 수 있다는 등의 특별한 경우를
제외하고는 원칙적으로 어음상의 책임을 지지 아니하나, 피용자가 어음위조로 인한 불법행위에 관여한 경우에
그것이 사용자의 업무집행과 관련한 위법한 행위로 인하여 이루어졌으면 그 사용자는 민법 제756조에 의한 손해배
상책임을 지는 경우가 있다(대판[전합]1994.11.8. 93다21514). **답** ○

제3관 **어음·수표의 위조와 변조**

⊃ **어음법**
변조와 어음행위자의 책임(어음법 제69조)   환어음의 문구가 변조된 경우에는 그 (변조 후)에 기명날인하
거나 서명한 자는 (변조된 문구에 따라 책임)을 지고 (변조 전)에 기명날인하거나 서명한 자는 (원래 문구
에 따라 책임)을 진다.

⊃ **수표법**
변조와 수표행위자의 책임(수표법 제50조)   수표의 문구가 변조된 경우에는 그 변조 후에 기명날인하거나
서명한 자는 변조된 문구에 따라 책임을 지고, 변조 전에 기명날인하거나 서명한 자는 원래 문구에 따라
책임을 진다.

021 약속어음의 배서가 위조된 경우에도 배서의 연속이 흠결된 것이라고 할 수 없으므로 피배서인
□□□ 은 배서가 위조되었는지의 여부에 관계없이 배서의 연속이 있는 약속어음의 적법한 소지인으
로 추정되며 다만 발행인은 소지인이 악의 또는 중대한 과실로 취득한 사실을 주장·입증하여
발행인으로서의 어음채무를 면할 수 있을 뿐이다. **┃법무사 20**

○ ✕

대판 1974.9.24. 74다902 **답** ○

022 피위조자의 추인은 묵시적으로도 가능하나 피위조자가 묵시적으로 추인하였다고 인정하려면
□□□ 추인의 의사가 표시되었다고 볼 만한 사유가 인정되어야 한다. **┃법무사 20**

○ ✕

무권대리행위에 대한 추인은 무권대리행위로 인한 효과를 자기에게 귀속시키려는 의사표시이니만큼 무권대리행
위에 대한 추인이 있었다고 하려면 그러한 의사가 표시되었다고 볼 만한 사유가 있어야 하고, 무권대리행위가
범죄가 되는 경우에 대하여 그 사실을 알고도 장기간 형사고소를 하지 아니하였다 하더라도 그 사실만으로 묵시적
인 추인이 있었다고 할 수는 없는바, 권한 없이 기명날인을 대행하는 방식에 의하여 약속어음을 위조한 경우에
피위조자가 이를 묵시적으로 추인하였다고 인정하려면 추인의 의사가 표시되었다고 볼 만한 사유가 있어야 한다
(대판 1998.2.10. 97다31113). **답** ○

023 위조된 수표를 할인에 의하여 취득한 사람이 그로 인하여 입게 되는 손해액은 특별한 사정이
□□□ 없는 한 그 수표가 진정한 것이었다면 그 소지인이 지급받았을 것으로 인정되는 그 수표의
액면에 상당하는 금액이지, 그 위조수표를 취득하기 위하여 현실적으로 출연한 할인금에 상당
하는 금액이 아니라고 봄이 상당하다. ▮법무사 20   ○ ×

....

위조된 수표를 할인에 의하여 취득한 사람이 그로 인하여 입게 되는 손해액은 특별한 사정이 없는 한 그 위조수표를
취득하기 위하여 현실적으로 출연한 할인금에 상당하는 금액이지, 그 수표가 진정한 것이었다면 그 수표의
소지인이 지급받았을 것으로 인정되는 그 수표의 액면에 상당하는 금액이 아니다(대판[전합]1992.6.23. 91다
43848).   답 ×

024 어음에 어음채무자로 기재되어 있는 사람이 자신의 기명날인이 위조된 것이라고 주장하는
□□□ 경우에는 그 사람에 대하여 어음채무의 이행을 청구하는 어음의 소지인이 그 기명날인이 진정
한 것임을 증명하여야 한다. ▮법무사 17   ○ ×

....

대판[전합] 1993.8.24. 93다4151   답 ○

025 어음발행인이라 하더라도 어음상에 권리의무를 가진 자가 있는 경우에는 이러한 자의 동의를
□□□ 받지 아니하고 어음의 기재내용에 변경을 가하였다면 이는 변조에 해당한다. 약속어음에 배서
인이 있는 경우 배서인은 어음행위를 할 당시의 문언에 따라 어음상의 책임을 지는 것이지
그 변조된 문언에 의한 책임을 지울 수는 없다. ▮법무사 20   ○ ×

....

대판 1987.3.24. 86다카37   답 ○

제3절   어음·수표항변

> **⊃ 어음법**
> **인적항변의 절단(어음법 제17조)**   환어음에 의하여 청구를 받은 자는 발행인 또는 종전의 소지인에 대한
> (인적 관계로 인한 항변)으로써 소지인에게 대항하지 못한다. 그러나 소지인이 그 채무자를 (해할 것을
> 알고) 어음을 취득한 경우에는 그러하지 아니하다.
>
> **⊃ 수표법**
> **인적항변의 절단(수표법 제22조)**   수표에 의하여 청구를 받은 자는 발행인 또는 종전의 소지인에 대한 인적
> 관계로 인한 항변으로써 소지인에게 대항하지 못한다. 그러나 소지인이 그 채무자를 해할 것을 알고 수표
> 를 취득한 경우에는 그러하지 아니하다.

026 어음행위는 무인행위로서 어음수수의 원인관계로부터 분리하여 다루어져야 하고 어음은 원인
☐☐☐ 관계와 상관없이 일정한 어음상의 권리를 표창하는 증권이므로 어음이 일정한 조건하에서만
권리를 행사하기로 한 약정하에 발행되었더라도 이와 같은 사정은 어음의 원인관계에 기한
인적 항변사유에 불과하고 어음상의 권리는 일단 유효하게 성립한다. ▮법무사 18   ○ ×

⋯⋯

어음행위는 무인행위로서 어음수수의 원인관계로부터 분리하여 다루어져야 하고 어음은 원인관계와 상관없이
일정한 어음상의 권리를 표창하는 증권이므로 어음이 일정한 조건(예컨대 근로자들에 대한 노임체불)하에서만
권리를 행사하기로 한 약정하에 발행되었더라도 이와 같은 사정은 어음의 원인관계에 기한 인적 항변사유에
불과하고 어음상의 권리는 일단 유효하게 성립되었다고 보아야 할 것이어서 여기에 어음법 제16조 제2항은 적용될
수 없다(대판 1989.10.24. 89다카1398).   **답** ○

027 어음행위에 착오·사기·강박 등 의사표시의 하자가 있다는 항변은 어음행위상대방에 대한
☐☐☐ 인적항변이다. ▮법무사 17   ○ ×

⋯⋯

어음행위에 착오·사기·강박 등 의사표시의 하자가 있다는 항변은 어음행위상대방에 대한 인적항변에 불과한
것이므로, 어음채무자는 소지인이 채무자를 해할 것을 알고 어음을 취득한 경우가 아닌 한, 소지인이 중대한
과실로 그러한 사실을 몰랐다고 하더라도 종전 소지인에 대한 인적항변으로써 소지인에게 대항할 수 없다(대판
1997.5.16. 96다49513).   **답** ○

028 어음의 배서인이 발행인으로부터 지급받은 어음금 중 일부를 어음 소지인에게 지급한 경우
☐☐☐ 어음의 발행인은 그 범위 내에서 배서인에 대한 인적항변으로써 소지인에게 대항하여 그 부분
어음금 지급을 거절할 수 있다. ▮법무사 17   ○ ×

⋯⋯

어음의 배서인이 발행인으로부터 지급받은 어음금 중 일부를 어음 소지인에게 지급한 경우, 어음소지인은 배서인
과 사이에 소멸된 어음금에 대하여는 지급을 구할 경제적 이익이 없게 되어 인적항변 절단의 이익을 향유할
지위에 있지 아니하므로 어음의 발행인은 그 범위 내에서 배서인에 대한 인적항변으로써 소지인에게 대항하여
그 부분 어음금의 지급을 거절할 수 있다(대판 2003.1.10. 2002다46508).   **답** ○

029 소지인이 어음 채무자를 해할 것임을 중대한 과실로 알지 못하였다면 어음 채무자는 종전
☐☐☐ 소지인에 대한 인적항변으로써 소지인에게 대항할 수 있다. ▮법무사 22   ○ ×

⋯⋯

어음 채무자는 소지인이 그 채무자를 해할 것을 알고 어음을 취득한 경우가 아닌 한, 소지인이 중대한 과실로
그러한 사실을 몰랐다고 하더라도 종전 소지인에 대한 인적항변으로써 소지인에게 대항할 수 없다(대판 1996.3.22.
95다56033).   **답** ×

030 현재의 어음소지인에게 어음을 양도한 사람이 어음취득 당시 선의였기 때문에 그에게 대항할
☐☐☐ 수 없었던 사유에 대하여는 현재의 어음소지인이 비록 어음취득 당시 그 사유를 알고 있었다고
해도 현재의 어음소지인에게 대항할 수 없다. ▮법무사 22   ○ ×

어음상 배서인으로서 나타나고 있지는 않지만 현재의 어음소지인에게 어음을 양도한 자가 어음취득 당시 선의였기 때문에 그에게 대항할 수 없었던 사유에 대하여는 현재의 어음소지인이 비록 어음취득 당시 그 사유를 알고 있었다고 하여 그것으로써 현재의 어음소지인에게 대항할 수는 없고, 이는 현재의 어음소지자가 지급거절증서 작성 후 또는 지급거절증서 작성기간 경과 후에 어음을 양도받았다고 하더라도 마찬가지이다(대판 1994.5.10. 93다58721). **답** ○

031 약속어음 발행인으로부터 인적항변의 대항을 받는 어음소지인은 당해 어음을 제3자에게 배서
□□□ ·양도한 후 환배서에 의하여 이를 다시 취득하여 소지하게 되었다고 할지라도 발행인으로부터 여전히 위 항변의 대항을 받는다. ▮법무사 17·22 ○ ×

대판 2002.4.26. 2000다42915 **답** ○

032 융통어음을 발행한 자는 그 어음을 양수한 제3자에 대하여는 특별한 사정이 없는 한 선의,
□□□ 악의를 묻지 아니하고 대가 없이 발행한 융통어음이었다는 항변으로 대항할 수 없다.
▮법무사 22 ○ ×

융통어음을 발행한 자는 피융통자에 대하여 어음상의 책임을 부담하지 아니하지만, 그 어음을 양수한 제3자에 대하여는 달리 특별한 사정이 없는 한 선의, 악의를 묻지 아니하고 대가 없이 발행한 융통어음이었다는 항변으로 대항할 수 없다(대판 1995.9.15. 94다54856). **답** ○

033 융통어음의 발행자는 피융통자로부터 그 어음을 양수한 제3자가 선의라도 그 취득이 기한
□□□ 후 배서에 의한 것인 경우에는 대가 없이 발행된 융통어음이라는 항변으로 대항할 수 있다.
▮법무사 17 ○ ×

융통어음의 발행자는 피융통자로부터 그 어음을 양수한 제3자에 대하여는 선의이거나 악의이거나, 또한 그 취득이 기한후배서에 의한 것이라 하더라도 대가 없이 발행된 융통어음이라는 항변으로 대항할 수 없으나, 피융통자에 대하여는 어음상의 책임을 부담하지 아니한다 할 것이고, 약속어음금청구에 있어 어음의 발행인이 그 어음이 융통어음이므로 피융통자에 대하여 어음상의 책임을 부담하지 아니한다고 항변하는 경우 융통어음이라는 점에 대한 입증책임은 어음의 발행자가 부담한다(대판 2001.8.24. 2001다28176). **답** ×

034 융통어음을 양수한 제3자가 양수 당시 그 어음이 융통어음으로 발행되었고 이와 교환으로
□□□ 교부된 담보어음이 지급거절되었다는 사정을 알고 있었다면, 융통어음의 발행자는 그 제3자에 대하여도 융통어음의 항변으로 대항할 수 있다. ▮법무사 22 ○ ×

피융통자가 융통어음과 교환하여 그 액면금과 같은 금액의 약속어음을 융통자에게 담보로 교부한 경우에 있어서는 융통어음을 양수한 제3자가 양수 당시 그 어음이 융통어음으로 발행되었고 이와 교환으로 교부된 담보어음이 지급거절되었다는 사정을 알고 있었다면, 융통어음의 발행자는 그 제3자에 대하여도 융통어음의 항변으로 대항할 수 있다(대판 1995.1.20. 94다50489). **답** ○

035 채무자가 기존 채무의 이행에 관하여 채권자에게 어음을 교부하는 경우에 어음상의 주채무자가 원인관계상의 채무자와 동일하지 아니한 때에는 제3자인 어음상의 주채무자에 의한 지급이 예정되어 있으므로 이는 '지급을 위하여' 교부된 것으로 추정되지만, '지급에 갈음하여' 교부된 것으로 볼 만한 특별한 사정이 있는 경우에는 그러한 추정은 깨진다. **|법무사 21** ○ ×

기존 채무의 이행에 관하여 채무자가 채권자에게 어음을 교부할 때의 당사자의 의사는 기존 원인채무의 '지급에 갈음하여', 즉 기존 원인채무를 소멸시키고 새로운 어음채무만을 존속시키려고 하는 경우와, 기존 원인채무를 존속시키면서 그에 대한 지급방법으로서 이른바 '지급을 위하여' 교부하는 경우 및 단지 기존 채무의 지급 담보의 목적으로 이루어지는 이른바 '담보를 위하여' 교부하는 경우로 나누어 볼 수 있는데, 어음상의 주채무자가 원인관계상의 채무자와 동일하지 아니한 때에는 제3자인 어음상의 주채무자에 의한 지급이 예정되어 있으므로 이는 '지급을 위하여' 교부된 것으로 추정되지만, '지급에 갈음하여' 교부된 것으로 볼 만한 특별한 사정이 있는 경우에는 그러한 추정은 깨진다(대판 2010.12.23. 2010다44019). **답** ○

036 원인채권의 지급을 확보하기 위한 방법으로 어음이 수수된 경우, 채권자가 어음채권에 기하여 청구를 하더라도 원인채권의 소멸시효를 중단시키는 효력은 없다. **|법무사 21** ○ ×

원인채권의 지급을 확보하기 위한 방법으로 어음이 수수된 경우, 이러한 어음은 경제적으로 동일한 급부를 위하여 원인채권의 지급수단으로 수수된 것으로서 그 어음채권의 행사는 원인채권을 실현하기 위한 것일 뿐만 아니라, 원인채권의 소멸시효는 어음금 청구소송에 있어서 채무자의 인적항변사유에 해당하는 관계로 채권자가 어음채권의 소멸시효를 중단하여 두어도 채무자의 인적항변에 따라 그 권리를 실현할 수 없게 되는 불합리한 결과가 발생하게 되므로, <u>채권자가 원인채권에 기하여 청구를 한 것이 아니라 어음채권에 기하여 청구를 하는 반대의 경우에는 원인채권의 소멸시효를 중단시키는 효력이 있다고 봄이 상당하고</u>, 이러한 법리는 채권자가 어음채권을 피보전권리로 하여 채무자의 재산을 가압류함으로써 그 권리를 행사한 경우에도 마찬가지로 적용된다(대판 1999.6.11. 99다16378). **답** ×

037 다른 사람이 발행 또는 배서양도하는 약속어음에 배서인이 된 사람은 그 배서로 인한 어음상의 채무만을 부담하는 것이 원칙이고, 특별히 채권자에 대하여 자기가 그 발행 또는 배서양도의 원인이 된 채무까지 보증하겠다는 뜻으로 배서한 경우에 한하여 그 원인채무에 대한 보증책임을 부담한다. **|법무사 21** ○ ×

다른 사람이 발행하는 약속어음에 명시적으로 어음보증을 하는 사람은 그 어음보증으로 인한 어음상의 채무만을 부담하는 것이 원칙이고, 특별히 채권자에 대하여 자기가 그 약속어음 발행의 원인이 된 채무까지 보증하겠다는 뜻으로 어음보증을 한 경우에 한하여 그 원인채무에 대한 보증책임을 부담하게 되므로, 타인이 물품공급계약을 맺은 공급자에게 물품대금 채무의 담보를 위하여 발행·교부하는 약속어음에 어음보증을 한 경우에도 달리 민사상의 원인채무까지 보증하는 의미로 어음보증을 하였다고 볼 특별한 사정이 없는 한, 단지 어음보증인으로서 어음상의 채무를 부담하는 것에 의하여 신용을 부여하려는 데에 지나지 아니하는 것이고, 어음보증 당시 그 어음이 물품대금 채무의 담보를 위하여 발행·교부되는 것을 알고 있었다 하여도 이와 달리 볼 수가 없다(대판 1998.6.26. 98다2051). **답** ○

038
□□□
어음에 의하여 청구를 받은 자는 종전의 소지인에 대한 인적 관계로 인한 항변으로써 소지인에게 대항하지 못하는 것이 원칙이지만, 자기에 대한 배서의 원인관계가 흠결됨으로써 어음소지인이 그 어음을 소지할 정당한 권원이 없어지고 어음금의 지급을 구할 경제적 이익이 없게 된 경우에는 인적항변 절단의 이익을 향유할 지위에 있지 않다고 보아야 한다. ▮법무사 21

○ ✕

어음에 의하여 청구를 받은 자는 종전의 소지인에 대한 인적 관계로 인한 항변으로써 소지인에게 대항하지 못하는 것이 원칙이지만, 이와 같이 인적항변을 제한하는 법의 취지는 어음거래의 안전을 위하여 어음취득자의 이익을 보호하기 위한 것이므로 자기에 대한 배서의 원인관계가 흠결됨으로써 어음소지인이 그 어음을 소지할 정당한 권원이 없어지고 어음금의 지급을 구할 경제적 이익이 없게 된 경우에는 인적항변 절단의 이익을 향유할 지위에 있지 아니하다고 보아야 할 것이다(대판 2003.1.10. 2002다46508). **답** ○

039
□□□
채무자가 채권자에게 기존 채무의 이행에 관하여 교부한 어음이 '지급을 위하여' 교부된 것으로 추정되는 경우, 채권자가 기존 채무의 변제기보다 후의 일자가 만기로 된 어음을 교부받은 때에는 특별한 사정이 없는 한 기존채무의 지급을 유예하는 의사가 있었다고 보아야 한다.
▮법무사 21

○ ✕

어음이 '지급을 위하여' 교부된 것으로 추정되는 경우에는 채권자는 어음채권과 원인채권 중 어음채권을 먼저 행사하여 그로부터 만족을 얻을 것을 당사자가 예정하였다고 할 것이어서 채권자로서는 어음채권을 우선 행사하고 그에 의하여 만족을 얻을 수 없는 때 비로소 채무자에 대하여 기존의 원인채권을 행사할 수 있는 것이므로, 채권자가 기존채무의 변제기보다 후의 일자가 만기로 된 어음을 교부받은 때에는 특별한 사정이 없는 한 기존채무의 지급을 유예하는 의사가 있었다고 보아야 할 것이다(대판 2001.7.13. 2000다57771). **답** ○

제5절   이득상환청구권

⊃ 어음법
이득상환청구권(어음법 제79조)   환어음 또는 약속어음에서 생긴 권리가 절차의 흠결로 인하여 소멸한 때나 그 소멸시효가 완성한 때라도 (소지인)은 (발행인, 인수인 또는 배서인)에 대하여 그가 받은 이익의 한도 내에서 상환을 청구할 수 있다.

⊃ 수표법
이득상환청구권(수표법 제63조)   수표에서 생긴 권리가 절차의 흠결로 인하여 소멸한 때나 그 소멸시효가 완성한 때라도 소지인은 발행인, 배서인 또는 지급보증을 한 지급인에 대하여 그가 받은 이익의 한도 내에서 상환을 청구할 수 있다.

040 환어음 또는 약속어음에서 생긴 권리가 절차의 흠결로 인하여 소멸한 때나 그 소멸시효가
□□□ 완성한 때라도 소지인은 발행인, 인수인 또는 배서인에 대하여 그가 받은 이익의 한도 내에서
상환을 청구할 수 있다. **I 법무사 19** ○ ×

어음법 제79조 **답** ○

041 어음법에 의한 이득상환청구권이 발생하기 위하여는 모든 어음상 또는 민법상의 채무자에
□□□ 대하여 각 권리가 소멸되어야 하는 것인바, 원인관계에 있는 채권의 지급을 확보하기 위하여
발행된 약속어음이 전전양도되어 최후의 소지인이 어음상의 권리를 상실한 경우라도 원인채무
는 그대로 존속하는 것이므로 발행인이 바로 어음금액 상당의 이득을 얻고 있다고는 할 수
없다. **I 법무사 19** ○ ×

대판 1993.3.23. 92다50942 **답** ○

042 이득상환청구권은 어음의 효력소멸 당시의 소지인에게 부여된 지명채권에 속하므로 지명채권
□□□ 양도의 방법에 의하여 양도할 수 있다. **I 법무사 19** ○ ×

이득상환청구권은 지명채권 양도의 방법에 의하여 양도할 수 있고 약속어음상의 권리가 소멸된 이후 배서양도만으
로서는 양도의 효력이 없다(대판 1970.3.10. 69다1370). **답** ○

043 어음법 제79조에서 말하는 '받은 이익'이라는 것은 어음채무자가 어음상의 권리의 소멸에 의하
□□□ 여 어음상의 채무를 면하는 것 자체를 말하는 것이 아니라 어음수수의 원인관계 등 실질관계(기
본관계)에 있어서 현실로 받은 재산상의 이익을 말하는 것이다. **I 법무사 19** ○ ×

어음법 제79조에서 말하는 "받은 이익"이라는 것은 어음채무자가 어음상의 권리의 소멸에 의하여 어음상의 채무를
면하는 것 자체를 말하는 것이 아니라 어음수수의 원인관계 등 실질관계(기본관계)에 있어서 현실로 받은 재산상의
이익을 말하는 것이다(대판 1993.7.13. 93다10897). **답** ○

044 자기앞수표의 지급제시기간이 경과된 후에는 수표상의 권리가 아니라 이득상환청구권이 양도
□□□ 되는 것이고, 수표소지인은 이득상환청구권의 선의취득자로 보호받게 된다. **I 법무사 19**
○ ×

다른 특별한 사정이 없는 한 소외인으로부터 지급제시기간 경과로 인하여 수표상의 권리가 소멸된 수표를 교부받
은 경우에는 수표상의 권리소멸로 인하여 발생한 이득상환청구권까지 양도받았다고 볼 것이다(대판 1979.10.10.
79다1481). 그러나 이득상환청구권은 선의취득의 대상이 될 수 없다(대판 1980.5.13. 80다537). **답** ×

제2장 | 어음법 · 수표법 각론

제1절 어음상 권리의 발생

제1관 발 행

제1항 발행의 의의

⊃ **어음법**

발행인의 책임(어음법 제9조)   ① 발행인은 어음의 (인수와 지급)을 담보한다.

② 발행인은 (인수를 담보하지 아니한다)는 내용을 (어음에 적을 수 있다). 발행인이 (지급을 담보하지 아니한다)는 뜻의 모든 문구는 (적지 아니한 것으로 본다).

⊃ **수표법**

발행인의 책임(수표법 제12조)   발행인은 (지급)을 담보한다. 발행인이 (지급을 담보하지 아니한다)는 뜻의 모든 문구는 (적지 아니한 것으로 본다).

제2항 필수적 기재사항

⊃ **어음법**

어음의 요건(어음법 제1조)   (환어음)에는 다음 각 호의 사항을 적어야 한다.
  1. 증권의 본문 중에 그 증권을 작성할 때 사용하는 국어로 환어음임을 표시하는 글자
  2. 조건 없이 일정한 금액을 지급할 것을 위탁하는 뜻
  3. (지급인)의 명칭
  4. 만 기
  5. 지급지
  6. 지급받을 자 또는 지급받을 자를 지시할 자의 명칭
  7. 발행일과 발행지
  8. 발행인의 기명날인 또는 서명

어음의 요건(어음법 제75조)   (약속어음)에는 다음 각 호의 사항을 적어야 한다.
  1. 증권의 본문 중에 그 증권을 작성할 때 사용하는 국어로 약속어음임을 표시하는 글자
  2. 조건 없이 일정한 금액을 지급할 것을 약속하는 뜻
  3. 만 기
  4. 지급지
  5. 지급받을 자 또는 지급받을 자를 지시할 자의 명칭
  6. 발행일과 발행지
  7. 발행인의 기명날인 또는 서명

어음금액의 기재에 차이가 있는 경우(어음법 제6조)　① 환어음의 금액을 글자와 숫자로 적은 경우에 그 금액에 차이가 있으면 글자로 적은 금액을 어음금액으로 한다.
② 환어음의 금액을 글자 또는 숫자로 (중복)하여 적은 경우에 그 금액에 차이가 있으면 최소금액을 어음금액으로 한다.

만기의 종류(어음법 제33조)　① 환어음은 다음 각 호의 어느 하나로 발행할 수 있다.
 1. 일람출급
 2. 일람 후 정기출급
 3. 발행일자 후 정기출급
 4. 확정일출급
② 제1항 (외)의 만기 또는 분할 출급의 환어음은 (무효)로 한다.

⊃ **수표법**

수표의 요건(수표법 제1조)　(수표)에는 다음 각 호의 사항을 적어야 한다.
 1. 증권의 본문 중에 그 증권을 작성할 때 사용하는 국어로 수표임을 표시하는 글자
 2. 조건 없이 일정한 금액을 지급할 것을 위탁하는 뜻
 3. 지급인의 명칭
 4. 지급지
 5. 발행일과 발행지
 6. 발행인의 기명날인 또는 서명

수표금액의 기재에 차이가 있는 경우(수표법 제9조)　① 수표의 금액을 글자와 숫자로 적은 경우에 그 금액에 차이가 있으면 글자로 적은 금액을 수표금액으로 한다.
② 수표의 금액을 글자 또는 숫자로 (중복)하여 적은 경우에 그 금액에 차이가 있으면 최소금액을 수표금액으로 한다.

045
□□□
▸ 어음의 요식증권 내지 문언증권으로서의 성질상 어음요건의 성립 여부는 어음상의 기재만에 의하여 판단하여야 하고, 어음요건의 기재가 그 자체로 불가능한 것이거나 각 어음요건이 서로 명백히 모순되어 함께 존립할 수 없게 되는 경우에는 그와 같은 어음은 무효라고 봄이 상당하다. ▎법무사 18　　　　　　　　　　　　　　　　　○×

▸ 확정된 날을 만기로 하는 확정일출급 약속어음의 경우에 있어서 만기의 일자가 발행일보다 앞선 일자로 기재되어 있다면 그 약속어음은 어음요건의 기재가 서로 모순되는 것으로서 무효이다. ▎법무사 18　　　　　　　　　　　　　　　　　　○×

▸ 약속어음의 발행인이 발행일 이전의 날짜를 만기로 기재한 경우 어음이 무효가 된다.
▎법무사 22　　　　　　　　　　　　　　　　　　　　　　　○×

··
어음의 요식증권 내지 문언증권으로서의 성질상 어음요건의 성립 여부는 어음상의 기재만에 의하여 판단하여야 하고, 어음요건의 기재가 그 자체로 불가능한 것이거나 각 어음요건이 서로 명백히 모순되어 함께 존립할 수 없게 되는 경우에는 그와 같은 어음은 무효라고 봄이 상당하고, 한편 약속어음의 발행일은 어음요건의 하나로서 그 기재가 없는 상태에서는 어음상의 권리가 적법하게 성립할 수 없는 것이므로, 확정된 날을 만기로 하는 확정일출급 약속어음의 경우에 있어서 만기의 일자가 발행일보다 앞선 일자로 기재되어 있다면 그 약속어음은 어음요건의 기재가 서로 모순되는 것으로서 무효라고 해석하여야 한다(대판 2000.4.25. 98다59682). **답** ○ / ○ / ○

046 어음면의 기재 자체로 보아 국내어음으로 인정되는 경우에 있어서는 그 어음면상 발행지의 □□□ 기재가 없는 경우라고 할지라도 이를 무효의 어음으로 볼 수는 없다. **┃법무사 18** ○ ✕

⋯⋯⋯

어음에 있어서 발행지의 기재는 발행지와 지급지가 국토를 달리하거나 세력(歲曆)을 달리하는 어음 기타 국제어음에 있어서는 어음행위의 중요한 해석 기준이 되는 것이지만 국내에서 발행되고 지급되는 이른바 국내어음에 있어서는 별다른 의미를 가지지 못하고, 또한 일반의 어음거래에 있어서 발행지가 기재되지 아니한 국내어음도 어음요건을 갖춘 완전한 어음과 마찬가지로 당사자 간에 발행·양도 등의 유통이 널리 이루어지고 있으며, 어음교환소와 은행 등을 통한 결제 과정에서도 발행지의 기재가 없다는 이유로 지급거절됨이 없이 발행지가 기재된 어음과 마찬가지로 취급되고 있음은 관행에 이른 정도인 점에 비추어 볼 때, 발행지의 기재가 없는 어음의 유통에 관여한 당사자들은 완전한 어음에 의한 것과 같은 유효한 어음행위를 하려고 하였던 것으로 봄이 상당하므로, 어음면의 기재 자체로 보아 국내어음으로 인정되는 경우에 있어서는 그 어음면상 발행지의 기재가 없는 경우라고 할지라도 이를 무효의 어음으로 볼 수는 없다(대판[전합]1998.4.23. 95다36466). **답** ○

047 수표의 금액을 글자와 숫자로 적은 경우에 그 금액에 차이가 있으면 글자로 적은 금액을 수표금 □□□ 액으로 한다. **┃법무사 17** ○ ✕

⋯⋯⋯

수표법 제9조 제1항 **답** ○

제3항 유익적 기재사항

1 지급인 또는 발행인의 명칭에 부기한 지

⊃ 어음법

어음 요건의 흠(어음법 제2조)　　제1조 각 호의 사항을 적지 아니한 증권은 환어음의 효력이 없다. 그러나 다음 각 호의 경우에는 그러하지 아니하다.
　2. 지급지가 적혀 있지 아니한 경우 : 지급인의 명칭에 부기한 지를 지급지 및 지급인의 주소지로 본다.
　3. 발행지가 적혀 있지 아니한 경우 : 발행인의 명칭에 부기한 지를 발행지로 본다.

⊃ 수표법

수표 요건의 흠(수표법 제2조)　　제1조 각 호의 사항을 적지 아니한 증권은 수표의 효력이 없다. 그러나 다음 각 호의 경우에는 그러하지 아니하다.
　1. 지급지가 적혀 있지 아니한 경우 : 지급인의 명칭에 부기한 지를 지급지로 본다. 지급인의 명칭에 여러 개의 지를 부기한 경우에는 수표의 맨 앞에 적은 지에서 지급할 것으로 한다.
　3. 발행지가 적혀 있지 아니한 경우 발행인의 명칭에 부기한 지를 발행지로 본다.

> ⊃ 어음법
>
> **제3자방 지급의 기재(어음법 제4조)**   환어음은 지급인의 주소지에 있든 다른 지에 있든 관계없이 제3자방 (第三者方)에서 지급하는 것으로 할 수 있다.
>
> **제3자방 지급의 기재(어음법 제27조)**   ① 발행인이 지급인의 주소지와 다른 지급지를 환어음에 적은 경우에 제3자방에서 지급한다는 내용을 적지 아니하였으면 지급인은 인수를 함에 있어 그 제3자를 정할 수 있다. 그에 관하여 적은 내용이 없으면 인수인은 지급지에서 (직접 지급할 의무)를 부담한 것으로 본다. ② 지급인의 주소에서 지급될 어음의 경우 지급인은 인수를 함에 있어 지급지 내에 위치한 지급장소를 정할 수 있다.
>
> **환어음에 관한 규정의 준용(어음법 제77조)**   ② 약속어음에 관하여는 제3자방에서 또는 지급인의 주소지가 아닌 지에서 지급할 환어음에 관한 제4조 및 제27조, 이자의 약정에 관한 제5조, 어음금액의 기재의 차이에 관한 제6조, 어음채무를 부담하게 할 수 없는 기명날인 또는 서명의 효과에 관한 제7조, 대리권한 없는 자 또는 대리권한을 초과한 자의 기명날인 또는 서명의 효과에 관한 제8조, 백지환어음에 관한 제10조를 준용한다.
>
> ⊃ 수표법
>
> **제3자방 지급 기재(수표법 제8조)**   수표는 지급인의 주소지에 있든 다른 지에 있든 관계없이 제3자방(第三者方)에서 지급하는 것으로 할 수 있다. 그러나 그 제3자는 은행이어야 한다.

3 이자문구

> **이자의 약정(어음법 제5조)**   ① (일람출급 또는 일람 후 정기출급의 환어음)에는 발행인이 어음금액에 (이자가 붙는다는 약정) 내용을 적을 수 있다. (그밖의 환어음)에는 이자의 약정을 적어도 이를 (적지 아니한 것으로 본다).
> ② 이율은 어음에 적어야 한다. 이율이 적혀 있지 아니하면 이자를 약정한다는 내용이 적혀 있더라도 이자를 약정하지 아니한 것으로 본다.
> ③ 특정한 날짜가 적혀 있지 아니한 경우에는 어음을 (발행한 날)부터 이자를 계산한다.

048 일람 후 정기출급 환어음의 발행인은 어음금액에 이자가 붙는다는 약정내용을 기재할 수 있고, □□□ 이율을 특정하여 기재한 경우 그에 따른 이자지급을 약정한 것으로, 이율을 특정하여 기재하지 않은 경우 상사이율인 연 6%의 이자를 지급하기로 약정한 것으로 본다. ▮법무사 18   ○ ✕

⋯⋯⋯

어음법 제5조 제1항·제2항   🄳 ✕

인수무담보문언

> **발행인의 책임(어음법 제9조)** ② 발행인은 (인수를 담보하지 아니한다)는 내용을 어음에 (적을 수 있다).
> 발행인이 (지급을 담보하지 아니한다)는 뜻의 모든 문구는 (적지 아니한 것으로 본다).

049 ▶ 환어음의 발행인이 인수를 담보하지 않는다는 문구를 기재한 경우 어음이 무효가 된다.
□□□   Ⅰ법무사 22   ○ ×

▶ 환어음의 발행인이 지급을 담보하지 않는다는 문구를 기재한 경우 어음이 무효가 된다.
Ⅰ법무사 22   ○ ×

....

환어음의 발행인은 최종적으로 지급담보책임을 지기 때문에 <u>인수담보책임 면제문구는 유익적 기재사항이나, 지급</u>
<u>담보책임 면제문구는 무익적 기재사항이다</u>(어음법 제9조 제2항 참조).   답 × / ×

배서금지문언

> **당연한 지시증권성(어음법 제11조)** ② 발행인이 환어음에 "(지시 금지)"라는 글자 또는 이와 같은 뜻이
> 있는 문구를 적은 경우에는 그 어음은 (지명채권의 양도 방식)으로만, 그리고 그 효력으로써만 양도할
> 수 있다.

050 발행인이 어음에 '지시금지'의 문자를 기재한 경우, 그 어음은 지명채권의 양도방식으로만,
□□□   그리고 그 효력으로써만 양도할 수 있다. Ⅰ법무사 18   ○ ×
....

어음법 제11조 제2항   답 ○

인수제시의 명령 및 금지문언

> **인수 제시의 명령 및 금지(어음법 제22조)** ① 발행인은 환어음에 기간을 정하거나 정하지 아니하고, (인수
> 를 위하여 어음을 제시하여야 한다)는 내용을 적을 수 있다.
> ② 발행인은 인수를 위한 어음의 제시를 금지한다는 내용을 어음에 적을 수 있다. 그러나 어음이 제3자방에서
> 또는 지급인의 주소지가 아닌 지에서 지급하여야 하는 것이거나 일람 후 정기출급 어음인 경우에는 그러하
> 지 아니하다.
> ③ 발행인은 일정한 기일 전에는 인수를 위한 어음의 제시를 금지한다는 내용을 적을 수 있다.
> ④ 각 배서인은 기간을 정하거나 정하지 아니하고, 인수를 위하여 어음을 제시하여야 한다는 내용을 적을
> 수 있다. 그러나 발행인이 인수를 위한 어음의 제시를 금지한 경우에는 그러하지 아니하다.

7 인수제시기간의 단축 또는 연장문언

일람 후 정기출급 어음의 제시기간(어음법 제23조) ① (일람 후 정기출급)의 환어음은 그 발행한 날부터 (1년) 내에 인수를 위한 (제시)를 하여야 한다.
② (발행인)은 제1항의 기간을 (단축)하거나 (연장)할 수 있다.
③ (배서인)은 제1항 및 제2항의 기간을 (단축)할 수 있다.

8 지급제시기간의 단축 또는 연장문언, 일정기일 전 지급제시 금지문언

일람출급 어음의 만기(어음법 제34조) ① (일람출급의 환어음)은 (제시된 때)를 만기로 한다. 이 어음은 발행일부터 (1년)내에 지급을 받기 위한 제시를 하여야 한다. (발행인)은 이 기간을 (단축)하거나 (연장)할 수 있고 (배서인)은 그 기간을 (단축)할 수 있다.
② 발행인은 일정한 기일 전에는 일람출급의 환어음의 지급을 받기 위한 제시를 금지한다는 내용을 적을 수 있다. 이 경우 제시기간은 (그 기일)부터 시작한다.

제4항 무익적 기재사항

1 조건부 배서

⊃ 어음법
배서의 요건(어음법 제12조) ① 배서에는 조건을 붙여서는 아니 된다. 배서에 붙인 조건은 (적지 아니한 것으로 본다).

⊃ 수표법
배서의 요건(수표법 제15조) ① 배서에는 조건을 붙여서는 아니 된다. 배서에 붙인 조건은 (적지 아니한 것으로 본다).

2 위탁어음 · 수표문언

⊃ 어음법
자기지시어음, 자기앞어음, 위탁어음(어음법 제3조) ③ 환어음은 제3자의 계산으로 발행할 수 있다.

⊃ 수표법
자기지시수표, 위탁수표, 자기앞수표(수표법 제6조) ② 수표는 제3자의 계산으로 발행할 수 있다.

> **⊃ 어음법**
> **당연한 지시증권성(어음법 제11조)** ① 환어음은 (지시식)으로 발행하지 (아니한 경우)에도 배서에 의하여 양도할 수 있다.
>
> **⊃ 수표법**
> **당연한 지시증권성(수표법 제14조)** ① 기명식 또는 지시식의 수표는 배서(背書)에 의하여 양도할 수 있다.

제5항 유해적 기재사항

> **만기의 종류(어음법 제33조)** ① 환어음은 다음 각 호의 어느 하나로 발행할 수 있다.
>   1. 일람출급
>   2. 일람 후 정기출급
>   3. 발행일자 후 정기출급
>   4. 확정일출급
> ② 제1항 외의 만기 또는 분할 출급의 환어음은 (무효)로 한다.

051 약속어음의 발행인이 어음면에 지급에 관한 조건을 기재한 경우 어음이 무효가 된다.
□□□ ▮법무사 22   ○ ×

약속어음의 지급약속문언은 단순하여야 하므로 그 어음면에 지급에 관한 어떤 조건을 붙였다면 그 어음자체가 무효라고 볼 것이고, 약속어음에 결합된 부전은 법률상 그 어음면의 연장으로서의 취급을 받는 지편이니만큼 이에 기재된 지급의 조건에 관한 문언도 그 어음의 발행을 무효로 하는 것이다(대판 1971.4.20. 71다418).

답 ○

제2관 백지어음 · 수표

> **⊃ 어음법**
> **백지어음(어음법 제10조)** 미완성으로 발행한 환어음에 미리 합의한 사항과 (다른 내용)을 (보충)한 경우에는 그 합의의 위반을 이유로 소지인에게 (대항하지 못한다). 그러나 소지인이 (악의) 또는 (중대한 과실)로 인하여 환어음을 취득한 경우에는 그러하지 아니하다.
>
> **⊃ 수표법**
> **백지수표(수표법 제13조)** 미완성으로 발행한 수표에 미리 합의한 사항과 다른 내용을 보충한 경우에는 그 합의의 위반을 이유로 소지인에게 대항하지 못한다. 그러나 소지인이 악의 또는 중대한 과실로 인하여 수표를 취득한 경우에는 그러하지 아니하다.

052 지급기일을 공란으로 하여 약속어음을 발행한 경우에는 특별한 사정이 없는 한 그 어음은 일람출급의 어음으로 볼 것이 아니라 백지어음으로 보아야 한다. 이러한 백지어음을 교부하여 보관시킨 때에는 후일 그 소지인으로 하여금 임의로 그 지급기일의 기재를 보충시킬 의사로 교부, 보관시킨 것이라고 추정된다. ▮법무사 20 ○ ×

지급기일을 공란으로 하여 약속어음을 발행하였거나 또는 사후에 지급기일을 당사자의 합의로 삭제한 경우에는 특별한 사정이 없는 한 그 어음은 일람출급의 어음으로 볼 것이 아니라 백지어음으로 보아야 할 것이고 이와 같은 백지어음을 교부하여 이를 보관시킨 때에는 후일 그 소지인으로 하여금 임의로 그 지급기일의 기재를 보충시킬 의사로서 교부·보관시킨 것이라고 추정할 것이다(대판 2003.5.30. 2003다16214). 답 ○

053 백지약속어음의 경우 발행인이 수취인 또는 그 소지인으로 하여금 백지 부분을 보충케 하려는 보충권을 줄 의사로서 발행하였는지의 여부에 관하여는 발행인에게 보충권을 줄 의사로 발행한 것이 아니라는 점, 즉 백지어음이 아니고 불완전어음으로서 무효라는 점에 관한 입증책임이 있다. ▮법무사 17 ○ ×

대판 2001.4.24. 2001다6718 답 ○

054 만기가 기재된 백지어음의 경우 어음의 주채무자에 대한 권리는 만기로부터 3년의 소멸시효에 걸리므로, 백지의 보충도 이 기간 내에 이루어져야 한다. ▮법무사 20 ○ ×

만기 이외의 어음요건이 백지인 경우 그 백지보충권을 행사할 수 있는 시기는 다른 특별한 사정이 없는 한 만기를 기준으로 하고(대판 2003.5.30. 2003다16214), 어음의 주채무자에 대한 권리는 만기일부터 3년간 행사하지 아니하면 소멸시효가 완성되므로(어음법 제70조 제1항 참조), 백지의 보충도 이 기간 내에 이루어져야 한다. 답 ○

055 어음법 제75조 소정의 법정기재사항인 약속어음발행일란의 보충 없이 지급제시한 경우는 적법한 지급제시가 되지 못하여 소구권을 상실한다. ▮법무사 20 ○ ×

대판 1993.11.23. 93다27765 답 ○

056 ▸ 지급을 받을 자 부분이 백지로 된 약속어음의 소지인은 그 백지 부분을 보충하지 않은 상태에서는 어음상의 청구권을 행사할 수 없으므로, 그 백지어음 소지인의 권리행사에 의한 소멸시효 중단의 효과는 생길 여지가 없다. ▮법무사 17 ○ ×

▸ 만기는 기재되어 있으나 지급지, 지급을 받을 자 등과 같은 어음요건이 백지인 약속어음의 소지인이 그 백지 부분을 보충하지 않은 상태에서 어음금을 청구하는 경우, 이로써 어음상의 청구권에 관한 소멸시효는 중단된다. 다만 이 경우 백지에 대한 보충권은 어음상의 청구권과는 별개로 독립하여 시효로 소멸하게 된다. ▮법무사 20 ○ ×

만기는 기재되어 있으나 지급지, 지급을 받을 자 등과 같은 어음요건이 백지인 약속어음의 소지인이 그 백지부분을 보충하지 않은 상태에서 어음금을 청구하는 것은 어음상의 청구권에 관하여 잠자는 자가 아님을 객관적으로 표명한 것이고 <u>그 청구로써 어음상의 청구권에 관한 소멸시효는 중단된다. 이 경우 백지에 대한 보충권은 그 행사에 의하여 어음상의 청구권을 완성시키는 것에 불과하여 그 보충권이 어음상의 청구권과 별개로 독립하여 시효에 의하여 소멸한다고 볼 것은 아니므로 어음상의 청구권이 시효중단에 의하여 소멸하지 않고 존속하고 있는 한 이를 행사할 수 있다</u>(대판[전합]2010.5.20. 2009다48312).　　　　**탑** × / ×

---

057 수취인이 백지인 채로 발행된 어음은 인도에 의하여 어음법적으로 유효하게 양도될 수 있다.
□□□ ▮법무사 17 · 20　　　　　　　　　　　　　　　　　　　　　　　　　　　　　　○ ×

대판 1994.11.18. 94다23098　　　　　　　　　　　　　　　　　　　　　　　**탑** ○

---

058 백지어음의 보충은 보충권이 시효로 소멸하기까지는 지급기일 후에도 이를 행사할 수 있고, 주된 채무자인 발행인에 대하여 어음금청구소송을 제기한 경우에는 변론종결 시까지만 보충권을 행사하면 된다. ▮법무사 17　　　　　　　　　　　　　　　　　　○ ×

대판 1995.6.9. 94다41812　　　　　　　　　　　　　　　　　　　　　　　**탑** ○

---

059 만기를 백지로 한 약속어음을 발행한 경우, 그 보충권의 소멸시효는 다른 특별한 사정이 없는 한 그 어음발행의 원인관계에 비추어 어음상의 권리를 행사하는 것이 법률적으로 가능하게 된 때부터 진행한다. ▮법무사 17　　　　　　　　　　　　　　　　　　　　○ ×

만기를 백지로 한 약속어음을 발행한 경우, 그 보충권의 소멸시효는 다른 특별한 사정이 없는 한 그 어음발행의 원인관계에 비추어 어음상의 권리를 행사하는 것이 법률적으로 가능하게 된 때부터 진행하고, 백지약속어음의 보충권 행사에 의하여 생기는 채권은 어음금채권이며 어음법 제77조 제1항 제8호, 제70조 제1항, 제78조 제1항에 의하면 약속어음의 발행인에 대한 어음금채권은 만기의 날로부터 3년간 행사하지 아니하면 소멸시효가 완성되는 점 등을 고려하면, 만기를 백지로 하여 발행된 약속어음의 백지보충권의 소멸시효기간은 백지보충권을 행사할 수 있는 때로부터 3년으로 보아야 한다(대판 2003.5.30. 2003다16214).　　　　　　**탑** ○

제3관　환어음의 인수와 수표의 지급보증

제1항　환어음의 인수

인수 제시의 자유(어음법 제21조)　　환어음의 소지인 또는 단순한 점유자는 만기에 이르기까지 인수를 위하여 지급인에게 그 주소에서 어음을 제시할 수 있다.

인수 제시의 명령 및 금지(어음법 제22조)　　① 발행인은 환어음에 기간을 정하거나 정하지 아니하고, (인수를 위하여 어음을 제시하여야 한다)는 내용을 적을 수 있다.

② 발행인은 인수를 위한 어음의 제시를 금지한다는 내용을 어음에 적을 수 있다. 그러나 어음이 제3자방에서 또는 지급인의 주소지가 아닌 지에서 지급하여야 하는 것이거나 일람 후 정기출급 어음인 경우에는 그러하지 아니하다.

③ 발행인은 일정한 기일 전에는 인수를 위한 어음의 제시를 금지한다는 내용을 적을 수 있다.

④ (각 배서인)은 기간을 정하거나 정하지 아니하고, 인수를 위하여 어음을 제시하여야 한다는 내용을 적을 수 있다. 그러나 발행인이 인수를 위한 어음의 제시를 금지한 경우에는 그러하지 아니하다.

일람 후 정기출급 어음의 제시기간(어음법 제23조)
① (일람 후 정기출급)의 환어음은 그 발행한 날부터 (1년) 내에 (인수를 위한 제시)를 하여야 한다.

② (발행인)은 제1항의 기간을 (단축)하거나 (연장)할 수 있다.

③ (배서인)은 제1항 및 제2항의 기간을 (단축)할 수 있다.

유예기간(어음법 제24조)
① 지급인은 첫 번째 제시일의 다음 날에 두 번째 제시를 할 것을 청구할 수 있다. 이해관계인은 이 청구가 거절증서에 적혀 있는 경우에만 그 청구에 응한 두 번째 제시가 없었음을 주장할 수 있다.

② 소지인은 인수를 위하여 제시한 어음을 지급인에게 교부할 필요가 없다.

인수의 방식(어음법 제25조)
① 인수는 환어음에 적어야 하며, "인수" 또는 그밖에 이와 같은 뜻이 있는 글자로 표시하고 (지급인)이 기명날인하거나 서명하여야 한다. 어음의 앞면에 지급인의 단순한 기명날인 또는 서명이 있으면 (인수)로 본다.

② 일람 후 정기출급의 어음 또는 특별한 기재에 의하여 일정한 기간 내에 인수를 위한 제시를 하여야 하는 어음의 경우에는 소지인이 제시한 날짜를 기재할 것을 청구한 경우가 아니면 인수에는 인수한 날짜를 적어야 한다. 날짜가 적혀 있지 아니한 경우 소지인은 배서인과 발행인에 대한 상환청구권을 보전하기 위하여는 적법한 시기에 작성시킨 거절증서로써 그 기재가 없었음을 증명하여야 한다.

부단순인수(어음법 제26조)
① 인수는 (조건 없이) 하여야 한다. 그러나 지급인은 어음금액의 (일부만)을 인수할 수 있다.

② 환어음의 다른 기재사항을 변경하여 인수하였을 때에는 (인수를 거절)한 것으로 본다. 그러나 인수인은 그 인수 문구에 따라 책임을 진다.

상환청구권의 상실(어음법 제53조)
① 다음 각 호의 기간이 지나면 소지인은 배서인, 발행인, 그밖의 어음 채무자에 대하여 그 권리를 잃는다. 그러나 인수인에 대하여는 그러하지 아니하다.

1. 일람출급 또는 일람 후 정기출급의 환어음의 제시기간
2. 인수거절증서 또는 지급거절증서의 작성기간
3. 무비용상환의 문구가 적혀 있는 경우에 지급을 받기 위한 제시기간

② 발행인이 기재한 기간 내에 인수를 위한 제시를 하지 아니한 소지인은 지급거절과 인수거절로 인한 상환청구권을 잃는다. 그러나 그 기재한 문구에 의하여 발행인에게 인수에 대한 담보의무만을 면할 의사가 있었음을 알 수 있는 경우에는 그러하지 아니하다.

③ 배서에 제시기간이 적혀 있는 경우에는 그 배서인만이 이를 원용할 수 있다.

제2항　수표의 지급보증

지급보증의 가능방식(수표법 제53조)　① 지급인은 수표에 지급보증을 할 수 있다.
② 지급보증은 수표의 앞면에 "지급보증" 또는 그밖에 지급을 하겠다는 뜻을 적고 날짜를 부기하여 지급인이 기명날인하거나 서명하여야 한다.

지급보증의 요건(수표법 제54조)　① 지급보증은 (조건 없이) 하여야 한다.
② 지급보증에 의하여 수표의 기재사항을 변경한 부분은 이를 (변경하지 아니한 것)으로 본다.

지급보증의 효력(수표법 제55조)　① 지급보증을 한 지급인은 제시기간이 지나기 전에 수표가 제시된 경우에만 지급할 의무를 부담한다.
② 제1항의 경우에 지급거절이 있을 때에는 수표의 소지인은 제39조에 따라 수표를 제시하였음을 증명하여야 한다.
③ 제2항의 경우에는 제44조와 제45조를 준용한다.

제4관　어음 · 수표보증

⊃ 어음법
보증의 가능(어음법 제30조)　① 환어음은 보증에 의하여 그 금액의 전부 또는 일부의 지급을 담보할 수 있다.
② 제3자는 제1항의 보증을 할 수 있다. 어음에 기명날인하거나 서명한 자도 같다.

보증의 방식(어음법 제31조)　① 보증의 표시는 환어음 또는 보충지에 하여야 한다.
② 보증을 할 때에는 "보증" 또는 이와 같은 뜻이 있는 문구를 표시하고 보증인이 기명날인하거나 서명하여야 한다.
③ 환어음의 앞면에 단순한 기명날인 또는 서명이 있는 경우에는 (보증을 한 것으로 본다). 그러나 지급인 또는 발행인의 기명날인 또는 서명의 경우에는 그러하지 아니하다.
④ 보증에는 누구를 위하여 한 것임을 표시하여야 한다. 그 표시가 없는 경우에는 발행인을 위하여 보증한 것으로 본다.

보증의 효력(어음법 제32조)　① 보증인은 보증된 자와 같은 책임을 진다.
② 보증은 담보된 채무가 그 방식에 흠이 있는 경우 외에는 어떠한 사유로 무효가 되더라도 그 효력을 가진다.
③ 보증인이 환어음의 지급을 하면 보증된 자와 그 자의 어음상의 채무자에 대하여 어음으로부터 생기는 권리를 취득한다.

어음채무자의 합동책임(어음법 제47조)　① 환어음의 발행, 인수, 배서 또는 보증을 한 자는 소지인에 대하여 (합동으로) 책임을 진다.
② 소지인은 제1항의 어음채무자에 대하여 그 채무부담의 순서에도 불구하고 그중 1명, 여러 명 또는 전원에 대하여 청구할 수 있다.
③ 어음채무자가 그 어음을 환수한 경우에도 제2항의 소지인과 같은 권리가 있다.

④ 어음채무자 중 1명에 대한 청구는 다른 채무자에 대한 청구에 영향을 미치지 아니한다. 이미 청구를 받은 자의 후자(後者)에 대하여도 같다.

⊃ 수표법

보증의 가능(수표법 제25조)　① 수표는 보증에 의하여 그 금액의 전부 또는 일부의 지급을 담보할 수 있다.
② 지급인을 제외한 제3자는 제1항의 보증을 할 수 있다. 수표에 기명날인하거나 서명한 자도 같다.

보증의 방식(수표법 제26조)　① 보증의 표시는 수표 또는 보충지에 하여야 한다.
② 보증을 할 때에는 "보증" 또는 이와 같은 뜻이 있는 문구를 표시하고 보증인이 기명날인하거나 서명하여야 한다.
③ 수표의 앞면에 단순한 기명날인 또는 서명이 있는 경우에는 보증을 한 것으로 본다. 그러나 발행인의 기명날인 또는 서명의 경우에는 그러하지 아니하다.
④ 보증에는 누구를 위하여 한 것임을 표시하여야 한다. 그 표시가 없는 경우에는 발행인을 위하여 보증한 것으로 본다.

보증의 효력(수표법 제27조)　① 보증인은 보증된 자와 같은 책임을 진다.
② 보증은 담보된 채무가 그 방식에 흠이 있는 경우 외에는 어떠한 사유로 무효가 되더라도 그 효력을 가진다.
③ 보증인이 수표의 지급을 하면 보증된 자와 그 자의 수표상의 채무자에 대하여 수표로부터 생기는 권리를 취득한다.

수표상의 채무자의 합동책임(수표법 제43조)　① 수표상의 각 채무자는 소지인에 대하여 (합동으로) 책임을 진다.
② 소지인은 제1항의 채무자에 대하여 그 채무부담의 순서에도 불구하고 그중 1명, 여러 명 또는 전원에 대하여 청구할 수 있다.
③ 수표의 채무자가 수표를 환수한 경우에도 제2항의 소지인과 같은 권리가 있다.
④ 수표의 채무자 중 1명에 대한 청구는 다른 채무자에 대한 청구에 영향을 미치지 아니한다. 이미 청구를 받은 자의 후자(後者)에 대하여도 같다.

---

060 어음금액의 일부만을 보증하는 일부보증도 가능하다.　❙법무사 21　　○ ×
☐☐☐

환어음은 보증에 의하여 그 금액의 전부 또는 일부의 지급을 담보할 수 있다(어음법 제30조 제1항). 📘 ○

061 약속어음의 보증을 하면서 누구를 위하여 보증한 것임을 표시하지 아니하였으면 약속어음의
☐☐☐　발행인을 위하여 보증한 것으로 본다.　❙법무사 21　　○ ×

어음법 제31조 제4항 📘 ○

062 민법상 보증인에게 인정되는 최고·검색의 항변권은 어음보증인에게도 인정된다. ▮법무사 21

□□□ ○ ×

보증인은 보증된 자와 같은 책임을 진다(어음법 제32조 제1항). 따라서 어음보증인에게는 민사보증과 같은 최고·검색의 항변권이 없다. **답** ×

063 보증인이 환어음의 지급을 하면 보증된 자와 그 자의 어음상의 채무자에 대하여 어음으로부터 생기는 권리를 취득한다. ▮법무사 21 ○ ×

□□□

어음법 제32조 제3항 **답** ○

064 어음보증을 조건부로 하더라도 그 효력이 인정된다. ▮법무사 21 ○ ×

□□□

어음법상 보증의 경우에는 발행 및 배서의 경우와 같이 단순성을 요구하는 명문이 없을 뿐 아니라, 부수적 채무부담 행위인 점에서 보증과 유사한 환어음 인수에 불단순인수를 인정하고 있음에 비추어 어음보증에 대하여 환어음 인수의 경우보다 더 엄격하게 단순성을 요구함은 균형을 잃은 해석이고 또 조건부 보증을 유효로 본다고 하여 어음거래의 안전성이 저해되는 것도 아니므로 조건을 붙인 불단순보증은 그 조건부 보증문언대로 보증인의 책임이 발생한다고 보는 것이 타당하다(대판 1986.3.11. 85다카1600). **답** ○

제2절 어음상 권리의 이전

제1관 배 서

> ⊃ 어음법
> **당연한 지시증권성(어음법 제11조)** ① 환어음은 (지시식)(指示式)으로 발행하지 아니한 경우에도 배서(背書)에 의하여 양도할 수 있다.
> ② 발행인이 환어음에 "(지시 금지)"라는 글자 또는 이와 같은 뜻이 있는 문구를 적은 경우에는 그 어음은 (지명채권의 양도 방식으로만), 그리고 그 효력으로써만 양도할 수 있다.
> ③ 배서는 다음 각 호의 자에 대하여 할 수 있으며, 다음 각 호의 자는 다시 어음에 배서할 수 있다.
>   1. 어음을 인수한 지급인
>   2. 어음을 인수하지 아니한 지급인
>   3. 어음의 발행인
>   4. 그밖의 어음채무자
>
> **배서의 요건(어음법 제12조)** ① 배서에는 조건을 붙여서는 아니 된다. 배서에 붙인 조건은 적지 아니한 것으로 본다.
> ② 일부의 배서는 무효로 한다.
> ③ 소지인에게 지급하라는 소지인출급의 배서는 백지식(白地式) 배서와 같은 효력이 있다.
>
> **배서의 방식(어음법 제13조)** ① 배서는 환어음이나 이에 결합한 보충지[보전]에 적고 배서인이 기명날인 하거나 서명하여야 한다.

② 배서는 피배서인(被背書人)을 지명하지 아니하고 할 수 있으며 배서인의 기명날인 또는 서명만으로도 할 수 있다(백지식 배서). 배서인의 기명날인 또는 서명만으로 하는 백지식 배서는 환어음의 뒷면이나 보충지에 하지 아니하면 효력이 없다.

배서의 권리 이전적 효력(어음법 제14조)　① 배서는 환어음으로부터 생기는 (모든 권리를 이전)(移轉)한다.
② 배서가 백지식인 경우에 소지인은 다음 각 호의 행위를 할 수 있다.
1. 자기의 명칭 또는 타인의 명칭으로 백지(白地)를 보충하는 행위
2. 백지식으로 또는 타인을 표시하여 다시 어음에 배서하는 행위
3. 백지를 보충하지 아니하고 또 배서도 하지 아니하고 어음을 교부만으로 제3자에게 양도하는 행위

배서의 담보적 효력(어음법 제15조)　① 배서인은 반대의 문구가 없으면 (인수와 지급을 담보)한다.
② 배서인은 자기의 배서 (이후)에 새로 하는 배서를 (금지할 수 있다). 이 경우 그 배서인은 어음의 그 후의 피배서인에 대하여 담보의 책임을 지지 아니한다.

배서의 자격 수여적 효력 및 어음의 선의취득(어음법 제16조)　① 환어음의 점유자가 (배서의 연속)에 의하여 그 권리를 증명할 때에는 그를 적법한 소지인으로 (추정)(推定)한다. 최후의 배서가 백지식인 경우에도 같다. (말소한 배서)는 배서의 연속에 관하여는 (배서를 하지 아니한 것)으로 본다. 백지식 배서의 다음에 다른 배서가 있는 경우에는 그 배서를 한 자는 백지식 배서에 의하여 어음을 취득한 것으로 본다.
② 어떤 사유로든 환어음의 점유를 잃은 자가 있는 경우에 그 어음의 소지인이 제1항에 따라 그 권리를 증명할 때에는 그 어음을 반환할 의무가 없다. 그러나 소지인이 (악의) 또는 (중대한 과실)로 인하여 어음을 취득한 경우에는 그러하지 아니하다.

기한후배서(어음법 제20조)　① 만기 후의 배서는 만기 전의 배서와 같은 효력이 있다. 그러나 지급거절증서 가 작성된 후에 한 배서 또는 지급거절증서 작성기간이 지난 후에 한 배서는 (지명채권 양도의 효력만) 있다.
② 날짜를 적지 아니한 배서는 지급거절증서 작성기간이 지나기 (전)에 한 것으로 (추정)한다.

추심위임배서(어음법 제18조)　① 배서한 내용 중 다음 각 호의 어느 하나에 해당하는 문구가 있으면 소지 인은 환어음으로부터 생기는 모든 권리를 행사할 수 있다. 그러나 소지인은 (대리(代理)를 위한 배서)만을 할 수 있다.
1. 회수하기 위하여
2. 추심(推尋)하기 위하여
3. 대리를 위하여
4. 그밖에 단순히 대리권을 준다는 내용의 문구
② 제1항의 경우에는 어음의 채무자는 배서인에게 대항할 수 있는 항변으로써만 소지인에게 대항할 수 있다.
③ 대리를 위한 배서에 의하여 주어진 대리권은 그 대리권을 준 자가 사망하거나 무능력자가 되더라도 (소멸하지 아니한다).

⊃ 수표법
당연한 지시증권성(수표법 제14조)　① 기명식 또는 지시식의 수표는 배서(背書)에 의하여 양도할 수 있다.
② 기명식 수표에 "지시금지"라는 글자 또는 이와 같은 뜻이 있는 문구를 적은 경우에는 그 수표는 지명채권의 양도 방식으로만, 그리고 그 효력으로써만 양도할 수 있다.
③ 배서는 발행인이나 그밖의 채무자에 대하여도 할 수 있다. 이러한 자는 다시 수표에 배서할 수 있다.

배서의 요건(수표법 제15조)　① 배서에는 조건을 붙여서는 아니 된다. 배서에 붙인 조건은 적지 아니한 것으로 본다.

② (일부)의 배서는 (무효)로 한다.

③ (지급인)의 배서도 (무효)로 한다.

④ 소지인에게 지급하라는 소지인출급의 배서는 백지식 배서와 같은 효력이 있다.

⑤ (지급인)에 대한 배서는 (영수증의 효력만) 있다. 그러나 지급인의 영업소가 여러 개인 경우에 그 수표가 지급될 곳으로 된 영업소 외의 영업소에 대한 배서는 그러하지 아니하다.

배서의 방식(수표법 제16조)　① 배서는 수표 또는 이에 결합한 보충지[보전]에 적고 배서인이 기명날인하거나 서명하여야 한다.

② 배서는 피배서인(被背書人)을 지명하지 아니하고 할 수 있으며 배서인의 기명날인 또는 서명만으로도 할 수 있다(백지식 배서). 배서인의 기명날인 또는 서명만으로 하는 백지식 배서는 수표의 뒷면이나 보충지에 하지 아니하면 효력이 없다.

배서의 권리 이전적 효력(수표법 제17조)　① 배서는 수표로부터 생기는 모든 권리를 이전(移轉)한다.

② 배서가 백지식인 경우에 소지인은 다음 각 호의 행위를 할 수 있다.

　1. 자기의 명칭 또는 타인의 명칭으로 백지(白地)를 보충하는 행위

　2. 백지식으로 또는 타인을 표시하여 다시 수표에 배서하는 행위

　3. 백지를 보충하지 아니하고 또 배서도 하지 아니하고 수표를 교부만으로 제3자에게 양도하는 행위

배서의 담보적 효력(수표법 제18조)　① 배서인은 반대의 문구가 없으면 지급을 담보한다.

② 배서인은 자기의 배서 이후에 새로 하는 배서를 금지할 수 있다. 이 경우 그 배서인은 수표의 그 후의 피배서인에 대하여 담보의 책임을 지지 아니한다.

배서의 자격 수여적 효력(수표법 제19조)　배서로 양도할 수 있는 수표의 점유자가 배서의 연속에 의하여 그 권리를 증명할 때에는 그를 적법한 소지인으로 추정(推定)한다. 최후의 배서가 백지식인 경우에도 같다. 말소한 배서는 배서의 연속에 관하여는 배서를 하지 아니한 것으로 본다. 백지식 배서의 다음에 다른 배서가 있는 경우에는 그 배서를 한 자는 백지식 배서에 의하여 수표를 취득한 것으로 본다.

기한후배서(수표법 제24조)　① 거절증서나 이와 같은 효력이 있는 선언이 작성된 후에 한 배서 또는 제시기간이 지난 후에 한 배서는 지명채권 양도의 효력만 있다.

② 날짜를 적지 아니한 배서는 거절증서나 이와 같은 효력이 있는 선언이 작성되기 전 또는 제시기간이 지나기 전에 한 것으로 추정한다.

추심위임배서(수표법 제23조)　① 배서한 내용 중 다음 각 호의 어느 하나에 해당하는 문구가 있으면 소지인은 수표로부터 생기는 모든 권리를 행사할 수 있다. 그러나 소지인은 대리(代理)를 위한 배서만을 할 수 있다.

　1. 회수하기 위하여

　2. 추심(推尋)하기 위하여

　3. 대리를 위하여

　4. 그밖에 단순히 대리권을 준다는 내용의 문구

② 제1항의 경우에는 채무자는 배서인에게 대항할 수 있는 항변으로써만 소지인에게 대항할 수 있다.

③ 대리를 위한 배서에 의하여 주어진 대리권은 그 대리권을 준 자가 사망하거나 무능력자가 되더라도 소멸하지 아니한다.

065 배서는 환어음으로부터 생기는 모든 권리를 이전한다. 일부의 배서는 무효로 한다.

□□□ ┃법무사 20   ○ ×

....

어음법 제14조 제1항, 제12조 제2항   **답** ○

066 배서인은 자기의 배서 이후에 새로 하는 배서를 금지할 수 있다. 이 경우 배서인은 어음의
□□□ 그 후의 피배서인에 대하여 담보의 책임을 지지 아니한다. ┃법무사 20   ○ ×

....

어음법 제15조 제2항   **답** ○

067 어음에 있어서 배서의 연속은 형식상 존재함으로써 족하고 또 형식상 존재함을 요한다 할
□□□ 것이나, 형식상 배서의 연속이 끊어진 경우에 다른 방법으로 그 중단된 부분에 관하여 실질적
관계가 있음을 증명한 소지인이 한 어음상의 권리행사는 적법하다. ┃법무사 20   ○ ×

....

대판 1995.9.15. 95다7024   **답** ○

068 환어음의 점유자가 배서의 연속에 의하여 그 권리를 증명할 때에는 그를 적법한 소지인으로
□□□ 추정한다. 최후의 배서가 백지식인 경우에도 같다. ┃법무사 20   ○ ×

환어음의 점유자가 배서의 연속에 의하여 그 권리를 증명할 때에는 그를 적법한 소지인으로 추정(推定)한다.
최후의 배서가 백지식인 경우에도 같다. 말소한 배서는 배서의 연속에 관하여는 배서를 하지 아니한 것으로 본다.
백지식 배서의 다음에 다른 배서가 있는 경우에는 그 배서를 한 자는 백지식 배서에 의하여 어음을 취득한 것으로
본다(어음법 제16조 제1항).   **답** ○

069 ▸ 지급거절증서가 작성된 후에 한 배서 또는 지급거절증서 작성기간이 지난 후에 한 배서는
□□□   지명채권 양도의 효력만 있다. 따라서 이와 같은 배서가 있는 경우 어음 소지자가 어음상의
권리행사를 하기 위해서는 민법상 지명채권의 양도·양수절차인 채권양도인의 통지 또는
채무자의 승낙을 필요로 한다. ┃법무사 20   ○ ×

▸ 원고가 배서가 연속된 이 사건 약속어음을 지급거절증서 작성기간이 지난 후에 백지식 배서의
방식으로 교부받았더라도 원고는 여전히 이 사건 약속어음의 적법한 소지인으로 추정된다.
┃법무사 19   ○ ×

어음법 제20조 제1항은 "만기 후의 배서는 만기 전의 배서와 같은 효력이 있다. 그러나 지급거절증서가 작성된
후에 한 배서 또는 지급거절증서작성기간이 지난 후에 한 배서는 지명채권 양도의 효력만 있다"고 규정하고 있다.
여기서 어음법 제20조 제1항 후문의 지명채권 양도의 효력만 있다는 규정은 단지 그 효력이 지명채권 양도의
그것과 같다는 취지일 뿐이므로, 민법상 지명채권의 양도·양수절차인 채권양도인의 통지 또는 채무자의 승낙을
필요로 하는 것은 아니다. 위와 같은 규정과 법리 및 기록에 비추어 살펴보면, 원고가 배서가 연속된 이 사건
약속어음을 지급거절증서 작성기간이 지난 후에 백지식 배서의 방식으로 교부받았더라도 원고는 여전히 이 사건
약속어음의 적법한 소지인으로 추정되므로 특별한 사정이 없는 한 발행인인 피고에게 약속어음금의 지급을 구할
수 있다(대판 2012.3.29. 2010다106290).   **답** × / ○

⊃ **어음법**

배서의 자격 수여적 효력 및 어음의 선의취득(어음법 제16조)   ② 어떤 사유로든 환어음의 점유를 잃은 자가 있는 경우에 그 어음의 소지인이 제1항에 따라 그 권리를 증명할 때에는 그 어음을 반환할 의무가 없다. 그러나 소지인이 (악의) 또는 (중대한 과실)로 인하여 어음을 취득한 경우에는 그러하지 아니하다.

환어음에 관한 규정의 준용(어음법 제77조)   ① 약속어음에 대하여는 약속어음의 성질에 상반되지 아니하는 한도에서 다음 각 호의 사항에 관한 환어음에 대한 규정을 준용한다.
　1. 배서(제11조부터 제20조까지)

⊃ **수표법**

수표의 선의취득(수표법 제21조)   어떤 사유로든 수표의 점유를 잃은 자가 있는 경우에 그 수표의 소지인은 그 수표가 소지인출급식일 때 또는 배서로 양도할 수 있는 수표의 소지인이 제19조에 따라 그 권리를 증명할 때에는 그 수표를 반환할 의무가 없다. 그러나 소지인이 악의 또는 중대한 과실로 인하여 수표를 취득한 경우에는 그러하지 아니하다.

제3절   어음상 권리의 행사(지급제시·지급·상환청구)

제1관   지급제시

⊃ **어음법**

일람출급 어음의 만기(어음법 제34조)   ① 일람출급의 환어음은 (제시된 때)를 만기로 한다. 이 어음은 발행일부터 (1년) 내에 지급을 받기 위한 제시를 하여야 한다. 발행인은 이 기간을 단축하거나 연장할 수 있고 배서인은 그 기간을 단축할 수 있다.
② 발행인은 일정한 기일 전에는 일람출급의 환어음의 지급을 받기 위한 제시를 금지한다는 내용을 적을 수 있다. 이 경우 제시기간은 그 기일부터 시작한다.

지급 제시의 필요(어음법 제38조)   ① 확정일출급, 발행일자 후 정기출급 또는 일람 후 정기출급의 환어음 소지인은 (지급을 할 날) 또는 (그 날 이후의 2거래일 내)에 지급을 받기 위한 제시를 하여야 한다.

시효기간(어음법 제70조)   ① 인수인에 대한 환어음상의 청구권은 (만기일부터 3년간) 행사하지 아니하면 소멸시효가 완성된다.

휴일과 기일 및 기간(어음법 제72조)   ① 환어음의 만기가 법정휴일인 경우에는 만기 이후의 제1거래일에 지급을 청구할 수 있다. 환어음에 관한 다른 행위, 특히 인수를 위한 제시 및 거절증서 작성 행위는 거래일에만 할 수 있다.

환어음에 관한 규정의 준용(어음법 제77조) ① 약속어음에 대하여는 약속어음의 성질에 상반되지 아니하는 한도에서 다음 각 호의 사항에 관한 환어음에 대한 규정을 준용한다.

8. 시효(제70조와 제71조)

⊃ 수표법
지급제시기간(수표법 제29조) ① 국내에서 발행하고 지급할 수표는 10일 내에 지급을 받기 위한 제시를 하여야 한다.
④ 제1항부터 제3항까지의 기간은 수표에 적힌 발행일부터 기산(起算)한다.

---

070 환어음인수인, 약속어음발행인과 같은 주채무자에 대한 지급제시기간은 만기일로부터 3년이다.
□□□ ▌법무사 18   ○ ✕

- -

어음법 제70조 제1항, 제77조   <u>답</u> ○

제2관   지 급

⊃ 어음법
상환증권성 및 일부지급(어음법 제39조) ① 환어음의 지급인은 지급을 할 때에 소지인에게 그 (어음에 영수(領受)를 증명)하는 뜻을 적어서 교부할 것을 청구할 수 있다.
② 소지인은 일부지급을 (거절하지 못한다).
③ 일부지급의 경우 지급인은 소지인에게 그 지급 사실을 어음에 적고 영수증을 교부할 것을 청구할 수 있다.

환어음에 관한 규정의 준용(어음법 제77조) ① 약속어음에 대하여는 약속어음의 성질에 상반되지 아니하는 한도에서 다음 각 호의 사항에 관한 환어음에 대한 규정을 준용한다.
3. 지급(제38조부터 제42조까지)

지급의 시기 및 지급인의 조사의무(어음법 제40조) ① 환어음의 소지인은 만기 (전)에는 지급을 받을 의무가 없다.
② 만기 (전)에 지급을 하는 지급인은 (자기의 위험부담)으로 하는 것으로 한다.
③ 만기에 지급하는 지급인은 (사기) 또는 (중대한 과실)이 없으면 그 책임을 면한다. 이 경우 지급인은 배서의 연속이 제대로 되어 있는지를 조사할 의무가 있으나 배서인의 기명날인 또는 서명을 조사할 의무는 없다.

은혜일의 불허(어음법 제74조) 은혜일(恩惠日)은 법률상으로든 재판상으로든 (인정하지 아니한다).

⊃ 수표법
상환증권성 및 일부지급(수표법 제34조) ① 수표의 지급인은 지급을 할 때에 소지인에게 그 수표에 영수(領受)를 증명하는 뜻을 적어서 교부할 것을 청구할 수 있다.
② 소지인은 일부지급을 거절하지 못한다.
③ 일부지급의 경우 지급인은 소지인에게 그 지급 사실을 수표에 적고 영수증을 교부할 것을 청구할 수 있다.

지급인의 조사의무(수표법 제35조) ① 배서로 양도할 수 있는 수표의 지급인은 배서의 연속이 제대로 되어 있는지를 조사할 의무가 있으나 배서인의 기명날인 또는 서명을 조사할 의무는 없다.
② 제31조 제2항에 따른 지급제시의 경우 지급인은 제1항에 따른 배서의 연속이 제대로 되어 있는지에 대한 조사를 제시은행에 위임할 수 있다.

지급위탁의 취소(수표법 제32조) ① 수표의 지급위탁의 취소는 제시기간이 지난 (후)에만 그 효력이 생긴다.
② 지급위탁의 취소가 없으면 지급인은 제시기간이 지난 후에도 지급을 할 수 있다.

은혜일의 불허(수표법 제62조) 은혜일(恩惠日)은 법률상으로든 재판상으로든 인정하지 아니한다.

071 ▶ 어음은 제시증권, 상환증권이므로 어음을 소지하지 않으면 어음상의 권리를 행사할 수 없는 것이 원칙이다. ▮법무사 19 ○ ×
☐☐☐

▶ 어음이 어떤 이유로 이미 채무자의 점유에 귀속하는 경우에도, 어음의 소지는 채무자에 대한 권리행사의 요건이므로, 채무자는 상환이행의 항변을 할 수 있다. ▮법무사 19 ○ ×

어음은 제시증권, 상환증권이므로(어음법 제38조, 제39조) 어음을 소지하지 않으면 어음상의 권리를 행사할 수 없는 것이 원칙이지만, 이와 같이 어음상의 권리행사에 어음의 소지가 요구되는 것은 어음채무자에게 채권자를 확지시키고 또 채무자로 하여금 이중지급의 위험을 회피·저지할 수 있게 하는 데 그 취지가 있는 것이므로, 어음이 어떤 이유로 이미 채무자의 점유에 귀속하는 경우에는 위와 같은 점을 고려할 필요가 없어 어음의 소지는 채무자에 대한 권리행사의 요건이 되지 아니하고, 채무자는 상환이행의 항변을 하지 못한다(대판 2001.6.1. 99다 60948). **답** ○ / ×

072 회생절차에 참가하기 위하여 어음채권을 회생채권으로 신고하는 경우에도 어음을 소지하지 않으면 그 어음상의 권리를 행사할 수 없다. ▮법무사 18 ○ ×
☐☐☐

회생채권에 관하여는 개별적인 권리실현이 금지되는 반면 회생채권자는 그가 가진 회생채권으로 회생절차에 참가할 수 있고(채무자 회생 및 파산에 관한 법률 제133조 제1항), 회생절차에 참가하기 위해서는 회생채권자 목록에 기재되거나(같은 법 제147조 제1항, 제2항 제1호) 법원이 정하는 신고기간 안에 회생채권의 내용 및 원인 등을 법원에 신고하고 증거서류 등을 제출하여야 한다(같은 법 제148조 제1항). 그런데 어음은 제시증권, 상환증권 이므로(어음법 제38조, 제39조) 어음을 소지하지 않으면 어음상의 권리를 행사할 수 없는 것이 원칙이고, 이는 회생절차에 참가하기 위하여 어음채권을 회생채권으로 신고하는 경우에도 마찬가지이다(대판 2016.10.27. 2016다 235091). **답** ○

073 기한은 채무자의 이익을 위한 것으로 추정되므로, 어음채무자는 원칙적으로 만기 전에도 어음 금을 지급할 수 있고, 어음소지인은 만기 전이라도 어음금을 지급받을 의무가 있다.
☐☐☐ ▮법무사 18 ○ ×

어음채무자는 원칙적으로 만기 전에 어음금을 지급할 수 있으나, 만기 전에 지급을 하는 지급인은 자기의 위험부담 으로 하는 것으로 한다(어음법 제40조 제2항, 제77조 제1항 제3호 참조). 다만, 어음소지인은 만기 전에는 지급을 받을 의무가 없다(어음법 제40조 제1항, 제77조 제1항 제3호 참조). **답** ×

⊃ 어음법

상환청구의 실질적 요건(어음법 제43조)　만기에 지급이 되지 아니한 경우 (소지인)은 배서인, 발행인, 그밖의 어음채무자에 대하여 상환청구권(償還請求權)을 행사할 수 있다. 다음 각 호의 어느 하나에 해당하는 경우에는 (만기 전)에도 상환청구권을 행사할 수 있다.

1. 인수의 전부 또는 일부의 거절이 있는 경우
2. 지급인의 인수 여부와 관계없이 지급인이 파산한 경우, 그 지급이 정지된 경우 또는 그 재산에 대한 강제집행이 주효(奏效)하지 아니한 경우
3. 인수를 위한 어음의 제시를 금지한 어음의 발행인이 파산한 경우

상환청구의 형식적 요건(어음법 제44조)　① 인수 또는 지급의 거절은 (공정증서)(인수거절증서 또는 지급거절증서)로 증명하여야 한다.

② 인수거절증서는 인수를 위한 (제시기간 내)에 작성시켜야 한다. 다만, 기간의 말일에 제24조 제1항에 따른 제시가 있으면 그 다음 날에도 거절증서를 작성시킬 수 있다.

③ 확정일출급, 발행일자 후 정기출급 또는 일람 후 정기출급 환어음의 지급거절증서는 지급을 할 날 이후의 (2거래일 내)에 작성시켜야 한다. 일람출급 어음의 지급거절증서는 인수거절증서 작성에 관한 제2항에 따라 작성시켜야 한다.

④ 인수거절증서가 작성되었을 때에는 지급을 받기 위한 제시와 지급거절증서의 작성이 필요하지 아니하다.

⑤ 지급인의 인수 여부와 관계없이 지급인이 지급을 정지한 경우 또는 그 재산에 대한 강제집행이 주효하지 아니한 경우 소지인은 지급인에 대하여 지급을 받기 위한 제시를 하고 거절증서를 작성시킨 후가 아니면 상환청구권을 행사하지 못한다.

⑥ 지급인의 인수 여부와 관계없이 지급인이 파산선고를 받은 경우 또는 인수를 위한 제시를 금지한 어음의 발행인이 파산선고를 받은 경우에 소지인이 상환청구권을 행사할 때에는 파산결정서를 제시하면 된다.

인수거절 및 지급거절의 통지(어음법 제45조)　① 소지인은 다음 각 호의 어느 하나에 해당하는 날 이후의 (4거래일 내)에 자기의 배서인과 발행인에게 인수거절 또는 지급거절이 있었음을 통지하여야 하고, 각 배서인은 그 통지를 받은 날 이후 2거래일 내에 전(前) 통지자 전원의 명칭과 처소(處所)를 표시하고 자기가 받은 통지를 자기의 배서인에게 통지하여 차례로 발행인에게 미치게 하여야 한다. 이 기간은 각 통지를 받은 때부터 진행한다.

1. 거절증서 작성일
2. 무비용상환(無費用償還)의 문구가 적혀 있는 경우에는 어음 제시일

② 제1항에 따라 환어음에 기명날인하거나 서명한 자에게 통지할 때에는 같은 기간 내에 그 보증인에게도 같은 통지를 하여야 한다.

③ 배서인이 그 처소를 적지 아니하거나 그 기재가 분명하지 아니한 경우에는 그 배서인의 직전(直前)의 자에게 통지하면 된다.

④ 통지를 하여야 하는 자는 어떠한 방법으로도 할 수 있다. 단순히 어음을 반환하는 것으로도 통지할 수 있다.

⑤ 통지를 하여야 하는 자는 적법한 기간 내에 통지를 하였음을 증명하여야 한다. 이 기간 내에 통지서를 우편으로 부친 경우에는 그 기간을 준수한 것으로 본다.

⑥ 제5항의 기간 내에 (통지를 하지 아니한 자)도 상환청구권을 잃지 아니한다. 그러나 (과실)로 인하여 손해가 생긴 경우에는 환어음금액의 한도 내에서 배상할 책임을 진다.

거절증서 작성 면제(어음법 제46조) ① 발행인, 배서인 또는 보증인은 다음 각 호의 어느 하나에 해당하는 문구를 환어음에 적고 기명날인하거나 서명함으로써 소지인의 상환청구권 행사를 위한 인수거절증서 또는 지급거절증서의 작성을 (면제)할 수 있다.

1. 무비용상환
2. 거절증서 불필요
3. 제1호 및 제2호와 같은 뜻을 가진 문구

② 제1항 각 호의 문구가 있더라도 소지인의 법정기간 내 어음의 제시 및 통지 의무가 면제되는 것은 아니다. 법정기간을 준수하지 아니하였음은 소지인에 대하여 이를 (원용하는 자)가 (증명)하여야 한다.

③ 발행인이 제1항 각 호의 문구를 적은 경우에는 모든 어음채무자에 대하여 효력이 있고, 배서인 또는 보증인이 이 문구를 적은 경우에는 그 배서인 또는 보증인에 대하여만 효력이 있다. 발행인이 이 문구를 적었음에도 불구하고 소지인이 거절증서를 작성시켰으면 그 비용은 소지인이 부담하고, 배서인 또는 보증인이 이 문구를 적은 경우에 거절증서를 작성시켰으면 모든 어음채무자에게 그 비용을 상환하게 할 수 있다.

환어음에 관한 규정의 준용(어음법 제77조) ① 약속어음에 대하여는 약속어음의 성질에 상반되지 아니하는 한도에서 다음 각 호의 사항에 관한 환어음에 대한 규정을 준용한다.

4. 지급거절로 인한 상환청구(제43조부터 제50조까지, 제52조부터 제54조까지)

⊃ 수표법

상환청구의 요건(수표법 제39조) 적법한 기간 내에 수표를 제시하였으나 지급받지 못한 경우에 소지인이 다음 각 호의 어느 하나의 방법으로 지급거절을 증명하였을 때에는 소지인은 배서인, 발행인, 그밖의 채무자에 대하여 상환청구권(償還請求權)을 행사할 수 있다.

1. 공정증서(거절증서)
2. 수표에 제시된 날을 적고 날짜를 부기한 지급인(제31조 제2항의 경우에는 지급인의 위임을 받은 제시은행)의 선언
3. 적법한 시기에 수표를 제시하였으나 지급받지 못하였음을 증명하고 날짜를 부기한 어음교환소의 선언

지급거절의 통지(수표법 제41조) ① 소지인은 다음 각 호의 어느 하나에 해당하는 날 이후의 4거래일 내에 자기의 배서인과 발행인에게 지급거절이 있었음을 통지하여야 하고, 각 배서인은 그 통지를 받은 날 이후의 2거래일 내에 전(前) 통지자 전원의 명칭과 처소(處所)를 표시하고 자기가 받은 통지를 자기의 배서인에게 통지하여 차례로 발행인에게 미치게 하여야 한다. 이 기간은 각 통지를 받은 때부터 진행한다.

1. 거절증서 작성일
2. 거절증서와 같은 효력이 있는 선언의 작성일
3. 무비용상환(無費用償還)의 문구가 적혀 있는 경우에는 수표 제시일

② 제1항에 따라 수표에 기명날인하거나 서명한 자에게 통지할 때에는 같은 기간 내에 그 보증인에 대하여도 같은 통지를 하여야 한다.

③ 배서인이 그 처소를 적지 아니하거나 그 기재가 분명하지 아니한 경우에는 그 배서인의 직전(直前)의 자에게 통지하면 된다.

④ 통지를 하여야 하는 자는 어떠한 방법으로도 할 수 있다. 단순히 수표를 반환하는 것으로도 통지할 수 있다.

⑤ 통지를 하여야 하는 자는 적법한 기간 내에 통지를 하였음을 증명하여야 한다. 이 기간 내에 통지서를 우편으로 부친 경우에는 그 기간을 준수한 것으로 본다.

⑥ 제5항의 기간 내에 통지를 하지 아니한 자도 상환청구권을 잃지 아니한다. 그러나 과실로 인하여 손해가 생긴 경우에는 수표금액의 한도 내에서 배상할 책임을 진다.

거절증서 등의 작성 면제(수표법 제42조) ① 발행인, 배서인 또는 보증인은 다음 각 호의 어느 하나에 해당하는 문구를 수표에 적고 기명날인하거나 서명함으로써 소지인의 상환청구권 행사를 위한 거절증서 또는 이와 같은 효력이 있는 선언의 작성을 면제할 수 있다.

1. 무비용상환
2. 거절증서 불필요
3. 제1호 및 제2호와 같은 뜻을 가진 문구

② 제1항 각 호의 문구가 있더라도 소지인의 법정기간 내 수표의 제시 및 통지 의무가 면제되는 것은 아니다. 법정기간을 준수하지 아니하였음은 소지인에 대하여 이를 원용(援用)하는 자가 증명하여야 한다.

③ 발행인이 제1항 각 호의 문구를 적은 경우에는 모든 채무자에 대하여 효력이 생기고, 배서인 또는 보증인이 이 문구를 적은 경우에는 그 배서인 또는 보증인에 대하여만 효력이 생긴다. 발행인이 이 문구을 적었음에도 불구하고 소지인이 거절증서 또는 이와 같은 효력이 있는 선언을 작성시켰으면 그 비용은 소지인이 부담하고, 배서인 또는 보증인이 이 문구를 적은 경우에 거절증서 또는 이와 같은 효력이 있는 선언을 작성시켰으면 모든 채무자에게 그 비용을 상환하게 할 수 있다.

074 만기에 지급이 되지 아니한 경우 환어음소지인은 배서인, 발행인, 그 밖의 어음채무자에 대하여 상환청구권을 행사할 수 있다. ▮법무사 18   ○ ✕

□□□

어음법 제43조   답 ○

제4절 어음·수표상 권리의 소멸

제1관 어음시효

시효기간(어음법 제70조) ① 인수인에 대한 환어음상의 청구권은 만기일부터 (3년)간 행사하지 아니하면 소멸시효가 완성된다.

② 소지인의 배서인과 발행인에 대한 청구권은 다음 각 호의 날부터 (1년간) 행사하지 아니하면 소멸시효가 완성된다.

1. 적법한 기간 내에 작성시킨 거절증서의 날짜
2. 무비용상환의 문구가 적혀 있는 경우에는 만기일

③ 배서인의 다른 배서인과 발행인에 대한 청구권은 그 배서인이 어음을 환수한 날 또는 그 자가 제소된 날부터 (6개월)간 행사하지 아니하면 소멸시효가 완성된다.

시효의 중단(어음법 제71조) 시효의 중단은 그 (중단사유가 생긴 자에 대하여만) 효력이 생긴다.

시효기간(수표법 제51조)   ① 소지인의 배서인, 발행인, 그밖의 채무자에 대한 상환청구권은 제시기간이 지난 후 (6개월)간 행사하지 아니하면 소멸시효가 완성된다.
② 수표의 채무자의 다른 채무자에 대한 상환청구권은 그 채무자가 수표를 환수한 날 또는 그 자가 제소된 날부터 (6개월)간 행사하지 아니하면 소멸시효가 완성된다.

시효의 중단(수표법 제52조)   시효의 중단은 그 중단사유가 생긴 자에 대하여만 효력이 생긴다.

지급보증인의 의무의 시효(수표법 제58조)   지급보증을 한 지급인에 대한 수표상의 청구권은 제시기간이 지난 후 (1년)간 행사하지 아니하면 소멸시효가 완성된다.

제5절 **수 표**

수표자금, 수표계약의 필요(수표법 제3조)   수표는 제시한 때에 발행인이 처분할 수 있는 자금이 있는 (은행을 지급인)으로 하고, 발행인이 그 자금을 수표에 의하여 처분할 수 있는 명시적 또는 묵시적 계약에 따라서만 발행할 수 있다. 그러나 이 규정을 위반하는 경우에도 수표로서의 효력에 영향을 미치지 아니한다.

인수의 금지(수표법 제4조)   수표는 인수하지 (못한다). 수표에 적은 인수의 문구는 (적지 아니한 것으로 본다).

수취인의 지정(수표법 제5조)   ① 수표는 다음 각 호의 어느 하나의 방식으로 발행할 수 있다.
1. 기명식(記名式) 또는 지시식(指示式)
2. 기명식으로 "지시금지"라는 글자 또는 이와 같은 뜻이 있는 문구를 적은 것
3. 소지인출급식(所持人出給式)
② 기명식 수표에 "또는 소지인에게"라는 글자 또는 이와 같은 뜻이 있는 문구를 적었을 때에는 소지인출급식 수표로 본다.
③ 수취인이 적혀 있지 아니한 수표는 (소지인출급식) 수표로 본다.

자기지시수표, 위탁수표, 자기앞수표(수표법 제6조)   ① 수표는 발행인 자신을 지급받을 자로 하여 발행할 수 있다.
② 수표는 제3자의 계산으로 발행할 수 있다.
③ 수표는 발행인 (자신을 지급인으로 하여) 발행할 수 있다.

이자의 약정(수표법 제7조)   수표에 적은 이자의 약정은 (적지 아니한 것으로 본다).

수표의 일람출급성(수표법 제28조) ① 수표는 (일람출급)으로 한다. 이에 위반되는 모든 문구는 적지 아니한 것으로 본다.
② 기재된 발행일이 도래하기 전에 지급을 받기 위하여 제시된 수표는 그 (제시된 날)에 이를 지급하여야 한다.

지급제시기간(수표법 제29조) ① 국내에서 발행하고 지급할 수표는 10일 내에 지급을 받기 위한 제시를 하여야 한다.

지급위탁의 취소(수표법 제32조) ① 수표의 지급위탁의 취소는 제시기간이 지난 후에만 그 효력이 생긴다.
② 지급위탁의 취소가 없으면 지급인은 제시기간이 지난 후에도 지급을 할 수 있다.

횡선의 종류 및 방식(수표법 제37조) ① 수표의 발행인이나 소지인은 그 수표에 횡선(橫線)을 그을 수 있다. 이 횡선은 제38조에서 규정한 효력이 있다.
② 횡선은 수표의 앞면에 (두 줄)의 평행선으로 그어야 한다. 횡선은 일반횡선 또는 특정횡선으로 할 수 있다.
③ 두 줄의 횡선 내에 아무런 지정을 하지 아니하거나 "은행" 또는 이와 같은 뜻이 있는 문구를 적었을 때에는 일반횡선으로 하고, 두 줄의 횡선 내에 은행의 명칭을 적었을 때에는 특정횡선으로 한다.
④ 일반횡선은 특정횡선으로 변경할 수 있으나, (특정)횡선은 (일반)횡선으로 (변경하지 못한다).
⑤ 횡선 또는 지정된 은행의 명칭의 말소는 하지 아니한 것으로 본다.

횡선의 효력(수표법 제38조) ① 일반횡선수표의 지급인은 은행 또는 지급인의 거래처에만 지급할 수 있다.
② 특정횡선수표의 지급인은 지정된 은행에만 또는 지정된 은행이 지급인인 경우에는 자기의 거래처에만 지급할 수 있다. 그러나 지정된 은행은 다른 은행으로 하여금 추심하게 할 수 있다.
③ 은행은 자기의 거래처 또는 다른 은행에서만 횡선수표를 취득할 수 있다. 은행은 이 외의 자를 위하여 횡선수표의 추심을 하지 못한다.
④ 여러 개의 특정횡선이 있는 수표의 지급인은 이를 지급하지 못한다. 그러나 2개의 횡선이 있는 경우에 그 하나가 어음교환소에 제시하여 추심하게 하기 위한 것일 때에는 그러하지 아니하다.
⑤ 제1항부터 제4항까지의 규정을 준수하지 아니한 지급인이나 은행은 이로 인하여 생긴 손해에 대하여 수표금액의 한도 내에서 배상할 책임을 진다.

지급보증의 가능방식(수표법 제53조) ① 지급인은 수표에 지급보증을 할 수 있다.

지급보증의 효력(수표법 제55조) ① 지급보증을 한 지급인은 제시기간이 지나기 (전)에 수표가 제시된 경우에만 지급할 의무를 부담한다.

---

075 수표는 발행인 자신을 지급인으로 하여 발행할 수 있다. ▮법무사 17 ○ ✕
□□□
수표법 제6조 제3항 답 ○

076 수표의 발행인이 수표에 이자의 약정을 기재한 경우 수표가 무효가 된다. ▮법무사 22 ○ ✕
□□□
수표에 적은 이자의 약정은 <u>적지 아니한 것으로 본다</u>(수표법 제7조). 답 ✕

077 발행일을 백지로 하여 발행된 수표의 백지보충권의 소멸시효기간은 백지보충권을 행사할 수 있는 때로부터 6개월로 봄이 상당하다. ▮법무사 17 ○ ×

□□□

발행일을 백지로 하여 발행된 수표의 백지보충권의 소멸시효는 다른 특별한 사정이 없는 한 그 수표발행의 원인관계에 비추어 발행 당사자 사이에 수표상의 권리를 행사할 수 있는 것이 법률적으로 가능하게 된 때부터 진행한다. 백지수표의 보충권 행사에 의하여 생기는 채권은 수표금채권이고, 수표법 제51조에 의하면 수표의 발행인에 대한 소구권은 제시기간 경과 후 6개월간 행사하지 아니하면 소멸시효가 완성되는 점 등을 고려하면 발행일을 백지로 하여 발행된 수표의 백지보충권의 소멸시효기간은 백지보충권을 행사할 수 있는 때로부터 6개월로 봄이 상당하다 (대판 2001.10.23. 99다64018). 답 ○

078 수표소지인이 수표의 발행일 도래 전에 지급제시를 하면 그 지급제시는 효력이 없다.
▮법무사 17 ○ ×

□□□

기재된 발행일이 도래하기 전에 지급을 받기 위하여 제시된 수표는 그 제시된 날에 이를 지급하여야 한다(수표법 제28조 제2항). 답 ×

079 지급보증인은 수표소지인이 지급제시기간 내에 수표를 지급제시한 경우에만 수표상의 채무를 부담한다. ▮법무사 17 ○ ×

□□□

수표법 제55조 제1항 답 ○

제 5 편 보험법

| 제1장 | 보험계약

제1절 보험계약의 개념과 요소

> **보험사고의 객관적 확정의 효과(상법 제644조)** 　보험계약 당시에 보험사고가 이미 발생하였거나 또는 발생할 수 없는 것인 때에는 그 계약은 (무효)로 한다. 그러나 (당사자 쌍방과 피보험자가 이를 알지 못한 때)에는 그러하지 아니하다.

001 　보험계약이 체결되기 전에 보험사고가 이미 발생한 경우, 보험계약의 당사자 쌍방 및 피보험자 □□□ 전부가 이를 알지 못한 경우를 제외하고는 그 보험계약을 무효로 한다는 상법 제644조의 규정은, 보험사고는 원칙적으로 불확정한 것이어야 한다는 고려에 따라 마련된 임의규정일 뿐이므로, 당사자가 명시적으로 위 규정의 적용을 배제하기로 합의하는 경우 해당 보험계약은 더는 상법 제644조에 저촉되어 무효가 되지 아니한다고 보아야 한다. ▌법무사 20　　○ ✕

보험계약이 체결되기 전에 보험사고가 이미 발생하였을 경우, 보험계약의 당사자 쌍방 및 피보험자가 이를 알지 못한 경우를 제외하고는 그 보험계약을 무효로 한다는 상법 제644조의 규정은, <u>보험사고는 불확정한 것이어야 한다는 보험의 본질에 따른 강행규정으로, 당사자 사이의 합의에 의해 이 규정에 반하는 보험계약을 체결하더라도 그 계약은 무효임을 면할 수 없다</u>(대판 2002.6.28. 2001다59064).　　답 ✕

002 　보험계약의 존속 중에 당사자 일방의 부당한 행위 등으로 인하여 계약의 기초가 되는 신뢰관계 □□□ 가 파괴되어 계약의 존속을 기대할 수 없는 중대한 사유가 있는 때에는 상대방은 그 계약을 해지할 수 있다. ▌법무사 21　　○ ✕

보험계약은 장기간의 보험기간 동안 존속하는 계속적 계약일 뿐만 아니라, 도덕적 위험의 우려가 있어 당사자의 윤리성과 선의성이 강하게 요구되는 특성이 있으므로 당사자 사이에 강한 신뢰관계가 있어야 한다. 따라서 보험계약의 존속 중에 당사자 일방의 부당한 행위 등으로 인하여 계약의 기초가 되는 신뢰관계가 파괴되어 계약의 존속을 기대할 수 없는 중대한 사유가 있는 때에는 상대방은 그 계약을 해지함으로써 장래에 향하여 그 효력을 소멸시킬 수 있다(대판 2020.10.29. 2019다267020).　　답 ○

보험계약의 성립

보험계약의 성립

보험계약의 성립(상법 제638조의2)　① 보험자가 보험계약자로부터 보험계약의 청약과 함께 보험료 상당액의 (전부 또는 일부의 지급)을 받은 때에는 다른 약정이 없으면 (30일) 내에 그 상대방에 대하여 낙부의 통지를 발송하여야 한다. 그러나 인보험계약의 피보험자가 신체검사를 받아야 하는 경우에는 그 기간은 신체검사를 받은 날부터 기산한다.

② 보험자가 제1항의 규정에 의한 기간 내에 낙부의 통지를 해태한 때에는 (승낙)한 것으로 본다.

③ 보험자가 보험계약자로부터 보험계약의 청약과 함께 보험료 상당액의 (전부) 또는 (일부)를 받은 경우에 그 청약을 승낙하기 전에 보험계약에서 정한 보험사고가 생긴 때에는 그 청약을 (거절할 사유가 없는 한) 보험자는 보험계약상의 책임을 진다. 그러나 인보험계약의 피보험자가 신체검사를 받아야 하는 경우에 그 검사를 받지 아니한 때에는 그러하지 아니하다.

---

003 보험자는 보험계약자로부터 보험계약의 청약과 함께 보험료 상당액의 전부 또는 일부를 지급
☐☐☐ 받은 경우(인보험계약의 피보험자가 신체검사를 받아야 하는 경우에는 그 검사도 받은 때)에 그 청약을 승낙하기 전에 보험계약에서 정한 보험사고가 생긴 때에는 그 청약을 거절할 사유가 없는 한 보험계약상의 책임을 진다. ▮법무사 20　　　　　　　　　　　　　　○ ✕

....

상법 제638조의2 제3항에 의하면 보험자가 보험계약자로부터 보험계약의 청약과 함께 보험료 상당액의 전부 또는 일부를 받은 경우(인보험계약의 피보험자가 신체검사를 받아야 하는 경우에는 그 검사도 받은 때)에 그 청약을 승낙하기 전에 보험계약에서 정한 보험사고가 생긴 때에는 그 청약을 거절할 사유가 없는 한 보험자는 보험계약상의 책임을 지는바, 여기에서 청약을 거절할 사유란 보험계약의 청약이 이루어진 바로 그 종류의 보험에 관하여 해당 보험회사가 마련하고 있는 객관적인 보험인수기준에 의하면 인수할 수 없는 위험상태 또는 사정이 있는 것으로서 통상 피보험자가 보험약관에서 정한 적격 피보험체가 아닌 경우를 말하고, 이러한 청약을 거절할 사유의 존재에 대한 증명책임은 보험자에게 있다(대판 2008.11.27. 2008다40847).　　　　　답 ○

보험약관 교부 · 설명의무

보험약관의 교부 · 설명 의무(상법 제638조의3)　① 보험자는 보험계약을 체결할 때에 보험계약자에게 보험약관을 교부하고 그 약관의 중요한 내용을 설명하여야 한다.

② 보험자가 제1항을 위반한 경우 보험계약자는 보험계약이 성립한 날부터 (3개월) 이내에 그 계약을 (취소할 수 있다).

---

004 약관조항에 관한 명시·설명의무가 제대로 이행되었더라도 그러한 사정이 보험계약의 체결
□□□ 여부에 영향을 미치지 않은 경우, 약관조항이 명시·설명의무의 대상이 되는 보험계약의 중요
한 내용이라고 할 수 없다. **Ⅰ법무사 18·22** ○ ×

일반적으로 보험자 및 보험계약의 체결 또는 모집에 종사하는 사람은 보험계약의 체결에 있어서 보험계약의
중요한 내용에 대하여 구체적이고 상세한 명시·설명의무를 지고 있다. 그러나 명시·설명의무가 인정되는 것은
어디까지나 보험계약자가 알지 못하는 가운데 약관의 중요한 사항이 계약 내용으로 되어 보험계약자가 예측하지
못한 불이익을 받게 되는 것을 피하고자 하는 데 근거가 있으므로, 만약 약관조항에 관한 명시·설명의무가 제대로
이행되었더라도 그러한 사정이 보험계약의 체결 여부에 영향을 미치지 아니하였다면 약관조항은 명시·설명의무
의 대상이 되는 보험계약의 중요한 내용이라고 할 수 없다(대판 2016.9.23. 2016다221023). **답** ○

005 약관에 정하여진 사항으로서 이미 법령에 의하여 정하여진 것을 되풀이하거나 부연하는 정도
□□□ 에 불과한 사항에 대해서도 고객이 이를 알고 있다고 단정할 수 없으므로 보험자는 명시·설명
의무를 부담한다. **Ⅰ법무사 22** ○ ×

보험자에게 보험약관의 명시·설명의무가 인정되는 것은 어디까지나 보험계약자가 알지 못하는 가운데 약관에
정하여진 중요한 사항이 계약 내용으로 되어 보험계약자가 예측하지 못한 불이익을 받게 되는 것을 피하고자
하는 데 그 근거가 있다고 할 것이므로, 보험약관에 정하여진 사항이라고 하더라도 거래상 일반적이고 공통된
것이어서 보험계약자가 별도의 설명 없이도 충분히 예상할 수 있었던 사항이거나 이미 법령에 의하여 정하여진
것을 되풀이하거나 부연하는 정도에 불과한 사항이라면 그러한 사항에 대하여서까지 보험자에게 명시·설명의무
가 인정된다고 할 수 없다(대판 1998.11.27. 98다32564). **답** ×

006 상법의 일반조항과 다른 내용으로 보험자의 책임개시시기를 정한 경우, 그 약관내용은 명시·
□□□ 설명의무의 대상에 해당한다. **Ⅰ법무사 21** ○ ×

보험자의 책임은 당사자 간에 다른 약정이 없으면 최초의 보험료의 지급을 받은 때로부터 개시한다고 규정하고
있는 상법의 일반 조항과 다른 내용으로 보험자의 책임개시시기를 정한 경우, 그 약관내용은 보험자가 구체적이고
상세한 명시·설명의무를 지는 보험계약의 중요한 내용이라 할 것이고, 그 약관의 내용이 거래상 일반적이고
공통된 것이어서 보험계약자가 별도의 설명 없이도 충분히 예상할 수 있었던 내용이라 할 수 없다(대판 2005.12.9.
2004다26164). **답** ○

007 가족운전자 한정운전 특별약관은 명시·설명의무의 대상에 해당한다. **Ⅰ법무사 17** ○ ×
□□□

자동차종합보험계약상 가족운전자 한정운전특약은 보험자의 면책과 관련되는 중요한 내용에 해당하는 사항으로
서 일반적으로 보험자의 구체적이고 상세한 명시·설명의 대상이 되는 약관이다(대판 2003.8.22. 2003다
27054). **답** ○

008 '보험약관에 정한 보험금에서 상대방 차량이 가입한 자동차보험 등의 대인배상으로 보상받을 □□□ 수 있는 금액을 공제한 액수만을 자기신체사고 보험금으로 지급한다'는 약관조항은 명시·설 명의무의 대상에 해당한다. ▮법무사 21   ○ ×

'보험약관에 정한 보험금에서 상대방 차량이 가입한 자동차보험 등의 대인배상으로 보상받을 수 있는 금액을 공제한 액수만을 자기신체사고 보험금으로 지급한다'는 약관조항은 자기신체사고보험에 있어서 구체적인 보험금 산정방식에 관한 사항이 아니라 다른 차량과의 보험사고에 있어서 보험금의 지급 여부 및 지급 내용에 관한 사항으로서, 그 다른 차량의 대인배상에서 지급받을 수 있는 보상금이 약정 보험금액을 초과하는 경우에는 피보험 자의 실제 손해액이 잔존하고 있는 경우에도 보험금을 지급받지 못하는 것을 내용으로 하고 있으므로 이러한 사항은 보험계약의 체결 여부에 영향을 미칠 수 있는 보험계약의 중요한 내용이 되는 사항이고, 보험계약자가 별도의 설명이 없더라도 충분히 예상할 수 있었던 사항이라고는 볼 수 없으므로 보험자가 보험계약 체결 시에 위 약관조항에 관하여 설명하지 않았다면 보험자로서는 위 약관조항에 의한 보험금의 공제를 주장할 수 없다(대판 2004.11.25. 2004다28245).   답 ○

009 무보험자동차에 의한 상해보상특약에서 보험금액의 산정기준이나 방법은 보험약관 명시·설 □□□ 명의무의 대상에 해당한다. ▮법무사 17 · 21   ○ ×

무보험자동차에 의한 상해보상특약의 보험자는 피보험자의 실제 손해액을 기준으로 위험을 인수한 것이 아니라 보통약관에서 정한 보험금지급기준에 따라 산정된 금액만을 제한적으로 인수하였을 뿐이어서 그 특약에 따른 보험료도 대인배상Ⅱ에 비하여 현저히 저액으로 책정되어 있고 … 만약 원고 1이 이 사건 보험계약 체결 당시 그 구체적인 산정기준이나 방법에 관한 명시·설명을 받아서 알았다고 하더라도 이 사건 특약을 체결하지 않았을 것으로는 보이지 않고, 나아가 이러한 산정기준이 모든 자동차 보험회사에서 일률적으로 적용되는 것이어서 거래 상 일반인들이 보험자의 설명 없이도 충분히 예상할 수 있었던 사항이라고도 볼 수 있는 점 등에 비추어 보면, 위의 무보험자동차에 의한 상해보상특약에 있어서 보험금액의 산정기준이나 방법은 보험약관의 중요한 내용이 아니어서 명시·설명의무의 대상에 해당하지 아니한다(대판 2004.4.27. 2003다7302).   답 ×

010 보험약관상 규정된 보험계약자 또는 피보험자의 보험자에 대한 자동차 구조변경 등과 관련된 □□□ 통지의무의 규정은 보험약관 명시·설명의무의 대상에 해당한다. ▮법무사 17   ○ ×

자동차종합보험계약에 적용되는 보험약관에서 보험계약을 체결한 후 피보험자동차의 구조변경 등의 중요한 사항 에 변동이 있을 때 또는 위험이 뚜렷이 증가하거나 적용할 보험료에 차액이 생기는 사실이 발생한 때에는 보험계약 자 또는 피보험자는 지체 없이 이를 보험자에게 알릴 의무를 규정하고 있다고 하더라도 이는 상법 제652조에서 이미 정하여 놓은 통지의무를 자동차보험에서 구체적으로 부연한 정도의 규정에 해당하여 그에 대하여는 보험자에 게 별도의 설명의무가 인정된다고 볼 수가 없다(대판 1998.11.27. 98다32564).   답 ×

011 오토바이 운전자의 경우 보험금의 지급이 제한된다는 약관의 내용은 보험약관 명시·설명의무 □□□ 의 대상에 해당한다. ▮법무사 17   ○ ×

보험계약 체결 당시 오토바이 운전자에게는 보험금의 지급이 제한된다는 약관의 내용에 관하여 보험계약자에게 구체적이고 상세한 설명을 하지 않은 경우, 보험자는 명시·설명의무를 다 하지 못하였으므로 위 약관의 내용을 보험계약의 내용으로 주장할 수 없다(대판 2005.10.28. 2005다38713).   답 ○

012
☐☐☐ 보험계약자가 별도의 설명 없이도 충분히 예상할 수 있었던 사항이거나 보험계약자나 그 대리인이 그 내용을 충분히 잘 알고 있는 경우에는 보험자로서는 보험계약자 또는 그 대리인에게 약관의 내용을 따로 설명할 필요가 없다. ▮법무사 21　　　　　○ ✕

보험자에게 보험약관의 명시·설명의무가 인정되는 것은 어디까지나 보험계약자가 알지 못하는 가운데 약관에 정하여진 중요한 사항이 계약내용으로 되어 보험계약자가 예측하지 못한 불이익을 받게 되는 것을 피하고자 하는 데 그 근거가 있으므로, 보험약관에 정하여진 사항이라고 하더라도 거래상 일반적이고 공통된 것이어서 보험계약자가 별도의 설명 없이도 충분히 예상할 수 있었던 사항이거나 이미 법령에 의하여 정하여진 것을 되풀이 하거나 부연하는 정도에 불과한 사항에 대하여서는 보험자에게 명시·설명의무가 인정된다고 할 수 없고, 또 보험계약자나 그 대리인이 이미 약관의 내용을 충분히 잘 알고 있는 경우에는 보험자로서는 보험계약자 또는 그 대리인에게 약관의 내용을 따로이 설명할 필요가 없다(대판 2004.11.25. 2004다28245). **답** ○

013
☐☐☐ '계약자 또는 피보험자가 손해의 통지 또는 보험금청구에 관한 서류에 고의로 사실과 다른 것을 기재하였거나 그 서류 또는 증거를 위조하거나 변조한 경우'를 보험금청구권의 상실사유로 정한 보험약관은 명시·설명의무의 대상에 해당한다. ▮법무사 17·21　　　○ ✕

"계약자 또는 피보험자가 손해의 통지 또는 보험금청구에 관한 서류에 고의로 사실과 다른 것을 기재하였거나 그 서류 또는 증거를 위조하거나 변조한 경우"를 보험금청구권의 상실사유로 정한 보험약관은 설명의무의 대상이 아니다(대판 2003.5.30. 2003다15556). **답** ✕

014
☐☐☐ 보험계약의 중요사항은 반드시 보험약관에 규정된 것에 한정된다고 할 수 없으므로, 보험약관만으로 보험계약의 중요사항을 설명하기 어려운 경우 보험회사 또는 보험모집종사자는 상품설명서 등 적절한 추가자료를 활용하는 등의 방법으로 개별 보험상품의 특성과 위험성에 관한 보험계약의 중요사항을 고객이 이해할 수 있도록 설명하여야 한다. ▮법무사 20　○ ✕

대판 2018.4.12. 2017다229536 **답** ○

015
☐☐☐ 통신판매방식으로 체결된 상해보험계약에서 보험자가 약관내용의 개요를 소개한 것이라는 내용과 면책사고에 해당하는 경우를 확인하라는 내용이 기재된 안내문과 청약서를 보험계약자에게 우송한 것만으로는 보험자의 면책약관에 관한 설명의무를 다한 것으로 볼 수 없다.
▮법무사 20　　　　　　　　　　　　　　　　　　　　　　　　○ ✕

대판 1999.3.9. 98다43342 **답** ○

016 보험자 또는 보험계약의 체결 또는 모집에 종사하는 자는 보험계약을 체결할 때에 보험계약자
□□□ 또는 피보험자에게 보험약관에 기재되어 있는 보험상품의 내용, 보험료율의 체계 및 보험청약
서상 기재사항의 변동사항 등 보험계약의 중요한 내용에 대하여 구체적이고 상세하게 설명할
의무를 지고, 보험자가 이러한 보험약관의 설명의무를 위반하여 보험계약을 체결한 때에는
약관의 내용을 보험계약의 내용으로 주장할 수 없다. ▮법무사 22 ○ ✕

보험자 및 보험계약의 체결 또는 모집에 종사하는 자는 보험계약의 체결에 있어서 보험계약자 또는 피보험자에게
보험약관에 기재되어 있는 보험상품의 내용, 보험료율의 체계 및 보험청약서상 기재사항의 변동 등 보험계약의
중요한 내용에 대하여 구체적이고 상세한 명시·설명의무를 지고 있다고 할 것이어서 보험자가 이러한 보험약관의
명시·설명의무에 위반하여 보험계약을 체결한 때에는 그 약관의 내용을 보험계약의 내용으로 주장할 수 없다(대
판 1998.6.23. 98다14191). 🅐 ○

017 ▸ 상법 제638조의3 제2항에 의하여 보험자가 약관 교부·설명의무를 위반한 때에 보험계약자
□□□ 가 행사할 수 있는 취소권은 보험계약자에게 주어진 권리일 뿐 의무가 아니다. ▮법무사 18
○ ✕

▸ 보험계약자는 약관 교부·설명의무 위반을 이유로 보험계약이 성립한 날부터 3개월 이내에
보험계약을 취소할 수 있다는 상법 제638조의3 제2항은 약관의 규제에 관한 법률 제3조의
적용을 배제하는 특별규정이다. ▮법무사 18 ○ ✕

▸ 보험계약자가 약관 교부·설명의무 위반으로 인하여 보험계약을 취소하지 않았다고 하더라
도, 보험자의 설명의무 위반의 하자가 치유되는 것은 아니다. ▮법무사 18 ○ ✕

제638조의3 제2항에 의하여 보험자가 약관의 명시·설명의무를 위반한 때에는 보험계약자가 보험계약 성립일로
부터 1월[3월로 개정(註)] 내에 행사할 수 있는 취소권은 보험계약자에게 주어진 권리일 뿐 의무가 아님이 그
법문상 명백하고, 상법 제638조의3 제2항은 약관의 규제에 관한 법률 제3조 제3항과의 관계에서는 그 적용을
배제하는 특별규정이라고 할 수 없으므로, 보험계약자가 보험계약을 취소하지 않았다고 하더라도 보험자의 설명의
무 위반의 법률효과가 소멸되어 이로써 보험계약자가 보험자의 설명의무 위반의 법률효과를 주장할 수 없다거나
보험자의 설명의무 위반의 하자가 치유되는 것이 아니다(대판 1999.3.9. 98다43342). 🅐 ○ / ✕ / ○

018 보험회사 또는 보험모집종사자가 보험계약을 체결하거나 모집하면서 보험계약의 중요사항에
□□□ 관한 설명의무를 위반한 경우, 이로 인해 발생한 고객의 손해를 배상할 책임을 부담한다.
▮법무사 22 ○ ✕

보험회사 또는 보험모집종사자는 고객과 보험계약을 체결하거나 모집할 때 보험료의 납입, 보험금·해약환급금의
지급사유와 금액의 산출 기준은 물론이고, 변액보험계약인 경우 투자형태 및 구조 등 개별 보험상품의 특성과
위험성을 알 수 있는 보험계약의 중요사항을 명확히 설명함으로써 고객이 정보를 바탕으로 보험계약 체결 여부를
합리적으로 판단을 할 수 있도록 고객을 보호하여야 할 의무가 있고, 이러한 의무를 위반하면 민법 제750조
또는 구 보험업법 제102조 제1항에 따라 이로 인하여 발생한 고객의 손해를 배상할 책임을 부담한다(대판
2014.10.27. 2012다22242). 🅐 ○

019 보험계약 체결에 설명의무 위반이 있는 경우에 이후 보험약관에 따른 해약환급금이 지급되었
□□□ 다면, 보험계약자가 설명의무 위반으로 입은 손해는 납입한 보험료 합계액에서 지급받은 해약
환급금액을 공제한 금액 상당이다. ▌법무사 22　　　　　　　　　　　　　　　　　○ ×

대판 2014.10.27. 2012다22242　　　　　　　　　　　　　　　　　　　　　　　　　　圉 ○

020 보험자가 보험약관의 교부·설명의무를 위반하여 보험계약을 체결하였다 하더라도 보험계약
□□□ 자가 그 약관에 규정된 고지의무를 위반하였다면 보험자는 이를 이유로 보험계약을 해지할
수 있다. ▌법무사 18·21　　　　　　　　　　　　　　　　　　　　　　　　　　　○ ×

보험자 및 보험계약의 체결 또는 모집에 종사하는 자는 보험계약의 체결에 있어서 보험계약자 또는 피보험자에게
보험약관에 기재되어 있는 보험상품의 내용, 보험료율의 체계 및 보험청약서상 기재사항의 변동사항 등 보험계약
의 중요한 내용에 대하여 구체적이고 상세한 명시 설명의무를 지고 있다고 할 것이어서 보험자가 이러한 보험약관
의 명시 설명의무에 위반하여 보험계약을 체결한 때에는 그 약관의 내용을 보험계약의 내용으로 주장할 수 없다
할 것이므로 <u>보험계약자나 그 대리인이 그 약관에 규정된 고지의무를 위반하였다 하더라도 이를 이유로 보험계약
을 해지할 수는 없다</u>(대판 1992.3.10. 91다31883).　　　　　　　　　　　　　　　　　圉 ×

제3관　　고지의무

고지의무위반으로 인한 계약해지(상법 제651조)　　　보험계약당시에 보험계약자 또는 피보험자가 고의 또는
중대한 과실로 인하여 중요한 사항을 고지하지 아니하거나 부실의 고지를 한 때에는 보험자는 그 사실을
안 날로부터 1월 내에, 계약을 체결한 날로부터 3년 내에 한하여 계약을 해지할 수 있다. 그러나 보험자가
계약 당시에 그 사실을 (알았거나 중대한 과실로 인하여 알지 못한 때)에는 그러하지 아니하다.

서면에 의한 질문의 효력(상법 제651조의2)　　　보험자가 서면으로 질문한 사항은 (중요한 사항)으로 (추정)
한다.

계약해지와 보험금청구권(상법 제655조)　　　보험사고가 발생한 후라도 보험자가 제650조, 제651조, 제652조
및 제653조에 따라 계약을 해지하였을 때에는 보험금을 지급할 책임이 없고 이미 지급한 보험금의 반환을
청구할 수 있다. 다만, 고지의무(告知義務)를 위반한 사실 또는 위험이 현저하게 변경되거나 증가된 사실
이 보험사고발생에 영향을 미치지 아니하였음이 증명된 경우에는 보험금을 지급할 책임이 있다.

021　▸ 보험계약 당시에 보험계약자 또는 피보험자가 고의 또는 중대한 과실로 인하여 중요한 사항
□□□　　을 고지하지 아니하거나 부실의 고지를 한 때에는 보험자는 그 사실을 안 날로부터 1월
내에, 계약을 체결한 날로부터 3년 내에 한하여 계약을 해지할 수 있다. ▌법무사 18　○ ×

　▸ 고지의무 위반이 있다고 하더라도 보험계약 체결일로부터 3년을 경과하면 보험계약을 해지
할 수 없다. ▌법무사 20　　　　　　　　　　　　　　　　　　　　　　　　　　○ ×

　▸ 고지의무자는 보험계약자와 피보험자이다. ▌법무사 20　　　　　　　　　　　　○ ×

상법 제651조 본문　　　　　　　　　　　　　　　　　　　　　　　　　　圉 ○ / ○ / ○

022 보험자가 계약 체결에 있어서 서면으로 질문한 사항은 보험계약에 있어서 중요한 사항에 해당
☐☐☐ 하는 것으로 추정되고, 여기의 서면에는 보험청약서도 포함된다. 따라서 보험청약서에 일정한
사항에 관하여 답변을 구하는 취지가 포함되어 있다면 그 사항은 상법 제651조에서 말하는
'중요한 사항'으로 추정된다. ▌법무사 20 ○ ×

보험자가 서면으로 질문한 사항은 보험계약에 있어서 중요한 사항에 해당하는 것으로 추정되고(상법 제651조의2),
여기의 서면에는 보험청약서도 포함될 수 있으므로, 보험청약서에 일정한 사항에 관하여 답변을 구하는 취지가
포함되어 있다면 그 사항은 상법 제651조에서 말하는 '중요한 사항'으로 추정된다(대판 2014.3.13. 2013다91405).

답 ○

023 보증보험에서 보험계약자의 보증인이 누구인가는 일반적으로는 고지의무의 대상이 되지 않는다.
☐☐☐ ▌법무사 20 ○ ×

보증보험에서는 고지의무의 대상이 되는 중요한 사항으로서 주계약상의 거래조건, 금액, 기간, 보험계약자의 신용
이나 자력 등에 관한 사항을 들 수 있을 것이며, 보증인이 누구인가는 보험사고 발생의 가능성 등과는 관계없이
보험사고가 이미 발생한 후에 보험자가 구상권을 행사하기 위한 대비를 해 두기 위한 것이므로, 보증인에 관한
사항은 일반적으로는 고지의무의 대상이 되지 않는다(대판 2001.2.13. 99다13737).

답 ○

024 중요한 사항의 고지는 보험계약의 청약 시까지 하여야 한다. ▌법무사 20 ○ ×
☐☐☐

보험계약자 또는 피보험자는 상법 제651조에서 정한 '중요한 사항'이 있는 경우 이를 보험계약의 성립 시까지
보험자에게 고지하여야 하고, 고지의무 위반 여부는 보험계약 성립 시를 기준으로 하여 판단하여야 한다(대판
2012.8.23. 2010다78135).

답 ×

025 고지의무위반사실과 보험사고 발생과의 인과관계의 부존재의 점에 관한 입증책임은 보험계약
☐☐☐ 자에게 있다. ▌법무사 20 ○ ×

대판 1994.2.25. 93다52082

답 ○

026 보험계약자가 고지의무를 위반하여 고지하지 않은 사실과 보험사고의 발생 사이의 인과관계가
☐☐☐ 없더라도 보험자는 고지의무위반을 이유로 계약을 해지할 수 있다. ▌법무사 19 ○ ×

보험자는 고지의무를 위반한 사실과 보험사고의 발생 사이의 인과관계를 불문하고 상법 제651조에 의하여 고지의
무 위반을 이유로 계약을 해지할 수 있다. 그러나 보험금액청구권에 관해서는 보험사고 발생 후에 고지의무 위반을
이유로 보험계약을 해지한 때에는 고지의무에 위반한 사실과 보험사고 발생 사이의 인과관계에 따라 보험금액지급
책임이 달라지고, 그 범위 내에서 계약해지의 효력이 제한될 수 있다(대판 2010.7.22. 2010다25353). **답** ○

027 고지의무를 위반한 사실 또는 위험이 현저하게 변경되거나 증가된 사실이 보험사고 발생에 영향을 미치지 아니한 경우라 하더라도 보험계약자가 사전에 올바로 고지하였다면 보험계약을 체결하지 않았거나 최소 동일한 내용으로 보험계약을 체결하지 않았을 것이므로, 보험금을 지급할 책임이 없다. **Ⅰ법무사 21** ○ ×

보험사고가 발생한 후라도 보험자가 제650조, 제651조, 제652조 및 제653조에 따라 계약을 해지하였을 때에는 보험금을 지급할 책임이 없고 이미 지급한 보험금의 반환을 청구할 수 있다. 다만, <u>고지의무(告知義務)를 위반한 사실 또는 위험이 현저하게 변경되거나 증가된 사실이 보험사고 발생에 영향을 미치지 아니하였음이 증명된 경우에는 보험금을 지급할 책임이 있다</u>(상법 제655조). **답** ×

028 ▸ 보험계약을 체결하면서 중요한 사항에 관한 보험계약자의 고지의무 위반이 사기에 해당하는 경우에는 보험자는 상법의 규정에 의하여 계약을 해지할 수 있음은 물론 보험계약에서 정한 취소권 규정이나 민법의 일반원칙에 따라 보험계약을 취소할 수 있다. **Ⅰ법무사 18** ○ ×

▸ 보험금을 부정취득할 목적으로 다수의 보험계약이 체결된 경우에 개별적인 사안에서 민법 제103조 위반으로 인한 보험계약의 무효와 고지의무 위반을 이유로 한 보험계약의 해지나 취소의 요건을 모두 충족한다면, 보험자는 보험계약의 무효, 해지 또는 취소를 선택적으로 주장할 수 있다. **Ⅰ법무사 18** ○ ×

보험계약을 체결하면서 중요한 사항에 관한 보험계약자의 고지의무 위반이 사기에 해당하는 경우에는 보험자는 상법의 규정에 의하여 계약을 해지할 수 있음은 물론 보험계약에서 정한 취소권 규정이나 민법의 일반원칙에 따라 보험계약을 취소할 수 있다. 따라서 보험금을 부정취득할 목적으로 다수의 보험계약이 체결된 경우에 민법 제103조 위반으로 인한 보험계약의 무효와 고지의무 위반을 이유로 한 보험계약의 해지나 취소는 그 요건이나 효과가 다르지만, 개별적인 사안에서 각각의 요건을 모두 충족한다면 위와 같은 구제수단이 병존적으로 인정되고, 이 경우 보험자는 보험계약의 무효, 해지 또는 취소를 선택적으로 주장할 수 있다(대판 2017.4.7. 2014다234827). **답** ○ / ○

029 보험모집인이 통지의무의 대상인 보험사고발생의 위험이 현저하게 변경 또는 증가된 사실을 알았다면, 이로써 곧 보험자가 위와 같은 사실을 알았다고 볼 수 있다. **Ⅰ법무사 18** ○ ×

구 보험업법상의 보험모집인은 특정 보험자를 위하여 보험계약의 체결을 중개하는 자일 뿐 보험자를 대리하여 보험계약을 체결할 권한이 없고 보험계약자 또는 피보험자가 보험자에 대하여 하는 고지나 통지를 수령할 권한도 없으므로, <u>보험모집인이 통지의무의 대상인 '보험사고 발생의 위험이 현저하게 변경 또는 증가된 사실'을 알았다고 하더라도 이로써 곧 보험자가 위와 같은 사실을 알았다고 볼 수는 없다</u>(대판 2006.6.30. 2006다19672). **답** ×

보험료의 지급과 지체의 효과(상법 제650조) 　① 보험계약자는 계약체결 후 지체 없이 보험료의 전부 또는 제1회 보험료를 지급하여야 하며, 보험계약자가 이를 지급하지 아니하는 경우에는 다른 약정이 없는 한 계약성립 후 2월이 경과하면 그 계약은 해제된 것으로 본다.

② 계속보험료가 약정한 시기에 지급되지 아니한 때에는 보험자는 (상당한 기간)을 정하여 보험계약자에게 (최고)하고 그 기간 내에 지급되지 아니한 때에는 그 계약을 (해지할 수 있다).

③ 특정한 타인을 위한 보험의 경우에 보험계약자가 보험료의 지급을 지체한 때에는 보험자는 그 타인에게도 상당한 기간을 정하여 보험료의 지급을 최고한 후가 아니면 그 계약을 해제 또는 해지하지 못한다.

보험계약의 부활(상법 제650조의2) 　제650조 제2항에 따라 보험계약이 해지되고 해지환급금이 지급되지 아니한 경우에 보험계약자는 일정한 기간 내에 연체보험료에 약정이자를 붙여 보험자에게 지급하고 그 계약의 부활을 청구할 수 있다. 제638조의2의 규정은 이 경우에 준용한다.

위험변경증가의 통지와 계약해지(상법 제652조) 　① 보험기간 중에 보험계약자 또는 피보험자가 사고발생의 위험이 (현저하게 변경 또는 증가)된 사실을 안 때에는 지체 없이 보험자에게 (통지)하여야 한다. 이를 해태한 때에는 보험자는 그 (사실을 안 날)로부터 (1월) 내에 한하여 계약을 (해지)할 수 있다.

② 보험자가 제1항의 위험변경증가의 통지를 받은 때에는 (1월)내에 보험료의 증액을 청구하거나 계약을 해지할 수 있다.

보험계약자 등의 고의나 중과실로 인한 위험증가와 계약해지(상법 제653조) 　보험기간 중에 보험계약자, 피보험자 또는 보험수익자의 (고의 또는 중대한 과실)로 인하여 사고발생의 위험이 (현저하게 변경 또는 증가)된 때에는 보험자는 그 사실을 안 날부터 (1월) 내에 보험료의 증액을 청구하거나 계약을 해지할 수 있다.

보험료의 지급과 보험자의 책임개시(상법 제656조) 　보험자의 책임은 당사자 간에 다른 약정이 없으면 (최초의 보험료의 지급을 받은 때)로부터 개시한다.

보험사고발생의 통지의무(상법 제657조) 　① 보험계약자 또는 피보험자나 보험수익자는 보험사고의 발생을 안 때에는 지체 없이 보험자에게 그 통지를 발송하여야 한다.

② 보험계약자 또는 피보험자나 보험수익자가 제1항의 통지의무를 해태함으로 인하여 손해가 증가된 때에는 보험자는 그 증가된 손해를 보상할 책임이 없다.

---

030 ▸ 보험계약자가 계약체결 후 보험료의 전부 또는 제1회 보험료를 지급하지 않는 경우 다른
□□□ 약정이 없는 한 계약성립 후 2월이 경과하면 그 계약은 해제된 것으로 본다. ▌법무사 19

○ ✕

▸ 보험계약자는 계약 체결 후 지체 없이 보험료의 전부 또는 1회 보험료를 지급하여야 하며, 보험계약자가 이를 지급하지 아니하는 경우에는 다른 약정이 없는 한 계약성립 후 2월이 경과하면 그 계약은 해제된 것으로 본다. ▌법무사 20

○ ✕

031 계속보험료가 약정한 시기에 지급되지 아니한 때에는 보험자는 상당한 기간을 정하여 보험계
□□□ 약자에게 최고하고 그 기간 내에 지급되지 아니한 때에는 그 계약을 해지할 수 있다.

　| 법무사 17　　　　　　　　　　　　　　　　　　　　　　　　　○ ×

상법 제650조 제2항　　　　　　　　　　　　　　　답 ○

032 특정한 타인을 위한 보험의 경우에 보험계약자가 보험료의 지급을 지체한 때에는 보험자는
□□□ 그 타인에게도 상당한 기간을 정하여 보험료의 지급을 최고한 후가 아니면 그 계약을 해제
또는 해지하지 못한다. | 법무사 20　　　　　　　　　　　　　　　　○ ×

상법 제650조 제3항　　　　　　　　　　　　　　　답 ○

033 ▶ 상법 제655조 본문은 보험사고가 발생한 후에도 보험자가 제650조의 규정에 의하여 계약을
□□□ 해지한 때에는 이미 지급한 보험금액의 반환을 청구할 수 있다고 규정하고 있으므로, 보험자
가 계속보험료 지급의 연체를 이유로 상법 제650조 제2항에 의하여 보험계약을 해지한 경우,
상법 제655조의 규정을 들어 계속보험료 지급의 연체 이전에 발생한 보험사고에 대하여
지급한 보험금의 반환을 구할 수 있다. | 법무사 17　　　　　　　　　　○ ×

▶ 계속보험료가 약정한 시기에 지급되지 아니한 때에는 보험자는 상당한 기간을 정하여 보험계
약자에게 최고하고 그 기간 내에 지급되지 아니한 때에는 그 계약을 해지할 수 있다. 이
경우 연체 이전에 발생한 보험사고에 대해서도 보험금을 지급할 의무가 없다. | 법무사 21

　　　　　　　　　　　　　　　　　　　　　　　　　　　○ ×

상법 제655조 본문은 보험사고가 발생한 후에도 보험자가 제650조의 규정에 의하여 계약을 해지한 때에는 이미
지급한 보험금액의 반환을 청구할 수 있다고 되어 있어, 법문의 외양상으로는 계속보험료(월납분담금) 미지급에
따른 상법 제650조 제2항의 규정에 의한 계약해지의 경우에도 이미 지급한 보험금액의 반환을 청구할 수 있는
것으로 되어 있으나, 상법 제650조 제2항이 보험계약자를 보호하기 위하여 계속보험료가 연체된 경우에 상당한
최고기간을 둔 다음 해지하도록 규정하고 있는 점 등에 비추어 볼 때, <u>계속보험료의 연체로 인하여 보험계약이
해지된 경우에는 보험자는 계약해지 시로부터 더 이상 보험금을 지급할 의무만을 면할 뿐, 계속보험료의 연체가
없었던 기간에 발생한 보험사고에 대하여 이미 보험계약자가 취득한 보험보호를 소급하여 사라지게 하는 것이
아니므로, 보험자는 보험계약자에 대하여 이미 지급한 보험금의 반환을 구할 수 없다</u> 할 것이다(대판 2001.4.10.
99다67413).　　　　　　　　　　　　　　　　　　　　답 × / ×

034 계속보험료의 연체로 보험계약이 해지되고 해지환급금이 지급되지 아니한 경우에 보험계약자
□□□ 는 일정한 기간 내에 연체보험료에 약정이자를 붙여 보험자에게 지급하고 그 계약의 부활을
청구할 수 있다. ▌법무사 17 ○ ×

상법 제650조의2 **답** ○

035 계속보험료가 약정한 시기에 지급되지 아니한 경우 보험자는 상당한 기간을 정하여 보험계약
□□□ 자에게 최고하고 그 기간 내에 지급되지 아니한 때에는 그 계약을 해지할 수 있다. 다만 보험계
약자는 계약이 해지되고 해지환급금이 지급된 이후라도 일정한 기간 내에 연체보험료에 약정
이자를 붙여 보험자에게 지급하고 그 계약의 부활을 청구할 수 있다. ▌법무사 19 ○ ×

상법 제650조 제2항, 제650조의2 **답** ×

036 보험기간 중에 보험계약자 또는 피보험자가 사고발생의 위험이 현저하게 변경 또는 증가된
□□□ 사실을 안 때에는 지체 없이 보험자에게 통지하여야 한다. 이를 해태한 때에는 보험자는 그
사실을 안 날로부터 1월 내에 한하여 계약을 해지할 수 있다. ▌법무사 17 ○ ×

상법 제652조 제1항 **답** ○

037 보험기간 중에 보험계약자, 피보험자 또는 보험수익자의 고의 또는 중대한 과실로 인하여
□□□ 사고발생의 위험이 현저하게 변경 또는 증가된 때에는 보험자는 그 사실을 안 날부터 1월
내에 보험료의 증액을 청구하거나 계약을 해지할 수 있다. ▌법무사 18 · 19 ○ ×

상법 제653조 **답** ○

038 보험기간 중 보험계약자, 피보험자 또는 보험수익자의 고의 또는 중대한 과실로 인하여 사고발
□□□ 생의 위험이 현저하게 변경 또는 증가된 때에는 보험자는 그 사실을 안 날부터 1월 내에 보험료
의 증액을 청구하거나 해지할 수 있다. 그 경우 보험모집인이 보험사고발생의 위험이 현저하게
변경 또는 증가된 사실을 알았다면 보험자가 이를 알았다고 본다. ▌법무사 21 ○ ×

구 보험업법상의 보험모집인은 특정 보험자를 위하여 보험계약의 체결을 중개하는 자일 뿐 보험자를 대리하여
보험계약을 체결할 권한이 없고 보험계약자 또는 피보험자가 보험자에 대하여 하는 고지나 통지를 수령할 권한도
없으므로, 보험모집인이 통지의무의 대상인 '보험사고발생의 위험이 현저하게 변경 또는 증가된 사실'을 알았다고
하더라도 이로써 곧 보험자가 위와 같은 사실을 알았다고 볼 수는 없다(대판 2006.6.30. 2006다19672).

답 ×

039 보험자의 책임은 당사자 간에 다른 약정이 없으면 최초의 보험료의 지급을 받은 때로부터
□□□ 개시한다. ▎법무사 18 ○ ×
···
상법 제656조 **답** ○

040 ▸ 보험계약자 또는 피보험자나 보험수익자는 보험사고의 발생을 안 때에는 지체 없이 보험자에
□□□ 게 그 통지를 발송하여야 하고, 보험계약자 또는 피보험자나 보험수익자가 그 통지의무를
해태함으로 인하여 손해가 증가된 때에는 보험자는 그 증가된 손해를 보상할 책임이 없다.
▎법무사 22 ○ ×

▸ 보험계약자 또는 피보험자나 보험수익자가 보험사고 발생의 통지의무를 해태함으로 인하여
손해가 증가된 때에는 보험자는 그 증가된 손해를 보상할 책임이 없다. ▎법무사 18 ○ ×
···
상법 제657조 제1항·제2항 **답** ○ / ○

제2관 **보험자의 의무**

보험증권의 교부(상법 제640조) ① 보험자는 보험계약이 성립한 때에는 지체 없이 보험증권을 작성하여
보험계약자에게 교부하여야 한다. 그러나 보험계약자가 보험료의 전부 또는 최초의 보험료를 지급하지
아니한 때에는 그러하지 아니하다.
② 기존의 보험계약을 연장하거나 변경한 경우에는 보험자는 그 보험증권에 그 사실을 기재함으로써 보험증
권의 교부에 갈음할 수 있다.

보험계약의 무효로 인한 보험료반환청구(상법 제648조) 보험계약의 전부 또는 일부가 무효인 경우에 보험
계약자와 피보험자가 선의이며 중대한 과실이 없는 때에는 보험자에 대하여 보험료의 전부 또는 일부의
반환을 청구할 수 있다. 보험계약자와 보험수익자가 선의이며 중대한 과실이 없는 때에도 같다.

사고발생 전의 임의해지(상법 제649조) ① 보험사고가 발생하기 (전)에는 보험계약자는 (언제든지) 계약
의 전부 또는 일부를 해지할 수 있다. 그러나 제639조(타인을 위한 보험)의 보험계약의 경우에는 보험계약
자는 그 (타인의 동의)를 얻지 아니하거나 보험증권을 소지하지 아니하면 그 계약을 해지하지 못한다.
② 보험사고의 발생으로 보험자가 보험금액을 지급한 때에도 보험금액이 감액되지 아니하는 보험의 경우에
는 보험계약자는 그 사고발생 후에도 보험계약을 해지할 수 있다.
③ 제1항의 경우에는 보험계약자는 당사자 간에 다른 약정이 없으면 미경과보험료의 반환을 청구할 수 있다.

보험금액의 지급(상법 제658조) 보험자는 보험금액의 지급에 관하여 약정기간이 있는 경우에는 그 기간
내에 약정기간이 없는 경우에는 제657조 제1항의 통지를 받은 후 지체 없이 지급할 보험금액을 정하고
그 정하여진 날부터 (10일) 내에 피보험자 또는 보험수익자에게 보험금액을 지급하여야 한다.

보험자의 면책사유(상법 제659조) ① 보험사고가 보험계약자 또는 피보험자나 보험수익자의 (고의) 또는
(중대한 과실)로 인하여 생긴 때에는 보험자는 보험금액을 지급할 책임이 없다.

전쟁위험 등으로 인한 면책(상법 제660조) 　　　보험사고가 전쟁 기타의 변란으로 인하여 생긴 때에는 당사자 간에 다른 약정이 없으면 보험자는 보험금액을 지급할 책임이 없다.

소멸시효(상법 제662조) 　　　보험금청구권은 (3년)간, 보험료 또는 적립금의 반환청구권은 (3년)간, 보험료 청구권은 (2년)간 행사하지 아니하면 시효의 완성으로 소멸한다.

보험적립금반환의무 등(상법 제736조) 　　　① 제649조, 제650조, 제651조 및 제652조 내지 제655조의 규정에 의하여 보험계약이 해지된 때, 제659조와 제660조의 규정에 의하여 보험금액의 지급책임이 면제된 때에는 보험자는 보험수익자를 위하여 적립한 금액을 보험계약자에게 지급하여야 한다. 그러나 다른 약정이 없으면 제659조 제1항의 보험사고가 보험계약자에 의하여 생긴 경우에는 그러하지 아니하다.

---

041 보험계약은 당사자 사이의 의사합치에 의하여 성립되는 낙성계약으로서 별도의 서면을 요하지
□□□ 아니하므로 보험계약을 체결할 때 작성·교부되는 보험증권이나 보험계약의 내용을 변경하는 경우에 작성·교부되는 배서증권은 하나의 증거증권에 불과하다. ┃법무사 18　　○ ×

....

보험계약은 당사자 사이의 의사합치에 의하여 성립되는 낙성계약으로서 별도의 서면을 요하지 아니하므로 보험계약을 체결할 때 작성·교부되는 보험증권이나 보험계약의 내용을 변경하는 경우에 작성·교부되는 배서증권은 하나의 증거증권에 불과한 것이어서 보험계약의 성립 여부라든가 보험계약의 당사자, 보험계약의 내용 따위는 그 증거증권만이 아니라 계약체결의 전후 경위, 보험료의 부담자 등에 관한 약정, 그 증권을 교부받은 당사자 등을 종합하여 인정할 수 있다(대판 1996.7.30. 95다1019). 　　답 ○

042 보험사고가 발생하기 전에는 보험계약자는 언제든지 계약의 전부 또는 일부를 해지할 수 있다.
□□□ 그러나 상법 제639조(타인을 위한 보험)의 보험계약의 경우에는 보험계약자는 그 타인의 동의를 얻지 아니하거나 보험증권을 소지하지 아니하면 그 계약을 해지하지 못한다. ┃법무사 22
○ ×

....

상법 제649조 제1항 　　답 ○

043 보험사고의 발생으로 보험자가 보험금액을 지급한 때에도 보험금액이 감액되지 아니하는 보험
□□□ 의 경우에는 보험계약자는 그 사고발생 후에도 보험계약을 해지할 수 있다. ┃법무사 17
○ ×

....

상법 제649조 제2항 　　답 ○

044 보험자는 보험금액의 지급에 관하여 약정기간이 있는 경우에는 그 기간 내에, 약정기간이
□□□ 없는 경우에는 보험사고 발생의 통지를 받은 후 지체 없이 지급할 보험금액을 정하고 그 정하여진 날부터 10일 내에 피보험자 또는 보험수익자에게 보험금액을 지급하여야 한다. ┃법무사 18
○ ×

....

상법 제658조 　　답 ○

045 보험금청구권은 2년간 행사하지 않으면 시효의 완성으로 소멸한다. ▮법무사 18 　〇 ✕

□□□

보험금청구권은 3년간, 보험료 또는 적립금의 반환청구권은 3년간, 보험료청구권은 2년간 행사하지 아니하면 시효의 완성으로 소멸한다(상법 제662조). 　**답** ✕

046 보험계약의 당사자 사이에 계약상 채무의 존부나 범위에 관하여 다툼이 있는 경우 그로 인한

□□□ 법적 불안을 제거하기 위하여 보험회사는 먼저 보험수익자를 상대로 소극적 확인의 소를 제기 할 확인의 이익이 있다. ▮법무사 22 　〇 ✕

보험계약의 당사자 사이에 계약상 채무의 존부나 범위에 관하여 다툼이 있는 경우 그로 인한 법적 불안을 제거하기 위하여 보험회사는 먼저 보험수익자를 상대로 소극적 확인의 소를 제기할 확인의 이익이 있다고 할 것이다(대판[전 합] 2021.6.17. 2018다257958). 　**답** 〇

제4절　타인을 위한 보험계약

타인을 위한 보험(상법 제639조) 　① 보험계약자는 위임을 받거나 위임을 받지 아니하고 특정 또는 불특정 의 타인을 위하여 보험계약을 체결할 수 있다. 그러나 손해보험계약의 경우에 그 (타인의 위임이 없는 때)에는 보험계약자는 이를 보험자에게 (고지)하여야 하고, 그 고지가 없는 때에는 타인이 그 보험계약이 체결된 사실을 알지 못하였다는 사유로 보험자에게 (대항하지 못한다).
② 제1항의 경우에는 그 타인은 당연히 그 계약의 이익을 받는다. 그러나 (손해보험계약의 경우)에 보험계약 자가 그 타인에게 보험사고의 발생으로 생긴 손해의 배상을 한 때에는 보험계약자는 그 타인의 권리를 해하지 아니하는 범위 안에서 보험자에게 보험금액의 지급을 청구할 수 있다.
③ 제1항의 경우에는 보험계약자는 보험자에 대하여 보험료를 지급할 의무가 있다. 그러나 보험계약자가 파산선고를 받거나 보험료의 지급을 지체한 때에는 그 타인이 그 권리를 포기하지 아니하는 한 그 타인도 보험료를 지급할 의무가 있다.

---

047 보험계약자는 위임을 받거나 위임을 받지 아니하고 특정 또는 불특정의 타인을 위하여 보험계

□□□ 약을 체결할 수 있으나 손해보험계약의 경우에 그 타인의 위임이 없는 때에는 보험계약자는 이를 보험자에게 고지하여야 하고, 그 고지가 없는 때에는 타인이 그 보험계약이 체결된 사실을 알지 못하였다는 사유로 보험자에게 대항하지 못한다. ▮법무사 22 　〇 ✕

상법 제639조 제1항 　**답** 〇

048
□□□ 타인을 위한 보험계약에서 피보험자 또는 보험수익자는 보험자에 대하여 별도로 수익의 의사 표시를 하지 않더라도 당연히 그 보험계약상의 이익을 받을 수 있다. ┃법무사 19 ○ ✕

....

타인을 위한 보험계약은 민법상의 제3자를 위한 계약이라고 보는 것이 통설·판례(대판 1974.12.10. 73다1591)의 입장이다. 다만, 민법상의 제3자를 위한 계약과의 중요한 차이는, 타인을 위한 보험계약에서 제3자인 피보험자 또는 보험수익자는, 그 수익의 의사표시 없이 당연히 그 보험계약상의 이익을 받을 수 있다는 점이다(상법 제639조 제2항 참조). 답 ○

제2장 ┃ 손해보험

제1절 총 론

제1관 손해보험계약의 정의 및 요소

손해보험자의 책임(상법 제665조) 손해보험계약의 보험자는 보험사고로 인하여 생길 피보험자의 재산상의 손해를 보상할 책임이 있다.

보험계약의 목적(상법 제668조) 보험계약은 금전으로 산정할 수 있는 이익에 한하여 보험계약의 목적으로 할 수 있다.

초과보험(상법 제669조) ① 보험금액이 보험계약의 목적의 가액을 (현저하게 초과)한 때에는 보험자 또는 보험계약자는 보험료와 보험금액의 (감액)을 청구할 수 있다. 그러나 보험료의 감액은 (장래)에 대하여서만 그 효력이 있다.
② 제1항의 가액은 계약 당시의 가액에 의하여 정한다.
③ 보험가액이 보험기간 중에 현저하게 (감소)된 때에도 제1항과 같다.
④ 제1항의 경우에 계약이 보험계약자의 (사기)로 인하여 체결된 때에는 그 계약은 (무효)로 한다. 그러나 보험자는 그 사실을 안 때까지의 보험료를 청구할 수 있다.

기평가보험(상법 제670조) 당사자 간에 보험가액을 정한 때에는 그 가액은 (사고발생 시)의 가액으로 정한 것으로 추정한다. 그러나 그 가액이 사고발생 시의 가액을 현저하게 초과할 때에는 사고발생 시의 가액을 보험가액으로 한다.

미평가보험(상법 제671조) 당사자 간에 보험가액을 정하지 아니한 때에는 (사고발생 시)의 가액을 보험가액으로 한다.

중복보험(상법 제672조)   ① 동일한 보험계약의 목적과 동일한 사고에 관하여 수개의 보험계약이 동시에 또는 순차로 체결된 경우에 그 보험금액의 총액이 보험가액을 초과한 때에는 보험자는 각자의 보험금액의 한도에서 (연대책임)을 진다. 이 경우에는 각 보험자의 보상책임은 각자의 (보험금액의 비율)에 따른다.
② 동일한 보험계약의 목적과 동일한 사고에 관하여 수개의 보험계약을 체결하는 경우에는 보험계약자는 각 보험자에 대하여 각 보험계약의 내용을 통지하여야 한다.
③ 제669조 제4항의 규정은 제1항의 보험계약에 준용한다.

중복보험과 보험자 1인에 대한 권리포기(상법 제673조)   제672조의 규정에 의한 (수개)의 보험계약을 체결한 경우에 보험자 (1인)에 대한 권리의(포기)는 (다른) 보험자의 권리의무에 (영향을 미치지 아니한다).

일부보험(상법 제674조)   보험가액의 일부를 보험에 붙인 경우에는 보험자는 보험금액의 보험가액에 대한 비율에 따라 보상할 책임을 진다. 그러나 당사자 간에 다른 약정이 있는 때에는 보험자는 보험금액의 한도 내에서 그 손해를 보상할 책임을 진다.

---

049 손해보험에서 보험금액이 보험계약의 목적의 가액을 현저하게 초과한 때에는 보험자 또는 보험계약자는 보험료와 보험금액의 감액을 청구할 수 있다. 그러나 보험료의 감액은 장래에 대하여서만 그 효력이 있다. ▮법무사 17   ○ ×

··

상법 제669조 제1항   답 ○

---

050 손해보험에서 당사자 간에 보험가액을 정한 때에는 그 가액은 사고발생 시의 가액으로 정한 것으로 추정한다. 그러나 그 가액이 사고발생 시의 가액을 현저하게 초과할 때에는 사고발생 시의 가액을 보험가액으로 한다. ▮법무사 17   ○ ×

··

상법 제670조   답 ○

---

051 손해보험에서 동일한 보험계약의 목적과 동일한 사고에 관하여 수개의 보험계약이 동시에 또는 순차로 체결된 경우에 그 보험금액의 총액이 보험가액을 초과한 때에는 보험자는 각자의 보험금액의 한도에서 연대책임을 진다. 이 경우에는 각 보험자의 보상책임은 각자의 보험금액의 비율에 따른다. ▮법무사 17   ○ ×

··

상법 제672조 제1항   답 ○

---

052 두 개의 책임보험계약이 보험의 목적, 즉 피보험이익과 보험사고의 내용 및 범위가 전부 공통되지는 않으나 상당 부분 중복되고, 발생한 사고가 그 중복되는 피보험이익에 관련된 보험사고에 해당된다면, 이와 같은 두 개의 책임보험계약에 가입한 것은 피보험자, 피보험이익과 보험사고 및 보험기간이 중복되는 범위 내에서 중복보험에 해당한다. ▮법무사 19   ○ ×

··

대판 2005.4.29. 2004다57687   답 ○

053 임가공업자가 소유자로부터 공급받은 원·부자재 및 이를 가공한 완제품에 대하여 동산종합보험을 체결한 경우, 소유자가 동일한 목적물에 대한 소유자의 이익을 부보하기 위하여 체결한 동산종합보험계약과 중복보험에 해당한다. ▮법무사 17　　　　　○×

임가공업자가 소유자로부터 공급받은 원·부자재 및 이를 가공한 완제품에 대하여 동산종합보험을 체결한 경우, 그 보험계약은 임가공업자가 자신이 보관하고 있는 그 보험목적물의 멸실·훼손으로 인하여 손해가 생긴 때의 손해배상책임을 담보하는 소극적 이익을 피보험이익으로 한 책임보험의 성격을 가진 것으로 봄이 상당하므로, 소유자가 동일한 목적물에 대한 소유자의 이익을 부보하기 위하여 체결한 동산종합보험계약과는 피보험이익이 서로 달라 중복보험에 해당하지 않는다(대판 1997.9.5. 95다47398). 🔲 ×

054 무보험자동차특약보험의 경우 중복보험에 해당하는지 여부를 판단하기 위한 기준이 되는 '손해액'은 '약관에서 정한 보험금지급기준에 의해 산출한 금액'이 아니라, '피보험자의 실제 손해액'을 의미한다. ▮법무사 19　　　　　○×

무보험자동차특약보험의 경우 중복보험에 해당하는지 여부를 판단하기 위한 기준이 되는 '손해액' 역시 '피보험자의 실제 손해액'이 아니라 '약관에서 정한 보험금지급기준에 의해 산출한 금액'을 의미한다고 할 것이다(대판 2007.10.25. 2006다25356). 🔲 ×

055 ▸ 하나의 사고에 관하여 여러 개의 무보험자동차특약보험계약이 체결되고 보험금액의 총액이 피보험자가 입은 손해액을 초과하는 때에는 보험자는 각자의 보험금액의 한도에서 연대책임을 지고, 이 경우 각 보험자 사이에서는 각자의 보험금액의 비율에 따른 보상책임을 진다. ▮법무사 19　　　　　○×

▸ 여러 보험자가 각자의 보험금액의 한도에서 연대책임을 지는 경우 특별한 사정이 없는 한 그 보험금지급책임의 부담에 관하여 각 보험자 사이에 주관적 공동관계가 있다고 보기 어려우므로, 각 보험자는 그 보험금 지급채무에 대하여 부진정연대관계에 있다고 봄이 타당하다. ▮법무사 19　　　　　○×

피보험자가 무보험자동차에 의한 교통사고로 인하여 상해를 입었을 때에 손해에 대하여 배상할 의무자가 있는 경우 보험자가 약관에 정한 바에 따라 피보험자에게 손해를 보상하는 것을 내용으로 하는 무보험자동차에 의한 상해담보특약(이하 '무보험자동차특약보험'이라 한다)은 상해보험의 성질과 함께 손해보험의 성질도 갖고 있는 손해보험형 상해보험이므로, 하나의 사고에 관하여 여러 개의 무보험자동차특약보험계약이 체결되고 보험금액의 총액이 피보험자가 입은 손해액을 초과하는 때에는 손해보험에 관한 상법 제672조 제1항이 준용되어 보험자는 각자의 보험금액의 한도에서 연대책임을 지고, 이 경우 각 보험자 사이에서는 각자의 보험금액의 비율에 따른 보상책임을 진다. 위와 같이 상법 제672조 제1항이 준용됨에 따라 여러 보험자가 각자의 보험금액의 한도에서 연대책임을 지는 경우 특별한 사정이 없는 한 보험금지급책임의 부담에 관하여 각 보험자 사이에 주관적 공동관계가 있다고 보기 어려우므로, 각 보험자는 보험금지급채무에 대하여 부진정연대관계에 있다(대판 2016.12.29. 2016다217178). 🔲 ○ / ○

056
□□□ 사기로 인하여 체결된 중복보험계약이란 보험계약자가 보험가액을 넘어 위법하게 재산적 이익을 얻을 목적으로 중복보험계약을 체결한 경우를 말하는 것이므로 통지의무를 게을리 하였다는 사유만으로 사기로 인한 중복보험계약이 체결되었다고 추정할 수는 없다. ▍법무사 17

○ ✕

⋯⋯⋯

사기로 인하여 체결된 중복보험계약이란 보험계약자가 보험가액을 넘어 위법하게 재산적 이익을 얻을 목적으로 중복보험계약을 체결한 경우를 말하는 것이므로, 통지의무의 해태로 인한 사기의 중복보험을 인정하기 위하여는 보험자가 통지의무가 있는 보험계약자 등이 통지의무를 이행하였다면 보험자가 그 청약을 거절하였거나 다른 조건으로 승낙할 것이라는 것을 알면서도 정당한 사유 없이 위법하게 재산상의 이익을 얻을 의사로 통지의무를 이행하지 않았음을 입증하여야 할 것이고, 단지 통지의무를 게을리 하였다는 사유만으로 사기로 인한 중복보험계약이 체결되었다고 추정할 수는 없다(대판 2000.1.28. 99다50712). 📖 ○

057
□□□ 보험가액의 일부를 보험에 붙인 경우에는 보험자는 보험금액의 보험가액에 대한 비율에 따라 보상할 책임을 진다. 그러나 당사자 간에 다른 약정이 있는 때에는 보험자는 보험금액의 한도 내에서 그 손해를 보상할 책임을 진다. ▍법무사 19
○ ✕

⋯⋯⋯

상법 제674조 📖 ○

| 제2관 | 보험계약자 등의 손해방지·경감의무 |

┌───┐
│ **손해방지의무(상법 제680조)**　① 보험계약자와 피보험자는 손해의 방지와 경감을 위하여 노력하여야 한다. 그러나 이를 위하여 필요 또는 유익하였던 비용과 보상액이 보험금액을 초과한 경우라도 보험자가 이를 부담한다. │
└───┘

058
□□□ 상법 제680조 제1항의 피보험자의 손해방지의무 내용에는 손해를 직접적으로 방지하는 행위는 물론이고 간접적으로 방지하는 행위도 포함되고, 그 손해는 피보험이익에 대한 구체적인 침해의 결과로서 생기는 손해뿐만 아니라, 보험자의 구상권과 같이 보험자가 손해를 보상한 후에 취득하게 되는 이익을 상실함으로써 결과적으로 보험자에게 부담되는 손해까지 포함된다.
▍법무사 21
○ ✕

⋯⋯⋯

상법 제680조 제1항 본문은 "보험계약자와 피보험자는 손해의 방지와 경감을 위하여 노력하여야 한다"라고 정하고 있다. 위와 같은 피보험자의 손해방지의무의 내용에는 손해를 직접적으로 방지하는 행위는 물론이고 간접적으로 방지하는 행위도 포함된다. 그러나 그 손해는 피보험이익에 대한 구체적인 침해의 결과로서 생기는 손해만을 뜻하는 것이고, 보험자의 구상권과 같이 보험자가 손해를 보상한 후에 취득하게 되는 이익을 상실함으로써 결과적으로 보험자에게 부담되는 손해까지 포함된다고 볼 수는 없다(대판 2018.9.13. 2015다209347). 📖 ✕

제3관 **보험자의 손해배상의무**

사고발생 후의 목적멸실과 보상책임(상법 제675조) 보험의 목적에 관하여 보험자가 부담할 손해가 생긴 경우에는 그 후 그 목적이 보험자가 부담하지 아니하는 보험사고의 발생으로 인하여 (멸실된 때에도) 보험자는 이미 생긴 손해를 보상할 (책임을 면하지 못한다).

손해액의 산정기준(상법 제676조) ① 보험자가 보상할 손해액은 그 (손해가 발생한 때와 곳)의 가액에 의하여 산정한다. 그러나 당사자 간에 다른 약정이 있는 때에는 그 신품가액에 의하여 손해액을 산정할 수 있다.
② 제1항의 손해액의 산정에 관한 비용은 보험자의 부담으로 한다.

보험료체납과 보상액의 공제(상법 제677조) 보험자가 손해를 보상할 경우에 보험료의 지급을 받지 아니한 (잔액)이 있으면 그 지급기일이 도래하지 아니한 때라도 보상할 금액에서 이를 (공제)할 수 있다.

보험자의 면책사유(상법 제678조) 보험의 목적의 성질, 하자 또는 자연소모로 인한 손해는 보험자가 이를 보상할 (책임이 없다).

제4관 **보험자대위**

보험목적에 관한 보험대위(상법 제681조) 보험의 목적의 (전부가 멸실)한 경우에 보험금액의 (전부를 지급)한 보험자는 그 목적에 대한 피보험자의 권리를 (취득)한다. 그러나 보험가액의 (일부를 보험에 붙인 경우)에는 보험자가 취득할 권리는 (보험금액의 보험가액에 대한 비율)에 따라 이를 정한다.

제3자에 대한 보험대위(상법 제682조) ① 손해가 제3자의 행위로 인하여 발생한 경우에 보험금을 지급한 보험자는 그 (지급한 금액의 한도)에서 그 제3자에 대한 보험계약자 또는 피보험자의 권리를 취득한다. 다만, 보험자가 보상할 보험금의 (일부를 지급)한 경우에는 (피보험자의 권리를 침해하지 아니하는 범위)에서 그 권리를 행사할 수 있다.
② 보험계약자나 피보험자의 제1항에 따른 권리가 그와 (생계를 같이 하는 가족)에 대한 것인 경우 보험자는 그 권리를 (취득하지 못한다). 다만, 손해가 그 가족의 (고의)로 인하여 발생한 경우에는 그러하지 아니하다.

059 상법 제682조 제1항의 보험자대위권의 규정 취지가 피보험자와 보험자 및 제3자의 이해관계를 □□□ 조정하고 위험을 분배하고자 하는 데에 있음을 고려할 때, 보험자는 보험계약의 목적이 되는 피보험이익을 기준으로 보험목적물에 발생한 손해에 대하여 자신이 지급한 보험금의 한도 내에서 보험계약자나 피보험자의 제3자에 대한 권리를 취득할 수 있다. 따라서 보험자대위권 행사범위는 보험목적물을 대상으로 산정하여야 한다. ▍법무사 20 ○ ✕

상법 제682조 제1항 본문은 "손해가 제3자의 행위로 인하여 발생한 경우 보험금을 지급한 보험자는 그 지급한 금액의 한도에서 그 제3자에 대한 보험계약자 또는 피보험자의 권리를 취득한다"라고 하여 보험자대위에 관하여 규정한다. 위 규정의 취지는 피보험자가 보험자로부터 보험금액을 지급받은 후에도 제3자에 대한 청구권을 보유·행사하게 하는 것은 피보험자에게 손해의 전보를 넘어서 오히려 이득을 주게 되는 결과가 되어 손해보험제도의 원칙에 반하게 되고 또 배상의무자인 제3자가 피보험자의 보험금 수령으로 인하여 책임을 면하게 하는 것도 불합리하므로 이를 제거하여 보험자에게 이익을 귀속시키려는 데 있다. 이처럼 보험자대위권의 규정 취지가 피보험자와 보험자 및 제3자의 이해관계를 조정하고 위험을 분배하고자 하는 데에 있음을 고려할 때, 보험자는 보험계약의 목적이 되는 피보험이익을 기준으로 보험목적물에 발생한 손해에 대하여 자신이 지급한 보험금의 한도 내에서 보험계약자나 피보험자의 제3자에 대한 권리를 취득할 수 있다. 따라서 보험자대위권 행사범위는 보험목적물을 대상으로 산정하여야 한다(대판 2019.11.14. 2019다216589). 🔖 ○

060 ▶ 하나의 사고로 보험목적물과 보험목적물이 아닌 재산에 대하여 한꺼번에 손해가 발생한 □□□ 경우, 보험목적물이 아닌 재산에 발생한 손해에 대해서는 보험계약으로 인한 법률관계를 전제로 하는 상법 제682조의 보험자대위가 적용될 수 없으므로, 보험목적물에 대한 부분으로 한정하여 보험자가 보험자대위에 의하여 제3자에게 청구할 수 있는 권리의 범위를 결정하여야 한다. ▮법무사 20 ○ ×

▶ 하나의 사고로 보험목적물과 보험목적물이 아닌 재산에 대하여 한꺼번에 손해가 발생한 경우, 보험목적물에 대한 부분으로 한정하여 보험자가 보험자대위에 의하여 제3자에게 청구할 수 있는 권리의 범위를 결정하여야 한다. ▮법무사 21 ○ ×

보험자대위에 관한 상법 제682조의 규정은 피보험자가 보험자로부터 보험금액을 지급받은 후에도 제3자에 대한 청구권을 보유, 행사하게 하는 것은 피보험자에게 손해의 전보를 넘어서 오히려 이득을 주게 되는 결과가 되어 손해보험제도의 원칙에 반하게 되고 또 배상의무자인 제3자가 피보험자의 보험금 수령으로 인하여 그 책임을 면하게 하는 것도 불합리하므로 이를 제거하여 보험자에게 그 이익을 귀속시키려는 데 있다. 그런데 하나의 사고로 보험목적물과 보험목적물이 아닌 재산에 대하여 한꺼번에 손해가 발생한 경우, 보험목적물이 아닌 재산에 발생한 손해에 대해서는 보험계약으로 인한 법률관계를 전제로 하는 상법 제682조의 보험자대위가 적용될 수 없으므로, 보험목적물에 대한 부분으로 한정하여 보험자가 보험자대위에 의하여 제3자에게 청구할 수 있는 권리의 범위를 결정하여야 한다(대판 2019.11.15. 2019다240629). 🔖 ○ / ○

061 상법 제682조의 제3자에 대한 보험자대위규정은 타인을 위한 손해보험계약에도 적용되고, □□□ 타인을 위한 손해보험계약의 보험계약자가 당연히 제3자의 범주에서 제외되는 것은 아니다. ▮법무사 20 ○ ×

타인을 위한 손해보험계약은 타인의 이익을 위한 계약으로서 그 타인(피보험자)의 이익이 보험의 목적이지 여기에 당연히(특약 없이) 보험계약자의 보험이익이 포함되거나 예정되어 있는 것은 아니므로 피보험이익의 주체가 아닌 보험계약자는 비록 보험자와의 사이에서는 계약당사자이고 약정된 보험료를 지급할 의무자이지만 그 지위의 성격과 보험자대위 규정의 취지에 비추어 보면 보험자대위에 있어서 보험계약자와 제3자를 구별하여 취급할 법률상의 이유는 없는 것이며 따라서 타인을 위한 손해보험계약자가 당연히 제3자의 범주에서 제외되는 것은 아니다(대판 1989.4.25. 87다카1669). 🔖 ○

062
☐☐☐
▶ 사용자가 피용자의 업무수행과 관련하여 행하여진 불법행위로 인하여 직접 손해를 입었거나 피해자인 제3자에게 사용자로서의 손해배상책임을 부담한 결과로 손해를 입게 된 경우에, 사용자는 손해의 공평한 분담이라는 견지에서 신의칙상 상당하다고 인정되는 한도 내에서만 피용자에 대하여 손해배상을 청구하거나 구상권을 행사할 수 있다. ▮법무사 18　○ ×

▶ 사용자의 보험자가 피해자인 제3자에게 사용자와 피용자의 공동불법행위로 인한 손해배상금을 보험금으로 모두 지급하여 피용자의 보험자가 면책됨으로써 사용자의 보험자가 피용자의 보험자에게 부담하여야 할 부분에 대하여 직접 구상권을 행사하는 경우에, 그와 같은 구상권의 행사는 상법 제724조 제2항에 의한 피해자의 직접청구권을 대위하는 성격을 가진다.
▮법무사 18　○ ×

▶ 사용자의 보험자가 피해자인 제3자에게 사용자와 피용자의 공동불법행위로 인한 손해배상금을 보험금으로 모두 지급하여 피용자의 보험자가 면책됨으로써 사용자의 보험자가 피용자의 보험자에게 부담하여야 할 부분에 대하여 직접 구상권을 행사하는 경우에, 피용자의 보험자는 사용자의 보험자에 대하여 구상권 제한의 법리를 주장할 수 있다. ▮법무사 18
○ ×

．．．

사용자가 피용자의 업무수행과 관련하여 행하여진 불법행위로 인하여 직접 손해를 입었거나 피해자인 제3자에게 사용자로서의 손해배상책임을 부담한 결과로 손해를 입게 된 경우에 사용자는 사업의 성격과 규모, 시설의 현황, 피용자의 업무내용과 근로조건 및 근무태도, 가해행위의 발생원인과 성격, 가해행위의 예방이나 손실의 분산에 관한 사용자의 배려의 정도, 기타 제반 사정에 비추어 손해의 공평한 분담이라는 견지에서 신의칙상 상당하다고 인정되는 한도 내에서만 피용자에 대하여 손해배상을 청구하거나 구상권을 행사할 수 있고, 이러한 구상권 제한의 법리는 사용자의 보험자가 피용자에 대하여 구상권을 행사하는 경우에도 다를 바 없다. 그러나 사용자의 보험자가 피해자인 제3자에게 사용자와 피용자의 공동불법행위로 인한 손해배상금을 보험금으로 모두 지급하여 피용자의 보험자가 면책됨으로써 <u>사용자의 보험자가 피용자의 보험자에게 부담하여야 할 부분에 대하여 직접 구상권을 행사하는 경우에는</u>, 그와 같은 구상권의 행사는 상법 제724조 제2항에 의한 피해자의 직접청구권을 대위하는 성격을 갖는 것이어서 <u>피용자의 보험자는 사용자의 보험자에 대하여 구상권 제한의 법리를 주장할 수 없다</u>(대판 2017.4.27. 2016다271226).　답 ○ / ○ / ×

063
☐☐☐
상법 제682조는 손해가 제3자의 행위로 인하여 생긴 경우 보험금액을 지급한 보험자는 그 지급한 금액의 한도 내에서 그 제3자에 대한 보험계약자 또는 피보험자의 권리를 취득한다고 규정하고 있는바, 이때 보험자가 취득하는 채권의 소멸시효기간과 그 기산점 또한 피보험자 등이 제3자에 대하여 가지는 채권 자체를 기준으로 판단하여야 한다. ▮법무사 20　○ ×

．．．

상법 제682조에 의하면, 손해가 제3자의 행위로 인하여 생긴 경우에 보험금액을 지급한 보험자는 그 지급한 금액의 한도에서 그 제3자에 대한 보험계약자 또는 피보험자의 권리를 취득한다고 규정하고 있는바, 이러한 보험자대위에 의하여 피보험자 등의 제3자에 대한 권리는 동일성을 잃지 않고 그대로 보험자에게 이전되는 것이므로, 이때에 보험자가 취득하는 채권의 소멸시효기간과 그 기산점 또한 피보험자 등이 제3자에 대하여 가지는 채권 자체를 기준으로 판단하여야 한다(대판 1999.6.11. 99다3143).　답 ○

064
□□□
화재보험의 피보험자가 보험금을 지급받은 후 화재에 대한 책임 있는 자로부터 손해배상을 받으면서 나머지 손해배상청구권을 포기하였다 하더라도, 피보험자의 화재에 대한 책임 있는 자에 대한 손해배상청구권은 피보험자가 보험자로부터 보험금을 지급받음과 동시에 그 보험금액의 범위 내에서 보험자에게 당연히 이전되므로, 이미 이전된 보험금 상당 부분에 관한 손해배상청구권을 포기하더라도 이는 효력이 없고, 따라서 보험자는 이로 인하여 손해를 입었다고도 볼 수 없다. ┃법무사 20 ○ ×

대판 1997.11.11. 97다37609 [답] ○

065
□□□
▶ 손해보험의 보험사고에 관하여 동시에 불법행위나 채무불이행에 기한 손해배상책임을 지는 제3자가 있어 피보험자가 그를 상대로 손해배상청구를 하는 경우, 피보험자가 손해보험계약에 따라 보험자로부터 수령한 보험금은 민법상 손익공제에 관한 법리에 따라 그의 손해배상책임액에서 당연히 공제되어야 한다. 다만 이는 항변사항으로서 위 제3자는 자신의 소송에서 피보험자가 같은 목적의 손해보험에 기초하여 보험금을 지급받은 사실을 주장·입증하여야 한다. ┃법무사 20 ○ ×

▶ 보험금을 지급한 보험자는 상법 제682조 소정의 보험자대위제도에 따라 지급한 보험금의 한도 내에서 피보험자가 제3자에게 갖는 손해배상청구권을 취득하는 결과 피보험자는 보험자로부터 지급 받은 보험금의 한도 내에서 제3자에 대한 손해배상청구권을 잃고 그 제3자에 대하여 청구할 수 있는 손해배상액이 지급된 보험금액만큼 감소되므로, 손해보험의 보험사고에 관하여 동시에 불법행위나 채무불이행에 기한 손해배상책임을 지는 제3자가 있어 피보험자가 그를 상대로 손해배상청구를 하는 경우에, 피보험자가 손해보험계약에 따라 보험자로부터 수령한 보험금은 제3자의 손해배상책임액에서 공제하여야 한다. ┃법무사 20 ○ ×

▶ 손해보험의 보험사고에 관하여 동시에 불법행위나 채무불이행에 기한 손해배상책임을 지는 제3자가 있어 피보험자가 그를 상대로 손해배상청구를 하는 경우에, 피보험자가 손해보험계약에 따라 보험자로부터 수령한 보험금은 제3자의 손해배상책임액에서 공제할 것이 아니고, 피보험자는 보험자로부터 수령한 보험금으로 전보되지 않고 남은 손해에 관하여 제3자를 상대로 그의 배상책임을 이행할 것을 청구할 수 있다. ┃법무사 21 ○ ×

손해보험의 보험사고에 관하여 동시에 불법행위나 채무불이행에 기한 손해배상책임을 지는 제3자가 있어 피보험자가 그를 상대로 손해배상청구를 하는 경우에, 피보험자가 손해보험계약에 따라 보험자로부터 수령한 보험금은 보험계약자가 스스로 보험사고의 발생에 대비하여 그때까지 보험자에게 납입한 보험료의 대가적 성질을 지니는 것으로서 제3자의 손해배상책임과는 별개의 것이므로 이를 그의 손해배상책임액에서 공제할 것이 아니다. 따라서 위와 같은 피보험자는 보험자로부터 수령한 보험금으로 전보되지 않고 남은 손해에 관하여 제3자를 상대로 그의 배상책임(다만 과실상계 등에 의하여 제한된 범위 내의 책임이다)을 이행할 것을 청구할 수 있는바, 전체 손해액에서 보험금으로 전보되지 않고 남은 손해액이 제3자의 손해배상책임액보다 많을 경우에는 제3자에 대하여 그의 손해배상책임액 전부를 이행할 것을 청구할 수 있고, 위 남은 손해액이 제3자의 손해배상책임액보다 적을 경우에는 그 남은 손해액의 배상을 청구할 수 있다. 후자의 경우에 제3자의 손해배상책임액과 위 남은 손해액의 차액 상당액은 보험자대위에 의하여 보험자가 제3자에게 이를 청구할 수 있다(상법 제682조)(대판[전합]2015.1.22. 2014다46211). [답] × / × / ○

066 사용자의 감독이 소홀한 틈을 이용하여 고의로 불법행위를 저지른 피용자가 바로 그 사용자의
□□□ 부주의를 이유로 자신의 책임의 감액을 주장하는 것은 신의칙상 허용될 수 없고, 사용자와
피용자가 명의대여자와 명의차용자의 관계에 있다고 하더라도 마찬가지이다. ▮법무사 18
○ ×

대판 2009.11.26. 2009다59350 ▣ ○

067 피용자가 업무수행과 관련한 불법행위로 사용자가 입은 손해 전부를 변제하기로 하는 각서를
□□□ 작성하여 사용자에게 제출한 사실이 있다고 하더라도, 그와 같은 각서 때문에 사용자가 공평의
견지에서 신의칙상 상당하다고 인정되는 한도를 넘는 부분에 대한 손해의 배상까지 구할 수
있게 되는 것은 아니다. ▮법무사 18
○ ×

대판 1996.4.9. 95다52611 ▣ ○

068 일부보험의 피보험자는 보험자로부터 수령한 보험금으로 전보되지 않고 남은 손해에 관하여
□□□ 제3자를 상대로 그의 배상책임(다만 과실상계 등에 의하여 제한된 범위 내의 책임을 말함)을
이행할 것을 청구할 수 있다. ▮법무사 20
○ ×

상법 제682조 제1항 단서는 "보험자가 보상할 보험금의 일부를 지급한 경우에는 피보험자의 권리를 침해하지
아니하는 범위에서 그 권리를 행사할 수 있다"라고 하여 피보험자가 보험자로부터 수령한 보험금으로 전보되지
않고 남은 손해에 관하여 우선적으로 제3자에게 배상청구할 수 있도록 한다. 이는 일부보험에서 보험자가 보험금
전액을 피보험자에게 지급한 경우에도 마찬가지이다. 따라서 일부보험의 피보험자는 보험자로부터 수령한 보험금
으로 전보되지 않고 남은 손해에 관하여 제3자를 상대로 그의 배상책임(다만 과실상계 등에 의하여 제한된 범위
내의 책임이다)을 이행할 것을 청구할 수 있다(대판 2019.11.14. 2019다216589). ▣ ○

제2절 각종의 손해보험

제1관 화재보험

> **소방 등의 조치로 인한 손해의 보상(상법 제684조)** 보험자는 화재의 소방 또는 손해의 감소에 필요한 조치
> 로 인하여 생긴 손해를 보상할 책임이 있다.
>
> **집합보험의 목적(상법 제686조)** 집합된 물건을 일괄하여 보험의 목적으로 한 때에는 피보험자의 (가족)과
> 사용인의 (물건)도 보험의 목적에 (포함)된 것으로 한다. 이 경우에는 그 보험은 그 가족 또는 사용인을
> 위하여서도 체결한 것으로 본다.
>
> **동전(상법 제687조)** 집합된 물건을 일괄하여 보험의 목적으로 한 때에는 그 목적에 속한 물건이 보험기간
> 중에 수시로 교체된 경우에도 보험사고의 발생 시에 현존한 물건은 보험의 목적에 포함된 것으로 한다.

운송보험자의 책임(상법 제688조)　　운송보험계약의 보험자는 다른 약정이 없으면 운송인이 운송물을 수령한 때로부터 수하인에게 (인도할 때)까지 생길 손해를 보상할 책임이 있다.

운송보험의 보험가액(상법 제689조)　　① 운송물의 보험에 있어서는 (발송한 때와 곳)의 가액과 (도착지)까지의 운임 기타의 비용을 (보험가액)으로 한다.
② 운송물의 도착으로 인하여 얻을 이익은 약정이 있는 때에 한하여 보험가액 중에 산입한다.

해상보험자의 책임(상법 제693조)　　해상보험계약의 보험자는 해상사업에 관한 사고로 인하여 생길 손해를 보상할 책임이 있다.

공동해손분담액의 보상(상법 제694조)　　보험자는 피보험자가 지급할 공동해손의 분담액을 보상할 책임이 있다. 그러나 보험의 목적의 공동해손분담가액이 보험가액을 초과할 때에는 그 초과액에 대한 분담액은 보상하지 아니한다.

구조료의 보상(상법 제694조의2)　　보험자는 피보험자가 보험사고로 인하여 발생하는 손해를 방지하기 위하여 지급할 구조료를 보상할 책임이 있다. 그러나 보험의 목적물의 구조료분담가액이 보험가액을 초과할 때에는 그 초과액에 대한 분담액은 보상하지 아니한다.

특별비용의 보상(상법 제694조의3)　　보험자는 보험의 목적의 안전이나 보존을 위하여 지급할 특별비용을 보험금액의 한도 내에서 보상할 책임이 있다.

선박보험의 보험가액과 보험목적(상법 제696조)　　① 선박의 보험에 있어서는 보험자의 (책임이 개시될 때)의 선박가액을 보험가액으로 한다.
② 제1항의 경우에는 선박의 속구, 연료, 양식 기타 항해에 필요한 모든 물건은 보험의 목적에 포함된 것으로 한다.

적하보험의 보험가액(상법 제697조)　　적하의 보험에 있어서는 선적한 때와 곳의 적하의 가액과 선적 및 보험에 관한 비용을 보험가액으로 한다.

희망이익보험의 보험가액(상법 제698조)　　적하의 도착으로 인하여 얻을 이익 또는 보수의 보험에 있어서는 계약으로 보험가액을 정하지 아니한 때에는 보험금액을 보험가액으로 한 것으로 추정한다.

해상보험자의 면책사유(상법 제706조)　　보험자는 다음의 손해와 비용을 (보상할 책임이 없다).
1. 선박 또는 운임을 보험에 붙인 경우에는 발항 당시 안전하게 항해를 하기에 필요한 준비를 하지 아니하거나 필요한 서류를 비치하지 아니함으로 인하여 생긴 손해

2. 적하를 보험에 붙인 경우에는 용선자, 송하인 또는 수하인의 고의 또는 중대한 과실로 인하여 생긴 손해
3. 도선료, 입항료, 등대료, 검역료, 기타 선박 또는 적하에 관한 항해 중의 통상비용

적하매각으로 인한 손해의 보상(상법 제709조) ① 항해 도중에 불가항력으로 보험의 목적인 적하를 (매각)한 때에는 보험자는 그 대금에서 운임 기타 필요한 비용을 공제한 금액과 보험가액과의 (차액을 보상)하여야 한다.
② 제1항의 경우에 매수인이 대금을 지급하지 아니한 때에는 보험자는 그 금액을 지급하여야 한다. 보험자가 그 금액을 지급한 때에는 피보험자의 매수인에 대한 권리를 취득한다.

보험위부의 원인(상법 제710조) 다음의 경우에는 피보험자는 보험의 목적을 보험자에게 위부하고 보험금액의 (전부를 청구)할 수 있다.
1. 피보험자가 보험사고로 인하여 자기의 선박 또는 적하의 점유를 상실하여 이를 회복할 가능성이 없거나 회복하기 위한 비용이 회복하였을 때의 가액을 초과하리라고 예상될 경우
2. 선박이 보험사고로 인하여 심하게 훼손되어 이를 수선하기 위한 비용이 수선하였을 때의 가액을 초과하리라고 예상될 경우
3. 적하가 보험사고로 인하여 심하게 훼손되어서 이를 수선하기 위한 비용과 그 적하를 목적지까지 운송하기 위한 비용과의 합계액이 도착하는 때의 적하의 가액을 초과하리라고 예상될 경우

제4관 책임보험

책임보험자의 책임(상법 제719조) 책임보험계약의 보험자는 피보험자가 보험기간 중의 사고로 인하여 제3자에게 배상할 책임을 진 경우에 이를 보상할 책임이 있다.

피보험자가 지출한 방어비용의 부담(상법 제720조) ① 피보험자가 제3자의 청구를 방어하기 위하여 지출한 재판상 또는 재판 외의 필요비용은 보험의 목적에 (포함)된 것으로 한다. 피보험자는 보험자에 대하여 그 비용의 선급을 청구할 수 있다.
② 피보험자가 담보의 제공 또는 공탁으로써 재판의 집행을 면할 수 있는 경우에는 보험자에 대하여 보험금액의 한도 내에서 그 담보의 제공 또는 공탁을 청구할 수 있다.
③ 제1항 또는 제2항의 행위가 보험자의 지시에 의한 것인 경우에는 그 금액에 손해액을 가산한 금액이 보험금액을 초과하는 때에도 보험자가 이를 부담하여야 한다.

피보험자의 배상청구 사실 통지의무(상법 제722조) ① 피보험자가 제3자로부터 배상청구를 받았을 때에는 지체 없이 보험자에게 그 통지를 발송하여야 한다.
② 피보험자가 제1항의 통지를 게을리하여 손해가 증가된 경우 보험자는 그 증가된 손해를 보상할 (책임이 없다). 다만, 피보험자가 제657조(보험사고발생의 통지의무) 제1항의 통지를 발송한 경우에는 그러하지 아니하다.

피보험자의 변제 등의 통지와 보험금액의 지급(상법 제723조)　① 피보험자가 제3자에 대하여 변제, 승인, 화해 또는 재판으로 인하여 채무가 확정된 때에는 지체 없이 보험자에게 그 통지를 발송하여야 한다.
② 보험자는 특별한 기간의 약정이 없으면 전항의 통지를 받은 날로부터 10일 내에 보험금액을 지급하여야 한다.
③ 피보험자가 (보험자의 동의없이) 제3자에 대하여 변제, 승인 또는 화해를 한 경우에는 보험자가 그 책임을 면하게 되는 합의가 있는 때에도 그 행위가 현저하게 부당한 것이 아니면 보험자는 보상할 책임을 면하지 못한다.

보험자와 제3자와의 관계(상법 제724조)　① 보험자는 피보험자가 책임을 질 사고로 인하여 생긴 손해에 대하여 제3자가 그 배상을 받기 전에는 보험금액의 전부 또는 일부를 피보험자에게 지급하지 못한다.
② 제3자는 피보험자가 책임을 질 사고로 입은 손해에 대하여 보험금액의 한도 내에서 보험자에게 직접 보상을 청구할 수 있다. 그러나 보험자는 피보험자가 그 사고에 관하여 가지는 항변으로써 제3자에게 대항할 수 있다.
③ 보험자가 제2항의 규정에 의한 청구를 받은 때에는 지체 없이 피보험자에게 이를 통지하여야 한다.
④ 제2항의 경우에 피보험자는 보험자의 요구가 있을 때에는 필요한 서류·증거의 제출, 증언 또는 증인의 출석에 협조하여야 한다.

수개의 책임보험(상법 제725조의2)　피보험자가 동일한 사고로 제3자에게 배상책임을 짐으로써 입은 손해를 보상하는 수개의 책임보험계약이 동시 또는 순차로 체결된 경우에 그 보험금액의 총액이 피보험자의 제3자에 대한 손해배상액을 초과하는 때에는 제672조(중복보험)와 제673조(중복보험과 보험자 1인에 대한 권리포기)의 규정을 준용한다.

> **중복보험과 보험자 1인에 대한 권리포기(상법 제673조)**　제672조의 규정에 의한 수개의 보험계약을 체결한 경우에 보험자 1인에 대한 권리의 포기는 다른 보험자의 권리의무에 영향을 미치지 아니한다.

069 책임보험계약의 보험자는 피보험자가 보험기간 중의 사고로 인하여 제3자에게 배상할 책임을 진 경우에 이를 보상할 책임이 있고, 이때 피보험자가 제3자의 청구를 방어하기 위하여 지출한 재판상 또는 재판 외의 필요비용은 보험의 목적에 포함된 것으로 한다. ▮법무사 22　○ ✕
....
상법 제719조, 제720조 제1항 본문　　　　　　　　　　　　　　　　　　　　　**답** ○

070 상법상 책임보험에서는 피보험자가 제3자의 청구를 방어하기 위하여 지출한 재판상 또는 재판 외의 필요비용은 보험의 목적에 포함된 것으로 한다. 피보험자는 보험자에 대하여 그 비용의 선급을 청구할 수 있다. ▮법무사 19　○ ✕
....
상법 제720조 제1항　　　　　　　　　　　　　　　　　　　　　　　　　　　**답** ○

071 피보험자가 제3자로부터 배상청구를 받았을 때에는 지체 없이 보험자에게 그 통지를 발송하여야 하고, 피보험자가 상법 제722조 제1항의 통지를 게을리하여 손해가 증가된 경우 보험자는 그 증가된 손해를 보상할 책임이 없다. **I** 법무사 22   ○ ×

상법 제722조 제1항, 제2항   **답** ○

072 상법상 책임보험에서는 피보험자가 제3자에 대하여 변제, 승인, 화해 또는 재판으로 인하여 채무가 확정된 때에는 지체 없이 보험자에게 그 통지를 발송하여야 하고, 보험자는 특별한 기간의 약정이 없으면 위 통지를 받은 날로부터 10일 내에 보험금액을 지급하여야 한다. **I** 법무사 19   ○ ×

상법 제723조 제1항·제2항   **답** ○

073 보험자는 피보험자가 책임을 질 사고로 인하여 생긴 손해에 대하여 제3자가 그 배상을 받기 전에는 보험금액의 전부 또는 일부를 피보험자에게 지급하지 못한다. **I** 법무사 19   ○ ×

상법 제724조 제1항   **답** ○

074 피해자의 직접청구권에 따라 보험자가 부담하는 손해배상채무는 보험계약을 전제로 하는 것으로서 보험계약에 따른 보험자의 책임 한도액의 범위 내에서 인정되어야 한다. **I** 법무사 22

○ ×

피해자의 직접청구권에 따라 보험자가 부담하는 손해배상 채무는 보험계약을 전제로 하는 것으로서 보험계약에 따른 보험자의 책임 한도액의 범위 내에서 인정되어야 하므로, 자기부담금을 보험자가 지급할 보험금에서 공제하기로 보험약관에서 정하였다면 보험자는 손해배상금에서 자기부담금을 공제한 금액에 대하여 피해자에게 직접 지급의무를 부담한다(대판 2014.9.4. 2013다71951).   **답** ○

075 상법 제724조 제2항에 의하여 피해자에게 인정되는 직접청구권의 법적 성질은 보험자가 피보험자의 피해자에 대한 손해배상채무를 병존적으로 인수한 것으로서 피해자가 보험자에 대하여 가지는 손해배상청구권이고, 피보험자의 보험자에 대한 보험금청구권의 변형 내지는 이에 준하는 권리가 아니다. **I** 법무사 21   ○ ×

상법 제724조 제2항에 의하여 피해자에게 인정되는 직접청구권의 법적 성질은 보험자가 피보험자의 피해자에 대한 손해배상채무를 병존적으로 인수한 것으로서 피해자가 보험자에 대하여 가지는 손해배상청구권이고, 피보험자의 보험자에 대한 보험금청구권의 변형 내지는 이에 준하는 권리가 아니므로, 이에 대한 지연손해금에 관하여는 연 6%의 상사법정이율이 아닌 연 5%의 민사법정이율이 적용된다(대판 2019.5.30. 2016다205243).   **답** ○

076 제3자는 피보험자가 책임을 질 사고로 입은 손해에 대하여 보험금액의 한도 내에서 보험자에게 직접 보상을 청구할 수 있고, 위 청구권은 보험금청구권이므로 상법 제662조에 따라 보험사고 발생일로부터 3년간 행사하지 아니하면 시효의 완성으로 소멸한다. ▮법무사 19　　○ ×

상법 제724조 제2항에 의하여 피해자가 보험자에게 갖는 직접청구권은 보험자가 피보험자의 피해자에 대한 손해 배상채무를 병존적으로 인수한 것으로서 피해자가 보험자에 대하여 가지는 손해배상청구권이므로 민법 제766조 제1항에 따라 <u>피해자 또는 그 법정대리인이 그 손해 및 가해자를 안 날로부터 3년간 이를 행사하지 아니하면 시효로 인하여 소멸한다</u>(대판 2005.10.7. 2003다6774).　　답 ×

077 ▸ 상법 제724조 제2항에 의하여 피해자에게 인정되는 직접청구권에 대한 지연손해금에 관하여는 연 5%의 민사법정이율이 적용된다. ▮법무사 21　　○ ×

▸ 제3자는 피보험자가 책임을 질 사고로 입은 손해에 대하여 보험금액의 한도 내에서 보험자에게 직접 보상을 청구할 수 있고, 이러한 직접청구권에 대한 지연손해금에는 연 6%의 상사법정이율이 적용된다. ▮법무사 22　　○ ×

상법 제724조 제2항에 의하여 피해자에게 인정되는 직접청구권의 법적 성질은 보험자가 피보험자의 피해자에 대한 손해배상채무를 병존적으로 인수한 것으로서 피해자가 보험자에 대하여 가지는 손해배상청구권이고, 피보험 자의 보험자에 대한 보험금청구권의 변형 내지는 이에 준하는 권리가 아니므로, <u>이에 대한 지연손해금에 관하여는 연 6%의 상사법정이율이 아닌 연 5%의 민사법정이율이 적용된다</u>(대판 2019.5.30. 2016다205243).　　답 ○ / ×

078 피보험자가 동일한 사고로 제3자에게 배상책임을 짐으로써 입은 손해를 보상하는 수개의 책임 보험계약이 동시 또는 순차로 체결된 경우에 그 보험금액의 총액이 피보험자의 제3자에 대한 손해배상액을 초과하는 때에는 중복보험의 규정을 준용한다. ▮법무사 22　　○ ×

상법 제725조의2　　답 ○

079 수개의 책임보험을 체결한 경우에 보험자 1인에 대한 권리의 포기는 다른 보험자의 권리의무에 영향을 미치지 아니한다. ▮법무사 19　　○ ×

상법 제725조의2, 제673조　　답 ○

자동차의 양도(상법 제726조의4)   ① 피보험자가 보험기간 중에 자동차를 양도한 때에는 양수인은 보험자의 (승낙을 얻은 경우)에 한하여 보험계약으로 인하여 생긴 권리와 의무를 승계한다.
② 보험자가 양수인으로부터 양수사실을 통지받은 때에는 지체 없이 낙부를 통지하여야 하고 통지받은 날부터 (10일) 내에 낙부의 통지가 없을 때에는 승낙한 것으로 본다.

제6관   보증보험

보증보험자의 책임(상법 제726조의5)   보증보험계약의 보험자는 보험계약자가 피보험자에게 계약상의 채무불이행 또는 법령상의 의무불이행으로 입힌 손해를 보상할 책임이 있다.

적용 제외(상법 제726조의6)   ① 보증보험계약에 관하여는 제639조 제2항 단서(타인을 위한 보험계약)를 적용하지 아니한다.
② 보증보험계약에 관하여는 보험계약자의 사기, 고의 또는 중대한 과실이 있는 경우에도 이에 대하여 피보험자에게 책임이 있는 사유가 없으면 제651조(고지의무위반으로 인한 계약해지), 제652조(위험변경증가의 통지와 계약해지), 제653조(보험계약자 등의 고의나 중과실로 인한 위험증가와 계약해지) 및 제659조 제1항(보험자의 면책사유)을 적용하지 아니한다.

제3장 | 인보험

제1절   인보험 통칙

인보험자의 책임(상법 제727조)   ① 인보험계약의 보험자는 피보험자의 (생명)이나 (신체)에 관하여 보험사고가 발생할 경우에 보험계약으로 정하는 바에 따라 보험금이나 그밖의 급여를 지급할 책임이 있다.
② 제1항의 보험금은 당사자 간의 약정에 따라 분할하여 지급할 수 있다.

제3자에 대한 보험대위의 금지(상법 제729조)   보험자는 보험사고로 인하여 생긴 보험계약자 또는 보험수익자의 제3자에 대한 권리를 대위하여 행사하지 못한다. 그러나 상해보험계약의 경우에 당사자 간에 다른 약정이 있는 때에는 보험자는 피보험자의 권리를 해하지 아니하는 범위 안에서 그 권리를 대위하여 행사할 수 있다.

중과실로 인한 보험사고 등(상법 제732조의2)　① (사망)을 보험사고로 한 보험계약에서는 사고가 보험계약자 또는 피보험자나 보험수익자의 (중대한 과실)로 인하여 발생한 경우에도 보험자는 보험금을 지급할 책임을 면하지 못한다.
② 둘 이상의 보험수익자 중 일부가 (고의)로 피보험자를 사망하게 한 경우 보험자는 (다른 보험수익자에 대한 보험금 지급 책임을 면하지 못한다).

준용규정(상법 제739조)　상해보험에 관하여는 제732조를 제외하고 생명보험에 관한 규정을 준용한다.

080
□□□
인보험계약의 보험자는 보험사고로 인하여 생긴 보험계약자 또는 보험수익자의 제3자에 대한 권리를 대위하여 행사하지 못한다. 그러나 상해보험계약의 경우에 당사자 간에 다른 약정이 있는 때에는 보험자는 피보험자의 권리를 해하지 아니하는 범위 안에서 그 권리를 대위하여 행사할 수 있다. ▮법무사 20　　　○ ×

상법 제729조　　　답 ○

081
□□□
▶ 자기신체사고 자동차보험(자손사고보험)은 피보험자의 생명 또는 신체에 관하여 보험사고가 생길 경우에 보험자가 보험계약이 정하는 보험금을 지급할 책임을 지는 것으로서 그 성질은 인보험이다. ▮법무사 18　　　○ ×

▶ 사망이나 상해를 보험사고로 하는 인보험에서 피보험자의 고의는 보험사고가 전체적으로 보아 고의로 평가되는 행위로 인한 것이어야 한다. ▮법무사 18　　　○ ×

자기신체사고 자동차보험(자손사고보험)은 피보험자의 생명 또는 신체에 관하여 보험사고가 생길 경우에 보험자가 보험계약이 정하는 보험금을 지급할 책임을 지는 것으로서 그 성질은 인보험의 일종이다. 보험계약 약관에서 자기신체사고에 관하여 '피보험자의 고의'로 손해가 발생한 경우에는 보험자를 면책하도록 규정하고 있는 경우, 사망이나 상해를 보험사고로 하는 인보험에서 피보험자의 고의는 보험사고가 전체적으로 보아 고의로 평가되는 행위로 인한 것이어야 한다(대판 2017.7.18. 2016다216953).　　　답 ○ / ○

082
□□□
자기신체사고 자동차보험의 보험자는 특별한 사정이 없는 한 보험약관이 예정하지 아니하는 피보험자의 손해배상청구권을 대위할 수 없다. ▮법무사 19　　　○ ×

자기신체사고 자동차보험은 인보험의 일종인 상해보험으로서 상법 제729조 단서에 의하여 보험자는 당사자 사이에 다른 약정이 있는 때에는 피보험자의 권리를 해하지 아니하는 범위 안에서 그 권리를 대위하여 행사할 수 있는바, 상법 제729조의 취지가 피보험자의 권리를 보호하기 위하여 인보험에서의 보험대위를 일반적으로 금지하면서 상해보험에 있어서 별도의 약정이 있는 경우에만 예외적으로 이를 허용하는 것인 이상, 이러한 약정의 존재 및 그 적용 범위는 보험약관이 정한 바에 따라 이를 엄격히 해석하여야 하는 것이 원칙이므로, 보험자는 특별한 사정이 없는 한 보험약관이 예정하지 아니하는 피보험자의 손해배상청구권을 대위할 수 없다(대판 2008.6.12. 2008다8430).　　　답 ○

083 사망을 보험사고로 한 보험계약에서는 사고가 보험계약자 또는 피보험자나 보험수익자의 중대한 과실로 인하여 발생한 경우에도 보험자는 보험금을 지급할 책임을 면하지 못한다.
▎법무사 22
○ ×

상법 제732조의2 제1항
답 ○

---

084 상해 및 사망을 보험사고로 한 보험계약에서는 사고가 보험계약자 또는 피보험자나 보험수익자의 중대한 과실로 인하여 발생한 경우에도 보험자는 보험금을 지급할 책임을 면하지 못한다.
▎법무사 19
○ ×

인보험인 생명보험 및 상해보험에서 보험계약자 측의 고의로 인한 보험사고인 경우에는 보험자가 면책되나, 중과실인 경우에는 면책되지 아니한다(상법 제732조의2 제1항, 제739조 참조).
답 ○

---

085 생명보험에서는 보험계약자 또는 피보험자의 과실로 사고가 발생하였다고 하더라도 과실상계가 허용되지 아니한다. ▎법무사 18
○ ×

사망을 보험사고로 한 보험계약에서는 사고가 보험계약자 또는 피보험자나 보험수익자의 중대한 과실로 인하여 발생한 경우에도 보험자는 보험금을 지급할 책임을 면하지 못한다(상법 제732조의2 제1항). 즉, 생명보험의 경우, 고의에 의한 사망만이 면책사유가 되고, 보험계약자 측에 중과실을 포함하여 과실이 있더라도 과실상계가 허용되지 아니한다.
답 ○

---

086 둘 이상의 보험수익자 중 일부가 고의로 피보험자를 사망하게 한 경우 보험자는 다른 보험수익자에 대한 보험금지급책임을 면하지 못한다. ▎법무사 18
○ ×

상법 제732조의2 제2항
답 ○

---

087 면책약관에서 피보험자의 정신질환을 피보험자의 고의나 피보험자의 자살과 별도의 독립된 면책사유로 규정하고 있는 경우에, 피보험자가 정신질환에 의하여 자유로운 의사결정을 할 수 없는 상태에 이르렀고 이로 인하여 보험사고가 발생한 경우라면 위 면책사유에 해당하지 아니하므로 보험자는 보험금을 지급할 의무가 있다. ▎법무사 18
○ ×

면책약관에서 피보험자의 정신질환을 피보험자의 고의나 피보험자의 자살과 별도의 독립된 면책사유로 규정하고 있는 경우, 이러한 면책사유를 둔 취지는 피보험자의 정신질환으로 인식능력이나 판단능력이 약화되어 상해의 위험이 현저히 증대된 경우 증대된 위험이 현실화되어 발생한 손해는 보험보호의 대상으로부터 배제하려는 데에 있고 보험에서 인수하는 위험은 보험상품에 따라 달리 정해질 수 있는 것이어서 이러한 면책사유를 규정한 약관조항이 고객에게 부당하게 불리하여 공정성을 잃은 조항이라고 할 수 없으므로, 만일 피보험자가 정신질환에 의하여 자유로운 의사결정을 할 수 없는 상태에 이르렀고 이로 인하여 보험사고가 발생한 경우라면 위 면책사유에 의하여 보험자의 보험금지급의무가 면제된다(대판 2015.6.23. 2015다5378).
답 ×

제2절　생명보험

생명보험자의 책임(상법 제730조)　　생명보험계약의 보험자는 피보험자의 사망, 생존, 사망과 생존에 관한 보험사고가 발생할 경우에 약정한 보험금을 지급할 책임이 있다.

타인의 생명의 보험(상법 제731조)　　① 타인의 사망을 보험사고로 하는 보험계약에는 보험계약 체결 시에 그 타인의 (서면)(「전자서명법」 제2조 제2호에 따른 전자서명이 있는 경우로서 대통령령으로 정하는 바에 따라 본인 확인 및 위조·변조 방지에 대한 신뢰성을 갖춘 전자문서를 포함한다)에 의한 (동의)를 얻어야 한다.
② 보험계약으로 인하여 생긴 권리를 피보험자가 아닌 자에게 양도하는 경우에도 제1항과 같다.

15세 미만자 등에 대한 계약의 금지(상법 제732조)　　15세 미만자, 심신상실자 또는 심신박약자의 사망을 보험사고로 한 보험계약은 (무효)로 한다. 다만, 심신박약자가 보험계약을 체결하거나 제735조의3에 따른 단체보험의 피보험자가 될 때에 (의사능력이 있는 경우)에는 그러하지 아니하다.

중과실로 인한 보험사고 등(상법 제732조의2)　　① (사망)을 보험사고로 한 보험계약에서는 사고가 보험계약자 또는 피보험자나 보험수익자의 (중대한 과실)로 인하여 발생한 경우에도 보험자는 보험금을 지급할 책임을 면하지 못한다.
② 둘 이상의 보험수익자 중 일부가 (고의)로 피보험자를 사망하게 한 경우 보험자는 (다른 보험수익자에 대한 보험금 지급 책임을 면하지 못한다).

보험수익자의 지정 또는 변경의 권리(제733조)　　① 보험계약자는 보험수익자를 지정 또는 변경할 권리가 있다.
② 보험계약자가 제1항의 지정권을 행사하지 아니하고 사망한 때에는 피보험자를 보험수익자로 하고 보험계약자가 제1항의 변경권을 행사하지 아니하고 사망한 때에는 보험수익자의 권리가 확정된다. 그러나 보험계약자가 사망한 경우에는 그 승계인이 제1항의 권리를 행사할 수 있다는 약정이 있는 때에는 그러하지 아니하다.
③ 보험수익자가 보험존속 중에 사망한 때에는 보험계약자는 다시 보험수익자를 지정할 수 있다. 이 경우에 보험계약자가 지정권을 행사하지 아니하고 사망한 때에는 보험수익자의 (상속인)을 보험수익자로 한다.
④ 보험계약자가 제2항과 제3항의 지정권을 행사하기 전에 보험사고가 생긴 경우에는 피보험자 또는 보험수익자의 상속인을 보험수익자로 한다.

보험수익자지정권 등의 통지(상법 제734조)　　① 보험계약자가 계약체결 후에 보험수익자를 지정 또는 변경할 때에는 보험자에 대하여 그 (통지)를 하지 아니하면 이로써 보험자에게 (대항하지 못한다).
② 제731조 제1항의 규정은 제1항의 지정 또는 변경에 준용한다.

단체보험(상법 제735조의3)　　① 단체가 규약에 따라 구성원의 전부 또는 일부를 피보험자로 하는 생명보험계약을 체결하는 경우에는 제731조를 적용하지 아니한다.
② 제1항의 보험계약이 체결된 때에는 보험자는 보험계약자에 대하여서만 보험증권을 교부한다.
③ 제1항의 보험계약에서 보험계약자가 피보험자 또는 그 상속인이 (아닌) 자를 보험수익자로 지정할 때에는 단체의 규약에서 명시적으로 정하는 경우 (외)에는 그 피보험자의 제731조 제1항에 따른 (서면 동의)를 받아야 한다.

088 오랜 기간 지속되는 생명보험계약에서는 보험계약자의 사정에 따라 계약내용을 변경해야 하는 경우가 있다. 생명보험계약에서 보험계약자의 지위를 변경하는 데 보험자의 승낙이 필요하다고 정하고 있더라도 보험계약자는 일방적인 의사표시만으로 보험계약상의 지위를 이전할 수 있다. ▌법무사 19　　　　　○ ×

생명보험은 피보험자의 사망, 생존 또는 사망과 생존을 보험사고로 하는 보험으로(상법 제730조), 오랜 기간 지속되는 생명보험계약에서는 보험계약자의 사정에 따라 계약내용을 변경해야 하는 경우가 있다. 생명보험계약에서 보험계약자의 지위를 변경하는 데 보험자의 승낙이 필요하다고 정하고 있는 경우, <u>보험계약자가 보험자의 승낙이 없는데도 일방적인 의사표시만으로 보험계약상의 지위를 이전할 수는 없다</u>(대판 2018.7.12. 2017다235647).　　　답 ×

089 생명보험계약의 약관에 보험계약자는 보험계약의 해약환급금의 범위 내에서 보험회사가 정한 방법에 따라 대출을 받을 수 있고, 이에 따라 대출이 된 경우에 보험계약자는 그 대출 원리금을 언제든지 상환할 수 있으며, 만약 상환하지 아니한 동안에 보험금이나 해약환급금의 지급사유가 발생한 때에는 위 대출 원리금을 공제하고 나머지 금액만을 지급한다는 취지로 규정되어 있다면, 보험약관대출금의 경제적 실질은 보험회사가 장차 지급하여야 할 보험금이나 해약환급금을 미리 지급하는 선급금과 같은 성격이고, 일반적인 대출과는 다르다. ▌법무사 22
　　　　　○ ×

생명보험계약의 약관에 보험계약자는 보험계약의 해약환급금의 범위 내에서 보험회사가 정한 방법에 따라 대출을 받을 수 있고, 이에 따라 대출이 된 경우에 보험계약자는 그 대출 원리금을 언제든지 상환할 수 있으며, 만약 상환하지 아니한 동안에 보험금이나 해약환급금의 지급사유가 발생한 때에는 위 대출 원리금을 공제하고 나머지 금액만을 지급한다는 취지로 규정되어 있다면, 그와 같은 약관에 따른 대출계약은 약관상의 의무의 이행으로 행하여지는 것으로서 보험계약과 별개의 독립된 계약이 아니라 보험계약과 일체를 이루는 하나의 계약이라고 보아야 하고, <u>보험약관대출금의 경제적 실질은 보험회사가 장차 지급하여야 할 보험금이나 해약환급금을 미리 지급하는 선급금과 같은 성격이라고 보아야 한다.</u> 따라서 위와 같은 약관에서 비록 '대출'이라는 용어를 사용하고 있더라도 이는 일반적인 대출과는 달리 소비대차로서의 법적 성격을 가지는 것은 아니며, 보험금이나 해약환급금에서 대출 원리금을 공제하고 지급한다는 것은 보험금이나 해약환급금의 선급금의 성격을 가지는 위 대출 원리금을 제외한 나머지 금액만을 지급한다는 의미이므로 민법상의 상계와는 성격이 다르다(대판[전합]2007.9.28. 2005다15598).　　　답 ○

090 타인의 사망을 보험사고로 하는 보험계약에는 보험계약 체결 시에 그 타인의 서면에 의한 동의를 얻어야 한다. ▌법무사 19　　　　　○ ×

상법 제731조 제1항　　　답 ○

091 타인의 사망을 보험사고로 하는 보험계약에는 보험계약 체결 시에 그 타인의 서면에 의한 동의를 얻어야 한다는 상법 제731조 제1항의 규정은 강행법규로서 이에 위반하여 체결된 보험계약은 무효이다. ▌법무사 17　　　　　○ ×

대판 1996.11.22. 96다37084　　　답 ○

092 상법 제731조 제1항을 위반하여 피보험자의 서면 동의 없이 타인의 사망을 보험사고로 하는
□□□ 보험계약을 체결한 자 스스로가 무효를 주장하는 것은 신의성실 또는 금반언의 원칙에 반하지
않는 것으로서 허용된다. ▎법무사 17   ○ ×

....

상법 제731조 제1항의 입법취지에는 도박보험의 위험성과 피보험자 살해의 위험성 외에도 피해자의 동의를 얻지
아니하고 타인의 사망을 이른바 사행계약상의 조건으로 삼는 데서 오는 공서양속의 침해의 위험성을 배제하기
위한 것도 들어있다고 해석되므로, 상법 제731조 제1항을 위반하여 피보험자의 서면 동의 없이 타인의 사망을
보험사고로 하는 보험계약을 체결한 자 스스로가 무효를 주장함이 신의성실의 원칙 또는 금반언의 원칙에 위배되
는 권리행사라는 이유로 이를 배척한다면, 그와 같은 입법취지를 완전히 몰각시키는 결과가 초래되므로 특단의
사정이 없는 한 그러한 주장이 신의성실 또는 금반언의 원칙에 반한다고 볼 수는 없다(대판 1996.11.22. 96다
37084).   답 ○

093 15세 미만자, 심신상실자 또는 심신박약자의 사망을 보험사고로 한 보험계약은 무효이다.
□□□ 심신박약자가 보험계약을 체결하거나 단체보험의 피보험자가 될 때에 의사능력이 있는 경우에
도 마찬가지이다. ▎법무사 21   ○ ×

....

15세 미만자, 심신상실자 또는 심신박약자의 사망을 보험사고로 한 보험계약은 무효로 한다. 다만, <u>심신박약자가
보험계약을 체결하거나 제735조의3에 따른 단체보험의 피보험자가 될 때에 의사능력이 있는 경우에는 그러하지
아니하다</u>(상법 제732조).   답 ×

094 15세 미만자 등의 사망을 보험사고로 한 보험계약은 피보험자의 동의가 있었는지 또는 보험수
□□□ 익자가 누구인지와 관계없이 무효가 된다. ▎법무사 19   ○ ×

....

상법 제732조는 15세 미만자 등의 사망을 보험사고로 한 보험계약은 무효라고 정하고 있다. 위 법규정은, 통상
정신능력이 불완전한 15세 미만자 등을 피보험자로 하는 경우 그들의 자유롭고 성숙한 의사에 기한 동의를 기대할
수 없고, 그렇다고 해서 15세 미만자 등의 법정대리인이 이들을 대리하여 동의할 수 있는 것으로 하면 보험금의
취득을 위하여 이들이 희생될 위험이 있으므로, 그러한 사망보험의 악용에 따른 도덕적 위험 등으로부터 15세
미만자 등을 보호하기 위하여 둔 효력규정이라고 할 것이다. 따라서 15세 미만자 등의 사망을 보험사고로 한
보험계약은 피보험자의 동의가 있었는지 또는 보험수익자가 누구인지와 관계없이 무효가 된다(대판 2013.4.26.
2011다9068).   답 ○

095 타인의 사망을 보험사고로 하는 보험계약에서 피보험자인 타인의 동의는 각 보험계약에 대하
□□□ 여 개별적으로 서면에 의하여 이루어져야 하고 포괄적인 동의 또는 묵시적이거나 추정적 동의
만으로는 부족하다. ▎법무사 17 · 21   ○ ×

....

상법 제731조 제1항이 타인의 사망을 보험사고로 하는 보험계약의 체결 시 그 타인의 서면동의를 얻도록 규정한
것은 동의의 시기와 방식을 명확히 함으로써 분쟁의 소지를 없애려는 데 취지가 있으므로, 피보험자인 타인의
동의는 각 보험계약에 대하여 개별적으로 서면에 의하여 이루어져야 하고 포괄적인 동의 또는 묵시적이거나
추정적 동의만으로는 부족하다(대판 2006.9.22. 2004다56677).   답 ○

096 ▸ 타인의 생명보험계약 성립 당시 피보험자의 서면동의가 없었다고 하더라도, 이후 피보험자
□□□ 의 추인이 있으면 하자가 치유될 수 있다. ▎법무사 17　　　　　　　　　　　　　○ ×

▸ 타인의 생명보험계약 성립 당시 피보험자의 서면동의가 없다면 보험계약은 확정적으로 무효
가 되고, 피보험자가 이미 무효가 된 보험계약을 추인하였다고 하더라도 그 보험계약이
유효로 될 수는 없다. ▎법무사 21　　　　　　　　　　　　　　　　　　　　　　　　○ ×

상법 제731조 제1항에 의하면 타인의 생명보험에서 피보험자가 서면으로 동의의 의사표시를 하여야 하는 시점은
'보험계약 체결 시까지'이고, 이는 강행규정으로서 이에 위반한 보험계약은 무효이므로, <u>타인의 생명보험계약</u>
<u>성립 당시 피보험자의 서면동의가 없다면 그 보험계약은 확정적으로 무효가 되고, 피보험자가 이미 무효가 된</u>
<u>보험계약을 추인하였다고 하더라도 그 보험계약이 유효로 될 수는 없다</u>(대판 2006.9.22. 2004다56677).
　　　　　　　　　　　　　　　　　　　　　　　　　　　　　　　　　　　　　　　答 × / ○

097 타인으로부터 특정한 보험계약에 관하여 서면동의를 할 권한을 구체적·개별적으로 수여받았
□□□ 음이 분명한 사람이 권한 범위 내에서 타인을 대리 또는 대행하여 서면동의를 한 경우에도
그 타인의 서면동의는 적법한 대리인에 의하여 유효하게 이루어진 것으로 볼 수 있다.
▎법무사 17　　　　　　　　　　　　　　　　　　　　　　　　　　　　　　　　　　○ ×

타인의 사망을 보험사고로 하는 보험계약에 있어 피보험자인 타인의 동의는 각 보험계약에 대하여 개별적으로
서면에 의하여 이루어져야 하고 포괄적인 동의 또는 묵시적이거나 추정적 동의만으로는 부족하나, 피보험자인
타인의 서면동의가 그 타인이 보험청약서에 자필 서명하는 것만을 의미하지는 않으므로 피보험자인 타인이 참석한
자리에서 보험계약을 체결하면서 보험계약자나 보험모집인이 타인에게 보험계약의 내용을 설명한 후 타인으로부
터 명시적으로 권한을 수여받아 보험청약서에 타인의 서명을 대행하는 경우와 같이, 타인으로부터 특정한 보험계
약에 관하여 서면동의를 할 권한을 구체적·개별적으로 수여받았음이 분명한 사람이 권한 범위 내에서 타인을
대리 또는 대행하여 서면동의를 한 경우에도 그 타인의 서면동의는 적법한 대리인에 의하여 유효하게 이루어진
것이다(대판 2006.12.21. 2006다69141).　　　　　　　　　　　　　　　　　　　　　答 ○

098 ▸ 보험계약자가 피보험자의 상속인을 보험수익자로 하여 맺은 생명보험계약에 있어서 피보험
□□□ 자의 상속인은 피보험자의 사망이라는 보험사고가 발생한 때에는 보험수익자의 지위에서
보험자에 대하여 보험금 지급을 청구할 수 있고, 이 권리는 상속재산이 아니라 상속인의
고유재산이다. ▎법무사 21　　　　　　　　　　　　　　　　　　　　　　　　　　○ ×

▸ 보험계약자가 피보험자의 상속인을 보험수익자로 하여 맺은 생명보험계약에 있어서 피보험
자의 상속인은 피보험자의 사망이라는 보험사고가 발생한 때에는 보험자에 대하여 보험금
지급을 청구할 수 있고, 이 권리는 보험계약의 효력으로 당연히 생기는 것으로서 상속재산이
다. ▎법무사 22　　　　　　　　　　　　　　　　　　　　　　　　　　　　　　○ ×

보험계약자가 피보험자의 상속인을 보험수익자로 하여 맺은 생명보험계약이나 상해보험계약에서 피보험자의
상속인은 피보험자의 사망이라는 보험사고가 발생한 때에는 보험수익자의 지위에서 보험자에 대하여 보험금
지급을 청구할 수 있고, <u>이 권리는 보험계약의 효력으로 당연히 생기는 것으로서 상속재산이 아니라 상속인의</u>
<u>고유재산이다</u>(대판 2020.2.6. 2017다215728).　　　　　　　　　　　　　　　　　答 ○ / ×

099
☐☐☐ 보험수익자가 보험존속 중에 사망한 때에는 보험계약자는 다시 보험수익자를 지정할 수 있다. 이 경우에 보험계약자가 지정권을 행사하지 아니하고 사망한 때에는 보험수익자의 상속인을 보험수익자로 한다. ▮법무사 22　　○ ×

....

상법 제733조 제3항　　답 ○

100
☐☐☐ 보험계약자가 계약체결 후에 보험수익자를 지정 또는 변경할 때에는 보험자에 대하여 그 통지를 하지 아니하면 이로써 보험자에게 대항하지 못한다. ▮법무사 22　　○ ×

....

상법 제734조 제1항　　답 ○

101
☐☐☐ ▶ 단체가 규약에 따라 구성원의 전부 또는 일부를 피보험자로 하는 생명보험계약을 체결하는 경우에는 원칙적으로 피보험자의 서면에 의한 동의를 요하지 아니한다. ▮법무사 21　　○ ×

▶ 단체보험은 타인의 생명보험임에도 불구하고 계약체결 시 타인의 서면동의를 받지 않아도 된다. ▮법무사 22　　○ ×

....

단체가 규약에 따라 구성원의 전부 또는 일부를 피보험자로 하는 생명보험계약을 체결하는 경우에는 제731조(서면동의)를 적용하지 아니한다(상법 제735조의3 제1항). 이처럼 타인의 생명보험임에도 불구하고 단체보험에서는 타인의 서면동의를 받지 않아도 되도록 한 이유는 단체는 그 구성원의 생사에 이해관계를 갖고 있어서 일부러 피보험자의 생명이나 신체에 위해를 가할 염려가 적기 때문이다.　　답 ○ / ○

102
☐☐☐ 보험계약에서 보험계약자가 피보험자 또는 그 상속인이 아닌 자를 보험수익자로 지정할 때에는 단체의 규약에서 명시적으로 정하는 경우 외에는 그 피보험자의 상법 제731조 제1항에 따른 서면동의를 받아야 한다. ▮법무사 22　　○ ×

....

상법 제735조의3 제3항　　답 ○

103
☐☐☐ 단체보험에서 보험계약자는 단체의 구성원인 피보험자를 보험수익자로 하여 타인을 위한 보험계약으로 체결할 수도 있고 보험계약자 자신을 보험수익자로 하여 자기를 위한 보험계약으로 체결할 수도 있다. ▮법무사 22　　○ ×

....

단체보험의 경우 보험수익자의 지정에 관하여는 상법 등 관련 법령에 별다른 규정이 없으므로 보험계약자는 단체의 구성원인 피보험자를 보험수익자로 하여 '타인을 위한 보험계약'으로 체결할 수도 있고, 보험계약자 자신을 보험수익자로 하여 '자기를 위한 보험계약'으로 체결할 수도 있을 것이며, 단체보험이라고 하여 당연히 타인을 위한 보험계약이 되어야 하는 것은 아니므로 보험수익자를 보험계약자 자신으로 지정하는 것이 단체보험의 본질에 반하는 것이라고 할 수 없다(대판 2006.4.27. 2003다60259).　　답 ○

104 상법 제735조의3에 규정된 단체보험에 해당하려면 단체가 규약에 따라 보험계약을 체결하여
야 하고, 단순히 다수의 회사 직원을 피보험자로 하여 보험계약이 체결되었다고 하여 위 조항상
의 단체보험이 되는 것은 아니다. **┃법무사 22** ○ ×

> 상법 제735조의3은 단체가 규약에 따라 구성원의 전부 또는 일부를 피보험자로 하는 생명보험계약을 체결하는
> 경우에는 제731조를 적용하지 아니한다고 규정하고 있으므로 위와 같은 단체보험에 해당하려면 위 법조 소정의
> 규약에 따라 보험계약을 체결한 경우이어야 하고, 그러한 규약이 갖추어지지 아니한 경우에는 강행법규인 상법
> 제731조의 규정에 따라 피보험자인 구성원들의 서면에 의한 동의를 갖추어야 보험계약으로서의 효력이 발생한다
> 할 것이다(대판 2006.4.27. 2003다60259). **답** ○

105 상법 제735조의3에서 '규약'의 의미는 보험가입에 관하여 대표자가 구성원을 위하여 일괄하여
계약을 체결할 수 있다는 취지를 담고 있는 것만으로는 충분하지 않고 반드시 당해 보험가입과
관련한 상세한 사항까지 단체내부의 협정에 규정되어 있어야 한다. **┃법무사 22** ○ ×

> 상법 제735조의3에서 단체보험의 유효요건으로 요구하는 '규약'의 의미는 단체협약, 취업규칙, 정관 등 그 형식을
> 막론하고 단체보험의 가입에 관한 단체내부의 협정에 해당하는 것으로서, <u>반드시 당해 보험가입과 관련한 상세한
> 사항까지 규정하고 있을 필요는 없고 그러한 종류의 보험가입에 관하여 대표자가 구성원을 위하여 일괄하여
> 계약을 체결할 수 있다는 취지를 담고 있는 것이면 충분하다</u> 할 것이지만, 위 규약이 강행법규인 상법 제731조
> 소정의 피보험자의 서면동의에 갈음하는 것인 이상 취업규칙이나 단체협약에 근로자의 채용 및 해고, 재해부조
> 등에 관한 일반적 규정을 두고 있다는 것만으로는 이에 해당한다고 볼 수 없다(대판 2006.4.27. 2003다60259).
> **답** ×

제3절 **상해보험**

> **상해보험자의 책임(상법 제737조)** 상해보험계약의 보험자는 신체의 상해에 관한 보험사고가 생길 경우에
> 보험금액 기타의 급여를 할 책임이 있다.
>
> **준용규정(상법 제739조)** 상해보험에 관하여는 제732조를 (제외)하고 생명보험에 관한 규정을 준용한다.

106 15세 미만자, 심신상실자 또는 심신박약자의 상해를 보험사고로 한 상해보험계약도 유효하다.
┃법무사 20 ○ ×

> 상해보험에 관하여는, 15세 미만자, 심신상실자 또는 심신박약자의 사망을 보험사고로 한 보험계약은 무효로
> 한다는 제732조가 준용되지 아니한다(상법 제739조 참조). 따라서 15세 미만자, 심신상실자 또는 심신박약자의
> 상해를 보험사고로 한 상해보험계약은 유효하다. **답** ○

107 ▸ 약관이나 개별약정으로 출생 전 상태인 태아의 신체에 대한 상해를 보험의 담보범위에 포함하는 것이 보험제도의 목적과 취지에 부합하고 보험계약자나 피보험자에게 불리하지 않으므로 상법 제663조에 반하지 아니하고 민법 제103조의 공서양속에도 반하지 않고, 계약자유의 원칙상 태아를 피보험자로 하는 상해보험계약은 유효하다. ▎법무사 20　　○ ×

▸ 태아를 피보험자로 하는 상해보험계약에서 그 보험계약이 정한 바에 따라 보험기간이 개시된 후 태아가 보험계약에서 정한 우연한 사고로 상해를 입었지만, 그 상해를 입은 시기가 출생 전이라면 이는 보험기간 중 보험사고에 해당하지 아니한다. ▎법무사 20　　○ ×

상해보험은 피보험자가 보험기간 중에 급격하고 우연한 외래의 사고로 인하여 신체에 손상을 입는 것을 보험사고로 하는 인보험이므로, 피보험자는 신체를 가진 사람(인)임을 전제로 한다(상법 제737조). 그러나 상법상 상해보험계약 체결에서 태아의 피보험자 적격이 명시적으로 금지되어 있지 않다. 인보험인 상해보험에서 피보험자는 '보험사고의 객체'에 해당하여 그 신체가 보험의 목적이 되는 자로서 보호받아야 할 대상을 의미한다. 헌법상 생명권의 주체가 되는 태아의 형성 중인 신체도 그 자체로 보호해야 할 법익이 존재하고 보호의 필요성도 본질적으로 사람과 다르지 않다는 점에서 보험보호의 대상이 될 수 있다. 이처럼 약관이나 개별약정으로 출생 전 상태인 태아의 신체에 대한 상해를 보험의 담보범위에 포함하는 것이 보험제도의 목적과 취지에 부합하고 보험계약자나 피보험자에게 불리하지 않으므로 상법 제663조에 반하지 아니하고 민법 제103조의 공서양속에도 반하지 않는다. 따라서 계약자유의 원칙상 태아를 피보험자로 하는 상해보험계약은 유효하고, 그 보험계약이 정한 바에 따라 보험기간이 개시된 이상 출생 전이라도 태아가 보험계약에서 정한 우연한 사고로 상해를 입었다면 이는 보험기간 중에 발생한 보험사고에 해당한다(대판 2019.3.28. 2016다211224). ▤ ○ / ×

108 태아를 피보험자로 하는 상해보험계약의 보통약관에 면책사유로 규정된 피보험자의 출산은 태아인 피보험자가 출산의 주체가 되는 경우만을 의미하는 것이지 피보험자가 출산의 대상이 되는 경우까지 포함하는 것으로 볼 수 없다. ▎법무사 20　　○ ×

태아를 피보험자로 하는 이 사건 상해보험계약의 보통약관에 면책사유로 규정된 '피보험자의 출산'은 피보험자가 출산의 주체가 되는 경우만을 의미하는 것이지 피보험자가 출산의 대상이 되는 경우까지 포함되는 것으로 해석할 수 없다(대판 2019.3.28. 2016다211224). ▤ ○

제 **6** 편 해상법 · 항공운송법

제1장 | 해상기업조직

제1절 물적 조직

선박의 의의(상법 제740조)　　이 법에서 "선박"이란 상행위나 그밖의 영리를 목적으로 항해에 사용하는 선박을 말한다.

적용범위(상법 제741조)　① 항해용 선박에 대하여는 상행위나 그밖의 영리를 목적으로 하지 아니하더라도 이 편의 규정을 준용한다. 다만, 국유 또는 공유의 선박에 대하여는 「선박법」 제29조 단서에도 불구하고 항해의 목적·성질 등을 고려하여 이 편의 규정을 준용하는 것이 적합하지 아니한 경우로서 대통령령으로 정하는 경우에는 그러하지 아니하다.
② 이 편의 규정은 (단정)(短艇) 또는 주로 (노) 또는 (상앗대)로 운전하는 선박에는 (적용하지 아니한다).

선박소유권의 이전(상법 제743조)　　등기 및 등록할 수 있는 선박의 경우 그 소유권의 이전은 당사자 사이의 (합의)만으로 그 효력이 생긴다. 다만, 이를 등기하고 선박국적증서에 기재하지 아니하면 제3자에게 대항하지 못한다.

선박의 압류 · 가압류(상법 제744조)　① 항해의 준비를 완료한 선박과 그 속구는 압류 또는 가압류를 하지 못한다. 다만, 항해를 준비하기 위하여 생긴 채무에 대하여는 그러하지 아니하다.
② 제1항은 총톤수 20톤 미만의 선박에는 적용하지 아니한다.

제2절 인적 조직

선장의 선임 · 해임(상법 제745조)　　선장은 선박소유자가 선임 또는 해임한다.

선장의 부당한 해임에 대한 손해배상청구권(상법 제746조)　　선박소유자가 정당한 사유 없이 선장을 해임한 때에는 선장은 이로 인하여 생긴 손해의 배상을 청구할 수 있다.

선장의 계속직무집행의 책임(상법 제747조)　　선장은 항해 중에 해임 또는 임기가 만료된 경우에도 다른 선장이 그 업무를 처리할 수 있는 때 또는 그 선박이 선적항에 도착할 때까지 그 직무를 집행할 책임이 있다.

선장의 대선장 선임의 권한 및 책임(상법 제748조)　　선장은 불가항력으로 인하여 그 직무를 집행하기가 불능한 때에 법령에 다른 규정이 있는 경우를 제외하고는 자기의 책임으로 타인을 선정하여 선장의 직무를 집행하게 할 수 있다.

대리권의 범위(상법 제749조)　　① 선적항 (외)에서는 선장은 항해에 필요한 재판상 또는 재판 외의 모든 행위를 할 권한이 있다.
② 선적항에서는 선장은 특히 위임을 받은 경우 외에는 (해원의 고용과 해고를 할 권한만)을 가진다.

특수한 행위에 대한 권한(상법 제750조)　　① 선장은 선박수선료·해난구조료, 그밖에 항해의 계속에 필요한 비용을 지급하여야 할 경우 외에는 다음의 행위를 하지 못한다.
　1. 선박 또는 속구를 담보에 제공하는 일
　2. 차재(借財)하는 일
　3. 적하의 전부나 일부를 처분하는 일
② 적하를 처분할 경우의 손해배상액은 그 적하가 도달할 시기의 양륙항의 가격에 의하여 정한다. 다만, 그 가격 중에서 지급을 요하지 아니하는 비용을 공제하여야 한다.

대리권에 대한 제한(상법 제751조)　　선장의 대리권에 대한 제한은 (선의)의 제3자에게 (대항하지 못한다).

이해관계인을 위한 적하의 처분(상법 제752조)　　① 선장이 항해 중에 적하를 처분하는 경우에는 이해관계인의 이익을 위하여 가장 적당한 방법으로 하여야 한다.
② 제1항의 경우에 이해관계인은 선장의 처분으로 인하여 생긴 채권자에게 적하의 가액을 한도로 하여 그 책임을 진다. 다만, 그 이해관계인에게 과실이 있는 때에는 그러하지 아니하다.

위법선적물의 처분(상법 제800조)　　① 선장은 법령 또는 계약을 위반하여 선적된 운송물은 언제든지 이를 (양륙)할 수 있고, 그 운송물이 선박 또는 다른 운송물에 (위해를 미칠 염려가 있는 때)에는 이를 (포기)할 수 있다.
② 선장이 제1항의 물건을 운송하는 때에는 선적한 때와 곳에서의 동종 운송물의 최고운임의 지급을 청구할 수 있다.
③ 제1항 및 제2항은 운송인과 그밖의 이해관계인의 손해배상청구에 영향을 미치지 아니한다.

구조료지급에 관한 선장의 권한(상법 제894조)　　① 선장은 구조료를 지급할 채무자에 갈음하여 그 지급에 관한 재판상 또는 재판 외의 모든 행위를 할 권한이 있다.
② 선장은 그 구조료에 관한 소송의 당사자가 될 수 있고, 그 확정판결은 구조료의 채무자에 대하여도 효력이 있다.

제3절   해상기업주체의 책임제한

선박소유자의 유한책임(상법 제769조)   선박소유자는 청구원인의 여하에 불구하고 다음 각 호의 채권에 대하여 제770조에 따른 금액의 한도로 그 책임을 제한할 수 있다. 다만, 그 채권이 선박소유자 자신의 (고의) 또는 손해발생의 염려가 있음을 (인식)하면서 (무모하게 한) 작위 또는 부작위로 인하여 생긴 손해에 관한 것인 때에는 (그러하지 아니하다).

1. 선박에서 또는 선박의 운항에 직접 관련하여 발생한 사람의 사망, 신체의 상해 또는 그 (선박 외)의 물건의 멸실 또는 훼손으로 인하여 생긴 손해에 관한 채권
2. 운송물, 여객 또는 수하물의 운송의 지연으로 인하여 생긴 손해에 관한 채권
3. 제1호 및 제2호 외에 선박의 운항에 (직접) 관련하여 발생한 계약상의 권리 외의 타인의 권리의 침해로 인하여 생긴 손해에 관한 채권
4. 제1호부터 제3호까지의 채권의 원인이 된 손해를 방지 또는 경감하기 위한 조치에 관한 채권 또는 그 조치의 결과로 인하여 생긴 손해에 관한 채권

책임의 한도액(상법 제770조)   ② 제1항 각 호에 따른 각 책임한도액은 선박마다 동일한 사고에서 생긴 각 책임한도액에 대응하는 선박소유자에 대한 (모든) 채권에 미친다.
③ 제769조에 따라 책임이 제한되는 채권은 제1항 각 호에 따른 각 책임한도액에 대하여 각 채권액의 비율로 경합한다.
④ 제1항 제2호에 따른 책임한도액이 같은 호의 채권의 변제에 부족한 때에는 제3호에 따른 책임한도액을 그 잔액채권의 변제에 충당한다. 이 경우 동일한 사고에서 제3호의 채권도 발생한 때에는 이 채권과 제2호의 잔액채권은 제3호에 따른 책임한도액에 대하여 각 채권액의 비율로 경합한다.

동일한 사고로 인한 반대채권액의 공제(상법 제771조)   선박소유자가 책임의 제한을 받는 채권자에 대하여 동일한 사고로 인하여 생긴 손해에 관한 채권을 가지는 경우에는 그 채권액을 (공제한 잔액에 한하여) 책임의 제한을 받는 채권으로 한다.

유한책임의 배제(상법 제773조)   선박소유자는 다음 각 호의 채권에 대하여는 그 책임을 제한하지 못한다.
1. 선장 · 해원, 그밖의 사용인으로서 그 직무가 선박의 업무에 관련된 자 또는 그 상속인, 피부양자, 그밖의 이해관계인의 선박소유자에 대한 채권
2. 해난구조로 인한 구조료 채권 및 공동해손의 분담에 관한 채권
3. 1969년 11월 29일 성립한 「유류오염손해에 대한 민사책임에 관한 국제조약」 또는 그 조약의 개정조항이 적용되는 유류오염손해에 관한 채권
4. 침몰 · 난파 · 좌초 · 유기, 그밖의 해양사고를 당한 선박 및 그 선박 안에 있거나 있었던 적하와 그밖의 물건의 인양 · 제거 · 파괴 또는 무해조치에 관한 채권
5. 원자력손해에 관한 채권

책임제한을 할 수 있는 자의 범위(상법 제774조)   ① 다음 각 호의 어느 하나에 해당하는 자는 이 절의 규정에 따라 선박소유자의 경우와 동일하게 책임을 제한할 수 있다.
1. (용선자) · 선박관리인 및 (선박운항자)
2. 법인인 선박소유자 및 제1호에 규정된 자의 (무한책임사원)
3. 자기의 행위로 인하여 선박소유자 또는 제1호에 규정된 자에 대하여 제769조 각 호에 따른 채권이 성립하게 한 선장 · 해원 · 도선사, 그밖의 선박소유자 또는 제1호에 규정된 자의 사용인 또는 대리인

> **구조자의 책임제한(상법 제775조)** ① 구조자 또는 그 피용자의 구조활동과 직접 관련하여 발생한 사람의 사망·신체의 상해, 재산의 멸실이나 훼손, 계약상 권리 외의 타인의 권리의 침해로 인하여 생긴 손해에 관한 채권 및 그러한 손해를 방지 혹은 경감하기 위한 조치에 관한 채권 또는 그 조치의 결과로 인하여 생긴 손해에 관한 채권에 대하여는 제769조부터 제774조(제769조 제2호 및 제770조 제1항 제1호를 제외한다)까지의 규정에 따라 구조자도 책임을 제한할 수 있다.
>
> **책임제한의 절차(상법 제776조)** ① 이 절의 규정에 따라 책임을 제한하고자 하는 자는 채권자로부터 책임한도액을 초과하는 청구금액을 명시한 서면에 의한 청구를 받은 날부터 (1년)이내에 법원에 책임제한절차개시의 신청을 하여야 한다.

001 상법상 책임이 제한되는 주체는 선박소유자뿐만 아니라 선체용선자도 포함된다. ▎법무사 22
□□□ ○ ×

....

선체용선자가 상행위나 그 밖의 영리를 목적으로 선박을 항해에 사용하는 경우에는 그 이용에 관한 사항에는 제3자에 대하여 선박소유자와 동일한 권리의무가 있으므로(상법 제850조 제1항), 선체용선자는 선박소유자로 보아 책임제한이 적용된다. 정기용선자와 항해용선자는 상법 제774조 제1항 제1호의 용선자로서 책임제한이 인정된다. **답** ○

002 ▸ 선장 등과 같은 선박소유자의 피용자에게 무모한 행위가 있었다는 이유만으로는 선박소유자
□□□ 의 책임제한이 배제된다고 할 수 없다. ▎법무사 18 ○ ×

▸ 피용자에게 고의 또는 무모한 행위가 있었다고 하더라도 선박소유자 본인에게 그와 같은 고의 또는 무모한 행위가 없는 이상 선박소유자는 상법 제769조 본문에 의하여 책임을 제한할 수 있다. ▎법무사 22 ○ ×

....

구 상법 제746조[현 제769조(註)] 단서는 '채권이 선박소유자 자신의 고의 또는 손해발생의 염려가 있음을 인식하면서 무모하게 한 작위 또는 부작위로 인하여 생긴 손해에 관한 것인 때'에는 선박소유자의 책임을 제한할 수 없도록 규정하고 있다. 따라서 위 규정에 의하여 책임제한이 배제되기 위하여는 책임제한 주체가 선박소유자인 경우에는 선박소유자 본인의 '고의 또는 손해발생의 염려가 있음을 인식하면서 무모하게 한 작위 또는 부작위'가 있어야 하고, 선장 등과 같은 선박소유자의 피용자에게 무모한 행위가 있었다는 이유만으로는 구 상법 제746조[현 제769조(註)] 본문에 의한 선박소유자의 책임제한이 배제된다고 할 수 없다(대결 2012.4.17. 2010마222). **답** ○ / ○

003 법인의 대표기관뿐만 아니라 적어도 법인의 내부적 업무분장에 따라 당해 법인의 관리 업무
□□□ 전부 또는 특정 부분에 관하여 대표기관에 갈음하여 사실상 회사의 의사결정 등 권한을 행사하는 사람의 행위는 그가 이사회의 구성원 또는 임원이 아니더라도 선박소유자 등 책임제한 배제 규정을 적용할 때 책임제한 주체 자신의 행위로 보아야 한다. ▎법무사 18·22 ○ ×

선박소유자 등 책임제한 주체가 법인인 경우에 대표기관의 무모한 행위만을 법인의 무모한 행위로 한정한다면 법인 규모가 클수록 선박의 관리·운항에 관한 실질적 권한이 하부구성원에게 이양된다는 점을 감안할 때 위 단서조항의 배제사유는 사실상 사문화되고 당해 법인이 책임제한의 이익을 부당하게 향유할 염려가 있다. 따라서 법인의 대표기관뿐만 아니라 적어도 법인의 내부적 업무분장에 따라 당해 법인의 관리 업무 전부 또는 특정 부분에 관하여 대표기관에 갈음하여 사실상 회사의 의사결정 등 권한을 행사하는 사람의 행위는 그가 이사회의 구성원 또는 임원이 아니더라도 선박소유자 등 책임제한 배제규정을 적용할 때 책임제한 주체 자신의 행위로 보아야 한다(대결 2012.4.17. 2010마222).　　　답 ○

004 선박소유자의 책임제한은 계약책임에 대해서만 적용될 뿐이고 불법행위책임에는 적용이 없다.
□□□ ▎법무사 22　　　　　　　　　　　　　　　　　　　　　　　　　　　　　　　○ ✕

선박충돌 사고로 인한 손해배상채권은 상법 제746조[현 제769조(註)] 제1호가 규정하는 "선박의 운항에 직접 관련하여 발생한 그 선박 이외의 물건의 멸실 또는 훼손으로 인하여 생긴 손해에 관한 채권"에 해당하고, 그러한 채권은 불법행위를 원인으로 하는 것이라 하여도 "청구원인의 여하에 불구하고" 책임을 제한할 수 있는 것으로 규정하고 있는 같은 법 제746조[현 제769조(註)] 본문의 해석상 책임제한의 대상이 된다(대결 1995.6.5. 95마325).　　　답 ✕

005 선박소유자책임제한절차와 별도로 선박소유자 등에게 손해배상 등을 청구하는 소송이 제기된
□□□ 경우, 그 선박소유자는 그 소송에서 책임제한배제사유의 부존재에 대한 증명책임을 부담한다.
▎법무사 18　　　　　　　　　　　　　　　　　　　　　　　　　　　　　　　　　○ ✕

선박소유자책임제한절차와 별도로 선박소유자 등에게 손해배상 등을 청구하는 소송이 제기된 경우, 그 소송에서는 책임제한의 배제를 주장하는 채권자가 구 상법 제746조[현 제769조(註)] 단서에서 정한 책임제한배제사유의 존재에 대한 증명책임을 부담한다(대결 2012.4.17. 2010마222).　　　답 ✕

006 ▸ 선박소유자책임제한절차에서는 절차개시를 신청하는 신청인이 책임제한배제사유의 부존재
□□□ 를 소명하여야 한다. ▎법무사 18　　　　　　　　　　　　　　　　　　　　　○ ✕

▸ 선박소유자 등에게 손해배상 등을 청구하는 소송이 제기된 경우 책임제한의 배제를 주장하는 채권자가 책임제한 배제사유의 존재에 대한 증명책임을 부담하지만, 선박소유자 책임제한절차에서는 절차개시를 신청하는 신청인이 책임제한 배제사유의 부존재에 대하여 소명하여야 한다. ▎법무사 22　　　　　　　　　　　　　　　　　　　　　　　○ ✕

선박소유자책임제한절차는 신청인이 사고를 특정함에 필요한 신청의 원인사실 및 이로 인하여 발생한 구 상법 제747조[현 제770조(註)] 제1항 각 호의 구별에 의한 제한채권의 각 총액이 이에 대응하는 각 책임한도액을 초과함을 소명하여야 개시되는데, 선박소유자책임제한절차가 주로 채무자의 이익을 위하여 채무자의 일방적인 주도 아래 개시되는 집단적 채무처리절차인 점 등에 비추어 보면, 제한채권에 대하여 신청인이 소명할 사항에는 당해 채권에 책임제한 배제사유가 없다는 점도 포함된다고 해석하여야 한다. 즉, 선박소유자책임제한절차에서는 절차 개시를 신청하는 신청인이 구 상법 제746조[현 제769조(註)] 단서에서 정한 책임제한 배제사유의 부존재에 대하여 도 소명하여야 한다(대결 2012.4.17. 2010마222).　　　답 ○ / ○

007 선박소유자책임제한절차에서 당해 채권에 관하여 책임제한배제사유가 존재하지 아니함이 소
□□□ 명되어 책임제한절차가 개시되고 나아가 조사절차에서 제한채권으로 확정되더라도, 채권자는
책임제한절차와 상관없이 채무자를 상대로 한도액의 제한 없이 책임을 추급하는 개별소송을
제기할 수 있다. **| 법무사 18** ○ ×

⋯⋯⋯⋯⋯⋯⋯⋯⋯⋯⋯⋯⋯⋯⋯⋯⋯⋯⋯⋯⋯⋯⋯⋯⋯⋯⋯⋯⋯⋯⋯⋯⋯⋯⋯

선박소유자책임제한절차에서 당해 채권에 관하여 구 상법 제746조[현 제769조(註)] 단서에서 정한 책임제한배제
사유가 존재하지 아니함이 소명되어 책임제한절차가 개시되고 나아가 조사절차에서 제한채권으로 확정되더라도
제한채권 확정의 효력은 책임제한절차 내에서만 미칠 뿐이므로, 채권자는 책임제한절차와 상관없이 채무자를
상대로 한도액의 제한 없이 책임을 추급하는 개별소송을 제기할 수 있다(대결 2012.4.17. 2010마222).

답 ○

제4절 선박금융(선박우선특권)

선박우선특권 있는 채권(상법 제777조)　① 다음의 채권을 가진 자는 (선박)·(그 속구), 그 채권이 생긴
(항해의 운임), 그 선박과 운임에 (부수)한 채권에 대하여 (우선특권)이 있다.
　1. 채권자의 공동이익을 위한 소송비용, 항해에 관하여 선박에 과한 제세금, 도선료·예선료, 최후 입항
　　후의 선박과 그 속구의 보존비·검사비
　2. 선원과 그밖의 선박사용인의 고용계약으로 인한 채권
　3. 해난구조로 인한 선박에 대한 구조료 채권과 공동해손의 분담에 대한 채권
　4. 선박의 충돌과 그밖의 항해사고로 인한 손해, 항해시설·항만시설 및 항로에 대한 손해와 선원이나
　　여객의 생명·신체에 대한 손해의 배상채권
② 제1항의 우선특권을 가진 선박채권자는 이 법과 그밖의 법률의 규정에 따라 제1항의 재산에 대하여 다른
　채권자보다 자기채권의 우선변제를 받을 권리가 있다. 이 경우 그 성질에 반하지 아니하는 한 「민법」의
　저당권에 관한 규정을 준용한다.

선박·운임에 부수한 채권(상법 제778조)　제777조에 따른 선박과 운임에 부수한 채권은 다음과 같다.
　1. 선박 또는 운임의 손실로 인하여 선박소유자에게 지급할 손해배상
　2. 공동해손으로 인한 선박 또는 운임의 손실에 대하여 선박소유자에게 지급할 상금
　3. 해난구조로 인하여 선박소유자에게 지급할 구조료

운임에 대한 우선특권(상법 제779조)　운임에 대한 우선특권은 지급을 받지 아니한 운임 및 지급을 받은
　운임 중 선박소유자나 그 대리인이 소지한 금액에 한하여 행사할 수 있다.

선박사용인의 고용계약으로 인한 채권(상법 제781조)　제777조 제1항 제2호에 따른 채권은 고용계약 존속
　중의 모든 항해로 인한 운임의 전부에 대하여 우선특권이 있다.

수회항해에 관한 채권에 대한 우선특권의 순위(상법 제783조)　① 수회의 항해에 관한 채권의 우선특권이
　경합하는 때에는 (후의 항해에 관한 채권)이 전의 항해에 관한 채권에 (우선)한다.
② 제781조에 따른 우선특권은 그 최후의 항해에 관한 다른 채권과 동일한 순위로 한다.

우선특권의 추급권(상법 제785조)　　선박채권자의 우선특권은 그 선박소유권의 이전으로 인하여 영향을 받지 아니한다.

우선특권의 소멸(상법 제786조)　　선박채권자의 우선특권은 그 채권이 생긴 날부터 (1년)이내에 실행하지 아니하면 소멸한다.

선박저당권(상법 제787조)　　① 등기한 선박은 저당권의 목적으로 할 수 있다.
② 선박의 저당권은 그 속구에 미친다.
③ 선박의 저당권에는 「민법」의 저당권에 관한 규정을 준용한다.

선박저당권 등과 우선특권의 경합(상법 제788조)　　선박채권자의 우선특권은 (질권과 저당권)에 (우선)한다.

등기선박의 입질불허(상법 제789조)　　등기한 선박은 질권의 목적으로 하지 못한다.

건조 중의 선박에의 준용(상법 제790조)　　이 절의 규정은 건조 중의 선박에 준용한다.

008　선박이 출항준비를 하다가 화재가 발생하였고 수리를 마친 후 항해를 계속한 경우 그 수리비는
□□□　선박의 상태 및 가치를 유지·보존하기 위한 비용으로 선박우선특권의 피담보채권에 해당한다.
　　　‖ 법무사 21　　　　　　　　　　　　　　　　　　　　　　　　　　　　　　　　○ ✕

연근해를 운행하는 유류운송선이 출항준비 중에 발생한 화재로 인한 수리를 마친 후 항해를 계속한 경우, 그 수리비는 선박의 상태 및 가치를 유지·보존하기 위한 비용일지라도 최후의 입항 후에 발생한 것이 아니므로 그 수리비채권을 두고 상법 제861조[현 제777조(註)] 제1항 제1호 소정의 선박보존비 등에 해당한다고 볼 수 없다(대결 1998.2.9. 97마2525).　　　　　　　　　　　　　　　　　　　　　　**답** ✕

009　목적하는 항해를 마치지 않고 항해 도중 경매 또는 양도처분으로 항해가 중지된 경우 항해를
□□□　폐지한 시기에 선박이 존재하는 항에서 수리한 비용은 피담보채권에 해당하지 않는다.
　　　‖ 법무사 21　　　　　　　　　　　　　　　　　　　　　　　　　　　　　　　　○ ✕

상법 제861조[현 제777조(註)] 제1항 제1호가 최후 입항 후의 선박보존비 등에 대하여 선박우선특권을 부여하는 것은, 이러한 채권이 없으면 다른 채권자들도 선박 경매대금으로부터 변제를 받기가 불가능하게 될 것이라는 점에서 이러한 비용은 경매에 관한 비용에 준하는 성질을 가지기 때문이고, 따라서 최후 입항 후라는 의미는 목적하는 항해가 종료되어 돌아온 항뿐만 아니라 선박이 항해 도중에 경매 또는 양도처분으로 항해가 중지되어 경매되는 경우의 선박보존비용도 달리 보아야 할 필요가 없으므로, 항해를 폐지한 시기에 있어서 선박이 존재하는 항도 포함하는 것으로 해석함이 상당하다(대판 1996.5.14. 96다3609).　　　　　　　　　　　**답** ✕

010　어선의 책임선장이 선주와의 약정에 따라 지급받기로 한 특별상여금채권은 상법 제777조 제1
□□□　항 제2호가 정한 '선원 그 밖의 선박사용인의 고용계약으로 인한 채권'으로서 선박우선특권
　　　있는 채권에 해당한다. ‖ 법무사 19　　　　　　　　　　　　　　　　　　　　　○ ✕

어선의 책임선장으로 승선하면서 선주인소외인과 사이에 총어획고에 대한 일정 비율의 특별상여금을 지급받기로 약정하였고, 승선기간 중에 계속해서 각기 승선기간 별로 약정에 따라 지급할 특별상여금의 금액까지 선주와의 사이에 확정해 왔다면, 선주와 책임선장 사이의 위 특별상여금 지급에 관한 약정은 선원근로계약에 부수되어 체결된 약정으로서 근로계약의 내용에 포함된다고 보아야 하고, 따라서 그와 같은 특별상여금 약정에 기한 피고의 채권은 상법 제861조[현 제777조(註)] 제1항 제2호가 정한 '선원 기타의 선박사용인의 고용계약으로 인한 채권'으로서, 선박우선특권 있는 채권에 해당한다고 할 것이다(대판 2008.4.24. 2008다10006). **답** ○

011 선박우선특권에 관하여는 성질에 반하지 않는 한 민법의 저당권에 관한 규정을 준용한다.
□□□ ▮법무사 18 ○ ×

상법 제777조 제2항 후문 **답** ○

012 국제사법 규정에 의하여 선박우선특권의 성립 여부를 선적국법에 의하여 판단하여야 하는 경우에도, 선박우선특권이 우리나라에서 실행되는 경우에 실행기간을 포함한 실행방법은 우리나라의 절차법에 의하여야 한다. ▮법무사 19 ○ ×

국제사법 제60조 제1호는 해상에 관한 '선박의 소유권 및 저당권, 선박우선특권 그 밖의 선박에 관한 물권'은 선적국법에 의한다고 규정하고 있으므로 선박우선특권의 성립 여부는 선적국법에 의하여야 할 것이나, 선박우선특권이 우리나라에서 실행되는 경우에 실행기간을 포함한 실행방법은 우리나라의 절차법에 의하여야 한다(대판 2011.10.13. 2009다96625). **답** ○

013 선체용선에 관한 상법 제850조 제2항의 규정이 정기용선에 유추적용되어 정기용선된 선박의 □□□ 이용에 관하여 생긴 우선특권을 가지는 채권자는 선박소유자의 선박에 대하여 경매청구를 할 수 있다. ▮법무사 21 ○ ×

정기용선의 경우 제3자에 대한 법률관계에 관하여 상법은 아무런 규정을 두지 않고 있다. 그러나 다음과 같은 이유로 선체용선에 관한 상법 제850조 제2항의 규정이 정기용선에 유추적용되어 정기용선된 선박의 이용에 관하여 생긴 우선특권을 가지는 채권자는 선박소유자의 선박에 대하여 경매청구를 할 수 있다고 봄이 타당하다. ㄱ) 정기용선계약은 선체용선계약과 유사하게 용선자가 선박의 자유사용권을 취득하고 그에 선원의 노무공급계약적인 요소가 수반되는 특수한 계약관계로서 정기용선자는 다른 특별한 사정이 없는 한 화물의 선적, 보관 및 양하 등에 관련된 상사적인 사항의 대외적인 책임관계에 선체용선에 관한 상법 제850조 제1항이 유추적용되어 선박소유자와 동일한 책임을 부담한다. ㄴ) …(중략)… 선박채권자 보호의 필요성은 선체용선과 정기용선이 다르지 않다. … ㄷ 상법 제777조 제1항에서는 선박우선특권이 인정되는 채권을 한정적으로 열거하고 있으므로, 정기용선자에 대한 그와 같은 채권에 관하여 선박우선특권을 인정하더라도 선박소유자나 선박저당권자에게 예상치 못한 손해가 발생한다고 볼 수 없다(대결 2019.7.24. 2017마1442). **답** ○

014 선박우선특권은 일정한 채권을 담보하기 위하여 법률에 의하여 특별히 인정된 권리로서 일반
□□□ 적으로 그 피담보채권과 분리되어 독립적으로 존재하거나 이전되기는 어려우므로, 선박우선
특권이 유효하게 이전되는지 여부는 그 선박우선특권이 담보하는 채권의 이전이 인정되는
경우에 비로소 논할 수 있다. ┃법무사 19   ○ ×
....
선박우선특권은 일정한 채권을 담보하기 위하여 법률에 의하여 특별히 인정된 권리로서 일반적으로 그 피담보채권
과 분리되어 독립적으로 존재하거나 이전되기는 어려우므로, 선박우선특권이 유효하게 이전되는지 여부는 그
선박우선특권이 담보하는 채권의 이전이 인정되는 경우에 비로소 논할 수 있는 것이다(대판 2007.7.12. 2005다
39617).   답 ○

015 선박채권자의 우선특권은 그 선박소유권의 이전으로 인하여 영향을 받지 아니한다.
□□□ ┃법무사 18   ○ ×
....
상법 제785조   답 ○

016 선박채권자의 우선특권은 그 선박소유권의 이전으로 인하여 영향을 받지 않으므로, 선박의
□□□ 양수인에게도 채무의 변제를 청구할 수 있다. ┃법무사 21   ○ ×
....
상법 제861조[현 제777조(註)] 소정의 선박우선특권을 가진 <u>선박채권자는 선박을 양수한 사람에게 채무의 변제를</u>
<u>청구할 수 없고</u> 다만 선박우선특권의 추급성에 의하여 선박이 우선특권의 목적물이 될 뿐이다(대판 1974.12.10.
74다176).   답 ×

017 복수의 선원 그 밖의 선박사용인이 선박우선특권에 의하여 그들을 고용한 선박소유자가 소유
□□□ 한 복수의 선박 등에 대한 경매신청을 한 경우, 선박우선특권에 의해 경매신청을 한 압류채권자
의 지위에서 당연히 우선 배당을 받을 수 있는 대상은 그 선원이 승선한 당해 선박과 그 속구
등의 매각대금에 한정되는 것이고 당해 선박이 아닌 다른 선박에 대한 매각대금에 대하여서까
지 따로 배당요구를 하지 않더라도 당연히 우선 배당을 받을 수 있는 것은 아니다.
┃법무사 19   ○ ×
....
대판 2012.4.13. 2011다42188   답 ○

018 선박우선특권은 질권과 저당권에 우선한다. ┃법무사 18   ○ ×
□□□ ....
상법 제788조   답 ○

019 선박우선특권은 건조 중인 선박에는 준용되지 않는다. ▮법무사 18·21 ○ ×
☐☐☐
....
이 절(선박담보)의 규정은 <u>건조 중의 선박에 준용한다</u>(상법 제790조). 🔲 ×

020 선박우선특권 있는 채권자는 그 선박에 대하여 채무명의 없이도 경매청구권을 행사할 수 있으
☐☐☐ 나, 그 선박에 대한 가압류도 할 수 있음이 원칙이다. ▮법무사 18 ○ ×
....
선박우선특권 있는 채권자는 선박소유자의 변동에 관계없이 그 선박에 대하여 채무명의 없이도 경매청구권을
행사할 수 있으므로 채권자는 채권을 보전하기 위하여 <u>그 선박에 대한 가압류를 하여 둘 필요가 없다</u>(대판
1988.11.22. 87다카1671). 🔲 ×

021 수회의 항해에 관한 채권의 우선특권이 경합하는 때에는 후의 항해에 관한 채권이 전의 항해에
☐☐☐ 관한 채권에 우선하는 것이 아니라, 각 채권액의 비율에 따라 변제하여야 한다. ▮법무사 19
  ○ ×
....
수회의 항해에 관한 채권의 우선특권이 경합하는 때에는 <u>후의 항해에 관한 채권이 전의 항해에 관한 채권에
우선한다</u>(상법 제783조 제1항). 🔲 ×

제2장 │ 해상기업활동(운송·용선)

제1절 운송계약

제1관 개품운송계약

개품운송계약의 의의(상법 제791조) 　개품운송계약은 운송인이 개개의 물건을 해상에서 선박으로 운송할
　것을 인수하고, 송하인이 이에 대하여 운임을 지급하기로 약정함으로써 그 효력이 생긴다.

비계약적 청구에 대한 적용(상법 제798조) 　① 이 절의 운송인의 책임에 관한 규정은 운송인의 불법행위로
　인한 손해배상의 책임에도 적용한다.

운송인의 채권·채무의 소멸(상법 제814조) 　① 운송인의 송하인 또는 수하인에 대한 채권 및 채무는 그
　청구원인의 여하에 불구하고 운송인이 수하인에게 운송물을 인도한 날 또는 인도할 날부터 (1년) 이내에
　(재판상 청구)가 없으면 소멸한다. 다만, 이 기간은 당사자의 합의에 의하여 연장할 수 있다.

② 운송인이 인수한 운송을 다시 제3자에게 위탁한 경우에 송하인 또는 수하인이 제1항의 기간 이내에 운송인과 배상 합의를 하거나 운송인에게 재판상 청구를 하였다면, 그 합의 또는 청구가 있은 날부터 3개월이 경과하기 이전에는 그 제3자에 대한 운송인의 채권·채무는 제1항에도 불구하고 소멸하지 아니한다. 운송인과 그 제3자 사이에 제1항 단서와 동일한 취지의 약정이 있는 경우에도 또한 같다.
③ 제2항의 경우에 있어서 재판상 청구를 받은 운송인이 그로부터 3개월 이내에 그 제3자에 대하여 소송고지를 하면 3개월의 기간은 그 재판이 확정되거나 그밖에 종료된 때부터 기산한다.

준용규정(상법 제815조)　　제134조, 제136조부터 제140조까지의 규정은 이 절에서 정한 운송인에 준용한다.

복합운송인의 책임(상법 제816조)　　① 운송인이 인수한 운송에 해상 외의 운송구간이 포함된 경우 운송인은 (손해가 발생한 운송구간)에 적용될 법에 따라 책임을 진다.
② 어느 운송구간에서 손해가 발생하였는지 불분명한 경우 또는 손해의 발생이 성질상 특정한 지역으로 한정되지 아니하는 경우에는 운송인은 운송거리가 가장 긴 구간에 적용되는 법에 따라 책임을 진다. 다만, 운송거리가 같거나 가장 긴 구간을 정할 수 없는 경우에는 운임이 (가장 비싼 구간)에 적용되는 법에 따라 책임을 진다.

022 해상물건운송인의 면책사유나 책임제한에 관한 규정은 해상물건운송인의 불법행위로 인한 손해배상책임에는 적용되지 않는다. ▎법무사 19　　○ ×
□□□
....
이 절(개품운송)의 운송인의 책임에 관한 규정은 운송인의 불법행위로 인한 손해배상의 책임에도 적용한다(상법 제798조 제1항). **답** ×

023 상법 제814조 제1항은 운송인의 송하인 또는 수하인에 대한 채권과 채무는 그 청구원인의
□□□ 여하에 불구하고 운송인이 수하인에게 운송물을 인도한 날 또는 인도할 날부터 1년 이내에 재판상 청구가 없으면 소멸하되, 당사자의 합의에 의하여 위 기간을 연장할 수 있도록 규정하고 있다. 이러한 해상 운송인의 송하인이나 수하인에 대한 권리·의무에 관한 소멸기간은 제척기간이고, 제척기간의 기산점은 '운송물을 인도한 날 또는 인도할 날'이다. ▎법무사 20　○ ×
....
상법 제814조 제1항은 운송인의 송하인 또는 수하인에 대한 채권과 채무는 그 청구원인의 여하에 불구하고 운송인이 수하인에게 운송물을 인도한 날 또는 인도할 날부터 1년 이내에 재판상 청구가 없으면 소멸하되, 당사자의 합의에 의하여 위 기간을 연장할 수 있도록 규정하고 있다. 이러한 해상 운송인의 송하인이나 수하인에 대한 권리·의무에 관한 소멸기간은 제척기간이고, 제척기간의 기산점은 '운송물을 인도한 날 또는 인도할 날'이다(대판 2019.6.13. 2019다205947). **답** ○

024 운송물이 멸실되거나 운송물의 인도가 불가능하게 된 경우에는 '운송물을 인도할 날'을 기준으로
□□□ 상법 제814조 제1항의 제척기간이 도과하였는지를 판단하여야 한다. 여기서 '운송물을 인도할 날'이란 통상 운송계약이 그 내용에 좇아 이행되었으면 인도가 행하여져야 했던 날을 의미한다.
▎법무사 20
　　　○ ×
....
대판 2019.6.13. 2019다205947 **답** ○

025 운송물이 물리적으로 멸실되는 경우뿐만 아니라 운송인이 운송물의 인도를 거절하거나 운송인
□□□ 의 사정으로 운송이 중단되는 등의 사유로 운송물이 인도되지 않은 경우에도 '운송물을 인도할
날'을 기준으로 하여 상법 제814조 제1항의 제소기간이 도과하였는지를 판단하여야 한다.
Ⅰ법무사 20   ○ ×

해상운송인의 송하인 또는 수하인에 대한 채권 및 채무는 그 청구원인의 여하에 불구하고 운송인이 수하인에게
운송물을 인도한 날 또는 인도할 날부터 1년 이내에 재판상 청구가 없으면 소멸한다(상법 제814조 제1항). 여기서
'운송물을 인도할 날'이란 통상 운송계약이 그 내용에 좇아 이행되었으면 인도가 행하여져야 했던 날을 말한다.
운송물이 물리적으로 멸실되는 경우뿐만 아니라 운송인이 운송물의 인도를 거절하거나 운송인의 사정으로 운송이
중단되는 등의 사유로 운송물이 인도되지 않은 경우에도 '운송물을 인도할 날'을 기준으로 하여 제소기간이 도과하
였는지를 판단하여야 한다(대판 2019.7.10. 2019다213009).   답 ○

026 해상운송계약에서 운송인이 운송계약상 정해진 양륙항에 도착한 후 운송물을 선창에서 인도
□□□ 장소까지 반출하여 보세창고업자에게 인도하는 것만으로는 그 운송물이 운송인의 지배를 떠나
정당한 수하인에게 인도된 것으로 볼 수 없다. Ⅰ법무사 20   ○ ×

해상운송계약에서 운송인은 운송물의 수령·선적·적부·보관·운송·양륙 및 인도의무를 부담하므로(상법 제
795조 제1항), 운송인은 운송채무의 최종 단계에서 운송물을 정당한 수하인에게 인도함으로써 운송계약의 이행을
완료하게 된다. 여기서 운송물의 인도는 운송물에 대한 점유, 즉 사실상의 지배·관리가 정당한 수하인에게 이전되
는 것을 말한다. 선하증권이 발행된 경우에는 선하증권의 정당한 소지인에게 인도하여야 한다(상법 제861조,
제132조). 따라서 운송인이 운송계약상 정해진 양륙항에 도착한 후 운송물을 선창에서 인도 장소까지 반출하여
보세창고업자에게 인도하는 것만으로는 그 운송물이 운송인의 지배를 떠나 정당한 수하인에게 인도된 것으로
볼 수 없다(대판 2019.6.13. 2019다205947).   답 ○

027 육상운송, 해상운송, 항공운송 중 적어도 두 가지 이상의 서로 다른 운송수단을 결합하여
□□□ 운송을 수행하는 복합운송 과정에서 운송물의 멸실·훼손 등으로 인하여 손해가 발생한 경우
에 손해가 발생한 운송구간이 불분명하거나 그 성질상 특정한 지역으로 한정할 수 없는 때에는
복합운송인은 운임이 가장 비싼 구간에 적용되는 법에 따라 책임을 진다. Ⅰ법무사 20 ○ ×

어느 운송구간에서 손해가 발생하였는지 불분명한 경우 또는 손해의 발생이 성질상 특정한 지역으로 한정되지
아니하는 경우에는 <u>운송인은 운송거리가 가장 긴 구간에 적용되는 법</u>에 따라 책임을 진다. 다만, 운송거리가
같거나 가장 긴 구간을 정할 수 없는 경우에는 운임이 가장 비싼 구간에 적용되는 법에 따라 책임을 진다(상법
제816조 제2항).   답 ×

수하물 무임운송의무(상법 제820조) 여객이 계약에 의하여 선내에서 휴대할 수 있는 수하물에 대하여는 운송인은 다른 약정이 없으면 별도로 운임을 청구하지 못한다.

승선지체와 선장의 발항권(상법 제821조) ① 여객이 승선시기까지 승선하지 아니한 때에는 선장은 즉시 발항할 수 있다. 항해 도중의 정박항에서도 또한 같다.
② 제1항의 경우에는 여객은 운임의 전액을 지급하여야 한다.

여객의 계약해제와 운임(상법 제822조) 여객이 발항 전에 계약을 해제하는 경우에는 운임의 반액을 지급하고, 발항 후에 계약을 해제하는 경우에는 운임의 전액을 지급하여야 한다.

사망한 여객의 수하물처분의무(상법 제824조) 여객이 사망한 때에는 선장은 그 상속인에게 가장 이익이 되는 방법으로 사망자가 휴대한 수하물을 처분하여야 한다.

준용규정(상법 제826조) ① 제148조·제794조·제799조 제1항 및 제809조는 해상여객운송에 준용한다.
② 제134조·제136조·제149조 제2항·제794조부터 제801조까지·제804조·제807조·제809조·제811조 및 제814조는 운송인이 위탁을 받은 여객의 수하물의 운송에 준용한다.
③ 제150조, 제797조 제1항·제4항, 제798조, 제799조 제1항, 제809조 및 제814조는 운송인이 위탁을 받지 아니한 여객의 수하물에 준용한다.

028 여객이 출발지나 항해 도중 정박항에서 승선시기까지 승선하지 아니한 때에는 선장은 즉시
☐☐☐ 발항할 수 있다. 이 경우 정박항에서 발항한 경우에는 여객이 운임 전액을 지급하여야 하나 출발지에서 발항한 경우에는 발항 전 계약 해제에 준하여 운임의 반액을 지급할 의무가 있다.

┃법무사 19   ○ ✕

상법 제821조 제1항·제2항   답 ✕

> **승선지체와 선장의 발항권(상법 제821조)** ① 여객이 승선시기까지 승선하지 아니한 때에는 선장은 즉시 발항할 수 있다. 항해 도중의 정박항에서도 또한 같다.
> ② 제1항의 경우에는 **여객은 운임의 전액을 지급하여야 한다.**

항해용선계약의 의의(상법 제827조)   ① 항해용선계약은 특정한 항해를 할 목적으로 선박소유자가 용선자에게 선원이 승무하고 항해장비를 갖춘 선박의 전부 또는 일부를 물건의 운송에 제공하기로 약정하고 용선자가 이에 대하여 (운임)을 지급하기로 약정함으로써 그 효력이 생긴다.
② 이 절의 규정은 그 성질에 반하지 아니하는 한 여객운송을 목적으로 하는 항해용선계약에도 준용한다.
③ 선박소유자가 일정한 기간 동안 용선자에게 선박을 제공할 의무를 지지만 항해를 단위로 운임을 계산하여 지급하기로 약정한 경우에도 그 성질에 반하지 아니하는 한 이 절의 규정을 준용한다.

준용규정(상법 제841조)   ① 제134조, 제136조, 제137조, 제140조, 제793조부터 제797조까지, 제798조 제1항부터 제3항까지, 제800조, 제801조, 제803조, 제804조 제1항부터 제4항까지, 제805조부터 제808조까지와 제810조부터 제813조까지의 규정은 항해용선계약에 준용한다.

> **손해배상의 액(상법 제137조)**   ① 운송물이 전부멸실 또는 연착된 경우의 손해배상액은 **인도할 날의 도착지의 가격**에 따른다.
> ② 운송물이 일부 멸실 또는 훼손된 경우의 손해배상액은 **인도한 날의 도착지의 가격**에 의한다.
> ③ 운송물의 멸실, 훼손 또는 연착이 **운송인의 고의나 중대한 과실로 인한 때**에는 운송인은 **모든 손해를 배상**하여야 한다.
> ④ 운송물의 멸실 또는 훼손으로 인하여 지급을 요하지 아니하는 운임 기타 비용은 전3항의 배상액에서 공제하여야 한다.

정기용선계약의 의의(상법 제842조)   정기용선계약은 선박소유자가 용선자에게 선원이 승무하고 항해장비를 갖춘 선박을 일정한 기간동안 항해에 사용하게 할 것을 약정하고 용선자가 이에 대하여 기간으로 정한 용선료를 지급하기로 약정함으로써 그 효력이 생긴다.

정기용선자의 선장지휘권(상법 제843조)   ① 정기용선자는 (약정한 범위 안)의 선박의 사용을 위하여 (선장을 지휘할 권리)가 있다.
② 선장 · 해원, 그밖의 선박사용인이 정기용선자의 (정당한 지시를 위반)하여 정기용선자에게 손해가 발생한 경우에는 선박소유자가 이를 (배상)할 책임이 있다.

용선료의 연체와 계약해지 등(상법 제845조)   ① 정기용선자가 용선료를 약정기일에 지급하지 아니한 때에는 선박소유자는 계약을 해제 또는 해지할 수 있다.
② 정기용선자가 제3자와 운송계약을 체결하여 (운송물을 선적한 후) 선박의 항해 중에 선박소유자가 제1항에 따라 (계약을 해제 또는 해지한 때)에는 선박소유자는 적하이해관계인에 대하여 (정기용선자와 동일한 운송의무)가 있다.
③ 선박소유자가 제2항에 따른 계약의 해제 또는 해지 및 운송계속의 뜻을 적하이해관계인에게 서면으로 통지를 한 때에는 선박소유자의 정기용선자에 대한 용선료 · 체당금, 그밖에 이와 유사한 정기용선계약상의 채권을 담보하기 위하여 정기용선자가 적하이해관계인에 대하여 가지는 용선료 또는 운임의 채권을 목적으로 질권을 설정한 것으로 본다.
④ 제1항부터 제3항까지의 규정은 선박소유자 또는 적하이해관계인의 정기용선자에 대한 손해배상청구에 영향을 미치지 아니한다.

선체용선계약의 의의(상법 제847조)　① 선체용선계약은 용선자의 관리·지배 하에 선박을 운항할 목적으로 선박소유자가 용선자에게 선박을 제공할 것을 약정하고 용선자가 이에 따른 용선료를 지급하기로 약정함으로써 그 효력이 생긴다.
② 선박소유자가 선장과 그밖의 해원을 공급할 의무를 지는 경우에도 용선자의 관리·지배하에서 해원이 선박을 운항하는 것을 목적으로 하면 이를 (선체용선계약)으로 본다.

법적 성질(상법 제848조)　① 선체용선계약은 그 성질에 반하지 아니하는 한 「민법」상 (임대차에 관한 규정)을 준용한다.

선체용선과 제3자에 대한 법률관계(상법 제850조)　① 선체용선자가 상행위나 그밖의 영리를 목적으로 선박을 항해에 사용하는 경우에는 그 이용에 관한 사항에는 제3자에 대하여 (선박소유자와 동일한 권리의무)가 있다.
② 제1항의 경우에 선박의 이용에 관하여 생긴 우선특권은 선박소유자에 대하여도 그 효력이 있다. 다만, 우선특권자가 그 이용의 계약에 반함을 안 때에는 그러하지 아니하다.

---

029 항해용선계약에서 운송물이 전부 또는 일부가 멸실 또는 연착된 경우의 손해배상액은 인도할 날의 도착지의 가격에 따른다. ▌법무사 19　　○ ×

⬜⬜⬜

....

항해용선계약에서 운송물이 전부멸실 또는 연착된 경우의 손해배상액은 <u>인도할 날의 도착지의 가격</u>에 따르고, 운송물이 일부 멸실 또는 훼손된 경우의 손해배상액은 <u>인도한 날의 도착지의 가격</u>에 의한다(상법 제841조 제1항, 제137조 제1항·제2항 참조).　　답 ×

---

030 정기용선계약은 선박소유자가 용선자에게 선원이 승무하고 항해장비를 갖춘 선박을 일정한 기간 동안 항해에 사용하게 할 것을 약정하고 용선자가 이에 대하여 기간으로 정한 용선료를 지급하기로 약정함으로써 그 효력이 생기는 계약을 말한다. ▌법무사 20　　○ ×

⬜⬜⬜

....

상법 제842조　　답 ○

---

031 정기용선자는 약정한 범위 안의 선박의 사용을 위하여 선장을 지휘할 권리가 있다.

⬜⬜⬜　▌법무사 20　　○ ×

....

상법 제843조 제1항　　답 ○

---

032 선장·해원, 그 밖의 선박사용인이 정기용선자의 정당한 지시를 위반하여 정기용선자에게 손해가 발생한 경우에는 선장이 이를 배상할 책임이 있다. ▌법무사 20　　○ ×

⬜⬜⬜

....

선장·해원, 그 밖의 선박사용인이 정기용선자의 정당한 지시를 위반하여 정기용선자에게 손해가 발생한 경우에는 <u>선박소유자</u>가 이를 배상할 책임이 있다(상법 제843조 제2항).　　답 ×

033 정기용선자가 용선료를 약정기일에 지급하지 아니한 때에는 선박소유자는 계약을 해제 또는
□□□ 해지할 수 있다. ▮법무사 20   ○ ×

....

상법 제845조 제1항   답 ○

034 정기용선자가 제3자와 운송계약을 체결하여 운송물을 선적한 후 선박의 항해 중에 선박소유자
□□□ 가 용선료의 연체를 이유로 계약을 해제 또는 해지한 때에는 선박소유자는 적하이해관계인에
대하여 정기용선자와 동일한 운송의무가 있다. ▮법무사 20   ○ ×

....

상법 제845조 제2항   답 ○

제4관 운송증서

선하증권의 발행(상법 제852조)   ① 운송인은 운송물을 수령한 후 송하인의 청구에 의하여 1통 또는 수통의
선하증권을 교부하여야 한다.
② 운송인은 운송물을 선적한 후 송하인의 청구에 의하여 1통 또는 수통의 선적선하증권을 교부하거나 제1항
의 선하증권에 선적의 뜻을 표시하여야 한다.
③ 운송인은 선장 또는 그밖의 대리인에게 선하증권의 교부 또는 제2항의 표시를 위임할 수 있다.

선하증권 기재의 효력(상법 제854조)   ① 제853조 제1항에 따라 선하증권이 발행된 경우 운송인과 송하인
사이에 선하증권에 기재된 대로 개품운송계약이 체결되고 운송물을 수령 또는 선적한 것으로 (추정)한다.
② 제1항의 선하증권을 선의로 취득한 소지인에 대하여 운송인은 선하증권에 기재된 대로 운송물을 수령
혹은 선적한 것으로 보고 선하증권에 기재된 바에 따라 운송인으로서 책임을 진다.

수통의 선하증권과 양륙항에 있어서의 운송물의 인도(상법 제857조)   ① 양륙항에서 수통의 선하증권 중
1통을 소지한 자가 운송물의 인도를 청구하는 경우에도 선장은 그 인도를 거부하지 못한다.
② 제1항에 따라 수통의 선하증권 중 1통의 소지인이 운송물의 인도를 받은 때에는 (다른 선하증권)은 그
(효력을 잃는다).

수통의 선하증권과 양륙항 외에서의 운송물의 인도(상법 제858조)   (양륙항 외)에서는 선장은 선하증권의
각 통의 (반환)을 받지 아니하면 운송물을 인도하지 못한다.

2인 이상 소지인의 운송물인도청구와 공탁(상법 제859조)   ① 2인 이상의 선하증권소지인이 운송물의 인도
를 청구한 때에는 선장은 지체 없이 운송물을 공탁하고 각 청구자에게 그 통지를 발송하여야 한다.
② 선장이 제857조 제1항에 따라 운송물의 일부를 인도한 후 다른 소지인이 운송물의 인도를 청구한 경우에
도 그 인도하지 아니한 운송물에 대하여는 제1항과 같다.

수인의 선하증권소지인의 순위(상법 제860조)　① 제859조에 따라 공탁한 운송물에 대하여는 수인의 선하증권소지인에게 공통되는 전 소지인으로부터 먼저 교부를 받은 증권소지인의 권리가 다른 소지인의 권리에 우선한다.

② 격지자에 대하여 발송한 선하증권은 그 (발송한 때)를 교부받은 때로 본다.

준용규정(상법 제861조)　제129조·제130조·제132조 및 제133조는 제852조 및 제855조의 선하증권에 준용한다.

> **화물상환증교부의 물권적 효력(상법 제133조)**　화물상환증에 의하여 운송물을 받을 수 있는 자에게 화물상환증을 교부한 때에는 운송물 위에 행사하는 권리의 취득에 관하여 운송물을 인도한 것과 동일한 효력이 있다.

035
☐☐☐
운송인은 운송물을 수령한 후 송하인의 청구에 의하여 선하증권을 1통 또는 수통 교부하여야 한다.　┃법무사 21　○ ✕

···

상법 제852조 제1항　📋 ○

036
☐☐☐
재용선계약 등에 의하여 복수의 해상운송 주체가 있는 경우 운송의 최종 수요자인 운송의뢰인에 대한 관계에서도 선하증권의 발행사실만으로 당연히 운송인의 지위가 인정된다.

┃법무사 21　○ ✕

···

재용선계약의 경우, 선주와 용선자 사이의 주된 용선계약과 용선자와 재용선자 사이의 재용선계약은 각각 독립된 운송계약으로서 선주와 재용선계약의 재용선자와는 아무런 직접적인 관계가 없다 할 것인바, 재용선계약 등에 의하여 복수의 해상운송 주체가 있는 경우 운송의 최종 수요자인 운송의뢰인에 대한 관계에서는, 용선계약에 의하여 그로부터 운송을 인수한 자가 누구인지에 따라 운송인이 확정되는 것이고, 선하증권의 발행자가 운송인으로 인정될 개연성이 높다 하겠지만, 그렇다고 하여 <u>선하증권의 발행사실만으로 당연히 운송인의 지위가 인정되는 것은 아니다</u>(대판 2004.10.27. 2004다7040).　📋 ✕

037
☐☐☐
선하증권이 발행된 경우 운송인과 송하인 사이에 선하증권에 기재된 대로 개품운송계약이 체결되고 운송물을 수령 또는 선적한 것으로 추정한다.　┃법무사 21　○ ✕

···

상법 제854조 제1항　📋 ○

038 양륙항에서 수통의 선하증권 중 1통을 소지한 자가 운송물의 인도를 청구하는 경우에도 선장은
□□□ 그 인도를 거부하지 못한다. **Ⅰ법무사 21** ○ ✕

....

상법 제857조 제1항 **답** ○

039 운송인이 수통의 선하증권을 교부한 경우 양륙항이나 양륙항이 아닌 곳에서 수통의 선하증권
□□□ 중 1통을 소지한 자가 운송물의 인도를 청구하여 운송물의 인도를 받은 때에는 다른 선하증권의
효력이 상실된다. **Ⅰ법무사 19** ○ ✕

....

상법 제857조 제1항·제2항 **답** ✕

> **수통의 선하증권과 양륙항에 있어서의 운송물의 인도(상법 제857조)**   ① 양륙항에서 수통의 선하증
> 권 중 1통을 소지한 자가 운송물의 인도를 청구하는 경우에도 선장은 그 인도를 거부하지 못한다.
> ② 제1항에 따라 수통의 선하증권 중 1통의 소지인이 운송물의 인도를 받은 때에는 다른 선하증권은
> 그 효력을 잃는다.

040 2인 이상의 선하증권소지인이 운송물의 인도를 청구한 때에는 선장은 지체 없이 운송물을
□□□ 공탁하고 각 청구자에게 그 통지를 발송하여야 한다. 이때 수인의 선하증권소지인에게 공통되
는 전 소지인으로부터 먼저 교부를 받은 증권소지인의 권리가 다른 소지인의 권리에 우선한다.
Ⅰ법무사 19 ○ ✕

....

상법 제859조 제1항, 제860조 제1항 **답** ○

041 선하증권은 운송물인도청구권을 표창하는 유가증권으로서 화물상환증과 같은 물권적 효력이
□□□ 있다. **Ⅰ법무사 21** ○ ✕

....

상법 제861조, 제133조 **답** ○

공동해손분담액의 보상(상법 제694조) 보험자는 피보험자가 지급할 공동해손의 분담액을 보상할 책임이 있다. 그러나 보험의 목적의 공동해손분담가액이 보험가액을 초과할 때에는 그 초과액에 대한 분담액은 보상하지 아니한다.

공동해손의 요건(상법 제865조) (선박과 적하)의 (공동위험)을 면하기 위한 선장의 선박 또는 적하에 대한 (처분)으로 인하여 생긴 손해 또는 비용은 공동해손으로 한다.

공동해손의 분담(상법 제866조) 공동해손은 그 위험을 면한 선박 또는 적하의 가액과 운임의 반액과 공동해손의 액과의 비율에 따라 각 이해관계인이 이를 분담한다.

공동해손분담액의 산정(상법 제867조) 공동해손의 분담액을 정함에 있어서는 (선박)의 가액은 (도달의 때와 곳의 가액)으로 하고, (적하)의 가액은 (양륙의 때와 곳의 가액)으로 한다. 다만, 적하에 관하여는 그 가액 중에서 멸실로 인하여 지급을 면하게 된 운임과 그밖의 비용을 공제하여야 한다.

공동해손분담자의 유한책임(상법 제868조) 제866조 및 제867조에 따라 공동해손의 분담책임이 있는 자는 선박이 도달하거나 적하를 인도한 때에 (현존)하는 가액의 한도에서 책임을 진다.

공동해손의 손해액산정(상법 제869조) 공동해손의 액을 정함에 있어서는 (선박)의 가액은 (도달의 때와 곳의 가액)으로 하고, (적하)의 가액은 (양륙의 때와 곳의 가액)으로 한다. 다만, 적하에 관하여는 그 손실로 인하여 지급을 면하게 된 (모든 비용을 공제)하여야 한다.

공동해손분담제외(상법 제871조) 선박에 비치한 무기, 선원의 급료, 선원과 여객의 식량·의류는 (보존)된 경우에는 그 가액을 (공동해손의 분담)에 (산입하지 아니하고), (손실)된 경우에는 그 가액을 (공동해손의 액)에 (산입)한다.

공동해손분담청구에서의 제외(상법 제872조) ① 속구목록에 기재하지 아니한 속구, 선하증권이나 그 밖에 적하의 가격을 정할 수 있는 서류 없이 선적한 하물 또는 종류와 가액을 명시하지 아니한 화폐나 유가증권과 그 밖의 고가물은 (보존)된 경우에는 그 가액을 (공동해손의 분담)에 (산입)하고, (손실)된 경우에는 그 가액을 (공동해손의 액)에 (산입하지 아니한다).
② 갑판에 적재한 하물에 대하여도 제1항과 같다. 다만, 갑판에 선적하는 것이 관습상 허용되는 경우와 그 항해가 연안항행에 해당되는 경우에는 그러하지 아니하다.

적하가격의 부실기재와 공동해손(상법 제873조) ① 선하증권이나 그밖에 적하의 가격을 정할 수 있는 서류에 적하의 (실가보다 고액을 기재)한 경우에 그 하물이 (보존)된 때에는 그 기재액에 의하여 (공동해손의 분담액)을 정하고, 적하의 (실가보다 저액을 기재)한 경우에 그 하물이 (손실)된 때에는 그 기재액을 (공동해손의 액)으로 한다.
② 제1항은 적하의 가격에 영향을 미칠 사항에 관하여 거짓 기재를 한 경우에 준용한다.

> **공동해손 채권의 소멸(상법 제875조)** 　공동해손으로 인하여 생긴 채권 및 제870조에 따른 구상채권은 그 계산이 종료한 날부터 1년 이내에 재판상 청구가 없으면 소멸한다. 이 경우 제814조 제1항 단서를 준용한다.
>
> > **운송인의 채권·채무의 소멸(제814조)** 　① 운송인의 송하인 또는 수하인에 대한 채권 및 채무는 그 청구원인의 여하에 불구하고 운송인이 수하인에게 운송물을 인도한 날 또는 인도할 날부터 1년 이내에 재판상 청구가 없으면 소멸한다. 다만, **이 기간은 당사자의 합의에 의하여 연장할 수 있다.**

042　해상보험계약의 보험자는 피보험자가 지급할 공동해손의 분담액을 보상할 책임이 있으나,
□□□　보험의 목적의 공동해손분담가액이 보험가액을 초과할 때에는 그 초과액에 대한 분담액은
　　　보상하지 아니한다. ▎법무사 17　　　　　　　　　　　　　　　　　　　　　　　　　○ ×

상법 제694조　　　　　　　　　　　　　　　　　　　　　　　　　　　　　　　　　　답 ○

043　선박과 적하의 공동위험을 면하기 위한 선장의 선박 또는 적하에 대한 처분으로 인하여 생긴
□□□　손해 또는 비용은 공동해손으로 하고, 공동해손은 그 위험을 면한 선박 또는 적하의 가액과
　　　운임의 반액과 공동해손의 액과의 비율에 따라 각 이해관계인이 이를 분담한다. ▎법무사 22
　　　　　　　　　　　　　　　　　　　　　　　　　　　　　　　　　　　　　　　○ ×

상법 제865조, 제866조　　　　　　　　　　　　　　　　　　　　　　　　　　　　답 ○

044　공동해손은 그 위험을 면한 선박 또는 적하의 가액과 운임의 반액과 공동해손의 액과의 비율에
□□□　따라 각 이해관계인이 이를 분담한다. ▎법무사 17　　　　　　　　　　　　　　○ ×

상법 제866조　　　　　　　　　　　　　　　　　　　　　　　　　　　　　　　　　답 ○

045　공동해손의 분담액을 정함에 있어서는 선박의 가액은 도달의 때와 곳의 가액으로 하고, 적하의
□□□　가액은 양륙의 때와 곳의 가액으로 한다. 다만, 적하에 관하여는 그 가액 중에서 멸실로 인하여
　　　지급을 면하게 된 운임과 그 밖의 비용을 공제하여야 한다. ▎법무사 22　　　　　○ ×

상법 제867조　　　　　　　　　　　　　　　　　　　　　　　　　　　　　　　　　답 ○

046　공동해손의 분담책임이 있는 자는 선박이 도달하거나 적하를 인도한 때에 현존하는 가액의
□□□　한도에서 책임을 진다. ▎법무사 17　　　　　　　　　　　　　　　　　　　　○ ×

상법 제868조　　　　　　　　　　　　　　　　　　　　　　　　　　　　　　　　　답 ○

047 선박에 비치한 무기, 선원의 급료, 선원과 여객의 식량·의류는 보존된 경우에는 그 가액을
□□□ 공동해손의 분담에 산입하지 아니하고, 손실된 경우에는 그 가액을 공동해손의 액에 산입한다.
┃법무사 22   ○ ×

....

상법 제871조   답 ○

048 속구목록에 기재하지 아니한 속구, 선하증권이나 그 밖에 적하의 가격을 정할 수 있는 서류
□□□ 없이 선적한 하물 또는 종류와 가액을 명시하지 아니한 화폐나 유가증권과 그 밖의 고가물은
보존된 경우에는 그 가액을 공동해손의 분담에 산입하고, 손실된 경우에는 그 가액을 공동해손
의 액에 산입하지 아니한다. ┃법무사 22   ○ ×

....

상법 제872조 제1항   답 ○

049 ▸ 공동해손으로 인하여 생긴 채권은 그 계산이 종료된 날로부터 1년 이내에 재판상 청구가
□□□   없으면 소멸하고, 이 기간은 당사자의 합의에 의하여도 연장할 수 없다. ┃법무사 17 ○ ×

▸ 공동해손으로 인하여 생긴 채권 및 상법 제870조에 따른 구상채권은 그 계산이 종료한 날부
  터 2년 이내에 재판상 청구가 없으면 소멸한다. ┃법무사 22   ○ ×

....

공동해손으로 인하여 생긴 채권 및 제870조에 따른 구상채권은 그 계산이 종료한 날부터 <u>1년 이내에</u> 재판상
청구가 없으면 소멸한다. 이 경우 제814조 제1항 단서를 준용한다(상법 제875조).   답 × / ×

050 공동해손의 분담에 대한 채권은 선박우선특권이 인정되고, 선박소유자의 유한책임이 배제된다.
□□□ ┃법무사 17   ○ ×

....

상법 제777조 제1항 제3호, 제773조 제2호   답 ○

제2절   선박충돌

선박충돌에의 적용법규(상법 제876조)   ① 항해선 상호 간 또는 항해선과 내수항행선 간의 충돌이 있은 경우에 선박 또는 선박 내에 있는 물건이나 사람에 관하여 생긴 손해의 배상에 대하여는 어떠한 수면에서 충돌한 때라도 이 절의 규정을 적용한다.
② 이 절에서 "선박의 충돌"이란 2척 이상의 선박이 그 운용상 작위 또는 부작위로 선박 상호 간에 다른 선박 또는 선박 내에 있는 사람 또는 물건에 손해를 생기게 하는 것을 말하며, (직접적인 접촉의 유무)를 묻지 아니한다.

불가항력으로 인한 충돌(상법 제877조)   선박의 충돌이 (불가항력)으로 인하여 발생하거나 충돌의 (원인이 명백하지 아니한 때)에는 피해자는 충돌로 인한 손해의 배상을 (청구하지 못한다).

일방의 과실로 인한 충돌(상법 제878조)   선박의 충돌이 일방의 선원의 과실로 인하여 발생한 때에는 그 일방의 선박소유자는 피해자에 대하여 충돌로 인한 손해를 배상할 책임이 있다.

쌍방의 과실로 인한 충돌(상법 제879조)   ① 선박의 충돌이 쌍방의 선원의 과실로 인하여 발생한 때에는 쌍방의 과실의 경중에 따라 각 선박소유자가 손해배상의 책임을 분담한다. 이 경우 그 (과실의 경중을 판정할 수 없는 때)에는 손해배상의 책임을 (균분)하여 부담한다.
② 제1항의 경우에 제3자의 사상에 대한 손해배상은 쌍방의 선박소유자가 (연대)하여 그 책임을 진다.

선박충돌채권의 소멸(상법 제881조)   선박의 충돌로 인하여 생긴 손해배상의 청구권은 그 충돌이 있은 날부터 (2년) 이내에 (재판상 청구)가 없으면 소멸한다. 이 경우 제814조 제1항 단서를 준용한다.

제3절   해난구조

선박우선특권 있는 채권(상법 제777조)   ① 다음의 채권을 가진 자는 선박·그 속구, 그 채권이 생긴 항해의 운임, 그 선박과 운임에 부수한 채권에 대하여 우선특권이 있다.
  3. 해난구조로 인한 선박에 대한 구조료 채권과 공동해손의 분담에 대한 채권

해난구조의 요건(상법 제882조)   항해선 또는 그 적하 그밖의 물건이 어떠한 수면에서 위난에 조우한 경우에 의무 없이 이를 구조한 자는 그 결과에 대하여 상당한 보수를 청구할 수 있다. 항해선과 내수항행선 간의 구조의 경우에도 또한 같다.

보수의 한도(상법 제884조)   ① 구조의 보수액은 다른 약정이 없으면 구조된 목적물의 가액을 초과하지 못한다.
② 선순위의 우선특권이 있는 때에는 구조의 보수액은 그 우선특권자의 채권액을 공제한 잔액을 초과하지 못한다.

구조료의 지급의무(상법 제886조)　　　선박소유자와 그밖에 구조된 재산의 권리자는 그 구조된 선박 또는
재산의 가액에 비례하여 구조에 대한 보수를 지급하고 특별보상을 하는 등 구조료를 지급할 의무가 있다.

공동구조자 간의 구조료 분배(상법 제888조)　　　① 수인이 공동으로 구조에 종사한 경우에 그 구조료의 분배
비율에 관하여는 제883조를 준용한다.
② 인명의 구조에 종사한 자도 제1항에 따라 구조료의 분배를 받을 수 있다.

1선박 내부의 구조료 분배(상법 제889조)　　　① 선박이 구조에 종사하여 그 구조료를 받은 경우에는 (먼저)선박
의 손해액과 구조에 들어간 비용을 (선박소유자)에게 지급하고 (잔액을 절반)하여 선장과 해원에게 지급
하여야 한다.
② 제1항에 따라 해원에게 지급할 구조료의 분배는 선장이 각 해원의 노력, 그 효과와 사정을 참작하여 그
항해의 종료 전에 분배안을 작성하여 해원에게 고시하여야 한다.

동일소유자에 속한 선박 간의 보수(상법 제891조)　　　동일소유자에 속한 선박의 상호 간에 있어서도 구조에
종사한 자는 상당한 구조료를 청구할 수 있다.

구조자의 우선특권(상법 제893조)　　　① 구조에 종사한 자의 구조료채권은 구조된 적하에 대하여 (우선특권)이
있다. 다만, 채무자가 그 적하를 제3취득자에게 인도한 후에는 그 적하에 대하여 이 권리를 행사하지 못한다.
② 제1항의 우선특권에는 그 성질에 반하지 아니하는 한 제777조의 우선특권에 관한 규정을 준용한다.

구조료지급에 관한 선장의 권한(상법 제894조)　　　① 선장은 구조료를 지급할 채무자에 갈음하여 그 지급에
관한 재판상 또는 재판 외의 모든 행위를 할 권한이 있다.
② 선장은 그 구조에 관한 소송의 당사자가 될 수 있고, 그 확정판결은 구조료의 채무자에 대하여도 효력이
있다.

제4장 | 항공운송

항공기의 의의(상법 제896조)　　　이 법에서 "항공기"란 상행위나 그 밖의 영리를 목적으로 운항에 사용하는
항공기를 말한다. 다만, 대통령령으로 정하는 초경량 비행장치(超輕量 飛行裝置)는 제외한다.

운송인의 책임(상법 제904조)　　　운송인은 여객의 사망 또는 신체의 상해로 인한 손해에 관하여는 그 손해의
원인이 된 사고가 항공기상에서 또는 승강(乘降)을 위한 작업 중에 발생한 경우에만 책임을 진다.

운송인의 책임한도액(상법 제905조)　　　① 제904조의 손해 중 여객 (1명)당 (11만3천100) 계산단위의 금액
까지는 운송인의 배상책임을 면제하거나 제한할 수 없다.

② 운송인은 제904조의 손해 중 여객 1명당 11만3천100 계산단위의 금액을 초과하는 부분에 대하여는 다음 각 호의 어느 하나를 증명하면 배상책임을 지지 아니한다.
  1. 그 손해가 운송인 또는 그 사용인이나 대리인의 과실 또는 그 밖의 불법한 작위나 부작위에 의하여 발생하지 아니하였다는 것
  2. 그 손해가 오로지 제3자의 과실 또는 그 밖의 불법한 작위나 부작위에 의하여만 발생하였다는 것

연착에 대한 책임(상법 제907조) ① 운송인은 여객의 연착으로 인한 손해에 대하여 책임을 진다. 다만, 운송인이 자신과 그 사용인 및 대리인이 손해를 방지하기 위하여 합리적으로 요구되는 모든 조치를 하였다는 것 또는 그 조치를 하는 것이 불가능하였다는 것을 (증명)한 경우에는 그 책임을 (면한다).
② 제1항에 따른 운송인의 책임은 여객 (1명)당 (4천694) 계산단위의 금액을 한도로 한다. 다만, 여객과의 운송계약상 그 출발지, 도착지 및 중간 착륙지가 대한민국 영토 내에 있는 운송의 경우에는 여객 1명당 1천 계산단위의 금액을 한도로 한다.
③ 제2항은 운송인 또는 그 사용인이나 대리인의 고의로 또는 연착이 생길 염려가 있음을 인식하면서 무모하게 한 작위 또는 부작위에 의하여 손해가 발생한 것이 증명된 경우에는 적용하지 아니한다.

수하물의 멸실·훼손에 대한 책임(상법 제908조) ① 운송인은 (위탁)수하물의 멸실 또는 훼손으로 인한 손해에 대하여는 그 손해의 원인이 된 사실이 항공기상에서 또는 위탁수하물이 운송인의 관리하에 있는 (기간 중)에 발생한 경우에만 책임을 진다. 다만, 그 손해가 위탁수하물의 고유한 결함, 특수한 성질 또는 숨은 하자로 인하여 발생한 경우에는 그 범위에서 책임을 지지 아니한다.
② 운송인은 (휴대)수하물의 멸실 또는 훼손으로 인한 손해에 대하여는 그 손해가 자신 또는 그 사용인이나 대리인의 고의 또는 과실에 의하여 발생한 경우에만 책임을 진다.

위탁수하물의 일부 멸실·훼손 등에 관한 통지(상법 제911조) ① 여객이 위탁수하물의 일부 멸실 또는 훼손을 발견하였을 때에는 위탁수하물을 수령한 후 (지체 없이) 그 개요에 관하여 운송인에게 서면 또는 전자문서로 통지를 발송하여야 한다. 다만, 그 멸실 또는 훼손이 즉시 발견할 수 없는 것일 경우에는 위탁수하물을 수령한 날부터 (7일) 이내에 그 통지를 발송하여야 한다.
② 위탁수하물이 연착된 경우 여객은 위탁수하물을 처분할 수 있는 날부터 (21일) 이내에 이의를 제기하여야 한다.

항공기 운항자의 배상책임(상법 제930조) ① 항공기 운항자는 비행 중인 항공기 또는 항공기로부터 떨어진 사람이나 물건으로 인하여 사망하거나 상해 또는 재산상 손해를 입은 지상(지하, 수면 또는 수중을 포함한다)의 제3자에 대하여 손해배상책임을 진다.

항공기 운항자의 책임의 소멸(상법 제934조) 항공기 운항자의 제930조의 책임은 사고가 발생한 날부터 (3년) 이내에 재판상 청구가 없으면 소멸한다.

스스로의 힘으로
실천하지 않는 것은
자포자기와 같다.

− 퇴계 이황 −

SD에듀 법무사 1차 상법 핵지총 [핵심 기출지문 총정리]

초 판 발 행	2023년 08월 25일(인쇄 2023년 07월 13일)
발 행 인	박영일
책 임 편 집	이해욱
편 저	김주한 · 시대법학연구소
편 집 진 행	김성열 · 정호정 · 김민지
표 지 디 자 인	김도연
편 집 디 자 인	김민설 · 하한우
발 행 처	(주)시대고시기획
출 판 등 록	제10-1521호
주 소	서울시 마포구 큰우물로 75 [도화동 538 성지 B/D] 9F
전 화	1600-3600
팩 스	02-701-8823
홈 페 이 지	www.sdedu.co.kr
I S B N	979-11-383-5524-7 (13360)
정 가	20,000원